A Bíblia *das* BRUXAS

JANET & STEWART FARRAR

A Bíblia *das* BRUXAS

MANUAL COMPLETO PARA A
PRÁTICA DA BRUXARIA

Tradução:
CLAUDINEY PRIETO

Publicado originalmente em inglês sob o título: A Witches Bible - the Complete Witches Handbook

Tradução autorizada do inglês

Direitos de edição para a Língua Portuguesa

Editor: Claudiney Prieto
Coordenação Editorial: Luciana Papale
Tradução: Claudiney Prieto
Diagramação e Capa: Ardane Books
Revisão: Grupo Papale's

DADOS INTERNACIONAIS DE CATALOGAÇÃO NA PUBLICAÇÃO (CIP)
CÂMARA BRASILEIRO DO LIVRO, SP, BRASIL

F242 Farrar, Janet e Stewart
A Bíblia das Bruxas / Janet e Stewart Farrar; tradução de Claudiney Prieto
Editora Ardane| 1ª edição | São Paulo | 2023

Tradução de: A Witches Bible
ISBN: 978-65-85370-14-1

l. Wicca. 2. Esoterismo. 3. Bruxaria. 4 Magia I. Título.

CDD 133.43
CDU 133.4

Índice para catálogo sistêmico:
1. Bruxaria: Ocultismo 133-43

EDITORA ARDANE
www.ardane.com.br
Tel.: (11) 97774-4013 | E-mail: contato@ardane.com.br
Instagram: @ardanebooks

PARTE I

Os Sabbats

E OS RITOS DE NASCIMENTO, CASAMENTO E MORTE

Também publicado separadamente como *Oito Sabbats para Bruxas*

Com ilustrações em bico de pena feitas por Stewart Farrar e fotografias de Ian David & Stewart Farrar

À nossa querida amiga
KATH D'EATH, nascida
CARTER (1905-76)

E voltaremos a encontrá-los,
conhecê-los, recordá-los
e amá-los novamente.

Eu gostaria que houvesse alguma maneira de reconciliar a educação formal com o conhecimento natural. Nossa incapacidade para fazer isso é um terrível desperdício de um dos nossos mais valiosos recursos. Existe uma reserva de conhecimento, um tipo diferente de informação que é comum a todas as pessoas. Está encarnada no folclore e na superstição, na mitologia e nos antigos contos das anciãs. Esse conhecimento só conseguiu sobreviver porque raramente é levado a sério e nunca foi considerado como uma ameaça tanto para ciência como para religião organizada. Porém, é ameaçador, porque ao formar parte integral da forma natural de conhecimento, possui um sentido de retidão que nesta época de transição e indecisão poderia nos ser útil.

Lyall Watsib, Gifts of Unknown Things

Se vamos nos livrar da confusão que a ignorância civilizada nos conduziu, devemos nos preparar, ao menos de alguma forma, para a volta do Paganismo.

Tom Graves, *Needles of Stone*

SUMÁRIO

Ilustrações

Entre as páginas 97 e 104

Crédito das imagens

Todas as fotografias são de Ian David, com exceção das de número 11 e 15, que são de Stewart Farrar.

AGRADECIMENTOS

Queremos agradecer a Doreen Valiente por sua inestimável ajuda com as informações contidas neste livro, por sua autorização para reproduzirmos várias passagens que ela mesma escreveu no Livro das Sombras de Gardner e por ler nosso manuscrito antes de sua publicação.

Estamos muito agradecidos aos senhores Faber & Faber por sua permissão para citarmos de forma extensa o conteúdo de *A Deusa Branca,* de Robert Graves.

Também estamos muito agradecidos a Society of the Inner Light, por sua permissão para usarmos passagens de *A Sacerdotisa do Mar,* de Dion Fortune, como parte de nosso Ritual de Handfasting.

Spells
Phases
Full Moon
Love Magic, Cleansing, Clarity
Healing, Physical Energy
Waxing Gibbons
Motivation, Success
Good Health, Bring Money and Prosperity
First Quarter
Creativity, Divination,
Calming, Growing
Crescent
Attraction, luck
Wealth
New Moon
Deconstructive Magic,
Soul Searching, Divination
Waning
Undoing Curses
Relinquishing,

Prefácio da Edição Brasileira

Finalmente chegou às mãos das Bruxas e Bruxos brasileiros a tão esperada nova edição de *A Bíblia das Bruxas* pela Editora Ardane! Um momento verdadeiramente marcante para a comunidade brasileira ligada à Bruxaria.

Considerado por muitos como a obra mais essencial sobre a Wicca, este livro traz ao longo de sua história uma importância indiscutível.

Se olharmos para trás e considerarmos o lançamento do livro *Wicca – A Religião da Deusa*, no ano 2000, perceberemos que este livro, agora um long-seller, foi um marco significativo para a Bruxaria em solo brasileiro. Através dele, a Arte foi revelada e difundida como nunca, abrindo as portas para um público mais amplo, que não parou de crescer desde então. Quando *A Bíblia das Bruxas* chegou por aqui, há aproximadamente 6 anos, essa jornada evolutiva ganhou um novo patamar. Com isso, A *Bíblia das Bruxas* se tornou uma leitura imprescindível para todos aqueles que deram seus primeiros passos na Arte por meio de *Wicca – A Religião da Deusa.*

Este aclamado livro de Janet e Stewart Farrar nos convida a aprofundarmos nossa prática na perpetuação de nossa devoção aos Antigos Deuses. Nele, encontramos uma oportunidade inigualável de expandir definitivamente nosso entendimento sobre a origem dos rituais que praticamos e compreender a importância que eles têm em nossa vida.

A Bíblia das Bruxas é muito mais do que um simples manual de rituais. Para aqueles que enxergam a Arte como um caminho espiritual genuíno, um estilo de vida abraçado por uma filosofia coesa, este livro é uma bússola confiável, que não apenas nos orienta na compreensão dos rituais que abraçamos como religião, mas também nos presenteia com uma visão panorâmica reveladora das crenças e do contexto histórico da Wicca.

Das celebrações dos Sabbats aos ritos de passagem que marcam os ciclos de vida dos Bruxos, desde os misteriosos rituais de Iniciação até os textos do Livro das Sombras de Gerald Gardner, *A Bíblia das Bruxas* cobre abrangentemente e minuciosamente os aspectos mais importantes da Bruxaria. Suas páginas transbordam com sabedoria, oferecendo-nos um convite irresistível para mergulhar em sua essência. Recordo-me, com ternura, das vezes em que me perdi nas páginas desta obra, folheando-a em sua edição original em inglês e, mais tarde, em espanhol. Cada fotografia capturava momentos mágicos dos rituais, registrados minuciosamente pelo casal Farrar. Ao traduzir o livro, revivi aquela sensação de maravilhamento e encanto que essas imagens me proporcionavam quando eu dava meus primeiros passos neste caminho. Tenho a certeza de que cada leitor experimentará uma jornada única e semelhante ao explorar cada página, pois *A Bíblia das Bruxas* possui um magnetismo especial, um fascínio que somente aqueles que se permitiram mergulhar em sua sabedoria podem compreender plenamente.

A Bíblia das Bruxas é altamente valorizada por muitos Bruxos por diversas razões. Em primeiro lugar, a linguagem utilizada pelos Farrar é acessível a todos. Eles apresentam as informações de forma descontraída, sem perder a profundidade de ideias. Cada aspecto é explicado de maneira transparente, deixando pouco espaço para interpretações equivocadas e distorções da verdade. Embora o livro possa adotar um tom metafórico em algumas ocasiões, ele nunca se torna incompreensível ou descontextualizado, transmitindo ao leitor a sensação de que os autores estão se esquivando ou sonegando informações propositadamente. Os Farrar nunca tiveram tempo a perder com tais artifícios. Seu estilo de escrita é claro, direto e seu objetivo é explicar tudo de forma precisa.

Enquanto muitos livros disponíveis atualmente fornecem uma perspectiva geral da Wicca, sem uma tradição clara e reconhecível por trás das informações apresentadas, *A Bíblia das Bruxas* se destaca por abordar a Wicca Tradicional. Após tantas obras para iniciantes que oferecem informações superficiais, esta certamente vai se tornar uma fonte de esperança para aqueles que reconhecem que a Wicca vai muito além das referências básicas que são repetidas incessantemente, livro após livro, levando a nada e a lugar algum. Por esse motivo, essa obra tem sido aclamada como o "clássico dos clássicos" e será eternizada por sua importância.

A presença e influência de Janet e Stewart Farrar na evolução da Wicca são inegáveis. Eles estão entre os Bruxos mais influentes da história da Bruxaria Moderna, e suas obras, amplamente publicadas, estabeleceram as bases para praticantes da Wicca Tradicional em todo o mundo. Seus livros são leitura obrigatória para aqueles que desejam aprofundar seus conhecimentos e ampliar sua visão sobre os diferentes aspectos da Arte. A contribuição dos Farrar é inestimável, pois eles compartilharam inspiração e conhecimento de forma autêntica, que reverbera nos diversos Covens e Tradições da Arte ao redor do mundo, que jamais teriam alcançado o nível de desenvolvimento e aperfeiçoamento se não fosse por suas obras.

Infelizmente, em meio à luz, também surgem trevas, e suas obras, especialmente *A Bíblia das Bruxas*, foram indevidamente apropriadas por indivíduos que não citaram corretamente suas verdadeiras fontes, buscando se estabelecer como autoridades perante aqueles com menos conhecimento e experiência. No entanto, a edição em português dessa obra lançou luz sobre essas questões e corrigiu definitivamente esses equívocos. Agora, a verdadeira autoria e origem das informações estão claramente estabelecidas, permitindo que os leitores tenham acesso autêntico à sabedoria compartilhada pelos Farrar.

A influência dos Farrar ajudou a moldar a compreensão e a prática da Wicca em todo o mundo. É a combinação desses ensinamentos autênticos e da paixão de indivíduos comprometidos com a divulgação e preservação da Arte que permitem que essa espiritualidade continue a florescer e a evoluir.

Ao olhar para o futuro, podemos vislumbrar um horizonte repleto de possibilidades para a Wicca, onde a sabedoria ancestral se funde harmoniosamente com a inovação moderna. *A Bíblia das Bruxas* é uma jornada fascinante pelos mistérios e rituais da Wicca, mas também um convite para que cada leitor se torne um cocriador dessa tradição em constante transformação. À medida que abrimos suas páginas, somos convidados a explorar o passado, a abraçar o presente e a moldar o futuro da Wicca com nossas próprias experiências e intuições. *A Bíblia das Bruxas* é mais do que um livro: é um mapa para os corações e mentes daqueles que desejam mergulhar nas profundezas mágicas da Wicca e, juntos, trazer luz e sabedoria para o mundo.

Claudiney Prieto

Sobre Claudiney Prieto

Claudiney Prieto é uma figura proeminente e influente que emergiu como a voz forte e inigualável da Wicca no Brasil. Reconhecido como um dos escritores mais reverenciados e célebres da atualidade, ele conquistou o feito notável de colocar diversos livros no prestigiado ranking dos best-sellers.

Dentre suas obras, destaca-se o aclamado long-seller *Wicca – A Religião da Deusa*, que atingiu a impressionante marca de mais de 200 mil exemplares vendidos em todo o Brasil.

Fundador da Tradição Diânica Nemorensis, seus conhecimentos advêm de anos de dedicação e vivência com a Religião da Deusa no Brasil. Prieto é Alto Sacerdote de 3º Grau da Tradição Gardneriana, Minos na Minoan Brotherhood, Arquissacerdote da Fellowship of Isis, Elder da Tradição Apple Branch e o primeiro e único homem ordenado por Zsuzsanna Budapest na Wicca Diânica. Sua experiência e sabedoria incontestáveis foram adquiridas ao longo de décadas de imersão profunda nos mistérios ancestrais da Wicca e suas diferentes Tradições.

Claudiney é editor da Ardane, uma editora especializada exclusivamente em publicações Pagãs. Além disso, ele é responsável pelo selo Noblet, uma divisão da Ardane, focada na publicação de Tarôs e baralhos oraculares. O autor é convidado com frequência a conceder entrevistas em rádio e televisão e se dedica ao ensino da Bruxaria por meio de treinamentos iniciáticos privados, nos quais apresenta aos buscadores as diversas Tradições nas quais é Iniciado e detém graus.

Atualmente, o autor e editor Claudiney Prieto concentra a maior parte de seu tempo na curadoria do prestigioso Museu Brasileiro de Magia e Bruxaria, assim como na organização da Mystic Fair Brasil, que ocorre anualmente em São Paulo, Rio de Janeiro, Belo Horizonte e Brasília. Além disso, é o idealizador do Santuário da Grande Mãe, o primeiro templo de Wicca no Brasil aberto diariamente ao público para visitação e contemplação espiritual.

Para se manter atualizado sobre as atividades de Claudiney Prieto, siga o autor nas redes sociais em @claudineyprieto.

Introdução

A Bruxaria Moderna na Europa e nos Estados Unidos é um fato. Não mais uma relíquia subterrânea da qual a escala e até mesmo a própria existência é acirradamente disputada pelos antropólogos. Também não é mais o passatempo bizarro de um punhado de excêntricos. Mas, sim, a prática religiosa ativa de um número substancial de pessoas. Sobre o quão grande é este número, não existe certeza, porque a Wicca não é uma religião hierarquicamente organizada além de cada Coven. Onde organizações formais de fato existem, como nos Estados Unidos, isso se dá por razões legais e tributárias, não para uniformidade dogmática ou em função do número de membros. Porém os números são, por exemplo, suficientes para manter uma variedade de periódicos ativos e para justificar a publicação de um corpo literário sempre crescente, em ambos os lados do Atlântico. Portanto, uma estimativa razoável seria a de que os adeptos da Wicca em atividade chegam agora a dezenas de milhares, no mínimo. E toda evidência sugere que o número está crescendo com regularidade.

Wicca é ao mesmo tempo uma religião e uma Arte – aspectos que Margaret Murray distinguiu como "Bruxaria ritual" e "Bruxaria operativa". Como uma religião, tal como em qualquer outra, seu propósito é colocar o indivíduo e o grupo em harmonia com o princípio criativo Divino do Cosmos e suas manifestações, em todos os níveis. Como uma Arte, seu propósito é atingir fins práticos por meios psíquicos para propósitos bons, úteis e de cura. Em ambos os aspectos, as características distintas da Wicca são a sua atitude orientada na Natureza, sua autonomia em pequenos grupos sem qualquer abismo entre o sacerdócio e a "congregação" e sua filosofia de polaridade criativa em todos os níveis, desde a Deusa e o Deus até a Sacerdotisa e o Sacerdote.

Este livro está relacionado ao primeiro aspecto – Wicca como uma religião ritualmente expressada.

As Bruxas[1], em geral, gostam de rituais – e elas são pessoas naturalmente alegres. Como os adoradores de outras religiões, creem que o ritual apropriado as elevam e as enriquecem. Mas seus rituais tendem a ser mais variados do que em outros credos, indo desde os formais até os espontâneos, e são também diferenciados de Coven para Coven, segundo suas preferências individuais e escolas de pensamento (Gardneriana, Alexandrina, Celta, Diânica, Saxônica, "Tradicional" e daí por diante) nas quais se basearam.

Mas ao passo que o reavivamento Wiccaniano do século 21 amadurece (e em muitos Covens passa para sua segunda geração), a animosidade entre escolas que frustrava seus primeiros anos tem diminuído consideravelmente. Os dogmáticos ainda se criticam entre si nos periódicos, mas seu dogmatismo é condenado de forma crescente por outros correspondentes como sendo inutilmente separatista; e a maioria dos Covens comuns está simplesmente entediada com isso. Os anos lhes tem ensinado que seus próprios caminhos funcionam – e se (como acontece em nosso próprio Coven) eles têm amigos de outras sendas, estes vieram a compreender que tais caminhos também funcionam.

Desta maior tolerância mútua surgiu um entendimento mais amplo da base comum da Wicca, seu espírito essencial, que pouco tem a ver com os detalhes da forma. Também, com a troca de ideias, por meio da palavra escrita e do contato pessoal mais aberto, há um corpo crescente de tradição compartilhada do qual todos podem usufruir.

É como uma contribuição para este crescimento que oferecemos nosso presente livro. Para ser válida e útil, qualquer contribuição desse tipo deve ser um ramo brotando de modo saudável a partir do tronco mãe da nossa história racial, tanto quanto as formas específicas da prática Wiccaniana como ela agora sustenta (em nosso caso, as formas Gardneriana/Alexandrina); e isso é o que temos trabalhado para realizar.

Afortunadamente, existe uma estrutura que é comum para todos os caminhos Wiccanianos, assim como a muitos outros: os Oito Festivais.

O moderno calendário do Bruxo (qualquer que seja sua "escola") tem sua raiz, bem como a de seus antepassados ao longo de séculos incontáveis, nos Sabbats, celebrações sazonais que marcam pontos vitais no ano natural,

1. N. do T.: traduzimos a palavra inglesa *Witch(es)* como Bruxa(s) ou Bruxo(s) indistintamente no decorrer do livro para oferecer uma tradução mais inclusiva. As duas expressões serão usadas alternadamente. Quando um gênero específico precisar ser observado, quer nas práticas ou em outras partes desta obra, as palavras Bruxo(s) ou Bruxa(s) serão enfatizadas no texto para deixar claro essa distinção.

pois a Wicca, como temos sublinhado, é uma religião e uma Arte orientada à Natureza. E uma vez que, para os Bruxos, a Natureza é uma realidade de níveis múltiplos, seu "ano natural" inclui muitos aspectos – agrícolas, pastoral, vida selvagem, botânica, solar, lunar, planetária, psíquica – sendo que as marés e os ciclos de todos esses aspectos se afetam ou se refletem entre si. Os Sabbats são os caminhos dos Bruxos para, além da celebração em si, colocá-los em sintonia com essas marés e ciclos. Pois homens e mulheres também são parte da Natureza de múltiplos níveis; e Bruxos se esforçam, consciente e constantemente, para expressar esta unidade.

São oito os Sabbats das Bruxas[2]:

- **Imbolc** – 2 de fevereiro no Hemisfério Norte e 31 de julho no Hemisfério Sul (também chamado *Candlemas, Oimelc, Imbolg*).
- **Equinócio de Primavera**[3] – 21 de março no Hemisfério Norte e 21 de setembro no Hemisfério Sul (*Alban Eilir*).
- **Beltane**, 30 de abril no Hemisfério Norte e 31 de outubro no Hemisfério Sul (*May Eve, Noite de Walpurgis, Cyntefyn, Roodmass*).
- **Meio do Verão**[4] – 22 de junho no Hemisfério Norte e 22 de dezembro no Hemisfério Sul (*Solstício de Verão, Alban Hefin*; algumas vezes também chamado *Beltane*).
- **Lughnasadh** – 31 de julho no Hemisfério Norte e 02 de fevereiro no Hemisfério Sul (*August Eve, Lammas Eve, Véspera do Dia da Senhora*).
- **Equinócio de Outono** – 21 de setembro no Hemisfério Norte e 21 de março no Hemisfério Sul (*Alban Elfed*).
- **Samhain** – 31 de outubro no Hemisfério Norte e 30 de abril no Hemisfério Sul (*Halloween, Véspera do dia de Todos os Santos, Calan Gaeaf*).
- **Yule** – 22 de dezembro no Hemisfério Norte e 22 de junho no Hemisfério Sul (*Solstício de Inverno, Alban Arthan*).

Dentre estes, Imbolc, Beltane, Lughnasadh e Samhain são os Sabbats Maiores; os Equinócios e Solstícios são os Sabbats Menores. (As datas reais dos Equinócios e Solstícios podem variar em um dia ou dois no uso tradicional

2. N. do T.: as datas variam entre os hemisférios. No Brasil celebramos as datas de acordo com o Hemisfério Sul, pois estamos abaixo da linha do Equador.

3. N. do T.: também conhecido por *Ostara*.

4. N. do T.: chamado também de *Litha*.

e também de ano a ano por fatores astronômicos, ao passo que os Sabbats Maiores tendem a envolver ambos "Véspera" e o "Dia" seguinte). Os Sabbats Menores solar-astronômicos são ao mesmo tempo mais antigos e mais novos do que os Sabbats Maiores naturais de fertilidade – mais antigos no sentido de que eles foram a preocupação altamente sofisticada dos povos Megalíticos misteriosos que antecederam aos celtas, romanos e saxões nas margens do Atlântico Europeu por milhares de anos. São mais novos no sentido de que os celtas – talvez a maior influência única ao dar à Antiga Religião o formato ritual verdadeiro no qual ela tem sobrevivido no Ocidente – não eram de orientação solar e celebravam apenas os Sabbats Maiores, até que aquilo que Margaret Murray denominou como os "invasores solsticiais", saxões e outros povos que se estenderam na direção oeste com a queda do Império Romano, reuniram-se e interagiram com a Tradição Celta. E ainda assim eles trouxeram apenas os Solstícios: "Os Equinócios", diz Murray, "nunca foram observados na Bretanha". (Para algumas reflexões sobre como eles subsequentemente entraram no folclore Bretão, vide pág. 74 e lembre-se de que, desde Murray, mais coisas se tem aprendido sobre astronomia Megalítica, onde pode muito bem ter sido deixada enterrada as lembranças de um povo para serem revividas mais tarde).

Tudo isso é refletido no fato de que são os Sabbats Maiores que possuem nomes gaélicos. Dentre as variadas formas que as Bruxas utilizam, nós escolhemos o gaélico-irlandês, por motivo pessoal e histórico – pessoal porque vivemos na Irlanda, onde aquelas formas têm significados vivos; histórico, porque a Irlanda é o único país celta que nunca foi absorvido pelo Império Romano e, portanto, é na Mitologia Irlandesa e em sua antiga linguagem que os contornos da Antiga Religião podem ser muitas vezes mais claramente discernidos[5].

---

5. A Irlanda virtualmente escapou dos horrores da perseguição à Bruxaria. Dos séculos 14 ao 18, apenas um punhado de processos por Bruxaria estão registrados. "Na Inglaterra e na Escócia, durante o período medieval e períodos posteriores de sua existência, a Bruxaria era uma ofensa contra as leis de Deus e do homem; na Irlanda Céltica as relações com o invisível não eram consideradas com tal aversão, e deveras possuíam a sanção de costume e antiguidade" (St. John D. Seymour, *Bruxaria e Demonologia Irlandesa*, pág. 4 – e Seymour era um teólogo cristão escrevendo em 1913.) Nem existe qualquer evidência de tortura sendo usada para extrair provas nos poucos processos Irlandeses por Bruxaria, exceto pelo açoitamento, em 1324, de Petronília de Meath, serviçal da Dama Alice Kyteler, por ordens do Bispo de Ossory, e que "parece ter sido conduzido ao que pode ser considerada uma maneira puramente não oficial" (ibid., págs. 18-19).

Mesmo a Igreja Celta permaneceu obstinadamente independente do Vaticano por muitos séculos[6].

Mais ainda, a Irlanda segue predominantemente agrícola e sendo uma comunidade de dimensões humanas, onde as memórias do povo ainda florescem, quando em outros lugares morreram na selva de concreto. Arranhe o verniz do cristianismo Irlandês e você chegará diretamente à rocha sólida do paganismo. Mas o uso das formas gaélico-irlandesas é apenas a "nossa" escolha, e não gostaríamos de impô-la a ninguém.

Por que escrevemos este livro, com sugestões detalhadas para rituais de Sabbat, se não desejamos "impor" padrões a outras Bruxas – o que nós muito certamente não faremos?

Nós o escrevemos porque, oito anos dirigindo nosso próprio Coven nos convenceu de que tal iniciativa é necessária. E achamos que isso é realmente necessário porque o Livro das Sombras, a antologia de Gerald Gardner de rituais herdados que, com o auxílio de Doreen Valiente acrescentou elementos modernos a fim de preencher as lacunas e fazer um todo funcional, é surpreendentemente inadequado em um aspecto: os Oito Sabbats.

O reavivamento da Wicca Moderna, que se expande tão rapidamente, tem um débito enorme com Gerald Gardner, a despeito do tanto que ele possa ter sido criticado em certos aspectos. Seu Livro das Sombras é a pedra fundamental da forma Gardneriana da Wicca Moderna e também de seu ramo Alexandrino; e ele tem tido considerável influência sobre muitos Covens Tradicionais. Doreen Valiente também merece a gratidão de cada Bruxo; algumas de suas contribuições ao Livro das Sombras se tornaram as passagens mais estimadas da obra – a Carga da Deusa, por exemplo, é uma declaração única e definitiva da filosofia Wiccaniana. Mas por alguma razão, os rituais que o livro determina para os Oito Sabbats são demasiadamente incompletos – ou não tão completos e satisfatórios quanto o resto. O resumo que Stewart deu a eles no capítulo 7 de *What Witches Do* (vide Bibliografia) parecia incluir tudo o que Gardner teria a dizer sobre eles. Tudo mais foi deixado a cargo da imaginação e da criatividade dos Covens.

---

6. Existe uma pequena comunidade russa Ortodoxa na Irlanda, baseada nos exilados da Rússia; de modo interessante, "ela atraiu um grande número de Irlandeses convertidos, alguns dos quais a consideram como a Igreja Irlandesa que existia desde antes da chegada de São Patrício até os anos que seguiram à invasão de Henrique e o estabelecimento das ligações com Roma." (Sunday Press, Dublin, 12 de março de 1978).

Algumas Bruxas podem sentir que isso é suficiente. A Wicca é, por fim, uma religião natural e espontânea, na qual todo Coven é sua própria lei e as formas rígidas são evitadas. Nada é exatamente o mesmo para dois Círculos em operação – o que é muito correto, por sua vez, ou a Wicca iria se fossilizar. Então, por que não deixar estes rituais incompletos de Sabbats como eles estão e usá-los como um ponto de partida, deixando cada Sabbat tomar seu próprio curso? Todo mundo sabe a "sensação" das estações...

Nós sentimos que existem duas razões para que isso "não" seja suficiente. Primeiro, os outros rituais básicos – Lançar o Círculo, Puxar a Lua para Baixo, a Carga da Deusa, a Lenda da Descida da Deusa, e outros – são todos substanciais, e tanto os novatos quanto os veteranos consideram-nos vivos e satisfatórios. A flexibilidade que uma boa Alta Sacerdotisa e um bom Alto Sacerdote trazem e os adornos planejados ou espontâneos que eles adicionam, meramente aperfeiçoam os rituais básicos e os mantêm vibrantes e vívidos. Caso voltassem para o esboço inicial, as pessoas comuns seriam capazes de fazer isso tudo com eles?

Segundo, em nossa civilização urbana infelizmente não é verdade que todo mundo vive o "pulsar" das estações, exceto muito superficialmente. Até mesmo muitos moradores do campo, com seus carros, eletricidade, televisão e supermercados padronizados da cidade ou mesmo de uma vila comercial, estão notavelmente muito isolados do verdadeiro âmago da Natureza. O conhecimento arquetípico das marés físicas e psíquicas do ano, que criaram tais conceitos como a rivalidade fraternal entre o Rei do Carvalho e o Rei do Azevinho e sua união sacrificial com a Grande Mãe (apenas para tomar um exemplo) eram perfeitamente compreensíveis para nossos antepassados – conceitos que, junto ao seu simbolismo, estão tão surpreendentemente espalhados no tempo e no espaço que deveriam ser arquetípicos: este conhecimento está virtualmente perdido para a consciência moderna.

Os arquétipos não podem ser erradicados, assim como ossos e nervos também não; pois são partes integrantes de nós. Mas podem estar tão profundamente submersos que se exige um esforço deliberado para restabelecer uma comunicação saudável e produtiva com eles.

A percepção de muitas pessoas sobre os ritmos sazonais está hoje limitada a manifestações superficiais como cartões de Natal, ovos de Páscoa, banho de sol, folhas de outono e sobretudos. E para ser honesto, os rituais de Sabbat do Livro das Sombras não vão muito mais fundo.

Tomando nós mesmos como exemplo. Nosso Coven é Alexandrino – isso se tivermos que nos etiquetar de alguma forma, pois não somos sectaristas por temperamento e princípio e preferimos simplesmente nos denominar "Bruxos". Temos muitos amigos Gardnerianos e Tradicionalistas e consideramos seus métodos tão válidos quanto os nossos.

Fomos iniciados e treinados por Alex e Maxine Sanders, fundamos nosso próprio Coven em Londres, no Yule de 1970, e dali para frente seguimos com o nosso próprio julgamento (em um período desafiando uma ordem para desfazer o Coven e retornar a Alex para "instruções complementares"). Temos visto algumas pessoas se referirem a nós como Alexandrinos "reformados" – o que tem alguma verdade no sentido em que aprendemos a separar o inegável trigo do lamentável joio. Outros Covens e Bruxas solitárias se originaram do nosso grupo no processo normal de crescimento e, desde que nos mudamos da populosa Londres para os campos e montanhas da Irlanda, em abril de 1976, ainda demos origem a outros; portanto nossa experiência tem sido variada.

Nosso Coven é organizado sobre as linhas Gardneriana/Alexandrina habituais; o que, nominalmente, baseia-se na polaridade psíquica da masculinidade e feminilidade. Isso consiste, na medida do possível, em "parcerias de trabalho", cada qual formada por uma Bruxa e um Bruxo. Os parceiros de trabalho podem ser um casal, um par de amantes, amigos, irmão e irmã, pais e filhos/as; não importa se a sua relação seja de tipo sexual ou não. O que importa é seu "gênero psíquico", de forma que na operação mágica eles sejam os dois polos de uma bateria. Os parceiros de trabalho sênior é, naturalmente, a Alta Sacerdotisa e o Alto Sacerdote. Ela é prima inter pares, a primeira entre os iguais; o Alto Sacerdote é seu igual complementar (de outra forma, sua "bateria" não iria produzir qualquer eletricidade), mas ela é a líder do Coven e ele o seu "Príncipe Consorte".

Essa questão da ênfase matriarcal na Wicca tem sido a causa de considerável discussão, mesmo entre Bruxas. Contudo, desde as pinturas das cavernas até Margaret Murray, ela tem sido usada como munição nas tentativas de provar o que costumava ser feito e o que é a "verdadeira" Tradição. Alguma evidência, honestamente examinada, é de fato importante – mas nós não achamos que ela seja a resposta completa. Deve-se dar mais atenção ao papel da Antiga Religião nas condições de hoje; em resumo, a quais trabalhos são os melhores "agora", tanto quanto àqueles fatores que são atemporais. E tal como a observamos, a ênfase matriarcal é justificada em ambas destas considerações.

Primeiro, o aspecto atemporal. A Wicca, por sua verdadeira natureza, está especialmente relacionada com o desenvolvimento e o uso do "dom da Deusa" as faculdades psíquicas e intuitivas – e, num grau um pouco menor, com o "dom do Deus" – as faculdades lógico-lineares conscientes. Nenhum pode funcionar sem o outro, e o dom da Deusa deve ser desenvolvido e exercitado tanto na Bruxa quanto no Bruxo. Mas o fato é que, em geral, a mulher tem um acesso inicial quase imediato com o dom da Deusa, tal qual o homem com os músculos. E dentro do Círculo, a Alta Sacerdotisa (embora ela chame o seu Alto Sacerdote para invocar) é o canal e a representante da Deusa.

Isso não é apenas um costume Wiccaniano, é um fato da Natureza. "Uma mulher", diz Carl Jung, "pode se identificar diretamente com a Mãe Terra, mas um homem não pode (exceto em casos psicóticos)" – Obras Coletadas, volume IX, parte 1, 2ª edição, parágrafo 193. Nesse ponto, a experiência Wiccaniana apoia totalmente aquela que provém da psicologia clínica. Se a ênfase Wiccaniana é sobre o dom da Deusa (apoiada e energizada pelo dom do Deus), então, na prática, ela deve ser também sobre a Sacerdotisa (apoiada e energizada pelo Sacerdote). Para um estudo mais profundo sobre este relacionamento mágico, leia qualquer um dos romances de Dion Fortune – especialmente *A Sacerdotisa do Mar* e *Sacerdotisa da Lua*.

E, segundo, são os aspectos do "agora" – as exigências do nosso presente estado de evolução. Um livro inteiro poderia ser escrito sobre isso; aqui, podemos simplesmente simplificar a história consideravelmente – mas sem, acreditamos, distorcer sua verdade básica. De modo geral, até três ou quatro mil anos atrás a raça humana vivia (como os outros animais, embora em um nível muito complexo) por meio do "dom da Deusa"; em termos psicológicos, a atividade humana era dominada pela mente subconsciente, a consciência estando ainda no nível secundário total. A sociedade era geralmente matrilinear (o conhecimento descendendo da mãe) e muitas vezes também matriarcal (governado pela mulher), com a ênfase sobre a Deusa, a Sacerdotisa, a Rainha, a Mãe[7]. "Antes da civilização se estabelecer, a Terra

7. O Antigo Egito foi um exemplo perfeito a respeito do estágio de transição; ele era matrilinear, porém patriarcal, ambas, realeza e propriedade, passando diretamente por meio da linha feminina. Todos os Faraós masculinos ocupavam o trono porque eles eram casados com as herdeiras: "A rainha era rainha por direito de nascença, o rei era rei por direito de casamento." (Margaret Murray, *O Esplendor que era o Egito*, pág. 70), daí o hábito Faraônico de se casar com irmãs e filhas para manter o direito ao trono. A herança matrilinear era a regra em todos os níveis da sociedade e persistiu até o fim; este foi o porquê de primeiro Júlio Cesar e depois

já era uma divindade universal... uma criatura viva; uma mulher, porque ela recebe o poder do Sol, e é, portanto, animada e fertilizada... O elemento mais antigo e mais profundo em qualquer religião é o culto ao espírito da Terra em seus muitos aspectos." (John Michell, O Espírito da Terra, pág. 4). A isso deve ser adicionado - certamente ao passo que a consciência da humanidade aumentou - também o aspecto da Rainha do Céu; pois, para a humanidade nesta fase, a Grande Mãe foi o útero e a nutridora de todo o cosmos, matéria e espírito do mesmo modo[8].

Devemos enfatizar que esta interpretação "não" é um modo de voltar ao passado a fim de introduzir qualquer ideia de "inferioridade intelectual feminina". Pelo contrário, como aponta a Pedra de Merlin (Os Papéis do Paraíso, pág. 210), as culturas de adoração à Deusa produziram "invenções nos métodos de agricultura, medicina, arquitetura, metalurgia, veículos com rodas, cerâmica, tecelagem e a linguagem escrita" - nas quais as mulheres desempenharam uma participação completa (às vezes, como na introdução da agricultura, a liderança). Seria mais verdadeiro dizer que o intelecto em desenvolvimento foi uma ferramenta para criar o máximo possível em cima daquilo que era natural, ao invés de (como se tornou mais tarde) ferramenta muitas vezes usada para distorcê-la ou esmagá-la.

Mas a longa escalada da consciência estava acelerando - e, subitamente, (em termos de escala de tempo evolutiva) a mente consciente foi lançada em sua ascensão meteórica para a ditadura sobre as questões e o meio ambiente da humanidade. Inevitavelmente, isso foi expresso no monoteísmo patriarcal - a regra do Deus, o Sacerdote, o Rei, o Pai. (No berço da civilização do Mediterrâneo, os portadores dessa nova perspectiva foram os povos indo-europeus patrilineares, adoradores do Deus que conquistaram ou se infiltraram nas culturas indígenas matrilineares, de adoração à Deusa; sobre a história da

---

Marco Antônio desposaram Cleópatra, o último Faraó - esta era a única maneira pela qual eles poderiam ser reconhecidos como regentes do Egito. Otávio (Augusto César) também se ofereceu para casar com ela após a derrota e morte de Marco Antônio, mas ela preferiu o suicídio (ibid. págs. 70-71). Roma confrontou o mesmo princípio um século depois na outra margem de seu Império, na Bretanha, quando o escárnio dos romanos sobre este (seja grosseiro ou deliberado) provocou a revolta furiosa dos Icenos Celtas sobre Boudicca (Boadicea). (Vide *Bruxas de Lethbridge*, págs. 79-80).

8. Os Ciganos Kalderash (um dos três principais grupos romenos) mantém que *O Del*, O (masculino) Deus, não criou o mundo. "A Terra (*phu*), isto é, o Universo, existia antes dele; ela sempre existiu. 'Ela é a mãe de todos nós' (*amari De*) e é chamada *De Develeski*, a Divina Mãe. Nisso reconhece-se um traço do matriarcado primitivo." (Jean-Paul Clébert, *Os Ciganos*, pág. 134).

tomada do controle e seu efeito na religião, e a subsequente relação entre os sexos, Paradise Papers de Merlin Stone, já citado, vale a pena ser lido). Foi um estágio necessário, embora trágico e de forma sangrenta, na evolução da humanidade, e este envolveu, de uma maneira igualmente inevitável, certo afastamento – muitas vezes uma vigorosa supressão da parte estabelecida – do livre exercício do dom da Deusa.

Isso é uma grande simplificação, suficiente para deixar um historiador de cabelo em pé, porém um alimento para reflexão. E aqui tem mais. Esse estágio da evolução já passou. O desenvolvimento da mente consciente (certamente dentre os melhores exemplos disponíveis para a humanidade) alcançou o seu ápice. Nossa próxima tarefa evolutiva é a de reviver o dom da Deusa em todo o seu potencial e combinar os dois – com perspectivas inimagináveis para a raça humana e o Planeta em que vivemos. O Deus não está morto; ele está há muito tempo separado, aguardando a readmissão como seu Consorte exilado. E se a Wicca deve desempenhar seu papel nisso, uma ênfase especial sobre aquilo que é para ser "redespertado" é uma necessidade prática, de forma a restaurar o equilíbrio entre as duas Dádivas[9].

Pois o equilíbrio é, e deve ser o motivo pelo qual enfatizamos ambas as qualidades essenciais do homem e da mulher num trabalho em sociedade na Wicca e a recomendação de a Alta Sacerdotisa ser reconhecida como "primeira entre os iguais" em seu próprio relacionamento com seu Alto Sacerdote e o Coven – um delicado equilíbrio entre algumas parcerias, mas a nossa própria experiência (e nossa observação sobre outros Covens) nos convence de que vale a pena ser alcançado.

Alguém poderia também salientar que, nesse tempo de agitação espiritual e reavaliação religiosa em larga escala, o catolicismo, o judaísmo, o islamismo e muito do protestantismo ainda se agarram obstinadamente ao monopólio masculino do sacerdócio como sendo "determinado por meio divino"; a Sacerdotisa ainda é banida, para o grande empobrecimento espiritual da

9. Quando este livro ia ser impresso, nós lemos novamente a obra publicada por Annie Wilson *A Virgem Sábia*. Em seu capítulo Quatro, "O Coração da Matéria", ela lida com profundidade com esta questão da evolução da consciência e tem algumas coisas bastante perspicazes para dizer sobre suas implicações psicológicas, espirituais e sexuais (no sentido mais amplo). Annie também conclui que uma nova síntese, de potencial excitantemente criativo, é não apenas possível, mas urgentemente necessário se nós, no Ocidente, "equilibrarmos nossa aguda desigualdade". Essa é uma leitura muito útil para uma maior compreensão sobre a natureza, função e relacionamento entre homem e mulher.

humanidade. A Wicca pode também ajudar a recuperar este equilíbrio. E toda Sacerdotisa Wiccaniana ativa sabe por sua própria experiência o quão grande é o vazio a ser preenchido – inclusive, há ocasiões em que é difícil não ser oprimido por ele (e mesmo situações, e que isso não seja ouvido, no qual Sacerdotes e ministros de outras religiões recorrem a ela em caráter não oficial para pedir auxílio, frustrados devido à sua própria falta de colegas femininas).

Após esta divagação necessária – voltemos à estrutura do Coven. O ideal de um Coven, consistindo inteiramente de parcerias de trabalho é, naturalmente, raras vezes alcançado; sempre haverá um ou dois membros sem um par.

Um membro feminino do grupo é nomeado como a Donzela; ela é de fato uma Alta Sacerdotisa assistente para propósitos rituais – embora não necessariamente na esfera da liderança e da autoridade. O papel da Donzela varia de Coven para Coven, mas a maioria acha útil ter uma para desempenhar um papel particular nos rituais (de qualquer forma, a Donzela – em nosso Coven – geralmente tem seu próprio parceiro de trabalho simplesmente como qualquer outro membro do grupo).

Neste livro, nós admitimos a estrutura citada – Alta Sacerdotisa, Alto Sacerdote, Donzela, alguns pares de trabalho e um ou dois membros sem par.

Com relação aos Sabbats – em nosso Coven nós iniciamos, como se poderia esperar, adotando o Livro das Sombras. Ao passo que cada um ingressava, contribuía imediatamente com um pouco de criatividade ao material limitado que ele oferecia, deixando isso se transformar em uma celebração do Coven. (Sejamos bem claros quanto a isso, senão toda esta honesta análise poderá confundir alguém: todo Sabbat deve se transformar em uma celebração). Porém, ao longo dos anos, passamos a considerar isso inadequado. Oito boas celebrações, cada uma começando com um pouco de ritual parcialmente herdado e parcialmente espontâneo, não eram suficientes para expressar o prazer, o mistério e a magia do ciclo do ano, ou o fluxo e refluxo das marés psíquicas por trás delas. Elas eram como oito pequenas melodias agradáveis, mas separadas, quando o que nós realmente queríamos era oito acordes de uma sinfonia.

Então resolvemos nos aprofundar e estudar, e buscar indícios sazonais em tudo, desde *A Deusa Branca* de Roberto Graves até Fasti de Ovídio, desde livros sobre tradições folclóricas até as teorias sobre os círculos de pedra, desde a psicologia Junguiana até a sabedoria sobre o clima. Férias arqueológicas, na Grécia e no Egito, e afortunadas visitas profissionais ao Continente auxiliaram a ampliar nossos horizontes. Acima de tudo, talvez, o fato de nos movermos em meio ao campo, rodeados por plantas, árvores, colheitas, animais e clima de interesse prático para nós, deixou-nos face a face com a Natureza manifesta em nossas vidas diárias; seus ritmos começaram a ser verdadeiramente os nossos ritmos.

Tentamos, na verdade, descobrir o padrão anual por trás de tudo isso e aplicar o que aprendemos aos nossos rituais de Sabbat. E, conforme o fizemos, os Sabbats começaram a ter vida para nós.

Sempre tentamos "extrair" um padrão, não "impor" um; e extraí-lo não é tão fácil. É uma tarefa complexa, porque a Wicca[10] é parte integrante da tradição pagã ocidental; e as raízes desta tradição se espalharam amplamente, desde as terras Nórdicas até o Oriente Médio e o Egito, desde as estepes até o litoral do Atlântico. Enfatizar um fio da teia (digamos os celtas, os nórdicos ou os gregos) e usar suas formas e símbolos particulares, porque você está sintonizado com eles, é razoável e até mesmo desejável; mas "isolar" aquele fio, tentar rejeitar os outros como estranhos a este, é algo tão irreal e fadado ao fracasso quanto tentar apagar os genes dos pais de um bebê vivo. A Antiga Religião é também um organismo vivo. Seu espírito não é afetado pelo tempo e a seiva que corre em suas veias não se altera – mas a qualquer tempo e lugar ele está em um estado particular de crescimento. Você pode entrar em sintonia com aquele crescimento, encorajar e contribuir com ele e influenciar seu futuro; mas estará buscando problemas e desapontamentos se o distorcer ou representá-lo de forma equivocada.

---

10. Como a maioria dos Bruxos modernos, chamamos a Arte pelo nome de "Wicca". Isso se tornou um uso bastante fundamentado e muito apreciado, e existem todas as razões para que assim continue – mas devemos ser também honestos e admitir efetivamente que esta é uma nova palavra, derivada de forma errada. O Inglês Antigo para *craft* era *wicca-craft*, e não *wicca*, que significava "um praticante da Bruxaria do gênero masculino" (sendo o feminino *wicce*, e o plural *wiccan*), do verbo *wiccian*, "enfeitiçar, praticar Bruxaria", o que o Oxford English Dictionary diz ser "de origem obscura". Para o OED, a trilha parece terminar aqui; mas a afirmação de Gardner de que Wicca (ou, como ele a soletrava, *Wica*) significa "a Arte dos Sábios" é apoiado por Margaret Murray, que escreveu o tópico sobre *craft* na *Enciclopédia Britânica* (1957). "O significado real desta palavra está ligado com *wit*, saber". Robert Graves (*A Deusa Branca*, pág. 173), discutindo sobre o salgueiro que na Grécia era consagrado à Hécate, diz: "Sua conexão com as Bruxas é tão forte na Europa do Norte que as palavras *wicked* (mau) são derivadas da mesma palavra antiga para salgueiro, que também expressa *wicker* (vime). Para completar o quadro, *wizard* (feiticeiro) realmente significava 'um sábio', sendo derivada do Inglês Médio Recente *wys* ou *wis*, 'sábio'. Mas *warlock*, no sentido de 'um praticante masculino de Bruxaria', vem do Inglês Médio Recente de influência Escocesa e é inteiramente depreciativo; sua raiz significa 'traidor, inimigo, demônio'; e se os muito poucos Bruxos modernos que se denominam *warlocks* se dessem conta de sua origem, eles se uniriam à maioria de nós e compartilhariam o título de (Bruxo/a) com as suas irmãs e irmãos."

Nós já salientamos que os Oito Sabbats refletem dois temas distintos, com raízes históricas diferentes embora interativas: o tema solar e o tema da fertilidade natural. Eles não são mais separáveis, mas cada um deles deve ser compreendido se quisermos encaixá-los em nossa "sinfonia".

A nós parecia que uma chave para esta compreensão seria reconhecer que dois conceitos da figura do Deus estavam envolvidos. A Deusa está sempre lá; ela muda seu aspecto (em ambos os ciclos de sua fecundidade, como a Mãe Terra e em suas fases lunares como a Rainha do Céu), mas ela está sempre presente. Entretanto, o Deus, em ambos os conceitos, morre e é renascido.

Isso é fundamental. O conceito de um Deus sacrificado e renascido é encontrado em toda parte, voltando aos menores vestígios da pré-história; Osíris, Tammuz, Dionísio, Balder e Cristo são apenas algumas de suas formas posteriores. Contudo, você pode procurar em vão, ao longo da história da religião, por uma Deusa sacrificada e renascida – temporariamente perdida de vista, talvez, como Perséfone, mas sacrificada, nunca. Tal conceito seria, naturalmente, religiosa e psicologicamente impensável[11].

Observaremos, então, estes dois temas do Deus.

A figura do Deus-Sol que domina os Sabbats Menores dos solstícios e equinócios é comparativamente simples; seu ciclo pode ser observado mesmo através de uma janela de um flat elevado. Ele morre e é renascido em Yule; começa a fazer sentir sua jovem maturidade e a impregnar a Mãe Terra através do Equinócio de Primavera; brilha no ápice de sua glória no Meio do Verão; resigna-se com o poder decrescente e a influência que diminui sobre a Grande Mãe no Equinócio de Outono; e novamente enfrenta a morte e o renascimento na maré de Yule.

O tema da fertilidade natural é muito mais complexo; ele envolve duas figuras de Deus – o Deus do Ano Crescente (que aparece vez e outra na mitologia como o Rei do Carvalho)[12] e o Deus do Ano Minguante (o Rei

11. Nós cruzamos com apenas uma exceção aparente a esta regra. Na pág. 468 de *O Ramo de Ouro*, Frazer diz: "Na Grécia, parece que a grande Deusa Ártemis tinha sua própria efígie anualmente enforcada em seu bosque sagrado de Condylea, entre os montes Arcadianos, e lá, dessa forma, ela era conhecida pelo nome de *A Enforcada*". Mas Frazer perdeu a ideia principal. "Ártemis Enforcada" não é sacrifício – ela está no aspecto da Deusa Aranha Arachne/Ariadne/Arianrhod/ (Aradia?), que desce para nos auxiliar por meio de seu fio mágico e cuja teia espiral é a chave para o renascimento (vide James Vogh, *The Thirteenth Zodiac*).

12. Sem dúvida, também relacionável ao *Homem Verde* ou *Máscara Folhada*, cujas representações gravadas aparecem em muitas igrejas antigas.

do Azevinho). Eles são os gêmeos claro e escuro, cada um sendo o self do outro, eternos rivais, eternamente vencendo e sucedendo um ao outro. Eles competem eternamente pelo favor da Grande Mãe; e cada um, no ápice de seu reino de meio-ano, é sacrificialmente desposado com ela, morre em seu abraço e é ressuscitado para completar o seu reinado.

Luz e escuridão não representam "bem e mal"; elas significam as fases expansivas e de contração do ciclo anual, uma sendo tão necessária quanto à outra. A partir da tensão criativa entre as duas e, entre elas por um lado e a Deusa por outro lado, a vida é gerada.

Este enredo de fato se revela plenamente nos Sabbats Menores de Yule e no Meio do Verão. Em Yule o Rei do Azevinho termina o seu reinado e cai para dar lugar ao Rei do Carvalho; no Meio do Verão o Rei do Carvalho é, por sua vez, substituído pelo Rei do Azevinho.

A presente obra é um livro de rituais sugeridos, não uma obra de análise histórica detalhada; assim sendo, aqui não é o lugar para explicar em profundidade simplesmente como nós extraímos este padrão. Porém, acreditamos que qualquer pessoa que estude a mitologia Ocidental com uma mente aberta chegará inevitavelmente às mesmas conclusões gerais; e a maioria dos Bruxos provavelmente reconhecerá o padrão de imediato.

Muitos poderão questionar bastante razoavelmente: "onde se encaixa o nosso Deus de Chifres nisso?" O Deus de Chifres é uma figura de fertilidade natural; as raízes de seu simbolismo remontam a épocas totêmicas e de caça. Ele é o Rei do Carvalho e o Rei do Azevinho, os gêmeos complementares vistos como uma entidade completa. Poderíamos sugerir que o Rei do Carvalho e o Rei do Azevinho são uma nuance que, desenvolvida na ampliação do conceito do Deus de Chifres como vida vegetal, tornou-se mais importante para o homem. Eles não o aboliram – meramente ampliaram nossa compreensão sobre ele.

No início de cada capítulo deste livro oferecemos maiores detalhes sobre o histórico de cada Sabbat e explicamos como o utilizamos para criar o nosso ritual. Mas para tornar mais claro o padrão geral, tentamos resumi-lo no diagrama demonstrado mais adiante. Isto é apenas um resumo, mas o achamos muito útil e esperamos que outras pessoas também.

Um ou dois comentários sobre ele são necessários. Primeiro, os "aspectos da Deusa" – Nascimento, Iniciação, Consumação, Repouso e Morte – são aqueles sugeridos na obra de Grave, *A Deusa Branca* (os escritos de Robert Graves e os de Doreen Valiente têm sido de mais utilidade para nós em nossa pesquisa do que quaisquer outros). Deve ser novamente enfatizado que estes não significam o nascimento e a morte da própria Deusa (um conceito impensável, como destacamos), mas a face que ela mostra ao Deus e aos adoradores dela no decorrer do ano. Ela não "sofre" as experiências, muito embora "presida" sobre elas.

Segundo que, o posicionamento do casamento e renascimento sacrificial do Rei do Carvalho e do Rei do Azevinho, em Beltane e Lughnasadh, respectivamente, podem parecer um pouco arbitrários. Como este é um ciclo de fertilidade, o espaçamento real de seus ritmos varia de região para região; então, naturalmente, devido aos calendários rurais, as plantações das Highlands Escocesas e um vinhedo Italiano (por exemplo) não mantêm o mesmo compasso um em relação ao outro. Os dois sacrifícios aparecem em vários tempos na primavera e no outono; assim, ao planejar um ciclo coerente de Sabbats, uma escolha teve que ser feita. Beltane parecia a escolha óbvia para o casamento do Rei do Carvalho; mas o do Rei do Azevinho (mesmo nos confinando aos Sabbats Maiores, como parecia se encaixar) poderia ser ou Lughnasadh ou Samhain – sendo que, em ambos, traços deste devem ser encontrados. Uma razão pela qual nós estabelecemos esse momento como Lughnasadh foi porque Samhain (Halloween) já está tão carregado de significados e tradições que, incorporar o sacrifício, casamento e renascimento do Rei do Azevinho em seu ritual, iria sobrecarregá-lo ao ponto de haver confusão. Cada Sabbat, não importa o quão complexas sejam suas implicações, deve ter um tema central e uma mensagem clara.

Novamente o sacrifício do Rei do Azevinho é também aquele do Rei do Grão – um tema popular obstinadamente indestrutível, como muitos costumes simbólicos indicam[13]; e Lughnasadh, não o Samhain, marca a colheita. Finalmente tentamos, sempre que possível, incluir em nossos rituais sugeridos a essência dos ritos do Livro das Sombras; e aquele para Lughnasadh, cifrado como é, realmente aponta para esta interpretação. Esta é a única ocasião em que a própria Alta Sacerdotisa invoca a Deusa dentro de si mesma, ao invés de o Alto Sacerdote o fazer por ela. Seria talvez uma indicação de que neste Sabbat ela está ainda mais poderosamente no comando e o Deus Sacrificial ainda mais vulnerável? Para nós pareceu que sim.

13. Leia *Harvest Home* de Thomas Tryon – um romance aterrador, mas perspicaz, agora transformado em um filme muito bom.

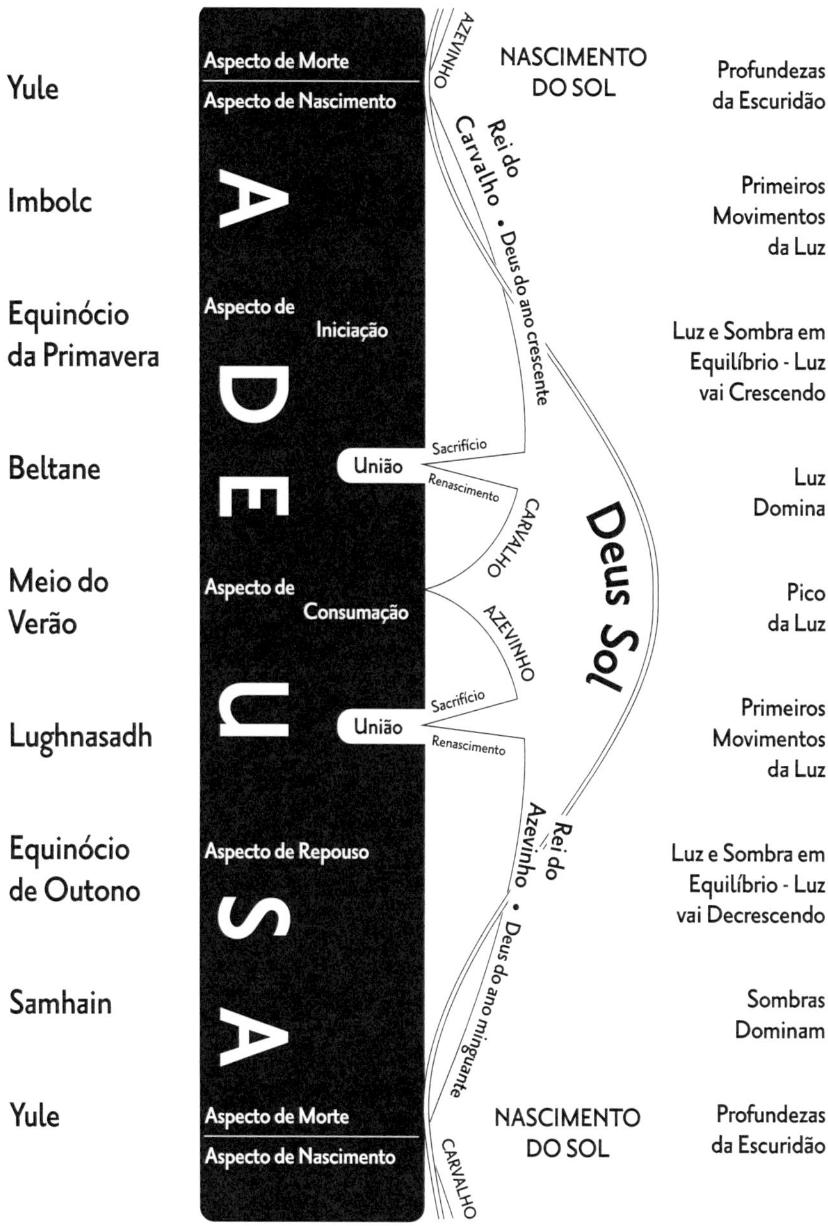

Ao decidir como dispor os participantes masculinos nos papéis de Deus Sol, Rei do Carvalho e Rei do Azevinho, fomos governados por duas considerações: (1) que a Alta Sacerdotisa, como representante da Deusa, tem apenas um "consorte" – seu parceiro de invocação, o Alto Sacerdote – e que qualquer ritual que simbolize seu casamento deve ser com ele; e (2) que não é praticável ou desejável para o Alto Sacerdote finalizar qualquer ritual simbolicamente "morto", uma vez que ele é o líder masculino do Coven, abaixo somente da Alta Sacerdotisa, e deve, por assim dizer, ter sua disponibilidade restaurada para o curso do ritual.

Em Beltane e Lughnasadh, portanto – os dois ritos, de casamento e de renascimento, sacrificiais – temos o Alto Sacerdote representando os papéis de Rei do Carvalho e Rei do Azevinho, respectivamente. Em cada caso o ritual implica em seu casamento com a Grande Mãe, e sua "morte"; e antes de o drama ritual terminar, ele renasce. O Deus Sol não é representado, como tal, nestes Sabbats.

No Meio do Verão e Yule, contudo, todos os três aspectos do Deus estão envolvidos. No Meio do Verão o Deus Sol está no ápice de seu poder e o Rei do Azevinho "extermina" o Rei do Carvalho. Em Yule, o Deus Sol passa pela morte e renascimento, e o Rei do Carvalho, por sua vez, "extermina" o Rei do Azevinho. Nessas duas ocasiões, a Deusa não é desposada, ela preside; e em Yule, adicionalmente, ela dá à luz o Deus Sol renovado. Então, para estes dois momentos, nós temos o Alto Sacerdote atuando como o Deus Sol, ao passo que o Rei do Carvalho e o Rei do Azevinho são ritualmente escolhidos por sorteio (a menos que a Alta Sacerdotisa prefira nomeá-los) e coroados para seus papéis pela Donzela. Fomos cautelosos em incluir em cada ritual a dispensa formal do representante do Rei assassinado de seu papel (assim, restaurando-o a seu lugar no Coven para o resto do Sabbat), bem como uma explicação sobre o que acontece com o espírito do Rei assassinado durante seu meio ano vindouro de obscurecimento.

Este livro é sobre os Sabbats. Mas os Esbats (reuniões não festivas) têm uma coisa em comum com os Sabbats: todos eles são realizados dentro de um Círculo Mágico, que é ritualisticamente construído, ou "lançado", no início da reunião e também dispersado, ou "banido", ao final, de forma ritual. Estes rituais de abertura e fechamento, mesmo dentro da tradição Gardneriana/Alexandrina, tendem a variar em detalhes de Coven para Coven e podem também variar de ocasião para ocasião no mesmo Coven, conforme o trabalho a ser feito e a decisão intuitiva ou consciente da Alta Sacerdotisa. Não obstante, cada Coven tem seus rituais básicos de abertura e fechamento, contudo, flexíveis; e este os utilizará em Esbats e Sabbats da mesma forma. Geralmente o Ritual de Abertura inclui, em adição ao "lançamento" real do Círculo, Puxar a Lua para Baixo (Invocação do espírito da Deusa para dentro da Alta Sacerdotisa, realizada pelo Alto Sacerdote) e a recitação da Carga da Deusa (o pronunciamento tradicional da Deusa a seus seguidores).

Outra característica comum dos Oito Sabbats, como estabelecido pelo Livro das Sombras, é o Grande Rito, o ritual da polaridade masculino-feminino encenado pela Alta Sacerdotisa e o Alto Sacerdote.

Já que este livro consiste de "nossas sugestões" detalhadas para os rituais dos Oito Sabbats, ele seria, portanto, incompleto caso não apresentássemos também o "nosso" modo particular de conduzir o Ritual de Abertura, o Grande Rito e o Ritual de Encerramento. Assim, eles foram incluídos como capítulos I, II e III. Não sugerimos aqui que os nossos são "melhores" do que os de outros Covens; mas que estão pelo menos no mesmo estilo dos rituais de Sabbats sugeridos, sendo, portanto, colocados dentro de um contexto ao invés de deixá-los sem cabeça nem pés. Esperamos, também, que alguns Covens achem útil ter uma forma para o Grande Rito Simbólico, que o Livro das Sombras falha em fornecer.

Esperamos que não seja mais necessário neste último estágio nos defendermos contra a acusação de "trair segredos" ao publicar nossas versões dos rituais de Abertura, Encerramento e o Grande Rito. Os rituais Gardnerianos básicos têm estado em "domínio público" por muitos anos; e assim tantas versões, desses três em particular (com alguns rituais deturpados e pelo menos um – o de Peter Haining – desavergonhadamente negro), têm sido publicadas, que não fazemos qualquer pedido de desculpa por oferecer o que acreditamos ser versões coerentes e funcionais.

Além do mais, com a publicação de Witchcraft for Tomorrow, de Doreen Valiente, a situação da Wicca tem mudado. Sob o princípio de que "você tem o direito de ser um pagão se você quiser ser", ela decidiu "escrever um livro que colocará a Bruxaria dentro do alcance de todos" (e ninguém melhor qualificado para tomar essa decisão do que a coautora do Livro das Sombras). O Witchcraft for Tomorrow inclui um Liber Umbrarum, seu Livro das Sombras completamente novo e muito simples para pessoas que desejam se iniciar e organizar seus próprios Covens. Agora, assim como Gardner antes dela, Doreen está sendo tanto elogiada como atacada por sua iniciativa. Nós, vale ressaltar, o recebemos de todo coração. Desde que Stewart publicou *What Witches Do*, em 1971, temos estado (e ainda estamos) abarrotados de cartas de pessoas pedindo para serem postas em contato com um Coven em sua localidade. Porém não tivemos condições de prestar ajuda à maioria delas, especialmente porque estão espalhadas por todo o mundo. Futuramente iremos indicar Witchcraft for Tomorrow para estas pessoas. A necessidade é genuína, ampla e crescente, e deixá-las insatisfeitas por razões de um "segredo" alegado é algo negativo e não realista.

De forma interessante, o que Doreen Valiente fez pela Wicca Gardneriana em Witchcraft for Tomorrow, Raymond Buckland também o fez para outra Tradição, a Wicca Saxônica, em The Tree, The Complete Book of Saxon Wicca (vide Bibliografia). Ele também inclui um Livro das Sombras simples, porém abrangente, com procedimentos para autoiniciação e a fundação de seu próprio Coven. Nós achamos que muitos dos rituais em The Tree são admiráveis, embora nos sentíssemos menos felizes com relação aos Oito Ritos de Celebrações, que são até mesmo mais insuficientes do que aqueles no Livro das Sombras Gardneriano, e se resumem a pouco mais do que breves declamações faladas; eles estão baseados, na verdade, na ideia de que a Deusa rege o verão, de Beltane a Samhain, e que o Deus rege o inverno, de Samhain a Beltane – um conceito ao qual não conseguimos nos sintonizar.

Perséfone, que é recolhida ao Submundo no inverno, é apenas um aspecto da Deusa – um fato que sua lenda enfatiza ao fazer dela a "filha" da Grande Mãe. Contudo, para cada um o que lhe pertence; é presunção ser muito dogmático estando do lado de fora, com relação às outras tradições da Arte. O que importa é que qualquer um que tenha a intenção de seguir o caminho da Wicca, mas não consegue fazer contato com um Coven estabelecido, agora têm "duas" tradições Wiccanianas válidas abertas para si em formato impresso. O que essa pessoa fizer dos rituais dependerá de sua própria sinceridade e determinação – mas isso seria igualmente verdadeiro se ela se unisse a um Coven estabelecido da forma normal.

Referindo-se novamente à *What Witches Do*, há uma desculpa que Stewart gostaria de apresentar. Quando ele o escreveu, sendo um Bruxo em seu primeiro ano, incluiu material que compreendeu ser tradicional ou originado de seus professores. Ele agora sabe que muito daquilo foi de fato escrito para Gardner por Doreen Valiente, que foi suficientemente gentil ao dizer: "É claro que eu aceito que você não sabia disso quando o publicou; como poderia saber?" Então estamos alegres por, desta vez, termos a oportunidade de contar exatamente o que aconteceu. E somos gratos a ela por ter lido este manuscrito antes da publicação, a nosso pedido, para assegurar que nós não a citamos sem reconhecimento e inadequadamente (uma desculpa similar, da mesma forma, vai ao espírito do já falecido Franz Bardon).

A ajuda de Doreen nos deu outra razão para incluir os Rituais de Abertura, do Grande Rito e o de Encerramento, tanto quanto as Oito Celebrações; este nos capacitou a fornecer respostas definitivas à maioria (esperamos) das perguntas que as pessoas têm feito durante o quarto de século que se passou a respeito das fontes dos vários elementos no Livro das Sombras (ou pelo menos aqueles capítulos dele dentro do objetivo deste livro) e as circunstâncias de sua compilação. Acreditamos que já está na hora disso ser feito. A confusão e interpretações errôneas (algumas vezes inocentes, algumas vezes deliberadas) já duraram muito tempo, levando até mesmo a um distinto historiador do oculto, como nosso amigo Francis King, chegar a conclusões erradas – se pudermos chamá-las de compreensíveis – sobre isso.

Esclarecer as fontes e as origens não é "retirar o mistério dos Mistérios". Os Mistérios não devem, devido à sua natureza, nem ao menos ser descritos em palavras; eles podem apenas ser experimentados. Ou talvez serem invocados e ativados pelo ritual eficaz. Jamais se deve confundir as palavras e os atos do ritual com o próprio Mistério. O ritual não é o Mistério – é um meio de contatá-lo e experimentá-lo. Alegar "preservar os Mistérios" como uma desculpa para falsificar a história e ocultar o plágio está errado e é um prejuízo tanto para os próprios Mistérios como para aquelas pessoas as quais você ensina. Isso inclui, por exemplo, declarar ter copiado o Livro das Sombras da sua avó anos antes de este ter sido realmente escrito, ou então ditar a obra de outros professores fazendo os alunos acreditarem que é sua própria obra.

Os rituais neste livro são dados para trabalho dentro de um recinto, mas todos eles podem ser facilmente adaptados para trabalho ao ar livre, onde isso seja felizmente possível. Por exemplo, velas podem ser acesas em lanternas ou vasos, e fogueiras devem ser acesas onde for adequado e seguro (se você trabalhar "vestido de céu" – isto é, despido –, uma fogueira ajuda!).

Devido a cada um destes rituais ser realizado apenas uma vez ao ano, obviamente ninguém vai sabê-los de cor do jeito que os rituais de Esbats são memorizados. Assim, as declarações pelo menos serão lidas do texto. A visão varia, então cabe à pessoa nesta incumbência se deverá, e quando, trazer uma das velas do altar ou, se ele ou ela necessitar de ambas as mãos, em chamar outra pessoa para segurá-la. Para evitar repetição, não temos nos referido a isso exceto onde a experiência nos ensinou que é particularmente necessário; por exemplo, quando a Alta Sacerdotisa cobre seu rosto com um véu (em algumas ocasiões, incidentalmente, desde que o véu seja longo o suficiente, ela deveria segurar o texto dentro dele).

Acreditamos que seja de grande ajuda, sempre que possível, fazer uma breve reencenação antecipadamente. Isso levará apenas cinco minutos antes de o Círculo ser lançado. Nenhuma declamação é lida; tudo o que se requer é que o Alto Sacerdote ou a Alta Sacerdotisa tenha o texto em sua mão e que passe rapidamente pela sequência, explicando, "Então eu faço isso e você faz aquilo, enquanto ela fica em pé ali..." e assim por diante, para se assegurar que todos têm a sequência básica e quaisquer movimentos importantes bem claros. Isso não deprecia o próprio ritual; na verdade, faz com que ele se desenvolva muito mais facilmente quando chega a hora e evita de "ficar conduzindo" ou se preocupando excessivamente a respeito de possíveis falhas.

Adicionamos, também, uma terceira parte no livro – "Nascimento, Casamento e Morte" – porque novamente sentimos que há necessidade disso. Ao longo do ritmo universal das estações, transcorre o ritmo das nossas vidas individuais. Toda religião sente a necessidade de um conhecimento sacramental dos marcos naquelas vidas – a recepção de novos filhos, a união do homem com a esposa, a despedida solene aos amigos falecidos. A Wicca não é uma exceção, embora o Livro das Sombras Gardneriano não ofereça rituais para qualquer desses acontecimentos. Assim, damos as nossas próprias versões de Wiccaning, Handfasting e Réquiem, na esperança de que outras pessoas possam achá-los úteis.

Nota para a reedição de 1985

Desde que este livro foi publicado, nosso livro posterior, O Caminho das Bruxas (Robert Hale Ltda., 1984) surgiu. Tanto quanto fornecer uma pesquisa geral sobre a prática da Arte, ele completa a tarefa que iniciamos aqui – a de estabelecer (novamente com a ajuda de Doreen Valiente) o formato e textos exatos dos rituais de Gardner, a partir de seus manuscritos originais em posse de Doreen. Por exemplo, ele inclui sua própria versão mais completa do Grande Rito, e todas as passagens não rituais de seu Livro das Sombras.

Esperamos que os leitores o considerem um volume útil e complementar ao presente.

Este livro foi escrito em Ballycroy, Co. Mayo, na costa Atlântica da Irlanda. Mas desde então, nosso trabalho exigiu que nos mudássemos para mais perto de Dublin. Podemos receber correspondência por meio do endereço a seguir.

Janet Farrar
Stewart Farrar

Barfordstown Lodge,
Kells, Co. Meath, Ireland.
Beltane de 1985.

A ESTRUTURA

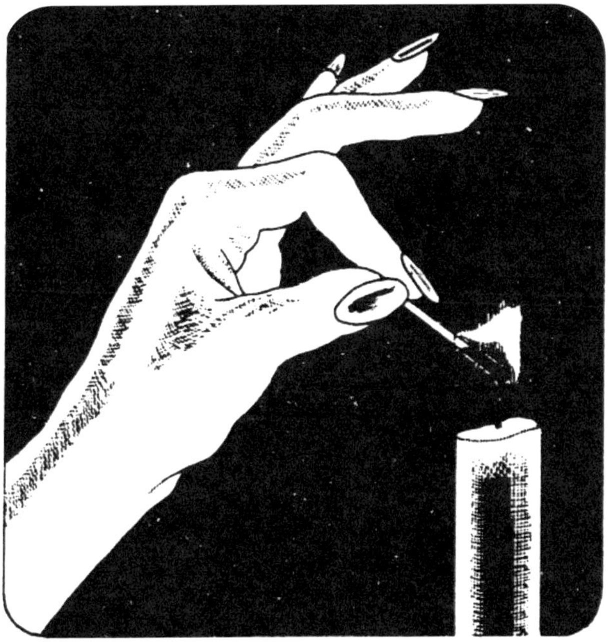

I — O Ritual de Abertura

Com este ritual Wiccaniano básico, nós estabelecemos nosso Templo – o local de culto e trabalho mágico, que pode ser estabelecido numa sala de estar com os móveis arrastados para os cantos; e pode, se tivermos sorte suficiente, estar num aposento que tenha sido escolhido exclusivamente para este propósito e não usado para nenhum outro, e que, caso o tempo e a privacidade o permitam, pode ser situado ao ar livre. No entanto, em qualquer local onde realizarmos nosso Sabbat, este (de uma forma ou de outra) é seu começo essencial, da mesma forma que o Ritual de Encerramento apresentado no capítulo III é a sua conclusão necessária.

O Ritual de Abertura é o mesmo para cada um dos Sabbats; onde houver diferenças de detalhes, ou de mobília ou de decoração do Templo, as mesmas serão indicadas no início de cada capítulo de Sabbat.

A Preparação

A área do Círculo é limpa e um altar é erguido no ponto ao Norte de sua circunferência (vide figura 1). Este altar pode ser uma mesa pequena (uma mesa de café é o ideal) ou meramente um pano estendido sobre o piso. Estão localizados sobre o altar:

- O Pentáculo no centro
- A vela do Norte, atrás do Pentáculo
- Um par de velas do altar, uma em cada lado
- O Cálice de vinho tinto ou hidromel
- O Bastão
- O Açoite de fios aveludados
- Uma tigelinha de água
- Uma tigelinha com um pouco de sal dentro
- As cordas (vermelha, branca e azul, cada uma com 2,74 m – ou seja, 9 pés)
- A Faca de Cabo Branco
- O Athame individual de cada Bruxo (Faca de Cabo Preto)
- Um incensário
- Um sininho de mão
- Um prato com bolos ou biscoitos
- A Espada, no chão em frente ao altar, ou sobre o próprio altar

Um suprimento do incenso escolhido, fósforos ou um isqueiro devem estar ao alcance da mão, próximos ao altar (achamos que uma vela menor pode ser útil para levar a chama de uma vela para outra).

Uma vela é posicionada em cada um dos pontos ao Leste, Sul e Oeste na circunferência do Círculo, completando as quatro velas "elementais" que devem queimar durante todo o ritual. (As localizações elementais são Leste, Ar; Sul, Fogo; Oeste, Água; e Norte, Terra).

Música deve estar disponível. Criamos para nós mesmos uma pequena biblioteca de fitas cassete C-120, com música apropriada, transferidas de discos ou outros cassetes, com cada parte da música repetida tantas vezes quanto necessário para preencher todos os sessenta minutos de um lado da fita. Fitas cassete são ideais[14], porque elas podem ser reproduzidas em qualquer

14. N. do T.: nos dias atuais, sugerimos que as fitas cassetes sejam substituídas por CDS e MP3 ou o recurso de sua preferência, com músicas apropriadas. É importante salientar, que entre

aparelho, desde um hi-fi estéreo, caso sua sala de estar tenha um, até um toca fita portátil, caso vocês se reúnam em qualquer outro lugar. É uma boa ideia regular o volume para ajustar as passagens mais altas antes do ritual, de outra forma você poderá ficar inesperadamente ensurdecido e ter que resolver isso em um momento impróprio.

Assegure-se de antemão de que o recinto esteja suficientemente aquecido, especialmente se, como nós mesmos e a maioria dos Covens Gardnerianos/ Alexandrinos, vocês normalmente operam "vestidos de céu".

Apenas um lugar fora do próprio Círculo precisa estar vazio – o quadrante Nordeste –, porque o Coven permanece lá, aguardando para começar, até que a Alta Sacerdotisa lhes permita entrar.

Tire o fone do gancho, acenda o incenso e as seis velas, comece a música e vocês estarão prontos para iniciar.

O Ritual

A Alta Sacerdotisa e o Alto Sacerdote ajoelham-se perante o altar, com ele à direita dela. O restante do Coven permanece fora no Quadrante Nordeste do Círculo.

Na sequência, a Alta Sacerdotisa coloca a tigelinha com água sobre o Pentáculo, introduz a ponta de seu Athame na água (vide figura 2) e diz:

> EU TE EXORCIZO, Ó CRIATURA DA ÁGUA, QUE TU LANCES FORA DE TI TODAS AS IMPUREZAS E MÁCULAS DOS ESPÍRITOS DO MUNDO DOS FANTASMAS; PELOS NOMES DE CERNUNNOS E ARADIA (ou quaisquer outros nomes do Deus e Deusa que o Coven utilize)[15].

---

a primeira publicação deste livro, em inglês, e sua atual edição brasileira, já se passaram mais de trinta anos. Ao longo deste tempo a comunidade pagã desenvolveu centenas de cânticos que têm sido usados satisfatoriamente para ambientar rituais, e a música gravada vem sendo substituída pela acústica, aquela produzida ao vivo pelos membros do Coven durante os rituais e acompanhada por meio de tambores, chocalhos e instrumentos percussivos diversos, que tornam a experiência ritual muito mais viva e dinâmica. No Brasil os CDs Ritual – Cânticos Sagrados da Antiga Religião; Wicca Experience e A Grande Descida – Cânticos e Hinos Sumerianos Devocionais a Inanna e Ereshkigal, são obras recomendadíssimas para você aprender canções para serem incorporadas em seus rituais.

15. Ambas as consagrações estão vagamente baseadas naquelas encontradas na *Clavículas de Salomão*, um grimório medieval, ou "gramática" de prática mágica, traduzido e editado por McGregor Mathers, a partir de manuscritos do Museu Britânico, e publicada em 1888 (vide Bibliografia sobre Mathers). As palavras para a consagração das armas mágicas no *Livro das Sombras*, de Gardner, também seguem (e com muito mais proximidade) àquelas da *Clavículas de Salomão*. Que elas eram empréstimo do próprio Gardner, mais do que parte do material

A Alta Sacerdotisa deita seu Athame e ergue a tigelinha de água com ambas as mãos. O Alto Sacerdote coloca a tigelinha com sal sobre o Pentáculo, introduz a ponta de seu Athame no sal e diz:

> Que as bênçãos estejam sobre esta criatura de sal; que toda malignidade e obstáculo sejam lançados fora daqui, e que todo bem aqui entre; razão pela qual eu te abençoo, para que tu possas me auxiliar, pelos nomes de Cernunnos e Aradia.

Ele repousa seu Athame e derrama o sal dentro da tigelinha de água que a Alta Sacerdotisa está segurando. Então ambos depositam suas tigelinhas sobre o altar e o Alto Sacerdote sai do Círculo para permanecer com o Coven.

A Alta Sacerdotisa lança o Círculo com a Espada, deixando uma passagem na direção Nordeste (erguendo sua Espada a uma altura maior do que as cabeças do Coven conforme passa por eles). Ela procede no sentido horário[16] de Norte a Norte, dizendo enquanto passa:

> Eu te conjuro, ó Círculo de Poder, que sejas um local de reunião do amor, do prazer e da verdade; um escudo contra toda crueldade e maldade; uma fronteira entre o mundo dos homens e os reinos dos Poderosos; uma fortaleza e proteção que preservará e conterá o poder que iremos gerar dentro de ti. Portanto, eu te abençoo e te consagro pelos nomes de Cernunnos e Aradia.

---

tradicional que ele obteve do Coven de New Forest que o iniciou, foi sugerido pelo fato de que o inglês deles corresponde àquele de Mathers, ao invés de derivar independentemente do Latim original. Não há problema nisso; como a maioria dos empréstimos de Gardner, eles atendem a seus propósitos admiravelmente.

16. Todos os movimentos mágicos envolvendo rotação ou circulação são normalmente realizados no sentido horário, "o caminho do Sol". Isso é conhecido como *deosil*, do gaélico; irlandês *deiseal*; escocês *deiseil*. Ambos pronunciados aproximadamente *jesh'l* e significando "para a direita" ou "para o Sul". Na Irlanda se diz *deiseal* – "Que seja correto" (direito) – quando um amigo espirra. Um movimento anti-horário é conhecido como *widdershins* (alemão Médio Alto *widersinnes*, "em uma direção contrária") ou *tuathal* (irlandês *tuathal* pronunciado *twa-h'l*; escocês *tuaitheal* pronunciado *twa-y'l*) significando "para a esquerda, para o Norte, em uma direção errada". Um movimento mágico *widdershins* é considerado negro ou malévolo, a menos que ele tenha um significado simbólico preciso, tal como uma tentativa de regressar no tempo ou um retorno à fonte preparatória para renascimento; em tais casos ele é sempre "desenrolado" no curso correto por um movimento *deosil* – tanto que um escocês inicia uma dança da espada em *tuaitheal*, porque ela é uma dança de guerra, e a termina em *deiseil* para simbolizar vitória (vide páginas 127, 140, 181, para exemplos em nossos rituais). Nós estaríamos interessados em ouvir da parte dos Bruxos do Hemisfério Sul (onde naturalmente o Sol se move no sentido anti-horário) sobre seus costumes em movimentos rituais, orientação dos elementos e posicionamento do altar.

Ela então abaixa a Espada e admite o Alto Sacerdote para dentro do Círculo com um beijo, girando com ele no sentido horário. O Alto Sacerdote admite uma mulher da mesma forma; aquela mulher admite um homem; e assim por diante, até que todo o Coven esteja no Círculo.

A Alta Sacerdotisa levanta a Espada e fecha a passagem, traçando aquela parte do Círculo da mesma forma que ela fez com o resto dele[17]. Ela então nomeia três oficiantes para fortalecer o Círculo (que já estabeleceu pelo elemento Terra) com os elementos de Água, Ar e Fogo.

O primeiro oficiante carrega a tigelinha de água consagrada ao redor do Círculo, em movimento deosil, de Norte a Norte, aspergindo o perímetro enquanto caminha. Então ele/ela asperge cada membro do Coven, um após o outro. Caso o oficiante seja um homem, ele termina aspergindo a Alta Sacerdotisa, que então o asperge; se for uma mulher, ela termina aspergindo o Alto Sacerdote, que então a asperge. O portador da água repõe a tigelinha no altar.

O segundo oficiante carrega o incensário com fumaça ao redor do perímetro, em deosil de Norte a Norte, e o recoloca no altar.

O terceiro oficiante carrega uma das velas do altar ao redor do perímetro, deosil de Norte a Norte, e a repõe sobre o altar.

Todos do Coven erguem seus Athames e ficam com a face voltada para o Leste, com a Alta Sacerdotisa e o Alto Sacerdote à frente (ele ficando à direita dela).

A Alta Sacerdotisa diz:

VÓS SENHORES DAS TORRES DE OBSERVAÇÃO DO LESTE, VÓS SENHORES DO AR; EU VOS CONVOCO, MOBILIZO E CHAMO PARA TESTEMUNHAR OS NOSSOS RITOS E PARA PROTEGER O CÍRCULO.

17. Normalmente, ninguém sai ou entra do Círculo entre os rituais de lançamento e banimento; porém, caso seja necessário, deverá ser aberta uma passagem através de um movimento circular ritual em *widdershins* (anti-horário) do Athame e fechado imediatamente após o uso com um movimento circular em *deosil* (horário). (Espada e Athame são ritualmente intercambiáveis). Vide, por exemplo, a página 57.

Enquanto fala, o oficiante traça o Pentagrama de Invocação da Terra com seu Athame no ar à sua frente, ficando, portanto[18]:

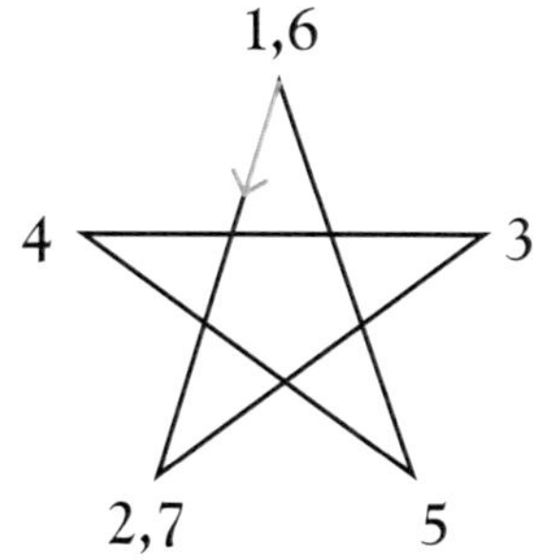

INVOCANTE

Após traçar o Pentagrama, ela beija a lâmina de seu Athame e o segura sobre seu coração por um ou dois segundos.

O Alto Sacerdote e o resto do Coven copiam todos estes gestos com seus próprios Athames; todos que estiverem sem Athame usam seus dedos indicadores direitos.

A Alta Sacerdotisa e o Coven ficam então de frente para o Sul e repetem a chamada; dessa vez é: Vós Senhores das Torres de Observação do Sul, vós Senhores do Fogo...

Todos se viram para o Oeste no qual a chamada é: Vós Senhores das Torres de Observação do Oeste, vós Senhores da Água, vós Senhores da Morte e da Iniciação...

Eles então ficam em frente ao Norte, e a chamada é mais extensa; a Alta Sacerdotisa diz:

> Vós Senhores das Torres de Observação do Norte, vós Senhores da Terra; Bóreas, tu guardião dos portais do Norte; tu Deus poderoso, tu Deusa gentil; nós vos convocamos, mobilizamos e chamamos para testemunharem nossos ritos e protegerem este Círculo.

18. Este Ritual das Torres de Observação é obviamente baseado no Ritual Menor do Pentagrama da Golden Dawn (ver Golden Dawn de Israel Regardie, Volume I, págs. 106-7 para material mais complexo sobre os Pentagramas de Banimento e Invocação, volume III, págs. 9-19. Incidentalmente, a Golden Dawn e muitos Bruxos, terminam os Pentagramas meramente retornando ao ponto de início – i.e., omitindo o sexto risco de selamento. Como sempre, isso é uma questão do que "parece certo" para você.

Todos do Coven recolocam seus Athames sobre o altar, e todos, exceto a Alta Sacerdotisa e o Alto Sacerdote, dirigem-se ao Sul do Círculo, onde ficam olhando de frente para o altar.

Agora o Alto Sacerdote Puxa a Lua sobre a Alta Sacerdotisa. Ela fica de costas para o altar, com o Bastão em sua mão direita e o Açoite na esquerda, seguros contra seu peito na "Posição de Osíris" – as duas hastes seguras em seus punhos cerrados, seus pulsos cruzados e as hastes cruzadas novamente sobre estes (vide ilustração 10). Ele se ajoelha diante dela.

O Alto Sacerdote confere o Beijo Quíntuplo à Alta Sacerdotisa, beijando-a no pé direito, pé esquerdo, joelho direito, joelho esquerdo, útero, seio direito, seio esquerdo e lábios (quando ele alcança o útero, ela abre seus braços na "posição de bênção"). Conforme vai executando, ele diz:

Abençoados sejam teus pés, que te conduziram até estes caminhos.
Abençoados sejam teus joelhos, que se dobrarão perante o altar sagrado.
Abençoado seja teu útero[19], sem o qual nós não existiríamos.
Abençoados sejam teus seios, formados em beleza[20].
Abençoados sejam teus lábios, que pronunciarão os Nomes Sagrados.

Para o beijo nos lábios, eles se abraçam por toda extensão, com os pés tocando os pés do outro.

O Alto Sacerdote se ajoelha novamente perante a Alta Sacerdotisa, que retoma a "posição de bênção", mas com seu pé direito um pouquinho para frente. Ele então invoca:

Eu te invoco e te chamo, Poderosa Mãe de todos nós, portadora de toda fruição;
pela semente e raiz, pelo botão e caule, pela folha, flor e fruto, pela vida e amor
eu te invoco a descer sobre o corpo desta tua serva e Sacerdotisa.

Durante esta invocação, ele toca com seu dedo indicador da mão direita o seio direito dela, depois o seio esquerdo e o útero, os mesmos três novamente e finalmente o seio direito. Ainda ajoelhado, ele então abre seus braços para fora e para baixo, com as palmas para frente, e diz:

Salve, Aradia, da Cornucópia de Amalteia! Derramai vossa porção de amor; eu me inclino humilde perante a ti, eu te adoro até o fim. Com sacrifício amoroso teu santuário adorno. Teu pé é para meu lábio...

---

19. Quando uma mulher concede o Beijo Quíntuplo a um homem (como no Sabbat Imbolc) ela diz "falo" em vez de "útero", beijando-o logo acima do pelo púbico; e "peito, formado em força" ao invés de "seios, formados em beleza".

20. De um poema de Aleister Crowley, originalmente dedicado à Tyche, Deusa da Fortuna. Adaptado para o uso da Arte por Gardner, que o apreciava muito.

O Alto Sacerdote beija o pé direito dela e continua:

...MINHA PRECE NASCIDA SE ELEVA SOBRE A FUMAÇA CRESCENTE DO INCENSO; ENTÃO, DESPENDEIS TEU ANTIGO AMOR, Ó PODEROSA, DESÇA PARA ME AJUDAR, POIS SEM TI ESTOU ABANDONADO.

Ele então se levanta e dá um passo para trás, ainda olhando para a Alta Sacerdotisa, que traça o Pentagrama de Invocação da Terra no ar na frente dele com o Bastão, dizendo[21]:

DA MÃE ESCURA E DIVINA, MEU É O AÇOITE, E MEU É O BEIJO; A ESTRELA DE CINCO PONTAS DE AMOR E ÊXTASE... AQUI EU TE FORTALEÇO, NESTE SINAL.

Com isso o Ritual de Puxar a Lua está concluído; o próximo estágio é a Carga da Deusa[22]. A Alta Sacerdotisa deita o Bastão e o Açoite sobre o altar e ela e o Alto Sacerdote ficam de frente para o Coven, com ele à esquerda dela.

O Alto Sacerdote diz:

OUÇAM AS PALAVRAS DA GRANDE MÃE; ELA DESDE TEMPOS ANTIGOS ERA TAMBÉM CONHECIDA ENTRE OS HOMENS COMO ÁRTEMIS, ASTARTE, ATHENA, DIONE, MELUSINE, AFRODITE, CERRIDWEN, DANA, ARIANRHOD, ÍSIS, BRIDE[23], E POR MUITOS OUTROS NOMES[24].

---

21. Versão rimada de Doreen Valiente da Carga da Deusa.

22. A história da Carga da Deusa é como segue. Gardner esboçou uma primeira versão, muito similar àquela que damos aqui até "tudo em meu louvor" (sendo esta passagem de abertura adaptada dos rituais das Bruxas Toscanas registrados na obra de Leland Aradia: O Evangelho das Bruxas) seguido de alguns extratos voluptuosamente verbalizados de Aleister Crowley. Doreen Valiente nos diz que: "... não achou que isso era realmente adequado para a Antiga Arte dos Sábios, por mais belas que as palavras possam ser ou o quanto alguém poderia concordar com o que elas diziam; então eu escrevi uma versão da Carga da Deusa em verso, conservando as palavras de Aradia, porque estas são tradicionais". Esta versão em versos começava "Mãe obscura e divina...", e sua primeira estrofe ainda é usada como resposta da Alta Sacerdotisa à Invocação da Lua. Mas a maioria das pessoas pareceu preferir a Carga da Deusa em prosa, então ela escreveu a versão final em prosa que damos aqui; ela ainda contém uma ou duas frases de Crowley, "Mantenha puro seu maior ideal", por exemplo, é de seu ensaio A Lei da Liberdade, e "Não exijo (nada em) sacrifício" é do Livro da Lei, mas ela integrou tudo para nos oferecer a declamação mais amada na Arte atualmente, que poderia ser chamada de Credo Wiccaniano. Nossa versão tem uma ou duas pequenas diferenças daquela de Doreen (tal como "Bruxas" no lugar de "Bruxarias"), mas nós as deixamos lá, pedindo desculpas a ela.

23. Pronunciado Breed. Se você tem um nome de Deusa local, de toda forma o adicione à lista. Enquanto morávamos no Condado de Wexford, costumávamos adicionar Carman, uma Deusa de Wexford (heroína ou vilã, dependo de sua versão) que deu ao condado e à cidade seu nome gaélico de Loch Garman (Loch gCarman).

24. No Livro das Sombras, outra sentença segue aqui: "Nos altares dela os jovens da Lacedemônia, em Esparta, fizeram o devido sacrifício." A sentença se originou de Gardner, não de Doreen. Como muitos Covens, nós omitimos isso. O sacrifício Espartano, ainda que tenha sido

A Alta Sacerdotisa diz:

Sempre que tiverdes necessidade de qualquer coisa, uma vez por mês e melhor ainda quando a Lua estiver cheia, deveis vos reunir em algum lugar secreto e adorares o meu espírito, que sou Rainha de todas as Bruxas. Lá vos reunireis, vós que estais desejosos em aprender toda Bruxaria, ainda que não tenhais conquistado seus segredos mais profundos; a estes eu ensinarei coisas que ainda são desconhecidas. E vós sereis libertos da escravidão; e como sinal de que sois realmente livres, estareis nus em vossos ritos; e dançareis, cantareis, festejareis, fareis música e amor, tudo em meu louvor. Pois meu é o êxtase do espírito, e meu também é o prazer na Terra; pois minha lei é amor sobre todos os seres. Mantenhais puro vosso mais alto ideal; esforçai-vos sempre nessa direção; não permitis que nada vos detenha ou desvie do caminho. Pois minha é a porta secreta que se abre para a Terra da Juventude, e meu é o cálice do vinho da vida, e o Caldeirão de Cerridwen, que é o Santo Graal da imortalidade. Sou a Deusa graciosa que concede a dádiva do prazer no coração do homem. Sobre a Terra, concedo o conhecimento do espírito eterno; e após a morte, eu concedo paz, e liberdade, e reunião com aqueles que partiram antes. Não exijo sacrifício; pois observai, eu sou a Mãe de todos os viventes, e meu amor é derramado por sobre a Terra.

O Alto Sacerdote diz:

Ouçam as palavras da Deusa Estrela; ela que na poeira dos pés traz todas as hostes do céu, e cujo corpo envolve o universo.

A Alta Sacerdotisa diz:

Eu que sou a beleza da Terra verde e a Lua branca entre as estrelas, e o mistério das águas, e o desejo do coração do homem, chamo a tua alma. Apareceis e vinde a mim. Pois eu sou a alma da natureza que dá vida ao Universo. Todas as coisas se originam de mim, e para mim todas as coisas deverão retornar; e perante minha face, amada pelos Deuses e pelos homens, deixai teu eu divino mais íntimo ser abraçado no êxtase do infinito. Que minha adoração seja entre os corações que regozijam; pois observai, todos os atos de amor e prazer são meus rituais. E, portanto, que haja beleza e força, poder e compaixão, honra e humildade, júbilo e reverência dentro de vós. E tu que pensastes em buscar por mim, sabei que vossa busca e anseio não te auxiliarão a menos que conheçais o mistério; que se aquilo que procuraste não encontraste dentro de ti, tu jamais o encontrarás fora de ti. Pois observai, eu tenho estado contigo desde o começo; e eu sou aquilo

---

amplamente descrito, era certamente algo horrível (vide, por exemplo, Robert Graves, *Mitos Gregos*, parágrafo 116.4) e impossível de manter ao lado do mandamento posterior da Carga da Deusa "Não exijo sacrifício". De toda forma, a sentença é inacurada; Esparta é em Lacedemônia, não Lacedemônia em Esparta.

QUE É ALCANÇADO NO FIM DO DESEJO.

Esta é a conclusão da Carga da Deusa.

O Alto Sacerdote, ainda de frente para o Coven, ergue bem os seus braços e diz[25]:

BAGAHI LACA BACHAHÉ
LAMAC CAHI ACHABAHÉ
KARRELYOS
LAMAC LAMEC BACHALYOS
CABAHAGI SABALYOS
BARYOLAS
LAGOZATHA CABYOLAS
SAMAHAC ET FAMYOLAS
HARRAHYA!

A Alta Sacerdotisa e o Coven repetem:

HARRAHYA!

O Alto Sacerdote e a Alta Sacerdotisa então viram seus rostos para o altar com seus braços erguidos, suas mãos fazendo a saudação ao "Deus de Chifres" (dedos indicador e mínimo esticados, polegar e dedos do meio dobrados para o meio da palma). O Alto Sacerdote diz[26]:

GRANDE DEUS CERNUNNOS, VOLTAI À TERRA NOVAMENTE!
VINDE PELA MINHA INVOCAÇÃO E VOS MOSTRAI AOS HOMENS.
PASTOR DE CABRAS, SOBRE O CAMINHO AGRESTE DA MONTANHA,
CONDUZI VOSSO REBANHO PERDIDO DA ESCURIDÃO PARA O DIA.
ESQUECIDOS ESTÃO OS CAMINHOS DE SONO E NOITE.
OS HOMENS PROCURAM POR ELES, CUJOS OLHOS PERDERAM A LUZ.
ABRI A PORTA, A PORTA QUE NÃO TEM CHAVE,
A PORTA DOS SONHOS, POR ONDE OS HOMENS VÊM A TI.
PASTOR DE CABRAS, Ó RESPONDEI A MIM!

---

25. Este estranho encantamento, inicialmente conhecido por ter surgido numa peça francesa do décimo terceiro século, é tradicional na Bruxaria. Seu significado é desconhecido – embora Michael Harrison em *The Roots of Craft* revela uma interessante ocorrência para isso como sendo uma corruptela do basco e um chamado para uma reunião de Samhain.

26. Esta é a Invocação a Pan do capítulo XIII de *A Sacerdotisa da Lua* de, Dion Fortune, com o nome da Divindade do Coven substituído pelo nome de Pan.

O Alto Sacerdote e a Alta Sacerdotisa dizem juntos[27]:

AKHERA GOITI – AKHERA BEITI!

Baixando suas mãos na segunda frase.

A Alta Sacerdotisa, seguida pelo Alto Sacerdote, então conduzem o Coven para realizar a Runa das Bruxas – uma dança em deosil formando um anel, olhando para o interior do Círculo e segurando as mãos (palmas esquerdas para cima, palmas direitas para baixo), homens e mulheres alternados na medida do possível. A Alta Sacerdotisa dá o compasso – e pode algumas vezes largar a mão do homem à sua frente e espiralar o Coven, para dentro e para fora, como uma serpente. Não importa o quão complexo seja o seu trançado, ninguém deve romper a corrente, mas todos devem continuar se movendo, ainda de mãos dadas, até que a linha desembarace a si mesma. Enquanto prossegue a dança em anel, todo o Coven canta[28]:

EKO, EKO, AZARAK,
EKO, EKO, ZOMELAK,
EKO, EKO, CERNUNNOS,
EKO, EKO, ARADIA!
} repetido três vezes

27. Este é um antigo encantamento das feiticeiras bascas, significando "O bode acima – o bode abaixo". Nós o encontramos na obra *The Roots of Craft* de Michael Harrison, gostamos dele e o adotamos.

28. Este cântico, a Runa das Bruxas, foi escrito por Doreen Valiente e Gerald Gardner juntos. As linhas "*Eko, Eko*" (às quais os Covens geralmente inserem os nomes de seus próprios Deus e Deusa nas linhas 3 e 4) não eram parte de sua Runa original; ela nos conta: "Nós costumávamos usá-las como prelúdio ao antigo cântico *Bagabi lacha bachabe*" (ao qual Michael Harrison também as atribui), porém não creio tampouco que eram originalmente parte deste cântico, mas que eram parte de outro cântico mais antigo.
Escrevendo de memória, ficou algo assim:

Eko Eko Azarak
Eko Eko Zomelak
Zod ru koz e zod ru koo
Zod ru goz e goo ru moo
Eeo Eeo hoo hoo hoo!

Não, eu não sei o que elas significam! Mas creio que de alguma forma *Azarak* e *Zomelak* são nomes do Deus." E ela adiciona: "Não há razão para que estas palavras não sejam usadas como você as tem usado." Nós apresentamos aqui a versão no qual nós, e muitos outros Covens, ficamos acostumados; as únicas diferenças são que o original apresenta "eu, meu" ao invés de "nós, nosso", e apresenta "Leste, então Sul, Oeste e Norte" e "Na terra e ar e mar, pela luz lunar e solar".

Noite escura e Lua clara
Leste e Sul, Oeste e Norte;
A Runa das Bruxas vamos escutar
Aqui viemos te invocar!

Terra e Água, Ar e Fogo,
Bastão, Pentáculo e Espada,
Trabalhai o nosso desejo,
Escutai nossa palavra!

Corda e Incensário, Açoite e Faca,
Poder da lâmina do Bruxo,
Para vida despertai,
Enquanto o encantamento aqui se faz
Rainha do Céu, Rainha do Inferno,
Chifrudo caçador da noite,
Conceda poder ao nosso feitiço
Trabalhe o desejo pelo mágico rito!

Por todo o poder da terra e mar,
Por toda força lunar e solar,
O nosso desejo acontecerá;
Cantando o encanto, assim será!

Eko, Eko, Azarak,
Eko, Eko, Zomelak,
Eko, Eko, Cernunnos,
Eko, Eko, Aradia!
} repetido três vezes

Quando a Alta Sacerdotisa achar que é o momento (e, se ela espiralou, deverá agora restaurar o Coven à composição original em anel), ela ordenará:

Ao chão!

Todo o Coven se abaixa ao solo e sentam voltados para o interior do Círculo.

Este é o fim do Ritual de Abertura. Caso fosse um Esbat, a Alta Sacerdotisa agora dirigiria o trabalho específico a ser feito. Se for um Sabbat, o ritual apropriado começa agora.

Outro ritual breve deve ser realizado aqui para completar o quadro: a Consagração do Vinho e dos Bolos. Isso tem lugar em todo Esbat, geralmente após o trabalho ser concluído e antes de o Coven relaxar dentro do Círculo. Num Sabbat, ambos, vinho e bolos, têm que ser consagrados se o Grande Rito for real (vide capítulo II); se o Grande Rito for simbólico, a consagração do vinho será uma parte integrante deste, deixando apenas os bolos para serem consagrados pelo ritual usual.

Consagração do Vinho e dos Bolos

Um Bruxo se ajoelha perante a Bruxa em frente ao altar. Ele eleva o Cálice de vinho para ela, que por sua vez segura seu Athame apontando para baixo, abaixando-o, em seguida, com sua ponta penetrando o vinho (vide ilustração 17).

O homem fala:

COMO O ATHAME É O MASCULINO, O CÁLICE É O FEMININO; E UNIDOS, ELES SE TORNAM UM EM VERDADE.

A mulher deposita seu Athame sobre o altar e então beija o homem (que permanece ajoelhado) e aceita o Cálice dele. Ela bebe o vinho, beija o homem novamente e passa o Cálice novamente para ele. Ele bebe, levanta-se e o entrega para outra mulher com um beijo.

O Cálice é, dessa forma, passado ao redor de todo o Coven, homem para mulher e mulher para homem (a cada vez com um beijo), até que todos tenham sorvido do vinho.

Caso haja mais algo para ser feito, o Cálice é então retornado ao altar. Se o Coven estiver agora pronto para relaxar dentro do Círculo, o Cálice é posicionado entre eles assim que se sentarem no chão e qualquer um poderá beber dele, caso ele ou ela o queira; o ritual de passar-e-beijar é necessário apenas para a primeira rodada. Se o Cálice for preenchido de novo durante este relaxamento, não será necessário que seja reconsagrado.

Para consagrar os bolos, a mulher ergue novamente seu Athame e o homem, ajoelhado perante ela, eleva o prato de bolos (vide ilustração 3). Ela traça o Pentagrama de Invocação da Terra no ar sobre os bolos com seu Athame, enquanto o homem diz[29]:

Ó RAINHA MAIS SECRETA, ABENÇOAI ESTE ALIMENTO EM NOSSOS CORPOS; CONCEDENDO SAÚDE, RIQUEZA, FORÇA, CONTENTAMENTO E PAZ, E A GRANDIOSIDADE DO AMOR QUE É A PERFEITA FELICIDADE.

A mulher deposita seu Athame sobre o altar, beija o homem e tira um bolinho do prato. Ela o beija novamente e ele tira um bolinho. Ele se levanta e passa o prato para outra mulher com um beijo.

O prato é então passado ao redor de todo o Coven, homem para mulher e mulher para homem (a cada vez com um beijo), até que todos tenham tirado um bolinho.

29. Adaptado da Missa Gnóstica de Crowley.

II — O Grande Rito

Dizer que o Grande Rito é um ritual de polaridade masculino/feminino é verdadeiro, porém, soa friamente técnico. Dizer que ele é um rito sexual é também verdadeiro, mas soa (para os desavisados), como uma orgia. De fato, o Grande Rito não é nem algo frio nem uma orgia; assim vamos tentar colocá-lo nas devidas proporções.

O Grande Rito pode ser realizado em qualquer uma das duas formas, podendo ser (e achamos que geralmente é na maioria dos Covens) puramente "simbólico" – quando todo o Coven está presente o tempo todo; ou pode ser "real", o que quer dizer que envolve relação física – quando todos do Coven, exceto o homem e a mulher envolvidos, deixa o Círculo e o recinto antes de o ritual se tornar íntimo, e não retornam até que sejam convocados.

Porém, seja ele "simbólico" ou "real", as Bruxas não fazem apologia à sua natureza sexual. Para elas, sexo é sagrado – uma manifestação daquela polaridade essencial que atravessa e ativa todo o Universo, do Macro ao Microcosmo, e sem a qual o Universo seria inerte e estático – em outras palavras, não existiria. O casal que está encenando o Grande Rito está oferecendo a si mesmo, com reverência e prazer, como expressões dos aspectos do Deus e da Deusa da Fonte Suprema. "Como acima, é abaixo."

Eles estão se tornando, no melhor de suas capacidades, canais para aquela polaridade divina em todos os níveis, do físico ao espiritual. Eis o porquê de ele ser chamado de o Grande Rito.

Eis também o porquê de o Grande Rito "real" ser encenado sem testemunhas – não pela vergonha, mas pela dignidade da privacidade. Motivo este também de o Grande Rito "real" ser encenado apenas por um casal casado ou por amantes (é o que nós achamos), cuja união tenha a força de um casamento; pois é um rito mágico poderoso. Caso ele seja carregado com a intensidade do relacionamento corporal por um casal cujo relacionamento seja menos estreito, pode muito bem ativar conexões em níveis para os quais eles não estejam preparados e que podem se mostrar desequilibrados e perturbadores.

"Intercurso sexual ritual" – diz Doreen Valiente – "é, na realidade, uma ideia muito antiga, provavelmente tão antiga quanto à própria humanidade. Obviamente que é o verdadeiro oposto da promiscuidade. Relacionamentos para propósitos rituais deveriam ser feitos com um parceiro cuidadosamente selecionado, na hora certa e no lugar certo...".

"Isso é amor e é apenas o amor que pode dar ao sexo o toque da magia." (*Natural Magic*, pág. 110).

O Grande Rito Simbólico, contudo, é um ritual perfeitamente seguro e benéfico para dois Bruxos experientes ao nível de amizade normal entre os membros do mesmo Coven. Cabe à Alta Sacerdotisa decidir quem está apropriado.

Talvez um bom modo de expressar isso fosse dizer que o Grande Rito "real" é magia sexual, ao passo que o Grande Rito simbólico é a magia de gênero.

A invocação do Grande Rito declara especificamente que o corpo da mulher participante é um altar, com seu útero e órgãos reprodutores como seus focos sagrados, e o reverencia como tal. Não deveria ser tão necessário enfatizar aos nossos leitores que isso nada tem a ver com qualquer "Missa Negra" – porque a própria Missa Negra nada tinha a ver com a Antiga Religião, tendo sido, portanto, considerada uma heresia cristã, usando formas cristãs pervertidas, realizadas por degenerados sofisticados e Sacerdotes expulsos ou corruptos, no qual o altar vivo era usado para dessacralizar a hóstia cristã. Tal obscenidade é naturalmente estranha em absoluto ao espírito e intenção do Grande Rito.

Em muitas religiões pagãs sinceras e honradas, por outro lado, "existe uma figura genuinamente antiga – a mulher nua sobre o altar" – ressalta Doreen Valiente, e prossegue: "Seria mais correto dizer, a mulher nua que é o altar por si mesmo; porque este é o seu papel original... Este uso de um corpo nu de uma mulher viva como altar no qual as forças da Vida são cultuadas e invocadas, estende-se há um tempo anterior ao começo do cristianismo; estende-se aos dias do antigo culto da Grande Deusa da Natureza, quando todas as coisas eram uma unidade, sob a imagem de Mulher." (*Enciclopédia da Bruxaria* pág. 44).

De fato, não apenas o altar arquetípico, mas toda igreja, templo ou sinagoga é o corpo da Deusa – psicologicamente, espiritualmente e em sua evolução histórica. Todo o simbolismo complexo da arquitetura eclesiástica comporta isso muito além do questionamento, ponto a ponto; qualquer um que disso duvide deveria ler o manual ricamente documentado de Lawrence Durdin-Robertson (apesar de meio confuso) *O Simbolismo da Arquitetura do Templo*.

Desta forma, o simbolismo Wiccaniano meramente faz, vívida e naturalmente, o que outras religiões fazem indireta e subconscientemente.

Nos Sabbats, o Grande Rito é usualmente encenado pela Alta Sacerdotisa e o Alto Sacerdote. Os Sabbats são ocasiões especiais, picos de conscientização e significação elevados dentro do ano dos Bruxos; assim, é adequado que nessas celebrações os líderes do grupo assumam esse importante papel sobre si mesmos em nome do Coven. Contudo, procedimentos rígidos são alheios à Wicca, e pode muito bem haver ocasiões em que ambos decidam que outro casal deva ser nomeado para o Grande Rito do Sabbat.

A Preparação

Um único item extra necessário para o Grande Rito, seja "simbólico" ou "real", é um véu de um metro quadrado, devendo ser, preferivelmente, em uma das cores da Deusa – azul, verde, prata ou branco.

O Cálice deve ser prontamente preenchido com vinho.

A Alta Sacerdotisa pode também decidir por alterar a música para algo especialmente apropriado – possivelmente alguma música com um significado pessoal para ela e para seu parceiro. (Com o propósito de simplificar, estamos assumindo, aqui e a seguir, que são a Alta Sacerdotisa e o Alto Sacerdote que estão conduzindo o Rito).

O Ritual Simbólico

Se o Caldeirão estiver no centro, será movido para o Sul do Círculo, a menos que o ritual indique outra posição.

O Coven, exceto para a Alta Sacerdotisa e para o Alto Sacerdote, posiciona-se ao redor do perímetro do Círculo, homem e mulher alternados na medida do possível, faces voltadas para o centro.

A Alta Sacerdotisa e o Alto Sacerdote ficam de pé olhando um para o outro no centro do Círculo, ela de costas para o altar, ele de costas para o Sul.

O Alto Sacerdote confere o Beijo Quíntuplo na Alta Sacerdotisa.

A Alta Sacerdotisa então se deita olhando para cima, com seus quadris no centro do Círculo, sua cabeça na direção do altar e seus braços e pernas estendidos para formar o Pentagrama.

O Alto Sacerdote busca o véu e o estende sobre o corpo da Alta Sacerdotisa, cobrindo-a dos seios aos joelhos. Ele então se ajoelha olhando para ela, com seus joelhos entre os pés dela (vide ilustração 4).

Na sequência, ele chama uma Bruxa por seu nome, para que ela traga o Athame dele do altar. A Bruxa assim o faz e permanece com o Athame em suas mãos, um passo de distância ao Oeste dos quadris da Alta Sacerdotisa, olhando para ela.

Então o Alto Sacerdote chama um Bruxo pelo nome, para que ele traga o Cálice de vinho do altar. O Bruxo assim o faz e permanece com o Cálice em suas mãos, um passo de distância ao Leste dos quadris da Alta Sacerdotisa, olhando para ela.

O Alto Sacerdote conduz a Invocação:

AUXILIAI-ME A ERIGIR O ANTIGO ALTAR,
AO QUAL EM DIAS PASSADOS TODOS ADORAVAM;
O GRANDE ALTAR DE TODAS AS COISAS.
POIS NOS TEMPOS ANTIGOS, A MULHER ERA O ALTAR.

ASSIM ERA O ALTAR PREPARADO E POSICIONADO,
E O LOCAL SAGRADO ERA O PONTO DENTRO DO CENTRO DO CÍRCULO.

ASSIM COMO FOMOS DESDE HÁ MUITO TEMPO ENSINADOS
QUE O PONTO DENTRO DO CENTRO
É A ORIGEM DE TODAS AS COISAS,
POR CONSEGUINTE, DEVEMOS ADORÁ-LO;
POR CONSEGUINTE, A QUEM ADORAMOS NÓS TAMBÉM INVOCAMOS.

Ó CÍRCULO DE ESTRELAS,

DO QUAL NOSSO PAI É APENAS O IRMÃO MAIS JOVEM,
MARAVILHA ALÉM DA IMAGINAÇÃO, ALMA DO ESPAÇO INFINITO,
PERANTE QUEM O TEMPO FICA ENVERGONHADO, A MENTE DESCONCERTADA,
E A COMPREENSÃO OBSCURECIDA,
NÃO PODEMOS NOS REALIZAR SOB TI, A MENOS QUE TUA IMAGEM SEJA AMOR.

PORTANTO, PELA SEMENTE E RAIZ, CAULE E BOTÃO,
FOLHA, FLOR E FRUTO NÓS A TI INVOCAMOS,
Ó RAINHA DO ESPAÇO, Ó JOIA DE LUZ,
CONTÍNUA DOS CÉUS; QUE SEJA SEMPRE ASSIM.

QUE OS HOMENS NÃO FALEM DE TI COMO UMA, MAS COMO NENHUMA;
E QUE ELES NÃO FALEM DE TI EM ABSOLUTO, UMA VEZ QUE SOIS CONTÍNUA[30].

POIS TU ÉS O PONTO DENTRO DO CÍRCULO, O QUAL NÓS ADORAMOS;
O PONTO DA VIDA SEM QUAL NÃO EXISTIRÍAMOS.

E DESSA FORMA, SÃO VERDADEIRAMENTE ERIGIDOS OS SANTOS PILARES GÊMEOS[31];
EM BELEZA E EM FORÇA FORAM ELES ERIGIDOS
PARA A MARAVILHA E A GLÓRIA DE TODOS OS HOMENS.

O Alto Sacerdote remove o véu do corpo da Alta Sacerdotisa e o entrega para a Bruxa da qual ele toma seu Athame.

A Alta Sacerdotisa se ergue e fica ajoelhada olhando para o Alto Sacerdote, e toma o Cálice do Bruxo.

(Note que as duas entregas são feitas sem o beijo ritualístico costumeiro). O Alto Sacerdote continua a Invocação:

ALTAR DE MÚLTIPLOS MISTÉRIO[32],
O PONTO SECRETO DO CÍRCULO SAGRADO,
ASSIM EU TE ASSINALO COMO ANTIGAMENTE,
COM BEIJOS DE MEUS LÁBIOS UNGINDO.

30. De "Ó Círculo de Estrelas" até "uma vez que sois contínua", esta invocação do *Livro das Sombras* é tomada da Missa Gnóstica em *Magick* de Aleister Crowley.

31. Os "santos pilares gêmeos" são Boaz e Jachin, que ladeavam a entrada ao Santo dos Santos no Templo de Salomão. Boaz (de cor preta) representa a Severidade (força), e Jachin (branco) a Misericórdia (beleza). Compare com a Árvore da Vida e a lâmina de Tarô da Alta Sacerdotisa. No Grande Rito, eles são claramente simbolizados pelas pernas da mulher-altar.

32. De "Altar de múltiplos mistérios" até o fim da Invocação, foi escrita por Doreen Valiente, que também compôs uma versão completamente rimada.

O Alto Sacerdote beija a Alta Sacerdotisa nos lábios e continua:

Abre para mim o caminho secreto,
O caminho da inteligência,
Além dos portões da noite e do dia,
Além dos limites do tempo e do sentido.
Além do correto mistério,
Os cinco pontos verdadeiros da amizade...

A Alta Sacerdotisa eleva o cálice e o Alto Sacerdote mergulha a ponta de seu Athame no vinho (os dois usam ambas as mãos para fazer isso – vide ilustração 19). O Alto Sacerdote continua:

Aqui onde a Lança e o Graal se unem,
e pés, e joelhos, e peitos, e lábios.

O Alto Sacerdote entrega seu Athame para a Bruxa e então posiciona ambas as mãos em volta das mãos da Alta Sacerdotisa, enquanto ela segura o Cálice. Ele a beija e ela bebe o vinho; ela o beija e ele bebe o vinho. Ambos mantêm suas mãos em volta do Cálice enquanto fazem isso.

Então ele toma o Cálice da Alta Sacerdotisa e ambos ficam de pé.

O Alto Sacerdote entrega o Cálice para a Bruxa com um beijo e ela bebe; ela passa o Cálice para o Bruxo com um beijo e ele bebe. A partir dele, o Cálice é passado de homem para mulher, de mulher para homem, ao redor do Coven, a cada vez com um beijo, do modo usual.

A Alta Sacerdotisa e o Alto Sacerdote então consagram os bolinhos, que são passados ao redor do círculo de maneira normal.

O Ritual "Real"

O Grande Rito "real" segue o mesmo procedimento como o simbólico mostrado, com as seguintes exceções:

A Bruxa e o Bruxo não são convocados e o Athame e o Cálice permanecem sobre o altar.

Quando o Alto Sacerdote chega em "Para a maravilha e a glória de todos os homens" na Invocação, ele para. A Donzela então busca seu Athame no altar e ritualmente abre uma passagem no Círculo próximo à porta do recinto. O Coven forma uma fila e deixa a sala. A Donzela caminha até o limite do Círculo, sela ritualmente a passagem atrás dela, coloca seu Athame no chão fora do Círculo e deixa a sala, fechando a porta atrás dela.

A Alta Sacerdotisa e o Alto Sacerdote são então deixados a sós no recinto e no Círculo.

O Alto Sacerdote continua a Invocação até o fim, mas os detalhes reais da realização do Rito são agora assunto privativo para ele e a Alta Sacerdotisa. Nenhum membro do Coven pode questioná-los sobre isso depois, direta ou indiretamente.

Quando eles estiverem prontos para readmitir o Coven, o Alto Sacerdote pega seu Athame do altar, abre ritualisticamente a passagem, abre a porta e convoca o Coven. Ele recoloca seu Athame no altar.

A Donzela recolhe seu Athame no caminho para dentro e ritualisticamente sela a passagem depois que o Coven entrou novamente no Círculo. Ela repõe seu Athame sobre o altar.

Vinho e bolos são agora consagrados de forma usual.

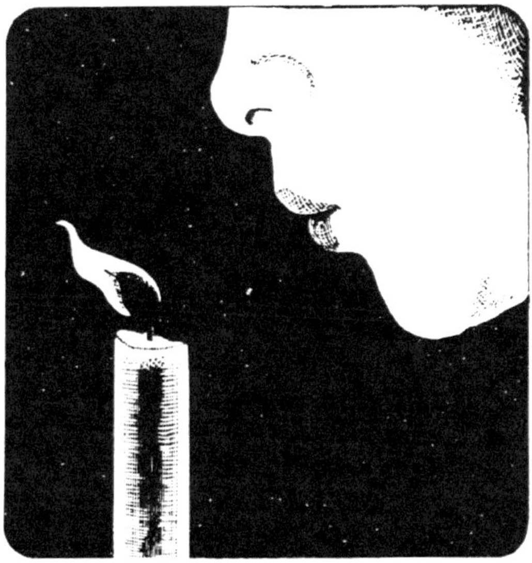

III — O Ritual de Encerramento

Uma vez lançado, o Círculo Mágico deve sempre e sem exceção ser banido quando a ocasião ou a razão para a qual ele foi lançado tiver sido completada[33]. Seria falta de educação não agradecer e nem dizer adeus aos seres que você invocou para protegê-lo; é um equívoco mágico criar uma barreira no plano astral e então deixá-la desmantelada, um obstáculo perdido como um rastelo virado para cima no caminho de um jardim; e é falta de psicologia ter uma fé tão estreita em sua realidade e eficácia que você assume que o Círculo vai se dissipar sozinho no momento em que parar de pensar nele.

A Preparação

Estritamente falando, nenhuma preparação é necessária para o Ritual de Banimento do Círculo. No entanto duas coisas devem ser mantidas em mente durante suas atividades dentro do Círculo, em antecipação a isso.

33. O Rito de Hagiel, como descrito no capítulo XIV de *What Witches Do*, pode parecer quebrar esta regra, porém, as circunstâncias especiais devem estar claras para os leitores atentos da obra. Para uma das coisas, os Senhores das Torres de Observação não são invocados.

Primeiro, os objetos que forem consagrados no Círculo devem ser mantidos juntos – ou pelo menos cada um deles deve ser lembrado – de forma que possam ser coletados e carregados por alguém posicionado atrás do Coven durante o banimento. Fazer os gestos de um Pentagrama de Banimento na direção de um objeto recentemente consagrado teria um efeito neutralizante.

Segundo que você deve garantir que pelo menos um bolo ou biscoito e um pouco do vinho sejam guardados, de maneira que possam ser retirados depois e lançados ou libados como uma oferenda para terra (vivendo na Irlanda, seguimos a tradição local ao fazer esta oferenda de um modo ligeiramente diferente; nós deixamos este material durante a noite em dois pratinhos, fora de casa, em um peitoril de janela na direção oeste, para as sidhe [pronuncia shi] ou povo das fadas. As sidhe ocasionalmente são famosas por apreciarem um pouco de manteiga sobre o bolo ou biscoito).

O Ritual

A Alta Sacerdotisa fica de frente para o Leste com o Athame em sua mão. O Alto Sacerdote fica à sua direita e o resto do Coven fica atrás deles. Todos portam seus Athames, caso os possuam, com exceção da pessoa que estiver carregando os objetos recém-consagrados (se houver), que fica bem atrás. A Donzela (ou alguém nomeado pela Alta Sacerdotisa para este propósito), coloca-se à frente, pronta para soprar cada vela por vez e diz:

> Vós Senhores das Torres de Observação do Leste, vós Senhores do Ar; nós vos agradecemos por terem assistido aos nossos ritos; e antes de partirem para vossos reinos agradáveis e aprazíveis nós vos saudamos e nos despedimos... Saudações e adeus.

Enquanto ela fala, vai traçando o Pentagrama de Banimento da Terra, com seu Athame traçando no ar à sua frente, assim:

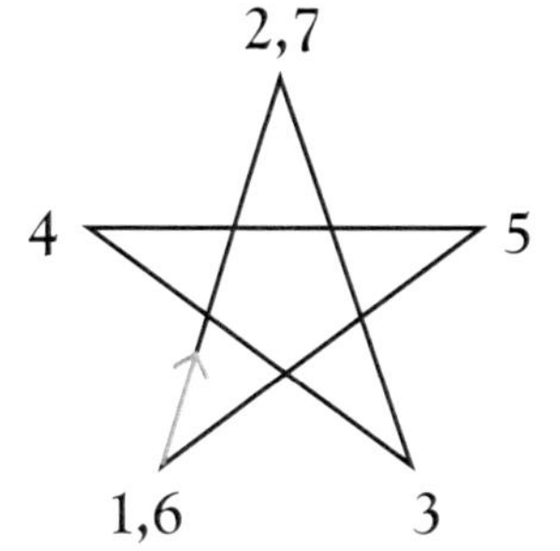

BANIMENTO

Após traçar o Pentagrama, ela beija a lâmina de seu Athame e o coloca sobre seu coração por um segundo ou dois.

O Alto Sacerdote e o resto do Coven imitam estes gestos com seus próprios Athames. Quem não tiver Athames usa seus dedos indicadores direitos. (Aquele que estiver portando os objetos consagrados não faz gesto algum). Todos dizem Saudações e adeus com ela.

A Donzela caminha para frente e sopra a vela do Leste.

Todo o procedimento é repetido de frente para o Sul, com a Alta Sacerdotisa dizendo:

> Vós, Senhores das Torres de Observação do Sul; vós, Senhores do Fogo, nós vos agradecemos...

Então para o Oeste, com a Alta Sacerdotisa dizendo:

> Vós, Senhores das Torres de Observação do Oeste; vós, Senhores da Água; vós, Senhores da Morte e da Iniciação, nós vos agradecemos...

Então para o Norte, com a Alta Sacerdotisa dizendo:

> Vós, Senhores das Torres de Observação do Norte; vós, Senhores da Terra; Bóreas, tu guardião dos portais do Norte; tu Deus poderoso, tu Deusa bondosa; nós vos agradecemos...

Ao Norte, a Donzela meramente sopra a vela do Norte; por razões puramente práticas, ela deixa as duas velas do altar queimando até que as luzes do recinto sejam acesas.

Está encerrado o Sabbat.

OS SABBATS

IV — Imbolc

Hemisfério Norte 02/02 • Hemisfério Sul 31/07

Costumamos chamar os quatro Sabbats Maiores por seus nomes celtas por consistência, e usamos as formas gaélicas-irlandesas daqueles nomes pelas razões que apresentamos na página 20. Mas o Imbolc é mais usualmente conhecido, mesmo entre Bruxos, pelo bonito nome de Candlemas sob o qual ele foi cristianizado. Isso é suficientemente compreensível, porque esta Festa de Luzes pode e deve ser uma bela ocasião.

Imbolc é imbolg (pronunciado immol'g, com uma vogal leve átona entre o 'l' e o 'g') que significa "no ventre". Esse é o reavivamento do ano, os primeiros movimentos fetais da primavera no útero da Mãe Terra. Como todos os Grandes Sabbats celtas, este é um festival de fogo – mas aqui a ênfase é sobre a luz mais do que sobre o calor, a centelha de luz fortalecedora que começa a trespassar a obscuridade do inverno (mais ao Sul, onde o inverno é menos severamente obscuro, a ênfase pode ser de outro modo; os cristãos armênios, por exemplo, acendem seu novo fogo sagrado do ano na Véspera de Candlemas, não na Páscoa como em outros lugares).

A Lua é a luz-símbolo da Deusa e, acima de tudo, ela se relaciona com seu tríplice aspecto de Donzela, Mãe e Anciã (Encantamento, Amadurecimento e Sabedoria). A luz lunar é particularmente aquela da inspiração. Então é adequado que o Imbolc deva ser a festa de Brigit (Brid, Brigante) a radiante tríplice Deusa-Musa, que é também a portadora da fertilidade; pois no Imbolc, quando os primeiros trompetes da primavera podem ser ouvidos a distância, o espírito é avivado tanto quanto o corpo e a Terra.

Brigit (que também deu seu nome à Brigantia, o reino celta de todo o Norte da Inglaterra sobre a linha de Wash até Staffordshire) é um exemplo clássico de uma divindade pagã cristianizada com pouca tentativa de ocultar o fato – ou como Frazer coloca em *O Ramo de Ouro* (pág. 177)[34], ela é "uma antiga Deusa pagã da fertilidade, disfarçada em um manto cristão puído". O Dia de Santa Brígida, Lá Fhéile Bríd (pronunciado aproximadamente law ella breed) na Irlanda é 1º de fevereiro, véspera do Imbolc.

A Santa Brígida histórica viveu por volta de 453-523 EC[35]; mas suas lendas, características e lugares santos são aqueles da Deusa Brid, e os costumes folclóricos do Dia de Santa Brígida nas terras celtas são evidentemente pré-cristãos. É significativo que Brigit seja conhecida como a "Maria dos Gaélicos", pois como Maria ela transcende os dados biográficos humanos para atender ao "anseio pela forma-da-Deusa" dos homens (vide páginas 145-6). A tradição, incidentalmente, diz que Santa Brígida foi trazida à tona por um feiticeiro e que ela tinha o poder de multiplicar comida e bebida para alimentar os necessitados – incluindo a deliciosa habilidade de transformar a sua água de banho em cerveja.

"A confecção das Cruzes de Santa Brígida de junco ou palha (e elas ainda são amplamente confeccionadas na Irlanda, tanto em casa como para as lojas de artesanato) é provavelmente derivada de uma antiga cerimônia pré-cristã relacionada à preparação das sementes para o cultivo na primavera" (The Irish Times, de 1º de fevereiro de 1977).

---

34. Cada referência de livro no texto, com seu editor e data, e onde necessário (como aqui, com *O Ramo de Ouro*) e a edição à qual a página se refere, estão listadas na Bibliografia – assim como alguns dos livros que consideramos mais úteis no nosso estudo das tradições sazonais e da mitologia.

35. N. do T.: nesta obra usaremos sempre AEC (Antes da Era Comum) e EC (Era Comum), para representar as ultrapassadas e tendenciosas formas cristã de marcação de tempo usualmente grafadas como a.C. e d.C, respectivamente.

Na Escócia, na véspera do Dia de Santa Brígida, as mulheres da casa confeccionavam um feixe de aveia na forma de roupa feminina e o depositavam num cesto chamado "Cama de Brigit", lado a lado com um bastão de forma fálica. Elas então chamavam três vezes: "Brid chegou, Brid seja bem-vinda!" E deixavam velas queimando próximo à "cama" por toda a noite. Caso as impressões em relevo do bastão fossem encontradas nas cinzas do chão da lareira pela manhã, o ano seria frutífero e próspero. O antigo significado é claro: com o uso de símbolos apropriados, as mulheres da casa preparavam um lugar para a Deusa e a recepcionavam cordialmente, convidando o Deus fertilizador para vir impregná-la. Elas então se retiravam discretamente – e, quando a noite acabava, retornavam para buscar por um sinal da visita do Deus (sua pegada próxima ao fogo da Deusa da Luz?). Se o sinal ali estivesse, sua invocação tinha sido bem-sucedida e o ano estaria grávido pela abundância esperada.

Na Ilha de Man, um ritual similar era conduzido; lá, a ocasião era chamada Laa'l Breeshey. No Norte da Inglaterra – a antiga Brigantia, Candlemas era conhecido como "O Dia de Festa das Esposas".

O Ritual de Recepção é ainda parte de Lá Fhéile Bríd em muitos lares irlandeses. Philomena Rooney de Wexford, cuja família vivia perto da fronteira Leitrim-Donegal, nos conta que ela ainda volta para casa para este evento sempre que pode. Enquanto seus avós ainda estavam vivos, a família inteira se reunia em sua casa na Véspera de Santa Brígida, 31 de janeiro. Seu tio trazia uma carroça cheia de juncos da fazenda e os levava até a porta à meia-noite. O ritual é sempre o mesmo.

"A pessoa que traz os juncos para a casa cobre sua cabeça e bate na porta. A Bean an Tighe (mulher da casa) manda alguém abrir a porta e diz à pessoa que entra: Fáilte leat a Bhríd (Seja bem-vinda, Brigit), enquanto a pessoa que entra responde: Beannacht Dé ar daoine an tighe seo (Deus abençoe as pessoas desta casa). A água benta é aspergida nos juncos e todos se unem para confeccionar as cruzes. Quando as cruzes são feitas, os juncos remanescentes são enterrados e, seguindo-se a isso, todos se unem em uma refeição. Em 1º de fevereiro as cruzes do ano passado são queimadas e repostas pelas recentemente confeccionadas".

Na família de Philomena, dois tipos eram confeccionados. Sua avó, que veio de North Leitrim, fazia a Cruz Celta, de braços iguais e anexada a um círculo. Seu avô, que veio de South Donegal, fazia a cruz simples de braços iguais. Ela supõe que estes eram estilos locais tradicionais[36]. Grande importância era atribuída à queima das cruzes do ano anterior. "Nós temos a crença de que você nunca deve jogá-la fora, você deve queimá-la."

Aqui novamente está o tema recorrente por meio do ciclo ritualístico anual: a importância mágica do fogo.

Na Irlanda, esta terra de poços mágicos (são listados mais de três mil poços santos irlandeses), há provavelmente mais poços de Brigit do que mesmo os de São Patrício – o que não é de se surpreender, porque a senhora estava aqui primeiro, há incontáveis séculos.

Existe um tobar Bhríd (Poço de Brigit) a quase uma milha de nossa primeira casa irlandesa, próximo a Ferns, no Condado de Wexford, num campo de fazenda na vizinhança. Trata-se de uma fonte muito antiga e sabe-se que a localidade foi sagrada para Brigit por bem uns mil anos e, sem dúvida, por um tempo muito longo antes daquilo. O fazendeiro (lamentavelmente, por ele ser sensível à tradição) teve que tapar o poço com uma pedra, porque ele se tornou um perigo para as crianças. Mas ele nos disse que sempre havia pedaços de tecido[37] sendo vistos amarrados a arbustos próximos, postos ali

---

36. Os padrões locais das Cruzes de Brigid realmente variam consideravelmente. A cruz "simples" de Philomena de fato tem os quatro braços trançados em separado com suas raízes para fora do centro, produzindo um efeito de swástika (roda de fogo). Esse é também o nosso tipo no Condado de Mayo, embora também tenhamos visto padrões em forma de diamante simples e múltiplos. Um tipo oriundo do Condado de Armagh dado a nós por um amigo, tem cada uma das peças da cruz consistindo de três feixes, entrelaçando com os outros três no centro, e temos visto tipos similares nos Condados de Galway, Clare e Kerry; talvez memória das "Três Brigids", a Tríplice Deusa Musa original? (vide *A Deusa Branca*, págs. 101, 394 e em outras partes). Um exemplo, vindo do Condado de Derry têm cinco faixas ao invés de três, e um de West Donegal tem uma tríplice vertical e uma simples horizontal. Tal diversidade local demonstra o quão profundamente enraizado é o costume popular. A Cruz de Brigid na forma da roda-de-fogo, de três braços, é o símbolo da Rádio Telefís Éireann.

37. Esses pedaços de pano provavelmente simbolizam roupas. As ciganas, em sua famosa peregrinação anual a Saintes-Maries-de-la-Mer no sul da França, em 24 e 25 de maio, deixam peças de roupa, representando os ausentes ou doentes, na cripta-capela de sua padroeira, a Santa Sara Negra. "O cerimonial é claramente não original. O rito de pendurar artigos de vestuário é conhecido entre os Drávidas do norte da Índia que 'acreditam de fato que os linhos e vestes de uma pessoa doente tornam-se impregnadas de sua enfermidade, e que o paciente será curado se o seu linho for purificado pelo contato com uma árvore sagrada'. Tanto, que entre eles são vistas árvores ou imagens cobertas por trapos de roupas que eles chamam Chitraiya Bhavani, 'Nossa Senhora dos Trapos'. Existe de forma similar uma 'Árvore dos Farrapos' (sinderich ogateh) entre os Kirghiz do Mar de Aral. Pode-se provavelmente encontrar outros exemplos desta profilaxia mágica." (Jean-Paul Clébert, The Gypsies, pág. 143). Com certeza é possível.

secretamente por pessoas que invocavam a ajuda de Brid como eles assim têm feito por tempos imemoriais; e nós podemos, literalmente, ainda sentir o poder do lugar ao colocar nossas mãos sobre a pedra.

Incidentalmente, se como a maioria das Bruxas você acredita na magia dos nomes, deveria então pronunciar Brid ou Bride como Briide, e não rimar com hide (em inglês) como isso foi de alguma forma asperamente anglicanizado, por exemplo, no próprio tobar Bhríd de Londres, Bridewell.

Na antiga Roma, fevereiro era tempo de purificação – Februarius mensis, "o mês da purificação ritual". Em seu início estava a Lupercália, quando os Luperci, os Sacerdotes de Pan corriam pelas ruas nus, exceto por uma faixa de pele de bode. Portando, tiras de pele de bode atacavam todo mundo que passava por eles, em particular mulheres casadas, a qual se acreditava se tornariam férteis deste modo. Esse ritual era popular como também aristocrático (está registrado que Marco Antônio teria desempenhado o papel de Lupercus) e isso sobreviveu por séculos dentro da era cristã. As mulheres desenvolveram o hábito de se despirem também, para dar aos Luperci mais possibilidades. O Papa Gelasius I, que reinou entre 492-6 EC, baniu este ritual animadamente escandaloso e enfrentou tamanho tumulto que teve que pedir desculpas. Ele foi finalmente abolido no início do século seguinte.

Lupercália à parte, a tradição da purificação de fevereiro continuou forte. Doreen Valiente diz em Enciclopédia da Bruxaria Past and Present: "Os pinheiros para decoração de Yule eram compostos de azevinho, hera, visco, louro e alecrim e ramos verdes do buxus. Em Candlemas, tudo tinha que ser coletado e queimado ou os maus espíritos assombrariam a casa. Em outras palavras, naquela ocasião uma nova maré da vida tinha começado a fluir pelo mundo da natureza e as pessoas deviam se livrar do passado e olhar para o futuro. A purificação da primavera era originalmente um ritual da natureza". Em algumas partes da Irlanda que encontramos, existe uma tradição de deixar

---

Gostaríamos de saber, por exemplo, por que os itinerantes irlandeses parecem sempre deixar alguma peça de roupa para trás nos arbustos nas cercanias de um campo abandonado. Elas estão notoriamente bagunçadas, é verdade, mas muitos destes itens de vestuário não são de forma nenhuma lixo. Um poço mágico próximo à cidade de Wexford não era consagrado a nenhum santo ou divindade, embora ainda assim fosse muito venerado; seu arbusto cheio de roupas, registra o historiador local Nicky Furlong, "foi cortado por um clérigo bem razoável. Aquilo finalizou o culto secreto". (Ele morreu repentinamente pouco tempo depois, que descanse em paz).

a árvore de Natal no mesmo lugar (despida de sua decoração, mas mantendo suas luzes) até Candlemas; caso ela mantenha seus espinhos verdes, boa sorte e abundância são asseguradas pelo ano a seguir.

Outra estranha crença de Candlemas está propagada pelas Ilhas Britânicas, França, Alemanha e Espanha: que um bom tempo no Dia de Candlemas significa mais inverno a chegar, porém mau tempo naquele dia significa que o inverno acabou. Talvez este seja um tipo de reconhecimento de "toque da madeira" pelo fato de Candlemas ser o ponto de virada natural entre o inverno e a primavera, então, ser impaciente sobre isso traz má sorte.

No Ritual de Candlemas do Livro das Sombras, a Alta Sacerdotisa invoca o Deus no Alto Sacerdote, ao invés dele invocar a Deusa nela. Talvez isso também, assim como a tradição escocesa da "Cama de Brigit", seja realmente um convite sazonal para o Deus impregnar a Mãe Terra. Nós mantivemos este procedimento e retivemos a forma da invocação.

O Livro das Sombras também menciona a Dança Volta (do décimo-sexto século); mas imaginamos que, o que realmente quer ser dito com isso, é uma dança muito mais antiga das Bruxas, na qual o homem e a mulher dançam de costas. Temos, portanto, utilizado esta dança mais antiga.

Na tradição cristã, a Coroa de Luzes é muitas vezes usada por uma garota bem jovem, presumivelmente para simbolizar a extrema juventude do ano. Isso é perfeitamente válido, naturalmente; mas nós, com nossa encenação da Deusa Tríplice, preferimos relacionar isso com a Mãe; porque é a Mãe Terra que é vivificada no Imbolc.

A Preparação

A Alta Sacerdotisa seleciona duas Bruxas que, como ela própria, representarão a Deusa Tríplice – Donzela (Encantamento), Mãe (Maturidade) e Anciã (Sabedoria) – e designa as três funções.

Uma Coroa de Luzes é preparada para a Mãe e deixada sobre o altar ou próximo dele. Tradicionalmente, a coroa deveria ser de velas ou pavios encerados, que são acesas durante o ritual, mas exige certo cuidado e muitas pessoas podem temer isso. Se uma coroa de velas ou pavios encerados for confeccionada, ela deve ser firme o suficiente para sustentá-las sem balançar e deve incluir uma capa para proteger a cabeça dos pingos de cera derretida (você pode fazer maravilhas com folhas de alumínio de cozinha).

Descobrimos que velas de bolo de aniversário, que podem ser compradas em pacotes em quase todos os lugares, fazem uma Coroa de Luzes ideal. Elas não pesam praticamente nada, dificilmente pingam e queimam durante tempo suficiente para o ritual. Uma coroa de velas de aniversário muito simples pode ser confeccionada como segue:

Pegue um rolo de fita autoadesiva com largura de aproximadamente 2 cm (o tipo de fita plástica com uma cor única é adequado) e corte num comprimento de 10 à 15 cm a mais, relativo à circunferência da cabeça da pessoa. Pregue-a, com a parte colante para cima, numa mesa. Fixe as partes inferiores das velas ao longo da mesa, com espaçamentos de aproximadamente 3,5 cm, mas deixando uns bons 7,5 cm de cada extremidade da fita vazio. Agora, corte um segundo pedaço de fita do mesmo comprimento que o primeiro, mantenha-a esticada com o lado colante para baixo e afixe-a cuidadosamente sobre a primeira fita, moldando-a ao redor da base de cada vela. Despregue as extremidades, agora você terá uma faixa de velas bem caprichada que pode ser fixada ao redor da cabeça, sendo as extremidades livres unidas por um alfinete de segurança na parte de trás. A faixa de velas deve ser fixada ao redor de um protetor feito de folha de alumínio que tenha sido anteriormente moldado para a cabeça; a folha de alumínio pode ser recortada para combinar com a parte inferior da faixa. Você pode ver o resultado do acabamento em uso na ilustração 5; neste caso, isso foi ainda mais aperfeiçoado ao encaixar a folha de alumínio e a faixa de velas dentro de uma coroa de cobre já existente.

Por acaso, esta coroa de cobre – vista mais de perto na ilustração 10 – com sua frente em lua crescente, foi confeccionada para Janet pelo nosso amigo artesão de cobre Peter Clark de Tintine, The Rower, Condado de Kilkenny. Peter fornece belos equipamentos ritualísticos em cobre ou bronze, seja do seu estoque ou confeccionados conforme sua solicitação.

Uma forma alternativa da Coroa de Luzes, evitando o risco dos pingos de vela, poderia ser um trabalho de um especialista em aparatos mais complexos, uma coroa incorporando um número de bulbos de lâmpadas brilhantes, soldadas em suas guias, com pilhas pequenas escondidas sob um pedaço de pano caindo sobre o pescoço; a "tomada liga-desliga" sendo um interruptor pequeno, ou simplesmente duas extremidades de fio não encapadas, que podem ser curvadas para fazerem contato. Esta coroa de lâmpadas pode ser conservada de ano para ano e decorada com folhagem fresca a cada vez (isso realmente exige, contudo, alguma experiência na construção, tanto referente à distribuição do peso das pilhas quanto aos componentes e fiação; muitas lâmpadas em paralelo causarão um belo efeito de luz no primeiro minuto e então vão se gastar rapidamente, devido à drenagem excessiva da carga). Se você não gostar de nenhuma destas possibilidades, a terceira é uma coroa incorporando pequenos espelhos – tantos deles quanto possível, voltados para fora a fim de captar a luz.

Um feixe de palha no comprimento de 30 a 45 cm, com uma peça transversal de palha para os braços, devem ser vestidas com roupas femininas – um vestido de boneca servirá, ou simplesmente um pano pregado em volta. Se você possui uma boneca de grãos de tamanho apropriado para vestir (uma Cruz de Brigit é o ideal), isso pode ser ainda melhor (vide ilustração 6). Esta figura é chamada de uma Biddy – ou, caso você prefira o gaélico, Brídeóg (pronunciado brid-og).

Você também vai precisar de um bastão fálico, que pode ser um simples bastão mais ou menos no mesmo comprimento da Biddy; embora, já que os rituais do Livro das Sombras frequentemente designam um bastão fálico como algo diferente do bastão "normal" do Coven, vale a pena você mesmo confeccionar uma versão permanente. O nosso é um pedaço de galho fino com um pinho em cone afixado na ponta e faixas preta e branca fazendo espirais em direções opostas ao longo da haste (vide ilustração 6).

A Biddy e o bastão devem estar prontos ao lado do altar, com duas velas apagadas dentro dos porta-velas.

Também ao lado do altar deve estar um buquê de sempre-verdes (tão primaveril quanto possível e incorporando flores da primavera se você puder obtê-las) para a mulher que representa a Donzela; e uma echarpe ou manto de cor escura para a Anciã.

A Vassoura (a tradicional Vassoura de Bruxa de palha) também deve estar ao lado do altar.

O Caldeirão, com uma vela queimando dentro dele, é posicionado ao lado da vela do Sul. Próximos ao Caldeirão são colocados três ou quatro ramos de sempre-verdes ou vegetação seca como azevinho, hera, visco, louro, alecrim ou buxus.

Se, como nós, você segue a tradição de manter a Árvore de Yule (sem suas decorações, mas com suas luzes) na casa até Candlemas, ela deve, se possível, estar no recinto onde o Círculo é lançado, com todas as suas luzes acesas.

O Ritual

O Ritual de Abertura é mais curto para o Imbolc. O Alto Sacerdote não Invoca a Lua sobre a Alta Sacerdotisa e nem faz a invocação do Grande Deus Cernunnos; e a Carga da Deusa é declamada somente mais tarde.

Após a Runa das Bruxas, todos os parceiros de trabalho (incluindo a Alta Sacerdotisa e o Alto Sacerdote) dançam um de costas para o outro em pares, com seus braços entrelaçados nos cotovelos um do outro. Bruxos sem companhia dançam a sós, embora de vez em quando os casais se soltam e recombinam com aqueles que estão sozinhos, de forma que todos possam participar.

Quando a Alta Sacerdotisa decide que a dança já durou o suficiente, ela a suspende e o Coven se organiza ao redor do Círculo, olhando para dentro. O Alto Sacerdote fica em pé de costas para o altar e a Alta Sacerdotisa fica de frente para ele.

O Alto Sacerdote dá o Beijo Quíntuplo na Alta Sacerdotisa; ela, por sua vez, dá o Beijo Quíntuplo nele. O Alto Sacerdote toma o bastão em sua mão direita e o Açoite em sua esquerda e assume a Postura de Osíris (vide página 45).

A Alta Sacerdotisa, olhando para o Alto Sacerdote enquanto ele permanece perante o altar, invoca[38]:

Terrível Senhor da Morte e Ressurreição,
Da Vida, e o Doador da Vida;
Senhor dentro de nós mesmos, cujo nome é Mistério de Mistérios,
Encorajai nossos corações,
Deixai tua Luz se cristalizar em nosso sangue,
Realizando em nós a ressurreição;
Pois não existe parte de nós que não seja dos Deuses.
Descei, nós a ti rogamos, sobre teu servo e Sacerdote.

O Alto Sacerdote traça o Pentagrama de Invocação da Terra no ar, na direção da Alta Sacerdotisa, e diz:

Blessed Be[39]

Ele dá um passo para o lado, enquanto a Alta Sacerdotisa e as mulheres do Coven preparam a "Cama de Brigit". Elas colocam a Biddy e o bastão fálico lado a lado no centro do Círculo, com as cabeças na direção do altar. Colocam as velas uma de cada lado da "cama" e as acendem (vide ilustração 6).

38. As linhas 3 e 5 desta invocação são da Missa Gnóstica de Crowley.

39. N. do T.: tradicional cumprimento dos Bruxos que significa "Abençoado Seja".

A Alta Sacerdotisa e as mulheres ficam de pé ao redor da "cama" e dizem juntas:

Brid chegou – Brid seja-vinda! (Repetido três vezes)

O Alto Sacerdote deposita seu bastão e seu Açoite sobre o altar. A Alta Sacerdotisa reúne as duas mulheres selecionadas; ela e as outras duas assumem agora seus papéis de Deusa Tríplice (vide ilustração 5). A Mãe fica em pé de costas para o centro do altar e o Alto Sacerdote a coroa com a Coroa de Luzes; a Donzela e a Anciã arrumam o cabelo dela de modo vistoso e o Alto Sacerdote acende as velas sobre a Coroa (ou acende as lâmpadas).

A Anciã fica de pé agora ao lado da Mãe, à sua esquerda, e o Alto Sacerdote e a Donzela cobrem com o xale ou manto os ombros dela.

Agora a Donzela fica de pé ao lado da Mãe, à sua direita, e o Alto Sacerdote coloca o buquê em suas mãos.

O Alto Sacerdote vai para o Sul, onde fica olhando para as três mulheres e declama:

Contemplai a Deusa das Três Formas;
Ela que é sempre Três – Donzela, Mãe e Anciã;
Ainda assim ela é sempre Uma.
Pois sem a primavera não pode haver nenhum verão,
Sem verão, nenhum inverno,
Sem inverno, nenhuma nova primavera.

O Alto Sacerdote então pronuncia a Carga da Deusa de forma integral, desde "Ouçam as palavras da Grande Mãe" diretamente até "aquilo que é obtido ao fim do desejo" –, porém substituindo "ela, dela" por "eu, mim, meu".

Quando ele tiver terminado, a Donzela pega a Vassoura e abre seu caminho devagar em deosil[40] ao redor do Círculo, varrendo de forma ritual para limpar tudo o que está velho e desgastado. A Mãe e a Anciã caminham atrás dela em imponente procissão. A Donzela então repõe a Vassoura ao lado do altar e as três mulheres retomam seus lugares em frente ao altar.

O Alto Sacerdote então vira e se ajoelha perante o Caldeirão. Ele pega cada um dos ramos de pinheiro por vez, põe fogo em cada um com a vela do Caldeirão, assopra o ramo para apagar e o coloca dentro do Caldeirão ao lado da vela. (Esta queima simbólica é tudo o que se pode recomendar para dentro de um recinto pequeno, devido à fumaça; ao ar livre, ou em um

40. N. do T.: sentido horário.

recinto de grandes dimensões, eles podem ser queimados completamente). Fazendo isso, ele declama:

Assim nós banimos o inverno,
Assim nós damos boas-vindas à primavera;
Diga adeus para o que está morto,
E saúde cada coisa viva.
Assim nós banimos o inverno,
Assim nós damos boas-vindas à primavera!

O Alto Sacerdote vai até a Mãe, sopra as velas ou desliga as lâmpadas da Coroa de Luzes e a remove da cabeça da Mãe. Com este sinal, a Donzela deixa seu buquê e a Anciã deixa seu xale ou manta ao lado do altar. O Alto Sacerdote também deixa ali a Coroa de Luzes.

Ele caminha para o lado e as três mulheres pegam a Biddy, o bastão fálico e as velas (as quais elas apagam) do centro do Círculo e as depositam ao lado do altar.

O Grande Rito é agora realizado.

Após os bolos e o vinho, um jogo adequado para o Imbolc é o Jogo da Vela. Os homens sentam em formação de anel olhando para dentro, próximos o suficiente para alcançar um ao outro, e as mulheres ficam de pé atrás deles. Os homens passam uma vela acesa no sentido deosil de mão em mão, enquanto as mulheres (sem pisar dentro do círculo de homens) curvam-se para frente e tentam apagá-la. Quando uma mulher consegue fazer isso, ela dá três pequenas açoitadas com o Açoite no homem que estava segurando a vela naquele instante e ele dá o Beijo Quíntuplo nela em retorno. A vela é então novamente acesa e o jogo continua.

Se o costume de manter a Árvore de Yule até Candlemas tiver sido observado, a Árvore deverá ser retirada da casa e descartada tão rápido quanto possível após o ritual.

V — Equinócio da Primavera

Hemisfério Norte 21/03 • Hemisfério Sul 21/09

"O Sol", como declara Robert Graves, "se arma no Equinócio da Primavera". Luz e sombras estão em equilíbrio, mas a luz está dominando a escuridão. Este é basicamente um festival solar, um novato na Antiga Religião da Europa Celta e Teutônica. Embora a influência Teutônica – os "invasores solsticiais" de Margaret Murray – tenha adicionado Yule e o Meio do Verão aos Quatro Grandes Sabbats dos celtas pastoris, a nova síntese ainda abraçava apenas seis Festivais. "Os Equinócios", diz Murray, "nunca foram observados na Bretanha" (exceto, como sabemos agora, pelos povos Megalíticos pré-célticos – vide página 20).

Ainda que os equinócios estejam agora inquestionavelmente conosco; pagãos modernos, quase universalmente celebram os Oito Festivais. Ninguém sugere que os dois equinócios são uma inovação imaginada por Gerald Gardner ou pelos românticos da Renovação Druida. Eles são uma parte genuína da tradição pagã tal como ela existe hoje, mesmo se suas sementes fossem sopradas a partir do Mediterrâneo e germinassem no solo dos séculos ocultos, juntamente a muitos outros elementos frutíferos. (Aos puristas Wiccanianos que rejeitam qualquer coisa que se origine da Grécia ou da Roma clássicas, do Antigo Egito, da Cabala Hebraica ou da Aradia Toscana, seria melhor que parassem de celebrar os Equinócios também). A importação de tais conceitos é sempre um processo complexo. A compreensão popular sobre o Equinócio da Primavera nas Ilhas Britânicas, por exemplo, deve ter sido importada principalmente com a Páscoa Cristã. Porém, a Páscoa trouxe em sua bagagem, por assim dizer, as sugestões pagãs do Mediterrâneo sobre o Equinócio da Primavera.

As dificuldades que enfrentam as Bruxas em decidir simplesmente como celebrar o Sabbat do Equinócio de Primavera não é a de que as associações "estrangeiras" são de fato estranhas às nativas, mas que elas se sobrepõem a estas, expressando temas que têm há muito tempo se agregado aos Sabbats nativos mais antigos. Por exemplo, o tema do casamento sacrificial nas terras do Mediterrâneo tem fortes ligações com o Equinócio de Primavera. O austero ritual da Deusa Frígia Cibele, no qual a autocastração, morte e ressurreição de seu filho/amante Attis era marcada por adoradores castrando-se a si mesmos para se tornarem seus Sacerdotes, era de 22 a 25 de março[41]. Em Roma, esses ritos aconteciam no ponto onde agora São Pedro se ergue na Cidade do Vaticano. De fato, em locais onde o culto a Attis era difundido, os cristãos locais costumavam celebrar a morte e a ressurreição de Cristo na mesma data; e pagãos e cristãos costumavam brigar cruelmente sobre quais de seus Deuses era o verdadeiro protótipo e quais era imitação.

Na pura cronologia, não deveria ter havido disputa, porque Attis veio da Frígia muitos séculos antes de Cristo; mas os cristãos tinham o argumento irreplicável de que o Demônio astutamente forjou falsificações à frente da "verdadeira vinda" de forma a iludir a humanidade.

A Páscoa - a morte aceita por Jesus, sua descida ao Inferno e sua ressurreição - pode ser vista como a versão cristã do casamento sacrificial, pois o "Inferno", nesse sentido, é a visão do monoteísmo patriarcal sobre o inconsciente coletivo, o aspecto feminino odiado, a Deusa, na qual o Deus sacrificado submerge como o prelúdio necessário ao renascimento.

E a "Angústia do Inferno" de Cristo, como descrita no Evangelho apócrifo de Nicodemos, envolvia o seu resgate das almas dos justos a partir de Adão "que caíram em sono desde o início do mundo" e a ascensão dos mesmos ao Céu. Despido do dogma teológico, isso pode ter um significado positivo - a reintegração dos tesouros enterrados do inconsciente (o dom da Deusa) com a luz da consciência analítica (o dom do Deus).

41. N. do T.: Equinócio da Primavera no Hemisfério Norte.

A primavera também era uma estação especial em tempos clássicos e pré-clássicos para uma forma do casamento sacrificial que era também mais gentil e mais positivo do que o culto de Attis – o Hieros Gamos, ou "Casamento Sagrado", quando a mulher identificava a si mesma como a Deusa e o homem mergulhava na Deusa por meio dela, concedendo sua masculinidade, mas não a destruindo, e emergindo da experiência espiritualmente revitalizado. O Grande Rito, seja simbólico ou real, é obviamente o Hieros Gamos dos Bruxos; e então, como agora, ele chocou muitas pessoas que não o compreenderam[42]. (Para um profundo comentário Junguiano sobre o Hieros Gamos, vide a obra Woman's Mysteries de M. Esther Harding).

No Norte, no entanto, onde a primavera chega mais tarde, estes aspectos realmente pertenciam ao Beltane, ao invés de ao equinócio não observado. E é em Beltane, como veremos, que posicionamos nosso ritual correspondente a "Caçada do Amor". Talvez seja significativo que a Páscoa (devido ao método lunar complexo de datá-lo) reflita esta sobreposição ao cair em qualquer momento, começando logo após o equinócio, até um pouco antes de Beltane. A Páscoa[43], pelo jeito, tomou este nome da Deusa Teutônica Eostre, cujo nome é provavelmente ainda outra variante de Ishtar, Astarte e Aset (o nome egípcio correto da grafia grega de Ísis). Os ritos de primavera de Eostre

---

42. Os oponentes mais selvagens do Hieros Gamos e tudo o que ele representava eram naturalmente os profetas hebreus. Suas críticas contra "prostituição" e "meretrício" seguindo a "Deuses estranhos", abundantes no Antigo Testamento, eram políticas e não éticas. O culto à Deusa que os rodeava e ao qual as famílias hebraicas comuns ainda se apegavam por séculos juntamente ao culto oficial de *Yahweh*, era uma ameaça direta ao sistema patriarcal que eles estavam tentando impor. Pois, a menos que cada mulher fosse uma propriedade exclusiva de seu marido, e virgem no casamento, como se poderia ter certeza da paternidade? E a paternidade inquestionável era a pedra fundamental de todo o sistema. Desta forma, eis a pena de morte bíblica por adultério, para noivas descobertas como não virgens e até mesmo para as vítimas de estupro (a menos que elas não fossem nem casadas nem noivas, em cujo caso elas tinham que se casar com o estuprador); a crueldade com a qual os hebreus, "segundo a palavra do Senhor", massacraram a população inteira das cidades conquistadas de Canaã, homens, mulheres e crianças (exceto para algumas virgens atraentes, as quais "a palavra do Senhor" os permitia raptar como esposas); e mesmo a reescritura Levítica do mito da Criação para dar sanção divina à superioridade masculina (é interessante que a Serpente e a Árvore eram ambas os símbolos da Deusa universalmente reconhecidos). Desta antiga batalha política, o cristianismo (excedendo até mesmo o judaísmo e o islamismo) herdou o ódio pelo sexo, o ascetismo deformado e o desprezo por mulheres, que o tem corrompido desde os tempos de São Paulo e que ainda está longe do seu fim (vide *Paradise Papers* de Merlin Stone).

43. N. do T.: *Easter* em inglês.

trazem uma aparência familiar àqueles da babilônica Ishtar. Outro pedaço do "pacote" pagão!

Porém, se no aspecto de fertilidade humana o Equinócio da Primavera deve se curvar perante Beltane, ele pode apropriadamente reter o aspecto de fertilidade da vegetação, mesmo se no Norte ele marcar um estágio diferente disso. Ao redor do Mediterrâneo, o Equinócio é o tempo da germinação; no Norte, é tempo da semeadura. Como um festival solar, também, ele deve partilhar com os Sabbats Maiores o eterno tema de fogo e luz, que tem sobrevivido fortemente no folclore da Páscoa. Em muitas partes da Europa, em particular na Alemanha, as fogueiras da Páscoa são acesas com o fogo obtido pelo Sacerdote em locais tradicionais no topo da colina, muitas vezes conhecidos localmente como "Montanha da Páscoa" (restos de costumes mais antigos em maior escala – vide Beltane, página 84). Contanto que a luz brilhe, acredita-se que a terra será frutífera e os lares seguros. E, como sempre, as pessoas saltam por sobre as brasas que estão apagando e o gado é conduzido sobre elas.

O Livro das Sombras diz que, para este festival, "o símbolo da Roda deve ser colocado sobre o Altar, ladeado com velas acesas, ou fogo de alguma forma". Então, assumindo que este seja um dos elementos tradicionais genuínos que foram dados a Gardner, podemos deduzir que as Bruxas britânicas, ao absorver os Equinócios "não nativos" em seu calendário, usaram o símbolo da Roda de Fogo, que também se apresenta em muitos costumes folclóricos do Meio do Verão na Europa.

Uma pista de que a Roda de Fogo solar é uma genuína tradição equinocial e não meramente uma escolha para "preencher um vazio" por parte de Gardner, pode ser encontrada no costume de carregar trevos no Dia de São Patrício – que cai em 17 de março.

Segundo a explicação costumeira, o trevo tornou-se o emblema nacional da Irlanda porque São Patrício uma vez usou seu formato de três folhas para ilustrar a doutrina da Trindade. Mas o Oxford English Dictionary diz que esta tradição é "tardia" e, de fato, a primeira referência impressa sobre isso se deu em uma obra de botânica do século dezoito. O Dicionário Inglês-Irlandês Dinneen, definindo seamróg, diz que seu uso como um emblema nacional na Irlanda (e incidentalmente em Hanover, na pátria dos "invasores solsticiais") é provavelmente "uma sobrevivência da trignetra[44], um símbolo da roda ou

44. N. do T.: Também chamada de Triquerta, Triqueta, Triquetra, etc.

o sol cristianizado", e adiciona que a variedade de quatro folhas "é acreditada como trazendo sorte, relacionada a um antigo símbolo apotropaico (que tem o poder de afastar o mal) inserido em um círculo (símbolo do sol ou da roda)".

O trevo do Dia de São Patrício se padronizou como o "trevo amarelo menor" (Trifolium dubius ou minus), mas nos dias de Shakespeare, shamrock (outro nome para trevo), significava "madeira marrom amarelada", Oxalis acetosella; e Dinneen define seamróg como um shamrock, trevo, trifólio, "um feixe de grama verde". A obra Complete Herbal de Culpeper diz que "todas azedas estão sob o domínio de Vênus". Assim, as folhas tríplices verde primavera na abotoadura da lapela do irlandês no equinócio nos remete de volta não apenas ao Deus Sol, mas também, levando em conta a moderna tela da Trindade, à Deusa Tríplice. (Ártemis, a Deusa Grega Tríplice da Lua, alimentou suas gazelas com trevos).

E com relação à variedade de quatro folhas para sorte – qualquer psicólogo Junguiano (e os Senhores das Torres de Observação!) lhe dirão que o círculo dividido em quatro é um símbolo arquetípico de totalidade e equilíbrio. A Roda de Fogo solar, a Cruz Celta, o Trevo-de-quatro-folha, o Círculo Mágico com suas quatro velas cardinais, o hieróglifo egípcio niewt significando "cidade", o pão em forma de cruz da Páscoa, a basílica Bizantina – todos conduzem a mesma mensagem além do tempo, muito mais antiga do que o cristianismo.

O ovo de Páscoa é também pré-cristão. Ele é o Ovo do Mundo, disposto pela Deusa e aberto pelo calor do Deus Sol; "e o chocar do mundo era celebrado a cada ano no Festival do Sol na Primavera" (Graves, *A Deusa Branca*, págs. 248-9). Originalmente, ele era um ovo de serpente; o caduceu de Hermes retrata as serpentes acasaladas, Deusa e Deus, que o produziram. Mas sob a influência dos mistérios Órficos, como Graves salienta, "uma vez que o galo era a ave Órfica da ressurreição, sagrada ao filho de Apolo, Esculápio, o curador, os ovos de galinha tomaram o lugar dos ovos de serpente nos mistérios Druídicos posteriores e eram pintados de escarlate em honra ao Sol; e se tornaram ovos de Páscoa" (ovos decorados cozidos em uma infusão de flores eram lançados nas encostas de morros na Irlanda no Domingo de Páscoa).

Stewart escreveu em *What Witches Do*: "O Equinócio de Primavera é obviamente uma ocasião para decorar o quarto com narcisos silvestres e outras flores de primavera, e também para honrar uma das mulheres mais jovens do Coven nomeando-a como a Rainha da Primavera e mandá-la de volta para casa mais tarde com uma braçada de flores". Nós mantivemos este pequeno costume agradável.

A Preparação

Um símbolo da roda é colocado sobre o altar; pode ser qualquer coisa que se considere adequada – um disco recortado pintado de amarelo ou dourado e decorado com flores de primavera, um espelho circular, uma bandeja redonda de latão ou de bronze. A nossa é um prato de bateria de 35 cm, muito bem polido e com um buquê de narciso silvestre ou prímula em seu orifício central.

A túnica do Alto Sacerdote (se houver), assim como os acessórios, devem apresentar o simbolismo do Sol; qualquer metal que ele porte deve ser de ouro ou dourado, de latão ou de bronze.

O altar e o ambiente devem ser decorados com flores de primavera – particularmente aquelas amarelas como o narciso silvestre, prímula, tojo ou forsítia (todas são plantas de flores amarelas). Um buquê deverá estar pronto para ser entregue para Rainha da Primavera e uma coroa de flores para sua coroação.

O Caldeirão é colocado no centro do Círculo, com uma vela apagada dentro dele. Uma vela pequena está pronta no altar para a Donzela transportar o fogo para o Alto Sacerdote.

Um Bastão fálico está pronto sobre o altar.

A metade de cordas relativo ao número de pessoas presentes deve estar sobre o altar, amarradas juntas em seu ponto central em um único nó (caso haja um número ímpar de pessoas, adicione uma antes de dividir por dois; por exemplo, para nove pessoas use cinco cordas).

Se vocês gostarem, podem ter um prato com ovos cozidos, com as cascas pintadas (tudo em escarlate, ou decorados como quiserem), sobre o altar – um para cada pessoa e mais um para as sidhe ou como oferenda para a terra. Estes poderão ser distribuídos durante a festa.

O Ritual

O Ritual de Abertura procede como de costume, porém sem a Runa das Bruxas.

O Alto Sacerdote fica em pé ao Leste e a Alta Sacerdotisa no Oeste, um olhando para o outro com o Caldeirão ao meio. A Alta Sacerdotisa segura o Bastão fálico em sua mão direita. O resto do Coven se distribui ao redor do perímetro do Círculo.

A Alta Sacerdotisa diz[45]:

NÓS ACENDEMOS ESTE FOGO HOJE
NA PRESENÇA DOS SAGRADOS,
SEM MALÍCIA, SEM CIÚMES, SEM INVEJA,
SEM TEMOR DE NADA SOB O SOL
EXCETO AOS ALTOS DEUSES.

A TI INVOCAMOS, Ó LUZ DA VIDA,
SEJAS TU UMA CHAMA BRILHANTE PERANTE NÓS,
SEJAS TU UMA ESTRELA GUIA ACIMA DE NÓS,
SEJAS TU UM SUAVE CAMINHO SOB NÓS,
ACENDAS EM NOSSOS CORAÇÕES
UMA CHAMA DE AMOR AOS NOSSOS VIZINHOS,
AOS NOSSOS INIMIGOS, AOS NOSSOS AMIGOS,
A TODOS OS NOSSOS PARENTES,
E A TODOS OS HOMENS SOBRE TODA A TERRA.

Ó BONDOSO FILHO DE CERRIDWEN,
DESDE A CRIATURA MAIS HUMILDE QUE EXISTE
ATÉ O NOME MAIOR DE TODOS.

A Alta Sacerdotisa segura o Bastão fálico no alto e caminha vagarosamente em deosil ao redor do Caldeirão e fica em frente ao Alto Sacerdote. Ela diz:

Ó SOL, ESTEJAS TU ARMADO PARA CONQUISTAR A ESCURIDÃO!

A Alta Sacerdotisa entrega o Bastão fálico ao Alto Sacerdote e então caminha para um dos lados.

O Alto Sacerdote segura o Bastão fálico no alto em saudação e o repõe sobre o altar.

---

45. Adaptado por Doreen Valiente de duas bênçãos gaélicas-escocesas na obra *Carmina Gadélica* de Alexander Carmichael (vide Bibliografia). Carmichael, que viveu de 1832 a 1912, reuniu e traduziu uma rica coletânea de orações e bênçãos gaélicas, comunicadas de boca a boca nas Highlands e Ilhas da Escócia. Como Doreen diz, "Esta bela poesia antiga é realmente puro paganismo com uma fina camada cristã". A *Carmina Gadélica* de seis volumes, embora um tesouro, para possuir é cara; felizmente uma seleção das traduções em inglês foi publicada como um recente livro de bolso, *The Sun Dances* (vide Bibliografia). As duas fontes que Doreen usou aqui serão encontradas nas páginas 231 e 49 do volume I de *Carmina Gadélica*, e nas páginas 3 e 11 de *The Sun Dances*; Carmichael as obteve de esposas dos camponeses em North Uist e Lochaber, respectivamente.

A Donzela acende a vela pequena em uma das velas do altar e a entrega ao Alto Sacerdote, indo, em seguida, para um dos lados.

O Alto Sacerdote carrega a vela pequena até o Caldeirão e acende a vela dele com ela. Depois ele devolve a vela pequena para a Donzela, que a apaga com um sopro e a recoloca sobre o altar, pegando por sua vez as cordas.

A Donzela entrega as cordas ao Alto Sacerdote.

A Alta Sacerdotisa organiza a todos ao redor do Caldeirão, homens olhando de frente para mulheres tanto quanto for possível. O Alto Sacerdote distribui as pontas das cordas conforme as instruções dela, retendo uma extremidade da última corda para si e entregando a outra extremidade para a Alta Sacerdotisa. (Caso haja um número ímpar de pessoas, com mais mulheres do que homens, ele mesmo pode segurar duas extremidades da corda ou, se tiver mais homens que mulheres, ele entrega duas extremidades da corda para a Alta Sacerdotisa; em qualquer caso, ele deverá estar ligado a duas mulheres ou ela a dois homens).

Quando cada membro estiver segurando uma corda, todos as puxam bem esticadas, com o nó central sobre o Caldeirão. Eles então começam a circular em deosil na Dança da Roda, para a Runa das Bruxas, aumentando a velocidade, sempre mantendo as cordas esticadas e o nó sobre o Caldeirão.

A Dança da Roda continua até que a Alta Sacerdotisa grite - Abaixem! - e todo o Coven senta em círculo ao redor do Caldeirão. O Alto Sacerdote recolhe as cordas (sendo cauteloso para não deixar cair sobre a chama da vela) e as recoloca sobre o altar.

O Caldeirão é então movido para o lado da vela do Leste e o Grande Rito é encenado.

Após o Grande Rito, o Alto Sacerdote nomeia uma Bruxa como a Rainha da Primavera e a faz ficar de pé em frente ao altar. Ele a coroa com a coroa de flores e lhe dá o Beijo Quíntuplo.

Então o Alto Sacerdote convoca a cada homem por sua vez para dar o Beijo Quíntuplo na Rainha da Primavera. Quando o último homem o tiver realizado, o Alto Sacerdote oferece para a Rainha da Primavera o seu buquê.

O Caldeirão é recolocado no centro do Círculo e, iniciando com a Rainha da Primavera, todos pulam o Caldeirão, a sós ou em casais - não se esquecendo de fazer um pedido.

Terminados os saltos sobre o Caldeirão, a festa começa.

VI — Beltane

Hemisfério Norte 30/04 • Hemisfério Sul 31/10

Na tradição celta, os dois maiores festivais de todos são Beltane e Samhain – o início do verão e o começo do inverno. Para os celtas, como também para todos os povos de cultura pecuária, o ano tem duas estações, não quatro; divisões mais sutis eram mais de interesse de cultivadores agrícolas do que dos criadores de gado. Bealtaine, a forma anglicizada, corresponde à palavra do gaélico-irlandês moderno Beltane (pronunciada b'yol-tinnuh, rimando aproximadamente com winner), o nome do mês de maio, e a palavra do gaélico-escocês Bealtuinn (pronunciada b'yal-temn, com o "n" como "ni" em onion), significando "Dia de Maio"[46].

O significado original é "Fogo de Bel" – o fogo do Deus celta ou protoceltas variadamente conhecido como Bel, Beli, Balar, Balor ou o Belenus latinizado – nomes que podem ser retrocedidos até o Baal do Oriente Médio,

46. N. do T.: levando em consideração que Beltane acontece em maio no Hemisfério Norte. No Brasil e todos os países do Hemisfério Sul, Beltane é celebrado em 31 de outubro, ou seja, na véspera de novembro.

que simplesmente significa "Senhor"[47]. Algumas pessoas sugeriram que Bel é o equivalente britânico-celta do gaulês-celta Cernunnos; isso pode ser verdadeiro no sentido em que ambos são divindades arquetípicas do princípio masculino, consortes da Grande Mãe, mas nós sentimos que a evidência aponta para eles sendo diferentes aspectos daquele princípio. Cernunnos é sempre representado como o Deus Cornífero; ele é, acima de tudo, uma divindade da natureza, o Deus dos animais, o Pan celta. (Herne, o Caçador, que assombra o Grande Parque Windsor com sua Caçada Selvagem, é um Cernunnos inglês mais recente, como seu nome sugere). Ele é também algumas vezes visto como uma divindade ctônica (do Submundo), um Plutão celta. Originalmente, o Deus Cornífero era sem dúvida o totem animal tribal, cuja união com a Grande Mãe teria sido o principal ritual de fertilidade do período totêmico (vide a obra de Lethbridge Witches; Investigating an Ancient Religion, págs. 25-27).

Bel, por outro lado, era "O Brilhante" Deus da luz e do fogo. Ele possuía qualidades semelhantes ao Sol (escritores clássicos o igualavam a Apollo), mas ele não era, estritamente falando, um Deus-Sol; como temos destacado, os celtas não eram orientados pelo Sol. Nenhum povo que cultuasse o Sol como um Deus daria a ele um nome feminino – e grian (gaélico irlandês e escocês para "Sol") é um nome feminino. Assim existe Mór, um nome irlandês personalizado para o Sol, como na saudação Mór dhuit, "Que o Sol te abençoe". Pode parecer uma diferença sutil, mas o símbolo de um Deus não é sempre considerado como "a mesma coisa" que o próprio Deus por seus adoradores. Os cristãos não adoram um cordeiro ou uma pomba, nem os antigos egípcios adoravam um babuíno ou um falcão; embora os dois primeiros sejam símbolos de Cristo e do Espírito Santo e os outros dois de Thoth e Hórus. Para alguns povos, o Sol era um Deus, mas não para os celtas com seu Sol feminino, muito embora Bel/Balor, Oghma, Lugh e Llew possuíssem atributos solares. Uma oração popular tradicional gaélico-escocesa (vide *Celtic Miscellany*, de Kenneth Jackson, item 34), refere-se ao Sol como "mãe feliz das estrelas", erguendo-se "como uma jovem rainha em flor". (Para maior evidência de que o calendário ritual dos celtas pagãos era orientado para o ano da vegetação natural e da criação de gado, e não para o ano solar e a agricultura, vide *O Ramo de Ouro* de Frazer, págs. 828-830).

47. De interesse familiar para nós: o nome de solteira de Janet era Owen, e a tradição da família Owen afirma descender dos senhores de Canaã de Shechem, que por si mesmos afirmavam ser da semente de Baal.

Simbolicamente, ambos os aspectos de Cernunnos e o de Bel podem ser vistos como modos de visualizar o Grande Pai que impregna a Grande Mãe[48]. E estes são os dois temas que dominam o festival de Beltane por meio do folclore celta e britânico: fertilidade e fogo.

Os fogos de Bel eram acesos nos topos das colinas para celebrar o retorno da vida e da fertilidade ao mundo. Nas Highlands escocesas do século dezoito, e até recentemente, Robert Graves nos conta em *A Deusa Branca*, pág. 416, que o fogo era aceso ao se perfurar uma tábua de carvalho, "mas apenas no acendimento do fogo de Beltane, ao qual era atribuída virtude miraculosa... Isso originalmente culminava no sacrifício de um homem representando o Deus-Carvalho".

É interessante que, em Roma, as Virgens Vestais guardiãs do fogo sagrado, costumavam atirar manequins feitos de juncos dentro do Rio Tiber na Lua cheia de maio como sacrifícios humanos simbólicos.

Na Irlanda pagã ninguém podia acender um fogo de Beltane até que o *Ard Ri*, o Alto Rei, tivesse acendido o primeiro, no Monte Tara (Tara Hill). Em 433 EC, São Patrício demonstrou uma perspicaz compreensão do simbolismo quando ele acendeu um fogo na Colina Slane, a 16 km do Monte Tara, antes que o Alto Rei Laoghaire acendesse a sua; ele não poderia ter feito uma declaração mais dramática da usurpação da liderança espiritual sobre toda a ilha. São David fez um gesto histórico similar em Gales no século seguinte.

Incidentalmente, muito do simbolismo do Monte Tara como o foco espiritual da antiga Irlanda é imediatamente reconhecível por qualquer um que tenha operado em um Círculo Mágico. Tara é Meath (Midhe, "centro") e era o assento dos Altos Reis; seu plano de terreno é ainda visível como grandes aterros gêmeos circulares. O Salão de Banquete ritual de Tara tinha um vestíbulo central para o próprio Alto Rei, circundado por quatro vestíbulos com a frente voltada para dentro que eram distribuídos entre os quatro reinos provinciais; ao Norte para Ulster, ao Leste para Leinster, ao Sul para Munster e ao Oeste para Connacht. Eis o porquê de as quatro províncias serem tradicionalmente conhecidas como "quintos", devido ao Centro vital que as completa, como o Espírito, que complementa e integra a Terra, o Ar, o Fogo

48. Sempre existe sobreposição. O gigante Cerne Abbas recortado na relva Dorset é uma figura de Baal, como mostrado por seu Bastão e falo Hercúleos, e seu nome local, Helith, é claramente o Grego Hélios (Sol); ainda assim "Cerne" é, sem dúvidas, igual a Cernunnos. E o Baal Hammon de Carthage era também um Baal ou Bel verdadeiro (sua consorte em forma de Grande Mãe tinha o nome de Tanit – compare a Dana irlandesa e a Don, de Gales); e ele também possuía chifres.

e a Água. Mesmo as ferramentas elementais do ritual estão representadas nos Quatro Tesouros da Tuatha Dé Danann: a Pedra Fál (Destino) que gritou alto quando o legítimo Alto Rei sentou nela, a Espada e a Lança de Lugh, e o Caldeirão de Dagda (o Deus Pai).

Todos os quatro eram símbolos masculinos, como se poderia esperar numa sociedade guerreira; mas as fundações matrilineares arquetípicas ainda brilhavam na inauguração de um rei menor, regente de uma tuath ou tribo. Este era "um casamento simbólico com a Soberania, um rito de fertilidade para o qual o termo técnico era banais rígi (casamento real)". O mesmo costumava ser verdadeiro com os Altos Reis: "A legendária Rainha Medb, cujo nome significa 'intoxicação', era originariamente uma personificação da Soberania, pois nos ensinaram que ela foi esposa de nove reis da Irlanda e, em qualquer outro lugar, que somente aquele que tivesse se casado com ela poderia ser rei." Sobre o Rei Cormac foi dito: "até que Medb tivesse dormido com o rapaz, Cormac não foi rei da Irlanda" (Dillon e Chadwick, em The Celtic Realms, pág. 125).

É fácil perceber, então, porque o Monte Tara tinha que ser o ponto de ignição para o fogo de Bel regenerativo para a comunidade; e o mesmo seria verdadeiro com relação aos focos espirituais correspondentes em outras terras. A Irlanda meramente se tornou o país onde os detalhes da tradição têm sido mais claramente preservados (sobre o total simbolismo complexo do Monte Tara, a obra de Reese Celtic Heritage apresenta uma leitura fascinante para Bruxos e ocultistas).

Uma característica do festival do fogo de Beltane em muitas terras era pular a fogueira (nós dizemos "era", mas ao discutir costumes populares sazonais, o tempo passado – do verbo – dificilmente prova ser inteiramente justificado). Jovens pularam fogueira para trazer para si maridos ou esposas; para proporcionar aos viajantes a garantia de uma viagem segura; mulheres grávidas para assegurar um parto confortável, e assim por diante. O gado era conduzido por cima de suas cinzas – ou entre duas fogueiras – para assegurar uma boa produção de leite. As propriedades mágicas do festival do fogo formam uma crença persistente, como nós também veremos, sobre o Meio do Verão, Samhain e Yule (ambos os gaélicos, escocês e irlandês, incidentalmente têm um ditado, "Pego entre dois fogos de Beltane", o que significa "Pego em um dilema").

Falando sobre gado – o dia seguinte, 1º de Maio[49] era muito importante na antiga Irlanda. Naquele dia, as mulheres, crianças e boiadeiros levavam o

49. N. do T.: lembrando *que Beltane* é celebrado em maio no Hemisfério Norte. No Brasil, é celebrado em outubro.

gado para os pastos de verão, ou booleys (buaile ou buailte), até Samhain. A mesma coisa ainda acontece nas mesmas datas, nos Alpes e em outras partes da Europa. Outra palavra gaélico-irlandesa (e escocesa) para pasto de verão é *áiridh*; e Doreen Valiente sugere (Witchcraft for Tomorrow, pág. 164) que "há apenas uma possibilidade de que o nome 'Aradia' seja de origem celta", conectado a esta palavra. Na Bruxaria do norte da Itália que, como Leland demonstrou (vide Bibliografia), deriva de raízes etruscas, Aradia é a filha de Diana (ou, como os próprios etruscos a chamam, Aritimi, uma variante do grego Ártemis). Os etruscos floresceram na Toscana aproximadamente do oitavo ao quarto século AEC, até os romanos conquistarem a última de suas cidades-estados, Volsinii, em 280 EC. Do quinto século em diante, eles tiveram muito contato com os celtas gauleses, algumas vezes como inimigos, outras como aliados; assim, pode muito bem ser que os celtas tenham levado Aradia para lá. "Filha", no desenvolvimento dos panteões, muitas vezes significa "versão posterior" – e, segundo a lenda, Aradia aprendeu muito de sua sabedoria por meio de sua mãe, o que corresponderia com o fato indubitável de que a brilhante civilização etrusca era admirada e invejada pelos seus vizinhos celtas. É interessante que, para ambos, escoceses e irlandeses, *áiridh* ou uma leve variante desta, também significa "valor, mérito".

E no caso em que qualquer um pense que Aradia chegou à Bretanha apenas por meio das pesquisas de Leland do século dezenove – na forma "Herodias" ela aparece com um nome inglês de Deusa das Bruxas no Canon Episcopi do décimo século.

Voltemos ao Beltane. O carvalho é a árvore do Deus do Ano Crescente; o pilriteiro, nesta estação, é a árvore da Deusa Branca. O forte tabu folclórico relativo a quebrar galhos de pilriteiro ou de trazê-los para dentro de casa é tradicionalmente suspenso na "Véspera de Maio", quando galhos deste podem ser cortados para o festival da Deusa (fazendeiros irlandeses e mesmo construtores de estradas que fazem terraplanagem, ainda são relutantes em cortar pilriteiros solitários; um pilriteiro "encantado" colocou-se no meio de um pasto na fazenda em que vivíamos em Ferns, Condado de Wexford e respeitáveis exemplos similares podem ser vistos por todo o país).

Contudo, se você quiser flores para seu ritual (por exemplo, como arranjos nos cabelos das Bruxas), pode estar certo de que não encontrará pilriteiros floridos antes da "Véspera de Maio", e você provavelmente terá que se contentar com as folhas novas. Nossa própria solução é usar espinheiro negro, cujas flores aparecem em abril, para fora das folhas. O espinheiro negro (sloe) é também uma árvore da Deusa nesta estação – mas ela pertence à Deusa em seu aspecto sombrio, devorador, como o amargo de seu fruto de outono sugere. Ela costumava ser considerada como "a árvore das Bruxas" – no sentido malévolo – e azarenta. Porém, temer o aspecto sombrio da Deusa é não perceber a verdade de que ela consome apenas para dar um novo nascimento. Se os Mistérios pudessem ser resumidos em uma sentença, ela poderia ser esta: "No centro da Mãe Brilhante está a Mãe Sombria, e no centro da Mãe Sombria está a Mãe Brilhante." O tema sacrifício-e-renascimento do nosso ritual de Beltane reflete esta verdade, também, para simbolizar os dois aspectos em equilíbrio, nossas mulheres portam pilriteiro em folha e espinheiro negro em flor, entrelaçados.

Outro tabu relativo à Beltane era o ato britânico de caçar a lebre que, por ser um animal da Lua, tem uma boa reputação pela fecundidade, assim como a cabra, e ambos figuram no aspecto sacrificial das tradições de fertilidade em Beltane. A Caçada do Amor é uma forma difundida desta tradição; está subjacente na lenda de Lady Godiva e a da Deusa teutônica Eostre ou Ostara, de quem a Páscoa recebeu seu nome, assim como os festivais folclóricos do "Dia de Maio" de Obby Oss em Padstow, Cornualha (sobre a tentadora e misteriosa figura da mulher da caçada do amor "nem vestida, nem despida; nem a pé, nem a cavalo; nem na água, nem em terra seca; nem com, nem sem um presente", que é "facilmente reconhecida como o aspecto da Deusa do Amor-e-Morte de Beltane", vide Graves, *A Deusa Branca*, pág. 403 em diante).

Mas à parte da, ou melhor, em ampliação da encenação desses mistérios da Deusa e do Deus-Rei, Beltane para as pessoas comuns era um festival de sexualidade e fertilidade humana destituído de vergonha. "Mastros de Beltane", nozes e a "toga verde" eram símbolos francos do pênis, testículos e a cobertura de uma mulher por um homem.

Dançar ao redor do Mastro de Beltane, procurar nozes na floresta, "casamentos verdes" e ficar em pé toda a noite para assistir ao nascer do sol de Beltane, eram atividades inequívocas, eis o porquê de os puritanos os terem suprimido com tal pio horror (o Parlamento tornou os Mastros de Beltane ilegais em 1644, mas eles voltaram com a Restauração; em 1661 um Mastro de Beltane com 134 pés de altura foi erguido em Strand).

Robin Hood, a Jovem Marian e João Pequeno desempenharam um grande papel no folclore de Beltane; e muitas pessoas com sobrenomes tais como Hodson, Robinson, Jenkinson, Johnson e Godkin devem sua ancestralidade a algumas destas celebrações, distantes nas florestas.

Ramos e flores costumavam ser trazidos da floresta na Manhã de Beltane para decorar as portas e janelas da vila, e jovens carregavam guirlandas em procissão, cantando. As guirlandas eram geralmente de argolas cruzadas. Sir J. G. Frazer escreveu no início deste século: "Parece que uma argola envolta em sorveira e maravilha do brejo, mantendo suspensas duas bolas entre ela, é ainda carregada no Dia de Maio[50] por aldeões em algumas partes da Irlanda. As bolas, que são algumas vezes cobertas com papel dourado e prateado, são relatadas como tendo originalmente representado o Sol e a Lua". (*O Ramo de Ouro*, pág. 159). Pode até ser, porém, que Frazer, esplêndido pioneiro que era, muitas vezes parecia estar (ou, no clima de seu tempo, discretamente fingia estar) cego ante o simbolismo sexual.

Outro costume da Manhã de Maio na Irlanda era "Afagar os poços". Você ia até o poço de um vizinho próspero (presumivelmente antes de ele se levantar e estar por perto) e deslizava a mão na superfície da água para adquirir a sorte dele para você. Em outra variação deste costume, você deslizava a mão no seu próprio poço para assegurar uma boa produção de manteiga para o ano – e também, como se pode presumir, antecipar-se a qualquer vizinho que estivesse atrás da sua sorte.

A memória popular sobrevive de maneiras curiosas. Um amigo de Dublin – um bom católico por volta de seus cinquenta anos –, conta-nos que quando ele era um garoto no Condado de Longford, ao Norte, seu pai e sua mãe costumavam levar as crianças para fora à meia-noite na "Véspera de Maio", e toda a família dançava despida em meio às plantações jovens. A explicação dada às crianças era a de que isso os protegeria de pegar resfriados pelos próximos doze meses; mas seria interessante saber se os próprios pais acreditavam que esse era o verdadeiro motivo ou se sabiam da fertilidade das plantações e estariam dando às crianças uma "respeitável" explicação no caso de elas falarem – particularmente – aos ouvidos do padre. Nosso amigo também nos conta que as sementes eram sempre plantadas por volta de 25 de março para assegurar uma boa colheita; e 25 de março costumava ser considerado como o Equinócio da Primavera[51] (compare 25 de dezembro para o Natal em vez do solstício astronomicamente exato).

---

50. N. do T.: lembre-se que Beltane é celebrado em maio no Hemisfério Norte. No Brasil, é celebrado em outubro.

51. N. do T.: no Hemisfério Norte. No Hemisfério Sul, o Equinócio da Primavera acontece em setembro.

"Uma das superstições mais difundidas na Inglaterra era a de que lavar o rosto com o orvalho da Manhã de Maio embelezaria a pele", diz a Enciclopédia Britânica. "Pepy faz referência à prática em seu Diário e, mais tarde, em 1791, um jornal de Londres reportou que 'ontem', sendo 1º de Maio, certo número de pessoas entrou nos campos e banhou suas faces com o orvalho da grama com a ideia de que isso as tornaria mais belas."

A Irlanda tem a mesma tradição. Mas retornemos à folhagem verde. Hoje, a superpopulação e não a baixa população é o problema da humanidade; e atitudes mais iluminadas relativas aos relacionamentos sexuais (embora ainda se desenvolvendo de maneira não uniforme) dificilmente seriam compatíveis com o método das orgias-verdes de produção de uma nova safra de Hodsons e Godkins. Mas ambos, o franco-alegre, bem como o mistério obscuro, podem e devem ser expressados. Eis com o que todos os Sabbats se relacionam.

Em nosso rito de Beltane, usamos tanto quanto pudemos do simbolismo tradicional, evitando sobrecarregá-lo e estragar sua linha íngreme com obscuridade – ou, pior ainda, tirar a graça dele. Deixamos o leitor discernir sobre essa trama. Mas talvez seja válido mencionar que a declamação do Alto Sacerdote, "Sou um veado de sete galhos," etc., consiste daquelas linhas da Canção de Amergin que pertence, segundo a designação de Robert Graves, às sete árvores mensais no ciclo do Rei do Carvalho.

Nós adicionamos um pequeno rito bem separado que nos foi sugerido pela leitura de Fasti de Ovídio. Em 1º de Maio[52] os romanos prestavam homenagem a seus Lares, ou Deuses do lar; e pareceu apropriado para nós fazer o mesmo na noite quando o fogo de Bel é apagado e novamente aceso. Todas as casas, para ser honesto, possuem objetos que são efetivamente "Lares". A nossa inclui uma Vênus de Milo de 30 cm de altura adquirida pelos pais de Stewart antes de ele nascer; levemente desgastada, duas vezes quebrada em dois e emendada, ela veio a se tornar uma Guardiã muito amada e um verdadeiro Lar, e agora sorri helenisticamente por sobre nossos ritos de Beltane. Outros Bruxos podem também achar que esta pequena homenagem anual é um agradável costume para se adotar.

52. N. do T.: data atribuída a Beltane no Hemisfério Norte. No Brasil Beltane acontece em 31 de outubro.

A Preparação

O Caldeirão é colocado no centro do Círculo, com uma vela acesa dentro dele; isso representa o Fogo de Bel (Bel-Fire).

Ramos de pilriteiro e espinheiro negro decoram o altar e ornamentos de ambas as plantas combinadas (com os espinhos retirados) são elaborados para as Bruxas (uma aplicação de spray de cabelo sobre as flores feita anteriormente ajuda a evitar que as pétalas caiam). O pilriteiro e o espinheiro negro devem ser colhidos no próprio dia de Beltane e é costume pedir desculpas e explicar para cada árvore o motivo de fazer isso enquanto você corta as plantas.

Se folhas de carvalho puderem ser encontradas nesta estação na sua área, um ornamento com elas é feito para o Alto Sacerdote, em seu papel como Rei do Carvalho (uma coroa permanente de carvalho é um acessório útil para o Coven – vide Yule, pág. 152).

Um lenço ou pedaço de gaze verde, pelo menos com 1 metro de tamanho, é colocado junto ao altar.

Tantas velas quanto o número de pessoas no Coven são colocadas junto ao Caldeirão.

Os "bolos" para consagração nesta ocasião devem ser um prato de nozes.

Caso vocês estejam incluindo o Rito para o Guardião da Casa, este (ou estes) é (são) posicionado(s) na borda do Círculo, próximo à vela do Leste, com uma ou duas varetas de incenso num suporte, prontos para serem acesos no momento apropriado (se o seu Guardião não for móvel, um símbolo deste pode permanecer em seu lugar; por exemplo, caso seja uma árvore em seu jardim, traga para dentro um ramo dela – novamente com as desculpas e a explicação apropriadas).

O Ritual

Após a Runa das Bruxas, as pessoas do Coven se espalham ao redor da área do Círculo entre o perímetro dele e do Caldeirão e começam a bater palmas suave e ritmicamente.

O Alto Sacerdote toma o lenço verde, pega na sua extensão como se fosse uma corda e segura uma extremidade em cada mão. Ele começa a se mover em direção à Alta Sacerdotisa, fazendo como se fosse lançar o lenço por sobre os ombros dela e puxá-la para ele; mas ela vai para trás se afastando dele, de forma provocativa.

Enquanto o Coven continua com seu bater de palmas rítmico, a Alta Sacerdotisa continua a se esquivar do perseguidor, o Alto Sacerdote. Ela o chama com gestos e o provoca, mas sempre se afasta para trás antes que ele possa capturá-la com o lenço. Ela ondula para dentro e para fora do Coven, e as outras mulheres passam pelo caminho do Alto Sacerdote para ajudá-la a se esquivar dele.

Após certo tempo, digamos, depois de duas ou três "voltas" no Círculo, a Alta Sacerdotisa permite que o Alto Sacerdote a capture lançando o lenço por sobre sua cabeça em seus ombros e puxando-a para ele. Eles se beijam e se separam e o Alto Sacerdote entrega o lenço para outro homem. Esse, por sua vez, persegue a sua parceira, que se esquiva dele, acena para ele e o provoca exatamente da mesma forma; o bater de palmas segue durante todo o tempo (vide ilustração 12). Após certo tempo ela também se permite ser capturada e beijada.

O homem entrega o lenço para outro homem e o jogo de perseguição continua até que todos os casais no Coven tenham participado. O último homem então entrega o lenço de volta para o Alto Sacerdote.

Mais uma vez o Alto Sacerdote persegue a Alta Sacerdotisa; mas desta vez o compasso é muito mais lento, quase imponente, e o esquivar e os acenos dela são mais solenes, como se ela o estivesse tentando para o perigo; e desta vez as outras não interferem. A perseguição continua até que a Alta Sacerdotisa se posicione entre o Caldeirão e o altar, de face para o altar, a dois ou três passos deste. Então o Alto Sacerdote para com suas costas voltadas para o altar e a captura com o lenço.

Eles se abraçam solenemente, porém, sem reservas; mas após alguns segundos do beijo, o Alto Sacerdote deixa o lenço cair de suas mãos e a Alta Sacerdotisa o solta e dá um passo para trás.

O Alto Sacerdote se ajoelha, senta-se sobre seus calcanhares e abaixa sua cabeça, colocando o queixo sobre o peito.

A Alta Sacerdotisa abre seus braços, assinalando para que cesse o bater de palmas. Ela então chama duas mulheres pelos nomes e as posiciona uma de cada lado do Alto Sacerdote, olhando para dentro, assim, as três olham por cima dele. A Alta Sacerdotisa pega o lenço e as três o esticam entre elas, sobre o Alto Sacerdote. Elas o abaixam lentamente e então o soltam, de modo que o lenço cubra a cabeça dele como um manto.

Em seguida a Alta Sacerdotisa manda as duas mulheres voltarem para seus lugares e chama dois homens pelos nomes. Ela os instrui para apagarem as duas velas do altar (não a vela da Terra), e quando eles assim o tiverem feito, ela os manda de volta para seus lugares.

A Alta Sacerdotisa então se vira e se ajoelha próximo ao Caldeirão, olhando para ele. Ela gesticula para que o resto do Coven se ajoelhe em volta do Caldeirão com ela.

Apenas o Alto Sacerdote permanece onde está, em frente ao altar, ajoelhado, porém "morto".

Quando todos estiverem posicionados, a Alta Sacerdotisa apaga a vela dentro do Caldeirão e fica em silêncio por um momento. Então ela diz:

> O Fogo de Bel está extinto e o Rei do Carvalho está morto. Ele abraçou a Grande Mãe e morreu por seu amor; assim tem sido, ano após ano, desde que o tempo começou. Se o Rei do Carvalho está morto – ele que é o Rei do Ano Crescente – tudo está morto; os campos não têm produção, as árvores não têm frutos e as criaturas da Grande Mãe não têm juventude. O que faremos, portanto, para que o Rei do Carvalho possa viver novamente?

O Coven responde: Reacender o fogo de Bel!

A Alta Sacerdotisa diz:

> Que assim seja!

Ela pega uma vela, levanta-se, vai até o altar, a acende na vela da Terra e se ajoelha novamente próximo ao Caldeirão. Em seguida ela reacende a vela do Caldeirão com sua vela (vide ilustração 7) e então diz:

> Peguem a vela de cada um de vocês e a acendam com o Fogo de Bel.

O Coven assim o faz e finalmente a Alta Sacerdotisa acende uma vela para si mesma, chamando as duas mulheres originais para acompanhá-la. Ela então se levanta e se vira para olhar o Alto Sacerdote, gesticulando para que as duas mulheres levantem o lenço da cabeça do Alto Sacerdote; elas assim o fazem (vide ilustração 8) e colocam o lenço no chão.

A Alta Sacerdotisa manda as duas mulheres de volta para seus lugares e chama os dois homens. Ela os instrui para reacenderem as velas do altar com suas próprias velas.

Quando eles assim tiverem feito, ela os manda de volta para os seus lugares e entrega uma vela para o Alto Sacerdote (que durante todo o tempo até agora não se moveu) e diz:

> Volte para nós, Rei do Carvalho, para que a terra possa ser frutífera.

O Alto Sacerdote se levanta e aceita o pedaço de vela. Ele diz:

Sou um veado de sete galhos
Sou um dilúvio solto na planície
Sou um vento nas águas profundas
Sou uma lágrima brilhante do Sol
Sou um falcão no penhasco
Sou um belo entre as flores
Sou um Deus que incendeia a cabeça com fumaça.

A Alta Sacerdotisa e o Alto Sacerdote conduzem uma dança circular ao redor do Caldeirão, o resto do Coven os segue, todos carregando suas velas. A atmosfera se torna alegre. Enquanto dançam, eles cantam:

Oh, não conte ao Reverendo sobre a nossa Arte
Ou ele poderia chamá-la de pecado;
Mas nós estaremos nas florestas por toda a noite
Conjurando o verão a chegar!
E nós lhe trazemos as novas em alta voz
Para as mulheres, gado e plantação
Agora o Sol está vindo do Sul
Com carvalho, freixo e espinheiro![53]

Eles repetem "Com carvalho, freixo e espinheiro" diversas vezes, até que a Alta Sacerdotisa sopre sua vela e a coloque no Caldeirão. O resto faz o mesmo. Então todo o Coven dá as mãos e circulam cada vez mais rápido. De vez em quando a Alta Sacerdotisa chama por um nome ou os nomes dos casais, e quem quer que seja chamado se desliga do Círculo, salta sobre o Caldeirão e se junta ao Círculo novamente. Quando todos tiverem saltado, a Alta Sacerdotisa grita – "Abaixem!" – e todos se sentam.

Isso, além do Grande Rito, é o final do Ritual de Beltane; mas se o Guardião do Lar for honrado, este ritual é feito de forma muito adequada enquanto o resto do Coven estiver relaxando. O Ritual do Guardião é obviamente realizado pelo casal, ou pessoa, em cuja casa o Sabbat estiver sendo realizado – que podem ou não ser a Alta Sacerdotisa e o Alto Sacerdote. Se for uma pessoa só, seu parceiro(a) de trabalho poderá lhe assistir; caso ele ou ela não tenha parceiro(a), a Alta Sacerdotisa ou o Alto Sacerdote poderá fazer este papel.

53. Esta é uma versão levemente modificada (o único item substancial no ritual de Beltane do *Livro das Sombras*) do verso 5 do poema de Rudyard Kipling *Uma Canção da Árvore*, da história *Espada de Weland* em Puck of Pook's Hill. Este é um dos mais felizes empréstimos de Gerald Gardner, e estamos seguros que a variação de Kipling não importa.

O casal se aproxima da vela do Leste, enquanto o resto do Coven se mantém sentado, mas voltam suas faces para o Leste, acompanhando-os.

Uma das pessoas do casal acende os incensos em frente ao Guardião, enquanto o outro diz:

> Guardião desta Casa, vigiai-a durante o ano vindouro, até que novamente o Fogo de Bel seja extinto e reacendido. Abençoe esta casa e seja abençoado por ela; permita que todos os que vivem aqui e todos os amigos que aqui são bem-vindos prosperem sob este teto. Que assim seja!

Todos dizem: Que assim seja!

O casal se reúne ao Coven.

Beltane e Samhain são "Noites das Travessuras" tradicionais – que Doreen Valiente denominou como "os tempos intermediários, quando o ano estava oscilando sobre suas dobradiças, as portas do Outromundo estavam abertas e qualquer coisa poderia acontecer".

Então, quando tudo estiver feito, o Grande Rito celebrado e o vinho e as nozes partilhados, esta é à noite para as penalidades. Ao impor pequenas tarefas bizarras ou ordálias, a criatividade da Alta Sacerdotisa poderá ir longe – sempre sendo lembrado, naturalmente, que é privilégio do Alto Sacerdote planejar uma punição para ela.

Um comentário final; se vocês estiverem realizando seu Festival de Beltane ao ar livre, o Fogo de Bel aceso deve ser uma fogueira, que deve ser deixada pronta anteriormente, com uma fonte de acendimento que pegue rápido. Mas o velho Fogo de Bel que a Alta Sacerdotisa apaga deve ser uma vela, protegida, se necessário, dentro de uma lanterna. Apagar uma fogueira no meio do ritual não seria praticável, a menos que o Sabbat fosse um acontecimento em larga escala.

Caso vocês morem em uma área onde a atividade da Bruxaria é conhecida e respeitada – ou pelo menos tolerada – e possam fazer uso de um topo de colina, o súbito esplendor de um Fogo de Beltane na escuridão poderá estimular algumas memórias atávicas interessantes. Mas se você acender de fato uma fogueira – nesta ou em qualquer outra ocasião, tenha um extintor de incêndio ao alcance da mão em caso de emergência. Bruxas que provocam incêndios em matas ou florestas perderão rapidamente qualquer respeito que tenham conquistado no local; e com total justiça também.

VII — Meio do Verão

Hemisfério Norte 22/06 • Hemisfério Sul 22/12

O significado do Deus Sol do Sabbat do Meio do Verão é literalmente tão claro quanto o dia. No Solstício de Verão ele está em sua forma mais alta e mais brilhante e seu dia está na sua mais longa extensão. As Bruxas, natural e corretamente, saúdam-no e honram-no no pico de seu ciclo anual, invocando-o para "pôr para longe os poderes da escuridão" e para trazer fertilidade para a terra. O Meio do Verão é talvez o mais celebrado de todos os Festivais, no sentido de que ele regozija na total efusão da abundância do ano, o apogeu da luz e do calor.

Mas o ciclo do Sabbat, mesmo nas alturas de sua alegria, sempre leva em conta o que se encontra por trás e à frente. Como os antigos gregos declaravam: Panta rhei, ouden menei[54] – "Tudo flui, nada é estático". A vida é um processo, não um estado; e os Sabbats das Bruxas são essencialmente um meio de se colocar em sintonia com esse processo.

Assim, no Meio do Verão, o aspecto do "processo" é refletido no outro tema de Deus – aquele do Rei do Carvalho e do Rei do Azevinho. No Meio do Verão, o Rei do Carvalho, Deus do Ano Crescente, é vencido pelo Rei

54. *Panta rei ouden menei* – Heráclito, c. 513 AEC

do Azevinho, seu gêmeo, o Deus do Ano Minguante, porque o irradiante pico do verão é, também, por sua verdadeira natureza, o início do reinado do Rei do Azevinho, com sua inexorável progressão rumo ao nadir escuro do Meio do Inverno, quando ele, por sua vez, morre nas mãos do Rei do Carvalho renascido.

A morte do Rei do Carvalho no Meio do Verão tem tomado muitas formas na mitologia. Ele foi queimado vivo, ou cegado com uma estaca de visco, ou crucificado numa cruz em T; e nos tempos antigos o ator humano representando o Rei do Carvalho era assim sacrificado de verdade. Sua morte era seguida de uma vigília de sete dias. Mas o próprio Rei do Carvalho, como Deus do Ano Crescente, retirava-se para as estrelas circumpolares, a Corona Borealis, a Caer Arianrhod celta – aquela roda giratória dos céus que os antigos egípcios chamavam ikhem-sek, "não-conhece-destruição", porque suas estrelas nunca desapareciam abaixo do horizonte, mesmo no meio do inverno. Aqui ele aguardava seu renascimento igualmente inevitável.

Robert Graves sugere que a história bíblica de Sansão (um herói folclórico do tipo Rei do Carvalho) reflete este padrão; após ser destituído de seus poderes, ele é cegado e enviado para trabalhar em um moinho giratório (alguém poderia também sugerir que Dalila, que preside sobre sua queda, representa a Deusa como a Morte-na-Vida e que, ao rebaixá-la à vilã, o patriarcado hebreu esqueceu ou suprimiu a sequela – de que no devido curso, como a Vida-em-Morte, ela seria destinada a presidir sobre sua restauração).

Graves salienta mais ainda que, "uma vez que na prática medieval São João Batista, que perdeu sua cabeça no 24 de junho, Dia de São João, assumiu o título e os costumes do Rei do Carvalho, era natural deixar que Jesus, como o piedoso sucessor de João, assumisse o Rei do Azevinho... 'Dentre todas as árvores que estão na floresta, o azevinho carrega a coroa...' A identificação do pacífico Jesus com o azevinho ou o azevinho-carvalho deve ser lamentada como poeticamente inepta, exceto na extensão em que ele declarou que veio para trazer não a paz, mas a espada". (*A Deusa Branca*, págs. 180-181).

Qualquer ritual significativo de Sabbat do Meio do Verão deve abraçar ambos os temas-do-Deus, pois os solstícios são pontos importantes a respeito deles. Mas e sobre a Deusa? Qual é o seu papel no drama do Meio do Verão?

1. O altar

2. O Ritual de Abertura: Consagrando a Água e o Sal

3. Consagrando os bolos

4. O Grande Rito: "Ajudai-me a erguer o antigo altar"

5. Imbolc: A Deusa Tríplice - Donzela, Mãe e Anciã

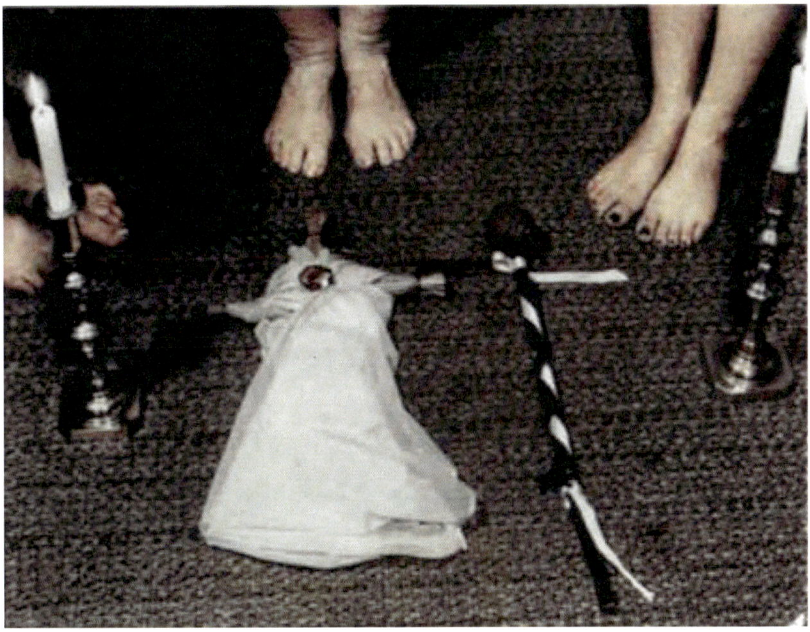

6. Imbolc: A Cama de Brigit

7. Beltane: "Reacenda o Fogo de Bel!"

8. Beltane: Renascimento do Rei do Carvalho

9. Meio do Verão: O Rei do Carvalho foi derrotado pelo Rei do Azevinho, e a Deusa realiza sua Dança do Meio do Verão ao Sol

10. O Bastão e o Açoite segurados na "Posição de Osíris"

A Deusa, como nós temos ressaltado, não é parecida com o Deus, uma vez que ela nunca está sujeita à morte e a ressurreição. De fato, ela nunca muda – ela meramente apresenta faces diferentes. No Solstício de Inverno ela apresenta seu aspecto Vida-em-Morte; embora seu Corpo-Terra pareça frio e estático, ainda assim ela concede o nascimento ao novo Deus-Sol e preside sobre a substituição do Rei do Azevinho pelo Rei do Carvalho com sua promessa de vida renovada. No Solstício de Verão ela apresenta o seu aspecto Morte-na-Vida; seu Corpo-Terra é exuberantemente fecundo e sensual, saudando seu consorte Deus-Sol no zênite de seus poderes – ainda assim, ela sabe que este é um zênite transitório e ao mesmo tempo ela preside sobre a morte do Rei do Carvalho e o entronamento de seu gêmeo obscuro (porém necessário e, portanto, não malévolo). No Meio do Verão a Deusa dança a sua magnífica Dança da Vida; mas mesmo enquanto dança, ela sussurra para nós: Panta rhei, ouden menei (Tudo flui, nada é duradouro).

O Meio do Verão é tanto um festival de fogo quanto um festival de água, sendo o fogo o aspecto-Deus e a água o aspecto-Deusa, tal como o ritual deve esclarecer. O Meio do Verão é também algumas vezes chamado de Beltane, porque fogueiras são acesas como ocorre na "Véspera de Maio". Tem sido sugerido que São Patrício foi amplamente responsável por isso na Irlanda, porque ele trocou a "noite da fogueira" da Irlanda para a Véspera de São João, a fim de diminuir a importância das implicações pagãs da "Véspera de Maio"[55]. Ele pode deveras ter trocado a ênfase, mas dificilmente poderia ter alterado o nome, porque beltane significa "maio" em irlandês; o uso do nome Meio do Verão pode ter surgido apenas em países que não falam a língua gaélica.

55. Na maior parte da Irlanda, a noite para a fogueira comunal do Meio do Verão é 23 de junho, a véspera do Dia de São João. Porém, em alguns lugares ela é feita tradicionalmente em 28 de junho, a véspera do Dia de São Pedro e São Paulo, algumas vezes conhecida como "Noite da Pequena Fogueira". Nós não conseguimos encontrar a razão para esta curiosa diferença, mas possivelmente isso tem algo a ver com o antigo calendário Juliano. Em 1582, o Papa Gregório XIII eliminou dez dias para tornar o calendário astronomicamente correto, e é o calendário Gregoriano que o mundo ainda utiliza hoje (ele não foi adotado pela Inglaterra, Escócia e Gales até 1752 – quando, na ocasião, onze dias tiveram que ser retirados – e foi difundido na Irlanda por volta de 1782). Mas é notório que em muitas partes da Europa, antigos costumes populares que escaparam do encampamento oficial do cristianismo tendem a se fixar no antigo calendário (vide, por exemplo, a página 131). A "Véspera" de São Pedro e São Paulo está mais próxima do Solstício do Meio do Verão do que a "Véspera" de São João, se a reforma Gregoriana for ignorada. Assim, talvez um costume pagão arraigado, que em alguns lugares ignorava aquela reforma, estava lá meramente apegado ao dia de um santo importante mais próximo para torná-lo tão respeitável quanto se pudesse conseguir.

De qualquer forma, o Meio do Verão era um importante festival do fogo na Europa, e mesmo entre os árabes e berberes[56] do norte da África; ele era menor, e teve um desenvolvimento tardio nos países celtas, porque eles não eram originalmente ou naturalmente de orientação solar. Muitos dos costumes sobreviveram nos tempos modernos e muitas vezes envolvem o girar ou rolar colina abaixo de uma roda flamejante como um símbolo solar. Como em Beltane e Samhain (deveras, em todo Festival), a própria fogueira tem sido sempre considerada como possuindo grande poder mágico. Nós já mencionamos (em Beltane) o costume de saltar a fogueira e conduzir o gado entre elas. As cinzas da fogueira eram também espalhadas sobre os campos. Na Irlanda, um torrão de terra queimado da fogueira da Véspera de São João era um encantamento de proteção. Em países que cultivam linho, acreditava-se que a altura alcançada ao se pular a fogueira predizia a altura que seria alcançada pelo linho cultivado durante seu crescimento. Os marroquinos esfregavam uma pasta feita com as cinzas em seus cabelos para evitar a calvície. Outro costume propagado na Europa era o de fortalecer os olhos ao se olhar o fogo através de feixes de espora ou outras flores seguradas na mão.

O capítulo LXII de *O Ramo de Ouro* de Frazer é uma mina de informações sobre as tradições do Festival do Fogo.

Para as Bruxas modernas, o fogo é uma característica central do Sabbat do Meio do Verão tal como é o de Beltane. Porém, uma vez que o Caldeirão (que na "Véspera de Maio"[57] contém o Fogo de Beltane) é utilizado no Meio do Verão para a água com a qual a Alta Sacerdotisa asperge o seu Coven – e é referido como "o Caldeirão de Cerridwen", reafirmando seu simbolismo de Deusa – nós acessamos outra tradição de longa existência ao sugerir fogueiras gêmeas para o rito do Meio do Verão (ou velas gêmeas como seu equivalente caso o festival seja dentro de um recinto). Magicamente, passar "entre" elas, pode ser considerado como o mesmo que passar "sobre" uma única fogueira. E se você estiver conduzindo gado através delas como um encantamento para uma boa produção de leite, isso é obviamente mais prático!

Dentre todos os Sabbats, o Meio do Verão em climas temperados é aquele mais apropriado para se realizar ao ar livre, caso as instalações e a privacidade o permitirem; para a observância em estar "vestido de céu"[58], ele e Lughnasadh podem ser os únicos. Mas tal como em relação aos outros Sabbats, descrevemos

56. N. do T.: membros de uma tribo muçulmana.

57. No Brasil *Beltane* é celebrado na véspera de novembro, em 31 de outubro.

58. Do inglês *skyclad*, significando nudez ritual.

nosso ritual como uma celebração em um recinto fechado – apenas porque a adaptação de um script de uso interno para uso ao ar livre é mais fácil do que o contrário.

E por falar em "vestir-se de céu" – uma tradição do Meio do Verão – isso pode ser de interesse de qualquer mulher que esteja ansiosa para engravidar e que possua um canteiro de vegetais. Ela deve passar despida pelo meio do canteiro na Véspera do Meio do Verão e também apanhar um pouco de erva-de-são-joão, caso haja disponível. (Se o seu canteiro de vegetais for de alguma forma semelhante ao nosso, sapatos podem ser considerados como uma variação permissível da nudez!). Esta é uma imagem-reflexo intrigante do antigo e difundido Rito da Fertilidade no qual as mulheres caminhavam nuas em meio aos campos para assegurar uma colheita abundante, muitas vezes enfatizando sua magia simpática ao "montar" (um discreto eufemismo) "vassouras" fálicas (vide pág. 88 a respeito de uma sobrevivência disso no século 20).

A Preparação

O Caldeirão é colocado diretamente em frente ao altar com um pouco de água dentro dele e decorado com flores. Um ramo de urze é posicionado ao seu lado, pronto para a Alta Sacerdotisa aspergir água com o mesmo (um detalhe sobre este ramo, a urze é uma boa planta, simbolicamente falando, para decorações do Círculo nesta noite; urze vermelha é a flor apaixonada do Meio do Verão, e urze branca representa a influência moderadora – a vontade controlando ou direcionando a paixão).

Duas coroas, uma de folhas de carvalho e uma de folhas de azevinho, são confeccionadas e posicionadas ao lado do altar. O Alto Sacerdote (que representa o Deus Sol) também deve ser coroado desde o início do ritual; sua coroa deve ter coloração dourada e ele pode adicionar quaisquer outros acessórios ou ornamentos que acentuem o simbolismo solar.

A Alta Sacerdotisa e a Donzela podem portar coroas feitas de flores de verão.

As duas velas do altar, em seus suportes, podem ser usadas no momento apropriado como as "fogueiras"; ou duas outras velas em suportes podem ser deixadas à disposição.

Ao ar livre, naturalmente, duas pequenas fogueiras serão deixadas preparadas para um rápido acendimento – uma a meio caminho entre o centro do Círculo e a vela do Leste, outra a meio caminho entre o centro e a vela do Oeste (o Círculo ao ar livre será, obviamente, muito maior, deixando espaço para a dança entre e ao redor das fogueiras).

Um lenço de cor escura é deixado próximo ao altar, pronto para ser usado como uma venda.

Algumas hastes de palha são deixadas sobre o altar – tantos quanto forem o número de homens no Sabbat, exceto para o Alto Sacerdote. Uma delas deve ser maior do que o resto, e a outra mais curta (se a Alta Sacerdotisa, por seus próprios motivos, decidir nomear os dois Reis ao invés de sorteá-los, as hastes naturalmente não serão necessárias).

O Ritual

Após a Runa das Bruxas, a Donzela recolhe as hastes do altar e as segura em sua mão de forma que todas as extremidades se projetem separadamente, mas que ninguém possa ver qual é a maior ou a menor. A Alta Sacerdotisa diz:

Que os homens façam o sorteio.

Cada homem (exceto o Alto Sacerdote) puxa um canudo da mão da Donzela e o mostra para a Alta Sacerdotisa, que aponta para o homem que tirou o canudo maior e diz:

Vós sois o Rei do Carvalho, Deus do Ano Crescente.
Donzela, traga a coroa dele!

A Donzela coloca a coroa de folhas de carvalho na cabeça do Rei do Carvalho.

Então, a Alta Sacerdotisa aponta para o homem que tirou o canudo menor e diz:

Vós sois o Rei do Azevinho, Deus do Ano Minguante.
Donzela, traga a coroa dele!

A Donzela coloca a coroa de folhas de azevinho na cabeça do Rei do Azevinho.

A Alta Sacerdotisa conduz o Rei do Carvalho para o centro do Círculo, onde ele fica em pé de frente para o Oeste. O resto do Coven fica em volta dele, olhando para o centro, com exceção da Alta Sacerdotisa e do Alto Sacerdote, que ficam em pé de costas para o altar em um e outro lado do Caldeirão.

A Alta Sacerdotisa diz:

Com o Deus Sol no ápice de seu poder e majestade, o crescimento do ano está completado e o reinado do Rei do Carvalho está finalizado. Com o Deus Sol no ápice de seu esplendor, o declínio do ano começa; o Rei do Azevinho deve aniquilar seu irmão, o Rei do Carvalho, e reger sobre minha terra até o mais profundo inverno, quando o seu irmão nascerá novamente.

O Rei do Azevinho move-se até a frente do Rei do Carvalho, olhando para ele, e coloca suas mãos sobre os ombros do irmão, pressionando para baixo. O Rei do Carvalho cai de joelhos. Nesse meio tempo a Donzela pega o lenço e ela e o Rei do Azevinho vendam o Rei do Carvalho. O resto do Coven volta para o perímetro do Círculo e se senta, olhando para dentro.

A Alta Sacerdotisa pega seu Athame e move-se para frente[59]; o Rei do Azevinho toma seu lugar (dela) perante o altar, do outro lado do Caldeirão a partir do Alto Sacerdote. A Alta Sacerdotisa, com o Athame na mão, dança em deosil ao redor do Rei do Carvalho ajoelhado (vide ilustração 9) enquanto o Alto Sacerdote declama o seguinte poema, firme e claramente, enfatizando a batida e mantendo o ritmo:

Dance, Senhora, dance – sobre a tumba do Rei do Carvalho,
Onde ele repousa por meio ano em teu útero tranquilo.

Dance, Senhora, dance – no nascimento do Rei do Azevinho,
Que aniquilou seu gêmeo pelo amor da Terra.

Dance, Senhora, dance – ao poder do Deus Sol
E seu toque de ouro sobre o campo e a flor.

Dance, Senhora, dance – com tua lâmina na mão,
Que chamará o Sol para abençoar tua terra.

Dance, Senhora, dance – na Roda de Prata,
Onde o Rei do Carvalho repousa, com suas feridas para curar.

Dance, Senhora, dance – para o reinado do Rei do Azevinho,
Até que seu irmão, o Carvalho, se erga novamente.

Dance, Senhora, dance – no céu iluminado pelo luar,
Pelo Nome Tríplice pelo qual os homens te conhecem.

Dance, Senhora, dance – na Terra que se transforma,
Pelo Nascimento que é Morte, e pela Morte que é Nascimento.

Dance, Senhora, dance – para o Sol nas alturas,
Pois seu esplendor que queima, também, deve morrer.

Dance, Senhora, dance – para a longa maré do ano,
Pois através de toda mudança deves tu estar.

---

59. Isso simbolicamente representa que a Alta Sacerdotisa, simbolizando a Deusa, deve realizar a Dança do Meio do Verão; mas se achar que outra de suas Bruxas é uma dançarina particularmente talentosa e pode fazer isso com maior eficácia, ela poderá delegar a tarefa para essa pessoa.

Continue acelerando o ritmo:

Dance para o Sol em glória,
Dance para a passagem do Rei do Carvalho,
Dance para o triunfo do Rei do Azevinho,
Dance, Senhora, dance,
Dance, Senhora, dance,
Dance, Senhora, dance...

O Coven se une ao cântico "Dance, Senhora, dance", até uma rápida batida insistente, até que o Alto Sacerdote sinalize a eles para parar e ele próprio também para.

A Alta Sacerdotisa termina sua dança ao colocar seu Athame sobre o altar. Ela e a Donzela ajudam o Rei do Carvalho a se levantar e elas o conduzem, ainda vendado, para que ele se ajoelhe perante a vela do Oeste.

O Alto Sacerdote então diz:

Oh! O espírito do Rei do Carvalho partiu dentre nós, para repousar no Caer Arianrhod, o Castelo da Roda de Prata; até que, com a virada do ano, virá a estação quando ele voltará a reinar novamente. O espírito partiu; portanto deixai que o homem entre nós que acolheu aquele espírito seja liberado de sua tarefa.

A Donzela remove a venda do Rei do Carvalho e a Alta Sacerdotisa remove sua coroa de folhas de carvalho e as colocam sobre cada um dos lados da vela do Oeste e, então, elas ajudam o homem a se levantar; ele se vira e novamente se torna um integrante do Coven.

O Alto Sacerdote diz:

Que brilhem os fogos do Meio do Verão!

A Donzela e o Rei do Azevinho pegam as duas velas do altar e colocam sobre a linha Leste-Oeste, separadas por volta de 10 ou 15 cm de distância. Nesse meio tempo, a Alta Sacerdotisa se reúne com o Alto Sacerdote no altar (ao ar livre, a Donzela e o Rei do Carvalho acendem as duas fogueiras).

Então a Donzela pega o Athame do Alto Sacerdote do altar e fica de pé ao lado da vela do Meio do Verão que está no lado Oeste, olhando para o Leste. O Rei do Azevinho pega o Cálice de vinho e fica de pé ao lado da vela do Meio do Verão que está no lado Leste, olhando para o Oeste.

O Grande Rito Simbólico é então encenado pela Alta Sacerdotisa e o Alto Sacerdote, ela se posicionando entre as duas velas, e a Donzela e o Rei do Azevinho entregando o Athame e o Cálice no momento apropriado.

Após o Grande Rito e a passagem do Cálice, o Alto Sacerdote fica de pé perante o altar com o Bastão em sua mão direita e o Açoite na esquerda, cruzados sobre seu peito na "Postura de Osíris". A Alta Sacerdotisa olha de frente para ele, e invoca alegremente[60]:

Poderoso do Céu, Poder do Sol, nós te invocamos em teus antigos nomes – Michael, Balin, Arthur, Lugh – vinde novamente como no passado a esta tua terra. Elevai a tua brilhante lança de luz para nos proteger. Expulsai os poderes da escuridão. Dai-nos amáveis florestas e campos verdes, orquídeas florescentes e milho maduro. Trazei-nos para permanecer sobre tua colina de visão e mostrai-nos o caminho para os amáveis reinos dos Deuses.

Ela então traça o Pentagrama de Invocação da Terra em frente ao Alto Sacerdote com seu dedo indicador direito. O Alto Sacerdote ergue ambas as mãos para o alto e mergulha o Bastão na água dentro do Caldeirão e ele o segura ao alto, dizendo:

A Flecha para o Caldeirão, a Lança para o Graal, o Espírito para a Carne, o Homem para a Mulher, o Sol para a Terra.

O Alto Sacerdote deposita o Bastão e o Açoite sobre o altar e se une ao resto do Coven. A Alta Sacerdotisa pega o ramo de urze e fica de pé próximo ao Caldeirão. Ela diz:

Dancem perante o Caldeirão de Cerridwen, a Deusa, e sejam abençoados com o toque desta água consagrada; ao mesmo tempo em que o Sol, o Senhor da Vida, ergue-se em sua força no sinal das Águas da Vida!

O Coven, conduzido pelo Alto Sacerdote, começa a se mover em deosil ao redor do Círculo, fora das duas velas. Assim que cada pessoa passa pela Alta Sacerdotisa, ela a asperge com água com o seu ramo de urze. Quando tiver aspergido a todos, ela se une ao círculo de pessoas em movimento.

A Alta Sacerdotisa então ordena que todos – a sós ou em dupla a cada vez – passem entre as velas do Meio do Verão e que façam um desejo enquanto passam. Quando todos tiverem feito isso, a Alta Sacerdotisa e o Alto Sacerdote passam juntos entre as velas. Então eles se viram para trás e pegam as duas velas e as devolvem ao altar a fim de deixar espaço livre para a dança.

Alta Sacerdotisa e Alto Sacerdote conduzem o Coven em uma dança espontânea e alegre, até que a Alta Sacerdotisa decida que está na hora da etapa da Festa do Sabbat.

60. Escrito por Doreen Valiente até "Águas da Vida".

VIII — Lughnasadh

Hemisfério Norte 31/07 • Hemisfério Sul 02/02

Lughnasadh (pronunciado loo-nas-ah) significa "A comemoração de Lugh". Em sua pronúncia simplificada, Lúnasa, em gaélico-irlandês significa mês de agosto[61]. Como Lunasda ou Lunasdal (loo-nas-dah, dal) gaélico-escocês para Lammas, significa 1º de agosto; e o equivalente em manês[62] é Laa Luanys ou Laa Lunys. Na Escócia, o período de uma quinzena antes de Lunasda até uma quinzena depois é conhecido como Iuchar, enquanto que na Península Dingle do Condado de Kerry, a segunda quinzena é conhecida como An Lughna Dubh (o festival de Lugh obscuro) – sugerindo "que eles são ecos de um cálculo lunar por meio do qual Lughnasa teria sido celebrado em conjunção com uma fase da Lua" (Máire MacNeill, O Festival de Lughnasa, pág. 16).

Nas Ilhas Britânicas (não apenas na "orla celta", mas também em lugares tais como o Condado de Durham e Yorkshire), os costumes populares de Lughnasadh se anexaram quase inteiramente ao domingo anterior ou domingo posterior ao 1º de agosto – não meramente por meio da cristianização, mas porque eles envolviam grandes ajuntamentos de pessoas, muitas vezes em

61. N. do T.: No Brasil este *Sabbat* é celebrado em fevereiro.

62. Dialeto de origem celta específico da região da Ilha de Man.

montanhas ou grandes colinas, o que era possível apenas nos dias de lazer que a cristandade tinha convenientemente providenciado.

Da sobrevivência de Lughnasadh nestas ilhas, a Irlanda oferece uma verdadeira mina de ouro. Parcialmente porque, como já destacamos, na Irlanda a cultura rural tem sido muito menos deteriorada pela cultura urbana do que em qualquer outra parte, mas também por outra razão histórica. Durante os séculos, quando a religião católica era proscrita ou perseguida, os camponeses irlandeses, privados de seus templos de adoração, agarraram-se o mais fervorosamente possível aos lugares sagrados em céu aberto, que era tudo o que lhes tinha sido deixado. Assim, atendendo a um apelo muito mais antigo que o cristianismo, os Sacerdotes e as pessoas escalaram juntos as sagradas alturas ou buscaram os poços mágicos para marcar aqueles pontos de mutação no ano da Mãe Terra, que eram importantes para eles por demais para não serem reconhecidos meramente porque suas igrejas não tinham teto ou eram requeridas por um credo forasteiro. Em altitudes tais como em Croagh Patrick eles ainda praticam; falaremos mais sobre isso adiante.

O livro de Máire MacNeill, citado anteriormente, reúne uma surpreendente riqueza destas sobrevivências – setecentas páginas de lendas originais, costumes e folclores que não podem deixar de ser conhecidos por qualquer estudante sério dos Oito Festivais.

Quem foi Lugh? Ele foi um Deus de fogo e luz do tipo Baal/Hércules; seu nome pode ser originário da mesma raiz do latim para lux, significando luz (o que também nos sugere Lúcifer, "o portador da luz"). Ele é realmente o mesmo Deus que Baal/Beli/Balor, porém uma versão posterior e mais sofisticada dele. Na mitologia, a substituição histórica de um Deus por uma forma posterior (seguindo-se à invasão, por exemplo, ou um avanço revolucionário na tecnologia) é muitas vezes relembrada como o extermínio, cegueira ou castração do mais velho por parte do mais novo, ao passo que a continuidade essencial é reconhecida ao transformar o mais novo no filho ou neto do mais velho (se a divindade substituída for uma Deusa, ela muitas vezes ressurge como a esposa do recém-chegado).

Portanto, Lugh, na lenda irlandesa, foi o líder dos Tuatha Dé Danann (o povo da Deusa Dana), os últimos, mas não únicos conquistadores da Irlanda no ciclo mitológico. Enquanto que Balor era rei dos Fomorianos, aos quais os Tuatha Dé Danann derrotaram; e na batalha Lugh cegou Balor. Ainda de acordo com a maioria das versões, Balor era seu avô e Dana/Danu era a esposa de Balor (neste caso, o casamento rebaixou Balor, não Dana).

Outras versões fazem de Lugh o filho de Balor. O folclore da nossa própria ilha também o faz, aparentemente, como Máire MacNeill (ibid., pág. 408) registra: De Ballycroy em Mayo provém um ditado sobre as trovejantes tempestades:

Tá gaoth Lugha Lámhfhada ag eiteall anocht san era.
Seadh, agus drithleógai a athar. Balor Béimeann an t-athair.

Os ventos dos Longos-braços de Lugh estão voando no ar hoje à noite.
Sim, e as fagulhas de seu pai, Balor Béimeann.

Lugh, então, é Balor em toda parte novamente – e certamente associado a uma revolução tecnológica. Na lenda da vitória dos Tuatha Dé Danann, Lugh poupa a vida de Bres, um líder inimigo capturado, em troca de conselhos sobre aragem, plantio e colheita. "A história certamente contém um mito de colheita no qual o segredo da prosperidade agrícola é arrancado por Lugh de um Deus poderoso e relutante" (MacNeill, ibid., pág. 5).

A inteligência superior e a versatilidade de Lugh são indicadas por seus títulos Lugh Lámhfhada (pronunciado luu lau-vauda) e Samhioldánach (sau-vil-daunoch, com o "ch" como em loch), "igualmente habilidoso em todas as artes". Seu equivalente galês (neto de Beli e Don) é Llew Llaw Gyffes, variadamente traduzido como "o leão com a mão firme" (Graves) e "o luminoso com a mão hábil" (Gantz).

Significativamente, Lugh é muitas vezes a divindade padroeira de uma cidade, tal como Carlisle (Luguvalium), Lyon na França, Leyden na Holanda e Legnica (Alemão, Liegnitz) na Polônia. As cidades eram desconhecidas dos primeiros celtas; suas primeiras cidades (Continentais) eram para conveniência comercial em negócios com as civilizações mediterrâneas, das quais elas os copiaram para servirem de fortalezas para exigir tributos das rotas de comércio; ou, mais tarde, como resultado da absorção da Gália Celta nos padrões do Império Romano. Sobre os celtas bretões, um escritor tão recente quanto Strabo (55 AEC – 25 EC) poderia ainda dizer: "Suas cidades são as florestas. Eles cercam uma grande área de árvores derrubadas e erguem cabanas para abrigar a si mesmos e seus animais, nunca com a intenção de permanecer muito tempo nestes lugares." Então, na época em que os celtas começaram a nomear cidades, Balor foi sobrepujado por Lugh – independentemente do fato de que uma grande parte da população daquelas cidades seria composta por artesãos, naturalmente devotos a Lugh Samhioldánach.

Falando de conquistas – elas ocorreram naturalmente com a chegada do cristianismo também. Um exemplo fundamental é São Miguel, que era uma forma posterior de Lúcifer que ele "derrotou". T.C. Lethbridge, em Witches:

Investigating na Ancient Religion mostrou como muitas igrejas paroquiais de São Miguel coincidem com locais onde Lugh, o Lúcifer Celta ou "portador da luz", teria sido cultuado (igrejas pré-Reforma, ou seja; construtores de igrejas pós-Reforma parecem ter perdido todo o senso de magia dos locais)[63]. E Miguel, na tradição mágica, rege o elemento Fogo.

Que Lugh também é um tipo de Deus que se submete à morte e ressurreição em uma união sacrificial com a Deusa é mais claramente percebido na lenda da sua manifestação gaulesa, Llew Llaw Gyffes. Esta história aparece como parte de O Romance de Math, o Filho de Mathonwy no Mabinogion; Graves oferece a tradução de Lady Charlotte Guest sobre este texto em *A Deusa Branca*.

Graves também declara (ibid., pág. 178): "A forma anglo-saxônica da Lughomass, missa em honra do Deus Lugh ou Llew, era a *hlaf-mass*, 'missa do pão', com referência à colheita de milho e ao assassinato do Rei do Milho." Os Jogos de Tailltean, realizados na Irlanda em Lughnasadh, eram originariamente jogos funerários, tradicionalmente em honra de Tailte, falecida mãe de criação de Lugh; mas como Graves ressalta (pág. 302), esta tradição "é mais recente e corrompida". Os jogos da vigília eram claramente para honrar o próprio Lugh sacrificado. E a menos que se compreenda o significado do tema da união sacrificial, poderia ficar desconcertado com a aparente contradição de que uma antiga tradição irlandesa também se refere aos feitos das núpcias de Lugh com Tailtiu; de certa forma, isso é também um obscurecimento de uma história semirecordada, pois aquele que se casa com a Deusa na colheita já é o seu consorte do Ano Minguante. Como Máire MacNeill corretamente declara (ibid., pág. 424): "Lughnasa, eu sugeriria, era um episódio no ciclo de uma história de união divina, mas não necessariamente a ocasião nupcial."

Então em Lughnasadh nós temos o paralelo do outono para o casamento sacrificial em Beltane com o Deus do Ano Crescente. Em nível humano é interessante que os "casamentos verdes" de Beltane foram comparados aos "casamentos de Teltown" (i.e, Tailltean) em Lughnasadh, casamentos experimentais que poderiam ser dissolvidos após um ano e um dia pelo casal, retornando ao local onde a união tinha sido celebrada, ocasião em que eles partiam em direções opostas um ao outro para o Norte e o Sul. O Handfasting

63. Sobre todo o assunto pertinente à magia dos lugares, não apenas locais de culto, mas também, por exemplo, sobre tais coisas como Fogos de Beltane, a obra de Tom Graves, *Needles of Stones*, constitui leitura essencial para Bruxas que desejam não meramente sentir, mas compreender e experimentar construtivamente o seu relacionamento com a Terra como um organismo vivo.

Wiccaniano tem a mesma provisão: o casal pode dissolver a união após um ano e um dia, retornando à Alta Sacerdotisa que os uniu e informando-a. Teltown (Tailteann no irlandês moderno, Tailtiu no irlandês antigo) é uma vila no Condado de Meath, onde a tradição relembra a "Colina do Dote da Noiva" e a "Toca do Casamento". A Feira de Tailltean parece ter se tornado nos séculos mais recentes um mero mercado de casamento, com garotos e garotas mantidos separados até que os contratos fossem assinados; porém sua origem deve ter sido muito diferente.

Ela deriva, de fato, da *óenach*, ou reunião tribal, dos tempos pagãos – da qual a *óenach* de Tailtiu era a mais importante, sendo associada com o Grande Rei, cujo assento real de Tara está apenas a aproximadamente 25 km (MacNeill, ibid., págs. 311-338). Essas reuniões eram uma mistura de assuntos tribais, corrida de cavalos, competições atléticas e rituais para assegurar boa sorte; e Lughnasadh era uma ocasião favorita para esses eventos. A *óenach* Leinster de Carman, a Deusa de Wexford (MacNeill, ibid. págs. 339-344), por exemplo, era mantida às margens do Rio Barrow durante a semana que começava com a celebração de Lughnasadh, para garantir à tribo "milho e leite, vara e peixe, e para ficar livre da agressão de qualquer forasteiro" (Gearóid Mac Niocaill, Ireland Before the Vikings, pág. 49). "Tais tradições profundamente enraizadas não poderiam ser descartadas e tiveram necessariamente que ser toleradas e cristianizadas o máximo possível. Portanto em 784 a *Óenach* de Teltown (Tailtiu) foi santificada pelas relíquias de Erc de Slane."

Mac Niocaill também diz (pág. 25) que Columcille – melhor conhecido fora da Irlanda como São Columba, é acreditado por ter conquistado Lughnasadh "convertendo-a em uma Festa dos Lavradores, não aparentemente com qualquer grande sucesso".

O comportamento ritual do Rei, como a personificação sagrada da tribo, era particularmente importante. Em Lughnasadh, por exemplo, a dieta do Rei de Tara tinha que incluir peixe provindo de Boyne, carne de caça de Luibnech, mirtilo de Brí Léith próximo de Ardagh, e outros itens obrigatórios (Mac Niocaill, pág. 47).

Uma lista formidável dos tabus que cercam o Rei Sagrado Romano, o *Flamen Dialis*, é dada por Frazer (*O Ramo de Ouro*, pág. 230). Graves (*A Deusa Branca*, pág. 130) salienta o que Frazer omite – que o *Flamen*, uma figura do tipo Hércules, devia sua posição ao seu casamento sagrado com a *Flamenica*; ele não poderia se divorciar dela, e se ela morresse, ele deveria renunciar. É o papel de o Rei Sagrado curvar-se ante a Rainha-Deusa.

Isso nos faz retornar diretamente a Lughnasadh, ao que Graves segue: "Na Irlanda este Hércules era chamado Cenn Cruaich, 'o Senhor do Monte', mas após sua sucessão por um rei sagrado mais benigno era lembrado como Cromm Cruaich (O Inclinado do Monte)."

Crom Cruaich (a forma moderna comum de escrita), também chamado Crom Dubh "O Inclinado Negro", era um Deus sacrificial particularmente associado com Lughnasadh; o último domingo em julho é ainda conhecido como Domhnach Chrom Dubh "o Domingo de Crom Dubh" muito embora ele tenha sido cristianizado. Naquele dia, em todo ano, milhares de peregrinos escalavam a montanha sagrada da Irlanda, cujo cume pode ser visto através da nossa janela da sala de estudo – o Croagh Patrick (Cruach Phádraig) de cerca de 765 metros de altura no Condado de Mayo, onde se diz que São Patrício jejuou por quarenta dias e derrotou uma hoste de demônios[64]. A observância costumava ser de três dias, começando em Aoine Chrom Dubh, a sexta feira precedente.

Esta ainda é a mais espetacular peregrinação da Irlanda. O sacrifício do próprio Crom parece ter sido encenado em tempos muito antigos, por meio do sacrifício de substitutos humanos em uma pedra fálica rodeada por doze outras pedras (o número tradicional de companheiros do rei-herói sacrificial). O Livro de Leinster do décimo-primeiro século diz, com desagrado cristão:

Em uma fileira se erguem
Doze ídolos de pedra;

Amargamente para encantar o povo
A figura de Crom era de ouro.

---

64. Enquanto estávamos escrevendo esta obra, o mais respeitado jornal da Irlanda chegou a sugerir que Domhnach Chrom Dubh deveria substituir o 17 de março (o atual Dia de São Patrício) como a data nacional da Irlanda. O Dia de São Patrício, em 1979, foi celebrado em meio a uma nevasca; nós assistimos a parada de Dublin e nos sentimos profundamente tristes pelas líderes de torcida molhadas e congeladas, vestidas com pouco mais que túnicas trançadas e sorrisos corajosos. Dois dias depois, o The Irish Times, com uma manchete intitulada "Por que 17 de março?", perguntava: "Não seria melhor para todos se o feriado nacional fosse celebrado quando o nosso clima é mais ameno? Existe um dia que é, se não historicamente, ao menos no sentido lendário mais apropriado e, do ponto de vista climático, mais aceitável. Este é o último domingo de julho, *Garland Sunday* ou *Domhnach Chrom Dubh*". Citando a obra de Máire MacNeill *O Festival de Lughnasa* para sustentar este argumento, ele terminava: "Se qualquer interessado, portanto, quiser patrocinar outra data, e uma válida, para recordar nosso Santo, os arquivos folclóricos oferecem uma pronta resposta." A dádiva da Irlanda para a continuidade cristo pagã é claramente indestrutível; somos tentados a nos perguntar se, nesta época de mudança religiosa, isto funcionará de qualquer maneira!

Isso era em Magh Sléacht "A Planície da Adoração", que se afirma ter sido na proximidade de Killycluggin, no Condado de Cavan, onde existe um círculo de pedras e os restos fragmentados de uma pedra fálica esculpida com decorações da Idade do Ferro – para manter a tradição de que São Patrício derrubou a pedra de Crom.

Mais tarde parece que o sacrifício teria sido o de um touro, sobre o qual existem muitas pistas, embora apenas uma possa ser especificamente relacionada a Crom Dubh.

Isso provém da costa norte da Baía de Galway. "Ela fala da tradição em que um animal, cuja carne servia de alimento, tinha sua pele retirada e tostada até as cinzas em honra de Crom Dubh em seu dia de celebração, e que isso tinha que ser feito por todos os chefes de família" (MacNeill, ibid., pág. 407). Muitas lendas falam da morte e ressurreição de um touro sagrado (ibid., pág. 410). E, aceitando que Croagh Patrick deve ter sido uma montanha sacrificial muito antes de São Patrício a ter conquistado, não podemos evitar cogitar se existe um significado para o fato de que Westport, a cidade que domina suas abordagens, tem por seu nome gaélico Cathair na Mart, "Cidade dos Bifes".

Mas subjazendo a todas as lendas que temos mencionado até então, existe um tema de fertilidade mais antigo que brilha por meio de muitos dos costumes de festivais ainda lembrados. Balor, Bres e Crom Dubh são todas formas de um Deus mais antigo, a quem pertence o "poder" de produzir. Juntamente vem seu filho, seu outro eu, o brilhante Deus Jovem, como Hórus para Osíris – ou Lugh de múltiplos talentos, que arranca dele à força os "frutos" daquele poder. Mesmo a lenda colorida de São Patrício ecoa esta vitória. "São Patrício deve ser um personagem tardio nas lendas mitológicas e deve ter substituído um ator anterior. Se restaurarmos Lugh ao papel tomado por São Patrício, as lendas imediatamente vão adquirir um novo significado." (MacNeill, *ibid.*, pág. 409).

Nas lendas de sua vitória fértil (e também indubitável, como Máire MacNeill ressaltou uma vez no ritual encenado de Lughnasadh), Crom Dubh é muitas vezes enterrado até o pescoço no solo por três dias e então liberado, uma vez que os frutos da colheita tenham sido garantidos.

Um sinal do sucesso do rito é dado por meio – dentre todas as coisas – do humilde mirtilo (amora, amora-silvestre). Domhnach Chrom Dubh tem outros nomes (incluindo "Guirlanda de Domingo" e "Domingo do Alho"), e um deles é "Domingo de Fraughan", do gaélico fraochán ou fraochóg para o mirtilo. Neste dia ainda, os jovens vão colher mirtilos com várias brincadeiras tradicionais, embora infelizmente o costume pareça estar desaparecendo. As formas da tradição tornam muito claro que os mirtilos eram considerados como uma dádiva recíproca do Deus, um sinal de que o Ritual de Lughnasadh foi bem-sucedido; sua profusão ou o contrário disso era tomada como uma previsão sobre as proporções da colheita. O fato de que os dois rituais são complementares ainda subjaz em nossa localidade pelo fato de que, enquanto os adultos escalam o Croagh Patrick no Domhnach Chrom Dubh, as crianças estão escalando as montanhas da península Curraun, logo ao se cruzar a baía, para colher mirtilos.

Outro sítio de Fraughan Sunday é Carrigroe, próximo à Ferns, no Condado de Wexford, uma montanha de aproximadamente 235 metros de altura ao lado da qual se localizava nossa primeira casa irlandesa. Com memória viva, grandes agrupamentos de pessoas costumavam se reunir lá para colher flores, que seriam colocadas na "Cama do Gigante", uma plataforma na rocha que compõe o cume (nossa ilustração 11 foi fotografada naquela rocha). A associação com fertilidade é específica na piada feita para nós por mais de um vizinho – que metade da população de Ferns foi concebida na "Cama do Gigante"; embora sem dúvida aquele ritual particular se tornou mais privativo que público! (Incidentalmente, as memórias populares do significado mágico daquela pequena montanha estão guardadas em um ditado local não escrito, passado para nós independentemente por pelo menos dois vizinhos, sendo que ambos esclareceram que eles estavam comentando sobre nossa presença lá como Bruxos: "Enquanto o Carrigroe durar, sempre haverá pessoas que sabem." Nós certamente achamos isso magicamente sobrecarregado).

Por toda Bretanha e Irlanda, a despeito do cristianismo, os atos de amor nas florestas verdes da "Véspera de Maio" que tanto chocaram os puritanos, encontraram seu alegre eco não apenas entre os mirtilos, mas também nos campos de grãos de Lammas (Lughnasadh); cujo tema, se vocês apreciam canções em seus Sabbats, a obra de Robert Burns It was upon a Lammas Night (Foi em uma noite de Lammas) é tanto apropriada como agradável:

Moitas de grãos, e moitas de cevada,
As moitas de grãos são belas;

Eu nunca esquecerei aquela noite alegre,
Entre as moitas com Annie.

As Três Machas – a Deusa Tríplice em seu aspecto de batalha – aparece como a padroeira trina do Festival de Lughnasadh, trazendo-nos de volta ao tema sacrificial. Outra curiosidade é que foi em Lammas que o Rei William Rufus sucumbiu devido à flecha "acidental" de Sir Walter Tyrell, em New Forest, em 1100 – uma morte que, como Margaret Murray e outros têm convincentemente discutido, foi de fato seu sacrifício ritual voluntário ao fim de seu prazo como Rei Divino, e foi assim compreendido e honrado pelo seu povo. (O verso infantil Quem Matou Cock Robin? diz-se comemorar este evento).

Mas e quanto ao tema da união sacrificial como um conceito "único", ao invés de dois temas separados de sacrifício e sexualidade? Isso desapareceu inteiramente na tradição irlandesa?

Não muito. Em primeiro lugar, aquela tradição tal como chegou até nós é principalmente uma tradição do Deus-Herói, embora com a Deusa pairando poderosamente ao fundo; e esta chegou até nós na maior parte por meio de monges cristãos medievais que registraram um corpo de lenda "oral" (embora surpreendentemente de forma solidária) – escribas, cujo condicionamento, talvez, tenha tornado difícil a eles reconhecer indícios da Deusa. Mas os indícios lá estão – principalmente no tema recorrente da rivalidade dos dois heróis (Deuses) acerca de uma heroína (Deusa). Este tema não está confinado aos celtas irlandeses; ele aparece, por exemplo, na lenda de Jack – O Caçador de Gigantes que pode ser considerado como um Lugh da Cornualha. E, significativamente – assim como acontece tanto com o Rei do Carvalho quanto com o Rei do Azevinho, esses heróis são bem-sucedidos opcionalmente muitas vezes.

E o que é o enterro de Crom Dubh até o pescoço por três dias na Mãe Terra e sua liberação quando a fertilidade dela está assegurada, senão uma união sacrificial e um renascimento?

Assim, em nosso próprio Ritual de Lughnasadh, detivemo-nos neste tema. Quando nosso Coven experimentou pela primeira vez a encenação da Caçada-do-Amor da União Sacrificial, no Beltane de 1977, achamos que fomos bem-sucedidos; ela retratou o tema vividamente, mas sem austeridade. Não vimos, portanto, razão pela qual ela não poderia ser repetida, com modificações apropriadas para a estação da colheita, em Lughnasadh; e eis o que fizemos.

Como a Alta Sacerdotisa em Lughnasadh invoca a Deusa em si, e detém esta invocação até após a "morte" do Rei do Azevinho, achamos muito mais apropriado no Ritual de Abertura que o Alto Sacerdote declare a Carga da Deusa para ela; ele "cita" a Deusa, ao invés de a Alta Sacerdotisa falar "como" a Deusa.

Normalmente gostamos de dar um papel ativo no ritual para tantas pessoas quanto possível; porém será notado que neste rito de Lughnasadh, os homens (à parte do Alto Sacerdote) praticamente nada têm a fazer entre a Caçada-do-Amor e a dança circular final. Isso está em conformidade com a tradição ao redor da morte do Rei do Grão, que em muitos lugares constituía a um mistério entre as mulheres da tribo e sua solitária vítima sagrada, que a nenhum outro homem era permitido testemunhar. Em nosso Sabbat, os homens podem sempre ter o que lhes cabe de volta durante as "penalidades" na parte da festa!

A declamação do Alto Sacerdote "Sou uma lança que mantém a luta..." é novamente retirada da Canção de Amergin – desta vez de acordo com a designação de Graves para a segunda metade do ano.

A Preparação

Um pãozinho é colocado sobre o altar; o mais adequado é um pão redondo macio ou uma "broa". Um lenço ou um pedaço de tecido verde de pelo menos aproximadamente um metro quadrado é colocado próximo ao altar.

Se música for usada, a Alta Sacerdotisa poderá desejar dispor de uma parte dela para o ritual principal e outra de um ritmo insistente – até mesmo primitivo – para a sua Dança do Grão, uma vez que esta, diferentemente da Dança do Meio do Verão, não é acompanhada por canto.

O Alto Sacerdote deve ter uma coroa de azevinho combinada com espigas de grãos colhidos. As mulheres podem portar coroas de grãos colhidos, talvez entrelaçadas com papoulas vermelhas. Grãos, papoulas e mirtilos, se disponíveis, são particularmente adequados para o altar, com outras flores sazonais.

O Caldeirão, decorado com ramos de grãos, deve estar próximo à vela do Leste, o quadrante do renascimento.

O Ritual

No Ritual de Abertura a prática de Puxar a Lua para baixo é omitida. O Alto Sacerdote concede o Beijo Quíntuplo à Alta Sacerdotisa e então ele próprio imediatamente conduz a Carga da Deusa, substituindo "ela, dela" por "eu, mim, meu".

Após a Runa das Bruxas, o Coven se espalha ao redor do Círculo e inicia um bater de palmas suave, ritmado.

O Alto Sacerdote pega o lenço verde e segura em sua extensão como uma corda com uma extremidade em cada mão. Ele começa a se mover na direção da Alta Sacerdotisa, fazendo como se fosse jogar o lenço por sobre seus ombros e puxá-la para si; mas ela vai para trás se distanciando dele, de forma provocativa.

Enquanto o Coven prossegue com seu bater de palmas ritmado, a Alta Sacerdotisa continua a esquivar-se do perseguidor Alto Sacerdote. Ela acena para ele e o provoca, mas sempre caminha para trás antes que ele possa capturá-la com o lenço. Ela se move para dentro e para fora do Coven e as outras mulheres se interpõe no caminho do Alto Sacerdote para ajudá-la a se esquivar dele.

Após certo tempo, digamos após duas ou três "voltas" pelo Círculo, a Alta Sacerdotisa permite que o Alto Sacerdote a capture jogando o lenço por sobre sua cabeça para trás de seus ombros e puxando-a para si. Eles se beijam e se separam e o Alto Sacerdote passa o lenço para outro homem.

Esse outro homem persegue "sua" parceira, que se esquiva dele, acena para ele e o provoca exatamente da mesma forma; o bater de palmas prossegue por todo o tempo (vide ilustração 12). Após certo tempo ela também se permite ser capturada e beijada.

O homem então passa o lenço para outro homem e o jogo de perseguição continua até que todos os casais no recinto tenham tomado parte.

O último homem devolve o lenço para o Alto Sacerdote.

Uma vez mais o Alto Sacerdote persegue a Alta Sacerdotisa; mas desta vez o compasso é mais lento, quase majestoso, ela se esquivando e acenando mais solenemente, como se estivesse tentando-o ao perigo; dessa vez os outros não intervêm. A perseguição continua até que a Alta Sacerdotisa se posiciona de frente ao altar, a dois ou três passos deste; o Alto Sacerdote para com suas costas para o altar e a captura com o lenço.

Eles se abraçam solenemente, mas sem reservas; após alguns segundos depois do beijo, o Alto Sacerdote deixa o lenço cair de suas mãos e a Alta Sacerdotisa o libera e dá um passo para trás.

O Alto Sacerdote cai de joelhos, senta sobre seus calcanhares e abaixa sua cabeça, o queixo sobre o peito.

A Alta Sacerdotisa abre seus braços, sinalizando para que cesse o bater de palmas. Ela então convoca duas mulheres pelos seus nomes e as posiciona uma em cada lado do Alto Sacerdote, olhando para dentro, de modo que as três fiquem numa altura superior a dele. A Alta Sacerdotisa pega o lenço e todas as três o esticam entre si por sobre o Alto Sacerdote. Elas o abaixam lentamente e então o soltam, de forma que cubra a cabeça dele como uma mortalha.

O Coven agora se espalha ao redor do perímetro do Círculo, olhando para seu interior.

Alta Sacerdotisa pode então, se desejar, mudar a música de fundo para seu tema de dança preferido ou sinalizar para que outra pessoa o faça.

Em seguida ela pega o pãozinho do altar e o segura por um momento, bem acima da cabeça inclinada do Alto Sacerdote, e então vai para o meio do Círculo, segura o pãozinho bem ao alto na direção do altar e invoca:

Ó Mãe Poderosa de todos nós, que traz toda fartura, dai-nos frutos e grãos, rebanhos e manadas, e filhos para a tribo, que possamos ser poderosos. Pela rosa do teu amor,[65] descei vós sobre o corpo de tua serva e Sacerdotisa aqui.

Após um momento de pausa, e suavemente a princípio, ela inicia sua Dança do Grão, o tempo todo carregando o pão como um objeto sagrado e mágico[66] (vide ilustração 13).

Ela termina sua dança ficando de pé olhando para o Alto Sacerdote (que ainda está imóvel e "morto") com o pão entre suas mãos e dizendo:

Reúnam-se em volta, Ó Filhos da Colheita!

O resto do Coven se reúne em torno da Alta Sacerdotisa e o Alto Sacerdote ajoelhado (se a Alta Sacerdotisa e a Donzela não souberem suas falas de cor, a Donzela poderá trazer o texto e uma vela do altar e ficar ao lado da Alta Sacerdotisa, onde ambas possam lê-lo, já que as mãos da Alta Sacerdotisa estão ocupadas).

A Alta Sacerdotisa diz:

Observai, o Rei do Azevinho está morto - ele que é também o Rei do Grão. Ele abraçou a Grande Mãe e morreu de seu amor; assim tem sido, ano após ano, desde que o tempo começou. Mas se o Rei do Azevinho está morto - ele que é o Deus do Ano Minguante - tudo está morto; tudo que dorme em meu útero da Terra dormiria para sempre. O que faremos, portanto, para que o Rei do Azevinho possa viver novamente?

A Donzela diz:

Dai-nos para comer o pão da Vida. Então os que dormem serão conduzidos ao renascimento.

---

65. O *Livro das Sombras* diz *by thy rosy love* (pelo teu amor róseo - neste caso, auspicioso). Doreen Valiente questionava esta "frase muito sem sentido" com Gardner na ocasião, sugerindo que isso poderia ser uma corruptela de *by thy rose of love* (pela tua rosa de amor) ou *by the rose of thy love* (pela rosa do teu amor) - a rosa sendo um símbolo da Deusa tanto quanto a flor nacional da Bretanha. Nós seguimos a segunda de suas sugestões.

66. Como a Dança do Meio do Verão, a Dança do Grão pode ser delegada para outra mulher pela Alta Sacerdotisa se ela desejar. Nesse caso, ela entregará o pão para a dançarina após a invocação e o receberá de volta após a dança, antes de ela tomar seu lugar na frente do Alto Sacerdote.

A Alta Sacerdotisa diz:

Que assim seja!

Agora a Donzela pode recolocar o texto e a vela no altar e retornar para seu lugar ao lado da Alta Sacerdotisa.

A Alta Sacerdotisa parte pequenos pedaços do pão e dá para cada Bruxo, que o come. Ela mesma ainda não come um pedaço, mas guarda o suficiente em suas mãos para pelo menos mais três porções.

Em seguida, ela convoca as duas mulheres anteriores para ficarem de pé em cada lado do Alto Sacerdote. Quando elas estiverem em posição, a Alta Sacerdotisa gesticula para que elas levantem o lenço da cabeça do Alto Sacerdote; elas o fazem e colocam o lenço sobre o chão.

A Alta Sacerdotisa diz:

Voltai para nós, Rei do Azevinho, para que a terra seja frutífera.

O Alto Sacerdote se levanta e diz:

Sou uma lança que mantém a luta
Sou um salmão no lago
Sou uma colina de poesia
Sou um javali selvagem
Sou um ruído ameaçador do mar
Sou uma onda do mar
Quem, senão eu, conhece os segredos dos dólmenes em estado bruto?

A Alta Sacerdotisa então dá ao Alto Sacerdote um pedaço do pão e toma para si um pedaço; ambos comem e ela repõe o restante do pão sobre o altar. A Alta Sacerdotisa e o Alto Sacerdote agora conduzem uma dança circular, desenvolvendo o passo de maneira que ele se torne mais e mais alegre, até que a ela grite Para baixo! e todos sentam.

O Grande Rito é então encenado.

A parte remanescente do pão, após o Círculo ter sido banido, torna-se parte da oferenda destinada à terra, assim como o remanescente do vinho e dos bolos.

IX — Equinócio de Outono

Hemisfério Norte 21/09 • Hemisfério Sul 21/03

Os dois Equinócios são, como já ressaltamos, tempos de equilíbrio. Dia e noite estão equalizados e a maré do ano flui regularmente. Mas enquanto o Equinócio da Primavera manifesta o equilíbrio de um atleta pronto para ação, o tema do Equinócio de Outono é o do descanso após o trabalho. O Sol está prestes a ingressar no signo de Libra, a Balança. Nas Estações da Deusa, o Equinócio da Primavera representa Iniciação; o Equinócio de Outono, Repouso. A safra de grãos e fruto foi colhida, mas o Sol – embora mais suave e menos intenso do que era – ainda está conosco. Com aptidão simbólica, ainda há uma semana a seguir antes do dia de São Michael, o festival de Michael/Lúcifer, Arcanjo do Fogo e da Luz, ao qual devemos começar a dizer au revoir ao seu esplendor.

Doreen Valiente (Enciclopédia da Bruxaria, pág. 166) ressalta que as aparências espectrais mais frequentes de certas assombrações recorrentes estão em março e setembro, "os meses dos Equinócios – períodos bem conhecidos para os ocultistas como sendo tempos de estresse psíquico". Isso parece contradizer a ideia de os Equinócios serem tempos de equilíbrio; embora o paradoxo seja apenas aparente. Tempos de equilíbrio, de atividade suspensa, são por sua natureza as ocasiões quando o véu entre o visível e o invisível está fino. Estas são também as estações quando os seres humanos "mudam a marcha" para uma fase diferente, portanto, tempos de turbulência, tanto psicológica quanto psíquica. Esta é a completa e maior razão para reconhecermos e compreendermos o significado destas fases naturais, de forma que sua turbulência nos anime ao invés de nos angustiar.

Se observarmos o Calendário das Árvores que Robert Graves mostrou para sustentar a maior parte do simbolismo mágico e poético Ocidental, nós descobriremos que o Equinócio de Outono vem um pouquinho antes do fim do mês da videira e do começo do mês da Hera. Videira e Hera são as únicas das árvores mensais que crescem espiraladas – e a espiral (especialmente a espiral dupla, que enrola e desenrola) é um símbolo universal de reencarnação. O pássaro do Equinócio de Outono é o Cisne, outro símbolo da imortalidade da alma – tal como é o ganso selvagem, cuja variedade doméstica é o tradicional prato do Dia de São Miguel.

Incidentalmente, a amora é um substituto frequente para a Videira no simbolismo dos países do norte. A tradição popular em muitos lugares, particularmente no Oeste da Inglaterra, insiste que as amoras não devem ser comidas após o fim de setembro (que também é o fim do mês da Videira)[67], porque elas então se tornam propriedade do Demônio. Poderíamos adivinhar que isso significa: "Não tente se agarrar à espiral que entra uma vez que ela acabou – olhe adiante para o que se projeta[68]."

Lughnasadh marcou a verdadeira colheita da safra de grãos, mas em seu aspecto sacrificial; o Equinócio de Outono marca a "conclusão" da colheita e ação de graças por abundância, com ênfase no retorno futuro daquela abundância. Este Equinócio era a ocasião dos Mistérios Eleusianos, os maiores mistérios da antiga Grécia; e embora todos os detalhes não sejam conhecidos (os iniciados guardaram bem os segredos), os rituais de Elêusis certamente se basearam no simbolismo da colheita do grão. É dito que o clímax tem sido o de mostrar ao iniciado uma simples espiga de grãos com a advertência: "Em silêncio é recebida a semente da sabedoria."

67. N. do T.: lembre-se de que esses simbolismos se aplicam ao Hemisfério Norte. No Brasil, onde estamos no Hemisfério Sul, o mês em questão é março.

68. Na Irlanda, por outro lado, o último dia para colher amoras é a Véspera de Samhain. Após aquilo, o *Pooka* (vide página 130) "cospe nelas", eis aqui um de seus nomes – *Púca na sméar*, "o Duende da amora".

Para o nosso próprio Sabbat de Outono, nós tomamos os seguintes temas inter-relacionados: a conclusão da colheita, uma saudação ao poder decrescente do Sol; e um reconhecimento de que Sol e colheita, e também homens e mulheres, compartilham o ritmo universal de renascimento e reencarnação. Como diz a declamação no Livro das Sombras: "Portanto os Sábios não choram, mas se regozijam."

No ritual do Livro das Sombras para este festival, os únicos itens substanciais são a declamação da Alta Sacerdotisa: "Adeus, Ó Sol..." e o Jogo da Vela, ambos os quais nós preservamos.

A Preparação

Sobre o altar deve estar um prato contendo um único ramo de trigo ou outro cereal colhido, coberto por um pano.

O altar e o Círculo estão decorados com pinhos em cone, grãos, bolotas de carvalho, papoulas vermelhas (símbolo da Deusa do Grão Deméter) e outras flores, frutos e folhas de outono.

Ritual

Após a Runa das Bruxas, o Coven se arruma ao redor do perímetro do Círculo, olhando para seu interior.

A Donzela pega o prato coberto do altar, coloca-o no centro do Círculo (deixando-o coberto) e retorna ao seu lugar. A Alta Sacerdotisa diz:

> Agora é o tempo do equilíbrio, quando dia e noite se confrontam um com o outro como iguais. Porém, nesta estação a noite está crescendo e o dia está minguando; pois nada permanece sempre sem mudança, nas marés da Terra e do Céu. Sabei e lembrai, que tudo aquilo que cresce deve também decrescer, e tudo aquilo que decresce deve também crescer. Em recordação disso dancemos a Dança do Vai e Vem.

Com a Alta Sacerdotisa e o Alto Sacerdote conduzindo, o Coven dança lentamente no sentido anti-horário, de mãos dadas, mas não fechando o anel cabeça/cauda. Gradualmente a Alta Sacerdotisa conduz para dentro em uma espiral até que o Coven esteja próximo ao centro. Quando estiver pronta, a Alta Sacerdotisa para e instrui a todos para se sentarem, formando um anel apertado próximo ao prato coberto. Olhando para o interior a Alta Sacerdotisa diz:

> Contemplai o mistério: em silêncio é recebida a semente da sabedoria.

Ela então retira o pano do prato, revelando o ramo de grão. Todos contemplam o ramo por um momento em silêncio (vide ilustração 14).

Quando estiver pronta, a Alta Sacerdotisa se levanta e vai para a vela do Leste. O Alto Sacerdote se levanta e vai para a vela do Oeste e um olha para o outro por entre o Coven sentado. A Alta Sacerdotisa declama[69]:

ADEUS, Ó SOL, LUZ QUE SEMPRE RETORNA,
O DEUS OCULTO, QUE AINDA ASSIM SEMPRE PERMANECE.
ELE AGORA PARTE PARA A TERRA DA JUVENTUDE
ATRAVÉS DOS PORTAIS DA MORTE
PARA HABITAR ENTRONADO, JUIZ DE DEUSES E HOMENS,
O LÍDER CORNUDO DAS HOSTES DO AR.
ASSIM, AINDA QUE PERMANEÇA INVISÍVEL FORA DO CÍRCULO,
RESIDE DENTRO DA SEMENTE SECRETA.
A SEMENTE DO GRÃO RECÉM-COLHIDO, A SEMENTE DA CARNE;
ESCONDIDA NA TERRA, A MARAVILHOSA SEMENTE DAS ESTRELAS.
NELE ESTÁ A VIDA, E A VIDA É A LUZ DO HOMEM,
AQUILO QUE NUNCA NASCEU E NUNCA MORRE.
PORTANTO OS SÁBIOS NÃO CHORAM, MAS SE REGOZIJAM.

A Alta Sacerdotisa ergue ambas as mãos para o alto em bênção para o Alto Sacerdote, o qual responde com o mesmo gesto.

Alta Sacerdotisa e Alto Sacerdote se juntam ao Coven (que agora fica de pé) e o lidera em uma dança lenta em deosil, gradualmente formando espiral para fora na direção do perímetro do Círculo. Quando julgar que o movimento da espiral foi suficientemente enfatizado, a Alta Sacerdotisa fecha o anel pegando a mão do último Bruxo da corrente e acelerando o passo até que o Coven esteja circulando rápido e alegremente. Após um momento ela grita – Ao chão! – e todos sentam.

A Donzela repõe o prato com a o ramo de grão sobre o altar, e o pano que o cobria ao lado do altar.

O Grande Rito é agora encenado, seguido por vinho e bolos.

Após a celebração do vinho e bolos é hora do Jogo da Vela, tal como descrito na página 73 para o Imbolc; e isso deve levar a pessoa ao correto estado de ânimo para a etapa da festa.

---

69. Escrito por Doreen Valiente. Na Irlanda, ao invés de "para a Terra da Juventude", nós dizemos *to Tír na nÓg* (pronunciado *tir nah nógue*) que significa literalmente a mesma coisa, mas tem poderosas associações lendárias – um Campos Elíseos celta visualizado como uma ilha mágica além da Costa Oeste da Irlanda, "onde a felicidade pode ser obtida por uma moeda".

X — Samhain

Hemisfério Norte 31/10 • Hemisfério Sul 30/04

A véspera de 1º de novembro[70], quando o inverno celta começa, é a contraparte escura da "Véspera de Maio" que saúda o verão. Mais do que isso, o 1º de novembro para os celtas era o próprio início do ano, e a festa de Samhain era a sua Véspera de Ano Novo, o momento misterioso que não pertencia nem ao passado nem ao presente, nem a este mundo nem ao Outro. Samhain (pronunciado sow-in, o ow rimando com cow em inglês) é o gaélico-irlandês para o mês de novembro; *Samhuin* (pronunciado sav-en, com o "n" como o ni em onion) é o gaélico-irlandês para Todos os Santos, 1º de novembro.

Para os antigos pastores, cuja criação de rebanho era sustentada apenas por uma agricultura primitiva ou simplesmente por nada, manter rebanhos inteiros alimentados durante o inverno simplesmente não era possível, assim o estoque mínimo de criação era mantido vivo e o resto era abatido e salgado – o único jeito, então, de preservar a carne (de onde vem sem dúvida o uso tradicional do sal em ritual mágico como um "desinfetante" contra males espirituais ou psíquicos). Samhain era a ocasião onde este abate e preservação eram feitos; e não é difícil imaginar que situação nervosamente crítica era

70. N. do T.: lembre-se de que no Brasil Samhain é celebrado na véspera de 1º de maio, por estarmos no Hemisfério Sul.

isso. A criação correta – ou suficiente – tinha sido selecionada? O inverno vindouro seria longo e árduo? E caso fosse, a criação iria sobreviver a ele ou a carne estocada alimentaria a tribo durante o inverno?

As colheitas também tinham que ser feitas por volta de 31 de outubro, e tudo o que ainda não tinha sido colhido até então seria abandonado – devido ao Pooka (Púca), um mau espírito noturno que mudava de forma e se deliciava em atormentar os humanos, o qual se acreditava passar a noite de Samhain destruindo ou contaminando tudo o que ficou sem ser colhido. O disfarce favorito do Pooka parece ter sido a forma de um horrendo cavalo negro.

Portanto, à incerteza econômica era adicionado um sentido psiquicamente sinistro, pois na virada do ano – o velho morrendo e o novo ainda por nascer – o Véu era muito fino.

Os portais das colinas das sidh estavam abertos. Nessa noite nem humanos nem fadas precisavam de qualquer palavra mágica para vir e ir. E era também nessa noite que os espíritos dos mortos amigos buscavam o calor do fogo do Samhain e a comunhão com seus parentes vivos. Esta era a Féile na Marbh (pronunciado feylah nah morv), "A Festa dos Mortos", e também Féile Moingfhinne (pronunciado feylah monginnah), "A Festa d'Aquela de Cabelos Brancos", a Deusa da Neve. Isso era "um retorno parcial ao caos primordial... a dissolução da ordem estabelecida como um prelúdio para a sua recriação em um novo período de tempo", como Proinsias mac Cana diz em Celtic Mythology.

Então Samhain era, por um lado, um tempo de propiciação, adivinhação e comunhão com os mortos e, por outro, uma festa desinibida para se comer, beber e a afirmação desafiadora de vida e fertilidade na própria cara da obscuridade que se aproxima.

Propiciação, nos velhos dias, quando se sentia que a sobrevivência dependia dela, era um assunto severo e sério. Pode haver pouca dúvida de que naqueles tempos ela envolvia sacrifício humano – de criminosos poupados para este propósito ou, na outra extremidade da balança, de um rei idoso. Há pouca dúvida também, de que estas mortes rituais eram por meio do fogo, pois na mitologia celta (e, consequentemente, nórdica) muitos reis e heróis morreram em Samhain, muitas vezes numa casa em chamas, pegos em cilada pelos ardis de mulheres sobrenaturais. O afogamento pode suceder à queima, tal como com os Reis de Tara do sexto século, Muirchertach Mac Erca e Diarmait Mac Cerbaill[71].

71. Estes dois são interessantes. Em *Lebor Gabála Érenn*, Parte V (vide Bibliografia sobre MacAlister), encontramos (na tradução do Irlandês Antigo): "Agora a morte de Muirchertach

Mais tarde, naturalmente, o sacrifício propiciatório se tornou simbólico e as crianças inglesas, ainda sem noção do que estão fazendo, encenam este simbolismo na Noite de Guy Fawkes, que foi retirada da fogueira de Samhain. É interessante que, como assassino fracassado de um rei, o Guy queimado é em certo sentido o substituto do rei.

Ecos do sacrifício real de Samhain podem ter sido mais tarde substituídos pelo sacrifício de animais. O nosso Garda (policial) da vila, Tom Chambers, um bem informado estudante da história e folclore do Condado de Mayo, nos diz de memória viva que o sangue de frango era aspergido nos cantos das casas, dentro e fora, na Véspera do dia de São Martinho, como um encantamento protetor. Ora, o dia de São Martinho é 11 de novembro – que é 1º de novembro conforme o antigo calendário Juliano, um deslocamento que muitas vezes aponta para a sobrevivência de um costume particularmente não oficial (vide nota de rodapé na página 105). Então isso pode ter sido originalmente uma prática de Samhain.

---

foi desta maneira; ele foi afogado num tonel de vinho, depois sendo queimado, na noite de Samhain no topo de Cletech sobre o Boyne; de onde St. Cairnech disse:

Eu tenho medo da mulher
à volta da qual muitas rajadas vão brincar;
para o homem que será queimado no fogo,
ao lado do Cletech, o vinho irá afogá-lo.

A mulher era Sín (pronunciado *Shíin*, e significando "tempestade') a amada feiticeira de Muirchertach, motivo pela qual St. Cairnech o amaldiçoou; os homens da Irlanda ladearam o rei e Sín contra o Bispo. O Rei achava que ela era "uma Deusa de grande poder", mas ela dizia que, embora possuísse grande poder mágico, ela pertencia à raça de Adão e Eva. Sín é claramente uma Sacerdotisa da Deusa Negra, presidindo sobre um sacrifício popularmente aprovado a despeito de sua mágoa pessoal (a versão de que ela levou o Rei ao seu fim em vingança pelo assassinato do pai dela parece uma racionalização posterior). Sobre sua própria morte subsequente o Lebor diz: "Sín, filha de Sige dos Montes-Sídh de Breg, morreu repetindo seus nomes:

Suspiro, Gemido, Rajada sem reprovação,
Vento Rude e Gelado,
Sofrimento, Pranto, um dito sem falsidade falada.
Estes são os meus nomes em qualquer estrada.

A história de Muirchertach e Sín é contada na obra *Celtic Heritage de Reese*, da pág. 338 em diante, e na obra *Women of the Celts* de Markale, págs. 167-8. Diarmait Mac Cerbaill, segundo o Lebor, foi assassinado por Black Aed Mac Suibne após um reinado de vinte e um anos (o sacrifício tradicional do rei em múltiplos de sete?). O Lebor diz que Aed "paralisou, incomodou, matou, queimou e rapidamente o afogou", o que novamente tem todas as características de sacrifício ritual; e Gearóid Mac Niocaill diz que Diarmait "era quase certamente um pagão." (*Ireland Before the Vikings*, pág. 26).

O fim do costume do sacrifício real de fato é talvez comemorado na lenda da destruição de Aillen Mac Midgna, do sidhe Finnachad, de quem se diz ter incendiado o reino de Tara a cada Samhain até que Fionn Mac Cunhal finalmente o matou. (Fionn Mac Cumhail é um herói do tipo Robin Hood, cujas lendas são relembradas por toda a Irlanda.).

As montanhas acima da nossa vila de Ballycroy são chamadas de "A Cadeia de Montanhas de Nephin Beg", que Tom Chambers credita ao Irlandês Antigo como "o pequeno lugar de repouso de Finn".

A noite das fogueiras e fogos de artifício da Irlanda ainda é Halloween, e algumas das sobrevivências inconscientes são notáveis. Quando morávamos em Ferns, no Condado de Wexford, dentre muitas das crianças que nos abordavam de surpresa no Halloween esperando por maçãs, nozes ou "dinheiro para o Rei, dinheiro para a Rainha" tinha uma que estava mascarada como "o Homem de Preto". O garoto nos desafiou com um "Eu sou o Homem de Preto, vocês me conhecem?" – ao que tínhamos que responder "Eu sei quem você é, mas você é o Homem de Preto". Gostaríamos de saber se ele perceberia que uma das partes de evidência significativamente recorrente nos julgamentos de Bruxaria do período de perseguição é que "o Homem de Preto" era o Alto Sacerdote do Coven, cujo anonimato deve ser obstinadamente protegido.

Na Escócia e em Gales, fogueiras de Samhain familiares e individuais costumavam ser acesas; elas eram chamadas Samhnagan na Escócia e Coel Coeth em Gales, e eram construídas com dias de antecedência nos campos mais elevados próximos às casas. Isso ainda era um costume crescente em alguns distritos quase dentro da memória viva, embora, nesse tempo, ele tenha se tornado (como a Noite da Fogueira na Inglaterra), em sua maior parte, uma celebração de crianças. O hábito das fogueiras de Halloween também sobreviveu na Ilha de Man.

Frazer, em *O Ramo de Ouro* (pág. 831-3), descreve várias destas sobrevivências escocesas, galesas e manêsas, e é muito interessante que, tanto nestes como nos costumes da fogueira de Beltane correspondentes que ele registra (págs. 808-14), há muitos traços da escolha de uma vítima sacrificial por sorteio, algumas vezes por meio da distribuição de pedaços de um bolo recém-assado. Em Gales, uma vez que a última centelha da fogueira de Halloween era extinta, todos subitamente ficavam nas pontas dos pés, gritando no tom mais alto de suas vozes "Que a porca negra de orelhas cortadas agarre o último!" (Frazer pode ter adicionado que, na mitologia de Gales, a porca representa a Deusa Cerridwen em seu aspecto escuro). Todos estes rituais de escolha de uma vítima há muito tempo se suavizaram em uma mera brincadeira, mas Frazer não tinha dúvidas sobre seu severo propósito original. O que uma vez fora um sério ritual mortal na grande fogueira tribal, tornou-se uma brincadeira nas festas das famílias.

Falando sobre isso, em Callander (familiar aos telespectadores britânicos de poucos anos atrás como o "Tannochbrae" do Dr. Finlay's Casebook) um método levemente diferente prevaleceu na fogueira de Halloween. "Quando o fogo se apagava", diz Frazer, "as cinzas eram cuidadosamente recolhidas na forma de um círculo, e uma pedra era colocada dentro, próximo à circunferência, para cada pessoa das várias famílias interessadas na fogueira. Na manhã seguinte, se fosse cogitado que qualquer uma dessas pedras tinha sido deslocada ou danificada, os moradores ficavam seguros de que a pessoa representada pela pedra era do povo das fadas, ou devotada, e que ela não viveria mais do que doze meses a partir daquele dia". Seria isso um estágio intermediário entre o antigo rito da vítima sacrificial e o atual costume da festa de Halloween da animada adivinhação pelo modo como as nozes tostadas saltam no fogo?

O aspecto divinatório de Samhain é compreensível por duas razões. Primeiro, o clima psíquico da estação o favorecia; segundo que a ansiedade acerca do inverno vindouro o exigia. Originalmente os Druidas se "fartavam com sangue e carne frescos até que entravam em transe e profetizavam", lendo as profecias do ano vindouro para a tribo (Cottie Burland, The Magical Arts); mas na sobrevivência do folclore a adivinhação se tornou mais pessoal. Em particular, jovens mulheres buscavam identificar o futuro marido, pelo jeito, assando nozes e interpretando o modo como saltavam ou conjurando sua imagem num espelho. No Condado de Donegal, uma garota devia lavar sua camisola três vezes em água corrente e pendurá-la em frente ao fogo da cozinha para secar, à meia-noite, na Véspera de Samhain, deixando a porta aberta; seu futuro esposo seria levado a entrar e mudar a camisola de posição. Uma fórmula alternativa dizia que a água para lavar deveria ser trazida "de um poço onde noivas e enterros passam por cima". Outro método difundido era uma garota cobrir sua mesa com uma refeição tentadora, à qual o "espectro" de seu futuro marido viria e, tendo comido, ficaria preso a ela (o "espectro" é naturalmente o corpo astral projetado – implicando que, em Samhain, não apenas o véu entre a matéria e o espírito era muito fino, mas também o astral estava menos firmemente preso ao físico).

As nozes e maçãs de Halloween ainda tem seu aspecto divinatório na tradição popular; mas como a coleta das nozes de Beltane, seu significado original era o de fertilidade, pois Samhain também era um tempo de liberdade sexual deliberada (e cheia de propósitos tribais). Esse aspecto de fertilidade ritual é, como se poderia esperar, refletido nas lendas de Deuses e heróis. O Deus Angus Mac Óg e o herói Cu Chulainn, ambos tinham casos em Samhain com mulheres que poderiam se transformar em pássaros; e era também quando Dagda, "o Deus Bom" se casava com Morrighan, "o aspecto sombrio da Deusa" enquanto ela caminhava sobre o Rio Unius, e também com Boann, "Deusa do Rio Boyne".

Samhain, como os outros festivais pagãos, era tão profundamente enraizado na tradição popular que o cristianismo teve que tentar vencê-lo. O aspecto de comunhão com os mortos, e com outros espíritos, foi cristianizado como o Dia de Todos os Santos, transferido de sua data original de 13 de maio para 1° de novembro e estendido para toda a Igreja pelo Papa Gregório IV, em 834. Mas seus sobretons pagãos continuavam desconfortavelmente vivos. Na Inglaterra, a Reforma aboliu o Dia de Todos os Santos, que só foi formalmente restaurado pela Igreja após 1928, "supondo que todas as antigas associações pagãs de Halloween estavam por fim realmente mortas e esquecidas; uma suposição que era certamente prematura" (Doreen Valiente, Enciclopédia da Bruxaria).

Com relação à própria festa – no sentido de banquete, a comida original era naturalmente uma proporção do gado recentemente abatido, assado no fogo purificador de Samhain e, sem dúvida, tendo a natureza dos "primeiros frutos" ritualisticamente oferecidos; o fato de os Sacerdotes terem primeiro que recorrer a isso com propósitos divinatórios, e que o que eles não utilizariam provia uma festa para a tribo, aponta para isso.

Em séculos posteriores, a comida ritual conhecida como sowens era consumida. Robert Burns refere-se a ela em seu poema Halloween:

Até que sowens amanteigado, com fragrante fumaça
Dê à "tagarelice deles um rumo" ..

E em suas próprias notas ao poema, diz: "Sowens, com manteiga ao invés de leite para eles, é sempre a Ceia do Halloween". O Dicionário de Inglês Oxford define Sowens como: "um item de alimentação em uso comum antigamente na Escócia (e em algumas partes da Irlanda), consistindo de matéria farinácea extraída do farelo ou cascas de sementes de carvalho imersos na água, deixado para fermentar levemente e preparado por cozimento", e diz que isso provavelmente deriva de sugh ou subh, "seiva". Talvez – mas é interessante que sowen é próximo o suficiente da pronúncia de Samhain.

Na Irlanda, barm brack, um pão ou bolo marrom escuro feito com frutas frescas é tanto uma característica de Halloween quanto é o pudim com relação ao Natal, e retém a função divinatória sazonal ao incorporar indícios que o feliz ou infeliz comedor encontra em sua fatia. A embalagem de um barm brack comercial à nossa frente neste momento apresenta um desenho tipo Bruxa-e-vassoura e a informação contém: anel, casamento em doze meses; ervilha, pobreza; feijão, riqueza; vara, baterá no seu parceiro; trapo, solteirona ou solteirão. As lojas estão cheias deles a partir do meio de outubro. Para o barm brack caseiro, o item essencial é o anel. O bolo tem que ser cortado e passado com manteiga por uma pessoa casada, fora da vista daqueles que o estarão comendo.

No caso de quaisquer amigos mortos, cujos espíritos poderiam fazer uma visita, as famílias irlandesas costumavam deixar um pouco de tabaco e um prato de mingau de aveia – e algumas cadeiras vazias – próximas ao fogo.

Paul Huson, em seu livro interessante, embora magicamente amoral, Mastering the Witchcraft, diz: "A Ceia Silenciosa pode ser realizada em honra dos falecidos queridos, e vinho e pão podem ser cerimonialmente oferecidos a eles, o pão na forma de um bolo feito em nove segmentos, similar ao quadrado da Terra". Ele provavelmente se refere ao Quadrado de Saturno, que tem nove segmentos como um jogo-da-velha (e que o próprio Huson apresenta na página 140 do seu livro). Existem quadrados mágicos também para Júpiter (dezesseis segmentos), Marte (vinte e cinco), Sol (trinta e seis), Vênus (quarenta e nove), Mercúrio (sessenta e quatro), e Lua (oitenta e um), mas nenhum para a Terra. Em todo caso, Saturno seria mais sazonalmente apropriado; ele tem fortes ligações com ambos, o Rei do Azevinho e o Senhor do Desgoverno – de fato os três se sobrepõem e altamente se fundem.

Uma coisa Samhain tem sempre sido, e ainda o é: uma festa lasciva e sem reservas, uma Noite de Travessuras, o começo do reinado daquele mesmo Senhor do Desgoverno que, tradicionalmente, dura desde agora até Candlemas embora com sérios subtons. Não é que nós nos rendamos à desordem, mas como o inverno começa, enfrentamos o "caos primordial", de modo que possamos reconhecer nisso as sementes de uma nova ordem. Ao desafiá-lo, e mesmo rindo com ele, proclamamos nossa fé de que a Deusa e o Deus não podem, devido à sua própria natureza, permitir que ele nos varra para longe.

Como, então, celebrar o Samhain como Bruxos do século vinte um?

Uma sugestão imediata que se tornou nosso hábito, e que outros podem julgar útil, é ter duas celebrações – uma sendo o ritual de Samhain para o próprio Coven, e a outra sendo a festa de Halloween para o Coven, as crianças e os amigos. As crianças esperam por alguma diversão no Halloween, e assim também (nós descobrimos) amigos e vizinhos realmente esperam algo das Bruxas nesta ocasião. Então, monte uma festa e ofereça a eles – abóboras, máscaras, vestidos de fada, brincadeiras, música, "travessuras" (relativos a jogos específicos), tradições locais – tudo. E faça o ritual de Samhain de seu Coven numa noite em separado.

Surge aqui uma dúvida geral: o quão importante é realizar os Sabbats nas noites tradicionais exatas? Nós diríamos que é preferível, mas não essencial. Devemos encarar o fato de que tanto para os Esbats quanto para os Sabbats, muitos Covens têm que se reunir em noites em particular – geralmente nos fins de semana – por motivos de trabalho, viagens, preocupações com bebês e daí em diante. Mesmo a Carga da Deusa admite isso ao dizer "... 'melhor que seja' quando a Lua estiver cheia" – e não "deve ser". E com relação aos Sabbats, a maioria das Bruxas não se sente mal ao realizá-los (digamos) no Sábado mais próximo da data verdadeira.

Na revista Quest de março de 1978, Diana Demdike faz uma boa observação sobre celebrar festivais antes ou depois da data verdadeira. "É sempre melhor estar atrasado do que adiantado", ela diz, "pois, sabendo disso ou não, você está trabalhando com os poderes das marés mágicas da Terra, e essas começam no efetivo ponto solar no tempo, de maneira que trabalhar antes significa que você está se encontrando no ponto mais baixo da maré anterior, nada muito útil".

Em Samhain, para ser prático, existe uma consideração adicional: em muitos lugares (incluindo América, Irlanda e partes da Bretanha) a privacidade em 31 de outubro não pode ser garantida. Ter um sério ritual de Samhain perturbado por crianças exigindo "gostosuras ou travessuras", ou "dinheiro para o Rei, dinheiro para a Rainha", ou pelos seus vizinhos balançando abóboras iluminadas no seu jardim da frente e corretamente aguardando por serem convidados para uma bebida, não é claramente uma boa ideia. Assim "melhor seria" talvez adiar seu Sabbat de Samhain por uma noite ou duas e encarar a própria Noite de Halloween com as apropriadas nozes e maçãs, trocados e garrafas à mão, ou melhor, dar uma festa. Não compete aos Bruxos fazer qualquer coisa que possa parecer desencorajar as pessoas, ou mesmo excluí-las de tais celebrações tradicionais.

De fato, as tradições locais devem sempre ser respeitadas – especialmente se for uma tradição genuinamente viva. Eis o porquê, aqui em nosso Condado de Mayo nós acendemos a nossa fogueira do Meio do Verão na Véspera de

São João, dia 23 de junho, quando muitas outras pontilham a paisagem em sua extensão como estrelas alaranjadas no crepúsculo; nós acendemos a nossa fogueira de Lughnasadh em Domhnach Chrom Dubh, o último domingo de julho, que ainda recebe seu nome de um dos Deuses antigos e aos quais os muitos costumes dos festivais de Lughnasadh que sobrevivem no Oeste da Irlanda estão ligados; e fazemos nossa festa de Samhain ao ar livre, caso o tempo permita, pois Halloween é noite de fogueira familiar por toda Irlanda.

Porém, voltemos ao próprio ritual de Samhain, que é nossa preocupação aqui. Quais dos antigos elementos devem ser incluídos?

Propiciação não! A propiciação reduz os Deuses a um nível humano de insignificância, no qual eles têm que ser subornados e alegrados, desviando-os de seus modos caprichosos de rancor e mau humor. Isso pertence a um estágio muito primitivo da Antiga Religião e sobreviveu, sentimos, mais "por exigência popular" do que por sabedoria sacerdotal. As modernas Bruxas não temem os Deuses, as expressões do poder e ritmos cósmicos; elas os respeitam, cultuam e trabalham para compreender e serem colocadas em sintonia com eles. E ao rejeitar a propiciação como superstição, uma vez compreensível, mas agora superado, elas não estão traindo a antiga sabedoria, elas a estão cumprindo; muitos dos antigos Sacerdotes e Sacerdotisas (que possuíam uma compreensão mais profunda que alguns de seus mais simples seguidores) teriam, indubitavelmente, sorrido em modo de aprovação (embora, para a devida justiça com aqueles "simples seguidores", devemos acrescentar que, para o estudante moderno, muitos ritos que pareciam ser propiciação, não eram de fato nada disso, era magia simpática; vide *O Ramo de Ouro*, pág. 541).

Mas a comunhão com os amados falecidos, a adivinhação, a festividade, o humor, a afirmação da vida – muito certamente sim. Esses estão todos de acordo com o ponto do Samhain sobre os ritmos naturais, humanos e psíquicos do ano.

Sobre a questão da comunhão com os mortos, deve-se sempre ser lembrado que eles são "convidados", não "invocados". Retraimento e descanso entre encarnações é um processo gradativo feito em estágios; o quanto cada estágio dura e quais experiências necessárias (voluntárias ou involuntárias) são passadas em cada estágio, é uma história muito individual, sendo que a totalidade disso jamais pode ser conhecida, mesmo pelos mais íntimos dos amigos ainda encarnados do indivíduo. Então, forçar a comunicação com ele ou ela pode ser uma atitude altamente infrutífera, ou até mesmo causar danos; e sentimos que este é o erro que muitos espiritualistas cometem, não importa quão sinceros e genuinamente dotados alguns de seus médiuns possam ser. Assim, como Raymond Buckland coloca (The Tree, The Complete Books of Saxon Witchcraft, pág. 61): "As Bruxas não 'chamam de volta' os mortos. Elas não realizam 'sessões' – sendo que estas pertencem ao Espiritismo. Elas, contudo, creem que, se os próprios mortos assim o quiserem, eles retornarão no Sabbat para compartilhar o amor e a celebração desta ocasião."

Qualquer convite aos amigos mortos, em Samhain ou qualquer outra ocasião, deve ser feito com esta atitude em mente.

Como Stewart salientou em *What Witches Do*: "De todos os Oito Festivais, é neste que o Livro das Sombras insiste mais enfaticamente a respeito do Grande Rito. Caso não seja possível na ocasião, o livro diz que o Alto Sacerdote e a Alta Sacerdotisa devem celebrá-lo eles mesmos o mais rápido que seja possível, 'de forma simbólica, ou se possível na realidade'. O caso presumivelmente é que, uma vez que o ritual de Halloween é intimamente relacionado com a morte e aos mortos, ele deveria terminar com uma solene e intensa reafirmação da vida."

No presente livro nós assumimos que o Grande Rito é sempre possível nos Sabbats, ao menos em sua forma simbólica. Mas nós achamos que a insistência do Livro das Sombras em seu significado particular no Samhain é válida, e provavelmente uma genuína tradição da Arte. Assim buscamos em nosso ritual por um modo de oferecer a ele esta ênfase especial – daí a concepção do Coven circular, o que para nós alcança o efeito desejado.

Se o Grande Rito "real" for usado, naturalmente o Coven estará fora do recinto e quaisquer meios de ênfase devem ser deixados para a Alta Sacerdotisa e o Alto Sacerdote encená-lo. Mas a ênfase ainda pode ser, por assim dizer, transmitida para o Coven no seu retorno; aqui a estratégia é a Alta Sacerdotisa e o Alto Sacerdote abençoarem o vinho e os bolos imediatamente após o retorno, e o Alto Sacerdote entregá-los pessoalmente para cada mulher e a Alta Sacerdotisa para cada homem, ao invés da circulação habitual. Nós sugerimos que essa entrega pessoal seja conduzida também se o Grande Rito for simbólico.

A Preparação

O Caldeirão deve estar posicionado no centro do Círculo, com carvão incandescente sobre uma tampinha de latão ou outro recipiente contenedor, e tenha incenso à mão (o incensário habitual em cima, ou próximo ao altar, pode ser utilizado no momento apropriado, mas outro independente é preferível).

Prepare um manto branco simples de chiffon (tipo de tecido) ou filó (tecido de terylene, aqueles vendidos para cortinas podem servir, embora o chiffon seja mais bonito) para a Alta Sacerdotisa. O padrão é fácil – dois quadrados ou retângulos costurados juntos, ao longo da parte superior e das laterais, mas deixando aberturas para pescoço e braços no centro na parte superior, e partes superiores das laterais. Um refinamento a mais pode ser um terceiro quadrado ou retângulo do mesmo tamanho, com sua parte superior costurada sobre a parte superior dos outros dois ao longo dos ombros e parte posterior da abertura para o pescoço; isso pode ficar suspenso atrás como um manto ou ser jogado para cima e puxado por sobre a cabeça e face como um véu (vide Ilustrações 7, 11, 16 e 17). A propósito, nós fizemos uma seleção desses mantos de chiffon, com mantos/véus e laço apropriado ao longo das costuras e bainhas, em várias cores, para vários propósitos ritualísticos. Eles podem ser vestidos sobre os robes ou sobre o corpo "vestido de céu", são baratos e simples de fazer e são notavelmente efetivos.

Para o Senhor do Desgoverno, faça um bastão de ofício tão simples ou elaborado quanto quiser. O mais elaborado poderia ser o bastão do bobo da corte tradicional, encimado com uma cabeça de boneca e decorado com sininhos. O mais simples pode ser um bastão liso com um balão de borracha (ou mais tradicionalmente, uma bexiga inflada) amarrada em uma ponta. Este é deixado pronto ao lado do altar.

Círculo, altar e caldeirão são decorados com folhagem e frutos da temporada – dentre os quais maçãs e, se possível, nozes no ramo devem aparecer com proeminência.

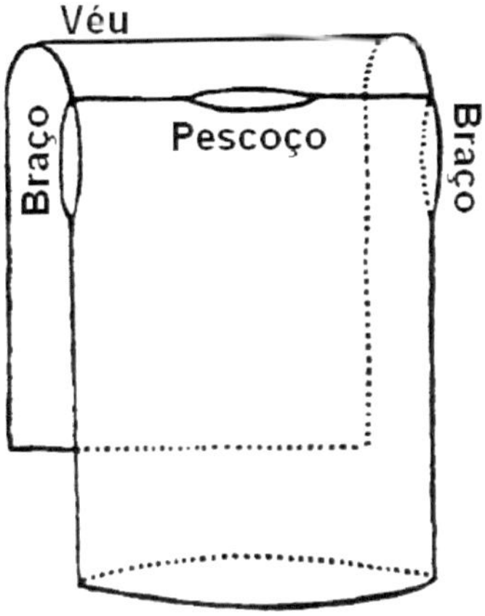

Todos os Sabbats são festas, mas Samhain é naturalmente especial. Comida e bebida devem estar prontas para o fim do ritual. Nozes devem ser incluídas, mesmo se você conseguir apenas aquelas com casca no mercado ou pacotes de amendoim do armazém. A tradição de tostá-los para prever o futuro a partir do modo em que elas saltam (uma forma de divinação a qual se tem melhor acesso com um estado de espírito despreocupado) é aplicável somente se você tiver uma lareira no recinto.

Nota pessoal: nós temos uma gata chamada Suzie que (à parte de nossos muitos gatos) é o nosso familiar autonomeado. Ela é muito sensitiva e insiste em estar presente em todos os rituais; no momento em que estabelecemos o Círculo ela dispara da porta para poder entrar. Suzie se comporta muito bem, mas ainda não aprendeu a aceitar que a festa vem "depois" do ritual. Então nós temos que esconder a comida em uma tábua lateral até o momento certo. Se você estiver na mesma situação, fique alerta!

O Ritual

A Alta Sacerdotisa veste seu manto branco para o Ritual de Abertura, com o véu jogado para trás, caso ela tenha um.

Após a Runa das Bruxas, o Alto Sacerdote e a Alta Sacerdotisa pegam seus Athames. Ele fica de pé de costas para o altar, ela de frente para ele do outro lado do Caldeirão. Eles então traçam no ar simultaneamente o Pentagrama de Invocação da Terra com seus Athames, um na direção do outro, após o que deitam seus Athames – o dele sobre o altar, o dela próximo ao Caldeirão.

A Alta Sacerdotisa lança incenso no carvão dentro do Caldeirão. Quando estiver satisfeita ao ver que está queimando, ela fica em pé – ainda de frente para o Alto Sacerdote, do outro lado do Caldeirão e chama um Bruxo para que traga uma das velas do altar e a segure ao lado dela (de modo que ainda possa ler suas palavras quando, mais tarde, ela puxar o véu por sobre sua face). Ela declama[72]:

> Terrível Senhor das Sombras, Deus da Vida e o Doador da Vida
> Ainda que o conhecimento sobre ti, seja o conhecimento da Morte.
> Abra totalmente, eu rogo a ti, os Portais pelos quais todos devem passar.
> Deixai nossos entes queridos que partiram
> Retornarem esta noite para estarem felizes conosco.

72. Escrito por Gerald Gardner.

E QUANDO CHEGAR A NOSSA HORA, COMO DEVE SER,
Ó TU, O CONFORTADOR, CONSOLADOR, DOADOR DE PAZ E DESCANSO,
ENTRAREMOS EM TEUS REINOS ALEGREMENTE E SEM MEDO;

POIS SABEMOS QUE QUANDO ESTIVERMOS DESCANSADOS
E REVIGORADOS ENTRE NOSSOS ENTES AMADOS
SEREMOS NOVAMENTE RENASCIDOS POR TUA GRAÇA, E PELA GRAÇA DA GRANDE MÃE.

QUE SEJA NO MESMO LOCAL E NO MESMO TEMPO QUE NOSSOS ENTES QUERIDOS,
E QUE POSSAMOS NOS REUNIR, CONHECER, LEMBRAR,
E AMÁ-LOS NOVAMENTE.

DESCEI, ROGAMOS A TI, EM TEU SERVO E SACERDOTE.

A Alta Sacerdotisa então caminha em deosil ao redor do Caldeirão e confere o Beijo Quíntuplo no Alto Sacerdote.

Ela retorna ao seu lugar, em frente ao Alto Sacerdote do outro lado do Caldeirão. Se o seu manto tiver um véu, ela agora o puxa para frente de modo a cobrir sua face. Ela então chama uma Bruxa por vez, pelo nome, para virem para frente e também darem o Beijo Quíntuplo no Alto Sacerdote.

Quando todas tiverem feito isso, a Alta Sacerdotisa conduz o Coven para que todos fiquem em pé ao redor do perímetro do Círculo, homem e mulher alternados, com a Donzela perto da vela do Oeste. Assim que todos estiverem nos lugares, a Alta Sacerdotisa diz:

OBSERVAI, O OESTE É AMENTI, A TERRA DOS MORTOS, PARA A QUAL MUITOS DE NOSSOS ENTES AMADOS PARTIRAM PARA REPOUSO E RENOVAÇÃO. NESTA NOITE NÓS MANTEMOS COMUNHÃO COM ELES; E ASSIM ENQUANTO NOSSA DONZELA PERMANECE EM GESTO DE BOAS-VINDAS PERTO DO PORTAL DO OESTE, EU CHAMO A TODOS VÓS, MEUS IRMÃOS E MINHAS IRMÃS DA ARTE, PARA MANTER A IMAGEM DESSES ENTES AMADOS EM SEUS CORAÇÕES E MENTES, DE FORMA QUE NOSSAS BOAS VINDAS OS POSSAM ALCANÇAR.

HÁ MISTÉRIO DENTRO DO MISTÉRIO; POIS O LUGAR DE REPOUSO ENTRE UMA VIDA E OUTRA É TAMBÉM CAER ARIANRHOD, O CASTELO DA RODA DE PRATA NO EIXO DAS ESTRELAS GIRATÓRIAS ALÉM DO VENTO NORTE. AQUI REINA ARIANRHOD, A DAMA BRANCA, CUJO NOME SIGNIFICA RODA DE PRATA. PARA ISSO, EM ESPÍRITO, NÓS CHAMAMOS OS NOSSOS ENTES QUERIDOS. E QUE A DONZELA OS CONDUZA, MOVENDO-SE EM *WIDDERSHINS* AO CENTRO. POIS O CAMINHO ESPIRAL DE ENTRADA À CAER ARIANRHOD CONDUZ PARA A NOITE, E REPOUSA, E É CONTRA O CAMINHO DO SOL.

A Donzela caminha, vagarosamente e com dignidade, no sentido anti-horário ao redor do Círculo, formando lentamente uma espiral para dentro, fazendo três ou quatro circuitos para alcançar o centro. Durante isso, o Coven mantém absoluto silêncio e se concentra em dar boas-vindas aos seus amigos falecidos.

Quando a Donzela atinge o centro, ela fica de frente para a Alta Sacerdotisa do outro lado do Caldeirão. A Alta Sacerdotisa eleva sua mão direita até a altura do ombro, por sobre o centro do Caldeirão, com a palma aberta e olhando para a esquerda. A Donzela posiciona sua própria palma da mão direita aberta tocando e cobrindo a mão da Alta Sacerdotisa que diz:

Aqueles que você traz consigo são verdadeiramente bem-vindos ao nosso Festival. Possam eles permanecerem conosco em paz. E você, Ó Donzela, retorne pelo caminho espiral para ficar com nossos irmãos e irmãs; mas em deosil – pois o caminho do renascimento, saindo de Caer Arianrhod, é o caminho do Sol.

A Donzela e Alta Sacerdotisa quebram seu contato de mãos e a Donzela caminha lentamente e com dignidade em uma espiral no sentido horário, de volta para seu lugar ao lado da vela do Oeste.

A Alta Sacerdotisa aguarda até que a Donzela esteja em seu lugar e então diz:

Que todos nos aproximemos das paredes do Castelo.

O Alto Sacerdote e o Coven movem-se para dentro, e todos (incluindo a Alta Sacerdotisa e a Donzela), sentam-se formando um anel fechado ao redor do Caldeirão. A Alta Sacerdotisa renova o incenso.

Agora é a hora da comunhão com os amigos falecidos – e para isso nenhum ritual estabelecido pode ser iniciado, porque todos os Covens diferem em suas abordagens. Alguns preferem sentar em silêncio ao redor do Caldeirão, olhando fixamente para a fumaça do incenso, falando sobre o que eles veem e sentem. Outros preferem circular de mão em mão um espelho mágico ou uma bola de cristal. Outros Covens podem ter um médium talentoso, podendo usar essa pessoa como um canal. Qualquer que seja o método, a Alta Sacerdotisa o direciona.

Quando achar que esta parte do Sabbat preencheu o seu propósito, a Alta Sacerdotisa retira o véu de seu rosto e ordena que o Caldeirão seja carregado e colocado ao lado da vela do Leste, o quadrante do renascimento (o Caldeirão deve ser colocado ao lado da vela, não em frente a ela, para deixar espaço para o que segue).

O Alto Sacerdote agora toma a palavra para dar a explicação. Ele diz ao Coven, informalmente, mas seriamente, que, como o Samhain é um festival dos mortos, ele deve incluir uma forte reafirmação da vida – tanto por parte do próprio Coven quanto por parte dos amigos falecidos que estão se movendo rumo à reencarnação. Ele e a Alta Sacerdotisa encenarão agora, portanto, o Grande Rito, como é o costume em todo Sabbat; mas como esta é uma ocasião especial, haverá leves diferenças para enfatizá-lo. Ele explica estas diferenças, de acordo com a forma que o Grande Rito irá tomar.

Se o Grande Rito for simbólico, o Cálice e o Athame serão posicionados no chão, não carregados; e a Donzela e o resto do Coven caminharão lentamente em sentido horário ao redor do perímetro do Círculo durante todo o Rito. Quando este terminar, Alto Sacerdote e Alta Sacerdotisa primeiro oferecerão o vinho um ao outro do modo usual; porém o Alto Sacerdote oferecerá pessoalmente o vinho para cada mulher, após o que a Alta Sacerdotisa oferecerá pessoalmente o vinho para cada homem. Então eles consagram os bolos e os oferecem pessoalmente do mesmo modo. O propósito disso (o Alto Sacerdote explica) é passar adiante o poder de vida criado pelo Grande Rito diretamente para cada membro do Coven.

Caso o Grande Rito seja "real", uma vez que a Donzela e o Coven tenham retornado para o recinto, Alto Sacerdote e Alta Sacerdotisa consagrarão o vinho e os bolos e os ministrarão pessoalmente da mesma forma.

Terminadas as explicações, o Grande Rito é encenado.

Posteriormente, e antes da festa, resta apenas uma coisa a ser feita. A Alta Sacerdotisa pega o Bastão de Ofício do Senhor do Desgoverno e o apresenta para um Bruxo escolhido (preferivelmente um com senso de humor). Ela diz que ele é agora o Senhor do Desgoverno e que até o resto do Sabbat ele está privilegiado para interromper os procedimentos como achar que deve ser e para "tirar o sarro" de qualquer um, incluindo ela mesma e o Alto Sacerdote.

O resto da programação é dedicado à festividade e aos jogos. E se vocês, como nós, têm o hábito de reservar uma pequena oferenda de comida e bebida mais tarde para as sidhe ou seus equivalentes locais – nesta noite de todas as noites, fiquem certos de que isso é algo particularmente gostoso e generoso!

XI — Yule

Hemisfério Norte 22/12 • Hemisfério Sul 22/06

No Solstício de Inverno, os dois temas do Deus do ciclo anual coincidem – ainda mais drasticamente do que acontece no Solstício de Verão. Yule (que, segundo o Venerável Bedes, provém do nórdico Iul significando "roda"), marca a morte e o renascimento do Deus-Sol e também a conquista do Rei do Azevinho, o Deus do Ano Minguante, pelo Rei do Carvalho, o Deus do Ano Crescente. A Deusa, que era a Morte-na-Vida no Meio do Verão, agora apresenta seu aspecto de Vida-na-Morte; pois, embora nessa estação ela seja a Dama Branca, Rainha da escuridão fria, ainda assim este é o seu momento de dar à luz o Filho da Promessa, o Filho Amante que a refertilizará e trará de volta a luz e o calor para o reinado dela.

A história da Natividade é a versão cristã do tema do renascimento do Sol, pois Cristo é o Deus-Sol da Era Cristã. O nascimento de Jesus não está datado nos Evangelhos e não foi feito isso até 273 EC, quando a Igreja deu o passo simbolicamente sensível de fixá-lo oficialmente no Meio do Inverno, para alinhá-lo com os outros Deuses-Sóis (tal como o persa Mitra, também nascido no Solstício de Inverno). Assim como São Crisóstomo, Arcebispo de Constantinopla, explicou um século depois com uma elogiada franqueza, a

Natividade "do Sol da Virtude" fora fixada de forma que "enquanto os pagãos estavam ocupados com seus ritos pagãos, os cristãos poderiam realizar seus ritos sagrados sem perturbação".

"Profano" ou "sagrado" dependia do seu ponto de vista, porque ambos estavam celebrando basicamente a mesma coisa – o ciclo da maré anual da escuridão em direção à luz. Santo Agostinho reconheceu o significado solar do festival quando instigou os cristãos a celebrá-lo para aquele que criou o Sol, muito mais do que para o próprio Sol.

Maria, em Belém, é novamente a Deusa como a Vida-na-Morte. Jerome, o maior estudioso dos Padres cristãos, que viveu em Belém de 386 até sua morte em 420, conta-nos que havia também um bosque de Adônis (Tammuz) ali. Já Tammuz, amado da Deusa Ishtar, era o modelo supremo naquela parte do mundo do Deus Morto e Ressuscitado. Ele era (como muitos de seu tipo) um Deus da vegetação ou dos grãos; e Cristo absorveu um aspecto deste tipo tanto quanto o aspecto solar, como sugere o Sacramento do Pão. Assim como Frazer ressalta (*O Ramo de Ouro*, pág. 455), é significativo que o nome Belém signifique "a Casa do Pão".

A ressonância entre o ciclo do grão e o ciclo do Sol é refletida em muitos costumes; por exemplo, a tradição escocesa de manter a Donzela do Grão (o último punhado colhido) até Yule e então distribuí-lo entre o gado para fazê-lo se desenvolver todo o ano; ou, no outro sentido, a tradição alemã de espalhar as cinzas do Tronco de Yule pelos campos, ou de manter seus restos carbonizados para atá-los ao último fardo da próxima colheita[73] (aqui novamente nos defrontamos com as propriedades mágicas de tudo em torno do fogo do Sabbat, inclusive suas cinzas; pois o Tronco de Yule é, em essência, a fogueira do Sabbat trazida para dentro de casa pelo frio do inverno).

Mas retornemos a Maria. É muito pouco surpreendente que, para o cristianismo permanecer como uma religião viável, a Rainha do Céu teve que ser readmitida e obter algo que na verdade era o seu verdadeiro status, com

73. A transferência mágica da fertilidade de uma estação para outra por meio de um objeto físico encantado – particularmente por grãos ou seus produtos, ou pelos subprodutos do fogo – é um costume universal. Falando sobre o templo de Afrodite e Eros, no declive ao norte da Acrópole, onde residia a "Afrodite dos Jardins", Geoffrey Grigson nos conta: "Foi neste templo que duas garotas, duas crianças, faziam uma visita ritual em toda primavera, trazendo com elas, do Templo de Atenas, no cume, pães moldados como falos e cobras. No templo de Afrodite os pães adquiriam o poder da fecundidade. No outono eles eram levados de volta à Acrópole e eram esmigalhados com as sementes, para assegurar uma boa colheita após a próxima semeadura." (*A Deusa do Amor*, pág. 162).

uma mitologia e uma devoção popular que excedia em muito, algumas vezes até mesmo de maneira conflitante, com os dados bíblicos sobre Maria. Ela teve que receber esse status, porque respondia ao que Geoffrey Ashe chama "um anseio em forma de Deusa" – um anseio que quatro séculos de cristianismo pronunciadamente machista-chauvinista, em ambos os níveis divino e humano, tornaram insuportável. (Deve ser enfatizado que o machismo-chauvinismo da Igreja não foi inaugurado por Jesus, que tratava as mulheres como seres totalmente humanos, mas por São Paulo, que era patologicamente misógino e odiava o sexo).

A deificação virtual de Maria veio com alarmante velocidade, iniciada pelo Conselho de Éfeso, em 431, "entre grande júbilo popular, devido, sem dúvida, à influência que o culto da virgem Ártemis ainda gozava na cidade" Enciclopédia Britânica, tópico "Éfeso"). Significativamente, isso coincidia intimamente com a supressão determinada do culto à Ísis, que tinha se espalhado por todo o mundo conhecido. Daí para frente os teólogos lutaram para disciplinar Maria, permitindo sua hyperdulia ("superveneração", uma versão graduada, única para ela, da dulia, veneração, consentida aos santos), mas não latria (a adoração que era monopólio do Deus masculino). Eles manipularam para criar, ao longo dos séculos, uma síntese oficial da Rainha dos Céus, pela qual realizaram o notável feito duplo de dessexualizar a Deusa e desumanizar Maria. Mas eles não podiam abafar o seu poder; é para ela que o adorador comum (não sabendo nem se preocupando com nada a respeito da distinção entre hyperdulia e latria) se volta, "agora e na hora da nossa morte".

O protestantismo foi para o outro extremo e, em graus variados, tentou mais uma vez banir a Deusa por completo. Tudo que ele conseguiu foi a perda da magia, a qual o catolicismo, seja de qual forma distorcida e mutilada for, ainda manteve; pois a Deusa não pode ser banida. (Para uma compreensão mais aprofundada sobre o fenômeno Mariano, consulte as obras *Ashe The Virgin* e Alone of All Her Sex, de Marina Warner).

A Deusa em Yule também preside sobre o outro tema do Deus – aquele do Rei do Carvalho e do Rei do Azevinho, que também sobreviveu na tradição popular do Natal, embora muito da teologia oficial o ignorasse. Nas peças mudas da época do Natal, o brilhante São Jorge matou o negro "Cavaleiro Turco" e então imediatamente gritou que havia matado seu irmão. "Sombra e Luz, inverno e verão, são complementares um ao outro. Então vem o misterioso 'Doutor' com sua garrafa mágica que ressuscita o homem morto e tudo termina com música e alegria. Há muitas variações locais deste jogo, mas a ação é substancialmente a mesma em toda extensão." (Doreen Valiente Enciclopédia da Bruxaria – págs. 358-60). As peças de interpretação mudas ainda sobrevivem localmente, por exemplo, em Drumquin, Condado de Tyrone, onde jovens fazendeiros exoticamente mascarados e fantasiados vão de casa em casa encenando o antigo tema com palavras e ações trazidas desde seus ancestrais. A Rádio Telefís Éireann fez um filme excelente sobre isso como sua obra para o Festival da Harpa Dourada, de 1978.

Muitas vezes, é claro, o equilíbrio harmonioso dos gêmeos da escuridão e da luz, do minguar e crescer necessários, tem sido distorcido em um conceito de Bem-versus-Mal. Em Dewsbury, Yorkshire, durante aproximadamente sete séculos, os sinos da igreja têm badalado "a Badalada do Demônio" ou "A Passagem do Velho Rapaz" na última hora da Véspera do Natal, alertando ao Príncipe do Mal que o Príncipe da Paz está vindo para destruí-lo. Então, a partir da meia-noite, eles dão salvas e saúdam o Nascimento. Uma Tradição valiosa, ao que parece, mas que de fato encobre uma triste degradação do Rei do Azevinho.

Por mais estranho que pareça, o nome popular "Velho Nick" (Old Nick) para o Demônio, reflete a mesma degradação. Nik era um nome para Woden, que é uma figura muito conectada com o Rei do Azevinho – assim como o é Papai Noel, também chamado de São Nicolau (que no folclore primitivo não era transportado por renas, mas cavalgava um cavalo branco através do céu, como Woden). Assim Nik, Deus do Ano Minguante, foi cristianizado de duas formas: como Satã e como o mais alegre dos santos. A Dança do Chifre de Bromley, celebrado em Abbot (agora um rito de setembro, outrora um rito de Yule) é baseada na igreja paroquial de São Nicolau. Isso sugere uma continuidade direta desde os dias, quando o patrono da localidade não era Nicolau, mas Nik (sobre Nik e São Nicolau, consulte a obra de Doreen Valiente Enciclopédia da Bruxaria págs. 258-9).

A propósito, na Itália, o lugar do Papai Noel é assumido por uma Bruxa. Uma dama Bruxa, inclusive. Ela é chamada Befana (Epifania), e voa nas redondezas na Véspera do Dia de Reis em sua vassoura, trazendo presentes para as crianças pelas chaminés.

Uma extraordinária versão persistente do tema Rei do Carvalho/Rei do Azevinho no Solstício de Inverno é a caçada ritual e a matança das carriças – uma tradição folclórica considerada isolada no tempo e no espaço, praticada nas antigas Roma e Grécia e nas atuais Ilhas Britânicas. A carriça, o "pequeno rei" do Ano Minguante, é morta por sua contraparte do Ano Crescente, o pintarroxo de peito vermelho, que o encontra escondido num arbusto de hera (ou algumas vezes, na Irlanda, num arbusto de azevinho, como é adequado ao Rei do Azevinho). A árvore do pintarroxo é a bétula, que segue o Solstício de Inverno no calendário celta das árvores. No ritual encenado, os homens caçavam e matavam as carriças com galhos de bétula.

Na Irlanda, o dia dos "Garotos da Carriça" é o Dia de São Estevão, 26 de dezembro. Em alguns locais (a vila de pescadores de Kilbaha, no Condado de Clare, no estuário Shannon, por exemplo), os Garotos da Carriça são grupos de músicos adultos, cantores e dançarinos em trajes coloridos, que vão de casa em casa portando a pequena efígie de uma carriça em um arbusto de azevinho. No Condado de Mayo, os garotos (e garotas) da Carriça são grupos de crianças, que também carregam arbustos de azevinho, batem em nossas portas e recitam seus temas para nós:

Carriça, carriça[74]*, o rei dos pássaros,*
No Dia de Estevão foi capturado no tojo[75]*;*
Levante a chaleira e abaixe a panela,
E nos dê algum dinheiro para enterrar a carriça.

Costumava-se dar "um Penny", mas a inflação deturpou a tradição.

Toda a decoração de azevinho na Irlanda deve ser retirada da casa após o Natal; é considerado mau agouro permitir que estes símbolos do Ano Minguante continuem.

A aparente ausência de uma tradição similar para o Meio do Verão, onde se esperaria por uma caçada ao pintarroxo, é enigmática. Mas pode haver um traço disso na curiosa crença Irlandesa sobre uma Kinkisha (Cincíseach), uma criança nascida em Pentecostes (Cincís), sendo que tal pessoa está fadada ou a matar ou a ser morta – a menos que a "cura" seja aplicada. Essa "cura" é capturar um pássaro e esmagá-lo até a morte dentro da mão da criança (enquanto se recitam três Ave-Maria). Em alguns locais, pelo menos, o pássaro tem que ser um pintarroxo, e nós achamos que esta é provavelmente a tradição original, pois Pentecostes é uma festividade móvel, caindo em qualquer data desde 10 de maio até 13 de junho – isto é, rumo ao final do reinado do Rei do Carvalho. Pode ser que tempos atrás, uma criança nascida nessa estação corria o risco de se tornar um sacrifício substituto para o Rei do Carvalho.

---

74. N. do T.: um tipo de pássaro.

75. N. do T.: uma das árvores sagradas dos Celtas.

E que solução melhor para escapar disso do que encontrar uma reposição na forma de seu próprio pássaro substituto, pintarroxo (Robin)? E o perigo de "matar ou ser morto" pode ser uma recordação do destino do Rei do Carvalho de matar no Meio do Inverno e de ser morto no Meio do Verão.[76]

O pintarroxo do Ano Minguante nos leva até Robin Hood, aparecendo ainda em outro festival sazonal.

Robert Graves nos conta, "Na Cornualha, 'Robin' significa falo. 'Robin Hood' é um nome camponês para o Antúrio (cujo o nome em inglês é Red Champion, ou seja, "Campeão Vermelho"), talvez porque sua pétala fendida sugere um casco de carneiro, e porque Campeão Vermelho era um título do Deus das Bruxas... Hood (ou Hod ou Hud) significava 'tora' – a tora colocada no fogo – e era nessa tora, cortada do carvalho sagrado, que se acreditava antigamente que Robin morava – daí 'Corcel de Robin Hood', para se referir ao tatu-bolinha, o parasita da madeira, que escapava quando a tora de Yule era queimada."

Na superstição popular, o próprio Robin escapava por cima da chaminé na forma de um pintarroxo e, quando Yule terminava, aparecia como Belin, lutando contra seu rival Bran, ou Saturno – que se tornava o "Senhor do Desgoverno" nos festejos de Yule. "Bran se escondia da perseguição num arbusto de hera disfarçado como uma Carriça de Crista Dourada; mas o Pintarroxo sempre o capturava e o enforcava." (*A Deusa Branca*, pág. 397).

A menção do calendário celta das árvores (e de *A Deusa Branca* de Graves, sua análise moderna mais detalhada) nos traz de volta ao aspecto da Deusa e do Deus-Sol. Como visto no nosso diagrama na página 32, as "Cinco Estações da Deusa" de Graves, estão distribuídas ao longo do ano, mas duas delas (Morte e Nascimento) estão juntas em dias consecutivos no Solstício de Inverno, 22 e 23 de dezembro[77]. O último é um "dia extra", que não pertence a qualquer um dos meses das treze árvores. Antes dele vem *Ruis*[78], a árvore

76. O sacrifício substitutivo não está absolutamente morto na Irlanda. No Condado de Mayo, frequentemente atormentado por tempestades, a poucos quilômetros de nossa casa temos visto uma boneca de celuloide pregada num poste na marca da maré alta. Ela está nua, exceto por um remendo de pintura verde onde o prego penetrou. Nosso pesquisador de tradições locais, Tom Chambers, fez perguntas a nosso pedido; como suspeitamos, resultou em ser um sacrifício propiciatório para o mar e é conhecido como *Sea Doll* (*bábóg mhara*).

77. N. do T.: no Hemisfério Norte.

78. N. do T.: nome celta para o sabugueiro.

sagrada mais antiga, e após vem a *Beth*, a bétula como árvore mensal. O padrão, cujo simbolismo vale o estudo (embora preferivelmente no contexto do ano completo) é tal como segue, ao redor do Solstício de Inverno:

- 25 DE NOVEMBRO – 22 DE DEZEMBRO: a árvore mais antiga, Ruis, refere-se ao julgamento e ao aspecto sombrio da Deusa, com flores brancas e fruto negro (antiga é a árvore da Senhora – não a queime, ou serás amaldiçoado). Pássaro, a gralha (rócnat); a gralha, ou corvo, é o pássaro profético de Bran, a divindade conectada ao Rei do Azevinho, que também está ligado às carriças na Irlanda, enquanto que em Devonshire, a carriça é o cuddy vran ou "pardal de Bran". Cor, vermelho-sangue (ruadh). Uma linha da Canção de Amergin: "Eu sou uma onda do mar" (para o peso).
- 22 DE DEZEMBRO. ESTAÇÃO DA MORTE DA DEUSA: árvore, o teixo, (idho), e a palmeira. Metal, o chumbo. Pássaro, águia (illait). Cor, branco intenso (irfind).
- 23 DE DEZEMBRO. O DIA EXTRA; ESTAÇÃO DO NASCIMENTO DA DEUSA: árvore, abeto prateada (ailm), a Árvore de Natal original e também o visco. Metal, prata. Pássaro, quero-quero (aidhircleóg), o malhado trapaceiro. Cor, malhada (alad). Amergin pergunta: "Quem além de mim conhece os segredos dos dólmens?"
- 24 DE DEZEMBRO – 20 DE JANEIRO: a árvore vidoeiro, Beth, refere-se ao começo e ao exorcismo dos maus espíritos. Pássaro, faisão (besan). Cor, branco (bán). Amergin proclama: "Eu sou um veado de sete galhos" (para força).

O renascimento do Solstício de Inverno, e a parte da Deusa nele, foram retratados no antigo Egito por meio de um ritual no qual Ísis circundava o santuário de Osíris sete vezes, para representar seu lamento por ele e suas andanças em busca das partes espalhadas de seu corpo. O texto de sua canção fúnebre para Osíris, no qual sua irmã Néftis (que em um sentido é seu próprio aspecto sombrio) se unia a ela, pode ser encontrado em duas versões de alguma forma diferentes em *O Ramo de Ouro*, pág. 482, e na obra de Esther Harding Woman's Mysteries págs. 188-9. Tífon ou Seth, o irmão/inimigo que o matou, era afastado pelo sacudir do sistro de Ísis, para trazer o renascimento de Osíris. A própria Ísis era representada pela figura de uma vaca com o disco solar entre seus chifres. Para o festival, as pessoas decoravam a parte externa de suas casas com lamparinas de óleo que queimavam toda a noite. À meia-noite os Sacerdotes emergiam de uma capela interna gritando "A Virgem concebeu! A luz está aumentando!" e mostrando a imagem de um bebê aos adoradores. O sepultamento de Osíris acontecia em 21 de dezembro, após seu longo ritual de mumificação (que começava, interessantemente, em 3 de novembro – virtualmente em Samhain); em 23 de dezembro sua irmã/esposa Ísis dava à luz seu filho, seu outro self, Hórus. Osíris e Hórus representam ao mesmo tempo os aspectos de Deus solar e vegetal; Hórus é ambos, o Sol renascido (os gregos o identificaram com Apollo) e o "Senhor das Colheitas". Outro nome de Hórus, "Touro de Tua Mãe", nos lembra de que o Deus-filho da Deusa é, em outro ponto do ciclo, seu amante e fecundador, pai no decorrer de seu próprio eu renascido.

As lamparinas queimando toda a noite na véspera do Meio do Inverno sobrevivem, na Irlanda e em outros lugares, como uma única vela queimando na janela na Véspera do Natal, acesa pela pessoa mais jovem da casa – um símbolo da saudação microcósmica ao macrocosmo, não diferente do lugar extra deixado na mesa de Pessach de uma família judaica (em cuja mesa, eventualmente, o filho mais jovem pergunta "Pai, por que esta noite é diferente de todas as outras noites?", também tem um papel importante a desempenhar).

A proprietária do pub do nosso condado oferece sua própria saudação microcósmica, seguindo uma tradição que ela nos diz que foi outrora difundida entre os donos de hospedarias irlandeses. Ela limpa um banco do estábulo, coloca palha fresca e deixa ali alguma comida, uma garrafa de vinho e uma mamadeira com leite – para que haja "vaga na hospedaria". Ela fica tímida ao falar sobre isso, mas lamenta que o costume pareça estar acabando.

Um amigo que viveu com os esquimós na Groenlândia, onde o cristianismo oprimiu um equilíbrio anterior bem integrado de crença e modo de vida, conta-nos como os rituais do Solstício de Inverno morreram sem ser significativamente repostos. Pode-se dificilmente dizer que os esquimós celebram o Natal, em comparação com o festival tal como é conhecido nos países cristãos "antigos"; embora os ritos de solstícios tradicionais (que aparentemente eram ocasiões memoráveis) não sejam mais observados, pois eles dependem de um cálculo exato do solstício por meio de observação estelar – uma habilidade que a geração atual não mais possui. Tudo graças às bênçãos da civilização tecnológica!

Em Atenas, o ritual do Solstício de Inverno era o Lenaea, o Festival das Mulheres Selvagens. Aqui, a morte e o renascimento do Deus da colheita Dionísio eram encenados.

Num passado sombrio, este era um ritual de sacrifício do Deus, quando as nove Mulheres Selvagens partiram seu representante humano em pedaços e o comeram. Porém, nos tempos clássicos, os Titãs se tornaram os sacrificadores, a vítima foi substituída por um cabrito e as nove Mulheres Selvagens se tornaram lamentadoras e testemunhas do nascimento (vide *A Deusa Branca*, pág. 399). As Mulheres Selvagens também aparecem nas lendas nórdicas; como as *Waelcyrges* (Valquírias) elas cavalgavam com Woden em sua Caçada Selvagem.

No Ritual de Yule do Livro das Sombras, apenas o renascimento do Deus-Sol é representado com o Alto Sacerdote invocando a Deusa para "nos trazer a Criança da Promessa". O tema do Rei do Azevinho/Rei do Carvalho é ignorado – uma estranha omissão, tendo em vista sua persistência no folclore da estação.

Nós combinamos os dois temas em nosso ritual, escolhendo o Rei do Carvalho e o Rei do Azevinho por sorteio, como no Meio do Verão, imediatamente após o Ritual de Abertura – porém adiando o "assassinato" do Rei do Azevinho para após a morte e o renascimento do Sol.

Surge, então, um problema a respeito da coroa do Rei do Carvalho; enquanto que no Meio do Verão as folhas de carvalho e de azevinho estão ambas disponíveis, em Yule as folhas de carvalho não estão. Uma solução seria armazenar folhas de carvalho de antemão no verão ou no outono, pressioná-las e laqueá-las e fabricar uma coroa permanente do Rei do Carvalho para uso na temporada de Yule. Outra solução, talvez menos frágil, é fabricar sua coroa permanente de bolotas de carvalho quando estiverem em sua temporada. Ou você pode usar as folhas de inverno do olmo ou carvalho sempre verde (Quercus iex). Se tudo isso falhar, faça a coroa de galhos desfolhados de carvalho ou decoração dourada de Natal ou outra decoração disponível.

Em Yule, a Deusa é a Dama Branca, Aquela de Cabelo Branco, Vida-na-Morte; assim, sugerimos que a Alta Sacerdotisa deva novamente usar o chiffon branco ou manto de filó que descrevemos para Samhain. Uma adição dramaticamente efetiva, caso possa ser providenciada, é uma peruca branca, preferivelmente comprida. Se o seu Coven operar "vestido de céu", ela deve tirar o manto antes do Grande Rito, porém deve manter a peruca se estiver usando uma, porque ela simboliza seu aspecto sazonal.

O lamento da Alta Sacerdotisa "Retorne, oh, retorne!", é uma forma ligeiramente adaptada do lamento de Ísis por Osíris anteriormente citado.

Se, e isso é mais que provável, vocês tiverem uma Árvore de Natal[79] na sala, quaisquer luzes sobre ela deverão ser apagadas antes do Círculo ser lançado. O Alto Sacerdote poderá então acendê-las imediatamente após ele acender a vela do Caldeirão.

Caso haja uma lareira aberta no recinto, uma Tora de Yule poderá ser queimada durante o Sabbat. Esta deverá ser, obviamente, de carvalho.

A Preparação

O Caldeirão é posicionado próximo à vela do Sul, com uma vela ainda não acesa dentro dele e envolto com azevinho, hera e visco.

Coroas para o Rei do Carvalho e o Rei do Azevinho devem estar prontas ao lado do altar. Ramos de palha são colocados sobre o altar – tantos ramos quanto homens houver presentes no Sabbat, exceto para o Alto Sacerdote. Um deles é maior do que o resto e o outro é menor (tal como no Meio do Verão, se a Alta Sacerdotisa decidir por nomear os dois Reis, ao invés de sortear, as palhas não serão necessárias).

Uma venda para os olhos do Rei do Azevinho deve estar preparada próximo ao altar.

Um sistro para a Alta Sacerdotisa é colocado sobre o altar. O Alto Sacerdote vestirá um tabardo branco e, caso ela assim o escolha, uma peruca branca.

Caso haja uma Árvore de Natal iluminada no recinto, as luzes deverão ser apagadas, e caso haja uma lareira disponível na sala, será produzido fogo, até que esteja vermelho e brilhante, e uma Tora de Yule é colocada sobre ele um pouco antes de o Círculo ser lançado.

O Ritual

Após a Runa das Bruxas ser entoada, a Donzela traz as palhas do altar e as segura em sua mão de forma que todas as pontas estejam com seus comprimentos variados, mas ninguém deve saber qual é o galho mais curto e qual é o mais longo. A Alta Sacerdotisa diz:

QUE OS HOMENS FAÇAM O SORTEIO.

79. N. do T.: isso provavelmente não acontecerá no Brasil ou em outro país do Hemisfério Sul, pois nessas regiões Yule é celebrado em junho, não em dezembro.

Cada homem (exceto o Alto Sacerdote) retira um galho da mão da Donzela e o mostra para a Alta Sacerdotisa, que aponta para o homem que tirou o ramo curto, e diz:

Vós sois o Rei do Azevinho, Deus do Ano Minguante.
Donzela, traga sua coroa!

A Donzela coloca a coroa de folhas de azevinho sobre a cabeça do Rei do Azevinho.

Então a Alta Sacerdotisa aponta para o homem que tirou o ramo comprido, e diz:

Vós sois o Rei do Carvalho, Deus do Ano Crescente.
Donzela, traga sua coroa!

A Donzela coloca a coroa de folhas de carvalho sobre a cabeça do Rei do Carvalho.

Enquanto a coroação prossegue, o Alto Sacerdote deita sobre o chão, no centro do Círculo, curvado em uma posição fetal. Todos fingem não o ver fazendo isso.

Quando a coroação termina, o Rei do Carvalho diz:

Meu irmão e eu fomos coroados e estamos preparados para nossa disputa.
Mas onde está o nosso Senhor do Sol?

A Donzela responde:

Nosso Senhor do Sol está morto!

Se o tabardo da Alta Sacerdotisa tiver um véu, ela o puxa por sobre sua face.

O Coven se arruma ao redor do perímetro do Círculo.

A Alta Sacerdotisa pega o sistro e a Donzela pega uma vela. Elas caminham juntas, vagarosamente, ao redor do Alto Sacerdote, em deosil, sete vezes. A Donzela segura a vela de forma que a Alta Sacerdotisa possa ler o seu texto e conta silenciosamente: um, dois, sucessivamente até chegar a sete, assim que cada circuito for completado. Enquanto elas seguem, a Alta Sacerdotisa chacoalha seu sistro e lamenta:

Retorne, oh, retorne!
Deus do Sol, Deus da Luz, retorne!
Teus inimigos fugiram – tu não tens inimigos.
Ó amável auxiliador, retorne, retorne!
Retorne para tua irmã, tua esposa, que te ama!
Nós não seremos separados.

Ó MEU IRMÃO, MEU CONSORTE, RETORNE, RETORNE!
QUANDO EU NÃO TE VEJO,
MEU CORAÇÃO LAMENTA POR TI,
MEUS OLHOS BUSCAM POR TI,
MEUS PÉS VIAJAM PELA TERRA PROCURANDO POR TI!
DEUSES E HOMENS PRANTEIAM JUNTOS POR TI.
DEUS DO SOL, DEUS DA LUZ, RETORNE!
RETORNE PARA TUA IRMÃ, TUA ESPOSA, QUE TE AMA!
RETORNE! RETORNE! RETORNE!

Quando as sete caminhadas ao redor do círculo forem completadas, a Alta Sacerdotisa deposita seu sistro sobre o altar e se ajoelha perto do Alto Sacerdote, com suas mãos repousando sobre o corpo dele e suas costas voltadas para o altar (vide ilustração 16.)

O Coven, exceto a Donzela, dá as mãos e se move vagarosamente em deosil ao redor da Alta Sacerdotisa e do Alto Sacerdote.

A Donzela fica em pé perto do altar e declama[80]:

RAINHA DA LUA, RAINHA DO SOL,
RAINHA DOS CÉUS, RAINHA DAS ESTRELAS,
RAINHA DAS ÁGUAS, RAINHA DA TERRA,
TRAZEI A NÓS O FILHO DA PROMESSA!
É A GRANDE MÃE QUE A ELE DÁ À LUZ;
É O SENHOR DA VIDA QUE RENASCEU;
ESCURIDÃO E LÁGRIMAS SERÃO AFASTADAS
QUANDO O SOL SE LEVANTAR EM BREVE!

A Donzela dá uma pausa em sua declamação e a Alta Sacerdotisa fica de pé, trazendo o Alto Sacerdote para seus pés. Se ela estiver velada, retira novamente o véu de sua face. A Alta Sacerdotisa e o Alto Sacerdote olham um para o outro, entrelaçando suas mãos entre si, e começam a girar em deosil dentro do Coven.

80. Escrito por Doreen Valiente, com palavras sugeridas para um hino de Natal em *Carmina Gadélica*, recolhido por Alexander Carmichael de Angus Gunn, um arrendatário de Lewis (vide *Carmina Gadélica*, Volume I, Página 133, ou *The Sun Dances*, Página 91). "Foi o primeiro cântico ou invocação que eu escrevi para Gerald", nos diz Doreen – para o Yule de 1953, ela acredita. Ele deu a ela a tarefa de escrever palavras para o ritual da véspera sem aviso, após o almoço, "deliberadamente me pressionando o máximo possível para ver o que eu poderia fazer".

O círculo do Coven se torna mais animado e veloz.

A Donzela prossegue:

Sol Dourado da colina e da montanha,
Ilumine a terra, ilumine o mundo,
Ilumine os mares, ilumine os rios,
Cessem os lamentos, alegria para o mundo!
Abençoada seja a Grande Deusa,
Sem começo, nem fim,
Perpétua pela eternidade, Io Evo! He![81]
Bendita seja!
Io Evo! He! Abençoado seja!
Io Evo! He! Abençoado seja!...

O Coven se une ao cântico Io Evo! He! Abençoado seja! e a Donzela deixa seu texto e a vela e se une ao Círculo. O Cântico e o Círculo continuam até que a Alta Sacerdotisa diz: Sentem-se!

Quando todos estiverem sentados, o Alto Sacerdote levanta novamente e vai para o altar para buscar uma vela, leva-a até o Caldeirão e acende com ela a vela que está dentro dele. Então ele devolve a vela original para o altar. Se houver uma Árvore de Natal com lâmpadas, ele agora as acende e depois toma seu lugar em frente ao altar, onde a Alta Sacerdotisa se une a ele e ambos ficam em pé olhando para o Coven sentado.

A Alta Sacerdotisa diz:

Agora, no auge do inverno, o declínio do ano está terminado e o reinado do Rei do Azevinho é finalizado. O Sol renasceu e o crescimento do ano começa. O Rei do Carvalho deve matar seu irmão, o Rei do Azevinho, e reger sobre a minha terra até o ápice do verão, quando seu irmão se erguerá novamente.

O Coven fica de pé, exceto os dois Reis, e se afastam rumo ao perímetro do Círculo. No centro do Círculo, os dois Reis ficam de pé olhando um para o outro, o Rei do Carvalho de costas para o Oeste e o Rei do Azevinho de costas para o Leste.

Então o Rei do Carvalho coloca suas mãos sobre os ombros do Rei do Azevinho, pressionando para baixo. O Rei do Azevinho cai de joelhos. Nesse meio tempo, a Donzela traz o lenço e ela e o Rei do Carvalho vendam os olhos do Rei do Azevinho. Ambos agora se afastam do Rei do Azevinho

81. Pronunciado *Io Evoé*. Um grito da Bacanália Grega. Para algumas ponderações acerca de seu possível significado sexual, vide a obra de Doreen Valiente, *Natural Magic*, Página 92.

ajoelhado; a Alta Sacerdotisa caminha vagarosamente em deosil ao redor dele, três vezes. Ela então se une novamente ao Alto Sacerdote em frente ao altar.

O Alto Sacerdote diz:

O espírito do Rei do Azevinho partiu do meio de nós, para repousar em Caer Arianrhod, o Castelo da Roda de Prata; até que, com a passagem do ano, chegará à estação quando ele retornará a reger novamente. O espírito se foi; portanto, que o homem dentre nós que abrigou aquele espírito seja dispensado de sua tarefa.

A Alta Sacerdotisa e a Donzela seguem adiante novamente e ajudam o Rei do Azevinho a se levantar. Elas o conduzem para a vela do Oeste, onde a Donzela retira sua venda e a Alta Sacerdotisa retira sua coroa, deixando tudo ao lado da vela. O homem se vira e novamente se torna um membro comum do Coven.

O Grande Rito é agora encenado, a Donzela ficando perto com o Athame e o Rei do Carvalho com o Cálice (se o Sabbat for realizado com todos "vestidos de céu", a Donzela primeiro ajudará a Alta Sacerdotisa a tirar seu manto – que, sendo branco, pode então perfeitamente ser usado como o véu colocado sobre seu corpo para a primeira parte do Grande Rito).

Após o vinho e os bolos o Caldeirão é movido para o centro do Círculo e todos saltam sobre ele do modo costumeiro, antes do estágio da festa começar.

No dia seguinte, quando a fogueira (se houver) estiver fria, as cinzas da Tora de Yule devem ser recolhidas e espalhadas pelos campos ou jardim – ou, se você mora na cidade e não tem nem uma jardineira de peitoril de janela, espalhe no parque mais próximo ou em terra cultivada.

NASCIMENTO, CASAMENTO E MORTE

XII — Wiccaning

Este é um livro de rituais sugeridos para aqueles que necessitem usá-los e que acreditam que eles sejam adequados. Portanto, não é local para debater a difícil questão da educação religiosa dos filhos. Porém, acreditamos que um ponto deve ser levantado.

Os cristãos, quando batizam seus filhos, fazem isso com a intenção de comprometê-los ao cristianismo, preferivelmente por toda a vida – e a própria marca particular de cristandade dos pais, referente àquilo. A crença comum é que os filhos endossarão aquele compromisso por meio da confirmação, quando eles estiverem mais velhos o suficiente para concordar conscientemente (embora sem julgamento maduro). Para sermos justos, estes pais – quando não estão meramente seguindo uma convenção social – muitas vezes agem deste modo porque acreditam sinceramente que isso é essencial para a segurança das almas de seus filhos. Eles foram educados para acreditar nisso e muitas vezes foram ameaçados para crer nisso. (Uma jovem amiga nossa cristã, com a gravidez avançada, foi advertida pelo médico de que a criança poderia nascer morta; ela soluçava em nossos braços, aterrorizada de que seu bebê poderia ir para o Inferno se não vivesse o suficiente para ser batizado. Ela estava teologicamente errada, mesmo em termos de sua própria crença; mas seu terror era muito típico. Nós estamos felizes em dizer que seu bebê, um menino, embora atrasado, nasceu bem e com saúde).

Essa crença de que existe apenas um tipo de bilhete para o Céu e que um bebê deve recebê-lo a toda velocidade para sua própria segurança, é naturalmente desconhecida para a Wicca. A crença Wiccaniana na reencarnação nega isso em qualquer caso. Além disso, as Bruxas mantêm um ponto de vista que era virtualmente universal antes da Era do monoteísmo patriarcal – nominalmente, que todas as religiões são modos diferentes de expressar as mesmas verdades e que sua validade para qualquer indivíduo em particular depende de sua natureza e necessidades.

Uma cerimônia Wiccaniana para o filho de uma família de Bruxos não compromete, portanto, a criança com qualquer caminho, mesmo o da Wicca. É uma cerimônia similar no sentido em que invoca a proteção Divina para a criança e afirma ritualmente o amor e o cuidado com qual a família e amigos desejam rodear o recém-nascido. Mas difere do batismo no sentido que reconhece especificamente que, enquanto a criança amadurece e se torna adulta, ela vai, e inclusive deve, decidir sobre seu próprio caminho.

A Wicca é acima de tudo uma religião natural – assim, os pais Bruxos naturalmente tentarão comunicar aos seus filhos o prazer e a realização que sua religião oferece, e toda a família inevitavelmente compartilhará de seu modo de vida. Compartilhar é uma coisa; impor ou ditar regras é outra e, longe de assegurar uma "salvação" para a criança, pode muito bem retardá-la se, como acontece com os Bruxos, considerarmos a salvação não como um tipo de transação instantânea, mas como um desenvolvimento ao longo de muitas vidas.

Nós criamos o nosso Ritual de Wiccaning (presumivelmente Wiccaning se refere ao nascimento dos bebês e sua criação) nesse contexto, e achamos que a maioria dos Bruxos concordará com esta atitude.

Sabíamos que a ideia de ter padrinhos – amigos adultos que manterão um contínuo interesse pessoal no desenvolvimento da criança – era uma ideia popularmente justificável; e achamos que uma cerimônia de Wiccaning também poderia permitir isso.

Inicialmente, nós chamamos estes amigos adultos de "tutores", para evitar confusão com a prática cristã. Mas numa consideração mais ampla percebemos que "tutor" era uma palavra fria e que não havia nenhum sentido, porque "padrinho" e "madrinha"[82] poderia servir para as Bruxas tanto quanto para os cristãos. Por fim, dadas as diferenças de credo (e os cristãos diferenciam-se entre si), incluindo a diferença de atitude que já mencionamos, a função é a mesma.

---

82. N. do T.: em inglês a palavra *godparents* é usada para denotar padrinhos e poderia ser traduzida simplesmente como "pais escolhidos por Deus", no caso o Deus cristão. Em português, a discussão desse parágrafo é dispensável pois a raiz da palavra padrinho e madrinha não tem qualquer relação com Deus, mas, sim, como pai e mãe sendo ambos considerados como substitutos honorários das funções dos progenitores originais.

11. *Quando a privacidade permitir, os rituais ao ar livre são preferíveis*

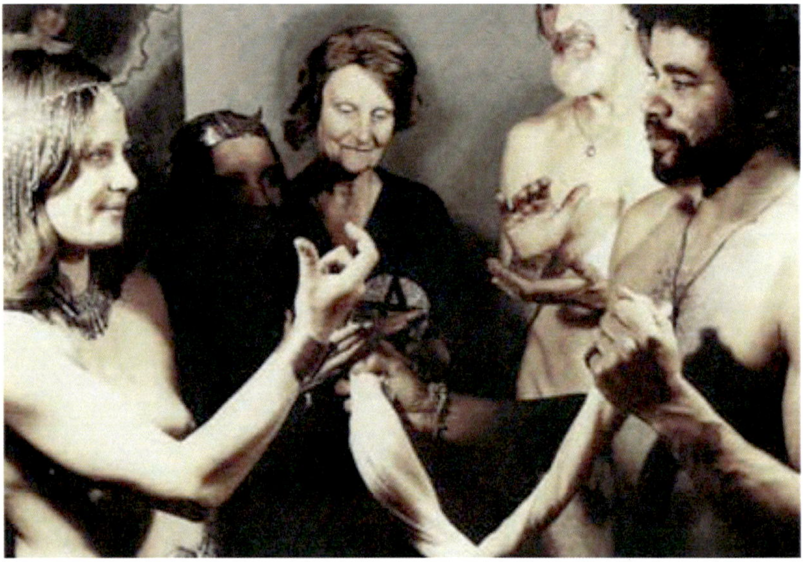

12. Lughnasadh e Beltane: "A Caçada do Amor"

13. Lughnasadh: "A Dança do Grão"

14. Equinócio de Outono: "Observai o mistério"

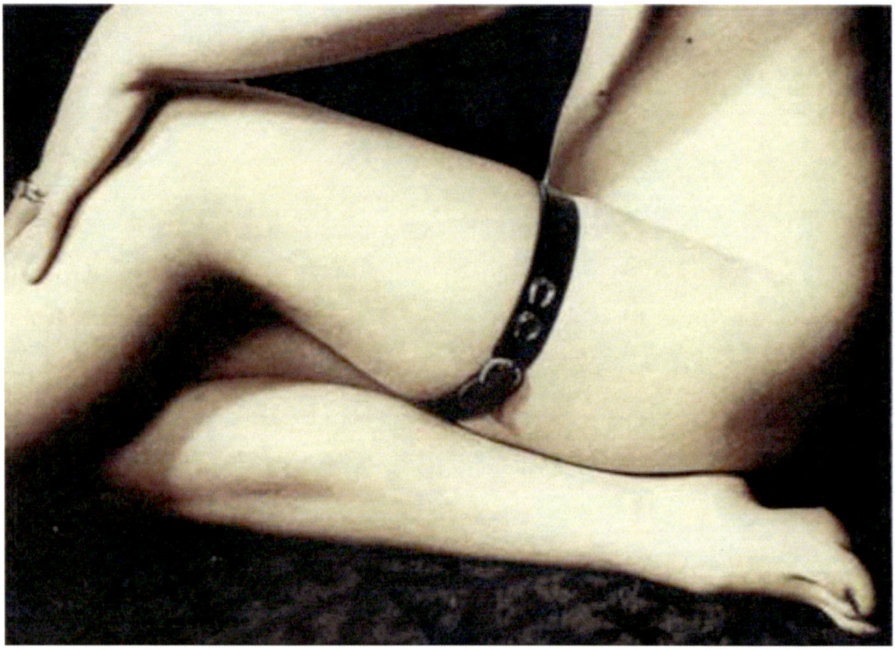

15. Quando uma Alta Sacerdotisa tem mais dois Covens formados fora do seu próprio, ela é autorizada a se denominar "Bruxa Rainha" e a usar o número apropriado de fivelas em sua liga de Bruxa

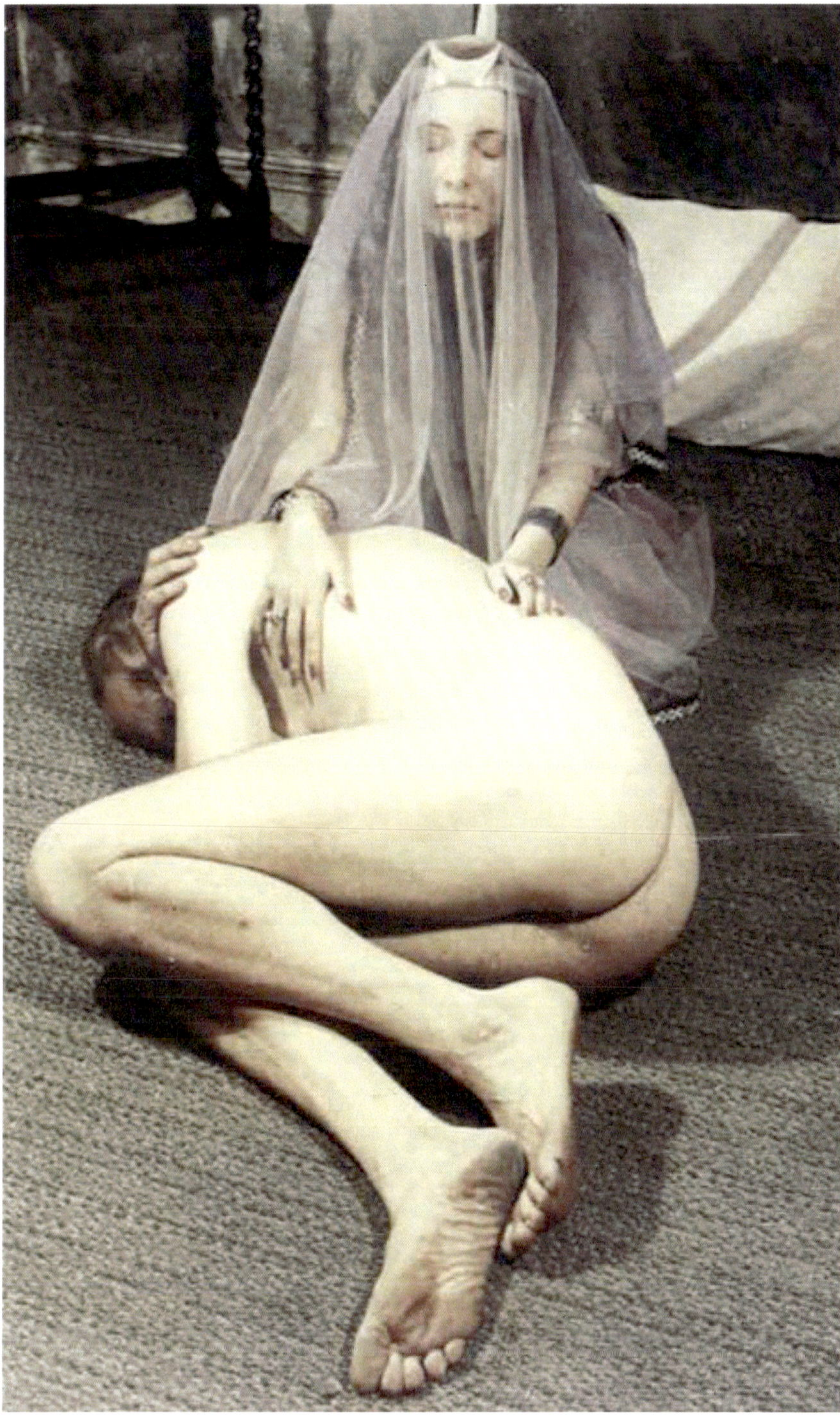

16. Yule: A Deusa lamenta a morte do Deus Sol

17. Consagrando o Vinho

18. Espada e Athame simbolizam o elemento Fogo em nossa tradição.
Outras os atribuem ao Ar

19. O Grande Rito Simbólico: "Aqui onde a Lança e o Graal se unem"

20. A Lenda da Descida da Deusa: "Tal era a sua beleza que a própria Morte se ajoelhou e deitou sua espada e coroa aos seus pés"

Os padrinhos não precisam necessariamente ser eles próprios Bruxos; isso cabe aos pais decidirem. Mas eles devem ao menos ser simpatizantes com a intenção do rito e tê-lo lido completamente de antemão, para assegurar que podem fazer as promessas necessárias com toda sinceridade (o mesmo se aplica, por fim, às Bruxas que forem convidadas por amigos cristãos para serem padrinhos num batismo na igreja).

Se a Alta Sacerdotisa e/ou o Alto Sacerdote estiverem eles mesmos na condição de padrinhos, eles farão as promessas um para o outro nos momentos apropriados do ritual.

Há uma história relacionada a este nosso ritual que é ao mesmo tempo engraçada e triste. Nós o escrevemos originalmente em 1971 e demos uma cópia a um Alto Sacerdote amigo que achamos que iria gostar de recebê-lo. Um par de anos depois, um amigo Bruxo americano estava nos visitando e aconteceu de nós descrevermos nosso Wiccaning para ele numa conversa. Ele riu e disse: "Mas eu já tinha lido este ritual. Da última vez que estive em Londres, "fulano" o mostrou para mim. Ele disse que o havia conseguido de uma fonte tradicional muito antiga".

Porém, tais irresponsabilidades são histórias apócrifas lançadas ao vento e elas não fazem bem à Wicca de forma alguma. Além do mais, nós temos desde então revisado o ritual superficialmente sob a luz da experiência – então, pessoas que conhecem o original irão agora nos acusar de "adulterar a tradição"? Isso poderia ocorrer!

Seguindo padrões Wiccanianos, nós sugerimos que o Alto Sacerdote deva presidir o Wiccaning de uma menina e a Alta Sacerdotisa o de um menino. A fim de evitar extensas repetições, apresentamos o ritual completo para uma menina e então indicamos as diferenças para um menino.

Preparação

Caso o Coven normalmente opere "vestido de céu", a decisão se o ritual será desta forma ou de robe ficará, nesta ocasião, com os pais. Em qualquer caso, a Alta Sacerdotisa portará os símbolos da Lua e o Alto Sacerdote os símbolos do Sol.

O Círculo é marcado com flores e folhagens e o Caldeirão colocado no centro, preenchido com isso, e talvez com frutas também.

Óleo preparado para consagração é colocado sobre o altar.

Apenas incenso muito suave deve ser usado – preferivelmente em forma de varetas.

Presentes para a criança são colocados ao lado do altar, assim como comida e bebida para uma pequena festa no Círculo após o ritual.

Os pais devem escolher de antemão um "nome oculto" para a criança (isso é amplamente para o benefício da própria criança; crescendo em uma família de Bruxos, ele ou ela quase certamente gostará de ter um "nome Wiccaniano" privativo assim como tem a mamãe e o papai – e em caso negativo, isso pode ser silenciosamente esquecido, a menos que seu usuário queira usá-lo novamente).

O Ritual para uma Menina

O Ritual de Abertura prossegue como usual até o fim da invocação do "Grande Deus Cernunnos", exceto que todos, incluindo os pais e a criança, devem estar no Círculo antes do encantamento, sentados em semicírculo próximos ao Caldeirão e olhando de frente para o altar – deixando espaço para a Alta Sacerdotisa lançar o Círculo ao redor deles.

Apenas a Alta Sacerdotisa e o Alto Sacerdote ficam em pé, para conduzir o Ritual de Abertura. Para evitar movimentos excessivos que possam assustar a criança, a Alta Sacerdotisa lança o Círculo com seu Athame, não com a Espada; e ninguém se move com ela ou copia seus gestos, quando ela invocar os Senhores das Torres de Observação. Ela e o Alto Sacerdote carregam os elementos ao redor.

Após a invocação de "O Grande Deus Cernunnos", a Alta Sacerdotisa e o Alto Sacerdote consagram o vinho. Eles não o provam, mas colocam o Cálice sobre o altar.

O Alto Sacerdote fica então de pé em frente ao altar, olhando para o Caldeirão. A Alta Sacerdotisa permanece pronta para lhe entregar óleo, vinho e água. Alto Sacerdote diz:

Nós nos reunimos neste Círculo para pedir a bênção do poderoso Deus e da gentil Deusa sobre (nome da criança), a filha de (nome da mãe) e (nome do pai), de forma que ela possa crescer em beleza e força, em prazer e sabedoria. Há muitos caminhos e cada um precisa encontrar o seu próprio; portanto nós não pretendemos comprometer (nome da criança) com qualquer caminho enquanto ela ainda for muito jovem para escolher. Por outro lado, nós devemos pedir ao Deus e à Deusa, que conhecem todos os caminhos, e há quem todos os caminhos levam, para abençoá-la, protegê-la e prepará-la ao longo dos anos de sua infância; de forma que finalmente, quando ela estiver realmente crescida, saberá sem dúvida ou medo qual caminho é o dela, para assim, trilhá-lo alegremente. (Nome), mãe de (nome da criança), traga-a adiante para que ela possa ser abençoada.

O pai ajuda a mãe a levantar e ambos conduzem a criança ao Alto Sacerdote, que a toma em seus braços (com firmeza, ou ela se sentirá insegura – muitos clérigos cometem este erro!) e pergunta:

(Nome), mãe de (nome da criança),
esta tua filha tem também um nome oculto?

A mãe responde:

Seu nome oculto é (nome).

O Alto Sacerdote então unge a criança na testa com óleo, marcando um pentagrama e dizendo:

Eu te consagro com óleo, (nome civil),
e te concedo o nome oculto de (nome oculto).

Ele repete a ação com o vinho, dizendo:

Eu te consagro com vinho, (nome oculto),
em nome do poderoso Deus Cernunnos.

Ele repete a ação com a água, dizendo:

Eu te consagro com água, (nome oculto),
em nome da gentil Deusa Aradia.

O Alto Sacerdote devolve a criança para a mãe e então conduz os pais e a criança por cada uma das Torres de Observação ao redor do Círculo, dizendo:

Vós Senhores das Torres de Observação do Leste (Sul, Oeste, Norte), nós trazemos perante vós (nome civil), cujo nome oculto é (nome), e que foi devidamente ungida dentro do Círculo Wiccaniano. Ouçais todos vós, portanto, que ela está sob a proteção de Cernunnos e Aradia.

O Alto Sacerdote e a Alta Sacerdotisa tomam seus lugares de frente para o altar, com os pais e a criança entre eles. Eles erguem seus braços e invocam um por vez:

Alto Sacerdote:

Poderoso Cernunnos, concedei sobre esta criança o dom da força.

Alta Sacerdotisa:

Gentil Aradia, concedei sobre esta criança o dom da beleza.

Alto Sacerdote:

Poderoso Cernunnos, concedei sobre esta criança o dom da sabedoria.

Alta Sacerdotisa:

Gentil Aradia, concedei sobre esta criança o dom do amor.

O Alto Sacerdote, a Alta Sacerdotisa e os pais viram-se olhando para dentro do Círculo e o Alto Sacerdote então pergunta:

Há duas pessoas no Círculo que assumirão a condição de padrinhos de (nome oculto)?

Caso ele e a Alta Sacerdotisa estejam na condição de padrinhos, ele perguntará, ao invés:

Há alguma pessoa no Círculo que assumirá comigo a condição de madrinha de (nome oculto)?

E a Alta Sacerdotisa responde:

Eu me unirei a vós.

Eles então se olham e falam as perguntas e as promessas um ao outro.

Os padrinhos ficam de pé e se aproximam, a madrinha de frente para o Alto Sacerdote e o padrinho de frente para a Alta Sacerdotisa.

O Alto Sacerdote pergunta para a madrinha:

Você, (nome), promete ser uma amiga para (nome da criança) ao longo de sua infância, auxiliá-la e guiá-la quando ela precisar; e de acordo com seus pais, cuidar dela e amá-la como se ela fosse de seu próprio sangue, até que pela graça de Cernunnos e Aradia ela esteja preparada para escolher o seu próprio caminho?

A madrinha responde:

Eu, (nome), assim prometo.

A Alta Sacerdotisa pergunta ao padrinho:

Você, (nome do padrinho), promete... tal como acima.

O padrinho responde:

Eu, (nome), assim prometo.

O Alto Sacerdote diz:

O Deus e a Deusa a abençoaram;
Os Senhores das Torres de Observação a reconheceram;
Nós, e seus amigos, a recebemos com boas vindas;
Portanto, Ó Círculo de Estrelas
Brilhai em paz sobre (nome da criança),
Cujo nome oculto é (nome).
Que assim seja!

Todos dizem:

Que assim seja!

O Alto Sacerdote diz:

Que todos se sentem dentro do Círculo.

Todos se sentam, exceto o Alto Sacerdote e a Alta Sacerdotisa, que provam o vinho já consagrado e passam adiante e então consagram os bolos de maneira usual e os compartilham.

Eles então trazem os presentes e a comida e bebida da festa e sentam-se com os outros e o procedimento se torna informal.

O Ritual para um Menino

Se o bebê for um menino, a diferença básica é que o Alto Sacerdote e a Alta Sacerdotisa trocam as tarefas. Ela faz a Declaração de Abertura e realiza a unção, o Alto Sacerdote entrega a ela o óleo, vinho e água. Ela apresenta a criança às Torres de Observação.

A invocação ao Deus e à Deusa para seus dons de força, beleza, sabedoria e amor, contudo, é feita exatamente como para a menina, e na mesma ordem.

Em seguida, a Alta Sacerdotisa convoca os padrinhos e toma a promessa do padrinho; o Alto Sacerdote então toma a promessa da madrinha.

A Alta Sacerdotisa pronuncia a bênção final.

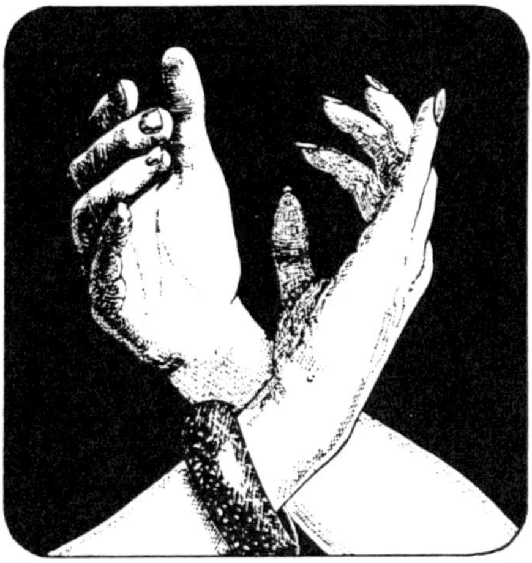

XIII — Handfasting

Um Handfasting é um casamento de Bruxos. Stewart explicou sobre esse ritual com mais detalhes no capítulo 15 de *What Witches Do*, assim sendo, não repetiremos aquela explicação aqui. Todas as versões demasiadamente diferentes do Ritual de Handfasting que nós temos encontrado (incluindo aquela em destaque na obra *What Witches Do*) foram elaboradas em anos recentes e é uma mistura de partes de tradição (tal como saltar sobre a vassoura) com as ideias do seu próprio criador. Na extensão em que sabemos, nenhum Ritual de Handfasting detalhado e provavelmente antigo existe no papel.

Assim, quando fomos convidados a conduzir um Handfasting para dois de nossos membros, alguns dias após seu casamento legal, decidimos que também escreveríamos o nosso próprio ritual, uma vez que nenhum daqueles que nós conhecíamos bem nos satisfazia.

Como muitos outros Bruxos e ocultistas, descobrimos no inesquecível romance de Dion Fortune *A Sacerdotisa do Mar* (Aquarian Press, Londres, 1957) uma mina de ouro de materiais para rituais elaborados e nos beneficiamos muito dos resultados. Então, para o Handfasting de nossos amigos, incorporamos algumas das palavras do Sacerdote da Lua para Molly, no capítulo XXX da *Sacerdotisa do Mar*[83]; nós sentimos que elas quase foram escritas para este propósito e são as quatro citações a seguir, de "Afrodite Dourada vinde

83. Capítulo 14 da edição brochura (Star, Londres, 1976).

não como a virgem...” até “... eles se tornaram a substância do sacramento”. Nossa única alteração ao original foi substituir “noiva” por “Sacerdotisa” em um ponto; isso pareceu um acréscimo legítimo para um Ritual de Handfasting.

Essas passagens estão incluídas aqui graças à gentil permissão da Sociedade da Luz Interior, que detém o copyright das obras de Dion Fortune. A responsabilidade pelo contexto sob o qual elas foram utilizadas é, naturalmente, inteiramente nossa e não da Sociedade; mas gostamos de pensar que, se a falecida Srta. Fortune pudesse estar presente, teríamos recebido a sua bênção.

Outro ponto: na apresentação dos símbolos dos elementos, atribuímos o Bastão ao Ar, e a Espada ao Fogo (vide ilustração 18). Esta é a tradição que nós seguimos, porém, outras atribuem o Bastão ao Fogo e a Espada ao Ar. A atribuição Vara/Fogo, Espada/Ar foi uma “camuflagem” deliberada perpetrada pela Golden Dawn inicialmente, que infelizmente ainda não morreu de morte natural; isso nos parece contrário à natureza óbvia dos instrumentos em questão. Entretanto, muitas pessoas foram instruídas acreditando que a “camuflagem” era a tradição genuína, de forma que agora, esta parece ser a forma correta. Elas devem, naturalmente, adicionar o texto de apresentação de modo adequado.

A Preparação

O Círculo é delineado e o altar decorado com flores; mas um portal é deixado ao Nordeste do Círculo, com flores especialmente reservadas para fechá-lo.

A Vassoura é mantida pronta ao lado do altar.

O Caldeirão, preenchido com flores, é posicionado próximo à vela do Oeste – o Oeste representando a Água, o elemento do amor.

O Ritual

O Ritual de Abertura é conduzido normalmente, exceto que, primeiro, a noiva e o noivo permanecem fora do portal, que ainda não está fechado; segundo, a Carga da Deusa não é dada ainda.

Após a invocação do “Grande Deus Cernunnos”, a Alta Sacerdotisa traz para dentro o noivo e o Alto Sacerdote a noiva, cada um com um beijo. O Alto Sacerdote então fecha o portal com flores e a Alta Sacerdotisa fecha-o ritualmente com a Espada ou o Athame.

A Alta Sacerdotisa e o Alto Sacerdote ficam de costas para o altar. O noivo olha para a Alta Sacerdotisa e a noiva para o Alto Sacerdote no centro do Círculo. A Alta Sacerdotisa pergunta:

QUEM VEM PARA SE UNIR NA PRESENÇA DA DEUSA?
QUAL É O TEU NOME, Ó HOMEM?

O noivo responde:
MEU NOME É (nome).

O Alto Sacerdote pergunta:
QUEM VEM PARA SE UNIR NA PRESENÇA DO DEUS?
QUAL É O TEU NOME, Ó MULHER?

A noiva responde:
MEU NOME É (nome).

A Alta Sacerdotisa diz:
(Nome da noiva) E (nome do noivo), NÓS VOS SAUDAMOS COM ALEGRIA.

O Coven se reúne ao redor da noiva e do noivo para a Runa das Bruxas; então todos retornam para seus lugares.

A Alta Sacerdotisa diz:
UNIDADE É EQUILÍBRIO, E EQUILÍBRIO É UNIDADE.
OUÇAM ENTÃO, E COMPREENDAM.

Ela pega o Bastão e continua:
O BASTÃO QUE EU SEGURO É O SÍMBOLO DO AR. SABEI E RECORDAI QUE ESTE É O ELEMENTO DA VIDA, DA INTELIGÊNCIA, DA INSPIRAÇÃO QUE NOS MOVE ADIANTE. POR ESTE BASTÃO DO AR, NÓS TRAZEMOS PARA O VOSSO HANDFASTING O PODER DA MENTE.

Ela abaixa o Bastão. O Alto Sacerdote pega a Espada e diz:
A ESPADA QUE EU SEGURO É O SÍMBOLO DO FOGO. SABEI E RECORDAI QUE ESTE É O ELEMENTO DA LUZ, DA ENERGIA, DO VIGOR QUE CORRE NAS NOSSAS VEIAS. POR ESTA ESPADA DO FOGO, NÓS TRAZEMOS PARA O VOSSO HANDFASTING O PODER DA VONTADE.

Ele abaixa a Espada. A Alta Sacerdotisa pega o Cálice e diz:
O CÁLICE QUE EU SEGURO É O SÍMBOLO DA ÁGUA. SABEI E RECORDAI, QUE ESTE É O ELEMENTO DO AMOR, DO CRESCIMENTO, DO FRUTIFICAR DA GRANDE MÃE. POR ESTE CÁLICE DA ÁGUA, NÓS TRAZEMOS PARA O VOSSO HANDFASTING O PODER DO DESEJO.

Ela abaixa o Cálice. O Alto Sacerdote pega o Pentáculo e diz:
O PENTÁCULO QUE EU SEGURO É O SÍMBOLO DA TERRA. SABEI E RECORDAI, QUE ESTE É O ELEMENTO DA LEI, DA DURAÇÃO, DA COMPREENSÃO QUE NÃO PODE SER ABALADA.
POR ESTE PENTÁCULO DA TERRA, NÓS TRAZEMOS PARA O VOSSO HANDFASTING O PODER DA FIRMEZA.

Ele abaixa o Pentáculo e continua:
OUÇAM AS PALAVRAS DA GRANDE MÃE... para introduzir a Carga da Deusa.

A Alta Sacerdotisa e o Alto Sacerdote conduzem a Carga da Deusa, de maneira usual. Quando estiver acabado, o Alto Sacerdote diz:

A dourada Afrodite não vem como a virgem, a vítima, mas, sim, como a Despertadora, a Desejada. Do espaço exterior ela chama, e o Pai de Tudo começa a cortejá-la. Ela o desperta para o desejo, e mundos se criam. Quão poderosa é ela, a dourada Afrodite, a que desperta a virilidade!

A Alta Sacerdotisa diz:

Mas todas estas coisas são uma só. Todas as Deusas uma Deusa, e a chamamos Ísis, que é todas as Mulheres, em cuja natureza todas as coisas naturais se encontram; virgem e desejada em turnos; doadora de vida e portadora de morte. Ela é a causa da criação, porque ela desperta o desejo do Pai e por causa dela Ele cria. Assim como o sábio chama de Ísis todas as mulheres.

O Alto Sacerdote diz:

No rosto de cada mulher o homem busca os traços da Grande Deusa, observando suas fases através do fluxo e refluxo das marés às quais a alma responde; ouvindo o seu chamado.

A Alta Sacerdotisa diz:

Ó filha de Ísis, adorai a Deusa, e em seu nome dê o chamado que desperta e rejubila. Assim serás tu abençoada pela Deusa, e viverás com a plenitude da vida. Que a Noiva revele a Deusa para aquele que a ama. Que ela assuma a coroa do Submundo. Que ela se eleve toda gloriosa e dourada do mar primordial e chame a ele para vir, para vir a ela. Que ela faça estas coisas em nome da Deusa, e ela será como a Deusa sobre ele; pois a Deusa falará através dela. Toda-poderosa será ela em seu interior, como Perséfone coroada; e Toda-poderosa no Exterior, como Afrodite Dourada[84]. Assim ela será uma Sacerdotisa aos olhos do adorador da Deusa, que por sua fé e dedicação descobrirá a Deusa nela. Pois o rito de Ísis é vida, e aquilo que é feito como um rito irá se manifestar na vida. Pelo rito a Deusa é invocada e trazida aos seus adoradores; seu poder penetra neles, e eles se tornam a substância do sacramento.

O Alto Sacerdote diz para a noiva:

Diga depois de mim: Pela semente e a raiz, pelo botão e caule, pela folha, flor e fruto, pela vida e o amor, em nome da Deusa, eu, (nome), te tomo, (nome do noivo), em minha mão, meu coração e meu espírito, no pôr do sol e na ascensão

84. Não podemos deixar de notar aqui uma crença que ainda se prolonga no Oeste da Irlanda, propenso a vendavais – que uma noiva recém-casada tem o poder de acalmar uma tempestade no mar. Como uma vizinha (que morava, assim como nós, a uma milha do Atlântico) nos disse: "Eu creio que possa haver alguma verdade nisso. Uma noiva tem certa bênção ao redor de si."

DAS ESTRELAS[85]. A MORTE NÃO NOS SEPARARÁ; POIS NA PLENITUDE DO TEMPO NÓS NASCEREMOS NOVAMENTE NO MESMO TEMPO E NO MESMO LOCAL COMO CADA UM; E NÓS NOS ENCONTRAREMOS, E NOS CONHECEREMOS, E LEMBRAREMOS E AMAREMOS NOVAMENTE.

A noiva repete cada frase após o Alto Sacerdote, tomando a mão direita do noivo em sua própria mão direita enquanto fala. A Alta Sacerdotisa diz para o noivo:

DIGA DEPOIS DE MIM: PELA SEMENTE E A RAIZ, PELO BOTÃO E O CAULE... DO MESMO MODO QUE ACIMA.

O noivo repete cada frase depois da Alta Sacerdotisa, segurando a mão direita da noiva na sua própria.

Se o casal quiser trocar alianças, isso é feito agora. O Alto Sacerdote diz:

QUE O SOL E A LUA E AS ESTRELAS, E ESSES NOSSOS IRMÃOS E IRMÃS, SEJAM TESTEMUNHAS DE QUE (nome da noiva) E (nome do noivo) SE UNIRAM NA PRESENÇA DO DEUS E DA DEUSA. E POSSAM O DEUS E A DEUSA ABENÇOÁ-LOS, COMO NÓS MESMOS O FAZEMOS.

Todos dizem:

QUE ASSIM SEJA!

A Alta Sacerdotisa pega a vassoura e a coloca no chão na frente do casal, que salta sobre ela de mãos dadas. A Alta Sacerdotisa pega a vassoura do chão e ritualmente varre o Círculo, lançando para fora todas as más influências.

O casal agora encena o Grande Rito e é inteiramente de sua escolha se este será simbólico ou real. Se for real, a Alta Sacerdotisa conduz o Coven para fora do recinto, ao invés de a Donzela fazer isso como é usual.

Após o Grande Rito, o casal consagra o vinho e os bolos (ou apenas os bolos se o Grande Rito foi simbólico, em cujo caso o vinho já terá sido consagrado). Os procedimentos então se tornam informais.

Se a festa incluir um bolo de casamento, diz a tradição que este é o único momento que a Espada ritual do Coven pode ser usada para cortar de verdade.

---

85. Ao seu próprio critério, o casal pode terminar o seu compromisso aqui, omitindo a última sentença de "A morte não nos separará..." caso ainda não percebam seu caminho como um compromisso de almas-gêmeas, que jamais deve ser assumido sem uma cuidadosa avaliação (vide *What Witches Do*, capítulo 15.) A Igreja Mórmon, curiosamente, tem a mesma tradição. Os Mórmons têm duas formas de casamento – uma para a vida, e outra (chamada de "Ir ao Templo") para a eternidade. Cerca de cinquenta por cento escolhe pela última forma.

XIV — Réquiem

Na primeira vez em que perdemos um membro do Coven por motivo de morte, este foi o Réquiem que executamos em sua homenagem. "Perdemos" é uma palavra inapropriada, naturalmente; sua contribuição para a construção da nossa mente-grupo permaneceu e, em nossas encarnações por vir, provavelmente nos reuniremos novamente. Mas o fim de um capítulo necessita ser reconhecido e absorvido e a necessidade de dizer au revoir com amor e dignidade tem sido universal desde que o homem de Neandertal acomodou seus mortos para repousar num leito de flores.

Dois temas simbólicos pareceram expressar o que nós queríamos dizer. O primeiro era a espiral, que desde rituais primordiais tem sido associado com os processos paralelos de morte-renascimento e iniciação-renascimento; retrocedendo nosso caminho de volta à fonte, o útero universal, a Grande Mãe, as profundezas do inconsciente coletivo – encontrando a Mãe Negra face a face e sabendo que ela é também a Mãe Brilhante – e então desenrolando nosso caminho de volta desse encontro, rejuvenescidos e transformados. Essa espiral para dentro e para fora naturalmente tomou a forma de uma dança; e a espiral para dentro pareceu novamente invocar o uso raro do movimento anti-horário empregado no ritual Wiccaniano apenas quando tem um propósito simbólico preciso (como nos nossos rituais do Equinócio de Outono e Samhain). Isso seria seguido naturalmente por um movimento horário da espiral para o exterior.

O outro tema era o do Cordão de Prata. Muitas e muitas vezes pessoas que experimentaram a projeção astral têm falado sobre um cordão de prata que elas veem sendo tecido e infinitamente se estendendo entre os corpos astral e físico. Na morte física, todas as tradições confirmam, o cordão é rompido. Este é um processo natural, o primeiro estágio da retirada da individualidade imortal dos corpos físico, astral inferior e superior, e mental inferior da personalidade que o tem abrigado durante uma encarnação. Todo bloqueio ou interrupção desse cordão é tanto uma disfunção, como uma anormalidade; isso pode ser causado por alguma obsessão, o que explica algumas "assombrações". Na maioria dos casos (certamente cremos ser verdadeiro neste de nossa amiga) não há tal retardo indevido. Porém, mesmo se nenhuma ajuda for necessária para suavizar a retirada, é conveniente que isso seja simbolizado no rito.

A tradição também mantém que as belas palavras de Eclesiastes 12, versículos 6-7, referem-se a este processo; assim as temos utilizado em nosso Réquiem, substituindo "Deus" por "Deusa" – o que, em vista da nossa filosofia declarada, esperamos que não ofenda ninguém.

Na Segunda parte do ritual está a encenação da Lenda da Descida da Deusa ao Submundo, que fulgura no Livro das Sombras como um tipo de epílogo ao Ritual de Iniciação de Segundo Grau. Onde Gardner o conseguiu, nem mesmo Doreen Valiente sabe. "Eu não tive nada a ver com esses textos", ela nos conta. "Se o velho Gardner escreveu isso por si só ou se ele o herdou, eu não sei. Eu suspeito que um pouco de ambos, a saber que ele herdou esses rascunhos e fez anotações neles com suas próprias palavras. Isto é, como você menciona, uma versão da história de Ishtar e lendas similares; e isso se relaciona ao ritual de Iniciação de maneira óbvia."

Iniciação e renascimento são processos intimamente paralelos, assim achamos que a Lenda enriqueceu nosso Réquiem tal como no Rito do Segundo Grau. As palavras faladas da Lenda são dadas em *What Witches Do*, e (numa forma um pouco menor) em *Bruxaria Hoje* de Gardner, mas nós as repetimos em sua totalidade, intercalando com os movimentos apropriados, que o Livro das Sombras deixa a encargo da imaginação. Se a Lenda for toda encenada frequentemente – e não houver necessidade de confiná-la à Iniciação do Segundo Grau, nós achamos que é fácil e proveitoso aprendê-las. Para obter o máximo da Lenda, é ainda melhor se os três atores aprenderem as partes deste diálogo de memória e falarem os textos decorados, ao invés de deixar toda a fala para o Narrador como fizemos a seguir. Porém, a menos que eles a saibam de cor é melhor deixá-las para o Narrador, porque se os três atores carregarem livros em suas mãos isso vai estragar o efeito.

Finalmente, a Alta Sacerdotisa anuncia a festa de amor, com uma despedida de fechamento para o amigo falecido.

Gostaríamos de fazer um comentário sobre o rito tal como o experimentamos da primeira vez. O momento de quebrar o prato teve um efeito inesperado sobre todos nós; foi como se ele ecoasse em todos os planos de uma só vez. Nosso membro mais jovem respirou com dificuldade ruidosamente, e todos nós nos sentimos assim. Um cético poderia dizer que o som abrupto da quebra, carregado com simbolismo tal como estava, ofereceu um choque psicológico; mas mesmo se fosse apenas isso, seria ainda válido – concentrar nossa percepção de grupo sobre o significado do que estávamos fazendo em um instante intenso e simultâneo.

Quando o ritual acabou, sentimos uma alegria calma que nenhum de nós havia experimentado desde que nossa amiga ficou doente. Raras vezes estivemos tão conscientes de um ritual sendo bem-sucedido e reverberando majestosamente, muito além dos limites do nosso Círculo.

Nós usamos ao longo do texto que veremos a seguir, "ela" por pura simplicidade. Se o Réquiem for usado para um homem, pode ser considerado apropriado trocar os papéis do Alto Sacerdote e da Alta Sacerdotisa para a primeira parte do ritual, até a Lenda; como sempre, é uma questão sobre o que o Coven envolvido considera correto.

A Preparação

A decoração do Círculo e do altar para um Réquiem será uma questão de gosto individual, dependendo das circunstâncias, a época do ano, o caráter e associações da pessoa que está sendo recordada.

Um pequeno prato de barro (uma caneca ou xícara com asa pode servir) é colocado ao lado do altar, com um cordão de prata amarrado a ele, também um martelo para quebrar o prato e um pano para quebrá-lo dentro.

Para a Lenda da Descida da Deusa, joias e um véu são colocados próximos ao altar para a Deusa e uma coroa para o Senhor do Submundo. Um colar é colocado sobre o altar.

O Ritual

O Ritual de Abertura procede como usual, até o final da invocação ao "Grande Deus Cernunnos". A Alta Sacerdotisa e o Alto Sacerdote ficam de frente para o Coven na frente do altar.

A Alta Sacerdotisa diz:

Nós nos reunimos hoje em tristeza e alegria. Estamos tristes porque um capítulo foi encerrado; ainda assim, estamos alegres, porque, através do encerramento, um novo capítulo pode começar.

Nós nos reunimos para marcar a passagem de nossa amada irmã, (nome), para quem esta encarnação terminou. Nós nos reunimos para encomendá-la aos cuidados da bênção do Deus e da Deusa, que ela possa repousar, livre de ilusão ou pesar, até que chegue o tempo para seu renascimento neste mundo. E sabendo que isso será assim, sabemos também que a tristeza é nada e que a alegria é tudo.

O Alto Sacerdote permanece em seu lugar, e a Alta Sacerdotisa conduz o Coven em uma dança espiral, vagarosamente para dentro em um sentido anti-horário, mas não fechando a roda muito apertada. O Alto Sacerdote diz:

Nós te invocamos, Ama, Mãe negra estéril; tu a quem toda a vida manifestada deve retornar, quando o tempo tiver chegado; Mãe negra da imobilidade e repouso, perante a qual os homens estremecem porque não te compreendem. Nós te invocamos, que és também Hécate da Lua minguante, Senhora negra da sabedoria, a quem os homens temem porque a tua sabedoria se ergue acima da deles próprios. Nós, os filhos ocultos da Deusa, sabemos que não há nada a temer em teu abraço, do qual ninguém escapa; que quando caminhamos em tua escuridão, como todos devem fazer, isso é nada mais que caminhar novamente para dentro da luz. Portanto, em amor e sem medo, nós encomendamos a ti (nome), nossa irmã. Tomai-a, protegei-a, guiai-a; deixai-a entrar na paz nas Terra do Verão, que fica entre vida e vida. E sabei, como tu sabeis todas as coisas, que nosso amor está com ela.

O Alto Sacerdote traz o prato, o cordão, o martelo e o pano. A dança para e o Coven se divide para admitir o Alto Sacerdote ao centro da espiral, onde ele deita o pano ao solo e o prato sobre este e entrega a extremidade solta do cordão para a Donzela. A Alta Sacerdotisa diz:

Que o cordão de prata seja desatado, ou o prato dourado quebrado,
que o jarro seja quebrado na fonte, ou a roda quebrada na cisterna;
então o pó retornará para terra assim como era;
e o espírito retornará à Deusa que o concedeu.

O Alto Sacerdote desata o cordão de prata e a Donzela o puxa para cima. O Alto Sacerdote então embrulha o prato com o pano e quebra-o com o martelo. Ele repõe o pano dobrado com os pedaços do prato dentro deste e o martelo ao lado do altar. O Coven fecha novamente.

A Donzela carrega o cordão de prata e, durante a seguinte invocação, seguindo em sentido horário ao redor do Círculo, oferece-o primeiro aos Senhores das Torres de Observação do Oeste (os Senhores da Morte e da Iniciação) e então aos Senhores das Torres de Observação do Leste (os Senhores do Renascimento). Ela então deposita o cordão no solo em frente à vela do Leste e se une ao Alto Sacerdote junto ao altar (sempre em sentido horário). Nesse meio tempo a Alta Sacerdotisa conduz novamente a dança, indo de volta, no sentido horário para desenrolar a espiral, até que esta seja novamente um círculo completo que continua se movendo em deosil.

Tão logo ele tenha recolocado o pano e o martelo ao lado do altar, o Alto Sacerdote olha para o Coven e diz:

> Nós te invocamos, Ama, Mãe fértil brilhante; tu que sois o útero do renascimento, de quem procede toda a vida manifesta, e em cujo seio transbordante todos são nutridos. Nós te invocamos, que sois também Perséfone da Lua crescente, Senhora da Primavera e de todas as coisas novas. Nós te encomendamos (nome), nossa irmã. Tomai-a, protegei-a, guiai-a; trazei-a na plenitude do tempo para um novo nascimento e uma nova vida. E concedei que nesta nova vida ela possa ser amada novamente, como nós seus irmãos e irmãs a temos amado.

O Alto Sacerdote e a Donzela se reúnem ao Coven que circula, e a Alta Sacerdotisa inicia a Runa das Bruxas, a qual todos se unem. Quando tiver acabado, a Alta Sacerdotisa ordena – Ao chão! –, e o Coven se senta formando um anel e olhando para o centro.

A Alta Sacerdotisa então sorteia os papéis para a Lenda da Descida da Deusa ao Submundo: o Narrador, a Deusa, o Senhor do Submundo e o Guardião dos Portais. A Deusa é adornada com joias e um véu e mantém-se na extremidade do Círculo no Sudeste. O Senhor do Submundo coloca sua coroa, pega a Espada e fica de costas para o altar. O Guardião dos Portais pega seu Athame e a corda vermelha e fica de frente para a Deusa.

O narrador diz:

> Nos tempos antigos, nosso Senhor, o Deus Cornífero, era (como ainda é) o Consolador, o Confortador. Mas os homens o conheciam como o terrível Senhor das Sombras, solitário, severo e justo. Mas Nossa Senhora, a Deusa, resolveria todos os mistérios, mesmo o mistério da morte; e ela então iniciou uma jornada rumo ao Submundo. O Guardião dos Portais a desafiou...

O Guardião dos Portais desafia a Deusa com seu Athame.

...DISPA-TE DE TEUS ORNAMENTOS, PÕE DE LADO TUAS JOIAS; POIS NADA PODERÁS TRAZER CONTIGO PARA ESTA NOSSA TERRA.[86]

A Deusa retira seu véu e suas joias; nada pode ser deixado sobre ela (se o Réquiem for feito com vestes cerimoniais, apenas um robe liso pode ser deixado sobre ela).

Ele então a amarra com a corda vermelha, como na Iniciação do Primeiro Grau, com o centro da corda ao redor da frente do seu pescoço e as pontas passadas sobre seus ombros para prender juntos os seus pulsos atrás de sua cintura.

ASSIM ELA RETIROU SEUS ORNAMENTOS E SUAS JOIAS E FOI AMARRADA, COMO DEVE SER TODO SER VIVENTE QUE BUSCA PENETRAR NOS REINOS DA MORTE, A PODEROSA.

O Guardião dos Portais conduz a Deusa para ficar face a face com o Senhor do Submundo. O Guardião, então, fica de lado.

TAL ERA A SUA BELEZA QUE A PRÓPRIA MORTE SE AJOELHOU, E DEITOU SUA ESPADA E SUA COROA AOS SEUS PÉS...

O Senhor do Submundo se ajoelha perante a Deusa (vide ilustração 20), deposita sua Espada e sua coroa no chão, cada uma de um dos lados dela, então beija seu pé direito e seu pé esquerdo.

...E BEIJOU SEUS PÉS, DIZENDO: – BENDITOS SEJAM OS TEUS PÉS, QUE TROUXERAM A TI POR ESTES CAMINHOS. MORAI COMIGO; MAS DEIXAI-ME COLOCAR MINHAS MÃOS FRIAS SOBRE TEU CORAÇÃO.

O Senhor do Submundo ergue suas mãos, com as palmas para frente, e as segura a poucas polegadas do coração da Deusa.

E ELA RESPONDEU: – EU NÃO TE AMO. POR QUE TU FAZES COM QUE TODAS AS COISAS QUE EU AMO E COM QUAIS ME DELICIO DECLINEM E MORRAM?

O Senhor do Submundo abre seus braços para fora e para baixo, com as palmas das suas mãos para frente.

SENHORA – RESPONDEU A MORTE –, É A IDADE E O DESTINO, CONTRA OS QUAIS NADA POSSO FAZER. A IDADE FAZ COM QUE TODAS AS COISAS DECLINEM; MAS QUANDO OS HOMENS MORREM AO FINAL DO TEMPO, EU LHES CONCEDO DESCANSO, PAZ E FORÇA, DE MODO QUE ELES POSSAM RETORNAR. PORÉM TU, TU ÉS AMÁVEL; NÃO RETORNAI, MORAI COMIGO.

MAS ELA RESPONDEU: – EU NÃO TE AMO.

86. Uma vez que todas as palavras da Lenda são faladas pelo Narrador, nós não repetimos "O Narrador diz" a todo momento. Se os três atores puderem falar suas próprias linhas de memória, muito melhor.

O Senhor do Submundo se ergue, vai para o altar e pega o Açoite. Ele se vira de frente para a Deusa.

ENTÃO DISSE A MORTE: – COMO TU NÃO RECEBESTE MINHAS MÃOS SOBRE O TEU CORAÇÃO, TU DEVES AJOELHAR PERANTE O AÇOITE DA MORTE.

– É O DESTINO, MELHOR ASSIM – ELA DISSE E SE AJOELHOU. E A MORTE A AÇOITOU DELICADAMENTE.

A Deusa se ajoelha de frente para o altar. O Senhor do Submundo lhe aplica três, sete, nove e vinte e um golpes delicados com o Açoite.

E ELA GRITOU: – EU CONHEÇO AS DORES DO AMOR.

O Senhor do Submundo repõe o Açoite sobre o altar, ajuda a Deusa a se erguer e se ajoelha de frente para ela.

E A MORTE A ERGUEU, E DISSE: – BENDITA SEJA. – E ELE LHE APLICOU O BEIJO QUÍNTUPLO, DIZENDO: – APENAS ASSIM PUDESTE TU ALCANÇAR A ALEGRIA E O CONHECIMENTO.

O Senhor do Submundo concede à Deusa o Beijo Quíntuplo (mas sem as palavras usuais pronunciadas). Ele então desamarra seus pulsos, colocando a corda no chão.

E ELE ENSINOU A ELA TODOS OS SEUS MISTÉRIOS E DEU-LHE O COLAR QUE É O CÍRCULO DO RENASCIMENTO.

O Senhor do Submundo pega o colar do altar e o coloca ao redor do pescoço da Deusa. A Deusa então pega a coroa e a recoloca sobre a cabeça do Senhor do Submundo.

E ELA LHE ENSINOU O MISTÉRIO DO CÁLICE SAGRADO, QUE É O CALDEIRÃO DO RENASCIMENTO.

O Senhor do Submundo move-se em frente ao altar para sua extremidade ao Leste, e a Deusa move-se em frente ao altar para sua extremidade ao Oeste. A Deusa segura o Cálice com ambas as mãos, eles olham um para o outro e ele coloca suas mãos sobre as dela.

ELES SE AMARAM E SE TORNARAM UM; POIS EXISTEM TRÊS GRANDES MISTÉRIOS NA VIDA DO HOMEM, E A MAGIA CONTROLA TODOS ELES. PARA REALIZAR O AMOR, VÓS DEVEIS RETORNAR NOVAMENTE AO MESMO TEMPO E AO MESMO LUGAR DAS PESSOAS AMADAS; E VÓS DEVEIS VOS ENCONTRÁ-LOS, CONHECÊ-LOS, E RECORDÁ-LOS E AMÁ-LOS NOVAMENTE.

O Senhor do Submundo solta as mãos da Deusa e ela recoloca o Cálice sobre o altar. Ele pega o Açoite em sua mão esquerda e a Espada na sua direita e se mantém na Postura de Deus, antebraços cruzados sobre seu peito e a Espada e o Açoite apontando para o alto, de costas para o altar. Ela permanece ao lado dele na Postura da Deusa, pés separados e braços esticados para formar o Pentagrama.

Mas para renascer, vós deveis morrer e vos preparar para um novo corpo. E para morrer, vós deveis ter nascido; e sem amor, vós não podeis nascer. E a nossa Deusa sempre se dispôs ao amor, e ao júbilo, e à alegria; e ela cuidou e nutriu seus filhos ocultos em vida, e na morte ela ensinou o caminho para sua comunhão; e mesmo neste mundo ela ensinou o mistério do Círculo Mágico, que é posicionado entre os mundos dos homens e dos Deuses.

O Senhor do Submundo recoloca o Açoite, a Espada e a Coroa sobre ou próximo ao altar. Isso completa a Lenda e os atores se reúnem ao resto do Coven.

A Alta Sacerdotisa diz:

Compartilhemos agora, como a Deusa nos ensinou, a festa de amor do vinho e dos bolos; e enquanto assim o fazemos nos recordemos de nossa irmã (nome), com quem várias vezes nós compartilhamos[87]. E com esta comunhão, nós gentilmente entregamos nossa irmã às mãos da Deusa.

Todos dizem:

Assim seja!

O vinho e os bolos são consagrados e circulam ao redor do Coven.

Tão rápido quanto possível após o Réquiem, os pedaços do prato são ritualmente jogados num córrego ou rio, com a ordem tradicional:

Retornai aos elementos dos quais tu vieste.[88]

87. Se o *Réquiem* for para um amigo não Bruxo, ou para um Bruxo que não era membro do Coven, a frase "com quem várias vezes nós compartilhamos" é naturalmente omitida.

88. Qualquer objeto ritualmente utilizado que tenha servido ao seu propósito e que não será necessário para trabalhos posteriores – especialmente se, como o prato do Réquiem, ele tiver sido vinculado ao indivíduo – deve ser ritualmente neutralizado e descartado; é uma atitude irresponsável, e pode ser perigoso, permitir que isso demore. O método da água corrente é um ritual de limpeza satisfatório consagrado ao longo dos tempos.

BIBLIOGRAFIA

Seria impossível relacionar todos os livros que nos auxiliaram em nossos estudos dos Oito Festivais e os conceitos que jazem por trás dos mesmos; mas a seguir temos uma lista daqueles que achamos particularmente informativos, fontes de luz e mesmo provocativos. Também estão incluídos todos os livros mencionados no texto. As edições listadas não são sempre as primeiras, mas são aquelas que temos usado ou acreditamos estarem atualmente disponíveis.

ASHE, Geoffrey - *The Virgin. Routledge & Kegan Paul* - Londres, 1976.

BUCKLAND, Raymond. *The Tree, the Complete Book of Saxon Witchcraft*. Samuel Weiser - New York, 1974.

BURLAND, C. A. *The Magical Arts, a Short History*. Arthur Barker - Londres, 1966.

CARMICHAEL, Alexander. *Carmina Gadélica, Hymns and Incantations, with Illustrative Notes of Words, Rites and Customs Dying and Obsolete*. Oliver & Boyd, Edinburgh - volumes I e H, 1900; segunda edição, volumes I -VI, 1928 em diante.

____. *The Sun Dances*. Floris Books - Edinburgh, 1977. Uma seleção em brochura das traduções para o inglês contidas na Carmina Gadélica.

CLÉBERT, Jean-Paul. *The Gypsies*. Vista Books - Londres, 1963. Tradução para o inglês de Charles Duff.

CROWLEY, Aleister. *777 Revised*. Neptune Press - Londres, 1952.

____. *Magick*. Routledge & Kegan Paul - Londres, 1973.

CULPEPER, Nicholas. *Culpeper's Complete Herbal*. W. Foulsham & Co. - Londres e New York, 19. Originalmente meados do século XVII.

DILLON, Myles & CHADWICK, Nora. *The Celtic Realms*. Weidenfeld & Nicolson - Londres, 1967.

DINNEEN, Rev. Patrick S. Foclóir Gaedhilge agus Béarla - *Dicionário irlandês/inglês. Irish Texts Society* - Dublin, 1927. Nota para estudiosos irlandeses: o *novo Foclóir Gaeilge-Béarla* (Oifig an tSoláthair, Dublin, 1977) é admirável do ponto de vista do uso do irlandês moderno, mas menos informativo que Dinneen quanto a referências de cunho mitológico e folclórico (ver MacALPINE, NEIL para o gaélico-escocês).

DONOVAN, Frank. *Never on a Broomstick*. Stackpole Books – Harrisburg, 1971.
DUFFY, Maureen. *The Erotic World of Faery*. Hodder & Stoughton – Londres, 1972.
DURDIN-ROBERTSON, Lawrence. *The Cult of the Goddess*. Cesara Publications – Clonegal, Irlanda, 1974.
____. *The Goddesses of Chaldaea*, Syria and Egipt. Cesara Publications – 1976.
____. *The Symbolism of Temple Architecture*. Cesara Publications – 1978. ENCICLOPÉDIA BRITÂNICA. Edição de 1957.
FARRAR, Stewart. *What Witches Do*. Capei Books. 2ª ed. Dublin, 1983. E Phoenix Publications – Custer, WA., 1983. (tradução para o espanhol, Lo que Hacen Ias Brujas, Ediciones Martinez Roca, Barcelona, 1977).
FORTUNE, Dion. *The Mysíical Qabalah*. Rider – London, 1954.
____. *The Sea Priestess*. Aquarian Press – Londres, 1957.
____. *Moon* Magic. Aquarian Press – Londres, 1956.
FRAZER, Sir J. G. *The Golden Bough* – edição condensada. Macmillan – Londres, brochura, 1974. (Nossas referências de páginas dizem respeito a esta reimpressão, que difere do original de 1922 e é mais fácil de ser obtida).
GANTZ, Jeffrey (tradutor). *The Mabinogion*. (Penguin – Londres, 1976. (Esta brochura é atualmente mais fácil de ser conseguida do que a famosa tradução da Everyman de Gwyne Thomas Jones. J. M. Dent & Sons – Londres, 1949).
GARDNER, Gerald B. *Bruxaria Hoje*. Rider – Londres, 1954.
____. *O Significado da Bruxaria*. Aquarian Press – Londres, 1959.
GLASS, Justine. *Witchcraft, the Sixth Sense – and Us. Neville Spearman* – Londres, 1965.
GRAVES, Robert. *The White Goddess*. Faber & Faber. 3ª ed. Londres, 1952.
____. *The GreekMyths* – Vol. 1 e Vol. 2. Penguin. Edição revisada. Londres, 1960.
GRAVES, Tom. *Needles of Stone*. Turnstone Books – Londres, 1978.
GRIGSON, Geoffrey. *The Goddess of Love: The birth, triumph, death and return of Aphrodite*. Constable – Londres, 1976.
HARDING, M. Esther. *Woman's Mysteríes*, Rider – Londres, 1971.
HARRISON, Michael. *The Roots of Witchcraft*. Frederick Muller – Londres, 1973.
HAWKES, Jacquetta. *Dawn of the Gods*. Chatto & Windus – Londres, 1968.
HERM, Gerhard. *The Celts*. Weidenfeld & Nicolson – Londres, 1976.
HITCHING, Francis. *Earth Magic*. Cassell – Londres, 1976.
HUSON, Paul. *Mastering Witchcraft*. Rupert Hart-Davis – Londres, 1970.
INWARDS, Richard. *Weather Lore*. Rider – Londres, 1950.
JACKSON, Kenneth (tradutor). A *Celtic Miscellany*. Penguin – Londres, 1971.
JUNG, Carl.G. *Collected Works*, vol. IX. Routledge & Kegan Paul. 2ª ed. Londres, 1968.
____. *Man and His Symbols*. Aldus Books – Londres, 1964.

KIPLING, Rudyard. *Puck of Pook's Hill*. Macmillan – Londres, 1906.

LAROUSSE ENCYCLOPAEDIA OF MITHOLOGY. Hatchworth Press – Londres, 1959.

LELAND, Charles G. *Aradia: the Gospel of the Witches*. C. W. Daniel Co. – Londres, 1974. (com introdução de Stewart Farrar).

LETHBRIDGE, T. C. *Witches: Investigating an Ancient Religion*. Routledge & Kegan Paul – Londres, 1962.

MacALISTER, R. A. Stewart (editor e tradutor). *Lebor Cabala Érenn, the Book of the Taking of Ireland: partes I e V. Irish Texts Society* – Dublin, 1938-1956. (Comumente conhecida como *The Book oflnvasions*, trata-se de uma coleção de textos medievais nos quais os monges registraram material originalmente oral muito mais antigo).

MacALPINE, Neil. *Dicionário gaélico/inglês com pronúncia*. Gairm Publications – Glasgow, 1973. (Este dicionário é de gaélico-escocês, no que diz respeito ao irlandês, veja em DINNEEN, Rev. Patrick S.).

MacCANA, Proinsias. *Celtic Mythology*. Hamlyn – Londres, 1970.

MacNEILL, Maire. *The Festival of Lughnasa*. Oxford University Press – Londres, 1962.

MacNIOCAILL, Gearóid. *Ireland Before the Vikings*. Gill & Macmillan – Dublin, 1972.

MARKALE, Jean. *Women of the Celts*. Gordon Cremonesi – Londres, 1975.

MARTELLO, Dr. Leo Louis. *Witchcraft, the Old Religion*. University Press – Secausus N. J., 1.

MATHERS, S. Liddell MacGregor (tradutor e editor). *The Key of Solomon the King (Clavicula Salomonis)* com prefácio de Richard Cavcndish. Routledge & Kegan Paul – Londres, 1972. (A edição original de Malhcrs foi publicada por George Redway em 1888).

MICHELL, John. *The Earth Spirit, its Ways, Shrines, and Mysteríes*. Thames & Hudson – Londres e Avon Books New York, 1975.

MURRAY, Margaret A. *The Witch-Cult in Western Europe*. Oxford University Press – Londres, 1921.

____. *The God of the Witches*. Daimon Press – Castle Hedingham, Essex, 1962.

____. *The Splendour that was Egypt*. Sidgwick & Jackson. Edição revisada. Londres, 1964.

NEUMANN, Erich. *The Great Mother*. Routledge & Kegan Paul. 2ª Ed. Londres, 1963.

OVÍDIO. Fasti. Bell & Daldy – Londres, 1870. (Tradução de Henry T. Riley).

REES; ALWYN & BRINLEY. *Celtic Heritage*. Thames & Hudson – Londres, 1961.

REGARDIE, Israel. *The Golden Dawn* – Vol. 1, 2. 3 e 4. Hazel Hills Corpn. 3ª Ed. River Falls, Wisconsin, 1970.

ROSS, Anne. *Pagan Celtic Britain*. Routledge & Kegan Paul – Londres, 1974.

SEYMOUR, St. John D. *Irish Witchcraft and Demonology*. E. P. Publishing Co. - East Ardsley, Yorkshire, 1972 (original de 1913).

"SHEBA, LADY", que afirma ser a rainha das Bruxas da América, consta aqui somente para que possamos advertir nossos leitores que sua versão impressa de 1971 de *The Book of Shadows* é adulterada e mal escrita, sendo melhor que permaneça ignorada.

STONE, Merlin. *The Paradise Papers, The Suppression of Women's Rites*. Virago Ltd., em associação com Quartet Books - Londres, 1976.

SYKES, Egerton (compilador). *Dicionário Everyman de Mitologia não clássica*. J. M. Dent & Sons - Londres, 1968.

TRYON, Thomas. Harvest Home. *Hodder & Stoughton* - Londres, 1974. E brochura da Coronet - Londres, 1975.

VALIENTE, Doreen. *Where Witchcraft Lives*. Aquarian Press - Londres, 1962.

____. *Enciclopédia da Bruxaria Past and Present*. Robert Hale - Londres, 1973.

____. *Natural Magic*. Robert Hale - Londres, 1975.

____. *Witchcraft for Tomorrow*. Robert Hale - Londres, 1978.

VOGH, James. *The Thirteenth Zodiac; The Sign of Arachne. Granada* - St. Albans, 1979. (Publicado inicialmente como *Arachne Rising*, Hart-Davis, Mac-Gibbon, Londres, 1977).

WARNER, Marina. *Alone of Ali Her Sex - the Myth and the Cult of the Virgin Mary*. (Weidenfeld & Nicolson, Londres, 1976).

WILDE, Lady. *Ancient Legends, Mystic Charms and Superstitions of lreland*. Ward & Downey - Londres, 1888. (Reimpresso em brochura por O'Gorman Ltd. - Galway, 1971.

WILSON, Annie. *The Wise Virgin, the Missing Link Between Men and Women*. Turnstone Books - Londres, 1979.

WYATT, Isabel. *Goddess into Saint; the Foster-Mother of Christ. The Golden Blade*. 1963 (Reimpresso como libreto por Mitchell & Co., Arundel, Sussex).

Índice Remissivo

Alguns destes itens (como "círculo", "Alta Sacerdotisa", "vela") aparecem quase em todas as páginas do livro; por isso somente classificamos na lista algumas referências importantes.

Tomamos algumas decisões arbitrárias na hora de classificar alguns itens, como, por exemplo, "cruz celta" ou "celta", "cruz"; se existir alguma dúvida, consultem ambas.

Os nomes de pessoas aparecem em geral por seu sobrenome, por exemplo, "Jung, Carl G.", mas alguns nomes antigos ou lendários aparecem na lista pelo primeiro nome com que normalmente se transcrevem, por exemplo, "Fionn Mac Cumhail", "Donzela Marian".

C

S

T

U

V

W

Y

Z

PARTE 2

PRINCÍPIOS, RITUAIS E CRENÇAS DA BRUXARIA MODERNA

Também publicado separadamente
como *O Caminho das Bruxas*

Com ilustrações em bico de pena feitas por Stewart Farrar
Suplemento de Doreen Valiente

Sumário

Ilustrações

Agradecimentos

Novamente prestamos nossos agradecimentos à Doreen Valiente, por sua ajuda na preparação deste livro; por nos disponibilizar textos autênticos não publicados do *Livro das Sombras* de Gerald Gardner, ampliando-os com seus conhecimentos pessoais, seus pontos de vista e suas práticas; por escrever o Apêndice A, que é uma real contribuição à história da Wicca, e por seu conselho construtivo de sempre.

Também somos gratos à Sociedade da Luz Interior, pela permissão em utilizar passagens da obra de Dion Fortune *A Sacerdotisa do Mar* para nosso Ritual da Praia.

Desejamos igualmente agradecer à Biblioteca do Condado de Dorset, por seu auxílio na localização e no fornecimento das fotografias do Teatro Rosacruz, do agora extinto *Christchurch Times*, reproduzidas aqui como ilustrações 15 e 16.

Nosso agradecimento também para Penélope Shuttle e Peter Redgrove, pela permissão em citar extensivamente seu livro *The Wise Wound: Menstruation and Everywoman.*

E para Geoffrey Ashe, pela permissão em citar uma passagem de seu livro *The Finger and the Moon*, ©Geoffrey Ashe 1973.

Este livro é dedicado ao nosso próprio Coven, aos nossos amigos Bruxos em muitas terras e, em particular, à memória de nosso querido amigo Gwydion Pendderwen, que cantou para todos nós.

Introdução

Este livro foi idealizado como volume complementar ao nosso livro anterior, *Oito Sabbats para Bruxas*, e tem um duplo propósito.

Quando escrevemos o livro anterior tivemos a boa sorte de sermos capazes de receber o auxílio de Doreen Valiente, que foi uma das Alta Sacerdotisas do falecido Gerald Gardner e coautora da versão definitiva do *Livro das Sombras* criado por ele, uma antologia ritual que é copiada à mão por cada novo Bruxo Gardneriano (ou Alexandrino) quando iniciado, e que é atualmente a liturgia aceita (emprestando um termo cristão) por um número desconhecido, mas certamente grande de Covens pelo mundo.

O *Livro das Sombras* nunca foi publicado; ele existe apenas em cópias manuscritas que, em tese, são disponíveis apenas para Bruxos iniciados. Mas o próprio Gardner revelou elementos dele disfarçados em seu romance *Com o Auxílio da Alta Magia* (1949), e não disfarçados, em seus livros de não ficção *Bruxaria Hoje* (1954) e *O Significado da Bruxaria* (1959)[89]. Desde a morte de Gardner, em 1964, quase todo o conteúdo remanescente tem vazado, sido plagiado (geralmente sem agradecimentos) ou distorcido; deliberadamente ou por cópia não cuidadosa. Isso produziu uma situação insatisfatória na qual um documento teoricamente secreto se tornou propriedade pública, porém com um número de versões que variou de razoavelmente precisas até deturpadas maliciosamente ou por ignorância.

Com o aceite de Doreen, portanto, ficamos satisfeitos em poder iniciar a tarefa de definir o que o *Livro das Sombras* de Gardner/Valiente realmente dizia. Também fomos capazes de identificar pelo menos algumas fontes das quais o *Livro das Sombras* foi compilado. Isso não tem sido tarefa fácil, porque o próprio Gardner (talvez não prevendo o quão difundida e pública a revitalização que ele iniciou iria se tornar) nunca se importou em identificá-las, exceto brevemente e de vez em quando para Doreen (vide notas sobre os Textos A, B e C).

89. Cada livro mencionado no texto será encontrado na Bibliografia com a publicação detalhada.

À parte das passagens genuinamente tradicionais, alguns elementos, tais como o verso de Kipling no ritual de Beltane ou as passagens de Crowley na declamação do Grande Rito foram autoidentificados; outros, tais como os emprestados da *Carmina Gadélica* de Carmichael, eram mais obscuros; e as passagens que a própria Doreen escreveu, tal como o volume da versão em prosa da Carga da Deusa, ela pôde naturalmente nos contar a respeito. A origem de algumas passagens permanece um mistério. Mas pudemos esclarecer um pouco essa "névoa".

Em *Oito Sabbats para Bruxas* este processo de definição e esclarecimento apenas cobria os rituais relevantes ao nosso tema: nominalmente, aqueles para lançar e banir o Círculo, o Grande Rito e os rituais fragmentados do *Livro das Sombras* para os Oito Festivais sazonais que incorporamos em nossas próprias expansões.

No presente livro – novamente com a permissão e o auxílio de Doreen – nós continuamos o processo com outros elementos substanciais do *Livro das Sombras*: os Rituais de Iniciação do Primeiro, Segundo e Terceiro graus, as consagrações e outros itens diversos.

Há apenas uma sobreposição necessária entre os dois livros. Em *Oito Sabbats para Bruxas* nós fornecemos o ritual para lançar o Círculo no capítulo I e para o banimento no capítulo III, com explicações e notas. Uma vez que os rituais neste presente livro não podem ser trabalhados sem estabelecer e banir o Círculo, nós repetimos aqui os rituais de estabelecimento e banimento (Apêndice B) sem as explicações e notas e com instruções condensadas, para fazer este livro completo em si mesmo.

Gostaríamos de esclarecer uma ou duas coisas. Primeiro, ao assumir esta tarefa, nós não estamos estabelecendo o definitivo *Livros das Sombras Gardneriano* como Escritura Sagrada. A Bruxaria Moderna é algo que está crescendo e se desenvolvendo, e nós mesmos rompemos com o original quando sentimos que tínhamos uma boa razão. Mas sempre é dito onde isso foi feito, assim como dissemos também o que é original – seja numa nota de rodapé, seja na explicação de abertura. Nós sequer sugerimos que o corpo de rituais Gardneriano é "melhor" do que outros sistemas da Wicca. O que sugerimos é que, para nós, e milhares de outros, isso funciona e é coerente e autoconsistente; e que, se existe um padrão no qual os rituais do movimento como um todo possa se relacionar e que deve ser seguido por mais Covens operativos do que qualquer outro, seguramente é este.

Novamente, uma vez que esta é a "liturgia" que (quer se goste dela ou não já se passaram muitos anos para discutir a esse respeito) se tornou a mais publicamente conhecida, existem mais e mais grupos autoiniciados que estão baseando seus trabalhos em quaisquer rituais Gardnerianos que eles possam reunir – e alguns dos quais estão descobrindo estar deturpados. Nós discutimos a questão da autoiniciação e o estabelecimento de Covens sem auxílio externo no capítulo XXIII; mas tal coisa, aprovada ou não, é algo que está ocorrendo e que ocorrerá mais saudavelmente se eles tiverem material genuíno com o qual trabalhar. Finalmente, o *Livro das Sombras Gardneriano* é um dos principais fatores que tornou a Wicca um movimento muito maior e mais significativo do que Gardner possa ter imaginado; então o interesse histórico por si só seria razão suficiente para defini-lo enquanto a evidência em primeira mão é ainda disponível.

Neste livro nos referimos aos Textos A, B e C do *Livro das Sombras*. Nós próprios rotulamos assim as três versões do *Livro das Sombras* que estão em posse de Doreen Valiente, que são:

- Texto A – Rituais originais de Gardner, tal como os copiados do Coven de New Forest que o iniciou, e emendados, expandidos ou anotados por ele mesmo. Suas próprias emendas foram muito influenciadas pela OTO[90], da qual ele foi um dia membro. Seu processo de fazer um todo coerente a partir do material tradicional fragmentado usado pelo Coven de New Forest já havia começado.
- Texto B – A versão mais desenvolvida que Gardner estava usando quando ele iniciou Doreen Valiente, em 1953.
- Texto C – Esta foi a versão final que Gardner e Doreen produziram juntos, e que era (e ainda está sendo) passada para os próximos iniciados e Covens. Ela eliminou muito do material da OTO e de Crowley introduzido por Gardner. Doreen sentiu e persuadiu Gardner de que, em muitos lugares "isso não era realmente adequado para a Antiga Arte dos Sábios, quão belas as palavras pudesse ser, ou seja lá o quanto alguém pudesse concordar com o que elas diziam". Passagens substanciais nesta versão foram escritas pela própria Doreen ou adaptadas por ela a partir de fontes mais apropriadas do que a OTO ou Crowley, tais como a *Carmina Gadélica* (vide *Oito Sabbats para Bruxas*, pág. 80).

90. A Ordo Templi Orientis (Ordem do Templo do Oriente) é uma Ordem de magia ritual de idade incerta. Foi mencionada pela primeira vez em publicações de 1904; Aleister Crowley (de acordo com sua própria versão) tornou-se chefe da seção britânica em 1912; e, em 1917, Theodor Reuss publicou um Manifesto na Suíça publicando a Ordem. (Veja Francis King, *The Secret Rituals of the O.T.O.*).

As partes do *Livro das Sombras* que menos se modificaram entre os Textos A, B e C foram naturalmente os três rituais de Iniciação; porque estes, acima de tudo, seriam os elementos tradicionais que teriam sido mais cuidadosamente preservados, provavelmente por séculos, e para os quais Gardner deve ter descoberto pouco, caso houvesse algum, material para preencher partes faltantes. Contudo, o Rito do Terceiro Grau (vide capítulo III) realmente inclui algum material de Crowley na declamação, onde, ao menos uma vez, isso parece inteiramente adequado.

Uma nota a respeito da ramificação Alexandrina do movimento Gardneriano: Nos anos 60, Alex Sanders, tendo falhado em ser admitido em qualquer Coven Gardneriano (incluindo o de Patrícia e Arnold Crowther), de alguma forma conseguiu uma cópia do *Livro das Sombras Gardneriano* e o utilizou para fundar seu próprio Coven. Ele atraiu e deu boas vindas a um grande número de publicidade e iniciou pessoas "por atacado". Alex e sua esposa Maxine foram muito criticados por Gardnerianos e outros Bruxos, devido à sua exibição, por sua autoproclamação como Rei dos Bruxos e pelo modo que ele livremente adicionou quaisquer outros elementos ocultos ou mágicos que apelavam para sua fantasia no *canon* estrito Gardneriano. Ele tinha, como Aleister Crowley, um maldoso senso de humor e nenhum escrúpulo em exercitá-lo, o que também não o tornou amável perante os praticantes da Arte. Mas como um Coringa num maço de cartas de baralho, ele tinha um papel a desempenhar. Alex e Maxine iniciaram centenas de pessoas que, de outra forma, não teriam ouvido falar sobre a Arte até anos mais tarde; muitas destas pessoas naturalmente se desligaram ou ficaram à margem, mas um número substancial prosseguiu para então fundar seus próprios Covens e alcançar seu próprio equilíbrio e estrutura nisso.

Deve ser dito que existem muitos Covens excelentes operando hoje que poderiam não existir se não fosse pelo Sanders.

Nós próprios fomos iniciados por Alex e Maxine no início de 1970, e fundamos nosso próprio Coven no Yule do mesmo ano. Daquele Coven de Londres e do nosso posterior Coven irlandês, muitos se ramificaram – e outros tantos, por sua vez, a partir deles.

Alex e Maxine se separaram logo após os deixarmos. Alex está em semi aposentadoria em Sussex[91], seus dias de glória ficaram para trás. Maxine

91. N. do T.: Alex Sanders faleceu de câncer no pulmão 4 anos após este livro ter tido sua primeira publicação original em inglês.

permaneceu em Londres, onde trabalhou mais reservadamente e solidamente, tendo seu meio-irmão, David Goddard, como Alto Sacerdote. Em março de 1982, ela anunciou que tinha se tornado uma católica liberal, mas adicionou: "Seria muita inverdade dizer que eu abandonei todas as minhas atividades anteriores". Isso pode muito bem ser verdade; nós conhecemos outros católicos liberais Liberais que são excelentes ocultistas.

O *Livro das Sombras* com o qual nós começamos a trabalhar foi, naturalmente, copiado a partir do livro de Alex. Ele é basicamente o Texto C, mas como suspeitamos na ocasião e confirmamos depois, ele era incompleto e continha muitas emendas do próprio Alex – e muitos erros, pois ele não era um copista cuidadoso.

Nós apontamos várias emendas Alexandrinas neste livro; e para sermos sinceros, achamos que uma ou duas delas valiam a pena serem mantidas – embora, novamente, onde o fizemos tenhamos dito e colocamos em rodapé o original de Gardner.

A primeira parte do nosso livro, "Páginas do Livro das Sombras", consiste dos rituais Gardnerianos que discutimos anteriormente (adicionalmente, no capítulo V, algum material não ritualístico), com comentários.

Na segunda parte, "Mais Rituais Wiccanianos", oferece alguns dos nossos próprios rituais, que esperamos que outros Bruxos possam considerar úteis (assim como fizemos com os nossos rituais de Wiccaning, Handfasting e Réquiem em *Oito Sabbats para Bruxas*) e também um capítulo sobre rituais de proteção e talismãs.

A terceira parte, "O Caminho Wiccaniano", preenche o segundo propósito do nosso livro – nominalmente resumir os vários aspectos da Bruxaria Moderna, o que esperamos que seja uma forma concisa e útil. Aqui incluímos seções sobre a base lógica da Arte, sua ética, os problemas da condução de um Coven, Bruxaria e sexo, projeção astral, feitiços, clarividência e adivinhação, cura, nudez ritual, autoiniciação, o papel da Wicca no mundo moderno, e daí por diante.

Parece haver a necessidade de um compêndio para este gênero, tanto para a própria Arte como para aqueles que querem saber tudo a respeito do que ela é. Stewart tentou algo nesse sentido em seu livro de 1971, *What Witches Do*, e muitos Bruxos têm sido amável o suficiente para elogiá-lo. Mas aqui tentamos entrar em mais razões além das razões e nos prolongarmos em algumas das coisas que aprendemos desde 1971. Gostamos de pensar que *What Witches Do* tem um valor especial, ao passo que registra as reações de uma nova Bruxa explorando um terreno não familiar, e há pouca coisa nesse sentido que Stewart queira modificar. (Após muitos anos fora de impressão, o livro foi publicado novamente por volta da mesma ocasião que este presente volume, com um novo Prefácio para a Segunda Edição, pela Phoenix Publishing Co. PO Box 10, Custer, WA 98240, USA).

Também na terceira parte deste livro nós não alegamos falar pela Arte como um todo, nem propomos qualquer ortodoxia autoritária; finalidade, autoridade e o próprio conceito de ortodoxia são de qualquer forma desconhecidos para a Wicca. Nós apenas colocamos as coisas como as vemos, como as temos experimentado e como as aprendemos por meio de amigos Bruxos de muitos caminhos – como uma base para discussão, concordância e discordância e (sempre) para estudos futuros.

Gostamos de pensar que estes dois volumes juntos, *Oito Sabbats para Bruxas* e *O Caminho das Bruxas*, oferecem uma "liturgia" básica e um manual operativo sobre os quais qualquer Coven possa construir sua filosofia e sua prática, próprias e exclusivas, dentro da tradição comum – e que aos não Bruxos interessados possam oferecer um quadro integral sobre o que estas pessoas estranhas em seu meio estão fazendo e acreditando, e por quê; talvez os persuadindo de que as Bruxas não são tão bizarras, maldosas ou perigosas afinal de contas.

Finalmente, estamos felizes por incluir um Apêndice escrito pela própria Doreen Valiente intitulado "A Busca Pela Old Dorothy". Gerald Gardner alegava ter sido iniciado, em 1939, por Old Dorothy Clutterbuck, uma Bruxa de New Forest[92]. Alguns de seus difamadores sugeriram que a Old Dorothy, e mesmo o Coven de New Forest, era uma ficção inventada por Gardner para dar credibilidade à sua "pretensão" de ser um Bruxo iniciado. Doreen atribuiu a si mesma a tarefa de provar o erro do difamador – e assim o fez.

Deixamos para ela descrever sua busca e seus resultados, que constituem uma sólida contribuição para a história do reavivamento da Arte.

Janet Farrar
Stewart Farrar

92. N. do T.: atualmente acredita-se que Gerald Gardner possa ter sido iniciado na realidade por Edith Rose Woodford-Grimes, mais conhecida como Dafo, e que ele usou o nome de Old Dorothy como sua iniciadora para proteger a identidade de Dafo, com quem provavelmente manteve um tórrido caso de amor extraconjugal.

Nota à Quarta Impressão

Dois anos após a publicação, não achamos necessidade de alterações em nosso texto. Entretanto, poderíamos fazer duas observações: nossos comentários sobre o cenário da Arte irlandesa (pág. 435) foi ultrapassado pelos eventos. O reavivamento da Arte está em movimento na Irlanda, e nós certamente não somos mais os "únicos Bruxos conhecidos". Um sinal disso é a ativa pequena revista pagã *Ancient Ways*, produzida pelos nossos iniciados de Dublin, que se ramificaram e fundaram seu próprio Coven (a revista pode ser obtida por meio do "The Alchemists Head", 10 East Essex Street, Dublin 2).

A segunda observação é que fizemos várias referências à nossa vida em Co. Louth. Bos, mudamos desde então, mas permitimos que as referências aqui permanecessem.

Uma observação sobre a Carga da Deusa (págs. 572-4). Ela foi escrita antes da atual (e justificada) negação à tendência patriarcal da língua inglesa, e usa as palavras "homem" e "homens" para incluir homens e mulheres. Nós deixamos o texto impresso como tal, mas a nossa própria prática é a de adicionar à Carga da Deusa espaços para corrigir essa deficiência, e outros podem desejar fazer o mesmo. Por exemplo, nós dizemos "coração da humanidade" ao invés de "coração do homem", o que alguns podem não sentir como suficientemente radical. Mas ao fazer esta emenda, deve-se tomar a precaução de não destruir o ritmo e a poesia desta amável declamação.

Gostaríamos de agradecer às centenas de leitores ao redor do mundo que têm escrito para nós, e ainda o fazem; e se a pressão do trabalho e o grande volume destas cartas tiver nos impedido de responder a todas elas prontamente, esperamos que estes leitores compreendam.

Herne's Cottage, J. F. Ethelstown, S. F.
Kells, Co. Meath, Irlanda.

PÁGINAS DO LIVRO DAS SOMBRAS

I — Iniciação de Primeiro Grau

Em um sentido formal, a Iniciação de Primeiro Grau transforma você em um simples Bruxo. Mas naturalmente ela é mais complexa do que isso.

Como toda Bruxa experiente sabe, existem pessoas que são Bruxos naturais por nascença – muitas vezes talvez vindos de uma encarnação anterior. Um bom Alto Sacerdote ou uma boa Alta Sacerdotisa costumam reconhecê-los. Iniciar uma dessas pessoas não significa "fabricar" uma Bruxa; ao contrário, é um gesto duplo de identificação e reconhecimento – e, naturalmente, um ritual de boas-vindas à valorosa aceitação em um Coven.

Na outra extremidade, existem os "iniciantes vagarosos" – muitas vezes pessoas boas, sinceras e trabalhadoras – que o iniciador sabe muito bem que terão um longo caminho a trilhar e, talvez, um monte de sensações de frustração e falso condicionamento a superar antes que estas possam ser chamadas de Bruxas reais. Mas mesmo para estas a Iniciação não é uma formalidade vazia se o iniciador(a) souber fazer o seu trabalho. Isso pode lhes dar uma sensação de pertencimento, uma percepção de que um importante marco foi percorrido; e, simplesmente ao conceder a um aspirante sincero, não importando o quão aparentemente destituído de dons ele seja, o direito de "chamar" a si mesmo de Bruxo ou Bruxa, você o estará encorajando a trabalhar duro a fim de estar em condições de merecer este título. E alguns prováveis iniciantes vagarosos poderão lhe surpreender com uma súbita aceleração de desenvolvimento após a Iniciação; quando isso acontece, você sabe que "a coisa deu certo".

A maioria está na fase intermediária, são postulantes de médio potencial, com a consciência despertando, que percebem mais ou menos claramente que a Wicca é o caminho pelo qual tem procurado e o porquê disso, mas que ainda estão começando a explorar suas implicações. Para estes, uma Iniciação bem conduzida pode ser uma experiência muito forte e comovente, uma genuína virada dialética em seu crescimento psíquico e emocional. Um bom iniciador fará tudo para que isso aconteça assim.

Ao final, o iniciador não estará sozinho em seus esforços (e não estamos nos referindo apenas ao apoio de seu companheiro ou companheira de trabalho e dos membros do Coven). Uma Iniciação é um rito mágico invocando poderes cósmicos, e deve ser conduzida na total confiança de que os poderes invocados irão se manifestar.

Toda Iniciação, em qualquer religião ou fraternidade genuína, é uma morte e um renascimento simbólicos e conscientemente assumidos. No Rito Wiccaniano, esse processo é simbolizado pelo amarrar e pelo vendar dos olhos, o desafio, a ordália aceita, a remoção final das amarras e da venda e a unção para uma nova vida. O iniciador deve manter claro este significado em sua mente e se concentrar nisso, e o próprio ritual deverá imprimir o mesmo significado na mente do postulante.

Em séculos mais primitivos, o imaginário da morte-e-ressurreição era sem dúvida muito mais vívido e explícito, e provavelmente encenado amplamente sem palavras.

Patrícia Crowther, a renomada Bruxa de Sheffield, conta em seu livro *Witch Blood* (vide Bibliografia) como ela teve uma sugestão disso durante sua Iniciação feita por Gerald Gardner. O ritual era o normal Gardneriano, basicamente o mesmo que nós apresentamos neste capítulo, porém, antes do Juramento, Gardner se ajoelhou ao lado dela e meditou por um momento. A própria Patrícia, amarrada e aguardando, subitamente entrou em transe (que depois ela descobriu ter durado uns quarenta minutos) e parece ter experimentado uma recordação de uma vida passada. Ela se viu sendo levada, amarrada e despida, numa procissão de tochas, para dentro de uma caverna por um grupo de mulheres nuas. Elas se retiraram, deixando-a aterrorizada numa total escuridão cheia de morcegos. Gradualmente, ela venceu seu medo e ficou calma; no devido tempo as mulheres voltaram. Elas permaneceram em fila com as suas pernas afastadas e ordenaram a Patrícia que se contorcesse, amarrada como estava, através do túnel de pernas no formato de vagina, enquanto as mulheres se agitavam, gritavam e berravam como se estivessem em trabalho de parto.

Quando ela atravessou, foi puxada pelos seus pés e suas amarras foram cortadas. Ela conta que, a líder, olhando para ela, "ofereceu-me seus seios para simbolizar que ela me amamentaria e protegeria como faria com seus próprios filhos. O corte de minhas amarras simbolizava o corte do cordão umbilical". Ela teve que beijar os seios oferecidos e então foi aspergida com água e disse que havia renascido dentro do sacerdócio dos Mistérios da Lua.

Gardner comentou quando ela recobrou a consciência: "Por um longo tempo tive a ideia de que isso costumava ser realizado de alguma forma como você descreveu, agora eu sei que não estava tão errado. Isso deve ter acontecido há séculos, muito antes de os rituais verbais serem adotados pela Arte."

Morte e renascimento, com todos os seus terrores e promessas, dificilmente poderiam ser mais completamente dramatizados; e nós temos a impressão de que a recordação de Patrícia é genuína. Ela é obviamente uma Bruxa natural desde tempos passados.

Mas retornemos ao ritual Gardneriano. Para isso, não tínhamos três textos de Gardner, mas quatro; em adição aos textos A, B e C (vide pág. 207), existe o romance de Gardner *Com o Auxílio da Alta Magia*, publicado em 1949, antes da anulação dos Atos da Bruxaria na Bretanha e antes de seus dois livros de não ficção *Bruxaria Hoje* (1954) e *O Significado da Bruxaria* (1959). Neste, Gardner revelou pela primeira vez em forma impressa, disfarçado como ficção, uma parte do material que nós aprendemos vinda do seu Coven de origem. Por exemplo, no capítulo XVII a Bruxa Morven conduz o herói Jan por meio de sua Iniciação de Primeiro Grau, e o ritual é apresentado em detalhes. Nós achamos isso muito útil para esclarecer um ou dois pontos obscuros como, por exemplo, a ordem "Pés nem atados nem soltos" que conhecíamos da nossa própria Iniciação Alexandrina, mas suspeitávamos que estivesse deslocada.

O Rito do Primeiro Grau foi talvez aquele que menos se alterou na ocasião em que o *Livro das Sombras* alcançou o estágio do Texto C. Isso ocorreu porque, dentre o material incompleto de posse do Coven de New Forest, esta seria naturalmente a parte que sobreviveu mais completamente em sua forma tradicional. Gerald Gardner, portanto, não teria necessidade de preencher vazios com material Crowleyano ou outros materiais não Wiccanianos, então Doreen Valiente não teve que sugerir o tipo de reescrita que seria necessário, por exemplo, com a Carga da Deusa.

Na prática Wiccaniana um homem é sempre iniciado por uma mulher e uma mulher por um homem. E apenas um Bruxo do segundo ou terceiro grau pode conduzir uma Iniciação. Existe, no entanto, uma exceção especial para cada uma dessas regras.

Primeiro que uma mulher pode iniciar sua filha e um homem seu filho, "porque eles são partes deles mesmos" (Alex Sanders nos ensina que isso poderia ser feito apenas "em uma emergência", mas o *Livro das Sombras* de Gardner não impõe tal condição).

A outra exceção se relaciona à única vez quando um Bruxo de Primeiro Grau (e "novo em folha" nesta ocasião) pode iniciar outra pessoa. A Wicca deposita grande ênfase no trabalho de parceria masculino-feminino, e a maioria dos Covens fica muito satisfeita quando um casal apropriado vem junto para Iniciação. Um método mais agradável de conduzir tal Iniciação dupla é exemplificado no caso de Patrícia e Arnold Crowther (que eram então apenas noivos) por parte de Gerald Gardner.

Gardner iniciou primeiro a Patrícia, enquanto Arnold aguardava do lado de fora do recinto. Gerald então colocou o *Livro das Sombras* na mão dela e ficou em prontidão, auxiliando-a, enquanto ela própria iniciava Arnold. "Esta é a maneira pela qual isso é sempre feito", Gardner contou a ela –, mas devemos admitir que isso era desconhecido por nós até lermos o livro de Patrícia. Nós apreciamos essa prática; ela cria um vínculo especial, no sentido Wiccaniano, entre os dois recém-chegados desde o início de suas atividades no Coven.

Doreen Valiente nos confirmou que esta era a prática frequente de Gardner e adiciona: "Por outro lado, contudo, mantivemos a regra de que apenas um Bruxo do segundo ou terceiro grau poderia iniciar."

Gostaríamos de mencionar aqui uma ou duas diferenças (em adição a pequenos pontos anotados no texto) entre o Rito de Iniciação Alexandrino e o Gardneriano que tomamos como nosso padrão. Nós não os mencionamos sob qualquer espírito de sectarismo – todo Coven fará e deverá fazer o que julgar melhor para si –, mas apenas para registrar qual é qual e para expressar nossas próprias preferências, ao qual estamos também qualificados por direito.

Primeiro, o método de trazer o Postulante para dentro do Círculo. A tradição Gardneriana é a de empurrá-lo por trás para dentro, como descrito no texto. O *Livro das Sombras* não diz como isso é feito; após a declaração do Iniciador, "Eu te dou uma terceira para passar através deste terrível portal", ele apenas adiciona de forma enigmática "Dê".

O livro *Com o Auxílio da Alta Magia* é mais específico: "Então, segurando-o firmemente por trás com o braço esquerdo dela ao redor da cintura dele, e puxando o braço direito dele ao redor do pescoço dela e seus lábios próximos aos dela, disse – *Eu te dou a terceira senha: Um beijo.* – Assim dizendo, ela o empurrou adiante com seu corpo, através do portal, dentro do Círculo. Uma vez dentro, ela o soltou, sussurrando – *Esse é o modo pelo qual todos são inicialmente trazidos para dentro do Círculo.*" (*Com o Auxílio da Alta Magia*, pág. 292).

Puxar o braço direito do Postulante ao redor de seu pescoço naturalmente não é possível caso os pulsos dele estejam amarrados juntos; e inclinar a cabeça dele com sua mão, para beijá-lo por sobre seus ombros é quase impossível se ele for muito mais alto do que ela. Eis o porquê de sugerirmos que ela o beije "antes" de agarrá-lo pelas costas. É este empurrar-por-trás que é essencialmente tradicional; Doreen diz que o Coven de Gardner sempre fez assim. "Acho que isso foi originalmente planejado como um tipo de teste", ela nos conta, "porque um questionador poderia dizer, tal como em *Com o Auxílio da Alta Magia – Quem o conduziu para dentro de um Círculo?* – A resposta seria, – *Eles me conduziram por detrás.*"

A prática Alexandrina era de agarrar os ombros do Postulante de frente, beijá-lo e então empurrá-lo para dentro do Círculo, girando no sentido horário. Eis como ambos fomos iniciados, e não nos sentimos pior por isso. Porém não vemos razão, agora, para partir da tradição original, especialmente por isso ter um interessante significado histórico junto ao mesmo; de forma que voltamos para o método Gardneriano.

Quando Stewart visitou o Museu das Bruxas na Ilha de Man, em 1972 (então sob os cuidados de Monique Wilson, a quem Gardner tinha deixado sua coleção insubstituível e que ela mais tarde imperdoavelmente vendeu para a América), Monique contou que, como ele não tinha sido empurrado por trás para dentro do Círculo em sua Iniciação, "nenhuma Bruxa verdadeira se associaria a ele". Ela então se ofereceu para reiniciá-lo "adequadamente". Stewart agradeceu educadamente, porém recusou. A precaução quanto à pergunta ardilosa pode ter tido uma base válida nos dias da perseguição; insistir nisso hoje em dia é mero sectarismo.

A segunda maior diferença Alexandrina da tradição está na tomada da medida. Covens Gardnerianos mantém a medida; os Alexandrinos a deixam a cargo do Postulante.

No ritual Alexandrino, a medida é tomada com um cordão vermelho, não um barbante, e apenas da coroa da cabeça até os calcanhares, omitindo as medidas da fronte, coração e quadris. O Iniciador diz: "Agora nós vamos tomar as suas medidas, e nós o medimos da coroa da sua cabeça até as solas dos seus pés. Nos dias antigos, quando a sua medida era tomada, aparas de unhas e cabelos teriam sido retirados ao mesmo tempo do seu corpo. O Coven mantinha a medida e as aparas, e se você tentasse deixá-los, eles poderiam trabalhar (sobre este material) para trazê-lo de volta, e você jamais teria escapado. Mas como as pessoas entram em nosso Círculo com duas frases perfeitas, 'perfeito amor e perfeita confiança', optamos por devolver a sua medida e o incumbimos de carregá-la no seu braço esquerdo." A medida é então atada ao redor do braço esquerdo do Postulante até o fim do ritual, após o qual ele poderá fazer o que quiser com ela. A maioria dos iniciados as destrói, alguns as mantêm como lembrança e outros as colocam em pequenos estojos e as oferecem aos seus companheiros de práticas.

O simbolismo de "amor e confiança" à maneira Alexandrina é claro e alguns Covens podem preferir isso. Mas nós achamos que há muito mais a ser dito para o Coven que mantém a medida, não como chantagem, mas como uma recordação simbólica da responsabilidade do novo iniciado em relação ao grupo. De outra forma pareceria não haver motivo algum para tomá-la.

Doreen nos conta: "A ideia de devolver a medida é, definitivamente em minha opinião, uma inovação de Sanders". Na tradição de Gerald, ela era sempre mantida pelo iniciador. Jamais, entretanto, houve qualquer sugestão de que esta medida seria usada como forma de chantagem descrita pelo ritual Alexandrino. Pelo contrário, se alguém quisesse deixar o Coven, estaria livre para fazê-lo, desde que respeitasse a nossa confiança e mantivesse os segredos. Por fim, qual seria o motivo em tentar manter alguém em um Coven contra sua vontade? Suas más vibrações iriam apenas estragar as coisas. Mas – nos dias antigos – a medida era usada contra alguém que deliberada e maliciosamente traísse os segredos. Gerald me contou que "a medida era então enterrada num local pantanoso, com maldições, de forma que enquanto ela se deteriorasse também o traidor iria se deteriorar." Lembre-se, traição naqueles dias era caso de vida ou morte – literalmente!

Poderíamos enfatizar novamente: pontos de vista sobre as diferenças dos detalhes podem ser fortemente mantidos; mas, ao final, é a decisão do próprio Coven que pesa ao decidir sobre uma forma determinada ou em elaborar a sua própria. A validade de uma Iniciação não depende das letras impressas;

nunca dependeu. Ela depende da sinceridade e da eficácia psíquica do Coven e também da sinceridade e do potencial psíquico do iniciado. Como a Deusa diz na Carga da Deusa: "E tu que pensas em buscar por mim, sabeis que tua busca e desejo não te beneficiarão, a menos que tu conheças o mistério; que se aquilo que buscas não podes encontrar dentro de ti, então jamais o encontrarás fora de ti. Pois prestai atenção, eu tenho estado contigo desde o início; e eu sou aquela que é alcançada ao final do desejo."

Ater-se somente ao que está expressamente escrito tem sido o mal, infelizmente, de todas as muitas liturgias cristãs, incluído aquelas que tiveram suas origens na beleza; as Bruxas não devem cair nesta mesma armadilha. Costuma-se dizer que as liturgias deveriam ser escritas por poetas, não por teólogos.

Uma palavra sobre os nomes Cernunnos e Aradia, os nomes de divindades usados no *Livro das Sombras* de Gardner. Aradia foi adotado das Bruxas da Toscana (vide a obra de Charles G. Leland *Aradia: o Evangelho das Bruxas*); (sobre suas possíveis ligações celtas, vide o nosso *Oito Sabbats para Bruxas*, pág. 86.) Cernunnos – ou, como Jean Markale o traduz em *Mulheres dos Celtas*, Cerunnos – é o nome geralmente dado pelos arqueólogos ao Deus Cornífero celta, porque, apesar de muitas representações dele terem sido encontradas em todo lugar, desde o Caldeirão Gundestrup até a Colina de Tara (vide a ilustração 10), apenas uma destas tem um nome escrito – um baixo-relevo encontrado em 1710, sob o coral de Notre-Dame, em Paris, e agora no Museu Cluny, também em Paris. O final "os" sugere que isso era uma Helenização de um nome celta; sabe-se que os Druidas eram familiarizados com o grego e usavam o alfabeto grego para suas transações em assuntos comuns, embora, neste caso, as letras reais sejam romanas. Também o grego para "chifre" é "*κέρας*" (keras). Doreen Valiente sugere – e nós concordamos com ela – que o nome que então foi helenizado era realmente Herne (como em Herne, o Caçador, do Grande Parque Windsor). "Você já ouviu o grito de um gamo no cio?" Ela pergunta. "Você ouve isso o tempo todo no cio dos gamos no outono, em New Forest, e ele simplesmente soa como 'HERR-NN... Herr-rr-nn...' repetido muitas e muitas vezes. É um som muito impressionante e nunca esquecido. Agora, das pinturas das cavernas e estátuas que temos dele, Cernunnos foi preeminentemente um Deus gamo. Assim, de que modo melhor poderiam os mortais o nomearem? Seguramente a partir do som que mais vividamente recorda alguém dos grandes gamos da floresta."

A isso alguém poderia adicionar que o intercâmbio dos sons "h" e "k" é sugerido pelos nomes de locais como Cerne Abbas em Dorset, local da famosa colina Gigante. Há um grande número de localidades chamadas Herne Hill na Bretanha, tanto quanto duas vilas chamadas Herne, uma Baía Herne, Rebanho Herne, Ponte Herne, Terreno Herne, Herne Pound, e assim por diante. Algumas vezes a Colina Herne é explicada como significando "colina garça", mas, como assinala Doreen, as garças crescem próximo a rios e lagos, não em colinas; "para mim, parece muito mais que a Colina Herne era consagrada ao Deus Antigo".

No *Livro das Sombras* Alexandrino, o nome é "Karnayna" –, mas essa forma não aparece em nenhum outro lugar que nós, ou Doreen, tenhamos encontrado. Ela acha "que isso é provavelmente – embora não certamente – uma audição errônea do nome Cernunnos. O nome verdadeiro pode ter sido omitido no livro do qual Alex copiou, e ele teve que confiar na recordação verbal de alguém sobre isso." (conhecendo Alex, diríamos "quase certamente!").

No texto que segue, o Iniciador pode ser a Alta Sacerdotisa ou o Alto Sacerdote, dependendo se o Postulante for homem ou mulher; então nos referimos ao Iniciador como "ela" para simplificar e "ao Postulante" (mais tarde "o Iniciado") como "ele", embora naturalmente isso possa ser de outra maneira. O parceiro de trabalho do Iniciador, seja o Alto Sacerdote, seja a Alta Sacerdotisa, tem também certas tarefas a executar e é referido como "o Parceiro".

A Preparação

Tudo é arrumado para um Círculo normal, com os seguintes itens adicionais também já preparados:

- Uma venda (para olhos)
- Um pedaço de corda ou cordão fino (pelo menos 2.50 m)
- Óleo para unção
- Um sininho de mão
- Três pedaços de corda vermelha – uma de 2.75 m, e duas de 1.37 m

É também comum, embora não essencial para o Postulante, trazer seu próprio Athame novo e cordas vermelhas, brancas e azuis para serem consagradas imediatamente após a sua Iniciação[93]. Ele deve ser avisado tão logo

93. Essas cordas são para trabalhar a Magia de Cordas, e cada Bruxa deve ter seu próprio conjunto pessoal. (Elas não devem ser confundidas com uma longa e duas curtas da lista

saiba que está prestes a ser iniciado, para adquirir para si mesmo uma faca qualquer com cabo preto com a qual se sinta confortável. Muitas pessoas parecem preferir comprar elas próprias uma faca comum com bainha (e ela é, de toda forma, útil para se levar ao local de reunião) e pintar o cabo de preto caso esse ainda não seja desta cor. Pode não haver tempo para gravar os símbolos tradicionais no cabo do Athame (vide capítulo XXIV) antes de ser consagrado; isso pode ser feito mais tarde, com mais calma. Alguns Bruxos jamais gravam os símbolos no cabo, preferindo a tradição alternativa onde os instrumentos de trabalho de alguém nunca devem ser identificados como tal por qualquer estranho[94]; ou porque o padrão do cabo da faca escolhida não permite gravações nele (o Athame de Stewart, agora com doze anos, porta os símbolos; o de Janet, com a mesma idade, mas com um cabo padronizado, não os porta; e nós temos outro Athame, feito à mão por um amigo artesão, que tem um cabo de pé de gamo obviamente inadequado para fazer gravações). Sugerimos que as lâminas e pontas do Athame sejam sem corte, uma vez que nunca são usadas para cortar, mas para realizar gestos rituais dentro de um Círculo que pode estar cheio de praticantes e todos "vestidos de céu".

As três cordas que o iniciado tem que trazer devem ter 2.75 m de comprimento cada. Gostamos de evitar que as pontas das cordas se desfaçam usando fita ou atando-as com fio da mesma cor. No entanto, Doreen diz: "Atávamos nós às pontas para evitar que se soltassem e, a medida essencial, calculávamos de nó a nó."

Deve ser dito ao Postulante também que traga sua própria garrafa de vinho tinto – pelo menos para dar a entender, desde o início, sobre o fato de

---

mencionada, que são utilizadas para amarrar o Postulante; sugerimos que o Coven deva manter um conjunto separado delas, para serem usadas somente em Iniciações. O uso tradicional de uma corda de 2.75 m era amarrá-la ao meio, colocá-la sobre o Athame preso no meio do chão, puxando a volta para a sua totalidade (1.37 m) de comprimento e usá-la como um compasso para desenhar o Círculo Mágico. Doreen diz: "Isso naturalmente acontecia nos velhos tempos em que as pessoas tinham chão de terra batida. Suponho que eles poderiam ter usado a Faca de Cabo Branco ou uma peça de giz para desenhar o Círculo real, dependendo da superfície que estavam trabalhando."

94. Uma de nossas Bruxas, uma dona de casa que teve que manter seu Ofício em segredo, tinha como seu Athame e faca branca duas facas de cozinha, identificável apenas por ela; seu Pentáculo era um prato de prata em sua cristaleira; e assim por diante. Tal segredo, necessário em dias de perseguição, foi, naturalmente, a origem da Vassoura da Bruxa tradicional – que era um Bastão mágico disfarçado na forma de uma vassoura comum.

que as despesas de suprimentos para o Coven, quer seja o vinho do Círculo, quer seja qualquer alimento trazido antes ou após o Círculo, não recaiam totalmente sobre a Alta Sacerdotisa ou o Alto Sacerdote!

Com relação aos itens adicionais que listamos – qualquer lenço servirá como venda, mas este deve ser opaco. E a escolha do óleo para unção está a cargo da Alta Sacerdotisa; o Coven de Gardner sempre usou óleo de oliva puro. O costume Alexandrino é de que ele deveria incluir uma pequena quantidade do suor da Alta Sacerdotisa e do Alto Sacerdote.

O Ritual

Antes de o Círculo ser iniciado, o Postulante deve estar em pé, fora do Círculo, na direção Nordeste, e deve ter sido vendado e amarrado por Bruxas do sexo oposto. A amarração é feita com as três cordas vermelhas[95] – uma com o comprimento de 2.75 m, o outro par com o comprimento de 1.45 m. Os pulsos são amarrados juntos, por de trás das costas, com o meio da corda comprida, e as duas extremidades são trazidas adiante por sobre os ombros e amarradas na frente do pescoço, deixando as pontas pendentes formando um tipo de "gancho" pelo qual o Postulante possa ser conduzido[96]. Uma corda curta é atada ao redor do tornozelo direito, a outra acima do joelho esquerdo – cada uma com as pontas bem escondidas de forma que elas não o façam tropeçar. Enquanto a corda do tornozelo está sendo atada, a Iniciadora diz:

PÉS NEM ATADOS NEM SOLTOS[97].

O Círculo é então iniciado, e o Ritual de Abertura procede como usual, exceto que o "portal" na direção Nordeste não deve ser fechado ainda, e a Carga da Deusa ainda não é falada.

---

95. A prática Alexandrina é usar apenas duas cordas – uma corda vermelha para o pescoço e pulsos e uma corda branca para o tornozelo. Mas Doreen nos diz: "Nossas cordas eram geralmente vermelhas, a cor da vida, mas às vezes outras cores foram usadas, verde, azul ou preto. Nenhum significado particular foi dado a isso, exceto que preferíamos o vermelho se pudéssemos obtê-lo, mas não era tão fácil, é claro, obter boa corda de seda adequada."

96. Isso se assemelha a uma característica da Iniciação maçônica, assim como a apontam para o seio do Postulante.

97. Dos textos de Gardner, isso só aparece em *Com o Auxílio da Alta Magia*. O ritual Alexandrino faz uso disso, mas numa ordem posterior quando os dois tornozelos estão amarrados juntos – claramente o lugar errado.

Após Puxar a Lua para Baixo[98], a Iniciadora faz a Cruz Cabalística[99], como segue: *Ateh* (tocando a testa) *Malkuth* (tocando o peito) *ve-Geburah* (tocando o ombro direito) *ve-Gedulah* (tocando o ombro esquerdo) *le-olam* (unindo as palmas no nível do peito).

Depois de realizar a Runa das Bruxas, a Iniciadora pega a Espada ou seu Athame do altar. Ela e seu parceiro de trabalho ficam em frente ao Postulante.

Eles então declamam a Carga da Deusa (ver Apêndice B, págs. 572-4). A Iniciadora então diz:

Ó TU QUE PERMANECE DE PÉ NO LIMIAR ENTRE O AGRADÁVEL MUNDO DOS HOMENS E OS TERRÍVEIS DOMÍNIOS DOS SENHORES DOS ESPAÇOS EXTERIORES, TENS CORAGEM PARA FAZER O TESTE?

Ela coloca a ponta da Espada ou Athame contra o coração do Postulante e continua:

POIS VERDADEIRAMENTE EU TE DIGO, É MELHOR PRECIPITAR-SE SOBRE MINHA LÂMINA E PERECER, DO QUE TENTAR COM MEDO NO CORAÇÃO.

O Postulante responde:

EU POSSUO DUAS SENHAS. PERFEITO AMOR E PERFEITA CONFIANÇA.[100]

A Iniciadora diz:

TODOS OS QUE AS POSSUEM SÃO DUAS VEZES BEM-VINDOS. EU TE DOU UMA TERCEIRA PARA TE CONDUZIR ATRAVÉS DESTE TERRÍVEL PORTAL.

Ela entrega a Espada ou Athame ao seu Parceiro, beija o Postulante e dá a volta indo por de trás dele. Abraçando-o por trás, ela o empurra para frente

---

98. Se o Iniciador for o Alto Sacerdote, isso pode ser sentido como uma ocasião apropriada para adicionar o Ritual de Puxar o Sol (ver capítulo VI) ao ritual tradicional.

99. A Cruz Cabalística é claramente da Golden Dawn (veja Israel Regardie, The Golden Dawn, 3ª edição, Vol. 1, pág. 16). Ela aparece no texto de Gardner, "mas na prática eu não me lembro de nós fazermos isso", Doreen nos diz. Incluímos aqui para ser completo, mas não o usamos nas iniciações. Como muitos Bruxos, costumamos usar magia cabalística, mas sentimos que está fora de contexto em algo tradicionalmente Wiccaniano como um Rito de Iniciação. *Malkuth*, *Geburah* e *Gedulah* (de outra forma *Chesed*) são, naturalmente, *Sephiroth* da Árvore da Vida, e a declamação hebraica significa literalmente: "Porque teu é o reino, e o poder e a glória para sempre" – um sinal interessante de que Jesus conhecia cabala. Alguns cabalistas acreditam que foi esse conhecimento, quando ele era um menino ainda, que surpreendeu os médicos no Templo (Lucas II, 46-7).

100. *Com o Auxílio da Alta Magia* dá esta forma; O texto B dá "amor perfeito na Deusa, confiança perfeita na Deusa". Nós preferimos a forma curta, porque também implica amor e confiança dentro do Coven e pode ser citado e sustentado como um padrão a ser mantido.

com seu próprio corpo para dentro do Círculo. Seu Parceiro fecha ritualmente o "portal" com a Espada ou Athame, que então repõe sobre o altar.

A Iniciadora conduz o Postulante pelos pontos cardeais ao redor e diz:

> Preste atenção, vós Senhores do Leste (Sul, Oeste, Norte) que está devidamente preparado para ser iniciado como um Sacerdote (Sacerdotisa) e Bruxo(a).[101]

A Iniciadora então conduz o Postulante para o centro do Círculo. Ela e o Coven circulam ao redor dele em sentido horário, cantando:

> Eko, Eko, Azarak,
> Eko, Eko, Zomelak,
> Eko, Eko, Cernunnos,[102]
> Eko, Eko, Aradia

Repetindo várias e várias vezes, enquanto empurram o Postulante para frente e para trás entre eles, algumas vezes fazendo-o girar um pouco para desorientá-lo, até que a Iniciadora ordene que pare. O Assistente toca o sino de mão três vezes, enquanto a Iniciadora vira o Postulante (que ainda está no centro) para que fique em frente ao altar. Ela então diz:

> Em outras religiões o Postulante se ajoelha, enquanto o Sacerdote permanece acima deste. Porém na Arte Mágica somos ensinados a ser humildes, e nós nos ajoelhamos para recepcioná-lo(a) e dizemos...

A Iniciadora se ajoelha e dá o Beijo Quíntuplo no Postulante, como segue:

Abençoados sejam teus pés, que trouxeram a ti nestes caminhos
(beijando o pé direito e então o pé esquerdo).

Abençoados sejam teus joelhos, que se dobrarão no altar sagrado
(beijando o joelho direito e então o joelho esquerdo).

Abençoado seja teu falo (ventre), sem o qual nós não existiríamos
(beijando logo acima do pelo púbico).

---

101. *Com o Auxílio da Alta Magia* apresenta esta forma; o texto B apresenta "Vós Senhores temíveis e Deusas gentis." Os Senhores das Torres de Observação são os guardiões dos pontos cardeais e são convocados no Ritual do Círculo. Nós preferimos a fórmula de *Com o Auxílio da Alta Magia*. O nome comum do Postulante é usado aqui; um nome mágico não é tomado até o Segundo Grau.

102. Seja lá qual for o nome do Deus e da Deusa do Coven (veja nossos comentários sobre os nomes Cernunnos e Aradia na pág. 219).

ABENÇOADO SEJA TEU PEITO, FORMADO EM FORÇA (SEIOS, FORMADOS EM BELEZA)[103] (beijando o peito direito e então o peito esquerdo).

ABENÇOADOS SEJAM TEUS LÁBIOS, QUE PRONUNCIARÃO OS NOMES SAGRADOS (abraçando-o e beijando-o nos lábios).

O Assistente agora entrega a corda à Iniciadora, que diz:

AGORA VAMOS TOMAR SUAS MEDIDAS.

A Iniciadora com a ajuda de outra Bruxa estica a corda desde o chão aos pés do Postulante até a coroa de sua cabeça e corta esta medida com a Faca de Cabo Branco (que seu Parceiro traz para ela). Ela então o mede uma vez ao redor da cabeça na altura da testa e faz um nó para marcar a medida; uma vez (a partir da mesma ponta) ao redor do tórax na altura do coração, e faz um nó; e uma vez ao redor dos quadris, cruzando os genitais, e faz um nó. Ela enrola a medida e coloca sobre o altar.

A Iniciadora pergunta ao Postulante:

ANTES QUE SEJAS CONSAGRADO, ESTÁS PRONTO PARA PASSAR PELA ORDÁLIA E SER PURIFICADO?

O Postulante responde: ESTOU.

A Iniciadora e a outra Bruxa ajudam o Postulante a se ajoelhar e a inclinar para frente sua cabeça e seus ombros. Elas desatam as pontas soltas das cordas de seu tornozelo e joelho e amarram seus tornozelos juntos e seus joelhos juntos[104]. A Iniciadora então pega o Açoite do altar.

O Parceiro toca o sino de mão três vezes e diz: TRÊS.

A Iniciadora aplica no Postulante três golpes suaves com o Açoite.

O Parceiro diz: SETE (ele não toca o sino novamente).

A Iniciadora aplica no Postulante sete golpes suaves com o Açoite.

O Parceiro diz: NOVE.

A Iniciadora aplica no Postulante nove golpes suaves com o Açoite.

---

103. Os textos de Gardner são os mesmos para ambos os sexos: "peitos formados (ou erguidos) em beleza e força." Doreen explica: "Isso foi uma alusão ao corpo humano como uma forma da Árvore da Vida, com *Gedulah* de um lado e *Geburah* do outro." Preferimos "seios formados em beleza" para uma mulher e "peito formado em força" para um homem; Isso está mais de acordo com o Beijo Quíntuplo como uma saudação da polaridade masculino/feminino e com o tom essencialmente Wiccaniano (em vez de cabalístico) das outras quatro afirmações.

104. Em outro lugar (veja pág. 272), o *Livro das Sombras* diz que, enquanto ele está ajoelhado a corda do Iniciado deve ser amarrada a um anel no altar.

O Parceiro diz: VINTE E UM.

A Iniciadora aplica no Postulante vinte e um golpes suaves com o açoite. (O vigésimo primeiro golpe pode ser mais vigoroso, como uma lembrança de que a Iniciadora foi deliberadamente comedida).

A Iniciadora diz:

TU PASSASTE BRAVAMENTE PELO TESTE. ESTÁS PRONTO PARA JURAR QUE SERÁS SEMPRE VERDADEIRO PARA A ARTE?

O Postulante responde: ESTOU.

A Iniciadora pergunta:

ESTARÁS SEMPRE PRONTO PARA AJUDAR, PROTEGER E DEFENDER TEUS IRMÃOS E IRMÃS DA ARTE?

O Postulante responde: ESTOU.

A Iniciadora diz (frase por frase):

ENTÃO DIGA DEPOIS DE MIM: EU, ________, NA PRESENÇA DOS PODEROSOS, POR MINHA PRÓPRIA E LIVRE VONTADE E ACORDO, JURO DA FORMA MAIS SOLENEMENTE POSSÍVEL QUE SEMPRE MANTEREI SECRETOS E JAMAIS REVELAREI OS SEGREDOS DA ARTE, EXCETO PARA UMA PESSOA APROPRIADA, DEVIDAMENTE PREPARADA DENTRO DE UM CÍRCULO COMO ESTOU EU AGORA DENTRO; E QUE JAMAIS NEGAREI OS SEGREDOS PARA ESTA PESSOA SE ELE OU ELA FOR ADEQUADAMENTE CONFIRMADO[105] POR UM IRMÃO OU IRMÃ DA ARTE. TUDO ISSO EU JURO PELAS ESPERANÇAS DE UMA VIDA FUTURA, CONSCIENTE DE QUE MINHA MEDIDA FOI TOMADA; E POSSAM MEUS INSTRUMENTOS SE VOLTAREM CONTRA MIM SE EU QUEBRAR ESTE MEU JURAMENTO SOLENE.

105. N. do T.: no original em inglês o termo usado aqui é *vouched*, o que significa avalizado, confirmado, endossado, afiançado, validado. *Vouch* é um método de verificação usado na Wicca como meio de garantir a verdade sobre a Iniciação de alguém, uma forma de validação sobre as afirmações que uma pessoa faz tendo como garantia a palavra de outro iniciado de reputação ilibada e considerado válido por todos na mesma Tradição. Quando há dúvidas da veracidade sobre a Iniciação de um indivíduo, é costume comum solicitar um *vouch* da pessoa em questão aos iniciados notórios da Tradição a qual ele diz pertencer, com o intuito de evitar fraudes e confirmar se tal pessoa foi realmente iniciada e atingiu os graus que diz possuir. Vez por outra aparece um ou outro clamando ser iniciado na Tradição X ou Y. O Brasil, assim como muitos outros países, não escapa a essas fraudes vexatórias. Vira e mexe aparecem pessoas clamando serem iniciadas em Tradição às quais não possuem qualquer afiliação. O caso mais famoso no Brasil é de um autoproclamado "Sacerdote" do Rio de Janeiro, que durante anos afirmou ser um dos poucos iniciados Gardnerianos da velha guarda, legítimos do Brasil. Depois de enganar as pessoas por anos a fio, quando lhe pediram um *vouch*, obviamente não o pode obter. Sua história é amplamente conhecida pela comunidade pagã não só do Brasil, mas de todo mundo. Buscadores sérios e sinceros devem manter o máximo de distância de pessoas como essa.

O Postulante repete cada frase após ela.

A Iniciadora e outra Bruxa, juntas, ajudam o Postulante a ficar de pé.

O Assistente traz o óleo para unção e o Cálice de vinho.

A Iniciadora umedece a ponta de seu dedo com o óleo e diz:

Com isto eu te assinalo com o Sinal Triplo. Eu te consagro com óleo.

Ela toca o Postulante com o óleo logo acima do pelo púbico, em seu peito direito, em seu peito esquerdo e novamente sobre o pelo púbico, completando o triângulo invertido do Primeiro Grau.

Ela umedece a ponta de seu dedo com vinho e diz:

Eu te consagro com vinho. E toca o Postulante nos mesmos lugares com o vinho.

Ela então diz: Eu te consagro com meus lábios. Beija-o nos mesmos lugares e continua: Sacerdote (Sacerdotisa) e Bruxo(a).

A Iniciadora e a outra Bruxa agora retiram a venda do Postulante e desamarram suas cordas.

O Postulante é agora um Bruxo iniciado e o ritual é interrompido para que cada membro do Coven o congratule e dê boas-vindas, beijando ou apertando as mãos como for apropriado. Quando tiver acabado, o ritual prossegue com a apresentação dos instrumentos de trabalho. Quando cada instrumento é nomeado, a Iniciadora os pega do altar e os entrega ao Iniciado com um beijo. Outra Bruxa se aproxima e, quando acaba a apresentação de cada instrumento, ela o toma do Iniciado com um beijo e o recoloca sobre o altar.

A Iniciadora explica os instrumentos como segue:

Agora eu te apresento os Instrumentos de Trabalho.

Primeiro, a Espada Mágica. Com esta, tanto quanto com o Athame, podes formar todos os Círculos Mágicos, dominar, subjugar e punir todos os espíritos rebeldes e demônios, e mesmo persuadir anjos e bons espíritos. Com isto em tua mão, tu és o regente do Círculo.

A seguir eu te apresento o Athame. Esta é a verdadeira arma do Bruxo e tem todos os poderes da Espada Mágica.

A seguir eu te apresento a Faca de Cabo Branco. Sua utilidade é formar todos os instrumentos usados na Arte. Ela pode ser usada somente dentro de um Círculo Mágico.

A seguir eu te apresento o Bastão. Sua utilidade é invocar e controlar certos anjos e gênios que não seria possível pela Espada Mágica.

A seguir eu te apresento o Cálice. Este é o recipiente da Deusa, o Caldeirão de Cerridwen, o Santo Graal da Imortalidade. Nele nós bebemos em camaradagem e em honra à Deusa[106].

A seguir eu te apresento o Pentáculo. Seu propósito é o de invocar espíritos apropriados.

A seguir eu te apresento o Incensário dos Incensos. Ele é utilizado para encorajar e saudar bons espíritos e para banir maus espíritos.

A seguir eu te apresento o Açoite. Este é o sinal do poder e da dominação. É também usado para causar a purificação e a iluminação. Pois está escrito, "Para aprender, deves sofrer e ser purificado". Tu estás disposto a sofrer para aprender?

O Iniciado responde: Estou.
A Iniciadora prossegue:

A seguir e, por fim, eu te apresento as Cordas. Elas são utilizadas para atar os sigilos na Arte; também a base material; assim como são necessárias no Juramento.

A Iniciadora diz:

Eu agora te saúdo em nome de Aradia, recém-consagrado(a) Sacerdote (Sacerdotisa) e Bruxo(a), **e beija o Iniciado.**

Finalmente, ela o conduz a cada um dos pontos cardinais ao redor, dizendo:

Ouvi ó vós Poderosos do Leste (Sul, Oeste, Norte); foi consagrado(a) Sacerdote (Sacerdotisa), Bruxo(a) e filho(a) oculto(a) da Deusa[107].

Caso o Iniciado tenha trazido seu próprio Athame novo e/ou cordas, ele poderá agora, como seu primeiro trabalho mágico, consagrá-los (vide capítulo IV) – seja com a Iniciadora ou com a pessoa que será sua parceira de trabalho, se ela já for conhecida, ou se (como no caso de Patrícia e Arnold Crowther) ambos tiverem sido iniciados na mesma ocasião.

---

106. Esta é a nossa própria adição à lista de apresentações do Livro das Sombras: pelas razões que damos na pág. 529.

107. *Com o Auxílio da Alta Magia* apenas diz "Sacerdote e Bruxo", e Texto B "Sacerdote (Sacerdotisa) e Bruxa(o) da Grande Deusa". Pela primeira vez, preferimos a forma Alexandrina.

II — Iniciação de Segundo Grau

A Iniciação de Segundo Grau promove um Bruxo ou Bruxa de Primeiro Grau à condição de Alta Sacerdotisa ou Alto Sacerdote; e não necessariamente, obviamente, à líder de seu próprio Coven. Se os nossos leitores não se incomodarem com um paralelo militar, a distinção é a mesma entre "um" Coronel e "o" Coronel; o primeiro implica que se está falando de um titular daquela graduação em particular, seja qual for a sua função real; o último significa que se está denominando o comandante de uma unidade em particular.

Um Bruxo do Segundo Grau pode iniciar a outros – apenas, naturalmente, do sexo oposto, e apenas ao Primeiro ou Segundo grau (as duas exceções oficiais a esta regra já foram explicadas na página 216). Estamos falando aqui da tradição normal Gardneriana ou Alexandrina. A autoiniciação e a fundação de Covens, onde nenhum auxílio externo está disponível, é outro caso, discutiremos isso detalhadamente no capítulo XXIII; mas ainda assim sugerimos que, uma vez que tal Coven autocriado esteja devidamente estabelecido e operando, é muito aconselhável adotar a regra Gardneriana/Alexandrina (ou àquela equivalente a qualquer tradição em que ele tenha se baseado).

Necessitamos enfatizar fortemente que, iniciar qualquer pessoa, impõe uma responsabilidade sobre o iniciador, tanto em decidir se o Postulante está adequado para isso (ou, caso esteja potencialmente adequado, se está realmente preparado), para então assegurar que seu treinamento possa prosseguir. A Iniciação pode ter profundas repercussões psíquicas e cármicas, e se esta for concedida de forma irresponsável, os resultados podem se tornar parte do próprio carma do iniciador. Os líderes do Coven devem se lembrar disso quando estiverem decidindo se alguém está pronto para seu Segundo Grau e perguntar a si mesmos em particular se o Postulante está maduro o suficiente para ser credenciado com o direito de iniciar a outros; se não, os seus erros podem muito bem repercutir em *seu* carma!

Se um Bruxo recém-elevado ao Segundo Grau foi devidamente instruído e sabiamente escolhido, naturalmente *não* ficará ansioso para sair às pressas e iniciar pessoas apenas porque as regras permitem isso. A prática em nosso Coven (e, estamos seguros, na maioria dos outros) tem sido sempre de que Bruxos de Segundo ou Terceiro Grau à exceção da Alta Sacerdotisa e do Alto Sacerdote, normalmente não conduzem iniciações, a não ser a pedido e com a concordância da Alta Sacerdotisa. Muitas vezes isso será feito caso o Postulante seja um amigo apresentado pelo membro envolvido ou caso eles desejem se tornar parceiros de trabalho. Ou isso pode ser feito para oferecer prática e autoconfiança ao membro no tocante ao ritual.

Outra implicação em ser um Bruxo(a) de Segundo Grau é que você pode, com a concordância da sua Alta Sacerdotisa, deixar o Coven e fundar o seu próprio junto ao seu parceiro(a) de trabalho. Neste caso, você ainda estará sob orientação do Coven original até que seus líderes decidam que você esteja pronto para total independência; eles então lhe concederão a sua Iniciação de Terceiro Grau, após a qual você será completamente autônomo. (Nós mesmos seguimos este padrão; Alex e Maxine Sanders nos concederam nosso Segundo Grau em 17 de outubro de 1970; nós permanecemos em seu Coven por mais uns dois meses e, então, com a concordância de ambos, pegamos três de seus estudantes que ainda não tinham sido iniciados e fundamos nosso próprio Coven, em 22 de dezembro de 1970, nós mesmos iniciando os três. Em 24 de abril de 1971, os Sanders nos concederam nosso Terceiro Grau e nós e o nosso Coven nos tornamos independentes. Temos razão em acreditar que Alex ao menos desejou posteriormente que o cordão umbilical não tivesse sido cortado tão cedo. Mas aconteceu e – sem malícia –, nós estamos preparados para os resultados disso).

A tradição, ao menos na Bruxaria Gardneriana, é de que a base do novo Coven ou *Covenstead* deve ser de pelo menos uma légua (três milhas, o que equivale a aproximadamente 5 km) a partir do antigo, e que seus membros devem cortar todo contato com os membros deste Coven anterior.

Qualquer contato necessário deve ser feito apenas entre as Alta Sacerdotisas e os Alto Sacerdotes dos dois Covens. Esta prática é chamada de "anular o Coven"[108] e obviamente tem suas raízes nos séculos da perseguição. Seria muito difícil seguir isso à risca atualmente, particularmente em condições urbanas; a regra de uma légua, por exemplo, seria impraticável em lugares como Londres, Nova Iorque, Sidney ou Amsterdam. Mas ainda há muito a ser falado sobre "anular o Coven" no sentido de evitar deliberadamente qualquer coincidência de trabalhos entre o antigo Coven e o novo. Se isso não for feito, as fronteiras ficarão indistintas e o novo grupo ficará obstruído em sua tarefa necessária de estabelecer sua própria identidade e em construir a sua própria mente-grupo. Pode até mesmo haver uma tendência entre os membros mais jovens do novo Coven de "correr para mamãe" com críticas de seus líderes – o que a "mamãe", se for sábia, desencorajará com firmeza.

Maxine impôs rigorosamente a regra de anulação do Coven sobre o nosso jovem grupo; e, revendo o passado, estamos felizes por ela ter feito assim.

Dois ou mais Covens (incluindo Covens mães e seus Covens ramificados) podem sempre se reunir, por convite ou por acordo mútuo, para um dos Festivais sazonais de Sabbat. Muito agradáveis esses Sabbats em conjunto podem ser; mas eles são mais ocasiões de celebração do que ocasiões de trabalho. Esbats de trabalho em conjunto, por outro lado, não é geralmente uma boa ideia, exceto para propósitos especiais e específicos (talvez sendo o exemplo clássico do famoso esforço das Bruxas no tempo da guerra, ao Sul da Inglaterra, para frustrar os planos de invasão de Hitler – embora o "propósito específico" não tenha sempre que ser tão significativo quanto aquele).

Bruxos de Segundo e de Terceiro Grau formam juntos os *elders*[109] do Coven. Simplesmente como, e o quão frequentemente, mais elders são convocados, cabe à decisão da Alta Sacerdotisa. Mas, por exemplo, se surgir um caso disciplinar com o qual a Alta Sacerdotisa julgue que não deva lidar apenas com a sua autoridade, os elders oferecem uma bancada "natural" de magistrados. A Alta Sacerdotisa deve ser a líder inquestionável do Coven – e dentro do Círculo absolutamente; se qualquer um tiver dúvidas honestas sobre suas regras, a questão pode ser calmamente levantada *após* o Círculo ter sido banido. Mas a

108. N. do T.: no caso, anular o controle e a influência do antigo Coven sobre o novo que se forma para que ele alcance total independência durante o período de formação de sua própria identidade.

109. N. do T.: *elders* são todos aqueles que já possuem capacidade de iniciar outras pessoas e são altamente respeitados e consultados no Coven, por sua capacidade e longa experiência.

Sacerdotisa não deve ser uma tirana autocrata. Se ela e seu Alto Sacerdote tiverem respeito suficiente e confiança em membros particulares de seu Coven a fim de denominá-los como elders, deve-se esperar que os mesmos valorizem seus conselhos sobre a condução de um Coven e o trabalho a ser feito.

Tudo isso pode parecer estar saindo um pouco fora do tema da Iniciação de Segundo Grau e indo para tópicos mais generalizados; mas isso é altamente relevante acerca da questão de decidir quem está e quem não está preparado para o Segundo Grau.

Com relação ao próprio Ritual de Iniciação: os Textos B e C do *Livro das Sombras* de Gardner são idênticos. A primeira parte deste segue um padrão similar àquele do Rito do Primeiro Grau (embora com diferenças apropriadas): o ato de amarrar, a apresentação às Torres de Observação, o açoitamento ritualístico, a consagração com óleo, vinho e lábios, o ato de desamarrar, a apresentação dos instrumentos de trabalho (mas desta vez para serem ritualmente usadas pelo Iniciado imediatamente) e a segunda apresentação às Torres de Observação.

Entram três elementos no Rito do Segundo Grau que não são parte do Primeiro Grau.

Primeiro é dado ao Iniciado um nome de Bruxo que ele ou ela tenha escolhido com antecedência. A escolha é inteiramente pessoal. Pode ser um nome de um Deus ou Deusa expressando uma qualidade à qual o Iniciado aspire, tais como Vulcano, Tétis, Thoth, Posseidon ou Ma'at (os nomes mais elevados de um panteão em particular, tais como Ísis ou Zeus, sugerimos que deveriam ser evitados; pois podem ser interpretados como arrogância do Iniciado). Ou pode ser usado o nome de uma figura lendária ou mesmo histórica, novamente indicando um aspecto particular, tais como Amergin, o bardo; Morgana, a feiticeira; Orfeu, o músico; ou Pythia, o oráculo. Pode ser até mesmo um nome sintético construído com as letras iniciais de aspectos que criam um equilíbrio desejável ao Iniciado (um processo extraído de certo tipo de magia ritual). Mas qualquer que seja a escolha, ela não deve ser casual ou feita às pressas; uma consideração consciente antes da escolha é em si um ato mágico.

Na sequência, após o juramento, o Iniciador envia ritualisticamente seu poder para dentro do Iniciado. Isso também não é uma mera cerimônia, mas um ato deliberado de concentração mágica, por meio do qual o Iniciador coloca tudo o que for possível para manter e conduzir a continuidade do poder psíquico dentro da Arte.

E por último, o uso ritual das cordas e do açoite, momento para dramatizar uma lição sobre o que muitas vezes é chamado de "o Efeito Bumerangue"; isto é, que qualquer esforço mágico, seja benéfico, seja malicioso, é passível de voltar triplamente sobre a pessoa que o fez. O Iniciado usa as cordas para amarrar o Iniciador da mesma maneira que o próprio Iniciado foi amarrado anteriormente e então aplica no Iniciador um açoitamento ritual com três vezes o número de golpes que o Iniciador usou. Tanto quanto sendo uma lição, isso é um teste - para ver se o Iniciado é maduro o suficiente para reagir às ações das outras pessoas com a necessária restrição controlada. Um aspecto mais sutil da lição é que, embora o Iniciador esteja no comando, este comando não é fixo e eterno, mas é uma confiança - o tipo de confiança que está agora sendo concedida também ao Iniciado; para que ambos, Iniciador e Iniciado tenham finalmente igual estatura no plano cósmico e que ambos sejam canais para o poder que está sendo invocado e não a sua fonte.

A segunda parte do ritual é a leitura, ou encenação, da Lenda da Descida da Deusa. Fornecemos esse ritual em detalhes completos, assim como os movimentos para encená-lo, no capítulo XIV de *Oito Sabbats para Bruxas*; então tudo o que nós faremos aqui é dar o próprio texto, como ele aparece nos Textos B e C do *Livro das Sombras*. Doreen Valiente comenta que o nosso texto em *Oito Sabbats para Bruxas* é um pouco mais completo do que este (e incidentalmente ressalta que a palavra "Controlador" na pág. 141, linha 2, da primeira impressão deveria ser "Consolador"). Gardner oferece uma versão ligeiramente diferente no capítulo III de *Bruxaria Hoje*[110]; mas aqui nos ativemos à escrita do Texto C (com duas pequenas exceções - vide notas 10 e 11).

Doreen nos conta que no Coven de Gardner "esta Lenda era lida após a Iniciação ao Segundo Grau, quando todos estavam sentados silenciosamente no Círculo. Se houvessem pessoas suficientes presentes, esta também poderia ser apresentada como uma peça mímica dramática, com os atores realizando as ações enquanto uma pessoa lia em voz alta a Lenda."

Em nosso Coven sempre encenamos a Lenda enquanto um narrador a lê - e se possível fazemos com que os atores digam suas próprias falas. Nós achamos que a Lenda encenada, com o Iniciado no papel de Senhor do Submundo caso seja um homem, ou no papel da Deusa caso seja uma mulher,

110. Gardner diz que é possível que as histórias de Ishtar e de Shiva podem ter influenciado o mito, "mas o ponto de vista da história é diferente... eu penso que a sua origem é provavelmente céltica." (*Bruxaria Hoje*, págs. 41-2).

oferece um clímax muito mais eficaz ao ritual do que uma mera leitura. É uma questão de escolha; porém, para aqueles que compartilham da nossa preferência por uma encenação é recomendado o *Oito Sabbats para Bruxas*.

No ritual a seguir, uma vez que o Iniciado já é um Bruxo, nós nos referimos a ele como "o Iniciado" até o fim; e novamente à Iniciadora como "ela", ao Iniciado como "ele", e ao Parceiro como "ele", para simplificar – embora como antes, pode ser o contrário.

Salientamos que as Bruxas americanas usam atualmente, em caráter universal, o Pentagrama *para cima* – ou seja, com uma única ponta na parte mais alta – como o Sigilo do Segundo Grau, porque na mentalidade americana, o Pentagrama invertido está associado ao Satanismo. As Bruxas europeias, entretanto, ainda usam o Pentagrama *invertido* tradicional, com duas pontas na parte mais alta, mas sem quaisquer implicações sinistras. O simbolismo europeu é que, embora os quatro elementos Terra, Ar, Fogo e Água estejam agora em equilíbrio, eles ainda dominam o quinto, o Espírito. O Pentagrama *de ponta para cima* coroado do Terceiro Grau simboliza que o Espírito agora rege os outros. Devido à diferença entre os usos europeu e americano, oferecemos dois procedimentos de unção alternativos no ritual que se segue.

A Preparação

Tudo deve estar preparado para um Círculo normal, com os seguintes itens adicionais também dispostos:

- Uma venda
- Três pedaços de corda vermelha – uma de 2.75 m e duas de 1.37 m
- Óleo para unção
- Uma vela branca nova ainda não acesa
- Um sino de mão
- Peças de joalheria
- Um colar sobre o altar
- Um véu
- Uma coroa

As peças de joalheria são para a mulher, representando a Deusa; assim, se o ritual for realizado sem roupas, estas devem obviamente ser coisas como braceletes, anéis e brincos, e não broches de espetar! A coroa é para o homem, representando o Senhor do Submundo, e pode ser tão simples como uma armação de arame caso nada melhor esteja disponível.

A venda deve ser de algum material opaco, como aquela para o Primeiro Grau; mas o véu deve ser transparente e vistoso e, preferivelmente, em uma das cores da Deusa – azul, verde ou prata.

O Ritual

O Ritual de Abertura procede como de costume até o final da invocação do Grande Deus Cernunnos, com o Iniciado ocupando seu lugar normal no Coven. Ao final da invocação de Cernunnos, o Iniciado fica em pé no centro do Círculo e é amarrado e vendado por Bruxos do sexo oposto, exatamente como para a Iniciação de Primeiro Grau.

A Iniciadora agora conduz o Iniciado ao longo dos pontos cardeais em Círculo e diz:

OUVI, VÓS PODEROSOS DO LESTE (SUL, OESTE, NORTE), (NOME COMUM), UM(A) SACERDOTE (SACERDOTISA) DEVIDAMENTE PREPARADO(A) E BRUXO(A), ESTÁ AGORA ADEQUADAMENTE PREPARADO PARA SER FEITO(A) UM(A) ALTO SACERDOTE E MAGO (ALTA SACERDOTISA E BRUXA RAINHA)[111]

Ela o conduz de volta para o centro do Círculo e olha para ele, de frente para o altar.

A Iniciadora e o Coven agora dão as mãos e circulam ao redor dele três vezes[112].

As Bruxas que amarraram o Iniciado agora completam a amarração desenrolando as pontas soltas das cordas de seu joelho e tornozelos e amarrando seus joelhos juntos e seus tornozelos juntos. Elas então o ajudam a se ajoelhar de frente para o altar.

A Iniciadora diz:

PARA OBTER ESTE GRAU SUBLIME, É NECESSÁRIO SOFRER E SER PURIFICADO.
ESTÁS DISPOSTO A SOFRER PARA APRENDER?

O Iniciado diz:

ESTOU.

A Iniciadora diz:

EU TE PURIFICO PARA FAZER ESTE GRANDE JURAMENTO CORRETAMENTE.

---

111. Esta é a tradicional apresentação às Torres de Observação; mas uma Alta Sacerdotisa não é de certa forma considerada "Bruxa Rainha" até que seu Coven tenha ramificado pelo menos dois outros a partir dele (ver *Oito Sabbats para Bruxas*, capítulo 15).

112. O Texto C somente diz: "Circular três vezes. Em segurança". Mas se a Alta Sacerdotisa preferir, não há razão nenhuma para que a Runa das Bruxas não seja cantada durante as voltas, o que neste caso continua até a Runa ter acabado.

A Iniciadora pega o açoite do altar, enquanto seu Parceiro toca o sino três vezes e diz: Três.

A Iniciadora aplica ao Iniciado três golpes leves com o açoite.

O Parceiro diz: Sete. (Ele não toca o sino novamente).

A Iniciadora aplica ao Iniciado sete golpes com o açoite.

O Parceiro diz: Nove.

A Iniciadora aplica ao Iniciado nove golpes leves com o açoite.

O Parceiro diz: Vinte e um.

A Iniciadora aplica ao Iniciado vinte e um golpes leves com o açoite. Ela então entrega o açoite ao seu Parceiro (que coloca o sino sobre o altar) e diz:

Eu agora te concedo um novo nome, ______ (o nome de Bruxo escolhido). Qual é o teu nome? Ela lhe aplica um beijo suave enquanto pergunta[113]. O Iniciado responde:

Meu nome é ______ (repetindo seu novo nome de Bruxo).

Cada membro do Coven então por sua vez dá ao Iniciado um beijo suave ou empurrão, perguntando: Qual é o teu nome?

E o Iniciado responde a cada vez Meu nome é ______.

Quando a Iniciadora decidir que isso já se prolongou o suficiente, ela faz sinal ao Coven para terminar, e todos voltam para seus lugares.

A Iniciadora então diz (frase por frase):

Repita teu nome depois de mim, dizendo: Eu, ______, juro pelo útero da minha mãe, e pela minha honra entre os homens e meus Irmãos e Irmãs da Arte, que nunca revelarei para ninguém os segredos da Arte, exceto se for para uma pessoa justa, condignamente preparada, no centro de um Círculo Mágico como neste que agora me encontro. Isto eu juro pelas minhas esperanças de salvação, minhas vidas passadas e minhas esperanças das vidas futuras por vir; e eu devoto a mim mesmo e à minha medida a completa destruição se eu quebrar este meu voto solene.

---

113. Este questionamento e "espancamento", pelo Iniciador e pelo Coven, é uma adição Alexandrina. Nós incluímos isso aqui porque a usamos. Achamos estimulante esta mudança entre as duas partes solenes do ritual do açoitamento e o Juramento e também assegura que todo o Coven se lembrará do novo nome. Mas é uma questão de escolha. O Texto C corre sem interrupção "eu dou a Vós um nome secreto. Repita o teu novo nome depois de mim, dizendo..." assim, Valiente faz um comentário sobre nosso costume: "Esse é um antigo costume dos Beating of the Bounds, quando as crianças eram determinadas a soprar a vela ou para mostrar onde estavam os limites da paróquia; um costume do povo antigo que acredito, ainda é mantido em alguns lugares."

O Iniciado repete cada frase após ela.

A Iniciadora se ajoelha ao lado do Iniciado e coloca sua mão esquerda sob o joelho dele e sua mão direita sobre a cabeça dele, para formar o Vínculo Mágico. Ela diz:

Eu envio todo o meu poder para o teu interior.

Mantendo suas mãos na posição do Vínculo Mágico, ela se concentra por quanto tempo julgar necessário para transmitir todo o seu poder para dentro do Iniciado[114]. Após isso, ela fica de pé.

A Bruxa que amarrou o Iniciado avança e desamarra seus joelhos e tornozelos e o ajuda a se levantar. O Parceiro traz o Cálice de vinho e o óleo para unção.

A Iniciadora umedece a ponta de seu dedo com o óleo e diz:

Eu te consagro com óleo.

Ela toca o Iniciado com o óleo um pouco acima do pelo púbico, em seu peito direito, em seu quadril esquerdo, em seu quadril direito, em seu peito esquerdo e novamente um pouco acima do pelo púbico, completando o pentagrama invertido do Segundo Grau[115]. (No costume americano: garganta, quadril direito, peito esquerdo, peito direito, quadril esquerdo, e garganta novamente). Ela molha a ponta do seu dedo com o vinho, e diz:

Eu te consagro com vinho, E TOCA-O NOS MESMOS LUGARES COM O VINHO.

ELA ENTÃO DIZ: Eu te consagro com meus lábios, BEIJA-O NOS MESMOS LUGARES E PROSSEGUE: Alto Sacerdote e Mago (Alta Sacerdotisa e Bruxa Rainha).

As Bruxas que amarraram o Iniciado agora avançam e removem a venda e as cordas restantes. O ritual é interrompido para que cada membro do Coven parabenize o Iniciado, beijando-o ou apertando as mãos como for adequado. Quando isso terminar, o ritual continua com a apresentação e uso dos instrumentos de trabalho. Assim que cada instrumento é nomeado, a Iniciadora os pega do altar e os entrega ao Iniciado com um beijo.

---

114. Às vezes é nossa prática Janet chamar Stewart (ou vice-versa) a ajoelhar-se ao lado do Iniciado para formar um Vínculo Mágico, assim podemos conferir poder a ele juntos. Em outras ocasiões, um de nós será o companheiro que reforçará mentalmente o esforço do Iniciador, sem se mover. Esse é um daqueles casos que um bom parceiro saberá o que fazer na hora certa.

115. Gardner não descreveu em esboço destes cinco pontos em palavras no ritual dele. Ele os demonstrou por rascunho.

Outra Bruxa fica de prontidão, assim que cada instrumento for utilizado, ela o toma do Iniciado com um beijo e o recoloca no altar.

Para começar, a Iniciadora diz:

VOCÊ AGORA USARÁ OS INSTRUMENTOS DE TRABALHO UM POR VEZ.
PRIMEIRO, A ESPADA MÁGICA.

O Iniciado pega a Espada e reconstrói o Círculo, mas sem falar.

A Iniciadora diz: SEGUNDO, O ATHAME.

O Iniciado pega o Athame e novamente reconstrói o Círculo sem falar.

A Iniciadora diz: TERCEIRO, A FACA DE CABO BRANCO.

O Iniciado pega a Faca de Cabo Branco e pega a vela branca nova e ainda não acesa do altar. Ele então usa a faca para gravar um Pentagrama na vela, a qual ele recoloca sobre o altar[116].

A Iniciadora diz: QUARTO, O BASTÃO.

O Iniciado pega o Bastão e o move apontando para os quatro pontos cardeais ao redor[117].

A Iniciadora diz: QUINTO, O CÁLICE.

Iniciado e Iniciadora juntos consagram o vinho no Cálice[118].

A Iniciadora diz: SEXTO, O PENTÁCULO.

O Iniciado pega o Pentáculo e o apresenta aos quatro pontos cardeais ao redor.

A Iniciadora diz: SÉTIMO, O INCENSÁRIO.

O Iniciado pega o incensário e o carrega em volta do perímetro do Círculo.

A Iniciadora diz: OITAVO, AS CORDAS.

---

116. No Texto C diz somente "Use. S. (S é no *Livro das Sombras* um símbolo para o beijo). A inscrição na vela é o nosso modo de usar isso. O Iniciado guarda a vela em um lugar seguro e quando ele funda o próprio Coven, acende a vela no Altar, isso no primeiro Círculo do novo Coven, e deixa-a queimar completamente. Mesmo que ele não funde o próprio Coven, manterá a vela como símbolo do seu direito de fazê-lo.

117. A prática Alexandrina é carregar o Bastão três vezes ao redor do Círculo e então elevar em cada ponto cardeal, somando um total de doze vezes. O resto dos instrumentos são carregados ao redor do Círculo uma única vez. Desconhecemos a razão disso.

118. Nós adicionamos o Cálice na lista de apresentações do *Livro das Sombras* no Rito do Primeiro Grau, pelas razões que damos na pág. 529.

O Iniciado pega as cordas e, com o auxílio do Parceiro, amarra a Iniciadora do mesmo jeito que ele próprio foi amarrado. Iniciado e Parceiro então ajudam a Iniciadora a se ajoelhar de frente para o altar.

A Iniciadora diz: NONO, O AÇOITE. PARA APRENDER, NA BRUXARIA VOCÊ DEVE SEMPRE DAR ASSIM COMO RECEBER, MAS SEMPRE EM TRIPLO. ASSIM, ONDE EU TE DEI TRÊS, DEVOLVA NOVE; ONDE EU DEI SETE, DEVOLVA VINTE E UM; ONDE EU DEI NOVE, DEVOLVA VINTE E SETE; ONDE EU DEI VINTE E UM, DEVOLVA SESSENTA E TRÊS.

A Bruxa que está em prontidão entrega o açoite ao Iniciado com um beijo.

O Parceiro diz: NOVE.

O Iniciado aplica na Iniciadora nove golpes leves com o açoite.

O Parceiro diz: VINTE E UM.

O Iniciado aplica na Iniciadora vinte e um golpes leves com o açoite.

O Parceiro diz: VINTE E SETE.

O Iniciado aplica na Iniciadora vinte e sete golpes leves com o açoite.

O Parceiro diz: SESSENTA E TRÊS.

O Iniciado aplica na Iniciadora sessenta e três golpes leves com o açoite.

A Iniciadora diz: TU OBEDECESTE A LEI. MAS PRESTE BEM ATENÇÃO, QUANDO TU RECEBES O BEM, ASSIM ESTARÁS OBRIGADO A RETORNAR O BEM TRIPLICADO.

O Iniciado, com o auxílio do Parceiro, ajuda a Iniciadora a se levantar e a desamarra.

A Iniciadora agora conduz o Iniciado a cada um dos pontos cardeais ao redor, dizendo: OUVI, VÓS PODEROSOS DO LESTE (SUL, OESTE, NORTE): __________ (nome de Bruxo) FOI DEVIDAMENTE CONSAGRADO ALTO SACERDOTE E MAGO (ALTA SACERDOTISA E BRUXA RAINHA).

O Coven agora se prepara para a Lenda da Descida da Deusa. A Iniciadora nomeia um Narrador para que leia a Lenda, se ela própria não for ler. Se a Lenda for também encenada, ela nomeará atores para a Deusa, o Senhor do Submundo e o Guardião dos Portais. É comum para o Iniciado atuar como a Deusa ou o Senhor do Submundo, segundo o sexo, e o parceiro de trabalho seja da Iniciadora ou do Iniciado (caso haja algum) atuar como o outro. Na estrita tradição mitológica, o Guardião deveria ser masculino, mas isso não é essencial. (Nos textos de Gardner, "Guardiões", está no plural, mas isso parece conflitar com a mitologia).

A Lenda da Descida da Deusa[119]

Até aquele momento nossa Senhora, a Deusa, nunca tinha amado, mas ela resolveria todos os Mistérios, mesmo o mistério da Morte; e então viajou para o Submundo[120].

Os Guardiões dos Portais a desafiaram: "Dispa-te de tuas vestes, retirai tuas joias; pois nada podeis trazer contigo nesta nossa terra."

Então ela retirou suas vestes e joias, e foi amarrada, como o são todos os que entram no Reino da Morte, a Poderosa[121].

Tal era a sua beleza, que a própria Morte se ajoelhou e beijou seus pés, dizendo: "Abençoados sejam teus pés, que te trouxeram nestes caminhos. Morai comigo; mas deixai-me por minha mão fria sobre teu coração."

Ela respondeu: "Eu não te amo. Por que tu fazes todas as coisas que eu amo e com as quais me delicio decair e morrer?"

"Senhora", respondeu a Morte, "isso é o tempo e o destino contra os quais nada posso fazer. O tempo faz todas as coisas decaírem; mas quando os homens morrem ao final do tempo, eu lhes dou descanso e paz, e força, de forma que eles possam retornar. Mas tu! Tu és amável. Não retornai; morai comigo!"

Mas ela respondeu: "Eu não te amo."

Então disse a Morte: "Como tu não recebeste a minha mão sobre teu coração, tu deves receber o açoite da Morte." "É o destino, melhor assim" –, ela disse.

119. O Texto C é intitulado A Lenda Mágica de A. e começa: "Agora A. nunca tinha amado, mas ela..." Em *Bruxaria Hoje* a versão leva o título Mito da Deusa e diz: "Agora G. nunca tinha amado, mas ela..." – "A." é o nome da Deusa usado por Gardner, e "G." deve ser Deusa em inglês (*Goddess*). Há muitos mitos da Deusa, e A Lenda da Descida da Deusa soa melhor como um título identificativo. Os Covens podem usar obviamente seus próprios nomes da Deusa em vez de nossa Senhora a Deusa, se assim preferirem.

120. Os textos de Gardner dizem "para as Terras do Nunca" (*nether lands*) – um dos raros disparates de Gardner, porque, em inglês, soava sempre comicamente, como "para os Países Baixos" (*Netherlands*). Sugerimos realmente que "para o Submundo" seja melhor, por essa razão.

121. Gardner criou a sua própria nota de rodapé no *Livro das Sombras*: "Havia um costume Céltico de atar os corpos. A corda que tinha atado um corpo era útil para aprender a segunda visão." Ele repetiu e ampliou esta afirmação em *Bruxaria Hoje* na pág. 159, Nota 2.

E ela se ajoelhou e a Morte a açoitou suavemente. E ela gritou: "Eu sinto as dores do amor."

E a Morte disse: "Abençoada seja!" E lhe deu o Beijo Quíntuplo, dizendo:

"Apenas assim pudeste tu obter a alegria e o conhecimento." E ele ensinou a ela todos os Mistérios, e eles se amaram e foram um, e ele ensinou a ela todas as Magias. Pois existem três grandes eventos na vida do homem; Amor, Morte e Renascimento em um novo corpo; e a Magia controla todos eles. Pois para alcançar o amor você deve retornar novamente ao mesmo tempo e lugar que a pessoa amada, e você deve relembrar e amá-los novamente. Mas para renascer você deve morrer e estar pronto para um novo corpo; e para morrer você deve nascer; e sem amor você não pode nascer; e isto constitui todas as Magias.

III — Iniciação de Terceiro Grau

A Iniciação de Terceiro Grau eleva um Bruxo ao mais alto dos três graus da Arte. Em certo sentido, uma Bruxa do Terceiro Grau é totalmente independente, respondendo apenas aos Deuses e à sua própria consciência. Ele ou ela pode iniciar a outros no Primeiro, Segundo e Terceiro graus e pode fundar um Coven totalmente autônomo, o qual (diferentemente de um Coven com líderes de Segundo Grau), não está mais sob a orientação do Coven mãe.

Naturalmente, à medida que esta pessoa permanece membro do seu Coven mãe, essa independência está suspendida; todo membro do Coven, seja de que grau for, deve, e de boa vontade, aceitar a autoridade da Alta Sacerdotisa e do Alto Sacerdote; se um membro do Terceiro Grau não mais puder fazer isso, é o momento de se desligar.

Como está escrito na Lei[122]: "Se eles não concordarem com seus Irmãos, ou se eles disserem 'Eu não trabalharei sob esta Alta Sacerdotisa', tem sido sempre

122. A única referência já publicada da Lei Wiccaniana é conhecida como Apêndice A da biografia de Alex Sanders, *King of the Witches* (ver Bibliografia sobre Johns). Lá, está equivocadamente intitulado *O Livro das Sombras*; mas, isso é típico do livro como um todo,

conveniente a aplicação da Antiga Lei da Irmandade para evitar disputas – Qualquer um de Terceiro Grau pode reivindicar fundar um novo Coven..."

O Ritual de Iniciação para o Terceiro Grau é o do Grande Rito. Nós apresentamos uma forma desse, para uso em todos os Festivais, no capítulo II de *Oito Sabbats para as Bruxas*. Abaixo apresentamos a versão do Texto B de Gardner, mais a forma alternativa da declamação em verso do Texto C.[123] Cada uma dessas três formas pode ser "reais" ou "simbólicas". Todas essas formas de encenar o Grande Rito diferem, mas sua intenção e espírito são os mesmos; e necessitamos fortemente reenfatizar que qualquer outra forma ritual que seja adequada a um Coven em particular seria igualmente válida desde que sua intenção e espírito sejam compreendidos e verdadeiramente expressos.

Em sua forma "real", o Grande Rito é um ritual sexual, envolvendo uma relação íntima entre o homem e a mulher participantes. Em sua forma "simbólica" ou "teatral", ele pode ser chamado de ritual de gêneros, de polaridade masculino-feminino, mas não envolvendo relação íntima.

Discorreremos em profundidade sobre a atitude Wiccaniana em relação ao sexo no capítulo XV, mais adiante. Mas para evitar uma compreensão errônea, devemos enfatizar aqui que, para a Bruxa, sexo é sagrado – uma força polarizada, bela e sem pudor e que é intrínseca à natureza do Universo.

---

o que é mais interessante como uma história de caso do que como um documento de fato. Esta menção da Lei data dos dias de perseguição, mas sua antiguidade e autenticidade são altamente duvidosas. Pode, no entanto, conter fragmentos de material tradicional, e desde que os elementos obviamente têm data ignorada, muitas de suas cláusulas oferecem um bom guia de trabalho para o Coven. Doreen compartilha nossas suspeitas; ela diz: "Há um cheiro distinto de machismo sobre ele; e, por outro lado, há ameaças e maldições sobre pessoas que discordam dele, como um pregador em uma capela de fundo de quintal! Os versos 51-80, inclusive, costumavam estar no velho livro de Gerald, mas não o resto." Ela também aponta que isso implica que as Bruxas foram queimadas na Inglaterra, enquanto que na verdade elas foram enforcadas – um pequeno ponto que tem intrigado muitos. Nunca considerei este documento como sendo autêntico, pessoalmente; embora, como se disse, pode conter fragmentos de material tradicional transmitido oralmente.

123. A versão do texto A é muito enigmática, o texto B apenas um pouco menos e o texto C apenas acrescenta versos alternativos. A maioria dos detalhes foram ensinados oralmente. *Com o Auxílio da Alta Magia* de Gardner (pág. 300) faz alusão ao Rito do Terceiro Grau brevemente, quando a Bruxa Morven diz ao herói Jan: "Quando você tiver passado o Penáculo (isto é, o Segundo Grau), será meu dever dizer-lhe mais Mistérios, o mistério dos mistérios, quando você conhecer mais, nós falaremos mais. Não é uma coisa para ser levianamente feita." Doreen comenta: "Qualquer coisa além disso, o editor daqueles dias (1949) poderia muito bem ter recusado!" *Aradia* de Leland (pág. 14) afirma claramente que as Bruxas toscanas costumavam "amar na escuridão" em homenagem a Diana, embora isso pareça ter sido comemorativo em vez de mágico.

O sexo deve ser tratado com reverência, mas sem puritanismo. A Arte não faz qualquer apologia para utilizar a relação íntima entre um homem e uma mulher adequados, na privacidade, como um profundo sacramento ritual, trazendo neste todos os elementos – físico, astral, mental e espiritual. A chave para o Grande Rito "real" (e deveras para o "simbólico") está na afirmação da declaração: "Pois não há parte de nós que não seja dos Deuses."

No ritual, o corpo da Sacerdotisa é considerado como o Altar da Deusa que ela representa e para quem ela é um canal. Seu útero é reverenciado como "a fonte da vida sem a qual não existiríamos"; e nenhuma apologia é necessária também para este antigo e sagrado simbolismo.

A questão é, naturalmente, quais são as pessoas "homem e mulher adequados" para encenar o Grande Rito "real" ao invés do rito "simbólico"?

Nós diríamos categoricamente (e achamos que a maioria da Arte concordaria conosco) que deveriam ser apenas um homem e uma mulher entre os quais o relacionamento íntimo já é uma parte normal e amorosa de seu convívio; em outras palavras, marido e mulher ou amantes com relação estabelecida. E este deveria ser sempre encenado em privacidade[124]. A Wicca não possui pudores, mas não é promíscua ou partidária do *voyeurismo*. O Grande Rito "real" deve invocar todos os níveis; e um total envolvimento assim, na atmosfera de ascensão de poder de um ritual solene, seria violento para com qualquer relacionamento que ainda não estivesse em sintonia com o mesmo.

Isso não deve implicar que o Grande Rito "simbólico" seja de qualquer forma uma mera improvisação, ou seja ineficaz. Ele pode ser um rito poderoso e transformador quando sinceramente trabalhado por dois amigos harmoniosos que não sejam amantes. E também invoca todos os níveis, mas de uma forma que um Irmão ou Irmã maduros da Arte estejam muito capacitados a manipular.

Mas por que a Arte utiliza de fato um ritual sexual ou ritual de gêneros para demarcar seu mais alto Grau de Iniciação? Porque ele expressa três princípios fundamentais da Arte. Primeiro, que a base de todo trabalho mágico ou criativo é a polaridade, a interação de aspectos complementares. Segundo "o que está em cima é como o que está embaixo"; nós somos da natureza dos

124. Referindo-se ao costume de Gardner, Doreen Valiente nos diz: "Embora em teoria o Grande Rito pudesse ser realizado e consumado perante o Coven, eu não me lembro de estar presente quando isso tenha sido feito. Se outros estivessem presentes, então o Grande Rito era feito apenas simbolicamente. Se o Grande Rito fosse ser usado para fazer magia de verdade, então ele sempre era realizado em privado."

Deuses, e um homem e/ou uma mulher plenamente realizados é um canal para aquela divindade, uma manifestação do Deus ou da Deusa (e cada um de fato manifestando elementos de ambos). E terceiro que todos os níveis, do físico ao espiritual, são igualmente sagrados.

Um homem e uma mulher que estejam prontos para o seu Terceiro Grau são Bruxos que se desenvolveram até o estágio onde esses três princípios não são meramente reconhecidos em teoria, mas foram integrados em sua total atitude com relação à vida e, portanto, em seu trabalho na Arte. Assim o Grande Rito, seja "real", seja "simbólico", expressa ritualmente seu estágio de desenvolvimento.

Então, como o Grande Rito é aplicado na prática na Iniciação do Terceiro Grau? Existem apenas dois participantes ativos no Rito; o resto do Coven meramente o apoia por meio de sua presença silenciosa, quer seja para a totalidade de um Rito "simbólico" quer seja para a primeira parte de um Rito "real". Estes dois podem ser o homem (já de Terceiro Grau) iniciando uma mulher; ou a mulher (igualmente, já de Terceiro Grau) iniciando um homem; ou o homem e a mulher podem ser ambos de Segundo Grau, recebendo sua Iniciação de Terceiro Grau juntos, sob a supervisão da Alta Sacerdotisa e/ou do Alto Sacerdote. O último caso é particularmente adequado para uma parceria de trabalho, especialmente se eles estiverem se preparando para estabelecer seu próprio Coven ou se já estiverem conduzindo algum na qualidade de Bruxos de Segundo Grau sob a orientação do Coven mãe (nós mesmos recebemos nosso Terceiro Grau juntos sob tais circunstâncias, como explicamos na página 230).

O ritual em cada um desses casos é o mesmo; assim, no texto que segue, nós nos referimos à mulher e ao homem simplesmente como "a Sacerdotisa" e "o Sacerdote".

A menos que o Sacerdote seja de fato o Alto Sacerdote, acostumado a encenar o Grande Rito em festivais ou em outras ocasiões, seria pedir muito esperar que ele saiba a longa declamação de cor. Então é um caso de escolher se ele a lê ou se o Alto Sacerdote a declama enquanto ele atua (esta é a única situação em que uma terceira pessoa tem uma participação ativa). Se o Rito for "real", ele naturalmente terá que ler ou aprender as passagens finais por si mesmo.

Os textos do Grande Rito de Gardner incluem três açoitamentos rituais sucessivos – o homem pela mulher, a mulher pelo homem e novamente o homem pela mulher. Nós mesmos não utilizamos estes, mas os apresentamos a seguir para complementação, pois seu uso é opcional. Algumas Bruxas sustentam que Gardner apreciava muito o açoitamento ritual e muitos de seus caluniadores mantêm o argumento de que ele tinha uma inclinação psicologicamente doentia pela flagelação. Longe do fato de que uma pessoa notoriamente gentil como Gardner dificilmente pareceria ter tido quaisquer dessas propensões, tudo isso está baseado em um completo mal-entendido. A técnica de amarrar não tão apertado e o açoitamento monótono suave não é nem mesmo um "sofrer para aprender" simbólico como está nos ritos do Primeiro e Segundo Graus; é um método deliberado e tradicional, cercado de precauções, para "ganhar a Visão" influenciando a circulação sanguínea. O método é descrito em detalhes em uma passagem não ritual do *Livro das Sombras*, que nós mostramos na íntegra nas páginas 276-8, com os comentários de Doreen Valiente e os nossos próprios.

A Preparação

Nenhum dos Textos A, B ou C menciona ou descreve o ponto no qual a Sacerdotisa, após o Beijo Quíntuplo, deita-se sobre ou na frente do altar, onde ela tem que estar desde "Auxiliai-me a erguer o antigo altar" (ou seu equivalente em versos) mais adiante. Porém, Doreen Valiente nos diz que: "a Sacerdotisa teria que estar deitada atravessando o Círculo, assim posicionada ao lado do Sacerdote, com sua cabeça para o Leste e seus pés para o Oeste. Ela estaria deitada ou realmente sobre o altar ou sobre um acolchoado ou tablado adequados colocado em frente a ele, com uma almofada sob sua cabeça. O Sacerdote se ajoelharia ao lado dela, de frente para o Norte."

Assim, na preparação, ou o altar (se ele for grande o suficiente para a Sacerdotisa deitar sobre o mesmo) deverá estar sem suas velas e instrumentos normais e tornado adequadamente confortável, ou o acolchoado ou tablado devem estar prontos para serem usados. Usar o próprio altar parece implicar no antigo costume de manter o altar no centro do Círculo ao invés de estar na sua extremidade ao norte (sendo prática costumeira hoje em dia, especialmente em uma sala pequena, deixar espaço para o trabalho) pela razão que Doreen continua explicando: "Nesta posição o ventre da Sacerdotisa realmente estaria próximo ao centro do Círculo – assim simbolizando seu significado focal como 'o ponto no centro', tal como a declamação se refere a ela. Se, então, um acolchoado ou tablado forem usados, deveriam estar assim posicionados, ao longo do diâmetro Leste-Oeste."

Caso sejam incluídos os açoitamentos rituais, uma corda vermelha de 2,75 m (9 pés) deve estar ao alcance da mão para a amarração.

O Cálice cheio de vinho e os bolos devem estar prontos como de costume. Assim também deve estar o Athame da Sacerdotisa e o Açoite (caso seja incluído o açoitamento ou não, porque ela tem que segurá-lo em dois momentos na Posição de Osíris).

Se a Sacerdotisa não ficar deitada sobre o próprio altar no início do ritual, um trono adequado (uma cadeira revestida de pano) deverá ser posicionado em frente ao mesmo.

O Ritual

A Sacerdotisa toma seu assento sobre o altar (ou em um trono em frente ao altar), de costas para o Norte, segurando o Athame em sua mão direita e o Açoite em sua esquerda, na Posição de Osíris (punhos cruzados na frente do seu peito).

O Sacerdote se ajoelha diante dela, beija-lhe os joelhos e então deita seus antebraços ao longo das coxas dela. Ele baixa sua cabeça a fim de tocar sua testa nos joelhos dela e permanece ali por um momento[125].

Ele então se levanta e pega o Cálice com vinho e se ajoelha novamente erguendo o Cálice para a Sacerdotisa.

A Sacerdotisa deixa de lado o Açoite e, mantendo o cabo do Athame entre as palmas de suas mãos, ela mergulha sua ponta dentro do vinho, dizendo:

> Como o Athame é o masculino, assim o Cálice é o feminino[126];
> e unidos eles trazem bênçãos.

Ela então deixa de lado o Athame, toma o Cálice, beija o Sacerdote e bebe. Em seguida ela beija o Sacerdote novamente e lhe devolve o Cálice.

O Sacerdote bebe, levanta-se e entrega o Cálice para outra mulher com um beijo. O vinho é passado mulher-para-homem, homem-para-mulher, com um beijo, até que todos tenham bebido e o Cálice é então devolvido para o altar.

---

125. O texto diz simplesmente, "beija ambos os joelhos, estende os braços ao longo das coxas e adore".

126. O texto diz "é o macho e é a fêmea"; mas pelas razões que damos em nota no capítulo anterior, sentimos que a correspondência é mais complexa do que isso, então preferimos dizer: "é para o macho e é para a fêmea". Em abençoar o vinho, normalmente o Sacerdote fala as palavras; mas para o Grande Rito, o texto B atribui-os à Sacerdotisa, embora para a bênção dos bolos deixe as palavras com o Sacerdote como de costume.

O Sacerdote pega o prato[127] com bolos e se ajoelha novamente perante a Sacerdotisa, erguendo o prato para ela.

A Sacerdotisa toca cada bolo com a ponta umedecida de seu Athame, enquanto o Sacerdote diz:

Ó RAINHA MAIS SECRETA, ABENÇOAI ESTE ALIMENTO EM NOSSOS CORPOS; CONCEDENDO SAÚDE, RIQUEZA, FORÇA, CONTENTAMENTO E PAZ, E A GRANDIOSIDADE DO AMOR QUE É FELICIDADE PERPÉTUA[128].

A Sacerdotisa pega um bolo e dá uma mordida nele, então beija o Sacerdote, a qual pega um bolo. Os bolos então são passados em Círculo com um beijo da mesma forma que com o Cálice e o prato é então devolvido ao altar. O Sacerdote novamente beija os dois joelhos da Sacerdotisa, deita seus antebraços ao longo das coxas dela e toca sua testa nos joelhos dela por um momento.

Ambos, Sacerdote e Sacerdotisa se levantam. (Se os açoitamentos forem omitidos, proceda diretamente para a apresentação às Torres de Observação e ao Sacerdote, dizendo: AGORA EU DEVO REVELAR UM GRANDE MISTÉRIO. SE NÃO...).

O Sacerdote diz:

ANTES DE EU OUSAR PROSSEGUIR COM ESTE RITO SUBLIME, DEVO SUPLICAR A PURIFICAÇÃO POR TUAS MÃOS.

A Sacerdotisa pega uma corda vermelha e amarra o Sacerdote, atando o meio da corda ao redor dos punhos dele atrás de suas costas, trazendo as duas metades da corda por sobre seus ombros para amarrá-las em frente ao seu pescoço e deixando as extremidades penduradas sobre seu peito como um cabo de puxar. Ela então o leva uma vez ao redor do Círculo, no sentido horário, conduzindo-o pelo laço.

O Sacerdote então se ajoelha em frente ao altar. A Sacerdotisa pega o Açoite e lhe aplica três[129] golpes leves. Ela deita o Açoite sobre o altar.

127. O texto diz "Paten (Pentáculo)"; alguns Covens servem os bolos no Pentáculo, enquanto outros mantêm um prato especial para este propósito.

128. Na nossa bênção normal dos bolos, usamos o final mais curto, "aquele cumprimento do Amor que é felicidade perfeita"; e isso parece ter se tornado uma forma comum. Toda a bênção (com a substituição de "Rainha" por "Senhor") foi tirada da Missa Gnóstica de Crowley, que usa o final mais longo como dado aqui. Pode deduzir que a forma mais longa é apropriada para a ocasião especial de um Grande Rito.

129. O texto meramente diz "Açoite", sem especificar o número de açoitadas; provavelmente o tradicional 3, 7, 9, 21 é pretendido. Sentimos que, se o açoitamento é usado em tudo, três açoitadas são o suficiente.

O Sacerdote se levanta e a Sacerdotisa o desamarra. Ele então a amarra do mesmo modo e a conduz uma vez no sentido horário em volta do Círculo, levando-a pelo cabo da corda. Ela se ajoelha de frente ao altar. O Sacerdote pega o Açoite e aplica nela três golpes leves e o devolve ao altar.

A Sacerdotisa se levanta e o Sacerdote a leva pela ponta da corda a cada um dos quadrantes em volta, dizendo:

Ouvi vós, Poderosos do Leste (Sul, Oeste, Norte): a duas vezes (três vezes)[130] consagrada e abençoada ____________, Alta Sacerdotisa e Bruxa Rainha, está devidamente preparada e procederá agora para erguer o Altar Sagrado.

Ele então a desamarra e diz:

Agora novamente eu devo suplicar a purificação.

A Sacerdotisa amarra o Sacerdote e o conduz em volta, aplicando nele três golpes leves com o Açoite, como antes. Ele fica de pé e ela o desamarra, recolocando o Açoite e a corda sobre o altar. O Sacerdote diz:

Agora eu devo revelar um grande mistério.[131]

A Sacerdotisa fica em pé de costas para o altar, na Posição de Osíris (novamente tomando o Açoite e o Athame em suas mãos). O Sacerdote lhe confere o Beijo Quíntuplo[132].

A Sacerdotisa retoma o Açoite e o Athame.

Ela deita com a face voltada para cima, ou realmente sobre o altar ou sobre o acolchoado ou tablado no centro do Círculo. Sua cabeça deve estar voltada para o Leste e seus pés voltados para o Oeste.

O Sacerdote se ajoelha ao lado dela, de frente para o Norte, através do corpo dela. (Na seguinte declamação, "beijo" significa que ele a beija logo acima do pelo púbico, exceto nos dois momentos em que isso é de outra forma descrita – isto é, os beijos nos seios e os beijos do Sigilo de Terceiro Grau.).

---

130. Sugerimos "duas vezes" se a Sacerdotisa for Segundo Grau, agora recebendo o Terceiro; "três vezes" se ela já for Terceiro Grau. O texto B diz "duas vezes", mas Doreen Valiente acha que isso se refere ao número de açoitamentos conferidos.

131. O texto diz depois disso: "Somente dito se a Sacerdotisa não preparou o ritual antes." Não vejo razão para que isso não seja usado em toda ocasião.

132. A nota de Doreen: "Conforme o Beijo Quíntuplo fosse dado, após o beijo nos pés, a Sacerdotisa abria os braços e ficava com os pés separados na posição de Pentáculo ou Posição da Deusa, segurando o Açoite e o Athame. Ela assim personificava tanto o Deus quanto a Deusa por um breve momento."

O Sacerdote diz:

Auxiliai-me a erguer o antigo altar, no qual em dias passados todos adoravam,
O Grande Altar de todas as coisas;
Pois nos tempos antigos, a Mulher era o altar.
Assim foi o altar preparado e posicionado;
E o ponto sagrado era o ponto no centro do Círculo.
Como temos sido ensinados desde há muito tempo, que o ponto no centro é a origem de todas as coisas,
Desta forma nós devemos adorá-lo. (BEIJO)
Portanto, aquela a quem nós adoramos também invocamos, pelo poder da Lança Erguida.

Ele toca seu próprio falo e continua:

Ó Círculo de Estrelas, (BEIJO)
Do qual nosso pai é nada mais do que o irmão mais jovem, (BEIJO)
Maravilha além da imaginação, alma do espaço infinito,
Perante quem o tempo fica confuso e a compreensão obscurecida,
Não nos realizamos sob ti a menos que tua imagem seja amor, (BEIJO)
Portanto, pela semente e a raiz, pelo caule e o botão, pela folha e flor e fruto,
Nós a ti invocamos,
Ó Rainha do Espaço, ó orvalho de luz,
Contínua dos céus, (BEIJO)
Que seja sempre assim, que os homens não falem de ti como uma,
mas como nenhuma;
E que eles não falem de ti de forma alguma, uma vez que tu és contínua.
Pois tu és o ponto dento do Círculo (BEIJO) que nós adoramos, (BEIJO)
A fonte da vida sem a qual nós não existiríamos, (BEIJO)
E desta forma são erguidos os Dois Pilares Sagrados.[133]

133. O texto A diz, "Os dois Pilares sagrados, B. e J." Isso representa Boaz e Jachin, os nomes maçônicos para os pilares duplos do Templo de Salomão, representando os princípios complementares de Severidade e Misericórdia. O "B e J" foram retirados dos Textos B e C. Nesse ritual, os "Os Dois Pilares Sagrados" são os seios da Sacerdotisa, que são beijados neste ponto. (Na forma alternativa do Grande Rito que demos em *Oito Sabbats para Bruxas*, págs. 55-8, devido ao posicionamento diferente da Sacerdotisa e do Sacerdote, os Pilares são tomados como as pernas da Sacerdotisa).

Ele beija seu seio esquerdo, e então seu seio direito.

Em beleza e em força foram eles erguidos,
Para a maravilha e glória de todos os homens.

Se o Grande Rito for "real", todos, exceto o Sacerdote e a Sacerdotisa, saem do recinto, abrindo um portal ritual e fechando-o atrás de si.

O Sacerdote continua:

Ó Segredo dos Segredos,
Que está oculto no ser de todos os viventes,
Não é tu a quem adoramos,
Pois aquilo que adoramos também és tu.
Tu és Aquilo, e Aquilo sou Eu. (beijo)
Eu sou a chama que arde no coração de todo homem,
E no âmago de toda estrela.
Eu sou vida e o doador da vida.
Ainda que dessa forma conhecimento de mim
seja o conhecimento da morte.
Eu por mim mesmo, sou o Senhor dentro de nós
Cujo nome é Mistério de Mistérios.

Ele então a beija no padrão do Sigilo do Terceiro Grau (o triângulo com a ponta para cima sobre o Pentagrama com a ponta para cima)[134] como segue: acima do pelo púbico, no pé direito, no joelho esquerdo, no joelho direito, no pé esquerdo e sobre o pelo púbico novamente; então sobre os lábios, o seio esquerdo, o seio direito e finalmente os lábios novamente (vide figura 1).

---

134. Esse sigilo é conhecido como o Pentagrama Coroado. O Pentagrama em si é beijado na ordem do Pentagrama de Invocação da Terra, e o triângulo acima é beijado no sentido horário. Lembrando o Sigilo do Primeiro Grau (o triângulo invertido) e o Sigilo do Segundo Grau (o Pentagrama invertido), Doreen observa que eles são combinados em "O Sigilo do Terceiro Grau", mas não mais invertidos; agora ambos estão na posição vertical, sua verdadeira disposição. Além disso, é uma figura que tem oito pontos e treze lados, ambos os números importantes na Arte. Poderia também ser interpretado como "Dois que formam Um", sobre os Cinco Pontos da Irmandade. Ou como o ser humano (o Pentagrama) coroado com o "Cone de Poder". (Propositadamente, Stewart gostaria de ressaltar que o Pentagrama de Terceiro Grau na figura 7 (c) da primeira edição do *What Witches Do* foi imprecisamente impresso da forma errada.).

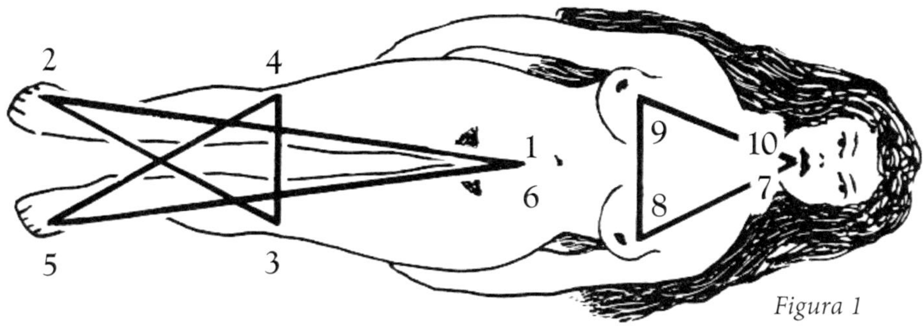

Figura 1

Ele deita seu corpo gentilmente sobre o dela[135] e diz:

Abra o caminho da inteligência entre nós;
Pois estes realmente são os Cinco Pontos da amizade
Pé para pé, Joelho para joelho,
Lança para Graal[136],
Peito para peito, Lábios para lábios.
Pelo grande e sagrado nome de Cernunnos;
Em nome de Aradia;
Encorajai nossos corações,
Que a luz se cristalize em nosso sangue;
Concedendo-nos renascimento.
Pois não existe parte de nós que não seja dos Deuses.

O Sacerdote se levanta; a Sacerdotisa permanece onde está. Ele então se dirige a cada um dos pontos cardeais ao redor, dizendo:

Vós Senhores das Torres de Observação do Leste (Sul, Oeste, Norte);
A Alta Sacerdotisa triplamente consagrada vos saúda e vos agradece.

---

135. Quando o Grande Rito é simbólico, alguns podem preferir a alternativa que demos em *Oito Sabbats para Bruxas*: isto é, que, em vez do Sacerdote deitar seu corpo sobre o da Sacerdotisa, uma Bruxa entrega ao Sacerdote seu Athame, e um Bruxo entrega a Sacerdotisa o Cálice neste ponto da declamação. A Sacerdotisa Sustenta o Cálice, o Sacerdote mantém o Athame para baixo acima dele; sobre as palavras "Lança para Graal", ele abaixa a ponta no vinho. Depois da Declamação, ele a beija e ela bebe; o vinho é então passado em torno do Círculo homem-mulher, mulher-homem, de maneira usual. O Sacerdote então dirige-se às Torres de Observação como no texto.

136. O texto B diz "genitais para genitais"; Nós achamos isso um tanto clínico no contexto poético do resto, e preferimos a metáfora de Lança para Graal do texto C. Se o Grande Rito for "real", este é obviamente o momento pretendido da união; mas é igualmente óbvio, não se pode dogmatizar um rito tão particular.

Versão Alternativa em Versos

A versão rimada da declamação do Sacerdote, que Doreen Valiente escreveu para o Texto C está disponível como alternativa. Ela substitui a declamação desde "Auxiliai-me a erguer o antigo altar" até "Lábios a lábios" (ou, se preferido, a declamação inteira até "não dos Deuses").

Os beijos são como na versão do Texto B, logo acima do pelo púbico, exceto nos dois lugares indicados como "beijos nos seios" e "beijos do Sigilo do Terceiro Grau".

Auxiliai-me a erguer,
Como os Poderosos desejaram,
O Altar de Adoração
Desde o início dos dias.
Assim ele repousa
Entre os pontos do firmamento,
Pois assim ele foi colocado
Quando a Deusa abraçou
O Cornífero, seu senhor,
Que ensinou a ela a Palavra
Que avivou o útero
E conquistou a tumba.
Seja isto, como foi uma vez,
O santuário que nós adoramos, (**beijo**)
A festa sem falha,
O Graal doador da vida, (**beijo**)
Perante o qual se ergue
A Lança Miraculosa, (**toca o próprio falo**)
E invoca neste sinal
A Deusa Divina! (**beijo**)
Tu que à meia-noite reinas
Rainha dos reinos estelares acima,
Não nos realizamos sob ti
A menos que tua imagem seja de amor. (**beijo**)
Pelas flechas prateadas de poder dos raios da lua,
Pela folha verde surgindo do botão,
Pela semente que cresce em flor,
Pela vida que corre no sangue, (**beijo**)
Pelo vento agitado e fogo saltitante,
Pela água fluente e a terra verde,
Derramai-nos o vinho do nosso desejo

Do teu Caldeirão de Renascimento, **(beijo)**
Aqui possamos ver em clara visão
Teu estranho segredo desvelado finalmente,
Teus maravilhosos Pilares Gêmeos sustentados
Erguidos em beleza e em força[137]. **(beijos nos seios)**
Altar de múltiplos mistérios,
O ponto central do Círculo Sagrado,
Assim eu te assinalo como antigamente,
Com beijos de meus lábios te consagro, **(beijos do Sigilo do Terceiro Grau)**
Abre para mim o caminho secreto,
O portal da inteligência
Além dos portais da noite e do dia,
Além das restrições do tempo e do sentido.
Contemplai o mistério corretamente;
Os cinco pontos verdadeiros do companheirismo,
Aqui onde a Lança e o Graal se unem,
E pés e joelhos e peitos e lábios.

137. Se o Rito for “real”, este é o momento em que o resto do Coven sai da sala.

IV — Consagrações

Os Bruxos têm como prática a consagração de seus instrumentos de trabalho e substâncias rituais tais como água, vinho, bolos ou biscoitos. A maioria das religiões faz o mesmo, de uma forma ou de outra; mas na Wicca, existem duas diferenças notáveis. Primeiro, devido à ênfase Wiccaniana sobre a polaridade masculino-feminino, a consagração geralmente é feita por um homem e uma mulher juntos. E segundo que, na Wicca, o direito de consagrar não está confinado ao sacerdócio como uma classe separada, porque todo Bruxo é considerado como um Sacerdote ou Sacerdotisa, e isso é declarado em cada um dos três Rituais de Iniciação. O poder de consagrar é considerado como inerente em todo ser humano, e é efetivo se for conduzido com sinceridade. De fato, nós (e sem dúvida outros Covens) muitas vezes encorajamos neófitos que ainda não foram iniciados, mas que têm participado de Círculos por tempo suficiente para compreender o que eles estão fazendo, a conduzir consagrações (exceto de uma Espada ou de Athame) dentro do Círculo do Coven, e não temos quaisquer dúvidas sobre sua eficácia.

A consagração tem dois propósitos básicos. O primeiro é psicológico; para pôr o instrumento ou substância à parte como algo especial e, portanto, para mudar a atitude do usuário com relação a ele – o que por sua vez reforça sua confiança, imaginação criativa e força de vontade para qualquer ritual em que este seja utilizado.

O segundo propósito pode ser chamado psíquico, mágico ou astral. Os Bruxos (e muitos outros) creem que todo objeto material possui "corpos" nos outros níveis; e que, assim como o próprio objeto material pode ser alterado, decorado, grafado, umedecido, seco, cozido, congelado, receber uma carga elétrica estática, ou seja lá o que for – tudo isso sem que seja roubada sua identidade, algumas vezes até mesmo realçando-a – também, por exemplo, o seu "corpo" astral pode ser alterado, carregado, tornado inofensivo ou ativamente benéfico, e assim por diante, por meio de ação humana, deliberada ou involuntária. A ação deliberada desse tipo inclui consagração, exorcismo, a manufatura de talismãs e muitos outros passos – mesmo o amor ou ressentimento conscientes com o qual um presente é ofertado.

A ação involuntária inclui um longo uso (ou curto, porém intensivo) por uma pessoa em particular, o envolvimento do objeto em alguma situação emocionalmente carregada – ou novamente o amor espontâneo ou o ressentimento subconsciente que podem acompanhar um presente. Tudo isso afeta o invisível, mas muitas vezes afeta também, a poderosa carga astral e até mesmo espiritual carregada por um objeto material.

Não é sempre fácil separar estes dois efeitos – o psicológico e o astral – em dois compartimentos diferentes; inclusive, eles se sobrepõem bastante e algumas pessoas colocariam mais ênfase em um do que no outro, ou mesmo negariam o efeito dizendo que nada mais é do que algo psicológico. Por fim, se uma onda de confiança vem de um católico segurando um rosário, de um judeu tocando uma *mezuzah* ou de um peregrino em Meca circulando e beijando a *Ka'ba* – ou se um fazendeiro irlandês tem má sorte quando ele encontra um *piseog*[138] em sua propriedade – quem pode dizer em que extensão o efeito é psicológico e o quanto dele se deve à carga não material que fora introduzida no objeto físico ou acumulada por ele?

Seja como for, uma forte confirmação da realidade da carga não material é dada pela muitas vezes assustadora eficácia com a qual um experiente psicometrista pode contar a história e as associações emocionais de um objeto simplesmente segurando-o e se concentrando sobre o mesmo.

---

138. Um *piseog* (pronunciado *písh-ogue*) é um encanto deliberadamente malévolo, do tipo *Voodou* rural degradado, da qual vários casos chamaram a nossa atenção quando os agricultores nos pediram para neutralizar a sua influência. Pode ser qualquer coisa, de fetos de bezerro abortado a um arranjo simbólico de penas.

Muitas Bruxas e ocultistas admitirão, se forem honestos, que eles começaram apenas estando realmente certos da eficácia psicológica da consagração, porém, que a experiência os convenceu sobre a realidade do efeito da carga psíquica, que naturalmente também fica mais forte enquanto o objeto consagrado continua dentro do uso ritual[139].

Existem três formas de consagração ritual no *Livro das Sombras*: para a água e o sal, para uma Espada ou Athame e para os demais instrumentos. Todas elas se originam de *As Clavículas de Salomão*, publicado inicialmente em inglês, por MacGregor Mathers, em 1888 (vide Bibliografia sob Mathers), que a traduziu de manuscritos medievais no Museu Britânico. No Texto A (e no capítulo X de *Com o Auxílio da Alta Magia*) as séries de Nomes de Poder hebraicos, gregos ou latinos foram mantidas como elas aparecem em *As Clavículas de Salomão*; mas no Texto B elas foram substituídas, em dois dos três rituais, pelos nomes Aradia e Cernunnos. No Texto C ocorre o mesmo como no Texto B.

Doreen Valiente nos conta: "Isso mostra como a mente do velho Gerald estava funcionando, como ele gradualmente modificou os rituais e encantamentos hebraicos de *As Clavículas de Salomão* para uma forma mais simples e mais pagã. Esse importante trabalho mágico tornou-se disponível em geral primeiro em 1888, e então ficou circulando por algum tempo entre estudantes de Ocultismo. Contudo, Gerald também me contou que quando os judeus foram forçados a entrar na clandestinidade na Bretanha na Idade Média, alguns deles foram socorridos e protegidos pelas Bruxas, que os consideraram como parceiros de infortúnio e companheiros refugiados de uma Igreja Cristã perseguidora. Consequentemente, houve certa quantidade de conhecimentos da

139. Deve-se lembrar que um objeto carregado também pode manter ligações astrais com, por exemplo, um proprietário anterior – um princípio usado no intercâmbio de talismãs conectados, chegando até os anéis de casamento. Deve-se resguardar contra tais conexões que podem causar mal não intencionado. Por exemplo, em um recente Círculo, Janet vestiu uma bela túnica dada para ela como um presente de um amigo. Estávamos trabalhando psiquicamente e muito intensamente para a neutralização e a captura de um assassino psicótico duplo que estava solto e causando grande alarme público; e tomamos especial cuidado (levando em conta que os psicóticos são dinamite astral) para proteger-nos contra qualquer ataque. Pouco antes de começarmos, Janet percebeu que o manto poderia formar um elo com nosso amigo na Inglaterra, que poderia ficar vulnerável. Ela tirou imediatamente o manto e colocou-o fora do Círculo. (Nós tínhamos colocado um limite de sete dias para que nosso trabalho entrasse em vigor; coincidência ou não, deu certo e o homem foi encontrado e preso seis dias depois, não tendo causado mais nenhum dano.).

Qabalah[140] que encontrou seu caminho nas mãos das Bruxas, que estimavam os judeus como poderosos magos cerimoniais. Ocultistas que não eram Bruxos tinham a mesma opinião e queriam estudar o conhecimento secreto de Israel; mas eles tinham que ser cautelosos, então fingiam estar estudando Hebraico de forma a converter os judeus ao cristianismo e também estudando a Cabala com o mesmo fim piedoso à vista. Como vocês sabem, uma grande quantidade do conhecimento Cabalístico hebreu encontrou seu caminho na Tradição de Mistérios Ocidental; tanto que Dion Fortune (*A Cabala Mágica*, pág. 21) diz que o hebreu é a língua sagrada do Ocidente como o sânscrito é a do Oriente. *Com o Auxílio da Alta Magia* de fato retrata um relacionamento operativo entre um Mago Cabalista e uma Bruxa, e como agora sabemos[141], esse livro foi publicado no tempo de vida da Old Dorothy[142]; portanto eu acho que ela e Gerald provavelmente usaram os escritos de *As Clavículas de Salomão* para esses rituais de consagração, que ele mais tarde reduziu e simplificou. Mas eu adoraria saber o que as Bruxas mais antigas usavam!"

Nós também; e pode muito bem ser que essas formas antigas, ou variações delas, tenham sido preservadas por outros Covens hereditários. Pois está na hora de os críticos de Gardner que gostam de sustentar que ele "inventou" seu sistema encararem o fato de que os antigos rituais da Arte têm sobrevivido, aos poucos e irregularmente; e que enquanto eles podem possuir genuinamente alguns deles, assim, indubitavelmente, fez também o Coven de New Forest – e não necessariamente com os mesmos elementos. E que eles ou seus ancestrais, como o Coven de New Forest, têm sem dúvida preenchido as lacunas com material de outras fontes ocultistas ou de sua própria criação. Esse foi um processo perfeitamente legítimo – deveras um processo necessário se a Arte tivesse que sobreviver, especialmente durante os anos fragmentados e secretos.

---

140. A palavra *Qabalah* é transliterada do hebraico como *Kabalah* ou "Cabala", todos com ou sem um duplo "b" ou o final "h". Nós usamos Cabala; mas quando estamos citando alguém, como aqui, respeitamos suas próprias escolhas.

141. Veja o Apêndice A para a pesquisa de Doreen Valiente sobre os fatos sobre Dorothy Clutterbuck, a Bruxa da New Forest que iniciou Gerald Gardner.

142. N. do T.: é importante ressaltar que pesquisa recentes feitas por Philip Heselton e apontadas em seus livros, descartam a possibilidade de Dorothy Clutterbuck ser a verdadeira iniciadora de Gardner. Uma das teorias de Philip alega que Gardner teria usado a figura de Dorothy para ocultar a identidade da pessoa que foi sua verdadeira iniciadora, mas também sua amante: Dafo. Obviamente, Doreen Valiente não teve acesso a essas informações em vida, já que tais pesquisas foram levadas a cabo muito tempo depois de sua própria morte.

A questão é, *isso funciona?* – o sistema Gardneriano, tanto quanto muitos outros, indubitavelmente funciona. Dado o espírito e a compreensão da Antiga Religião, as formas são secundárias. As antigas formas têm que ser validadas, naturalmente, porque elas representam nossas raízes e sabedoria sagrada às quais todos estamos nos esforçando para redescobrir. Se pudermos abandonar o sectarismo e Bruxos de muitas tradições puderem se unir sem preconceito, a pesquisa e associação honestas de evidências poderia nos oferecer um panorama geral mais claro sobre o que eram realmente as antigas formas. Até então, todos nós podemos estar sentados sobre diferentes peças de um importante jogo de quebra-cabeça.

Apresentaremos a seguir a versão dos Textos B/C dos três rituais de consagração, mais uma forma baseada nos elementos a qual nós mesmos utilizamos para outros objetos tais como joias pessoais. Todos estes rituais devem naturalmente ser realizados dentro de um Círculo Mágico. Mesmo se a água e o sal estiverem sendo consagrados para um propósito simples, tal como o Ritual das Aberturas do Corpo (vide pág. 306), vocês devem ao menos lançar um Círculo mental ao redor de si mesmo antes de começarem.

Outro ponto importante. No banimento do Círculo, um Bruxo não deve se unir aos outros ao fazer os Pentagramas de Banimento, mas deve carregar quaisquer objetos que tenham sido consagrados durante o Círculo e mover-se ao redor para estar atrás do Coven enquanto eles ficam de frente para cada um dos pontos cardeais. Fazer um Pentagrama de Banimento na direção de um objeto recém-consagrado poderia ter um efeito neutralizante.

Consagrando a Água e o Sal

Nosso próprio costume é que a Alta Sacerdotisa consagre a água e o Alto Sacerdote o sal; a Alta Sacerdotisa então ergue o pote com a água enquanto o Alto Sacerdote lança o sal dentro dela. Mas tudo isso naturalmente pode ser feito somente por uma pessoa.

A versão dos Textos B/C fornecida aqui é uma forma reduzida daquela fornecida em *As Clavículas de Salomão*, págs. 93-4 (vide também *Com o Auxílio da Alta Magia*, págs. 144-5). A lista de nomes hebraicos e outros Nomes de Poder foi também reduzida – para a água de trinta e dois para cinco e para o sal de dezenove para seis. Como será observado, nos outros dois rituais de consagração, Gardner eliminou o hebraico e outros nomes completamente e substituiu por Aradia e Cernunnos (como nós mesmos fizemos) e ficamos um pouco confusos devido ao fato de que ele não fez o mesmo aqui.

O Ritual

Coloque o recipiente com água sobre o Pentáculo, mantenha a ponta de seu Athame mergulhada na água, e diga:

EU TE EXORCIZO, Ó CRIATURA DA ÁGUA, QUE TU LANCES FORA DE TI TODAS AS IMPUREZAS E MÁCULAS DOS ESPÍRITOS DO MUNDO DOS FANTASMAS. MERTALIA, MUSALIA, DOPHALIA, ONEMALIA, ZITANSEIA.

Remova o recipiente do Pentáculo, substitua com o recipiente de sal, mantenha a ponta de seu Athame no sal e diga:

QUE AS BÊNÇÃOS ESTEJAM SOBRE ESTA CRIATURA DE SAL; QUE TODA MALIGNIDADE E OBSTÁCULO SEJAM LANÇADOS FORA DAQUI E QUE TODO BEM AQUI ENTRE; RAZÃO PELA QUAL EU TE ABENÇOO E TE INVOCO, PARA QUE TU POSSAS ME AUXILIARES.

Trocando os recipientes novamente e derramando o sal dentro da água, diga:

YAMENTON, YARON, TATONON, ZARMESITON, TILEION, TIXMION. PORÉM RECORDAI SEMPRE, A ÁGUA PURIFICA O CORPO, MAS O AÇOITE PURIFICA A ALMA.

Consagrando uma Espada ou Athame

O *Livro das Sombras* diz que esta consagração deveria, se possível, ser feita por um homem e uma mulher, "ambos tão nus quanto espadas desembainhadas". Se um Bruxo solitário não tem outra escolha a não ser fazê-lo a sós, o abraço final poderia talvez ser substituído por erguer a Espada ou o Athame recém-consagrados por um momento em silêncio oferecendo ao Deus e à Deusa, visualizados como estando além do altar.

Se possível, o instrumento deve ser consagrado em contato com uma Espada ou Athame já consagrados – como disposto em *Com Auxílio da Alta Magia* (págs. 159-60), "para comunicar poder intensificado".

As palavras reais podem ser pronunciadas por qualquer uma das pessoas entre o casal que seja o dono do instrumento a ser consagrado. No caso de a Espada pertencer a ambos ou ao Coven, qualquer um destes pode dizer as palavras, ou ambos. Quando for oportuno, "Eu", "mim", "meu" são substituídos por "nós", "nosso"; ou se o instrumento estiver sendo consagrado para outro alguém, pelo nome da pessoa e por "ele" ou "ela", etc.

As palavras originais deste ritual, como utilizadas no Texto A, podem ser encontradas nas páginas 101 e 118 de *As Clavículas de Salomão*, e na página 160 de *Com o Auxílio da Alta Magia*.

Apresentamos a seguir a versão dos Textos B/C, um pouco acrescida para tornar os movimentos mais claros. Após o próprio ritual, apresentamos literalmente a passagem de explanação de como seguem as palavras faladas nos Textos B/C. É interessante notar que, nesse texto, a palavra *Witch* do original em inglês, significa Bruxa e *Magus*, Bruxo.

O Ritual

Deite a Espada ou o Athame sobre o Pentáculo, de preferência junto e tocando outro instrumento já consagrado. O homem asperge com a mistura de água e sal. A mulher então pega o instrumento a ser consagrado, passa o mesmo pela fumaça do incenso e o recoloca sobre o Pentáculo. Homem e mulher colocam suas mãos direitas sobre o Pentáculo, pressionando-o para baixo. Um deles diz:

> Eu te conjuro, ó Espada (Athame), por esses Nomes, Abrahach, Abrach, Abracadabra, que tu me sirvas para força e defesa em todas as operações mágicas contra todos os meus inimigos, visíveis e invisíveis. Eu te conjuro novamente pelo Sagrado Nome de Aradia e pelo Sagrado Nome de Cernunnos; eu te conjuro, ó Espada (Athame), que tu me sirvas para proteção em todas as adversidades; assim ajude-me agora.

(Este é o chamado da Primeira Conjuração).

Mais uma vez, o Bruxo asperge, a Bruxa incensa e o instrumento retorna ao Pentáculo. Um deles diz:

> Eu te conjuro, ó Espada (Athame) de Aço, pelos Grandes Deuses e Gentis Deusas, pela virtude dos céus, das estrelas e dos espíritos que presidem sobre eles, que tu possas receber tal virtude que eu possa obter o resultado que desejo em todas as coisas nas quais eu te usar, pelo poder de Aradia e Cernunnos.

(Esta chamada é a Segunda Conjuração).

Aquele que não é o proprietário do instrumento então dá o Beijo Quíntuplo no dono (se eles o possuem em conjunto ou se estão consagrando para outro alguém, o homem dá o Beijo Quíntuplo na mulher). Para o beijo final na boca, eles pegam a Espada ou o Athame e se abraçam com este instrumento entre seus peitos com a superfície plana ao longo do peito, mantida fixa pela pressão entre seus corpos. Após o beijo, eles se separam (tomando o cuidado de segurar a Espada ou o Athame pelo cabo antes de cessar a pressão sobre ela, pois se cair pode ser tanto doloroso como quanto ofuscar sua dignidade).

O dono, ou donos, do instrumento recém-consagrado deve então imediatamente usá-lo para restabelecer o Círculo, mas sem palavras.

No texto B/C, o seguinte parágrafo explanatório é dado após o ritual:

Se possível, deite a Espada junto a uma Espada ou Athame já consagrados. Ela deve, se possível, ser consagrada por uma mulher e um homem, sendo ambos iniciados, e estando ambos tão nus quanto espadas desembainhadas. Durante a consagração, pressione fortemente a Espada com a Espada ou o Athame já consagrados. Se possível, compartilhem vinho e bolos primeiro, então o Magus deve aspergir com a água, a Bruxa deve incensar na primeira Conjuração e então aspergir e incensar novamente, e conjurar novamente com a segunda Conjuração. Se Espada e Athame reais estiverem disponíveis, uma Espada e Athame podem ser consagrados ao mesmo tempo em cujo caso o Magus deve pressionar Espada sobre Espada e a Bruxa Athame sobre Athame, e a nova Espada e Athame devem se tocar. De qualquer forma, quando terminado, o instrumento deve ser entregue ao novo dono com a Saudação Quíntupla e deve ser pressionado contra o corpo por um tempo para obter a aura; e ele deve estar em contato próximo tanto quanto possível ao corpo nu por no mínimo um mês, isto é, mantido sob o travesseiro, etc. Não permita a ninguém tocar ou manusear quaisquer de seus instrumentos até que estejam completamente impregnados com sua aura; digamos, seis meses ou o mais próximo disso possível. Mas um casal trabalhando junto pode possuir os mesmos instrumentos, que serão impregnadas com a aura de ambos.

Consagrando Outros Instrumentos de Trabalho

Esta forma é usada para qualquer instrumento ritual exceto uma Espada ou Athame. As palavras originais, tal como usadas no Texto A, podem ser encontradas na página 102 de *As Clavículas de Salomão* e na página 155 de *Com o Auxílio da Alta Magia*. Novamente, no Texto B/C os nomes de Aradia e Cernunnos foram substituídos.

Aqui, também, damos a versão do Texto ligeiramente ampliada para tornar os movimentos claros, seguido textualmente pelo parágrafo explanatório do Texto.

Neste parágrafo, uma vez mais as palavras "Bruxa" e "Magus" são usadas, mas aqui, achamos que elas *não* significam "mulher" e "homem". Fomos informados que a Bruxa pode sair e reentrar no Círculo livre e seguramente, mas que é perigoso para o *Magus* fazê-lo – o que seria estranho se fosse uma discriminação sexual! Nessa afirmação em particular, a palavra em inglês

Witch, claramente significa o operador Wiccaniano (homem ou mulher), e *Magus* significa o magista cerimonial (homem ou mulher), e o que o Texto está fazendo é acentuar a diferença entre "Arte Mágica" – isto é, o Círculo do magista cerimonial (que é puramente protetor, contra espíritos que se reúnem *fora* dele) – e o Círculo das Bruxas (que serve a priori para conter e ampliar o poder que está sendo criado *dentro* dele, e é apenas secundariamente protetor). Discutimos esta diferença mais completamente na página 304. Tal mudança no significado das palavras entre passagens relativas não seria surpreendente; como Doreen comenta: "Esta parte do livro de Gerald é muito difícil de elucidar! Ele tinha o hábito encantador de copiar metade de algo para uma página e então copiar a outra metade em outra página misturado com outra coisa – embora isso possa ter sido deliberado no caso de acontecer de o livro cair nas mãos de uma pessoa não iniciada, a qual simplesmente não seria capaz de compreendê-lo."

O Ritual

Homem e mulher colocam o instrumento sobre o Pentáculo e pousam suas mãos direitas sobre ele. Um deles diz:

> Aradia e Cernunnos, dignai-vos a abençoar e consagrar esta Faca de Cabo Branco (ou qualquer outro instrumento) para que ela possa obter a virtude necessária por meio de vós para todos os atos de amor e beleza.

O homem asperge o instrumento com a mistura de sal e água e a mulher o passa através da fumaça do incenso e o recoloca sobre o Pentáculo. Um deles diz:

> Aradia e Cernunnos, abençoai este instrumento preparado em vossa honra

No caso do Açoite ou as Cordas, adicione:

> Que este(a) possa servir para um bom uso e uma boa finalidade e para a vossa glória.

Mais uma vez, o homem asperge e a mulher incensa. Aquele que não é o dono do instrumento então dá o Beijo Quíntuplo no dono (caso eles sejam donos em conjunto, ou caso estejam consagrando para outra pessoa, o homem dá o Beijo Quíntuplo na mulher). Para o beijo final na boca, eles pegam o instrumento e se abraçam com o mesmo entre seus peitos, seguro ali pela pressão entre seus corpos. Após o beijo, eles se separam (de novo, cuidadosamente segurando o instrumento para não o deixar cair).

O dono, ou donos, do instrumento recém-consagrado deve então usá-lo imediatamente, na forma sugerida pelo parágrafo explanatório no Texto B/C que segue:

Todos estes instrumentos devem ser apresentados ao novo dono com Saudação. Se for uma Bruxa Rainha: ▽ (tal como na Iniciação do Primeiro Grau – vide página 229). *Termine a cerimônia com a Saudação Quíntupla. O novo dono deve usar imediatamente os novos instrumentos, isto é, formar o Círculo com a Espada, ou então o Athame, gravar alguma coisa com a Faca de Cabo Branco, exibir o Pentáculo a os Quatro Quadrantes, mover o Bastão para os Quatro Quadrantes, incensar aos Quatro Quadrantes, usar as Cordas e o Açoite; e deve continuar a usar todas elas em um Círculo tão frequentemente quanto possível, por algum tempo.*

Para demarcar um novo Círculo, espete a Espada ou o Athame no chão, faça um laço na corda e passe em volta; então, usando a corda, marque um Círculo, e depois o demarque com a ponta da Espada ou do Athame. Sempre renove o Círculo com Espada ou Athame quando estiver prestes a usá-lo, mas tenha-o marcado de forma que você sempre o trace de novo no mesmo lugar. Lembre-se de que o Círculo é uma proteção, uma guarda contra más influências e para evitar que o poder gerado se disperse, mas a Bruxa, não sendo má, pode entrar e sair livremente. Porém, na Arte Mágica, ele é uma barreira contra forças criadas e, uma vez estando dentro, o Magus não pode sair sem um grande perigo. Se qualquer grande perigo se manifestar é aconselhável tomar refúgio no Círculo; mas normalmente a Espada ou Athame em mãos é uma proteção perfeita. Aqueles que constroem tais instrumentos devem ser purificados, limpos e devidamente preparados. Quando não estiverem em uso, todos os objetos e instrumentos devem ser guardados à parte em um local secreto; e é bom que este seja próximo ao seu lugar de dormir e que você os manipule a cada noite antes de ir para cama.

Consagrando joias pessoais, etc.

O *Livro das Sombras* não oferece ritual algum para isso. Descobrimos que um modo satisfatório é fazê-lo tendo como base os quatro elementos – novamente nos nomes de Cernunnos e Aradia. Incluímos nosso ritual aqui para o caso de outros Bruxos o considerarem útil.

Obviamente, seria desnecessário destacar que os Covens devem usar quaisquer nomes do Deus e da Deusa os quais eles tenham o hábito de usar (neste e em outros rituais). Nós usamos os nomes Cernunnos e Aradia ao longo deste capítulo, porque estes são os que o *Livro das Sombras* fornece e os quais nós mesmos utilizamos normalmente. Mas "todos os Deuses são um Deus e todas as Deusas uma só Deusa"; e os nomes que venham a ser usados são uma questão de escolha. Eles também podem ser variados para a ocasião. Por exemplo, poderíamos consagrar um broche celta pelos nomes de Lugh e Dana, uma coleira de cachorro pelos nomes de Pan e Diana ou um anel de noivado pelos nomes de Eros e Afrodite. Adequar os nomes do Deus e da Deusa à natureza de um rito ajuda a enfatizar seu propósito.

Um livro valioso e enciclopédico sobre os significados dos nomes das Deusas é *Juno Covella, Calendário Perpétuo da Fraternidade de Ísis*, de Lawrence Durdin-Robertson.

O Ritual

Homem e mulher posicionam o objeto sobre o Pentáculo e pousam suas mãos direitas sobre o mesmo, dizendo:

Nós te consagramos pelo elemento da Terra.

Eles aspergem o objeto com a mistura de sal e água, dizendo:

Nós te consagramos pelo elemento da Água.

Eles passam o objeto através da fumaça do incenso, dizendo:

Nós te consagramos pelo elemento do Ar.

Eles passam o objeto por sobre a chama da vela (bem acima, se for algo que a chama possa danificar), dizendo:

Nós te consagramos pelo elemento do Fogo, pelos nomes de Cernunnos e Aradia.

Eles então se abraçam e se beijam com o objeto entre seus peitos, do mesmo modo que para os instrumentos rituais.

Finalmente, se o objeto for algo que se possa usar imediatamente (obviamente não será possível, por exemplo, se for um broche e o dono estiver "vestido de céu"), aquele que não for o seu dono, coloca-o ao redor do pescoço, pulso, dedo ou parte do corpo que for apropriado.

V — O Restante do Livro das Sombras

Apresentamos até agora, neste livro e em *Oito Sabbats para Bruxas*, as partes ritualísticas do *Livro das Sombras* de Gerald Gardner (Texto B) e da versão definitiva tal como compilado por Gardner e Doreen Valiente juntos (Texto C). Sempre que possível, e grandemente auxiliados pelo conhecimento de Doreen, nós apresentamos as fontes deste material.

Mas há também muito material não ritualístico no *Livro das Sombras*; e alguns têm sofrido o mesmo destino que os rituais de serem mal citados, distorcidos e plagiados. Como os rituais, seus dias de "segredo" pertencem a um passado distante, quer se lamente o fato ou não. Assim nós concordamos com Doreen, que chegou a um ponto em que, pelos interesses da Arte e para exatidão histórica, os textos autênticos dessas passagens não ritualísticas também deveriam ser publicados.

O trabalho que Doreen prestou a Gardner em revisar o Texto B foi confinado aos rituais; na extensão que diz respeito às passagens não rituais, os Textos B e C são idênticos.

Doreen nos conta: "Estas passagens não aparecem no Texto A, o livro mais antigo; mas vocês notarão um ponto curioso na passagem intitulada "Sobre as Chamadas", indicando que Gerald deveria tê-la copiado do livro de outro alguém. Da Old Dorothy? Não sei. Minha impressão é que as pessoas copiaram dos livros uns dos outros o que mais apelava a elas e o que consideravam importante, adicionando textos pessoais de tempos em tempos (feitiços, receitas, e assim por diante) de forma que na prática não existiriam dois *Livros das Sombras* que fossem exatamente iguais. Também, naquele tempo, em que os livros de ocultismo não eram nada fáceis de se conseguir tal como o são hoje, eles copiaram passagens dos livros impressos os quais lhes foram emprestados, sobre assuntos que os interessavam. O velho Gerald fez isso extensivamente em seu livro antigo, com relação aos Cavaleiros Templários, a Cabala, e assim por diante, intercalados com seus poemas favoritos."

É, portanto, quase sempre impossível identificar as fontes no tocante ao que se refere a estas passagens. Como diz Doreen, elas são claramente de "importância e época variadas". Evidências de diferenças da época pode ser percebida na variedade dos estilos de prosa; algumas passagens parecem genuinamente antigas, algumas comparativamente modernas (ou intercaladas com modernismos), enquanto outras são francamente pseudo-arcaicas.

Para esclarecer, apresentamos os textos do *Livro das Sombras* em tipo itálico, e quaisquer comentários (nossos ou de Doreen) em tipo romanizado. O título de cada passagem está tal como aparece no Texto B.

Prefácio ao Livro das Sombras

Mantenha um livro escrito por sua própria mão. Deixe os irmãos e irmãs copiar o que quiserem; mas nunca deixe o livro fora de suas mãos e nunca mantenha os escritos de outros, pois caso descoberto na escrita deles, eles podem muito bem serem capturados e torturados. Cada um guardará seus próprios escritos e os destruirá sempre que houver ameaça de perigo. Aprenda tanto quanto você possa por memorização e, quando o perigo passar, reescreva seu livro se for seguro. Por esta razão, caso qualquer um morra, destrua seu livro se ele não tiver sido capaz de fazê-lo, pois caso seja encontrado, isso é prova clara contra ele, e "Você não pode ser um Bruxo sozinho", desse modo, todos os seus amigos estarão sob perigo de tortura. Portanto destrua tudo o que não for necessário. Se o seu livro for encontrado consigo esta será uma prova clara contra você sozinho e você poderá ser torturado. Mantenha todos os pensamentos sobre o culto fora de sua mente; diga que você teve sonhos ruins, um demônio lhe fez escrever isso sem o seu conhecimento. Pense consigo mesmo, "Eu não sei nada. Eu não me lembro de nada. Eu esqueci tudo". Transporte isso para sua mente. Se a tortura for muito grande para suportar, diga, "Eu confessarei, eu não consigo suportar este tormento. O que vocês querem que eu diga? Conte-me e eu o direi". Se eles tentarem fazê-lo falar de impossibilidades, tais como voar pelo ar, relacionar-se com o Demônio, sacrificar crianças e comer carne humana, para obter atenuação da tortura diga, "Eu tive um sonho mau, eu não estava em mim, eu estava enlouquecido".

Nem todos os magistrados são maus. Se houver uma desculpa eles podem mostrar piedade. Se você tiver confessado algo, negue-o mais tarde; diga que você falou demais sob tortura, não sabia o que fez ou falou. Se você for condenado, não tema; a Irmandade é poderosa. Eles podem ajudá-lo a escapar se você se mantiver imperturbável. Se trair alguém não haverá esperança para você nesta vida ou naquela que está para vir. Isso é certo, caso continue firme você irá para a pira, drogas o ajudarão; elas chegarão até você e você não sentirá nada. E se você for para nada mais do que a morte, o que repousa além? O êxtase da Deusa.

O mesmo acontece com respeito aos Instrumentos de Trabalho; que estes sejam como coisas comuns que qualquer um pode ter em sua casa. Que os Pentáculos sejam de cera de forma que possam ser derretidos ou quebrados de uma vez. Não tenha espadas a menos que sua posição social lhe permita possuir uma, e não mantenha nomes nem sinais sobre nada. Escreva os nomes e sinais com tinta antes de consagrá-los e remova-os imediatamente após. Nunca se vanglorie, nunca ameace, nunca diga que você desejaria o mal a alguém. Caso você fale a respeito da Arte, diga, "Não me fale sobre tal coisa, isso me assusta, é de má sorte falar sobre isso".

Comentário de Doreen: "Eu considero isso como sendo de autenticidade duvidosa, porque o texto fala de ir 'para a pira', enquanto que na Inglaterra, após a Reforma, as Bruxas não 'iam para a pira' a não ser que elas tenham sido julgadas culpadas de assassinar seus esposos, o que era considerado como traição insignificante. A punição para as Bruxas na Inglaterra era o enforcamento; apenas na Escócia elas eram queimadas na estaca. Muitos escritores sobre Bruxaria escorregam neste detalhe. Assim, este 'Prefácio' ou teria que ser pré-Reforma, o que eu duvido muito, especialmente com sua referência aos magistrados, ou escocês, o que eu não vejo razão para pensar que o seja."

Nós também sempre suspeitamos do Prefácio. Na época em que a tortura era utilizada, a maioria das Bruxas comuns seria iletrada, e certamente não seria uma regra "manter um livro escrito por sua própria mão"; e mesmo que todas elas tivessem sido letradas, aprender a Arte ainda teria sido um processo de boca a boca por razões de segurança. Se tais livros tivessem sido mantidos durante os dois ou mais séculos de perseguição, algum teria inevitavelmente sido capturado pelas autoridades e considerado importante e, ao nosso conhecimento, isso nunca aconteceu – o que sugere fortemente que não houve nenhum.

As instruções sobre como se comportar caso seja capturado, e sobre os instrumentos de trabalho, soam muito mais verdadeiras. Parece-nos que o Prefácio é um comprometimento posterior (talvez do século dezenove) em papel de uma mistura de tradições e costumes repassadas verbalmente e práticas contemporâneas. O estilo de prosa, que tem o sabor do pseudoarcaísmo que os Vitorianos adoravam e consideravam como "literário", apoia em muito este ponto de vista. E "ir para a pira" seria uma confusão com o destino de outros mártires, compreensível em um tempo quando o conhecimento histórico da maioria das pessoas era elementar e altamente colorido.

Os Modos de Fazer Magia

Diz-se que o sinal  *sobre o Athame é para representar, entre outras coisas, todos os Oito Caminhos que levam ao Centro e os Oito Modos de Fazer Magia, que são:*

1. *Meditação ou Concentração.*
2. *Cânticos, Feitiços, Invocações, Invocar a Deusa, etc.*
3. *Projeção do Corpo Astral, ou Transe.*
4. *Incenso, Drogas, Vinho, etc. Qualquer poçao que auxilie a liberar o Espírito.*
5. *Dança.*
6. *Controle do sangue. Uso das Cordas.*
7. *O Açoite.*
8. *O Grande Rito.*

Você pode combinar muitos destes modos para produzir mais poder. Para praticar a Arte com sucesso, vai precisar de cinco coisas:

1. *Intenção. Você deve ter a vontade absoluta para ser bem-sucedido, a crença firme que você pode consegui-lo e a determinação de vencer avançando por meio de todos os obstáculos.*
2. *Preparação. Você precisa estar preparado apropriadamente.*

3. *Invocação. Os Poderosos devem ser invocados.*
4. *Consagração. O Círculo deve estar apropriadamente lançado e consagrado e você deve possuir instrumentos apropriadamente consagrados.*
5. *Purificação. Você deve estar purificado.*

Portanto, há cinco coisas necessárias antes que você possa começar, e então Oito Caminhos ou Modos que conduzem ao Centro. Por exemplo, você pode combinar 4, 5, 6, 7 e 8 juntos em um rito; ou 4, 6, e 7 com 1 e 2, ou talvez com 3. Quanto mais modos você puder combinar, mais poder você produzirá.

Não é satisfatório fazer oferenda de menos do que dois turnos de açoitadas à Deusa, pois aqui existe um mistério. Os números afortunados são 3,7,9 e três vezes 7 que resulta 21. E esses números totalizam dois turnos, assim um número menos perfeito ou afortunado não seria uma prece perfeita. Também, ainda que a Saudação Quíntupla seja 5, são 8 os beijos; pois existem 2 pés, 2 joelhos e 2 seios. E 5 vezes 8 são dois turnos. Também existem 8 Instrumentos de Trabalho e o Pentáculo que é 5; e 5 vezes 8 são dois turnos.

Nota: 8 mais 5 igual a 13. E 8 multiplicado por 5 igual a 40.

Não resta dúvida que desde tempos imemoriais ambos, drogas e açoite, têm sido usados (embora sob condições cuidadosamente controladas, e com conhecimento) para "liberar o espírito" – isto é, para expandir a consciência. Nas atuais circunstâncias, somos completamente contrários ao uso de drogas na Arte, de qualquer forma (para nossos argumentos sobre isso vide págs. 380-1). Sobre o uso controlado do açoite, existem opiniões divididas. Nós próprios o usamos apenas simbolicamente; mas isso é uma opção pessoal. O açoitamento é tratado por completo na passagem Para Conseguir a Visão, nas páginas 276-8 e adicionamos a elas os comentários de Doreen sobre seu uso construtivo.

O parágrafo sobre "números afortunados" é interessante e vale a pena estudar. O fato é que ele está em um estilo de prosa um tanto diferente, e aparentemente mais antigo do que os parágrafos precedentes.

Poder

O poder está latente no corpo e pode ser exteriorizado e utilizado em vários modos pelos mais experientes. Porém, a menos que esteja confinado em um Círculo, este será rapidamente dissipado. Eis aqui a importância de um Círculo adequadamente construído. O poder parece transpirar do corpo através da pele e possivelmente pelos orifícios do corpo; eis aonde você deve estar devidamente preparado. A menor sujeira estraga tudo, o que demonstra a importância da limpeza completa.

A atitude da mente exerce grande efeito, sendo assim, opera apenas com um espírito de reverência. Um pouco de vinho tomado e repetido durante a cerimônia, se necessário, auxilia a gerar poder. Outras bebidas fortes ou drogas podem ser usadas, mas é necessário ser muito moderado, pois se estiver confuso, mesmo que levemente, não poderá controlar o poder que você evoca.

O modo mais simples é por meio da dança e do canto de cânticos monótonos, devagar a princípio e acelerando gradualmente o compasso até que resulte vertigem. Então as chamadas podem ser usadas ou até mesmo gritos agudos impensados e sem significado produzem poder. Contudo, este método inflama a mente e torna difícil controlar o poder, embora o controle possa ser obtido por meio da prática. O açoite é um modo muito melhor, pois ele estimula e excita a ambos, corpo e alma, e ainda assim a pessoa retém o controle facilmente.

O Grande Rito é de longe o melhor. Ele libera um enorme poder, entretanto as condições e circunstâncias dificultam a mente em manter o controle a princípio. Novamente é uma questão de prática e de força de vontade natural do operador, e em menor grau, daquela de seus assistentes. Se, como desde os tempos antigos, houvessem muitos assistentes treinados presentes e vontades adequadamente sintonizadas, ocorreriam milagres.

Feiticeiros[143] *utilizavam essencialmente o sacrifício de sangue; e embora consideremos isso como sendo mal, não podemos negar que este método é muito eficiente. O poder lampeja do sangue recém-derramado, ao invés de transpirar lentamente como em nosso método. O terror e a angústia da vítima adicionam intensidade, e mesmo um pequeno animal pode gerar grande poder. A grande dificuldade está na mente humana em controlar o poder da mente do animal menor. Mas os Feiticeiros argumentam que eles têm métodos para efetuar isso e que a dificuldade desaparece quanto maior for o animal usado, e quando a vítima é humana, ela desaparece completamente (a prática é uma abominação, mas ela é assim).*

Os Sacerdotes sabem isso muito bem; e por meio de seus autos de fé, com a dor e o terror da vítima (os fogos agindo quase como os Círculos), obtinham enorme poder.

---

143. N. do T.: note que aqui Gardner não usa o termo "Bruxo", mas, sim, "Feiticeiro" fazendo uma distinção clara e intencional entre a Feitiçaria e seus sacrifícios e a Bruxaria que abomina e condena veementemente tais práticas em seus rituais.

Desde muito tempo, os Flagelantes certamente evocavam poder, porém, ao não estarem confinados a um Círculo, a maior parte era perdida. A quantia de poder gerado era tão grande e contínua que qualquer um com conhecimento poderia direcioná-lo e usá-lo; e é muito provável que os sacrifícios clássicos e pagãos eram usados do mesmo modo. Existem rumores de que quando a vítima humana era um sacrifício voluntário, com sua mente direcionada para a Grande Obra e com assistentes altamente experientes, aconteciam maravilhas – mas sobre isso eu não poderia falar.

Essa passagem tem todas as características de uma fala ditada, ou de um ensaio individual anotado (Old Dorothy de novo?). O "eu" na última sentença isolada indica isso. Tudo está em moderna fraseologia (século dezenove ou início do século vinte, nós diríamos), e isso nos ocorre como o trabalho de um cérebro perspicaz. Ele começa com conselhos úteis e práticos sobre os métodos Wiccanianos de gerar poder e prossegue para uma análise sagaz sobre a "abominação" dos sacrifícios de sangue dos Feiticeiros e as fogueiras da Inquisição e do desperdício dos métodos dos Flagelantes Cristãos.

Os comentários sobre O Grande Rito, com seu "operador" (masculino) e "assistentes treinados", parecem mais em sintonia com a antiga magia sexual pública (tal como aquela realizada por um Alto Sacerdote com uma virgem do templo escolhida no Festival Anual de Opet, em Tebas, no Antigo Egito) do que com a prática atual. A moderna magia sexual pede por uma polaridade masculino/feminino equilibrada e é conduzida pelo casal em privacidade, vide páginas 417-9, no capítulo XV, Bruxaria e Sexo. Tal privacidade também foi observada no Coven de Gardner, nos conta Doreen.

As observações sobre os efeitos de contenção e amplificação do Círculo Mágico enfatizam a ideia que fizemos sobre isso na página 262. A sugestão de que o fogo de um "auto de fé" tinha esse mesmo efeito de contenção é interessante.

Preparado Apropriadamente

Despido, porém sandálias (não sapatos) podem ser usadas. Para a Iniciação, amarre as mãos atrás das costas, puxe para a parte baixa das costas, a amarração termina na frente da garganta, deixando um laço para se conduzir pendurado à frente (os braços, portanto, formam um triângulo nas costas). Quando o iniciado estiver ajoelhado diante do altar, o laço é amarrado a um anel no próprio altar. Uma corda curta é amarrada como uma liga ao redor da perna esquerda do iniciado acima do joelho, com as pontas dobradas para dentro. Outra é amarrada ao redor do tornozelo direito, com as pontas dobradas para dentro como que para ficar fora do caminho enquanto se movimenta. Estas cordas são usadas para amarrar os pés juntos, enquanto o iniciado está se ajoelhando no altar, e deve ser longas o suficiente para fazer isso firmemente. Os joelhos devem também ser firmemente atados. Isso deve ser feito cuidadosamente. Se o aspirante se queixar de dor, as amarras devem ser levemente afrouxadas; lembre-se sempre de que o objetivo é retardar o fluxo sanguíneo o suficiente para induzir a um estado de transe. Isso envolve um leve desconforto; mas grande desconforto impede o estado de transe, então é melhor gastar um pouquinho de tempo afrouxando e apertando as amarras até que elas estejam no ponto certo. O próprio aspirante pode lhe dizer quando estiver confortável. Isso, naturalmente, não se aplica à Iniciação, quando então nenhum transe é desejado; mas para o propósito do ritual é bom que os iniciados sejam amarrados firmes o suficiente para sentir que eles estão absolutamente sem amparo, mas sem desconforto.

A Medida (no Primeiro Grau) é tomada assim: altura, em volta do pescoço, cruzando o coração e cruzando os genitais. O antigo costume é que, se alguém fosse acusado de trair os segredos, suas medidas seriam enterradas à meia-noite em um local pantanoso, com maldições de que "enquanto as medidas vão se decompondo, assim também ele vai se decompor".

Estas instruções sobre amarração serão percebidas como se referindo a duas coisas diferentes: a amarração de um iniciado, onde o único propósito é uma devida sensação de desamparo, e amarrar para restringir o fluxo de sangue, a fim de ajudar a uma condição de transe. Como o texto enfatiza, a segunda coisa deve ser feita muito cuidadosamente; a menos que as instruções sejam seguidas meticulosamente, isso pode ser perigoso.

Sobre tomar a medida – Doreen nos conta que a prática de Gardner era medir ao redor da testa, não ao redor do pescoço; vide página 225. Hoje, quando a segurança não é mais um caso de vida ou morte, a medida é mantida como um símbolo de lealdade ao Coven, não como uma ameaça.

A Dança do Encontro

A Donzela deve conduzir. Um homem deve colocar ambas as mãos em sua cintura, posicionando-se atrás dela, e homens e mulheres alternados fazem o mesmo, a Donzela conduz e eles dançam, seguindo-a. Ela finalmente os conduz em uma espiral horária. Quando o centro for alcançado (seria melhor se este fosse marcado com uma pedra) ela subitamente se vira e dança de volta, beijando cada homem assim que vai passando por eles. Todos os homens e mulheres se viram igualmente e dançam de volta, homens beijando as garotas e garotas beijando os homens. Todos ao compasso de música, esse é um jogo alegre, mas deve ser praticado para ser bem feito. Note, o músico deve observar os dançarinos e acelerar ou tornar mais lenta a música conforme for o melhor. Para os iniciantes ela deve ser lenta, ou haverá confusão. Isso é excelente para fazer as pessoas se conhecerem umas às outras em grandes reuniões.

Uma brincadeira muito alegre, de fato, e nenhum comentário é necessário ser feito aqui – exceto para dizer que, enquanto a maior parte da música para Círculo nestes dias provém (tristemente, talvez) de fita magnética ou disco[144], esta é certamente uma das ocasiões para utilizar um músico caso você tenha um. Em nosso Coven, temos a sorte de ter três membros que podem tocar o *bodhrán* (o tambor de mão irlandês, ideal para esta dança do tipo Conga) e dois violonistas. Pessoas assim não devem ser desperdiçadas.

Sobre as Chamadas

Desde muito tempo existiram cânticos e canções que eram utilizados especialmente nas danças. Muitas destas têm sido esquecidas por nós aqui; mas sabemos que eles usavam gritos de IAU, HAU, que parece muito com o grito dos antigos: EVO ou EAVOE. Muito depende da pronúncia caso seja assim. Em minha juventude, quando eu ouvia o grito IAU isso parecia ser AEIOU, ou mais ainda HAAEE IOOUU ou AA EE IOOOOUU. Isso pode ser nada mais do que um modo de prolongá-lo para adequar o mesmo para uma chamada; mas sugere que estas sejam as iniciais de uma invocação, como AGLA costumava ser. E de verdade, todo o alfabeto hebreu é dito como assim sendo e, por esta razão, é recitado como um encantamento muito poderoso. Por fim é certo que, esses gritos durante as danças têm um efeito realmente poderoso, como eu mesmo tenho visto.

Outras chamadas são: IEHOUA e EHEIE. Também: HO HO HO ISE ISE ISE.

IEO VEO VEO VEO VEOV OROV OV OVOVO pode ser um encantamento, mas parece muito mais uma chamada. É como o EVOE EVOE dos gregos e o "Heave ho!" dos marinheiros. "Emen hetan" e "Ab hur, ab hus"

144. N. do T.: nos dias atuais, sugerimos que as fitas cassetes sejam substituídas por CDs e MP3 ou que você ambiente seus rituais com cânticos sagrados cantados pelos membros do próprio Coven. Existe um número imenso de canções amplamente conhecidas pela comunidade pagã que podem ser facilmente acompanhadas com tambores, chocalhos e outros instrumentos de percussão durante os rituais.

parecem chamadas; como "Horse and hattock, horse and go! Horse and pellatis, ho, ho, ho!". "Thout, tout a tout tout, throughout and about" e "Rentum tormentum" são provavelmente tentativas mal pronunciadas de uma fórmula esquecida, embora eles possam ter sido inventados por algum infeliz sendo torturado, a fim de escapar de revelar a fórmula verdadeira.

Doreen nos conta: "Eu copiei isso textualmente do livro de Gerald, como ele por sua vez parece ter copiado pelo menos a primeira parte de um livro mais antigo de outro alguém, porque Gerald não poderia ter falado sobre ter sido um Bruxo 'em minha juventude'."

Tal como a passagem *Poder*, esta sugere uma mente inteligente falando ou escrevendo sobre material herdado, e especulando sobre suas fontes e significado. O estilo é moderno com intrusões pseudo-arcaicas – a última inserção, nós arriscaríamos, feitas por um copista mais do que o escritor ou orador original.

O Cone de Poder

Este era o método antigo. O Círculo era marcado e as pessoas paravam para açoitar os dançarinos. Um fogo ou uma vela ficava dentro dele na direção onde o objeto do rito supostamente devia estar. Então todos dançavam em volta até que achassem que tinham gerado poder suficiente. Se o rito fosse para banir eles iniciavam no sentido horário e terminavam em sentido anti-horário, tantas voltas quanto fossem.

Então formavam uma linha com as mãos dadas e se precipitavam na direção do fogo gritando o que quisessem. Eles prosseguiam assim até que estivessem exaustos ou até que alguém caísse em fraqueza, quando então diziam ter enviado o encantamento para seu destino.

Doreen comenta: "Gerald me contou que este era o modo pelo qual os ritos contra a invasão de Hitler foram conduzidos em New Forest durante a Segunda Guerra Mundial. Ele disse que houve uma tradição de que rituais similares foram conduzidos contra a Armada Espanhola e contra Napoleão." Nós ressaltamos que, embora esta passagem esteja intitulada como *O Cone de Poder*, esta é apenas uma aplicação particular (embora certamente muito poderosa) do Cone, que é também imaginado como sendo erguido pela Runa das Bruxas e por tais coisas como a Corda Mágica e a Junção de Mãos Unidas (págs. 507-8).

Da Ordália da Arte Mágica

Aprenda sobre o espírito que vai com fardos que não tem honra, pois é o espírito que curva os ombros e não o peso. A armadura é pesada, embora seja um fardo orgulhoso e um homem se mantenha erguido dentro dela. Limitar e constranger quaisquer dos sentidos serve para aumentar a concentração de outro. Fechar os olhos ajuda a audição. Assim a amarração das mãos do iniciado aumenta a percepção mental, ao passo que o açoite aumenta a visão interior. Então o iniciado passa por isso orgulhosamente, como uma princesa, sabendo que isso serve para nada mais do que aumentar a sua glória.

Mas isso pode ser feito apenas com a ajuda de outra inteligência e dentro de um Círculo, para evitar que o poder assim gerado seja perdido. Os padres tentam fazer o mesmo com seus açoitamentos e mortificações da carne. Mas falta o auxílio das amarras e sua atenção é distraída por seus próprios açoitamentos, e qualquer pequeno poder que eles produzem é dissipado. Como eles usualmente não trabalham dentro de um Círculo, não é de se admirar que muitas vezes falhem. Monges e ermitões fazem melhor, pois eles estão aptos a trabalhar em pequenas celas e cavernas, o que de alguma forma funciona como Círculos. Os Cavaleiros do Templo, que costumavam se açoitar uns aos outros dentro de um octógono fizeram ainda melhor; mas eles aparentemente desconheciam a virtude das amarras e fizeram mal, homem a homem.

Talvez alguns realmente soubessem? E quanto a acusação da Igreja de que eles usavam faixas ou cordas?

Isso nos parece como material genuinamente antigo que tem sido copiado e recopiado (pode-se notar o uso inconsistente do sufixo "*-eth*" no texto original em inglês, um erro que poderia facilmente se prolongar). As duas últimas sentenças parecem como uma nota de rodapé posterior do copista talvez do próprio Gardner, uma vez que Doreen diz que ele era bem letrado sobre o estudo dos Cavaleiros Templários.

Para Conseguir a Visão

A visão vem para diferentes pessoas em modos diversos; é raro que ela venha naturalmente, mas ela pode ser induzida de muitos modos. Meditação profunda e prolongada pode fazer isso, mas apenas se você for natural, e geralmente um jejum prolongado é necessário. Há muito tempo os monges e freiras obtiveram visões por meio de longas vigílias, combinadas com jejum e flagelação até sangrarem; outras mortificações da carne eram praticadas tais que resultavam em visões.

No Oriente, eles tentavam por meio de torturas, sentavam-se em uma posição restrita que retardava o fluxo de sangue; estas torturas, longas e contínuas, deram bons resultados.

Dentro da Arte nos é ensinado um modo mais fácil, isto é, intensificar a imaginação ao mesmo tempo controlando o suprimento de sangue, isso pode ser mais bem feito utilizando o ritual.

Incenso é bom para propiciar os ânimos, também para induzir o relaxamento ao aspirante e para auxiliar a construir a atmosfera necessária para a sugestionabilidade. Mirra, goma de mastique, raízes de junco aromáticas, casca de canela, almíscar, junípero, sândalo e ambargris, em combinação, são todos bons, mas o melhor de todos é o patchouli.

O Círculo tendo sido formado, e tudo devidamente preparado, o aspirante deve primeiro atar e trazer seu tutor para dentro do Círculo, invocar os espíritos adequados à operação, dançar ao redor até a vertigem, enquanto se invoca e anuncia o objetivo do trabalho, então ele deve usar o flagelo. Agora o tutor deve por sua vez atar o aspirante – mas muito de leve, de forma a não causar desconforto – mas o suficiente para retardar o sangue levemente. Novamente eles devem dançar ao redor, então no Altar o tutor deve usar o flagelo com golpes leves, regulares, vagarosos e monótonos. É muito importante que o pupilo veja os golpes chegando, pois isso tem o efeito de indução e ajuda grandemente a estimular a imaginação. É importante que os golpes não sejam duros, sendo o objetivo não mais do que trazer o sangue para aquela parte e afastando-o do cérebro; isso, com a amarração leve, desacelerando a circulação do sangue, e a indução, logo induz a um torpor sonolento. O tutor deve observar isso e, tão logo o aspirante fale ou adormeça, o flagelo deve cessar. O tutor deve também ficar atento para que o pupilo não fique frio, e se ele se debater ou parecer aflito deve ser despertado de uma só vez.

Não fique desencorajado caso nenhum resultado surja no primeiro experimento – os resultados geralmente acontecem após duas ou três tentativas. Será percebido que após duas ou três tentativas ou experimentos os resultados virão, e logo, mais rapidamente; e também em breve muito do ritual poderá ser abreviado, mas nunca se esqueça de invocar a Deusa ou de formar o Círculo, e para bons resultados é sempre melhor fazer muito ritual no início do que pouco.

Foi descoberto que esta prática muitas vezes de fato provoca o afeto entre aspirante e tutor, e isso é uma causa de melhores resultados caso seja assim. Se por alguma razão não for desejável que haja grande afeto entre aspirante e tutor, isso pode ser facilmente evitado por ambas as partes desde o começo, resolvendo firmemente em suas mentes que se surgir algum afeto será aquele entre irmão e irmã, ou pais e filhos, e é por esta razão que um homem pode ser ensinado apenas por uma mulher e uma mulher por um homem, e pela qual homem com homem ou mulher com mulher nunca devem tentar estas práticas juntos, e que todas as maldições dos Poderosos possam estar sobre qualquer um que faça esta tentativa.

Lembre-se, o Círculo devidamente construído é sempre necessário para evitar que o poder liberado seja dissipado; ele é também uma barreira contra quaisquer forças perturbadoras ou prejudiciais; pois para obter bons resultados você deve estar livre de todos os distúrbios.

E também, lembre-se de que escuridão, pontos de luz piscando em meio à escuridão em volta, incenso e os golpes compassados de um braço branco não são como efeitos de palco; são instrumentos mecânicos que servem para iniciar a sugestão que mais tarde libera o conhecimento que é possível para obter o êxtase divino e para obter o conhecimento e a comunhão com a Divina Deusa. Uma vez que tenha conseguido isso, o ritual é desnecessário, pois você pode alcançar o estado de êxtase à vontade, mas até então, ou, tendo-se obtido ou alcançado isso por si mesmo, você desejar trazer uma companhia até aquele estado de júbilo ritual, é o melhor.

Para Deixar o Corpo

Não é sensato se esforçar para sair de seu corpo até que você tenha obtido a Visão completamente. O mesmo ritual tal como conseguir a Visão pode ser utilizado, mas faça uso de um acolchoado confortável. Se ajoelhe de forma que você tenha suas coxas, barriga e peito bem apoiados, os braços esticados para frente e um para cada lado, de maneira que haja um sentimento decidido de ser puxado para frente. Assim que o transe for induzido, você deverá sentir um esforço para se lançar para fora do topo de sua cabeça. Deve ser aplicada uma ação de arrastar ao açoite, tal como para conduzir ou puxar você para fora. Ambas as vontades devem estar inteiramente em sintonia, mantendo um esforço constante e igual. Quando vier o transe, seu tutor poderá ajudá-lo chamando-o suavemente pelo seu nome. Você provavelmente se sentirá puxado para fora de seu corpo como se através de uma abertura estreita, e se encontrará de pé ao lado de seu tutor, olhando para o corpo sobre o acolchoado. Se esforce primeiramente para se comunicar com seu tutor; se ele tiver tido a Visão, provavelmente o verá. Não se distancie da área no início e é melhor ter ao seu lado alguém que já seja experiente em deixar o corpo.

Uma nota: quando, ao ter conseguido deixar o corpo, você desejar retornar de forma a fazer coincidir o corpo espiritual e o corpo material, PENSE EM SEUS PÉS. Isso fará com que ocorra o retorno.

Esta é a maior parte não ritualística do *Livro das Sombras* de Gardner, e nós deduzimos que ela prescreve uma prática que era fundamental para a tradição e atividades do Coven de New Forest que o treinou. É explicado cuidadosamente, com meticulosa ênfase sobre o relacionamento tutor-pupilo e sobre as defesas práticas, psíquicas e interpessoais necessárias. O propósito da amarração não tão forte e o açoitamento leve deliberado são claros: ajudar a trazer à tona o que pode variavelmente ser chamado de clarividência, expansão da consciência, abertura dos níveis, abertura do Terceiro Olho ou comunhão com a Deusa; e, num estágio mais avançado, projeção astral. (É interessante que o texto não usa nenhum dos termos técnicos do ocultismo contemporâneo ou da pesquisa psíquica tais como "projeção astral" ou "corpo astral"; isso sugere fortemente uma tradição passada de pessoa a pessoa desde, pelo menos, antes da segunda metade do século 19). Distorcer isso em uma alegação de que o próprio Gardner tinha um ímpeto doentio pela flagelação, quer seja sádica, quer seja masoquista (e o procedimento aqui descrito claramente não é nenhum destes), é insensatez.

Pode haver diferenças de opinião sobre se o procedimento descrito pode ser perigoso; o que não deve ser negado é que o texto explicitamente assegura que este *será* seguro, e para cessá-lo de uma vez caso haja alguma dúvida.

Comentário de Doreen: "A razão pela qual utilizamos o açoite é muito simples – ele funciona! O que o velho Gerald descreveu é um modo muito prático de se fazer magia. Eu falo por experiência própria quando digo que isso faz o que ele afirmou que fizesse, e eu não ligo para o que qualquer um possa dizer sobre ser 'esquisito' ou qualquer outra coisa. Talvez o açoite tenha sido associado com aspectos sexuais estranhos; porém, muito antes disso, ele era parte de práticas mágicas e místicas muito antigas. Você pode encontrar menção sobre ele desde o Antigo Egito e desde a Antiga Grécia; e sem dúvida está familiarizado com a famosa cena da Vila dos Mistérios, em Pompéia, que mostra um recém-iniciado sendo açoitado – um ponto ao qual Gerald se refere em *Bruxaria Hoje*. Embora a descrição em Para Conseguir a Visão particularmente se refira a obter clarividência, eu também a achei muito incentivadora à visualização mágica.

O que achamos que deve ser enfatizado (como faz o *Livro das Sombras*) é que quando o açoite é usado na prática Wiccaniana, não se deve esperar por ou infligir nenhuma dor; ele é sempre usado com suavidade. Seu propósito ou é simbólico (como, por exemplo, na Lenda da Descida da Deusa) ou é usado para induzir ao transe por uma leve hipnose e a redistribuição da circulação do sangue.

Os Instrumentos de Trabalho

Não existem lojas de suprimentos mágicos, então, a menos que você tenha sorte suficiente para ganhar de presente ou comprar instrumentos, uma Bruxa pobre precisa improvisar. Mas quando pronta, você deve estar em condições de conseguir emprestado ou obter um Athame. Então, tendo feito seu Círculo, erga um altar. Qualquer mesa pequena ou baú servirá. Deve haver fogo sobre ele (uma vela será suficiente) e o seu livro. Para bons resultados incenso é melhor se você puder obtê-lo, porém carvões dentro de um prato queimando ervas de aroma doce é o suficiente. Um Cálice, caso você tenha bolos e vinho e uma travessa com os sinais gravados dentro da mesma com tinta, mostrando um Pentáculo. Um Açoite é feito facilmente (note, o Açoite tem oito tiras e cinco nós em cada tira). Consiga uma Faca de Cabo Branco e um Bastão (uma Espada não é necessário). Corte as marcas com o Athame. Purifique tudo, então consagre seus instrumentos da forma apropriada e esteja sempre devidamente preparado. Mas lembre-se sempre de que as operações mágicas são inúteis a menos que a mente possa ser trazida para a atitude correta, estimulada até o último nível.

As afirmações devem ser feitas claramente, e a mente deve ser inflamada com desejo. Com este frenesi de vontade você pode fazer muito com instrumentos simples tanto quanto com o kit de instrumentos mais completo. Mas instrumentos bons e especialmente antigos têm sua própria aura. Eles realmente ajudam a trazer aquele espírito de reverência, o desejo de aprender e desenvolver os seus poderes. Por este motivo os Bruxos sempre tentam obter instrumentos de feiticeiros que, por serem homens experientes, fabricam bons instrumentos e os consagram bem, concedendo a eles um grande poder. Mas os instrumentos de uma grande Bruxa também ganham muito poder; e você deve sempre se esforçar em fazer quaisquer instrumentos que possa fabricar a partir dos melhores materiais que puder obter, para que, ao fim, eles possam absorver o seu poder o mais facilmente. E, naturalmente, se você puder herdar ou obter os instrumentos de outra Bruxa, o poder fluirá a partir destes.

A declaração de que "não existem lojas de suprimentos mágicos" obviamente não é mais verdadeira; e tem havido outros desenvolvimentos na prática Wiccaniana desde que esta passagem foi escrita. Embora uma Espada não seja estritamente necessária (o Athame servindo para os mesmos propósitos), a maioria dos Covens agora gosta de ter uma – um símbolo de identidade do Coven em contraste com os Athames, que são símbolos da identidade de cada Bruxo em particular.

Também, para a maioria dos Covens, a Taça ou Cálice é um dos símbolos mais importantes (representando o princípio feminino e também o elemento da Água) e não um mero acessório "caso você tenha bolos e vinho", embora a aparente degradação do Cálice nesse texto possa ter sido um "ocultamento" deliberado, pelas razões que foram expostas a Gardner e as quais nós explicamos na página 529.

Mas tendo à parte estes pontos menores, os princípios estabelecidos nessa passagem são tão válidos como nunca.

Nós consideramos interessante a implicação de que as Bruxas podem ter estado em contato com "Feiticeiros" (significando o que hoje poderíamos chamar de "magos rituais").

Fabricando Instrumentos

É uma antiga crença que as melhores substâncias para fabricar instrumentos são aquelas que uma vez tiveram vida dentro de si, em oposição a substâncias artificiais. Então, madeira ou marfim é melhor para um Bastão do que metal, que é mais apropriado para espadas ou facas. Papel pergaminho virgem é melhor do que papel manufaturado para os talismãs, etc. E coisas que tenham sido feitas à mão são boas, porque existe vida nelas.

Não há necessidade de comentário.

Para Fazer Unguento Para Unção

Pegue uma panela vitrificada meio cheia de gordura ou óleo de oliva. Coloque dentro folhas esmagadas de menta doce. Ponha a panela em banho--maria. Agite de vez em quando. Após quatro ou cinco horas despeje em um saco de linho e faça transpassar a gordura, torcendo o pano, despejando-a de volta na panela e enchendo com folhas novas. Repita até que a gordura tenha sido impregnada com o aroma. Faça o mesmo com manjerona, tomilho e folhas secas e trituradas de patchouli, e você deve tê-las (pois elas são as melhores de todas). Quando estiverem fortemente impregnadas, misture todas as gorduras juntas e guarde em uma jarra bem tampada.

Passe atrás das orelhas, na garganta, no peito e no ventre. Em ritos onde "Abençoados sejam..." possa ser dito, passe nos joelhos e nos pés, como também para ritos relacionados com jornadas ou guerra.

Nosso velho amigo o pseudo-arcaico copista esteve novamente em ação aqui; um par de seus clichês favoritos é claramente percebido nesse texto obviamente moderno. Mas a própria receita vale a pena de ser experimentada e é possivelmente muito mais antiga do que o texto presente.

"Jornadas ou guerra": o aroma de menta, manjerona, tomilho e patchouli no Metrô de Londres, ou na linha frontal do Pelotão Nº. 4, pode não ser a ideia de todos sobre magia prática. Mas para falar a verdade – a elaboração e preparação de unguentos corporais para adequar as personalidades individuais de Bruxas, ou a ênfase de ritos particulares, é válida de se buscar, especialmente se vocês tiverem um membro do Coven que é versado na preparação de tais coisas. Mas seu uso é melhor confinado ao Círculo Mágico e para praticar "vestidos de céu" (a menos que vocês queiram gastar metade de seu tempo livre lavando robes).

Várias Instruções

Uma nota sobre o Ritual do Vinho e dos Bolos. É dito que nos dias antigos, cerveja clara ou hidromel foram muitas vezes utilizadas ao invés de vinho. E que bebidas alcóolicas destiladas ou qualquer coisa pode ser usada, "desde que tenha vida" (isto é, tenha um estimulante).

Nós questionamos a moderna adição em parênteses. "Tenha vida" nos parece significar muito mais "seja de origem orgânica". Hidromel é a bebida favorita das Bruxas e poderia se adequar neste ponto por ser tanto vegetal como animal em sua origem, já que ela é baseada no mel que as abelhas produzem do néctar da flor. Cerveja era a bebida ritual dos antigos egípcios.

Todos são irmãos e irmãs, por esta razão; que até mesmo a Alta Sacerdotisa deve se submeter ao açoite.

Quando ela está concedendo a alguém sua Iniciação no Segundo Grau, por exemplo.

A única exceção para a regra de que um homem só pode ser iniciado por uma mulher e uma mulher por um homem, é a de que uma mãe pode iniciar sua filha e um pai o seu filho, porque eles são partes de si mesmos.

Ensinaram-nos que as iniciações mãe-filha e pai-filho eram permissíveis "em uma emergência". É interessante que o *Livro das Sombras* de Gardner não faz tal qualificação.

Uma mulher pode personificar o Deus ou a Deusa, mas um homem pode personificar apenas o Deus.

Toda Bruxa assume um papel masculino ao empunhar a Espada; vide página 298.

Lembre-se sempre de que se for tentado a admitir ou se gabar de pertencer ao culto, você estará pondo em perigo seus irmãos e irmãs. Muito embora as fogueiras da perseguição tenham agora desaparecido, quem é que sabe quando elas possam ser ressuscitadas? Muitos padres têm conhecimento dos nossos segredos e eles sabem muito bem que grande parte da intolerância religiosa tem desaparecido ou suavizado, e sabem também, que muitas pessoas poderiam desejar se unir ao nosso culto se fosse conhecida a verdade sobre suas alegrias, levando as igrejas a possivelmente perder seu poder. Dessa forma, se fizermos muitos recrutas poderemos deflagrar as fogueiras da perseguição contra nós novamente. Assim guarde sempre os segredos.

Isso parece ser uma honesta observação e alerta do período após os séculos de perseguição, mas antes de o renascimento do ocultismo e da Bruxaria no século 20. A situação tem mudado grandemente nas décadas recentes. Porém, toda Bruxa deve ter em mente que a perseguição, de uma forma ou de outra, pode sempre erguer sua cabeça monstruosa novamente. E mesmo agora, deveria ser uma regra absoluta que nenhuma associação do Bruxo com a Arte seja revelada, exceto por sua própria e livre opção.

Aqueles que tomam parte num rito devem saber exatamente quais resultados desejam obter, e todos devem manter suas mentes firmemente fixadas no resultado desejado, sem devaneio.

Novamente, não há necessidade de comentários.

Fazendo o melhor de nós para sermos imparciais – que impressão geral obtemos desses textos, e deveras do *Livro das Sombras* como um todo?

Nós tivemos a firme impressão de uma tradição antiga e contínua mantida inicialmente de boca a boca e, mais tarde (talvez algum tempo no século 19, por escrito; reunindo interpretações, adições e os mal-entendidos ocasionais assim que ia progredindo; no período escrito, algumas vezes anotado por um professor e outras vezes anotado em ditados durante treinamentos. A variedade de estilos, a declaração em primeira pessoa ocasional, a declaração obscura que se tornou confusa – mesmo nosso amigo o copista pseudo-arcaico – tudo nos parece confirmar este retrato humano. Mas o espírito básico e a sabedoria consistente da mensagem parecem resplandecer através de tudo isso.

A única impressão que realmente *não* oferece, por qualquer esforço da imaginação, é a de uma total invenção de Gerald Gardner ou, nesse raciocínio, da Old Dorothy ou qualquer outra pessoa.

MAIS RITUAIS WICCANIANOS

VI — Puxando o Sol para Baixo

O Ritual de Puxar a Lua para Baixo (vide *Oito Sabbats para Bruxas*, págs. 45-6) é um elemento central na manutenção do Círculo de um Coven. Por meio dele, o Alto Sacerdote invoca o espírito da Deusa para dentro da Alta Sacerdotisa, usando sua polaridade masculina para invocar a divina essência para dentro da polaridade feminina dela. Se o ritual for bem-sucedido, então ela realmente se torna um canal da Deusa enquanto o Círculo durar (e muitas vezes o efeito da invocação pode perdurar nela após o Círculo ser banido). Alguns Bruxos parecem possuir um dom natural para Invocar a Lua; temos conhecido Bruxos de primeiro grau, convocados para conduzir um Círculo pela primeira vez, que induziram um surpreendente ar de autoridade em uma parceira feminina igualmente inexperiente. Outros homens têm que trabalhar duro para desenvolver esse dom, porém, dada a sinceridade e uma compreensão do significado do rito, ele sempre está lá aguardando para ser desenvolvido.

Que isso realmente funciona, ninguém que participou de mais que uns poucos Círculos pode duvidar. O Ritual de Puxar a Lua para Baixo, no Ritual de Abertura normal (vide Apêndice B, págs. 570-2), é imediatamente seguido pela Carga da Deusa (págs. 572-3); então é aqui que o efeito primeiro se manifesta.

A Deusa *realmente* se manifesta, no tom e na ênfase da condução da Carga da Deusa – muitas vezes para surpresa da Sacerdotisa que o conduz. Janet admite francamente que ela "nunca sabe como isso vai acontecer". Algumas vezes o próprio texto é completamente alterado, com um fluxo espontâneo que ela ouve com uma parte específica de sua mente. É como se a Deusa soubesse mais do que a Sacerdotisa simplesmente qual ênfase, ou encorajamento, ou mesmo qual advertência ou reprimenda se aplica para aquele Círculo em particular, e controlasse a Carga da Deusa em conformidade.

Uma vez que a Wicca é uma religião orientada à Deusa, depositar uma ênfase particular no "Dom da Deusa" (as faculdades intuitiva e psíquica) devido a natureza de seu trabalho[145], o processo complementar de invocar o espírito do Deus dentro do Alto Sacerdote ocorre menos frequentemente. O Alto Sacerdote de fato invoca o aspecto do Deus em nome de todo o Coven durante o Ritual de Abertura, por meio da invocação Grande Deus Cernunnos; e nos ritos de Imbolc, Equinócio da Primavera, Meio do Verão, Equinócio de Outono, Samhain e Festival de Yule, a Alta Sacerdotisa invoca o espírito do Deus dentro do Alto Sacerdote ou para uma finalidade específica ou por implicação. Porém, descobrimos que existem ocasiões quando é adequado que essa invocação tenha um peso e solenidade comparáveis com Puxar a Lua para Baixo. Por exemplo, existem ocasiões quando o trabalho em mãos pede por uma ênfase no equilíbrio de polaridade entre Sacerdotisa e Sacerdote – no "Dom da Deusa" e no "Dom do Deus" em perfeita harmonia.

Para aqueles que já sentiram a necessidade por tal rito, apresentamos o que segue – para o qual, Puxar o Sol para Baixo pareceria ser o título natural.

Doreen Valiente acha que pode ter havido alguma vez um ritual para este propósito na Arte, mas que este foi perdido ao longo dos anos.

Pelo fato de a Alta Sacerdotisa, representando a Deusa, estar sempre a cargo do Círculo, nós sugerimos que Puxar a Lua para Baixo deve sempre preceder Puxar o Sol para Baixo. A Alta Sacerdotisa então invoca o aspecto de Deus *em nome* da Deusa.

---

145. Gostaríamos de salientar novamente que isso não significa que, na Wicca, os aspectos da Deusa são mais importantes do que os do Deus; os dois aspectos são eternamente iguais e complementares. Para uma explicação mais completa da estrutura matriarcal da Wicca e ênfase no aspecto da Deusa, ver *Oito Sabbats para Bruxas*, págs. 23-7, e também capítulo XV do presente livro.

A Preparação

Nenhuma preparação em particular é necessária para este ritual – exceto que se o Coven possuir uma coroa de Alto Sacerdote, ele deverá usá-la.

O Ritual

Ao final de Puxar a Lua para Baixo, após as palavras da Alta Sacerdotisa "Aqui eu te fortaleço, neste sinal", ela e o Alto Sacerdote trocam de lugares, movendo-se no sentido horário, de forma que ele fique em pé com suas costas para o altar e que ela fique de frente para ele a partir do centro do Círculo.

O Alto Sacerdote pega seu Athame do altar e o segura em sua mão direita sobre seu peito esquerdo, apontando para cima.

A Alta Sacerdotisa dá a ela o Beijo Quíntuplo, como segue:

Abençoados sejam teus pés, que te trouxeram nestes caminhos
(beijando seu pé direito e então seu pé esquerdo.)

Abençoados sejam teus joelhos, que se dobrarão no altar sagrado
(beijando seu joelho direito e então seu joelho esquerdo).

Abençoado seja teu falo, sem o qual nós não existiríamos
(beijando-o logo acima do pelo púbico).

O Alto Sacerdote abre seus braços na Postura de Bênção, ainda segurando seu Athame em sua mão direita, apontando para cima.

A Alta Sacerdotisa continua:

Abençoado seja teu peito, formado em força
(beijando seu peito direito e então seu peito esquerdo).

Abençoados sejam teus lábios, que pronunciarão os nomes sagrados.

Eles se abraçam, por toda sua extensão, com os pés se tocando, e se beijam na boca. A Alta Sacerdotisa dá um passo para trás ajoelha-se e invoca:

Chamados profundos nas alturas,
a Deusa sobre o Deus,
Sobre ele que é a chama que a vivifica;
Que ele e ela possam tomar as rédeas de prata
E conduzir como um só a carruagem de par de cavalos.
Possa o martelo golpear a bigorna,
Possa o raio tocar a terra,
Possa a Lança avivar o Graal,
Possa a magia nascer.

Ela toca com seu dedo indicador direito a garganta dele, quadril esquerdo, peito direito, peito esquerdo, quadril direito e garganta novamente (formando assim o Pentagrama de Invocação do Fogo). Ela então estende para fora suas mãos, palmas para frente. Nesse meio tempo ela continua a invocar:

Em nome dela eu te invoco,
Poderoso Pai de todos nós
Lugh, Pan, Belin, Herne, Cernunnos
Vinde em resposta ao meu chamado!
Descei, eu oro a ti, em teu servo e Sacerdote.

A Alta Sacerdotisa fica em pé e dá um passo para trás. O Alto Sacerdote traça o Pentagrama de Invocação do Fogo na direção dela com seu Athame[146], dizendo:

Que haja luz!

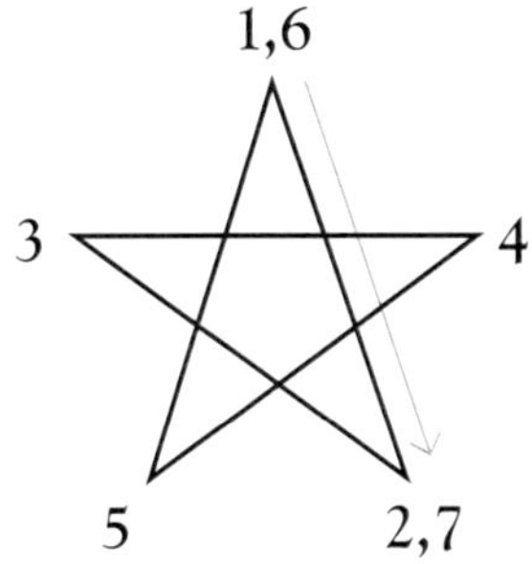

Figura 2

146. Ao fazer Pentagramas Invocantes ou de Banimento alguns Covens incluem um sexto traço ou "traço de selamento", como mostrado aqui; outros simplesmente retornam ao ponto de partida omitindo o traço de selamento, como era o costume da Golden Dawn (veja *Oito Sabbats para Bruxas*, pág. 44, nota de rodapé).

VII — O Ritual das Três Deusas

Os rituais Wiccanianos podem ser para adoração, para a geração e utilização de poder ou para a dramatização de conceitos arquetípicos. Alguns (tais como Iniciação, *handfasting* o e outros ritos de passagem) combinam mais de um desses elementos. Mas aqui está um exemplo de ritual, cujo intento central é a dramatização. Tais rituais servem a um propósito muito construtivo, porque eles ajudam quem toma parte a visualizar estes arquétipos vividamente como sendo reais e a construir conexões saudáveis entre suas percepções inconscientes e sua compreensão consciente sobre eles.

O conceito da Deusa Tríplice é tão antigo quanto o tempo; ele se cruza sucessivas vezes por mitologias muito diferentes e seu símbolo visual de maior impacto é a Lua em suas fases crescente, cheia e minguante. O fato de que o ciclo da Lua é refletido no ciclo menstrual das mulheres toca em aspectos profundos e misteriosos do princípio feminino, e da própria Deusa (sobre isso, o livro de Shuttle e Redgrove *The Wise Wound* – vide capítulo XV e Bibliografia – merece um estudo sério por parte de todo Bruxo, homem ou mulher). Todas as Deusas são uma só Deusa – mas ela se apresenta em vários aspectos, todos os quais se relacionam aos três aspectos fundamentais da Donzela (o encantamento, o começo, a expansão), da Mãe (a maturidade, a realização, a estabilidade) e da Anciã (a sabedoria, a atrofia e o repouso). Toda mulher, e todas as formas da Deusa, contém todos os três – cíclica e simultaneamente. Nenhuma mulher que falhe em compreender isso pode compreender a si mesma; e sem compreender isso, ninguém pode compreender a Deusa.

Nós compusemos este ritual enquanto estávamos ainda morando na Inglaterra, e a primeira vez em que o encenamos foi num ambiente ideal: a casa de um amigo, às margens de um rio em um campo isolado, com uma pequena ponte que levava a uma ilha privativa que ninguém mais conseguia alcançar. Naquela ilha, em uma clareira permeada por árvores finas, ao meio do som do rio que corria, pudemos acender nossa fogueira e conduzir nossos rituais "vestidos de céu" sem receio de interrupção. Infelizmente, casa e ilha foram há muito tempo vendidas para estranhos; mas nós lembramos do lugar com carinho.

Talvez, devido àquela recordação, apresentamos nosso Ritual das Três Deusas aqui com o propósito de tradição a céu aberto – tochas flamejantes e tudo mais. Entretanto, embora esse formato seja o ideal, se necessário o ritual poderá ser adaptado para operação entre paredes.

A Preparação

O Círculo é estabelecido na forma normal, mas com uma fogueira no centro (em um local fechado, o Caldeirão com uma vela dentro dele). Fora do Círculo, preferivelmente na direção Nordeste, ficará uma passagem com três pares de tochas inflamáveis (velas caso seja em local fechado), prontas para que as três Deusas as acendam assim que se aproximem por entre as tochas (velas). Material para acendê-las deve ficar à disposição e também algum material para a Anciã as apagar assim que ela partir; para as tochas flamejantes usamos uma lata aberta em uma extremidade e pregada à extremidade de um Bastão. Um sino, gongo ou címbalo de som razoável estará pronto sobre ou próximo ao altar.

Três Bruxas são escolhidas para encenar a Donzela, a Mãe e a Anciã. Caso estejam portando vestes, as cores tradicionais são o branco para a Donzela, vermelho para a Mãe e preto para a Anciã. Mesmo se o ritual for "vestido de céu", apenas a Anciã deve estar vestida de preto, preferivelmente com um capuz ou um lenço de cabeça dobrado como um capuz. A imaginação deve ser usada ao adornar a Donzela e a Mãe, caso estejam "vestidas de céu" ou portando vestes, a fim de manifestar o frescor da primavera da Donzela e a maturidade do verão da Mãe.

O Alto Sacerdote conduz o ritual; e já que a Alta Sacerdotisa poderá ser uma das Três, nós nos referimos a sua parceira de operações para a ocasião simplesmente como "a Sacerdotisa".

Nomes de Deusa adequados devem ser escolhidos para a Donzela, a Mãe e a Anciã, segundo o próprio histórico ou tradição do Coven. Aqui nós utilizamos três nomes irlandeses – Brid (pronunciado *Bríid*) para a Donzela, Dana para a Mãe e Morrighan para a Anciã. Brid ou Brigit, Deusa da Inspiração, é a que mais vezes é referida como tríplice – "as Três Brígidas" – na mitologia irlandesa, ela tem um ar de primavera ao seu redor; Dana é o nome irlandês predominante da Deusa-Mãe, e Morrighan, a Deusa das batalhas e do destino, é o mais poderoso dos aspectos da Deusa Negra.

O Ritual

O Alto Sacerdote consagra o Círculo, com todos dentro dele, exceto a Donzela e a Mãe, que estão na outra extremidade da passagem (fora de vista se possível). Os elementos são carregados ao redor e os Senhores das Torres de Observação são invocados.

A Sacerdotisa permanece de costas para o altar. O Alto Sacerdote e a Anciã olham um para o outro entre o altar e a fogueira, o Alto Sacerdote portando o Bastão. O resto do Coven fica de pé ao redor do perímetro do Círculo olhando para o centro, mas deixando livre a extremidade da passagem (que toca o Círculo). O Alto Sacerdote caminha ao redor da Anciã uma vez, no sentido horário, olha para ela novamente e diz:

> Dentro de cada homem e de cada mulher repousa o mistério da Mãe Negra de toda a criação, a governante dos oceanos, o centro estático ao qual todos devem retornar como seu prelúdio para renascer. Que ela venha a nós esta noite, mas de forma a não criar desequilíbrio nesta nossa Sacerdotisa _______ (nome de Bruxa) que irá representá-la; pois nenhum humano pode suportar o poder concentrado da Grande Mãe em seu aspecto negro; ao passo que no equilíbrio de seus Três Aspectos, todos estão seguros. Representes tu, portanto seu aspecto negro sem receio, sabendo que seus outros aspectos também estão presentes dentro de nosso Círculo. Com este Bastão eu te protejo e fortifico para tua tarefa.

O Alto Sacerdote então gesticula ritualmente na direção de cada uma das treze aberturas do corpo da Anciã por vez (vide página 306) com seu Bastão. Ele então usa o Bastão para fazer uma abertura no Círculo em frente à passagem. A Anciã deixa o Círculo ao longo da passagem para se reunir com a Donzela e a Mãe, e o Alto Sacerdote fecha a abertura com o Bastão[147]. Ele repõe o Bastão sobre o altar.

O Alto Sacerdote então dá o Beijo Quíntuplo na Sacerdotisa (mas Puxar a Lua para Baixo não é encenado e a Carga da Deusa não é proferida). Ele então conduz as invocações *Bagabi laca bachahé* e Grande Deus Cernunnos.

Alto Sacerdote, Sacerdotisa e Coven circulam com a Runa das Bruxas. O Coven retorna ao perímetro. Em seguida, os dois consagram o vinho (com apenas um pouco de vinho no Cálice). A Sacerdotisa ergue o Cálice e diz:

> Dana, Terra antiga de incontáveis verões, Terra amada e útero do grão dourado, quente pulsar do coração da mata verde, nutrindo dentro de nós teu calor e teu amor; Senhora da Colheita e Mãe de todos nós – segurai-nos agora próximos ao teu peito e preenchei-nos com tua generosidade, tu que sois a fonte de toda a vida.

Ela então esvazia o Cálice sobre o solo em frente ao altar. O Alto Sacerdote preenche o Cálice e o repõe sobre o altar e então olha para a passagem e invoca com uma voz clara:

> Brid da Lua crescente, filha da primavera, suave Deusa das Flores, nós te chamamos. Vinde ao nosso Círculo e trazei-nos o hálito da primavera. Preenchei-nos com tua música e risos prazerosos. Que haja o desabrochar de sob teus pés e que o cantar da água seja a tua voz. Vinde ao nosso Círculo, Brid da Lua crescente.

A Sacerdotisa toca o sino três vezes.

A Donzela se aproxima do Círculo ao longo da passagem de tochas e acende o par mais próximo ao Círculo. Ela então caminha no sentido horário por fora do Círculo e fica em pé atrás da vela do Leste.

O Alto Sacerdote, ainda olhando para a passagem, invoca:

> Dana da Lua cheia, tu, Grande Mãe, a mais maravilhosa Senhora das Terras do Verão; nós te chamamos. Vinde no vento do verão, trazendo-nos grãos maduros e frutas doces. Preenchei-nos com o prazer da maturidade; ensinai-nos a sabedoria da realização; banhai-nos na glória refletida de teu consorte, o Sol. Vinde ao nosso Círculo, Dana da Lua cheia.

A Sacerdotisa toca o sino sete vezes.

---

147. Como explicamos em *Oito Sabbats para Bruxas*, sempre que alguém tem que entrar ou deixar um Círculo, um "portal" deve ser ritualmente aberto com um gesto anti-horário e fechado após o uso com um gesto horário. Normalmente isso é feito com uma Espada ou Athame, mas nesta ocasião a varinha pode ser usada adequadamente.

A Mãe se aproxima do Círculo ao longo da passagem de tochas, acendendo o par do meio. Ela então caminha no sentido horário por fora do Círculo e fica em pé atrás da vela do Sul.

O Alto Sacerdote, ainda olhando para a passagem, invoca:

MORRIGHAN DA LUA MINGUANTE, TU, A FACE MAIS SECRETA DA DEUSA; NÓS TE CHAMAMOS. TRAZEI-NOS O CONHECIMENTO DA RODA DA MORTE E RENASCIMENTO; CONCEDEI-NOS TEU PODER E A SABEDORIA PARA UTILIZÁ-LO CORRETAMENTE, POIS NÓS SABEMOS QUE UTILIZÁ-LO ERRONEAMENTE É ENVENENAR A ALMA. ENSINAI-NOS A UTILIZÁ-LO, NÃO PARA PREJUDICAR, MAS PARA CURAR. VINDE AO NOSSO CÍRCULO, MORRIGHAN DA LUA MINGUANTE.

A Sacerdotisa toca o sino nove vezes. A Anciã se aproxima do Círculo ao longo da passagem de tochas, acendendo o último par. Ela então caminha no sentido horário ao redor da parte externa do Círculo e fica em pé atrás da vela do Oeste.

Quando a Anciã estiver em seu lugar, o Alto Sacerdote pega o Bastão, abre o Círculo ao lado da vela do Leste e diz:

BRID, DEUSA-DONZELA DA LUA CRESCENTE – SEJA BEM-VINDA DENTRO DE NOSSO CÍRCULO.

A Donzela dá três passos para dentro do Círculo e o Alto Sacerdote fecha o Círculo atrás dela. Ele então a beija nos lábios, toma sua mão e a conduz deixando-a em pé em frente ao altar em sua extremidade Ocidental.

O Alto Sacerdote vai para o Sul, abre o Círculo ao lado da vela do Sul e diz:

DANA, DEUSA-MÃE DA LUA CHEIA – SEJA BEM-VINDA DENTRO DE NOSSO CÍRCULO.

A Mãe dá três passos para dentro do Círculo e o Alto Sacerdote fecha o Círculo atrás dela. Ele então a beija na mão direita e ainda segurando sua mão a conduz, deixando-a em pé em frente ao altar em seu centro, ao lado da Donzela. O Alto Sacerdote vai para o Oeste, abre o Círculo ao lado da vela do Oeste e diz:

MORRIGHAN, DEUSA-ANCIÃ DA LUA MINGUANTE – SEJA BEM-VINDA DENTRO DE NOSSO CÍRCULO.

A Anciã dá três passos para dentro do Círculo e o Alto Sacerdote fecha o Círculo atrás dela. Ele então a beija no pé direito, toma sua mão e a conduz, deixando-a em pé em frente ao altar em sua extremidade Oriental, ao lado da Mãe.

O Alto Sacerdote deixa o Bastão sobre o altar e pega a Espada. Ele caminha no sentido horário ao redor da fogueira e olha para a Deusa Tríplice através dela. Ele as saúda com a Espada (o cabo em frente ao rosto com a ponta para cima, move-a para baixo e na direção da fronte direita, cabo novamente à frente do rosto com a ponta para cima). Ele então reverte a Espada de forma que sua ponta fique sobre o chão, bem em frente aos seus pés, e repousa ambas as mãos sobre o cabo (ou apenas uma mão caso ele tenha que ler o texto). Ele diz:

Contemplai a Deusa de Três Formas;
Ela que é sempre Três - Donzela, Mãe e Anciã.
Ainda assim ela é sempre Uma;
Pois sem primavera não pode haver verão;
Sem verão, não há inverno;
Sem inverno, nenhuma nova primavera.
Sem nascimento, não há vida;
Sem vida, nenhuma morte;
Sem morte, não há repouso e nenhum renascimento.
A escuridão dá nascimento à luz,
A luz à escuridão,
Cada um necessitando do outro
Tal como o homem necessita da mulher,
E a mulher do homem
Assim é
Se ela não fosse Donzela, Mãe, e Anciã,
A própria Deusa poderia não existir
E tudo seria inexistência, Silêncio sem começo ou fim.
Contemplai a Deusa de Três Formas;
Ela que é sempre Três - Donzela, Mãe e Anciã.
Ainda assim ela é sempre Uma;
Ela em todas as mulheres, e todas elas nela.
Contemplai-a, recordai-a,
Não vos esquecei de nenhuma de suas faces;
Com cada alento, mantenha estas três em teu coração
Donzela, Mãe e Anciã;
Observai estas Três, que são Uma, com um amor destemido,
Que vocês, também, possam ser completos.

O Alto Sacerdote então caminha no sentido horário ao redor da fogueira até que ele alcance a passagem, onde ele abre o Círculo com sua Espada e diz para as Três:

Saudações a todas, e abençoadas sejam!

VIII — O Rito dos Treze Megalitos

Nosso próximo ritual – escrito por Janet –, também dramatiza conceitos arquetípicos. Esperamos que seja autoexplicativo, como deve ser com qualquer ritual efetivo; mas se a "explicação" fosse tudo, a letra impressa bastaria. A efetividade dos rituais repousa no conhecimento que geram, estando sempre acima das meras palavras.

Em si mesmo este é um ritual singelo, mas exige o teórico Coven ideal de seis casais homem-mulher e um líder (a Alta Sacerdotisa) que poucos grupos alcançaram um dia; nós nunca, certamente. De qualquer forma, isso poderia ser uma interessante peça teatral para ser representada em uma dessas ocasiões em que dois ou mais Covens se reúnem, selecionando um elenco de treze pessoas do total enquanto o resto assiste à representação.

Nós conseguimos realizá-lo somente algumas vezes, por essa razão especial, mas quando o conseguimos todo mundo apreciou e comprovamos que gerou um poder estranho e inesperado do qual todos saímos beneficiados. Depois de participar desse ritual pela primeira vez, um membro que estava há pouco tempo no Coven comentou que também era a primeira vez que sentia diretamente o poder psíquico, comparando a ser psicologicamente consciente disso.

Ele entendeu que era porque tinha representado um papel específico no ritual (o do Sol) e percebeu que cada um de nós estava fazendo uma contribuição única ao conjunto, o que fez tudo parecer mais real para ele. Uma sagaz observação – e um dos benefícios que este tipo de ritual nos ensinou é que ele nos fez lembrar que, mesmo em um grupo "ordinário" de elevação de poder, cada contribuição individual é única e, portanto, valiosa; e o trabalho ordinário subsequente é elevado pela lição.

Por certo, este problema de reunir um elenco adequado para levar a cabo qualquer rito determinado expõe uma característica tradicional que vale a pena mencionar. Quando é necessário, uma Bruxa pode fazer o papel simbólico de um homem. Ela simboliza isso portando a Espada; atua como um homem e é considerada e tratada como tal enquanto a carrega. Quando Joana d'Arc tomou a espada, diz-se que seus seguidores da Antiga Religião entenderam imediatamente o significado de seu ato como Donzela do reino. Mas a tradição insiste com firmeza que sob nenhuma circunstância um homem pode representar uma mulher. Veja as páginas 266-67 de *Bruxaria Hoje*, de Gerald Gardner e lembre-se também da sentença de Carl Jung: "Uma mulher pode identificar-se diretamente com a Mãe Terra, mas um homem não (exceto em casos de psicose)." *Collected Works*, Vol. IX, Part. 1, 2ª edição, parágrafo 193.

O lugar perfeito para representar este ritual seria, é óbvio, um Círculo megalítico, situando cada um dos treze participantes diante de cada uma das pedras. Mas isso também pode ser realizado no comum Círculo de nove pés em ambiente fechado.

A Preparação

Não é necessária uma preparação especial para este ritual, além daquelas normalmente feitas para um Círculo normal; mas pode ser uma boa ideia para cada participante ter suas palavras escritas em um pedaço separado de papel. Isso evitará ter que passar o *script* de mão em mão, o que seria difícil de toda forma se o ritual é realizado em um Círculo externo grande.

Se o ritual estiver sendo realizado em uma ocasião especial, como um Festival entre muitos Covens, o "diretor" terá liberdade para equipar cada participante com símbolos e vestes apropriados, quando existirem. Mas isso não é essencial. O que é essencial é que cada ator fale lentamente e com dignidade.

O Ritual

O ritual requer a participação da Alta Sacerdotisa, do Alto Sacerdote e de seis mulheres e cinco homens.

A Alta Sacerdotisa e o Alto Sacerdote se situam de frente ao altar e o resto do Coven se distribui ao redor do perímetro, homem e mulher, intercaladamente, no sentido dos ponteiros do relógio segundo a ordem de seus papéis atribuídos (assim, haverá uma mulher em cada extremo desta "ferradura").

O Ritual de Abertura procede como de costume, até a parte em que se "Baixa a Lua". Os nomes utilizados do Deus e da Deusa serão adequados às zonas megalíticas, como Cernunnos e Cerridwen, Dana ou Anu.

Depois de "Aqui eu te encanto, com este signo", a Alta Sacerdotisa e o Alto Sacerdote ficam de costas para o altar, ele à sua esquerda, fechando o anel do Coven.

Todos começam a girar lentamente em sentido horário, em silêncio, até que a Alta Sacerdotisa diz "Levantem-se". Ela fará isso em um momento quando ela e o Alto Sacerdote se encontrarem de novo em frente ao altar. Então todos olham para o interior do Círculo.

A Alta Sacerdotisa diz:

Sou a primeira dos Antigos. Contemplei o amanhecer do tempo, dos sóis além de nossa terra. Os homens me chamam a Deusa Pedra, antiga, imitável e sábia.

Então ela se move lentamente, com dignidade, para o centro do Círculo. Nessa posição ela encara cada uma das pessoas quando ele ou ela estiver falando.

O Alto Sacerdote diz:

Eu sou o segundo dos Antigos. Abri meus braços à primeira e esfriei seu fogo com meu fôlego. Eu fui o movimento primitivo, a primeira agitação dos ventos. Os homens me chamam Pai do Caos.

A mulher à sua esquerda diz:

Eu sou a terceira dos Antigos. Fui as águas sobre a face dos Dois. Em minhas profundidades se formou toda a vida. Meu rosto foi moderado pelo fôlego do Segundo. Os homens me chamam Mara, a Amarga, o Mar.

O homem que está à sua esquerda diz:

Eu sou o quarto dos Antigos. Eu dei meu calor aos Três. De meu brilho a Terceira recebeu a beleza. Os homens me chamam Sol.

A mulher à sua esquerda diz:

Eu sou a quinta dos Antigos. Eu dei minha luz à escuridão. Meu é o governo das marés, embora meu irmão, o Quarto, mostre um grande brilho, eu também possuo minha beleza. Os homens me chamam Virgem, e também me chamo Luna, a Lua.

O homem à sua esquerda diz:

Eu sou o sexto dos Antigos. Eu cavalgo a Terra com cascos fendidos, ou sobre asas de ar. Eu sou o caçador e a caça. O cervo e o cavalo, o pássaro e a fera me pertencem, com a ajuda da Quinta, cujo chamado todos devem responder, reproduzo minha espécie. Em sua luxúria, os homens matam por mim. Meu nome é Herne ou Pan, Cernunnos ou o Cornudo.

A mulher à sua esquerda diz:

Sou a sétima dos Antigos. Sou a Florida, todos os risos e alegrias são meus. Com o Sexto, chamo todos os seres viventes a unir-se a nossa dança. Sou a Eterna que não conhece destruição. O peixe prateado é meu, como o são todos os que fiam redes, os tecedores de sonhos. Os homens me conhecem como a Mãe e me chamam de a Grande.

O homem à sua esquerda diz:

Sou o oitavo dos Antigos. Sou um mistério, pois sou meu próprio gêmeo. Minhas duas caras são Vida e Luz. O Sol e os ventos que o esfriam têm ambos minha essência. Os homens me conhecem como o Movedor e o Fertilizador e me chamam Ar e Fogo.

A mulher à sua esquerda diz:

Sou a nona dos Antigos. Com o oitavo, sou a Totalidade, pois sou Amor e Lei. O Pai do Caos e o Mar Amargo são meus progenitores. Os homens me conhecem como A Que Alimenta e A Que Dá Forma, e chamam-me Água e Terra. Meu irmão o oitavo e eu somos o Círculo de quatro partes da Criação.

O homem que está à sua esquerda diz:

Sou o décimo dos Antigos. Sou o aluno de todos outros. Eu começo com Quatro, depois tenho Dois e termino com Três. Venho do ventre e vou ao útero. Não sou nada, mas mesmo assim sou o Senhor de Todos. Eu morrerei e mesmo assim voltarei. Sou bom, mas mais terrível que os que me precederam. Sou o Homem.

A mulher à sua esquerda diz:

Sou a décima primeira dos Antigos. Eu também sou a aluna. Com o Décimo, procuro a Verdade. Não existe Ele sem Ela. Meu é o grande Caldeirão da Criação, mas sempre sou Virgem. Sou inclusive mais terrível que o Décimo, pois a lógica e a razão não são minhas quando meus pequeninos são destruídos por qualquer um dos outros. Sou cálida, mas fria; doce, mas destrutiva. Reflito a Pedra e a Florida. Eu sou a Mulher.

O homem à sua esquerda diz:

Eu sou o décimo segundo dos Antigos. Fuja do meu rosto se preferir, mas saiba que eu sou o mais poderoso de todos. O Décimo e a Décima primeira dançam comigo, inclusive a Florida chora lágrimas estivais sob minhas ordens. Pois sou a Roda que sempre gira. Sou o Tecelão e o Tecedor e também corto as cordas prateadas do Tempo. Os homens me conhecem como Destino, eu sou o Hermafrodita.

A mulher à sua esquerda diz:

Sou a décima terceira dos Antigos. Sou a Sombra do Santuário e a Roda de Prata de Arianrhod. Sou temida embora amada e frequentemente desejada. Cavalgo minha égua branca sobre os campos de batalha e em meus braços os doentes e os esgotados encontram descanso. Estaremos juntos muitas vezes, pois embora seja a Vitoriosa, também sou a mais solitária dos Treze. Procurar os Doze é pensar que não sou mais que uma ilusão. A tristeza é para mim a décima terceira, e mesmo assim também é minha toda alegria, pois com meu abraço renovo a vida, compreender-me é encontrar, conhecer, recordar e amar de novo. Os homens me conhecem como a Morte, mas sou a Confortadora e a Renovadora, o princípio corretivo da criação. A foice e a coroa da vitória são minhas, pois de todos os Treze, sou a única que não é eterna.

Todo o Coven (exceto a Alta Sacerdotisa no centro), adianta-se, caso necessário, colocam suas mãos nos ombros dos demais com os braços retos, como numa dança grega, e começam a se mover juntos em sentido horário lentamente, dizendo em uníssono:

Somos o Círculo da Criação, os megalitos do passado, os guardiões do caminho do conhecimento, os treze Guardiões do Círculo Sagrado.

Enquanto o Coven se move em Círculo em sentido horário, a Alta Sacerdotisa levanta lentamente os braços, totalmente estendidos, sobre a cabeça. Quando estiver preparada para deter o movimento, baixa-os lentamente de novo aos lados. Então o movimento em Círculo continua até a próxima vez que o Alto Sacerdote passar em frente ao altar, momento em que ele e o Coven se detêm, baixam seus braços e permanecem olhando para dentro.

A Alta Sacerdotisa se reúne com o Alto Sacerdote junto ao altar, colocando-se à direita dele. Beija-lhe, e o beijo é passado de homem à mulher, de mulher a homem, ao redor de todo o Círculo. A Alta Sacerdotisa e o Alto Sacerdote consagram o vinho e o Cálice é passado ao redor em *deosil* da maneira habitual até que todos tenham compartilhado. Então ele é devolvido ao altar.

A Alta Sacerdotisa diz:

Ó Homem, Ó Mulher, aproximem-se.

O décimo (homem) e a décima primeira (mulher) adiantam-se e se colocam de frente à Alta Sacerdotisa e ao Alto Sacerdote. A Alta Sacerdotisa toma os pratos de bolos.

A Alta Sacerdotisa diz:

Ó Mulher, Ó Homem, Vocês que devem sondar os Mistérios que aqui foram revelados. Assim sempre foi, desde que vos demos nascimento. Por isso lhes damos este alimento, que sendo da Terra, é o fruto de todos nós para que possa abençoar a todos. Pois assim como necessitam dos Deuses, também os Deuses necessitam de vocês.

Todos dizem: Assim seja.

A Alta Sacerdotisa passa o prato de bolos ao homem e o Alto Sacerdote passa o Athame para a mulher. Homem e mulher abençoam os bolos e eles são passados ao redor, como de costume.

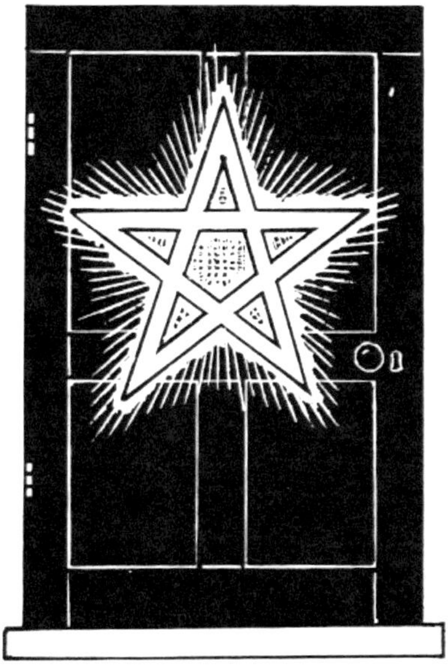

IX — Rituais de Proteção

O ritual mais básico, útil e protetor de todos para os Bruxos é o Círculo Mágico; sendo uma razão pela qual ele é consagrado no início de toda reunião de Coven, e não é banido até que a reunião tenha terminado. Fornecemos os procedimentos completos para consagrar e banir o Círculo em *Oito Sabbats para Bruxas* e no Apêndice B do presente livro.

Vale a pena ressaltar, ainda assim, que para uma reunião de Coven, proteção não é o único propósito do Círculo. De fato, pode-se argumentar que este não é nem mesmo seu propósito principal. A principal função de um Círculo para o Coven é "preservar e manter o poder que iremos gerar dentro de ti" – em outras palavras, concentrar e ampliar o esforço psíquico do grupo. Os Bruxos se reúnem para cultuar e gerar poder para trabalho útil; e para estes propósitos "uma fronteira entre o mundo dos homens e os reinos dos Poderosos" é estabelecida, uma cápsula astral intermediária entre os níveis, na qual o Cone de Poder pode ser construído e evitar que seja disperso até que chegue o momento de descarregá-lo para o propósito de trabalho decidido de antemão. A partir deste ponto de vista o Círculo é muito parecido com um cilindro em um motor de automóvel. Um jornal encharcado de gasolina se incendiado meramente se queimará; mas contenha a mesma quantidade de gasolina na forma de vapor e sob controle dentro do cilindro e provoque ignição fase a fase, que produzirá energia explosiva suficiente para se dirigir o carro por uma milha ou mais.

Há uma diferença de ênfase com relação ao Círculo do mago medieval; o poder que ele esperava isolar era aquele dos espíritos invocados dentro do Triângulo "fora" do Círculo, e seu Círculo era consagrado puramente para protegê-lo em tal encontro perigoso. Qualquer ponto fraco nele poderia destruí-lo tão seguramente como um furo em uma roupagem de astronauta.

Os Bruxos não invocam o tipo de perigo que os magos medievais esperavam controlar como se fossem domadores de leões; eles invocam a divindade, ou algumas vezes elementais da natureza – os últimos cuidadosamente, porém solidariamente, não tentando domá-los com cadeira e chicote. E o poder é gerado "dentro" do Círculo. Assim, a inclusão, muito mais do que exclusão, é a principal função de seu Círculo.

Eis o porquê dos Bruxos em operação muitas vezes se tornarem conscientes das entidades não desejadas que "tiram um partido", mas eles tendem a lidar com estas entidades de forma confiante assim que se manifestam, ao invés de alterar a ênfase do Círculo de forma a torná-lo inacessível em primeiro lugar. Isso não quer dizer que o Círculo dos Bruxos não tenha quaisquer funções protetoras; é declarado, entre outras coisas, como sendo "um escudo contra toda crueldade e todo mal". Entretanto, sugerimos que para a maioria das reuniões operativas a função protetora (diferentemente daquela do Círculo do mago) seja secundária.

Contudo, os Bruxos podem e de fato consagram Círculos puramente protetores quando surge a necessidade; ao redor da casa à noite quando se sente que o plano astral está turbulento, ao redor de suas camas quando um convidado da casa (muitas vezes sem querer) possui tendências vampirescas[148], ou mesmo ao redor de uma mesa quando houver trabalho a ser realizado o qual requeira concentração sem distúrbios. E assim por diante.

---

148. Por "tendências vampíricas" não queremos dizer, naturalmente, que seu convidado é capaz de saltar em você durante a noite e afundar seus dentes como no filme de terror em sua jugular. Bruxas e ocultistas usam o termo "vampiro" para descrever uma pessoa que drena energia daqueles que o rodeiam. O vampirismo não é necessariamente deliberado, ou mesmo consciente; e pode ser uma condição temporária. Por exemplo, idosos inválidos são muito propensos a vampirizar crianças pequenas, e é desaconselhável ter ambos dormindo na mesma casa se puder ser evitado. Se não puder, a Bruxa sábia ou os pais ocultista tomarão medidas para proteger a criança psiquicamente – lançando um Círculo ao redor do berço da criança, por exemplo. O vampirismo é um dos primeiros fenômenos que se aprende a detectar quando uma pessoa treina suas habilidades psíquicas, como temos percebido.

Com isso em mente, é importante ter uma ideia muito clara sobre o que é de fato um Círculo Mágico e como ele "se parece e como se sente a respeito dele" no plano astral. (Esta ideia clara é simplesmente muito importante para um Círculo normal de concentração e ampliação, naturalmente).

Em primeiro lugar, ele não é apenas um Círculo, mas uma esfera; e ela deve ser sempre visualizada deste modo. O Círculo é meramente o seu equador, a linha onde a esfera corta o solo. Quando alguém o estiver consagrando deve imaginar um eixo ereto no centro, com um arco semicircular partindo de seu topo, atravessando o solo na extremidade do Círculo pretendido e, assim, seguindo para baixo até o seu fundo. Enquanto alguém consagra o Círculo com uma Espada ou Athame, esta pessoa deve sentir que está puxando este arco semicircular em volta como a borda de uma cortina, construindo a esfera segmento a segmento como uma laranja reconstruída, até que se retorne ao ponto de partida e a esfera esteja completa. Isso pode parecer complicado, mas a figura 3 deve tornar o conceito claro; é uma prática de visualização que vale a pena exercitar até que se torne automática na consagração de qualquer Círculo.

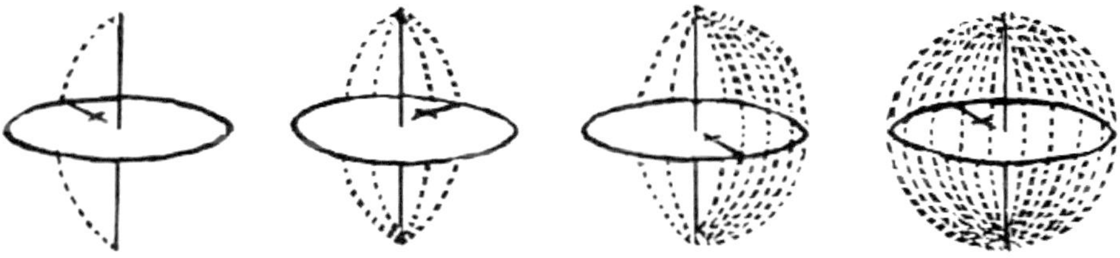

Figura 3

A própria esfera deve ser visualizada como um globo brilhante, transparente, azul-elétrico ou violeta brilhante, em uma linha ígnea da mesma cor onde ele corta o solo.

Quanto ao texto da consagração, se o Círculo tiver que ser puramente protetivo, as palavras "uma fortaleza e proteção que preservará e manterá o poder que nós vamos gerar dentro de ti" devem ser omitidas, porque nenhum poder será gerado; e ao invocar os Senhores das Torres de Observação, as palavras "para testemunhar nossos ritos" devem ser omitidas, porque nenhum rito será realizado.

Em situações de necessidade de proteção (que podem surgir muitas vezes, por exemplo, em público ou em companhia de não Bruxos) pode-se desejar consagrar um Círculo mentalmente, muitas vezes sem mostrar qualquer sinal externo de que a pessoa está assim operando.

Isso não é difícil com a prática; o que é exigido, tal como com o rito fisicamente encenado, é imaginação poderosamente concentrada e força de vontade; ações físicas certamente tornam tal concentração mais fácil, mas elas nunca podem torná-la menos necessária, e a operação puramente mental ocasional é um modo muito bom de desenvolvê-la. Consagrar um Círculo mental pode envolver qualquer coisa, desde uma rápida "construção" da esfera azul-elétrico, até uma completa visualização do ritual por inteiro, incluindo o aroma do incenso imaginado enquanto você o carrega ao redor e a sensação familiar do cabo do seu Athame na sua mão; o que depende das circunstâncias e do tempo disponível. Em uma emergência, o "construir" instantâneo, visualizado com uma enxurrada deliberada de esforço psíquico pode ser exatamente eficaz. Mas se você tiver tempo, e não estiver sendo perturbado, visualizar o ritual por inteiro é uma boa disciplina, e evitá-la pode denunciar indolência, o que enfraquece o efeito.

Uma coisa para se lembrar ao consagrar um Círculo de proteção: assegurar-se de incluir todos nas proximidades que estejam vulneráveis. Se você espera um ataque psíquico de fora, um Círculo que meramente cerque o seu quarto pode protegê-lo, mas o ataque frustrado poderá se lançar sobre um membro inocente de sua família em outro quarto. Ou, se como nós, você possuir aves e pôneis nas dependências externas da casa, eles podem tomar o impacto. Isso pode parecer paranoico ou super-imaginativo, mas é pura experiência prática – sofrida por nós mesmos e por outras pessoas.

Ritual das Aberturas do Corpo

Um método consagrado para a proteção psíquica de uma pessoa é o Ritual das Aberturas do Corpo. De fato, ele sela a alma em seus pontos mais vulneráveis[149] e pode ser usado pelos seguidores de qualquer tradição meramente alterando os Nomes de Poder. Recordamo-nos de tê-lo recomendado uma vez para uma amiga cristã que era sensitiva o suficiente para estar consciente de um perigo psíquico para ela própria, e ela usava-o com sucesso em nome de Cristo e com água da fonte de sua igreja.

149. Sobre esta questão de selar a aura, uma dica de Dion Fortune. Sua heroína em *A Sacerdotisa da Lua* (pág. 84) conta como, após um ataque psíquico, ela saiu da cama e foi para onde os restos da ceia repousavam sobre a mesa, "bebeu o que restou do leite e comeu um sanduíche, pois não há nada como comida para fechar os centros psíquicos". O inverso, é claro, demonstra que o trabalho psíquico positivo pode ser feito menos efetivo com o estômago cheio.

Nós aqui apresentamos, naturalmente, a forma Wiccaniana.

O Ritual das Aberturas do Corpo pode ser realizado ou por você mesmo ou por seu parceiro de trabalho. A pessoa a ser protegida deve estar "vestida de céu", por razões práticas óbvias.

Primeiro, consagre água e sal da maneira normal (vide páginas 42-43) e despeje o sal dentro da água. Os nomes do Deus e da Deusa podem ser aqueles normalmente usados ou podem ser escolhidos especialmente para a situação; por exemplo, se acabamos de escrever algo que possa provocar uma reação negativa, podemos invocar o Deus dos Escribas (digamos o Deus egípcio Thoth ou o Deus celta Oghma Grianaineach), com uma Deusa parceira apropriada (nesses casos, Ísis, Brid ou Dana, respectivamente).

Molhe o dedo indicador da mão direita com a mistura de água e sal e toque cada uma das aberturas do corpo por vez, dizendo a cada vez:

SEJA TU SELADO CONTRA TODO MAL.

Visualize fortemente os selos que você está criando. Molhe novamente seu dedo quando necessário, de forma que cada abertura receba a mistura consagrada.

As aberturas são como segue:

- Em um homem: olho direito, olho esquerdo, orelha direita, orelha esquerda, narina direita, narina esquerda, boca, mamilo direito, mamilo esquerdo, umbigo, extremidade do pênis, ânus (doze aberturas no total).
- Em uma mulher: olho direito, olho esquerdo, orelha direita, orelha esquerda, narina direita, narina esquerda, boca, mamilo direito, mamilo esquerdo, umbigo, uretra, abertura vaginal, ânus (treze aberturas no total).

Qualquer um dos mamilos excedentes também deve ser selado; estes são mais comuns do que geralmente se percebe, usualmente sendo pequenos, porém genuínos mamilos rudimentares posicionados na "linha do leite" correndo abaixo dos mamilos comuns. Se você acha que tem um, seu médico confirmará se ele é genuíno ou se é uma mera mancha da pele. (Eles costumavam ser considerados como "sinais da Bruxa" inquestionáveis e, por mais estranho que pareça, a Janet e também uma de nossas Bruxas e um dos nossos Bruxos, todos possuem um.).

Se você tiver qualquer tipo de ferida ainda não curada ou algum machucado em seu corpo, este também deve ser selado.

Tal como consagrando o Círculo, o Ritual das Aberturas do Corpo pode, quando a situação exige, ser realizado mentalmente ou astralmente, sem movimento físico. Em mais de uma ocasião Stewart, sentindo que Janet poderia estar sob ataque psíquico enquanto estava dormindo a seu lado, elaborou mentalmente todo o processo para ela, da consagração da água e do sal em diante – algumas vezes em substituição e outras em adição à consagração de um Círculo mental.

Isso levanta a questão: quando o Ritual das Aberturas do Corpo deve ser usado ao invés (ou tanto quanto) da consagração de um Círculo protetor? A reposta é: quando a pessoa em questão está *especificamente* sob ataque ou, por alguma razão, especialmente vulnerável (se ele ou ela estiverem doentes ou cansados, por exemplo). Isso também é útil quando a pessoa estiver fisicamente a caminho ou prestes a ter seu corpo físico exposto a uma situação psiquicamente perigosa. Novamente isso é um auxílio para a imaginação e a força de vontade. Um Círculo consagrado *pode* ser carregado por você enquanto se movimenta (temos muitas vezes consagrado um Círculo a redor de um carro em movimento, por exemplo), mas isso exige visualização deliberada e constante. Se a proteção ritual foi aplicada ao seu próprio corpo, todavia, sua mente aceita automaticamente que aquela proteção acompanhará o seu corpo por onde quer que ele vá, como uma armadura; assim um efeito maior é obtido com menos esforço.

Talismãs

Talismãs não são extamente rituais, embora sua confecção e consagração seja um ato ritual, então eles podem ser adequadamente mencionados aqui.

Um talismã é um objeto criado, ou adaptado, para um propósito mágico particular – um tipo de condensação física portátil de um feitiço, para ser vestido ou portado por quem se tenciona beneficiar. O propósito pode ser o sucesso em alguma atividade específica, porém, frequentemente é proteção contra um perigo específico. Exemplos populares dos dois tipos são: um pé de coelho carregado no bolso de um apostador para obter sucesso, e um medalhão de São Cristóvão no painel de um carro, para proteção.

Talismãs mágicos verdadeiros, contudo, são sempre confeccionados sob medida, ambos para o usuário e para o propósito pretendido, mais do que o pé de coelho ou o emblema de São Cristóvão, um talismã é designado e confeccionado para simbolizar precisamente o propósito e o usuário, e para conectar ambos. Ele é então consagrado com a intenção por trás de sua confecção firmemente em mente e carregado (simplesmente como o pé de coelho!) sempre que seu efeito for necessário.

Uma forma comum de talismã é feita recortando-se dois discos de papel ou pergaminho unidos por uma articulação. Isso oferece quatro superfícies sobre as quais símbolos podem ser desenhados ou escritos e todo o material pode ser fechado como um livro dentro de um simples formato de disco.

Suponhamos, por exemplo, que Stewart estivesse negociando com um editor a respeito de um de seus manuscritos e quisesse proteção contra uma possível astúcia ou armadilhas ocultas entre as letras miúdas do contrato (uma suposição puramente hipotética, nos apressamos a adicionar, porque temos um excelente agente literário e nenhuma dúvida sequer a respeito de nossos atuais editores!), ele poderia desenhar um talismã como esse da figura 4 e carregá-lo em seu bolso quando se sentasse à mesa para negociar.

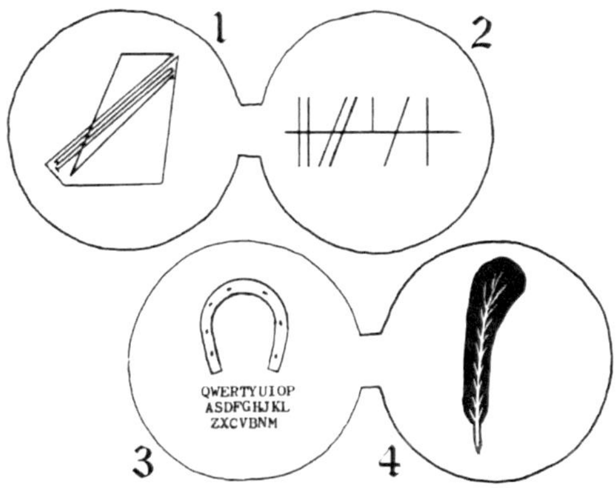

Figura 4

O simbolismo é o seguinte:

- Lado 1 – O nome de Stewart gravado sobre o quadrado mágico de Mercúrio, que é o Deus (e planeta) das Comunicações, e também o rapidamente sagaz que descobre o Ás na manga.
- Lado 2 – O nome de Oghma, Deus celta da Sabedoria e dos Escribas, gravado na escrita Ogham, da qual ele recebe o crédito de ter inventado.
- Lado 3 – A ferradura com as extremidades para baixo, símbolo dos ferreiros e ferradores (o nome Farrar significa “ferrador”). Ferreiros e ferradores são sempre considerados como magos naturais e apenas a eles foi permitido posicionar as extremidades da ferradura para baixo para derramar poder sobre a forja (ferreiros ainda pregam ferraduras em suas portas desta maneira). A “forja” de Stewart é naturalmente a sua máquina de escrever, assim, neste símbolo, a sua ferradura hereditária está derramando poder sobre as letras de um teclado de máquina de escrever.

* Lado 4 – A pena vermelha de Maat, Deusa egípcia da Justiça e Negociação Honesta. Devido a um afortunado duplo simbolismo, isso pode também ser considerado como a pena de escrever, emblema tradicional do escritor.

Nosso diagrama está em preto e branco, mas tintas coloridas poderiam naturalmente ser usadas para realçar ainda mais o simbolismo. Por exemplo, o Lado 1 poderia estar em laranja, a cor Cabalística de Hod/Mercúrio. O Lado 2 poderia estar em verde, uma vez que Oghma Grianaineach é o aspecto celta-irlandês do Deus dos Escribas. O Lado 3 poderia estar em preto, a cor do ferro e das fitas de máquina de escrever. E o Lado 4, naturalmente, em vermelho, a cor da pena de Maat.

E no caso de alguém se queixar de que este talismã mistura simbolismo romano, celta, egípcio, astrológico, tecnológico moderno e cabalístico, nós responderíamos – e daí? Nunca misturaríamos assim símbolos de sistemas em um ritual; mas um talismã é uma coisa *pessoal*, nesse caso, o que importa é a própria ressonância de Stewart com os símbolos que ele escolheu. Se *ele* estiver satisfeito com aquele complexo particular de símbolos, esta seria toda a justificativa de que necessita (sendo Stewart um Bruxo, poderíamos dizer que ele também ficaria feliz se ambos os aspectos do Deus e da Deusa fossem invocados).

Os quadrados mágicos dos planetas são muito úteis para desenhar talismãs, porque, como no exemplo anterior, um nome pessoal pode ser conectado diretamente a qualquer qualidade planetária apresentada. Esses quadrados são formados com quadrados menores, como um tabuleiro de xadrez, com números nos quadrados menores. Aqui estão os sete quadrados:

4	9	2
3	5	7
8	1	6

Saturno

4	14	15	1
9	7	6	12
5	11	10	8
16	2	3	13

Júpiter

11	24	7	20	3
4	12	25	8	16
17	5	13	21	9
10	18	1	14	22
23	6	19	2	15

Marte

6	32	3	34	35	1
7	11	27	28	8	30
19	14	16	15	23	24
18	20	22	21	17	13
25	29	10	9	26	12
36	5	33	4	2	31

Sol

22	47	16	41	10	35	4
5	23	48	17	42	11	29
30	6	24	49	18	36	12
13	31	7	25	43	19	37
38	14	32	1	26	44	20
21	39	8	33	2	27	45
46	15	40	9	34	3	28

Vênus

8	58	59	5	4	62	63	1
49	15	14	52	53	11	10	56
41	23	22	44	45	19	18	48
32	34	35	29	28	38	39	25
40	26	27	37	36	30	31	33
17	47	46	20	21	43	42	24
9	55	54	12	13	51	50	16
64	2	3	61	60	6	7	57

Mercúrio

37	78	29	70	21	62	13	54	5
6	38	79	30	71	22	63	14	46
47	7	39	80	31	72	23	55	15
16	48	8	40	81	32	64	24	56
57	17	49	9	41	73	33	65	25
26	58	18	50	1	42	74	34	66
67	27	59	10	51	2	43	75	35
36	68	19	60	11	52	3	44	76
77	28	69	20	61	12	53	4	45

Lua

Em cada quadrado os números, em qualquer fileira, horizontal ou vertical, apresenta a mesma somatória de valores. Estas somatórias são: para Saturno 15, para Júpiter 34, para Marte 65, para o Sol 111, para Vênus 175, para Mercúrio 260 e para a Lua 369.

Outros símbolos planetários úteis na confecção de talismãs são apresentados juntamente aos próprios quadrados em muitos livros, como, por exemplo, na obra de Barrett, *O Magus*, que foi publicada em 1801 e está disponível em reimpressões modernas. *O Magus*, um compêndio fascinante de magia cerimonial tradicional, inclui uma seção inteira sobre magia talismânica. Mas o livro mais facilmente acessível sobre o assunto é a obra de Israel Reardie *How to Make and Use Talismans*, um dos pequenos livretos da série *Paths to Inner Power*.

Incidentalmente, existe um erro na versão de Barrett do Quadrado de Vênus, que Regardie infelizmente repetiu. O terceiro número a partir da esquerda, na segunda fileira para baixo, deveria ser 48, não 43; você pode confirmar isso checando as somatórias das fileiras.

Nomes são transformados em sigilos convertendo as letras em números e então traçando uma linha contínua de número em número por meio do quadrado mágico escolhido. Aqui está a tabela de conversão:

1	2	3	4	5	6	7	8	9
A	B	C	D	E	F	G	H	I
J	K	L	M	N	O	P	Q	R
S	T	U	V	W	X	Y	Z	

Tomando nosso exemplo – o nome STEWART FARRAR então se converte para 1255192619919.

Outro livro útil para fabricantes de talismãs é o *777* de Crowley; suas volumosas tabelas de correspondências podem ser muito úteis para selecionar símbolos que vão expressar os conceitos que você deseja incorporar.

Você pode fazer um talismã tão simples ou tão complicado quanto quiser; a velha e boa regra básica se aplica que, o objeto finalizado deve lhe causar a impressão de "sentir que está certo" em relação a si mesmo. Mas no caso dos talismãs, há uma vantagem da complexidade; a pesquisa, a habilidade de pensar e projetar envolvidas de fato lhe ajudam a enraizar o propósito do talismã firmemente em sua mente e a construir a forma-pensamento forte que é a verdadeira "peça que funciona"; o talismã físico é, por assim dizer, uma boia à qual a forma-pensamento pode se firmar.

Uma vez que o talismã esteja completo, ele deve ser consagrado. Sugerimos a forma elemental de consagração apresentada nas páginas 264-5.

Proteção do Lar

A melhor proteção psíquica da sua casa é uma saudável atmosfera psíquica dentro da própria casa, que (à parte de ser desejável de qualquer forma) lida automaticamente com a maioria das influências externas indesejáveis por meio do Efeito Bumerangue (vide página 233). Você também deve se recordar sempre da regra oculta básica: "A única coisa a temer é o próprio medo." Uma confiança tranquila é a melhor armadura psíquica do mundo; e num lar que está contaminado pelo medo, não é de se supor que tensões pessoais ou outras atitudes negativas possam ser invulneráveis à contaminação externa. Um homem com resfriado é mais suscetível à pneumonia do que um homem são, e o mesmo princípio se aplica a todos os níveis.

Tendo dito isso – não há problema em erguer barreiras psíquicas com propósito ao redor de sua casa a princípio, ou como uma defesa específica num momento de provável perigo; da mesma maneira que um homem saudável e sensível toma razoáveis precauções para não pegar um resfriado, sem se tornar paranoico a respeito disso.

A forma real do ritual de proteção que você usará depende de muitas coisas e deve ser sempre elaborado sob medida para sua própria situação; assim nós não propomos oferecer um ritual detalhado, apenas sugerir uns poucos métodos mágicos básicos que você pode adaptar, combinar ou desenvolver para satisfazer o seu próprio sentido sobre o que lhe faz "sentir-se bem".

O método mais simples de todos é, naturalmente, o Círculo Mágico ao redor da casa. Para uma ênfase melhor, ele deve ser consagrado de forma concreta, usando seus instrumentos mágicos físicos, mais do que de forma mental quando for possível. Se você tiver sorte o suficiente em estar morando numa casa isolada, poderá caminhar do lado de fora ao redor para consagrá-la. Se morar numa casa semi-isolada ou geminada, ou num apartamento, você poderá caminhar dentro do perímetro interno, mas projetando o Círculo mentalmente para fora das paredes.

Mas o importante a ser lembrado a respeito do Círculo Mágico é que ele é uma medida temporária, a menos que seja deliberadamente mantido. Um Círculo para o Coven é mais vigorosamente mantido pelo ritual realizado dentro dele e pelo senso de união em conjunto da mente-grupo do Coven; e ele é banido quando a reunião se dispersa, dessa forma até então o conhecimento de que "nós ainda não banimos" carrega em si um efeito psicológico de conservação. Um Círculo não "vazio", entretanto, se dissipa por si próprio assim que as horas passam. A opinião geral é que sua média de vida é de cerca de vinte e quatro horas.

Então, para um efeito de maior duração, algo a mais é necessário. A diferença é basicamente psicológica (e, portanto, mágica); você *sabe* que deseja que a proteção seja efetiva por uma semana ou um mês, ou qualquer outra duração – e o mero fato de que estar usando uma técnica que tem aquela intenção, e que não é propositadamente a mesma que aplica ao seu Círculo Mágico usual, ajuda a estabelecer sua longevidade desejada no plano astral.

Um bom começo é consagrar água e sal, misturá-los e andar ao redor da casa aspergindo cada peitoril de janela, entrada de chaminé, ventilação e degrau externo da porta com esta mistura. Enquanto o fizer, declare: *Nenhum mal pode entrar aqui* – e visualize a realidade astral da marca (sua estrutura molecular astral, por assim dizer) realmente se modificando para atender os novos requerimentos. Faça isso com toda a força de vontade que puder reunir.

Depois, circule por todos estes lugares novamente com seu Athame em mãos e trace o Pentagrama de Banimento da Terra (vide figura 5) na direção de cada um. Enquanto o fizer, declare: TODO O MAL É ENVIADO DE VOLTA![150]

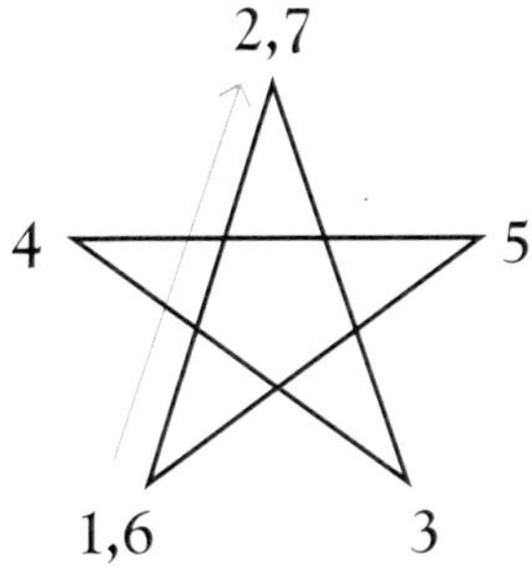

Figura 5

Objetos físicos ou símbolos expressando a ideia de proteção, em locais adequados, podem ajudá-lo a construir uma consciência de proteção contínua. Por exemplo, existe um Pentagrama de aço inoxidável na porta do nosso templo e um Pentagrama colorido transparente em sua janela; eles foram colocados lá porque são atraentes e apropriados, não pelo clima – mas de fato eles incrementam a atmosfera de segurança do templo.

Novamente, caso você esteja em sintonia com símbolos egípcios, uma gravura de Anúbis sobre uma porta é dramaticamente eficaz. E assim por diante. Contudo nós enfatizaríamos novamente – o que executa o trabalho é a forma-pensamento construída nos planos astral e mental; qualquer objeto físico é apenas "uma boia à qual a forma-pensamento pode se fixar", e você deve estar consciente disso em todo o seu trabalho.

150. É valoroso lembrar que um Pentagrama de Banimento da Terra, fortemente visualizado e acoplado com o igualmente vigoroso comando mental "Vá embora!", é uma simples e eficaz resposta para uma ameaça psíquica ou uma entidade astral indesejada. Recomendamos as nossas próprias Bruxas praticá-lo para que se torne quase um reflexo condicionado em tais situações. A primeira vez que um deles fez uso disso foi quando estava sonhando tão vividamente e conscientemente que sabia que estava se projetando astralmente e se viu abordado pelo que descreveu como "vários seres obscenos" de aparência desagradável. Ele lançou seu Pentagrama de Banimento para eles e lhes ordenou que partissem (com uma frase mais energética do que essa). Todos eles desapareceram com a imagem de banco seguro no meio da noite e não lhe deram nenhum problema futuro. Ele ainda está se perguntando sobre esse simbolismo inesperado! Essas respostas simples são muitas vezes mais poderosas do que as complicadas. Uma técnica favorita de Janet, quando ela é confrontada por um problema urgente ao qual não vê resposta, é visualizar a Deusa e gritar "Me Ajuda!" Isso tem funcionado com frequência.

Uma das mais tradicionais dentre estas boias de ancoragem psíquica é a garrafa de Bruxa enterrada sob o degrau externo da porta (não tão fácil em um apartamento na cidade ou em uma entrada cimentada, mas fixá-la sobre ou ao lado do batente da porta tem o mesmo efeito mental e astral). Tais garrafas têm sido usadas para muitos propósitos através dos tempos e preenchidas com muitas substâncias desde o exótico até o nauseante. Para o nosso propósito atual de proteção doméstica sugeriríamos encher a garrafa com uma pequena coleção de ervas que possuem qualidades protetoras tradicionais, e então lacrá-la firmemente. Essa garrafa poderia, por exemplo, conter o seguinte (nós damos os nomes botânicos em latim também, porque estes são universais, ao contrário dos nomes locais que diferem; acônito, por exemplo, é chamado *wolfsbane*, *monkshood*, capuz-de-frade ou foguete-azul em muitos lugares, mas *Aconitum napellus* sempre irá identificá-la):

- Sempre-viva (*Sempervivum tectorum*): contra raios, relâmpagos.
- Alho (*Allium sativum*): contra vampirismo psíquico.
- Erva-de-são-joão (*Hypericum perforatum*): contra fantasmas, demônios, diabinhos e raios com trovões ou demônios em geral; seu antigo nome em latim era *Fuga daemonum* devido à sua reputação.
- Poejo (*Mentha pulegium*): contra "agitação mental" e histeria – isto é, desorientação mental ou "anormalidade".
- Fumária (*Fumaria officinalis*): que na linguagem das flores elaborada na Era Vitoriana significava "eu expeli você de meus pensamentos"; nada de errado em adicionar uma pitada de humor.
- Abrunheiro (*Prunus spinosa*): uma das plantas da Deusa em seu aspecto negro, protetivo.
- Carvalho (*Quercus robur* ou *Quercus petraea*) e também o Azevinho (*Ilex aquifolium*): simbolizando os aspectos de Ano Crescente e Ano Minguante do Deus, para equilibrar o espinheiro-negro e também para expressar a ideia de proteção ao longo do ano.

Uma pequena pesquisa na literatura do herbalismo ajudará a elaborar uma lista adequada às suas próprias necessidades. Por exemplo, se você tiver formação celta, poderá se sentir satisfeito com uma garrafa contendo as sete ervas sagradas dos Druidas: visco (*Viscum album*), verbena (*Verbena officinalis*), meimendro (*Hyoscyamus niger*), prímula (*Primula vulgaris*), *pulsatilla* (*Anemone pulsatilla*), trevo (*Trifolium pratense*) e acônito (*Aconitum napellus*). Deve-se notar que meimendro e acônito são plantas venenosas; inofensivas o suficiente dentro de uma garrafa lacrada, mas não podem ser usadas de forma medicinal, exceto sob recomendação de um expert.

De plantas para animais, Michael Bentine, aquele autor, comediante, sensitivo e pesquisador paranormal altamente inteligente, em seu livro *The Door Marked Summer* (pág. 34), dá uma indicação útil que a nossa própria experiência confirma: "Nenhum gato ou cão com respeito próprio ou, neste contexto, qualquer animal domesticado, permanecerá por mais do que alguns instantes onde qualquer 'Interesse com o Demônio' ou outras práticas negativas estejam sendo realizadas, e deixarão rapidamente a cena do crime. Gosto de ter um animal a minha volta quando estou abrindo o campo de força paranormal, para me dar um aviso de confirmação sobre qualquer coisa negativa sendo atraída para o foco de poder ao qual estou sintonizado. Isso eu aprendi com meus pais, que sempre aceitaram bem a presença de um cão ou gato enquanto conduziam suas investigações."

Este uso dos *familiares* das Bruxas como radar psíquico é mais importante do que algumas das funções bizarras atribuídas a eles pelo folclore.

Incidentalmente, *The Door Marked Summer* deve ocupar o topo da lista de leitura de qualquer Bruxo; um livro entusiasmante, porém equilibrado, é uma mina de informações úteis a partir de experiências em primeira mão dentro de todo o campo psíquico. Outra citação perspicaz vinda dele (pág. 36) sobre o assunto de defesa: "O mal ou as forças negativas abominam o som da gargalhada legítima, não a gargalhada maliciosa, sarcástica e zombeteira, mas aquela gargalhada maravilhosa que vem do fundo do ventre que sacode o plexo solar e espanta a alma da escuridão. O ódio, em particular, se dissolve instantaneamente na presença de uma boa e velha gargalhada de fazer cair no chão." (O que torna o próprio Bentine um notável cruzado contra as forças obscuras).

Todos estes métodos mágicos de proteção são instrumentos úteis quando são necessários. Contudo, nenhum Bruxo deve desenvolver uma atitude de "cinto e braçadeiras" para defesa psíquica. Bruxos paranoicos, passíveis de hipocondria psíquica, são pouco úteis para si próprios e para os outros. A consciência de possível perigo psíquico deve sempre ser equilibrada com uma autoconfiança tranquila, mesmo prazerosa. Um conjunto de armadura é muito prático na ocasião certa, mas portada vinte e quatro horas ela evita que o sol e o ar cheguem até a sua pele.

Isso não pode ser repetido muitas vezes: a única coisa a temer é o próprio medo.

E, finalmente, para um estudo mais aprofundado sobre esse assunto, o livro de Dion Fortune *Autodefesa Psíquica* deveria ser leitura obrigatória para qualquer Bruxo e ocultista.

X — Um Ritual na Praia

Como destacamos em *Oito Sabbats para Bruxas*, o romance de Dion Fortune *A Sacerdotisa do Mar* é uma mina de ouro de material para rituais elaborados. Lá, usamos uma passagem deste como parte de nosso Ritual de Handfasting, e muitas pessoas a têm considerado comovente e muito adequada.

Aqui está um Ritual na Praia o qual nos baseamos em muitas ocorrências de *A Sacerdotisa do Mar*. O romance é disponível em duas edições, a edição de texto completo em capa dura e uma versão resumida em brochura (vide Bibliografia para detalhes).

As passagens que extraímos para nosso ritual serão localizadas nas páginas 189-90, 214, 217-20 e 315 na edição capa dura, e nas páginas 102-3, 118, 121-4 e 173 da edição em brochura. Mas toda Bruxa deve ler o livro inteiro, que tem tido um profundo efeito sobre muitas pessoas.

Com relação ao nosso ritual de Handfasting, utilizamos este material sob a gentil permissão da Society of the Inner Light, que detém o *copyright* das obras de Dion Fortune – e repetimos o que dissemos lá: "A responsabilidade pelo contexto no qual elas possam ser usadas é, naturalmente, inteiramente nossa e não da Sociedade; mas nós apreciamos pensar que, se a falecida Srta. Fortune fosse capaz de estar presente, teríamos recebido sua bênção."

Em sua carta de permissão, a Sociedade nos solicitou a dizer "que Dion Fortune não era uma Bruxa e que não tinha qualquer relação com um Coven, e que esta Sociedade não está de forma alguma associada com a Arte das Bruxas". Nós atendemos à solicitação deles; e quando este livro for publicado[151], vamos lhes enviar uma cópia com nossos cumprimentos na esperança de que isso possa levá-los a cogitar uma segunda consideração sobre onde a filosofia Wiccaniana é diferente da de Dion Fortune (a quem as Bruxas tem grande respeito) como eles podem imaginar. Com toda amabilidade, devemos admitir que às vezes nos perguntamos se a Sociedade não tem se afastado demasiadamente do ensinamento predominante de Dion Fortune mais do que as Bruxas fizeram. Mas isso, naturalmente, é da própria conta deles.

A parte central deste ritual é o Fogo de Azrael, que consiste de três madeiras – cedro, sândalo e junípero. Azrael é o Anjo da Morte, entretanto, no sentido amável de "o Consolador, o Confortador" – o Psicopompo que suaviza a transição da encarnação corporal para as Terras do Verão. Porém, este Fogo não é um fogo funeral; é muito mais um meio de clarividência para o passado, em particular o passado do local no qual ele é queimado. Vivian Le Fay Morgan explica seu propósito a Wilfred Maxwell em *A Sacerdotisa do Mar* (capa dura, pág. 133, em brochura, pág. 66): "Ela me perguntou se um dia eu gostaria de olhar nos carvões do Fogo de Azrael e eu lhe perguntei o que isso significava; ela disse que alguém fez uma fogueira com certas madeiras e contemplou as brasas enquanto elas se extinguiam e que, por meio destas, viu o passado que estava morto. – Nós poderíamos fazer isso – ela disse –, um dia, e então poderíamos ver todo o passado do alto mar e o terreno vazio dos charcos reconstruindo a si mesmo."

A reação de clarividência ao Fogo de Azrael depende do indivíduo. Assim, discuti-la aqui, poderia colocar preconceitos na mente do experimentador. Mas o Fogo também pode ser utilizado como um foco de invocação, tal como Morgan e mais tarde Molly o utilizaram em *A Sacerdotisa do Mar*; e é com esta ênfase que montamos o nosso ritual.

Incidentalmente, várias vezes fizemos um incenso baseado no Fogo de Azrael, misturando pedacinhos de sândalo, óleo de cedro e frutos de junípero esmagados. Achamos isso muito recompensador – mas novamente deixamos o experimento para o leitor (vide página 533 para nossa receita).

---

151. A primeira edição de *The Witches' Way* foi publicada na Inglaterra, em 1984.

Não existe motivo, naturalmente, para que este Ritual de Praia não deva ser encenado com uma fogueira feita com outras madeiras, caso você tenha dificuldade em pôr suas mãos em quantidades suficientes de cedro, sândalo e junípero. O significado da invocação é o mesmo e o cenário deve ter o mesmo efeito sobre a psique. Mas há algo especial sobre o Fogo de Azrael que vale a pena ser descoberto por você mesmo, assim incentivamos que o faça.

Informações sobre o Fogo de Azrael, seus materiais e usos serão encontrados em *A Sacerdotisa do Mar* nas páginas 136-40, 143-7, 154, 185-6, 288-9, 302-3 e 311 da edição capa dura, e páginas 68-70, 75, 99-100 e 155-7 da edição em brochura.

Mas voltemos ao "significado da invocação", com ou sem o Fogo de Azrael. Seu propósito é invocar a Ísis Desvelada por intermédio da Ísis Velada, que é a Natureza manifestada, a roupagem da Deusa. Já a Ísis Desvelada é a guardiã dos Mistérios Internos.

No Tarô, Ísis Velada é a Imperatriz e Ísis Desvelada é a Alta Sacerdotisa. Lua e mar evocam a sobreposição entre os dois aspectos; em um sentido esta fronteira é simbolizada no Tarô pela Estrela, que é sempre mostrada como estando ela própria despida e ainda assim em unidade com a Natureza e o Céu – e, significativamente, ajoelhando-se sobre uma praia e derramando sua influência sobre água e terra ao mesmo tempo. Dessa forma, ao conduzir nosso ritual em uma praia sob a luz da Lua, nós nos sintonizamos com esta mesma fronteira e a penetramos psiquicamente e avançamos para além dela. Nós repetimos novamente: o ritual tal como o apresentamos é o ideal e nem sempre será possível conseguir todos os seus elementos – uma praia deserta com uma coincidência de Lua cheia refletida na água e uma maré crescente, para não mencionar uma noite quente.

Assim, não inserimos "preferivelmente" ou "se possível" em cada sentença. Quanto mais dos elementos ideais puder ser conseguido, melhor; mas toda Bruxa sabe que mesmo um ritual improvisado (se o improviso for inevitável e não mera preguiça) pode ter resultados animadores se forem assumidos dentro do sentido correto.

Algo que pode sempre ser feito, e vale a pena fazer: todos devem aprender suas palavras de cor – ainda mais porque ler em campo aberto sob a luz da Lua é dificilmente praticável. Para facilitar (e também para oferecer a todos uma parte ativa, mesmo que pequena), dividimos as declarações em prosa entre vários membros do Coven.

Acendendo a vela do Oeste: as decorações do templo podem enfatizar o caráter elemental das Torres de Observação

Altar com imagens da Deusa e do Deus por Bel Bucca, e o próprio Livro das Sombras de Gerald Gardner aberto no Juramento do Primeiro Grau

Doreen Valiente ao lado do "The Naked Man" (O Homem Nu), um local tradicional de reuniões de Bruxas em New Forest

Gerald Gardner em sua casa na Ilha de Man

A casa na fronteira de New Forest, onde Dorothy Clutterbuck iniciou Gerald Gardner

Puxando o Sol para Baixo, no nosso Templo do Jardim

Ao abençoar o vinho, a mulher segura o símbolo ativo, o Athame, porque dela é a polaridade positiva nos planos interiores

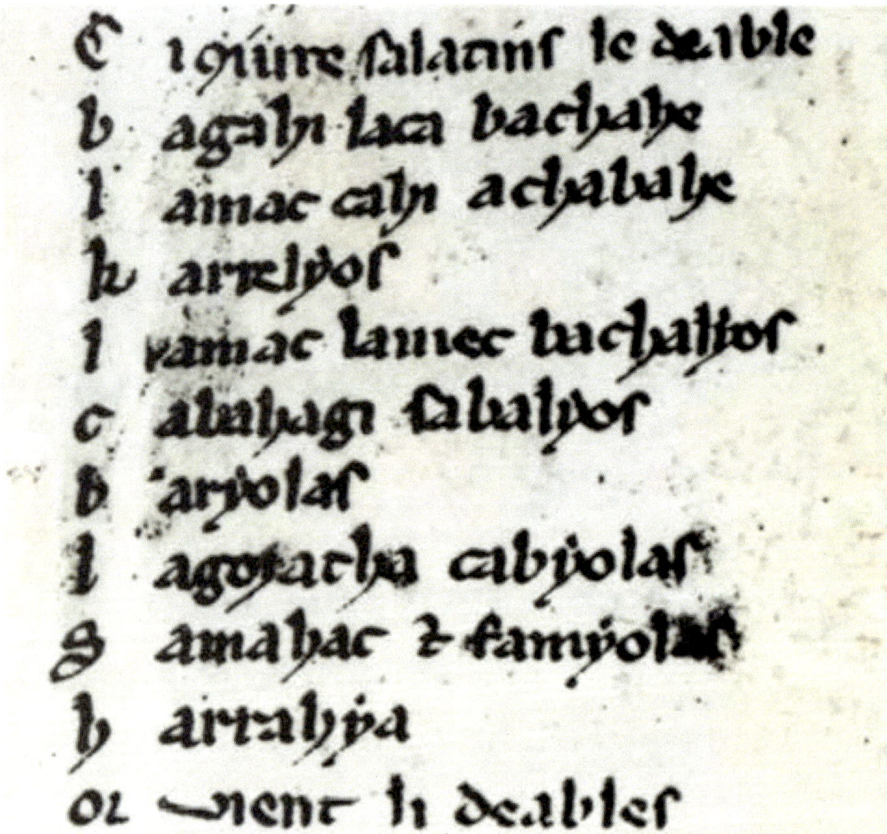
Ci coniure salatins le deable
Bagahi laca bachahe
Lamac cahi achabahe
Karrelyos
Lamac lamec bachalyos
Cabahagi sabalyos
Baryolas
Lagozatha cabyolas
Samahac et famyolas
Harrahya
Or vient li deables

A versão mais antiga do encantamento "Bagahi" (vide Apêndice B), do manuscrito do décimo-terceiro século do trovador francês Rutebeuf na Biblioteca Nacional, Paris

Os Bruxos americanos Oz (esquerda) e Wolf (direita) visitando a Lia Fáil (Pedra do Destino), considerada um dos Quatro Tesouros dos Tuatha Dé Danann, na Colina de Tara, Co. Meath. Com eles estão Janet e nossa Donzela do Coven, Virginia Russell

Gravura na pedra identificada por arqueólogos como uma imagem de Cernunnos, no terreno da igreja na Colina de Tara

Feitiço da vela e agulha (vide capítulo XXII, "Feitiços")

Uma nota de advertência ligeiramente cínica: para aquelas Bruxas que tem horror de se "contaminar" com nomes cabalísticos ou egípcios (vide página 385) é melhor pular este ritual, porque Dion Fortune utiliza ambos! Nós os consideramos perfeitamente sintonizados com o estilo do rito e com o espírito da Antiga Religião.

A Preparação

Encontre um trecho de praia tão deserto quanto possível, no qual a maré venha suavemente e não impetuosamente. Estude as tábuas das marés e observe a praia de maneira que você saiba bem quando a maré vai cobrir seu lugar escolhido para a fogueira. Este lugar pode ser ou na areia ou sobre a borda de uma pedra conveniente, desde que esta última não seja pesadamente respingada pelas ondas ao se chocarem nas rochas.

Escolha uma noite quando a maré estiver crescendo em um horário conveniente e faça as preparações para iniciar seu ritual uma hora ou mais antes que ela alcance sua fogueira. A Lua cheia deve estar o mais próximo possível de sua plenitude.

É de certa forma improvável que um ritual com todos "vestidos de céu" seja possível, mesmo com uma fogueira, a menos que sua praia seja deveras muito privativa e a noite muito quente (trajes de banho, calções de banho ou biquínis podem ser utilizados). Assim, tanto a Alta Sacerdotisa como os outros provavelmente estarão trajados. As cores apropriadas são um robe prateado com uma capa azul escuro.

À parte da madeira para a fogueira e os meios para acendê-la, os únicos materiais ou instrumentos requeridos são um Cálice para o vinho, alguma "comida lunar" de cor branca e um Athame para consagrar ambos. O menu de comida lunar de Dion Fortune consistia de "coalho de amêndoa, tal como fazem os chineses; vieiras (um tipo de molusco) em suas conchas e pequenos bolos de mel em forma de crescente lunar, como marzipan, por exemplo, para sobremesa – todas coisas brancas. Esta pálida mesa de jantar curiosa era atenuada por um monte de romãs." (*A Sacerdotisa do Mar*, capa dura pág. 204, em brochura pág. 111). Contudo, a sua própria comida de lua depende do seu paladar, recursos e imaginação.

Finalmente – cães são sagrados para a Deusa da Lua, então se você tiver cães que sejam confiáveis para ficarem nas proximidades, de toda forma leve-os (e a comida deles). E nunca exija uma disciplina rígida por parte dos animais em um ritual, porque a Deusa certamente não exigiria!

O Ritual

A Alta Sacerdotisa se afasta do Coven tanto e quanto razoavelmente ela puder ver e ouvir o que está acontecendo. Se ela puder se esconder atrás de uma rocha ou na virada de um morro ou de uma duna de areia, tanto melhor; mas em todo caso, o Coven a ignora até que chegue o momento de ela se aproximar deles. O Coven prepara o Fogo de Azrael no lugar escolhido. Quando tudo estiver pronto, o Alto Sacerdote e a Donzela olham um para o outro através da fogueira ainda não acesa, em uma linha paralela à margem do mar. O resto do Coven se posiciona em um semicírculo entre eles, olhando para o fogo e o mar.

A Donzela diz:

Afaste-se de nós, ó tu, profano, pois estamos prestes a invocar a descida do poder da Deusa. Entrai em seu templo com as mãos limpas e um coração puro, de outra forma estaríamos profanando a fonte da vida.

Um Bruxo diz:

Aprendei agora o segredo da teia que é tecida entre a luz e a escuridão; cujo arco envolve a vida em tempo e espaço, e cuja trama é tecida através das vidas dos homens.

Uma Bruxa diz:

Contemplai ascendendo com o alvorecer do tempo desde o mar cinza e nevoento. Com o crepúsculo nós mergulhamos no oceano ocidental, e as vidas de um homem estão ligadas como pérolas no cordão de seu espírito; e jamais em toda sua jornada ele caminha sozinho, pois aquilo que é solitário é estéril.

Um Bruxo diz:

Aprendei agora o mistério das marés vazante e cheia. Aquilo que é dinâmico no exterior é latente interiormente, pois como acima é abaixo.

Uma Bruxa diz:

Nos céus a Deusa é a Lua, e os poderes da Lua pertencem a Ela. Ela é também a Senhora da estrela de prata que se ergue do mar no crepúsculo. Dela são as marés magnéticas da Lua que controlam os corações dos homens.

Um Bruxo diz:

No interior ela é toda poderosa. Ela é a rainha do reino dos sonhos. Todos os trabalhos invisíveis pertencem a ela, que rege todas as coisas antes mesmo de terem nascido.

Uma Bruxa diz:

Ainda que através de Osíris, o seu companheiro, a terra cresça verde, a mente do homem só pode conceber por meio do seu poder.

O Alto Sacerdote diz:

Apresentemos o rito da natureza dinâmica da Deusa, para que as mentes dos homens possam ser tão férteis quanto os seus campos.

A Donzela se vira para olhar o solo, ergue seus braços para o alto e diz:

Afaste-se de nós, tu, profano, pois a revelação da Deusa está próxima.

A Donzela então caminha no sentido horário ao redor da fogueira e se reúne ao Alto Sacerdote. O Fogo de Azrael é aceso. Quando estiver queimando satisfatoriamente, o Coven e a Donzela sentam-se em seu semicírculo. O Alto Sacerdote permanece de pé.

Ó tu, que existias antes de a terra ser formada
Rhea, Binah, Geia.[152]
Ó mar implacável sem marés, silencioso e infinito,
Eu sou teu Sacerdote; Vinde, respondei a mim.
Ó céu arqueado acima e a terra em baixo,
Doadora da vida e aquela que traz a morte,
Perséfone, Astarte, Ashtoreth,
Eu sou teu Sacerdote; Vinde, respondei a mim.
Ó dourada Afrodite, venha!
Flor da espuma, ergue-te do mar cruel.
A hora da maré cheia do luar se aproxima,
Ouvi as palavras de invocação, ouçai e aparecei
Ísis Desvelada, Rhea, Binah, Geia.
Eu sou teu Sacerdote; Vinde, respondei a mim.
Ó Ísis, velada na terra,
mas brilhando clara

152. Rhea era a Deusa grega primordial, mãe de Zeus; um nome cretense pré-clássico. A caverna profunda onde ela diz ter dado à luz Zeus, e o escondido de seu pai ciumento, Cronos, ainda pode ser visitada nas montanhas de Creta. *Binah* é a *Sephirah* da Mãe Sobrenatural na Árvore da Vida, que recebe a pura energia sem direção de *Chokmah*, o Pai Sobrenatural, e dá forma a ela; A palavra hebraica significa "compreensão". Geia é a palavra grega para a Deusa da Terra. *A Sacerdotisa do Mar* dá "Ea" em vez de "Rhea"; Ea era a Deusa elemento assírio babilônico da água e da suprema sabedoria. Dion Fortune pode ter decidido mais tarde que um nome masculino do Deus, por mais elementar que seja, não era correto para esse poema, essencialmente para a Deusa, porque na sequência, *A Sacerdotisa da Lua* (em que vários versos deste poema também aparecem) substituiu por "Rhea"; e para o nosso ritual à Deusa seguimos o seu exemplo.

No céu noturno agora a Lua cheia se aproxima,
Ouvi as palavras de invocação, ouçai e aparecei
Shaddai el Chai[153], e Rhea, Binah, Geia.

Na última linha, o Alto Sacerdote ergue seus braços ao alto num gesto largo.

A Alta Sacerdotisa emerge de seu esconderijo e caminha para a margem do mar oposta ao fogo, continuando até que a água realmente alcance seus pés[154]. Ela ergue seus braços ao alto num gesto largo por um momento enquanto olha para o mar; então ela abaixa os braços, vira-se e caminha de maneira lenta e majestosa até o fogo. Quando ela o alcança, fica em pé olhando o Alto Sacerdote através do fogo.

O Alto Sacerdote abaixa os braços e curva-se a ela.

A Alta Sacerdotisa ergue seus braços formando uma curva como os Cornos de Ísis (que também podem representar a Lua crescente) com as palmas das mãos para dentro. Ela os mantém nesta forma enquanto canta:

Eu sou aquela que existia antes da Terra ser formada
Sou Rhea, Binah, Geia.
Sou aquele mar silencioso, ilimitado e cruel
De cujas profundezas a vida flui eternamente.
Astarte, Afrodite, Ashtoreth
Doadora da vida e aquela que traz a morte;
Hera no Céu, Perséfone na Terra;
Levanah das marés e Hécate
Todas estas eu sou, e elas são vistas em mim.
Sou aquele mar silencioso, ilimitado e cruel
Todas as marés são minhas, e atendem ao meu chamado.
Marés dos ares, marés da terra interior,
As marés secretas, silenciosas da morte e nascimento.
Marés das almas e sonhos e destino dos homens
Ísis Velada, e Rhea, Binah, Geia.
A hora da alta Lua cheia se aproxima;
Eu ouço as palavras de invocação,
ouço e apareço Ísis Desvelada e Rhea, Binah, Geia.
Eu venho ao Sacerdote que me invocou.

153. Pronunciadas *Shadd*-ay *el Ch'eye* – ambas as palavras rimando com *high* em inglês, e o ch gutural como no *loch* escocês. *Shaddai el Chai*, ou *Shaddai el Chaiim* (Supremo Senhor da Vida "ou" das Vidas), é o aspecto divino da *Sephirah Yesod* na Árvore de Vida no mundo de Atziluth; ou, em termos simples, a função da Lua do Último Princípio de Vida.

154. Se ela está "vestida de céu", ou em um maiô ou biquíni, pode, ir em frente e realmente entrar no mar; isso é naturalmente mais dramático.

A canção termina. Sem pressa o Alto Sacerdote se ajoelha e a Alta Sacerdotisa abaixa seus braços. O Coven sentado muda para a posição de ajoelhado. Prosseguindo no sentido horário, a Alta Sacerdotisa caminha ao redor e coloca suas mãos sobre cada cabeça, começando com a do Alto Sacerdote. Assim que ela se afasta de cada pessoa, esta reassume a posição sentada. (Caso haja quaisquer cães com o Coven, ela os abençoa do mesmo modo, mas também os afagando ou dando palmadinhas de leve para relaxá-los). Finalmente ela se senta olhando para o Alto Sacerdote através do fogo. O Alto Sacerdote diz:

COMUNGUEMOS AGORA COM OS SEGREDOS DO FOGO.

Todo o Coven, incluindo a Alta Sacerdotisa, contempla agora o fogo e falam sobre o que estes veem. A Alta Sacerdotisa conduz esta parte do ritual, encorajando e acalmando quando necessário.

Quando ela sentir que isso se prolongou por tempo suficiente, pede pela comida lunar, que é trazida e compartilhada, bem como o vinho – ambos sendo consagrados da maneira normal por ela mesma e pelo Alto Sacerdote. Um pouco da comida é mantida separada.

O Coven permanece com o fogo até que a maré que vai se aproximando o apague. Quando estiver apagado por completo, a Alta Sacerdotisa diz:

CONSUMMATUM EST. AQUELES QUE SENTIRAM O TOQUE DA DEUSA RECEBERAM A ABERTURA DOS PORTAIS DA VISÃO INTERIOR. PARA ELES AS MARÉS DA LUA CRESCERÃO, DIMINUIRÃO E CRESCERÃO NOVAMENTE E NUNCA CESSARÃO EM SEU RITMO CÓSMICO.

A Alta Sacerdotisa então pega a comida que foi mantida à parte e a lança sobre a água como uma oferenda ao mar.

Finalmente ela estica seus braços por sobre o mar. Após um momento ela os abaixa novamente e se vira, e ela e o Alto Sacerdote levam embora o Coven.

O CAMINHO WICCANIANO

XI — A Racionalidade da Bruxaria

Bruxos não são tolos, nem escapistas, nem supersticiosos. Eles estão vivendo no século 21, não na Idade Média, e aceitam esse fato sem reservas; se eles tendem a manter um senso mais profundo de continuidade histórica e uma tela do tempo mais ampla do que a maioria das pessoas, aquilo torna sua consciência sobre o presente mais vívida, não o contrário. Muitos Bruxos são cientistas ou técnicos, e por nossa experiência, inclusive muito bons profissionais. Se a Bruxaria Moderna não tivesse uma base lógica coerente, tais pessoas só poderiam continuar nela devido a um tipo deliberado de esquizofrenia, sem qualquer controle absoluto em suas vidas particularmente felizes – e não temos visto nenhum sinal disso.

A Bruxaria moderna possui uma base lógica e bem coerente. Isso pode surpreender alguns de nossos leitores, que acham apenas que a Bruxaria provém da coragem. E assim é, até onde vão motivação e operação. O potencial de trabalho e o apelo da Arte crescem a partir das emoções, intuições, da "vasta profundidade" do Inconsciente Coletivo. Seus Deuses e Deusas tomam suas formas a partir dos arquétipos numinosos que são as poderosas pedras de fundação da psique humana racial.

Mas a consciência é humana também. A mente consciente individual é uma novata comparada à cena evolucionária deste Planeta e, – ao menos na extensão em que os animais da Terra são considerados[155] – uma dádiva exclusiva do *Homo sapiens*. Nenhum outro animal da Terra fisicamente manifestado a possui, embora um ou dois dentre os mamíferos superiores aparentem possuir seus primeiros movimentos embrionários. Os sentimentalistas conferem esta faculdade a seus animais prediletos até um grau quase humano, mas isso é pura projeção (e uma compreensão errônea da natureza da consciência) colorida pelo fato de que alguns dos padrões instintivos dos animais, reflexos condicionados e capacidade de aprendizado se sobrepõem cognitivamente com relação aos padrões, reflexos e capacidades humanos. Donos de animais de estimação compreenderiam e aprenderiam com as criaturas que eles amam, muito mais, caso abandonassem esta fantasia e vissem, por exemplo, um gato como um gato, com a dignidade de sua própria natureza, e não como um humano peludo.

---

155. Dizemos "no que diz respeito aos animais terrestres", porque a pesquisa moderna produz evidências crescentes de que os cetáceos (baleias, incluindo o golfinho, que é uma pequena baleia) têm um nível de consciência que pode ser comparável ao nosso, mas que até agora não foi reconhecido, porque desenvolveu uma "forma" muito diferente da nossa, graças ao seu ambiente diferente, diferentes problemas de reação a perigo e percepção sensorial diferente (e em alguns aspectos superior). Eles têm um método sofisticado de comunicação que muitos pesquisadores acreditam ter a complexidade de uma verdadeira "linguagem". Eles cuidam de seus doentes, ensinam os mais jovens e têm um senso de humor marcado. Algumas baleias chegam a produzir "canções" com duração de meia hora, que repetem quase exatamente em ocasiões posteriores, de uma complexidade em termos de "bits de informação" que Carl Sagan comparou com a Odisseia ou as Eddas islandesas. Para um exame absorvente do campo, leia *Mind in the Waters* (ver Bibliografia sobre McIntyre). Mas mesmo supondo que as baleias tenham uma consciência comparável a do homem, nosso ponto sobre o *Homo sapiens* sendo o ponto-chave da evolução da Terra permanece. As baleias, como as conhecemos, existem há vinte e cinco milhões de anos e, em seu ambiente mais simples, parecem ter alcançado uma consciência equilibrada e integrada, que ocupa seu próprio interesse, por assim dizer, sem afetar de maneira crucial o resto da Natureza. *Homo sapiens*, por outro lado, tem existido em torno de apenas meio milhão de anos e está em um estágio revolucionário em seu desenvolvimento mental (e psíquico). Devido a isso, e de sua incomparável capacidade de manipular seu ambiente, ele tem um efeito quase ilimitado, para o bem ou para o mal, em todas as outras espécies e no próprio Planeta. (Neste contexto, é vergonhoso perceber que o homem matou dois milhões de baleias nos últimos cinquenta anos e que algumas espécies de cetáceos estão rapidamente se aproximando da extinção. Cruel o suficiente para qualquer padrão, mas se as baleias são – como é provável – tão consciente quanto nós à sua maneira, isso não é "caça", mas um genocídio, comparável ao programa de Hitler para exterminar os judeus.).

A consciência não é apenas uma dádiva, é uma responsabilidade. Ela concede ao homem o "domínio sobre os peixes do mar e sobre as aves do ar, sobre o gado, sobre toda a Terra e sobre toda coisa rastejante que se arraste sobre a terra". Domínio neste sentido não significa o direito de explorá-los; isso significa que, desde que a crescente complexidade do homem o torna, para melhor ou pior, a ponta da lança da evolução da Terra, ele tem a grande responsabilidade (inclusive, é a única espécie com responsabilidade *consciente*) com relação à totalidade da Natureza manifesta. Os Bruxos estão especialmente conscientes disso; a Wicca como tal é não política, abraçando eleitores e ativistas de muitos matizes; mas todos os Bruxos tendem a saltar para cima do palanque quando as coisas partem para a questão ambiental.

Contudo, a consciência carrega o homem com responsabilidade consigo mesmo e para com sua própria raça também. Ele deve integrar o consciente com o inconsciente, intelecto com intuição, cabeça com coração, cérebro com intestinos. Se ele não o fizer, seu conflito o paralisará ou até mesmo o destruirá e, possivelmente, a Terra também; ele terá traído a confiança de seu "domínio". Então é incumbência dos Bruxos, cuja religião e Arte se originam das profundezas internas, ser realmente o Povo Sábio e mostrar que a Wicca também satisfaz o intelecto. Eles têm que demonstrar a si mesmos e ao mundo que sua fé está de acordo com a realidade e, portanto, não contém (o quão ela seja a aparente superfície) as sementes da autodestruição.

A base lógica da Wicca é uma estrutura filosófica dentro da qual todo fenômeno, da química à clarividência, de logaritmos ao amor, pode ser razoavelmente ajustado. E uma vez que a Wicca é um movimento que cresce velozmente, atuante em um mundo real, este deve (sem jamais perder ou enfraquecer sua preocupação com as profundezas psíquicas) constantemente, explicar, examinar, desenvolver e aprimorar aquela filosofia.

Como observamos, essa base repousa sobre dois princípios fundamentais: a Teoria dos Níveis e a Teoria da Polaridade.

A Teoria dos Níveis sustenta que a realidade existe e opera sobre muitos planos (físico, etérico, astral, mental, espiritual, para dar uma lista simplificada, porém geralmente aceita)[156]; que cada um destes níveis tem suas próprias leis;

156. Os vários planos como eles aplicam particularmente à composição de um ser humano são discutidos em mais detalhes no capítulo XII, "Reencarnação"; ver especialmente a Tabela na pág. 351.

e que estes conjuntos de leis, enquanto que especiais para seus próprios níveis são compatíveis uns com os outros, com sua mútua ressonância, governando a interação entre os níveis.

Já a Teoria da Polaridade sustenta que toda atividade, toda manifestação, surge da (e é inconcebível sem) interação dos pares e opostos complementares – positivo e negativo, luz e trevas, conteúdo e forma, masculino e feminino, e assim por diante –, e que esta polaridade não é um conflito entre "bem e mal", mas uma tensão criativa como aquela entre os terminais positivo e negativo de uma bateria elétrica. Bem e mal são gerados apenas por meio da *aplicação* construtiva ou destrutiva do resultado daquela polaridade (novamente, como em relação aos usos para os quais uma bateria pode ser empregada).

A Teoria dos Níveis descreve a *estrutura* do Universo; a Teoria da Polaridade descreve sua *atividade*; e estrutura e atividade são inseparáveis. Juntas, elas *são* o Universo.

Examinemos cada uma delas com maiores detalhes.

A Teoria dos Níveis (mesmo que super simplificada para matéria, mente, espírito e Deus) era mais ou menos tida como concedida até cerca de uns dois séculos atrás, quando a avalanche da Revolução Científica (e sua obscura descendência, a Revolução Industrial) realmente começou seu movimento. A Revolução Científica, quase exclusivamente preocupada com o nível físico da realidade, era um estágio necessário, ainda que várias vezes temporariamente confuso, no desenvolvimento do homem; havia chegado o tempo para ele compreender e conquistar a matéria e suas leis.

O problema foi que o homem fez isso tão brilhantemente, com tal sucesso, tão admirável e obstinado, que iludiu a si próprio ao pensar que a matéria fosse o único nível de realidade.

Vieram a crer que a mente era meramente um epifenômeno, uma atividade eletroquímica do cérebro físico; e que "espírito" era uma fantasia, uma projeção simbólica dos conflitos mentais ou mesmo glandulares e incertezas do homem, ou no melhor de sua necessidade de perfeição, a chave verdadeira que (acreditava-se) se encontrava no progresso material.

Alguém poderia pensar que a religião organizada teria levado a uma significativa correção de tudo isso; mas de fato sua voz era difícil de ser ouvida na selvageria do triunfante materialismo. Em todas as arenas ativas de ideias humanas, a religião foi relegada às margens da ética ou das doações de caridade, ou a racionalizações morais das consequências sociais da industrialização. Considerada na mesma extensão que a filosofia, a interpretação da realidade cósmica somente poderia combater ações de retaguarda. O materialismo era a força dinâmica real da época.

E ainda assim, para aqueles com olhos para ver, as descobertas da ciência eram cheias de indicações sobre a verdade maior. Dentro de seus próprios limites, a ciência refletia a Teoria dos Níveis. As leis de cada uma de suas disciplinas - matemática, física, química, biologia e assim por diante - eram diferentes, embora compatíveis. Um botânico, analisando a estrutura e o metabolismo de uma folha tinha que reconhecer e fazer uso das fórmulas da química, matemática e física tanto quanto as suas próprias. Cada conjunto de leis da ciência tinha suas próprias características e relevância exclusivas; embora todas elas interagissem e não havia dois conjuntos de leis que estivesse em conflito mútuo. Quando pareciam contradizer um ao outro, os cientistas sabiam que se devia ao fato de que não haviam ainda compreendido tudo aquilo perfeitamente, e muito corretamente eles os estudaram e reavaliaram até que o conflito aparente fosse resolvido.

Tem sido apenas ao longo da nossa época que os cientistas mais sábios começaram, em alguma escala significativa, a ter dúvidas sobre a visão definitiva do século 19 sobre um Universo como um mero (embora complexo) mecanismo físico.

Estas dúvidas também são um desenvolvimento natural. Se alguém empurrar a investigação desde o plano físico para suas fronteiras máximas, a verdadeira natureza daquelas fronteiras trará a pessoa face a face com as áreas de interação com outros planos; este continua obtendo vislumbres enigmáticos ao longo da parede fronteiriça - e fica cada vez mais difícil ignorar o que se encontra além[157].

O $E=mc^2$ de Einstein e as sutilezas transcendentais da física subatômica (na qual os cientistas se encontram usando palavras tais como "indeterminância", "estranheza" e "encanto" como termos técnicos) são dois dos campos mais óbvios nos quais a visão mecanicista do Universo está esgarçando sua malha[158].

---

157. Como Thelma Moss descreve vividamente: "O despertar da ciência de seu longo sono na cama da matéria." (*The Body Electric*, pág. 253.) E como Gerald Durrell disse em sua série sobre animais, *Ark on the Move*: "Eu acho que o cientista ideal deve ser meio poeta, meio lunático e meio artista - três partes que fazem um todo."

158. "Para colocar as coisas em termos simples e não científicos, a física nuclear roubou unidades de matéria de sua absoluta concretude. Paradoxalmente, massa e energia, onda e partícula, provaram ser intercambiáveis. As leis de causa e efeito se tornaram válidas apenas até certo ponto. Não importa, estas relatividades, descontinuidades e paradoxos só são válidos nas

Até muito recentemente, seria suicídio profissional para um respeitável cientista investigar o "paranormal" (PES, telepatia, telecinesia, precognição e daí por diante) ou mesmo admitir que houvesse qualquer coisa para investigar sobre isso. Mas hoje, mesmo nos Estados Unidos, tão dedicados aos dólares, e na antiga União Soviética oficialmente materialista, universidades e departamentos de defesa estão transferindo um bom dinheiro e cérebros de primeira classe para tal pesquisa[159].

E indo ainda mais além no apoio à Teoria dos Níveis, Sir Bernard Lovell, o pai da radioastronomia, pode dizer para a augusta corporação da Associação Britânica para o Avanço da Ciência: "Nós nos iludimos que através da ciência pudéssemos encontrar o único caminho para a verdadeira compreensão sobre a Natureza e o Universo... A simples crença no progresso automático por meios da descoberta científica e aplicação é um mito trágico da nossa era. A ciência é uma atividade humana poderosa e vital; mas esta confusão de pensamento e motivo é desconcertante." (*The Times*, 28 de agosto de 1975).

Alguns dos ouvintes eruditos de Sir Bernard provavelmente tomaram aquelas palavras como sendo um mero chamado aos cientistas para estarem conscientes sobre suas responsabilidades moral e ética perante a comunidade, importante o suficiente em toda consciência. Contudo, suas implicações filosóficas são mais profundas, as quais pelo menos uma minoria deve ter compreendido e com as quais indubitavelmente concordado.

Ou a declaração de Sir Bernard significa que os níveis não físicos da realidade existem e devem ser levados em conta, ou, por outro lado, isso é um chavão vazio. E nós achamos que o homem que provavelmente tem feito tanto para expandir nosso conhecimento real sobre o Universo físico como

---

margens do nosso mundo – apenas para o infinitamente pequeno (o átomo) e o infinitamente grande (o cosmos). Eles causaram uma mudança revolucionária no conceito de realidade, e a realidade irracional surgiu atrás da realidade do nosso mundo 'natural', que é governado pelas leis da física clássica. Relatividades e paradoxos correspondentes foram descobertos no domínio da psique. Aqui, também, outro mundo surgiu à margem do mundo da consciência, governado por novas e até agora desconhecidas Leis que são estranhamente parecidas com as leis da física nuclear". Aniela capítulo de Jaff in em *Man and His Symbols*, pág. 261 (ver Bibliografia sobre Jung, Carl G).

159. Um exemplo fascinante dessa mudança de atitude é o tema de *The Secret Vaults of Time*, de Stephan A. Schwanz (ver Bibliografia), que descreve como um número crescente de arqueólogos, incluindo J. Nonnan Emerson, a mais respeitada figura da arqueologia canadense, fizeram consciente uso sensitivos psíquicos em seu trabalho, com sucesso demonstrável (e às vezes surpreendente).

qualquer indivíduo desde Galileu[160] com seus telescópios ópticos, não é dado a chavões vazios.

Confirmado, como uma hipótese operativa, que a realidade é multinivelada - quais são as implicações práticas?

Se as Bruxas pudessem citar a Escritura Marxista para seu próprio propósito (e nosso desejo de ver a humanidade perceber que seu potencial completo é tão forte quanto o dos Comunistas, muito embora nossos objetivos e métodos sejam muito diferentes do deles), nós citaríamos a declaração de Marx e Engels em *O Manifesto Comunista*: "Os filósofos meramente interpretaram o mundo de muitas formas; o ponto central, contudo, é modificá-lo", e o dito mais sucinto de Lênin: "A teoria sem prática é estéril; a prática sem teoria é cega." As Bruxas são pessoas práticas; filosofia para elas não é apenas um exercício intelectual - elas têm que colocá-la em prática em suas vidas diárias e em seu trabalho, se é que a filosofia tem qualquer significado. Similarmente, na extensão em que confiam no instinto, elas não apenas cambaleiam em resposta aos imediatismos destes instintos sem qualquer referência à lógica - elas preferem compreender o que estão fazendo, e por quê. Assim, no relacionamento entre teoria e prática (mesmo que seja em uma pequena parte) elas concordam com Lenin.

As Bruxas conhecem na teoria, e têm comprovado na prática, que existem pontos e áreas de interação entre os níveis; situações em que o plano mental age poderosamente sobre o plano astral e afeta seus fenômenos - ou o espiritual sobre o físico, e assim por diante. Cada plano afetando outros planos o tempo todo; mas parece existir o que pode ser chamado de *pontos de interressonância* no qual este efeito é particularmente impressionante e claramente definido o suficiente para ser utilizado na prática[161].

160. A história de que Galileu (1564-1642), depois da Inquisição o forçou a retratar a teoria de Copérnico de que a Terra se movia em torno do Sol, murmurando *Eppur si muove* (Tudo igual, ela se move) é provavelmente apócrifa, mas é verdadeira em espírito e digna de ser recordada aqui; para Bruxas e outros que conhecem e por sua própria experiência a realidade dos Planos Internos, mas que são bombardeados pela "prova de céticos" de que isso não pode ser assim, nos é familiar e traz esta mesma reação: *Eppur si muove*.

161. O *Voodou* haitiano tem o mesmo conceito. "A ideia da força psíquica é às vezes descrita na palavra *poin* (ponto), que parece ser uma referência ao ponto de intersecção em que a energia psíquica do mundo do invisível é transmitida ao mundo material visível." (Maya Deren, Divine Horsemen, capítulo 2, nota 29.)

É a descoberta e a compreensão destes pontos de interressonância que constituem uma grande parte do que Bruxos denominam como "abrir-se para os níveis"; e é a sua exploração, em trabalho construtivo, o que constitui o lado operacional da Arte.

Para esclarecer isso, tomemos um exemplo da ciência prática: mais precisamente, a televisão. Um evento envolvendo movimento e som toma lugar num estúdio de televisão. Por meio de equipamento adequadamente projetado, este evento é transformado em um evento num plano muito diferente – o plano das vibrações eletromagnéticas que os cientistas costumavam chamar de "éter" (eles não mais usam o termo, porque o conhecimento ampliado tem demonstrado que isso é uma super simplificação; mas isso é ainda um pedaço útil de exemplificação para ajudar o leigo a compreender o que está se passando). Este evento no "éter", como permanece, não pode ser detectado pelos sentidos humanos. Nós não podemos vê-lo ou ouvi-lo, no céu ou passando através das nossas paredes; mas ele está lá, real e coerente.

Em nossa sala de estar, outro equipamento adequadamente projetado capta este evento "etérico" e o transforma, como que por mágica, novamente em um evento de movimento e som. Nós vemos e ouvimos uma recriação notavelmente acurada do que está acontecendo no estúdio.

No momento em que escrevemos, esta recriação está meramente em luz e matizes, cores e som monoaural (não estéreo) bidimensionais; mas já não existem razões técnicas (apenas razões econômicas) para que isso não esteja em visão tridimensional e som estereofônico[162]. E no futuro, é bem capaz que os cientistas da televisão poderão muito bem nos oferecer aroma, gosto e toque também.

Os cientistas aqui têm feito, entre os subplanos de sua própria realidade conhecida, precisamente o que as Bruxas estão fazendo entre os planos maiores de *sua* realidade conhecida; descobrindo e compreendendo os pontos e técnicas de interressonância entre eles, e pondo seu novo conhecimento em uso prático. Em outras palavras, "abrindo os níveis".

Neste sentido, a televisão é mágica; pois isso é exatamente o que a magia é – nas palavras de Aleister Crowley, "a ciência e a arte de causar a mudança de acordo com a Vontade". Ele segue dizendo: "A natureza é um fenômeno

162. N. do T.: essa citação encontra-se defasada em decorrência da época em que este livro foi escrito frente ao total avanço que a indústria televisiva atingiu ao longo dos últimos anos.

contínuo, embora não saibamos em todos os casos como estas coisas estão conectadas." (*Magia em Teoria e Prática, Introdução* – págs. XII e XV).

A descoberta destas conexões é o objetivo dos cientistas (no plano físico) e o do Bruxo (em todos os planos). O uso destas descobertas é "magia". A magia não quebra as leis da Natureza; quando ela parece fazer assim, é porque está obedecendo a leis que o observador não compreendeu ainda. Um cientista do século 16, por exemplo, não importa o quão inteligente e bem informado fosse, se ele tivesse visto a televisão poderia muito bem tê-la rotulado como sobrenatural.

Como dissemos, muitos cientistas modernos estão se tornando conscientes dos fenômenos que podem ser explicados apenas com base em que existem outros níveis de realidade além do físico (e alguns deles ainda estão investigando). As tentativas de explicar estes fenômenos, em termos de leis da física ainda não descobertas continuam tropeçando sobre recentes paradoxos. Por exemplo, se a telepatia existe (e apenas incrédulos obstinados a respeito desta evidencia podem ainda negar que ela existe) e é devida a algum tipo de radiação gerada no cérebro – por que toda evidência mostra que ela *não* está sujeita à lei do quadrado inverso[163] pela qual toda outra forma de radiação conhecida pela ciência física é governada?

Poder-se-ia alongar a questão sobre pesquisas recentes que se destinam a tais assuntos tais como telepatia, telecinese, a influência do pensamento no crescimento das plantas, a análise estatística dos tipos dos signos natais do Zodíaco, e assim por diante; mas aqui não é o lugar para fazê-lo. Para uma revisão geral sobre este campo, recomendamos a obra de Lyall Watson *Supernature*; e sobre telepatia em particular, a obra de Targ e Puthoff *Mind Reach* (ambas na Bibliografia).

Teremos mais a dizer sobre a Teoria dos Níveis nos capítulos posteriores. Por enquanto, daremos uma olhada mais próxima na Teoria da Polaridade.

Esta teoria não é nova, tampouco comum a muitas filosofias, tanto religiosas como materialistas.

163. A lei que a força de qualquer radiação diminui em proporção inversa ao quadrado da distância de sua fonte. Por exemplo, se uma lâmpada derramar "x" da quantidade de luz sobre um objeto de 1 metro de distância, ele vai lançar 4 vezes a quantidade de luz sobre um objeto do mesmo tamanho a 2 metros de distância, 9 vezes a 3 metros, 16 vezes a 4 metros, e assim por diante. Isso não se aplica a radiações com feixe, tais como um holofote ou radar parabólico –, mas a telepatia também não é assim; pode ser recolhida em várias direções de uma vez, e a força da recepção parece bastante independente da distância.

A armadilha na qual as religiões monoteístas[164] caíram tem sido a de equiparar polaridade com bem-*versus*-mal. Elas reconhecem que a atividade do mundo ao redor delas é engendrada pela interação dos opostos; mas percebem esta interação apenas como a batalha entre Deus e Satã. Quando esta batalha terminar com a vitória total de Deus na Última Trombeta eles assumem que a atividade continuará – mas sobre qual base? À parte dos coros das missas, e um uso arquitetônico excessivo de ouro, o prognóstico é vago. Mesmo as visões inspiradas do Paraíso por parte dos poetas e visionários dotados são realmente apenas descrições apaixonadas de males contemporâneos que *não* estarão lá. O exemplo mais citado em Apocalipse XXI e XXII exulta a ausência de lágrimas, morte, pesar, choro, dor, medo, descrença, abominação, assassinato, prostíbulos, Bruxos, idólatras, mentirosos, templos, portões trancados, noite, mar, maldições, velas, Sol e Lua na Nova Jerusalém. Porém a descrição *positiva* é puramente estática: aproximadamente 1.500 milhas de largura, extensão e altura (!) com paredes de 216 pés de altura e fundações e portões de pedras preciosas. As únicas menções a qualquer tipo de atividade ou movimento são as dos justos caminhando dentro dela (XXI: 24), o rio da vida "prosseguindo" (XXII: 1), a Árvore da Vida produzindo fruto todo mês (sem nenhuma Lua?) (XXII:

164. Por definição, o monoteísmo acredita em um só Deus e o politeísmo em muitos Deuses. Mas devemos ser claros sobre isso. A maioria dos politeístas, dos Sacerdotes do antigo Egito às Bruxas modernas, sabem de diferentes aspectos, como Ísis, Osíris, Maat, Thoth, Aradia, Cernunnos, Afrodite, Marte, e assim por diante, de modo a serem capazes de se relacionar com as muitas "frequências" em que a força Criadora se manifesta. Os monoteístas, por outro lado, personificam isso como uma (atualmente, exclusivamente masculina) figura; o cristianismo reconhece algo do princípio desse aspecto pelo dispositivo da Trindade, e o catolicismo admite o aspecto da Deusa através da porta dos fundos na forma subordinada da Virgem Maria e aborda aspectos mais especializados por meio da mediação de santos individuais. O que se resume que o Monoteísmo não pode admitir polarização criativa em nível Divino, enquanto o politeísmo o aceita de todo o coração. O politeísmo é também tolerante por natureza; se o Deus de um estranho parece ter atributos valiosos, você pode adicioná-lo tranquilamente ao seu panteão de aspectos Divinos (os hindus muitas vezes horrorizaram os missionários cristãos dessa maneira, impressionados com ensinamentos de Cristo, eles penduraram sua imagem ao lado de Shiva, Kali e os missionários não aceitaram). Os monoteístas, por outro lado, inevitavelmente veem os Deuses de outras pessoas como demônios. "Um tanto aparte do conhecimento genuíno da plenitude da existência, a única essência sem emenda, psicologicamente há uma tendência para que a ideia monoteísta endurecesse intelectualmente o monolítico, o uniforme, o único. Isso ocorre para privilegiar um à custa de muitos … E pode levar à intolerância da variedade da vida. (Tom Chetwynd, *A Dictionary of Symbols*, pág. 176).

2), e os servos de Deus servindo-O (XXII: 3). Verso após verso sobre males excluídos e sobre (para ser honesto, indubitavelmente simbólico) dimensões e materiais, mas efetivamente nada sobre o que *acontece* lá.

Nosso objetivo não é zombar da arquitetura dos arranha-céus de São João, nem mesmo lamentar pela sua abolição do Sol, da Lua, do mar, da noite e das velas, mas sugerir que sua descrição estática, negativa, não é apenas seu estilo pessoal, mas é intrínseca ao ponto de vista monoteísta, não polarizado. Sob a regra não desafiada de um Criador não polarizado, nada *pode* acontecer.

O Paraíso do Islã é muito mais interessante, ainda que seja devido ao fato de que Maomé era sexualmente sadio e não deixou como legado aos seus seguidores quaisquer das inibições e neuroses que o odiador das mulheres Paulo de Tarso impôs sobre o cristianismo. Assim, a polaridade, em sua forma humanamente mais prazerosa, traz o Paraíso Muçulmano à vida. Para o muçulmano, a mulher é inferior, mas projetada por Allah para ser a doadora e recebedora do deleite. Para a cristandade Paulina, a mulher não é apenas inferior, ela é uma tentação ao pecado e ela própria é moralmente fraca senão realmente pecaminosa (uma visão da qual a Igreja nunca se livrou completamente – embora não possamos encontrar nenhuma autoridade sobre isso nas palavras ou feitos de Jesus). A visão Muçulmana, embora inaceitavelmente machista-chauvinista[165], naturalmente, de fato aceita o sexo no Paraíso; então, na presença de pelo menos um aspecto da polaridade, alguma coisa realmente acontece lá, e sendo homem ou mulher, alguém poderia fazer muito pior.

Já o budista vai para o outro extremo; seu Nirvana é francamente estático, mas ao menos é consistente. Ele *aspira* por uma Existência pura, livre de polaridade, livre de atividade, dentro da inalterável Mente Eterna; assim ele não disfarça sua aspiração atrás de portões de pérola, nem planta árvores frutíferas no Nirvana.

O Céu – seja coral, sexual ou imóvel – pode ser um longo caminho à vista para o crente individual; mas ao estudar suas visões sobre isso, pode-se avaliar diretamente sua atitude quanto à polaridade.

---

165. Embora em justiça a Maomé, seu Corão deu às mulheres certos direitos claramente definidos que eram absurdos para aquele tempo e cultura. Para a mulher árabe do século 17 era um documento revolucionário. Mas sofreu o destino de todos dogmas patriarcais; mesmo quando é progressivo para a época, torna-se engessado na Lei Divina durante séculos, depois que as condições de mudanças fizeram delas reacionárias.

Na Terra do materialista, o Céu (onde mais ele poderia colocá-lo?) varia do paraíso capitalista da riqueza individual, defendendo-se da morte, traças e ferrugem o tanto quanto possível, até o paraíso comunista da sociedade sem classes. Ambos reconhecem a polaridade pelo menos sob a forma da luta de classes – o primeiro pregando-a, o último praticando-a vigorosamente. Mas é apenas o marxista, no todo, que possui uma filosofia consistente sobre a polaridade materialista.

Karl Marx não reivindicava que seu Materialismo Dialético era original, pelo menos em seu aspecto dialético (atividade-polarizada). Ele reconheceu seu débito para com a dialética de Georg Hegel (1770-1831), que desenvolvera uma elegante teoria da ação da polaridade em termos de Tese-Antítese-Síntese e a Interpenetração dos Opostos. Marx encampou este sistema em sua integridade. Mas Hegel era um idealista – o que no sentido filosófico não significa um "bonzinho" ou um sonhador otimista, mas alguém que crê que mente ou espírito é a realidade básica, com a matéria meramente refletindo-a; em oposição ao materialista filosófico (como Marx) que vê a matéria como a realidade básica, com mente e espírito meramente refletindo-a. Pela própria metáfora de Marx, a dialética de Hegel, em sua visão, estava com os pés sobre sua cabeça; e ele reivindica tê-la colocado sobre seus pés. Assim ele produziu o Materialismo Dialético, ou Marxismo – agora a filosofia oficial (e obrigatória) de cerca de um terço da população mundial.

Em termos filosóficos estritos, Bruxos são idealistas; pois enquanto creem que toda entidade ou todo objeto no plano físico tem suas contrapartes nos planos não materiais, eles também creem que existem entidades reais nos planos invisíveis que *não* possuem suas formas físicas próprias. Para os Bruxos, os planos invisíveis são a realidade fundamental da qual a realidade material é uma manifestação.

Mas rotular os Bruxos como idealistas, embora correto, talvez seja enganador; talvez "pluralistas" seria melhor. Devido a matéria ser muito real para os Bruxos, eles estão afetuosamente enraizados na Natureza, "o Véu de Ísis", vibrante com sobretons de todos os outros níveis.

A Natureza tangível é sagrada para os Bruxos. Eis o porquê sua Deusa tem dois aspectos principais. Ela é tanto a Mãe Terra, cuja fecundidade os faz nascer e os nutre durante a encarnação física, como também a Rainha da Noite, "aquela que na poeira dos seus pés traz as hostes dos céus, e cujo corpo envolve o Universo", cujo símbolo mais vívido é a Lua. A Mãe Terra é a soberana da Natureza fisicamente manifestada, Ísis Velada; a Deusa da Lua é a regente dos níveis invisíveis, Ísis Desvelada; embora para a Bruxa, as duas são uma só e inseparáveis. Elas permanecem uma, muito embora a complexidade dos níveis invisíveis seja, além disso, simbolizada pelos aspectos cíclicos da Deusa da Lua, de Donzela, Mãe e Anciã – crescente, cheia e minguante. E em sua multiformidade ela é estimulada e fertilizada por seu Consorte multiforme; pois o Deus das Bruxas também é simbolizado ao mesmo tempo pela figura cornuda de Pan da floresta e da montanha e pelo brilhante Sol dos céus. A visão das Bruxas de seu Deus e sua Deusa expressa globalmente sua crença na realidade de todos os níveis, incluindo a matéria.

Então as Bruxas percebem as falhas das visões dominantes sobre os Níveis, e sobre a Polaridade, como segue:

- A visão do materialista (e, em particular, o Marxista) tem uma compreensão basicamente lógica sobre o trabalho real da Teoria da Polaridade, mas a distorce e empobrece ao negar a Teoria dos Níveis.
- A visão do religioso monoteísta aceita (de uma forma ou de outra) a Teoria dos Níveis, mas a distorce e empobrece ao rebaixar a Teoria da Polaridade a um mero conflito entre Bem e Mal.

Religiões pagãs, politeístas, tem sempre aceito ambas, Teoria dos Níveis e Teoria da Polaridade, sem distorcer qualquer uma destas para se enquadrar em um conceito inadequado (ou mesmo negar) do outro. Basta apenas estudar os panteões do Egito, Grécia, Roma e Índia, com seus Deuses e Deusas criadores e destruidores, seus eternos ciclos de tornar-se e cessar e tornar-se novamente, sua interação dialética, para perceber o quão ricamente estas atitudes têm sido simbolizadas.

A filosofia Wiccaniana está nesta tradição direta.

Toda religião é única, mesmo quando ela é parte de uma herança maior. A Wicca, como todas as outras religiões, tem suas formas próprias, suas próprias preocupações, sua própria atmosfera. E ela é uma Arte também; para adotar as categorias de Margaret Murray, ela abraça ambas, Bruxaria Ritual e Bruxaria Operativa.

A Wicca inclui rituais, feitiços, clarividência e adivinhação; ela está profundamente envolvida em questões de ética, reencarnação, sexo, relacionamento com a Natureza, psicologia e atitudes para com outras religiões e caminhos ocultos.

Nos capítulos seguintes, examinaremos estes aspectos e veremos como eles se relacionam com a base lógica da Wicca.

XII — Reencarnação

Quase todos os Bruxos acreditam em reencarnação[166]. É provavelmente correto dizer que eles compartilham esta crença com a maioria da raça humana (ou dentre os seus membros que creem na sobrevivência após a morte sob qualquer aspecto), porque o conceito de uma única vida seguida de um julgamento unilateral levando ao Céu ou ao Inferno é peculiar às religiões patriarcais monoteístas do judaísmo, cristianismo e islamismo - embora a crença judaica talvez seja mais obscura do que as outras duas, e a reencarnação está certamente implícita no pensamento Cabalista hebraico.

A crença na reencarnação foi muito difundida entre os cristãos primitivos, e era generalizada entre os Gnósticos. São Jerônimo (340-420

166. Devemos enfatizar novamente que nunca se pode dizer que todos os Bruxos acreditam em qualquer teoria em particular, porque dogmas é contrário à Wicca; cada Bruxo acredita no que achar aceitável ou significativo. Na reencarnação, alguns Bruxos vivenciam o fenômeno de recordação em termos de memória racial ou genética, a influência do "Inconsciente Coletivo", ou alguma outra forma. Nós mesmos achamos essas outras explicações inadequadas, mas essa é apenas a nossa visão, mesmo que entre Bruxos isso represente uma maioria.

EC) diz que uma forma dela era ensinada para uns poucos seletos na Igreja Primitiva[167]. Mas ela foi declarada como anátema pelo Segundo Concílio de Constantinopla, em 553, por razões óbvias. A Igreja se tornara uma máquina disciplinadora do Estado, com sua estrutura inseparável daquela do serviço civil Imperial; e a promessa do Céu ou a ameaça do Inferno, como uma recompensa ou punição pelo comportamento nesta vida imediata, era então uma arma essencial do *Estabelecimento*.

As versões gnósticas dos ensinamentos de Jesus (algumas delas provavelmente com tanta reivindicação à autenticidade quanto os Evangelhos oficiais) tiveram que ser banidas, caçadas e destruídas pelas mesmas razões; elas viam a salvação em termos de iluminação individual, ao passo que a Igreja oficial a via em termos de obediência ao bispado.

A teoria da reencarnação sustenta, brevemente, que cada alma ou essência humana individual reencarna novamente e novamente, numa série de encarnações corpóreas neste Planeta, aprendendo suas lições e enfrentando as consequências de suas ações, até que esteja suficientemente avançada para progredir ao próximo estágio (qualquer que este possa ser). A formulação real da teoria está intimamente ligada com a Teoria dos Níveis, uma vez que ela envolve a estratificação da entidade humana em seus planos componentes, que correspondem àqueles do Cosmos como um todo.

Estes planos são interpretados de vários modos, conforme a escola de pensamento oculto que é seguida. Porém, a tabela com estes planos apresentada na página 351 pode ser aceita como um padrão aceito em geral. A numeração e suas definições são aquelas usadas por Dion Fortune em *A Filosofia Esotérica do Amor e do Matrimônio*, págs. 17-19, e *A Doutrina Cósmica*, pág. 96. Ela não lista o Etérico como um plano separado, mas isso é puramente um caso de nomenclatura; muitos outros escritores (e mesmo a própria Dion Fortune em outra parte) falam muitas vezes sobre o Plano Etérico, e é razoável fazê-lo, porque isso é de grande importância prática no trabalho psíquico. Esta é, por exemplo, a substância da faixa mais interna da aura humana como percebida pelos sensitivos, e há razões para crer que é responsável pelos fenômenos registrados por meio da fotografia Kirlian.

167. Um contemporâneo de Jerônimo, São Gregório, escreveu: "É absolutamente necessário que a alma seja curada e purificada, e se ela não o fizer na duração de uma vida na Terra, deve realizar isso em vidas terrenas futuras." (e Gregório, considerado como um dos quatro grandes padres da Igreja Oriental, era famoso por sua ortodoxia).

Os sete (ou oito, se incluído o Etérico) níveis ou "corpos" de uma entidade humana estão divididos em dois grupos, geralmente chamados de a Individualidade e a Personalidade. A Individualidade (Espiritual Superior[168], Espiritual Inferior e Mental Superior) é a parte imortal, que sobrevive de encarnação em encarnação. A Personalidade (Mental Inferior, Astral Superior, Astral Inferior, Etérico e Físico) é a parte transitória, construída durante uma única encarnação e descartada quando esta termina.

A Individualidade é bissexual – o que não significa assexuada, porém significa que ela contém as essências criativas masculina e feminina, em equilíbrio dinâmico. A Personalidade, por outro lado, é ou masculina ou feminina; cada um de nós tem que experimentar as encarnações tanto masculina quanto feminina, aprendendo as lições de cada polaridade, de forma que o equilíbrio dinâmico da Individualidade possa se tornar totalmente desenvolvido.

O conceito é perfeitamente expresso no símbolo chinês do *yin-yang* (vide figura 6). A parte branca representa o aspecto *Yang* masculino, positivo, claro, fertilizante e pode ser tomado como um símbolo da Personalidade em uma encarnação masculina; será notado que ela contém a semente (o ponto negro) de seu oposto complementar, o aspecto *Yin*. A parte negra representa o aspecto *Yin* feminino, receptivo, escuro, formativo e pode ser tomado como um símbolo da Personalidade em uma encarnação feminina; será notado que ele também contém a semente (o ponto branco) de seu complementar oposto, o aspecto *Yang*. O símbolo *yin-yang* completo representa a Individualidade imortal, com ambos os aspectos em perfeito equilíbrio.

Figura 6

168. "Espiritual" é uma palavra muito carregada para algumas pessoas, particularmente aquelas com uma educação puritana. Estes podem preferir o termo "corpo causal", que é frequentemente uma alternativa.

<table>
<tr><th colspan="2">OS NÍVEIS COMPONENTES DE UM SER HUMANO</th></tr>
<tr><td>Sétimo Plano ESPIRITUAL SUPERIOR

Espírito Puro ou Abstrato. A "Centelha Divina". Substância e energia diretas do Grande Imanifesto. Símbolo astrológico: o Sol.</td><td rowspan="3">A INDIVIDUALIDADE

A Unidade de Evolução. Imortal ao longo de todas as encarnações.</td></tr>
<tr><td>Sexto Plano ESPIRITUAL INFERIOR

Espírito Concreto. Tendência para um dos "Sete Raios" predominar e ajustar a tônica. Símbolo astrológico: Júpiter.</td></tr>
<tr><td>Quinto Plano MENTAL SUPERIOR

Mente Abstrata. Qualidades diferenciadas em Tipos. Símbolo astrológico: Mercúrio.</td></tr>
<tr><td>Quarto Plano MENTAL INFERIOR

Mente Concreta. Definição, forma, memória. Símbolo astrológico: Saturno.</td><td rowspan="5">A PERSONALIDADE

A Unidade de Encarnação. Dura por apenas uma ncarnação; cada encarnação constrói uma nova Personalidade.</td></tr>
<tr><td>Terceiro Plano ASTRAL SUPERIOR

Emoções Abstratas. Atração, desejo por união. Símbolo astrológico: Vênus.</td></tr>
<tr><td>Segundo Plano ASTRAL INFERIOR

Instintos e Paixões. Desejo de atrair ou possuir. Símbolo astrológico: Marte.</td></tr>
<tr><td>ETÉRICO

A tênue teia de energia de quase matéria que liga o Físico com os planos mais sutis e o mantém no ser. Símbolo astrológico: a Lua.</td></tr>
<tr><td>Primeiro Plano FÍSICO

Matéria Densa, o corpo material. Símbolo astrológico: a Terra.</td></tr>
</table>

Outro símbolo que representa o processo em seu sentido serial é o colar de âmbar e lignita[169] da Alta Sacerdotisa Wiccaniana, que é o Círculo do renascimento – as contas de âmbar (solar) representando encarnações masculinas, e as contas negras de lignita (lunar) representando as encarnações femininas (embora tais vidas não se alternem necessariamente).

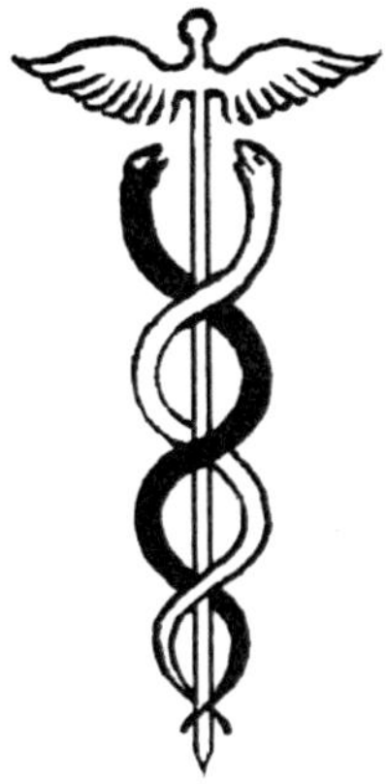

Figura 7

Contudo, a formulação "masculino-positivo, feminino-negativo" está super simplificada – e aqui novamente os níveis se apresentam dentro disso. O masculino tende a ser positivo nos planos físico e mental, e negativo no astral e no espiritual; ao passo que o feminino tende a ser positivo nos planos astral e espiritual e negativo nos planos físico e mental. Ou talvez fosse melhor dizer "ativo-fertilizante" ao invés de "positivo" e "receptivo-formativo" ao invés de "negativo", em cada caso. Este padrão cruzado de funções entre masculino e feminino é um dos significados do símbolo do caduceu com as serpentes entrelaçadas em volta de um Bastão ereto (vide figura 7); é interessante que ele é o emblema de Hermes/Mercúrio, o mais bissexual dos Deuses Clássicos, cujo símbolo astrológico ☿ é por si só uma combinação dos símbolos masculino e feminino[170].

169. N. do T.: a pedra lignita é também popularmente conhecida pelo nome de azeviche.

170. O princípio da mudança fornece uma resposta a uma pergunta que nos é feita frequentemente: "Ao abençoar o vinho, por que a mulher segura o Athame e o homem o Cálice?" – Você esperaria que fosse o contrário. A bênção do vinho envolve todos os planos. No plano material, o casal simboliza masculino-ativo, feminino-receptivo pela sua presença corporal. Novamente no plano mental, o homem assume o papel ativo falando as palavras necessárias. Mas a bênção é destinada a tomar efeito nos planos astral e espiritual; e para expressar isso, a mulher mantém

Um exemplo familiar desta alternância de polaridades com os diferentes planos é aquele da Mulher-Musa e o Homem-Artista. Beatriz fertiliza Dante, e ele, por sua vez, dá nascimento ao resultado; um paralelo exato à impregnação de um homem por uma mulher no plano físico[171]. Como Wilfred diz em *A Sacerdotisa do Mar* de Dion Fortune: "Então eu percebi porque deve haver Sacerdotisa tanto quanto Sacerdote; pois existe um dinamismo em uma mulher que fecunda a natureza emocional de um homem tão seguramente quanto ele fecunda o corpo físico dela; isso era uma coisa esquecida pela civilização moderna que estereotipa e convenciona todas as coisas e se esquece da Lua. Nossa Senhora do Fluxo e Refluxo."

Mas retornemos ao que pode ser chamado de a mecânica da reencarnação. Na ocasião da morte física, a primeira das "conchas externas" é solta: o corpo físico. O corpo etérico se desintegra, quebrando o elo vital entre o corpo físico e os corpos astral, mental e espiritual. Desligado dos principais, por assim dizer, o corpo físico não é mais uma parte da entidade total e começa a decair.

O foco da consciência se torna, em primeiro lugar, o corpo astral. Por este período de tempo ele está em um estado contínuo equivalente à projeção astral.

Em nível de afastamento em direção aos planos superiores, isso depende de cada pessoa. Alguns (particularmente aqueles com as obsessões mais grosseiras, tal como alcoolismo e uma libido sexual doentia) resistem ao processo, ou levam um longo tempo para compreender que estão fisicamente mortos, ou se recusando a aceitar o fato como tal; esta é a explicação para muitas "assombrações" ou sensações de vampirismo psíquico sentido pelos

o símbolo ativo (Athame) e o homem o receptivo (Cálice). O ritual simboliza perfeitamente o entrelaçamento das funções masculina e feminina nos vários planos. Tudo isso nos lembra de que chamar o Athame "macho" e o Cálice "fêmea" pode ser enganosa em alguns contextos, mas chamá-los de "ativos" e "receptivo", respectivamente, é preciso para todos os contextos e em todos os planos.

171. Isso não quer dizer, claro, que somente os homens sejam artistas ou poetas apropriados. Mas parece ser verdade que a função de Musa é tipicamente feminina. Talvez a mulher artista ou poeta não precise de uma musa; é difícil imaginar um Robert Graves mulher escrevendo um livro chamado *The White God*. Tom Chetwynd sugere que o lado Eros da vida (o princípio de atração e envolvimento) é sempre representado por um Deus masculino "presumivelmente como o objeto mais adequado de pintura para mulheres" (ou para a anima no homem), enquanto a Musa (das ideias) e a Sabedoria "são conceitos femininos por razões contrárias" - como o tesouro procurado pelo homem ou pelo Animus na mulher. (*A Dictionary of Symbols*, página 143.) O aspecto sombrio da Musa é a Sereia (ibid., pág. 274) - nas relações penais, a mulher cuja influência na psique do homem é destrutiva e não criativa.

ainda encarnados. Um exorcismo eficaz, por um sensitivo experiente que sabe o que ele ou ela está fazendo, é muitas vezes um caso de confrontar a entidade astral e persuadi-la da necessidade de uma retirada normal. Um caso típico foi relatado para nós por nosso amigo, o Reverendo Christopher Neil-Smith, um dos melhores exorcistas da Inglaterra; ele foi chamado por uma família que não podia acalmar um par de garotas que estavam aterrorizadas com o quarto (pelo que foi visto, era um quarto muito agradável) que lhes foi dado para ocuparem. Christopher constatou a causa – uma assombração lésbica! Ele lutou com ela, usando suas próprias palavras de poder cristãs, e a persuadiu sobre o erro de suas perturbações astrais. O problema cessou daí por diante. (Sobre esta questão de palavras de poder: sua eficácia depende da sua realidade e significado para o exorcista e, naturalmente, para a entidade astral. Neste caso, as palavras cristãs eram obviamente as eficazes; uma Bruxa, um hindu ou um judeu poderia usar palavras diferentes com efeito igual – embora a crença do "fantasma" seja também significativa. Pode-se lembrar da história do vampiro desafiado com um crucifixo, que replicou: "ha, ha, ha – você pegou o vampiro errado!" – Que não é uma piada tal como parece).

No outro extremo da escala, almas bem integradas e avançadas podem, por sua própria escolha, atrasar o afastamento completo aos níveis superiores de forma a ajudar amigos ainda encarnados. Nós acreditamos, em boa evidência, que os pais de Stewart exemplificam este caso. Seu pai faleceu fisicamente em 1953, e sua mãe em 1958, e Stewart e Janet não se conheceram até 1970. Ainda assim, em muitas ocasiões de importância em anos recentes, a mãe de Stewart, com seu pai em segundo plano, parece ter estado em contato conosco usando Janet como uma médium, comunicando-se por psicografia e de outras formas, incluindo algumas "coincidências importantes" assustadoras, e fazendo uso de fraseologia absolutamente característica, referências e conceitos sobre os quais Janet possivelmente não poderia ter tido conhecimento. Recuando um pouco, a fim de ser cético, poder-se-ia admitir telepatia inconsciente entre Stewart e Janet como uma explicação; mas em todas as circunstâncias, podemos apenas acreditar que a comunicação direta de Agnes Farrar é acreditável.

O estágio intermediário entre a separação do plano físico e a completa absorção da Individualidade parece ter um período de duração variável onde geralmente é chamado *País do Verão*. As Terras do Verão têm uma existência real no plano astral e ainda são autocriadas em alguma extensão, seja em uma base individual ou grupal. Em outras palavras, o tipo de País de Verão no qual você se encontra, e a companhia que lá você encontra, depende do seu próprio estágio de desenvolvimento e da força de suas conexões com as outras entidades pertinentes. Partes da Personalidade de sua última encarnação, nos planos astral e mental inferior, obviamente ainda estão envolvidas no processo. No geral, este parece ser um período de repouso e recuperação necessários, e de absorção (e discussão com amigos?) sobre as lições da encarnação recém-experimentada.

No devido curso, você se retira das Terras do Verão também; tudo o que é deixado é sua Individualidade, seu self imortal, existindo em um nível de consciência sobre o qual nós, por fim, não estamos preparados para sermos dogmáticos, porque sua natureza dificilmente pode ser compreendida, exceto talvez durante lampejos de intuição, ou descrito na linguagem em nível ao qual nos encontramos no momento. Mas pode ser dito que este também é um período de absorção de experiência, no nível fundamental do Indivíduo; e, talvez, em proporção ao grau de desenvolvimento da pessoa, da consideração e escolha das circunstâncias da sua próxima reencarnação.

Assim que o tempo para, aquela reencarnação se aproxima, o Indivíduo começa a reunir em torno de si as matérias primas das "conchas externas" requeridas para uma nova Personalidade. Elas podem ser apenas as matérias primas, porque uma Personalidade completamente desenvolvida é a criação gradual das circunstâncias da nova encarnação, e das reações da pessoa a isso.

O passo final é a reencarnação física, quando a entidade (Individualidade mais as matérias primas da nova Personalidade) confere uma alma a um feto no momento da concepção. Sobre as implicações disso para os pais, será dito no capítulo XV, "Bruxaria e Sexo".

Mas então o que a Individualidade acumula de encarnação em encarnação, além da "experiência"? Ela acumula *carma*. Este termo hindu se tornou a palavra ocidental aceita para o conceito, porque não existe nenhum equivalente exato nas línguas europeias. Seu significado literal original é meramente "ação", ou "causa-e-efeito".

O meio mais simples de conceber o carma é como um tipo de saldo bancário espiritual das boas e más ações da pessoa, dos resultados da sabedoria e da estupidez de cada um, sobre a totalidade de suas vidas. Mas para obter um quadro nítido sobre seu significado, não se deveria pensar tanto em "alguém ali" calculando o saldo e nos recompensando ou punindo em conformidade, mas como o significado radical de *causa-e-efeito*. O conceito é que tudo o que nós fazemos deflagra uma reação em cadeia de efeitos, tão inevitavelmente como um pedregulho lançado num poço provoca ondulações, e que nós temos que conviver com os resultados. Uma ondulação (ou onda de maré) pode não rebater sobre nós até muitas vidas depois – mas irá rebater uma hora, devido à natureza da estrutura totalmente interconectada do nosso universo. Esta interconexão nos compele, mais cedo ou mais tarde, a restaurar o equilíbrio que nós perturbamos para colher os frutos que nós semeamos (incluindo os bons), para pagar os débitos nos quais incorremos e para sacar os juros sobre nossos sábios investimentos. Atividade criativa ou desvio moral igualmente voltam ao lar para se alojar. Voltando à analogia do saldo bancário – o computador do banco cármico é à prova de fraude, inexorável e equipado com memória infinita.

Portanto, o processo da reencarnação repetida é uma das formulações do equilíbrio cármico até que um equilíbrio permanentemente saudável seja alcançado (um equilíbrio *dinâmico*, não estático, entenda-se).

O indivíduo imortal, liberto por seus próprios esforços da necessidade de futuras reencarnações neste plano, pode então se mover para o próximo estágio. A natureza daquele estágio podemos apenas visualizar fracamente em nosso presente nível de desenvolvimento; se nós pudéssemos compreender sua essência e seus detalhes, não deveríamos estar ainda aqui.

E ainda assim há uma exceção para essa regra também: o *Bodhisattva*. Esta é outra palavra hindu que entrou no uso ocidental na ausência de um equivalente europeu. Um *Bodhisattva* é uma Individualidade aperfeiçoada que não mais necessita reencarnar, mas escolhe fazê-lo por sua própria e livre vontade, de modo a auxiliar e guiar mortais menos desenvolvidos. Pode-se de forma razoável deduzir, por exemplo, que Jesus[172] e Buda eram *Bodhisattvas*; e sendo a natureza humana o que é, o impacto de tais entidades sobre as pessoas de seu tempo muitas vezes levou à sua deificação em memória póstuma. Pode muito bem ser, por exemplo, que tais figuras de Deuses como Ísis, Osíris, Zeus, Athena, Dana e Brid foram construídas sobre a memória reverenciada de *Bodhisattvas* humanos. A Deusa Aradia, herdada da tradição Toscana pela Wicca, a nós parece portar os marcos de tal desenvolvimento, talvez até mais claramente do que muitos outros; a lenda a descreve como trazendo aos humanos os ensinamentos "de sua mãe Diana"; ela se representa como o canal da sabedoria divina, não sua fonte, e isso seria típico de um *Bodhisattva*. Então caso estejamos certos, nem mesmo as Bruxas estão imunes

172. Para algumas reflexões sobre o papel de Jesus, ver págs. 427-8.

à tendência de transformar um destacado professor pouco relembrado em um Deus ou em uma Deusa (não que isso deva intimidar qualquer pessoa a parar de usar Aradia como um nome para a Deusa se, como nós, esta pessoa já estiver fazendo assim. A forma pensamento tem sido poderosamente construída ao longo de gerações, de forma que Aradia se tornou um efetivo sinal de chamada e um canal para a própria Deusa. O que basicamente todas as formas do Deus e formas da Deusa são. Veja mais sobre isso no capítulo XIV, "Mito, Ritual e Simbolismo").

Nem todos os *Bodhisattvas* têm tido tal impacto recordado como estas grandes figuras, isso depende, naturalmente, da natureza e da escala da tarefa que cada um tem para realizar quando encarnados. Muitos deles trabalharão de forma não intrometida, deliberadamente não se deixando ser reconhecidos como algo mais além do que seres humanos notáveis; e aquilo, naturalmente, é o que eles são. A divindade que brilha através deles não significa uma perda de humanidade, mas sua perfeição.

E ao seguir em frente na direção deste objetivo, o firme exercício do carma é a tarefa consciente de todos os iniciados, incluindo aqueles cujo caminho é a Wicca. Esta tarefa – e não a mera curiosidade – é o propósito de esforços deliberados para recordar da encarnação com o qual estaremos lidando em um minuto. Uma vez que se alcança certo estágio de desenvolvimento consciente, quanto maior for a visão que se tem sobre o significado do próprio carma e sobre os fatores que o geraram ao longo de uma série de vidas, de uma forma mais inteligente poder-se-á assumir o controle do caminho à frente.

Existem técnicas mágicas para acelerar o carma (ou, para desacelerá-lo), mas estas não são facilmente ensinadas até que os iniciados estejam preparados para elas. Iniciados bem intencionados que mergulham de maneira entusiasmada em tais técnicas, na esperança de se desenvolverem tão rápido quanto possível, muitas vezes descobrem que eles morderam mais do que poderiam mastigar; o ritmo dos eventos pode seguir além de sua compreensão, deixando-os num estado pior do que quando começaram. O mero fato de uma genuína Iniciação, ou de um envolvimento oculto de qualquer tipo, incluindo a Bruxaria, tende a acelerar o carma em qualquer caso, em consequência dos níveis adormecidos que estão sendo acordados; e isso será o tanto que a maioria de nós pode aguentar.

Deve-se observar mais um ponto sobre o carma, antes de irmos à questão dos fenômenos de reencarnação em grupo. Falamos sobre carma como um processo quase impessoal, atrelado pelas leis inexoráveis de causa e efeito.

E isso é o princípio básico da ação, mas não significa que não haja intervenção ou que os que são algumas vezes chamados de "os Senhores do Carma" sejam meros observadores. Entidades superiores de muitos tipos, de fato existem e operam nos planos não materiais, intermediários entre a humanidade e a derradeira força criativa, como toda religião tem reconhecido. Somos apenas uma parte de um Cosmos complexo, multinivelado e interdependente. E estas entidades superiores têm suas próprias regras para atuar na vida evolutiva do todo. Assim, seria arrogante imaginar que suas ações não nos afetam, ou que eles nunca intervêm ou nos desviam para uma direção requerida. O mais importante, eles podem ser atraídos pelo processo de auto-harmonização conhecido como invocação.

Podem também ser comparados, se você gostar, com fazendeiros. Um bom fazendeiro não ignora ou tenta sabotar as leis da natureza; ele trabalha com elas para uma máxima produtividade e uma ecologia equilibrada. Da mesma forma, os Senhores do Carma não passam por cima das leis de causa e efeito; mas eles podem de fato, caso o desejemos, auxiliar-nos a não cairmos nos enganos delas. Eles podem nos ajudar a fazer uso de processos naturais ao invés de batalhar contra eles para ferirmos a nós mesmos e aos outros. Coopere com eles deliberadamente, tentemos nos colocar em sintonia com seu propósito e algumas vezes nos encontraremos empurrados em direções a cujo significado imediato não podemos compreender. Em nosso próprio jargão profissional, algumas vezes chamamos a isso de "o Roteiro"; e para nós pessoalmente, como para muitas outras pessoas, "o Roteiro" pode se mover por caminhos misteriosos que acabam por fim sendo úteis.

Para resumir: o exercício do carma, como na vida do fazendeiro, é uma combinação de processos naturais inexoráveis e a manipulação inteligente deles por seres com propósitos que estão conscientes do programa integral. (Se você escolher por chamar essas entidades de anjos e arcanjos e assim por diante, por que não? Aceitar ou não essas palavras como aceitáveis depende do quão carregadas por associações elas estejam desde seu nascimento. Caso essas associações lhe incomodem, use outras palavras. Quando você as trata com seriedade, os conceitos são os mesmos. Mas não há motivo para mexer em velhas feridas apenas pela diversão em fazê-lo.).

Tão logo se começa a investigar a reencarnação, e ao se obter as primeiras experiências de recordação, enfrentamos o encontro com o fenômeno da reencarnação de grupo; descobre-se que se tem conhecido e interagido com certas pessoas antes, em outras vidas, talvez em muitas vidas. Este conhecimento pode variar desde um súbito (e talvez mútuo) *flash* de reconhecimento quando se encontra com um completo estranho (o *flash* tendo muitas vezes sobretons emocionais positivos ou negativos que parecem um tanto desproporcionais em termos de sua situação nesta vida), até a percepção de que um relacionamento nesta vida é meramente a continuação, desenvolvimento e exercício de um relacionamento de muitas vidas, talvez envolvendo muitas pessoas. O pesquisador cauteloso à sua própria história (e *deve-se* ser cauteloso em tais assuntos) provavelmente dirá a si mesmo que tal *flash* ou percepção é talvez a crença ilusória, a projeção de emoções não resolvidas, ou a fácil racionalização de elementos enigmáticos em um atual relacionamento. Ele pode muito bem-estar certo, em qualquer caso particular; todo ocultista sabe o quão tentadoramente fácil torna-se esquivar-se do árduo trabalho de analisar uma situação pessoal encolhendo os ombros e dizendo "isso é provavelmente cármico!" Mas não importa o quão dificilmente ele se desvie para evitar tais ciladas, assim que o quadro de suas encarnações passadas vai sendo construído e é confirmado por evidências externas, ou pela recordação de outros, independentemente notada, ele vai achar mais e mais impossível escapar do fato de que certas pessoas que conhece hoje têm estado associadas a ele em vidas passadas.

E quando você pensa nisso, tais relacionamentos contínuos devem ser logicamente esperados em vários campos.

O mais óbvio é o cármico. Os débitos cármicos de alguém, ou devido a este, mais cedo ou mais tarde necessitam ser *pagos individualmente pelo devedor ao credor*, se aquele equilíbrio rumo ao qual todo desequilíbrio cármico se esforça[173] deva ser alcançado, eles não podem ser desviados pela morte física. Se em uma vida, por exemplo, eu deturpei seu desenvolvimento devido ao meu próprio egoísmo, o equilíbrio não será restaurado até que eu tenha positivamente contribuído (ou a despeito de mim mesmo ou por minha própria compreensão melhorada) às condições para o seu desenvolvimento natural numa vida posterior. Tais débitos, naturalmente, podem ser mais complexos do que um direto "pessoa-para-pessoa": A, B e C podem ter criado

173. Os druidas parecem ter sido muito pragmáticos sobre isso. Diz-se que eles faziam empréstimos mutuamente concedidos, tendo reembolsos garantidos para suas próximas encarnações em comum.

uma situação distorcida entre si em uma vida e que só poderá ser consertada por A, B e C se encontrando novamente nas novas circunstâncias de uma vida posterior. Ou A, B, C, D e E... e assim por diante.

Os fatores que tendem a tais reencontros não são sempre negativos, naturalmente. Um trabalho criativo em grupo para o qual uma vida não foi suficiente é natural que cause um impulso cármico positivo, um ímpeto (tanto dentro de cada uma das individualidades em desenvolvimento envolvidas e em campos de energia cármica mais amplos) para o grupo recombinar e levar adiante o que foi frutiferamente começado.

Tais "pontas soltas" positivas e negativas tendem a reunir as pessoas em vida após vida, tão naturalmente como a gravidade atrai rios afluentes através ou em volta de todos os obstáculos geológicos, buscando por um leito de vale em particular, combinando-se em um rio que não é igual há nenhum outro rio, muito embora por fim ele flua para o mesmo oceano (de equilíbrio cármico, ao procurar uma metáfora para este fim).

Ambas, experiência e lógica, confirmam que a *natureza* de um relacionamento pode mudar de vida em vida; de fato isso deve ser esperado, para desequilíbrios serem resolvidos ou para desenvolvimento dinâmico. A e B podem ser irmão e irmã em uma vida e se reencontrar em vidas posteriores como mãe e filho, marido e mulher, colegas, rivais, amantes, conhecidos casuais ou irmã e irmão outra vez no ciclo.

Nem é necessário que a importância do relacionamento seja a mesma (ou mesmo surgir por fim) em qualquer vida subsequente em particular. Isso depende da natureza da lição a ser aprendida, ou do equilíbrio a ser exercitado, numa vida em particular.

Tomemos um exemplo pessoal. Sabemos que eu e Janet temos nos encontrado em muitas vidas, mas duas têm sido vividamente recordadas em especial (e com muita confirmação) nesta vida, provavelmente devido à sua relevância com relação a esta. A primeira foi no Egito por volta dos tempos de Ramsés II, e a segunda na Segóvia, nos tempos de Ferdinando e Isabella. Em ambas as encarnações estávamos associados com pessoas que conhecemos ou tivéramos conhecido em nossa presente encarnação. E ainda assim (na extensão que estabelecemos até agora) apenas uma daquelas pessoas estava envolvida em ambas as encarnações, a egípcia e a espanhola; e mesmo aquela pessoa era conhecida apenas por mim, Stewart, no Egito e tendo nascido após a morte egípcia de Janet, embora na Espanha ela estivesse envolvida conosco. A implicação que corresponde ao que nós conhecemos sobre aquelas duas vidas é que elas envolviam diferentes lições e diferentes problemas, que apenas seriam relevantes para alguns de nossos "companheiros de viagem" em cada caso.

Isso, naturalmente, explicaria o fenômeno de intenso, porém passageiro reconhecimento de um estranho. Ele ou ela pode ter estado profundamente envolvido na "agenda" central de alguma encarnação passada, mas nesta vida podem estar exercitando agendas muito separadas, e, portanto, serem irrelevantes um ao outro no presente estágio. Porém, a súbita recordação de uma emoção agora irrelevante (embora na maior parte dos casos ela seja apenas relembrada subconscientemente) pode ser severa e enigmática na ocasião. Uma súbita, embora inconsciente recordação desse tipo pode nem sempre ser irrelevante a esta vida; isto pode ser o início de um importante reencontro. Casos genuínos de "amor à primeira vista" pode muitas vezes ser explicado dessa forma – sendo, de fato, não "à primeira vista" afinal de contas, embora o casal pense que o seja.

O que nos traz a um dos mais poderosos dentre os motivadores de reunião vida-após-vida: o amor que verdadeiramente envolve a interação de duas Individualidades imortais e não meramente de suas Personalidades em qualquer encarnação (feliz o suficiente, embora tal amor-personalizado possa muitas vezes existir). É este tipo de amor que implica o termo "almas companheiras". Talvez "estrelas binárias" seria uma descrição ainda mais apta; duas entidades únicas, cada uma com sua própria natureza, que formaram um todo complementar revolvendo em órbita fechada ao redor de um centro comum de gravidade, de forma alguma se isolando de suas estrelas vizinhas – inclusive muitas vezes as afetando mais poderosamente do que elas fariam como duas estrelas solitárias, devido a energia gerada por sua órbita mútua apertada, e, portanto, rápida[174].

Dion Fortune escreve em profundidade sobre almas companheiras (ou, como ela as chama, "almas gêmeas") em *A Filosofia Esotérica do Amor e do Matrimônio*, capítulos XVII e XVIII.

Como ela diz (*ibid.* pág. 83), "é a emoção não exaurida que forma o vínculo cármico"; e tais vínculos podem ser estabelecidos em muitos níveis menos intensos e todo envolvente do que aquele que existe entre almas

---

174. Uma vez que todas as relações são dinâmicas, supomos que até as almas gêmeas tenham suas crises. Um dos membros do nosso Coven escreveu um romance oculto sobre isso, intitulado *The Thousand-Year Itch*.

gêmeas. Qualquer amor ou amizade ao qual alguma coisa ainda permaneça na ocasião da morte física deixa uma ligação, de força variável, que tende a unir as pessoas em vidas posteriores de forma que as emoções possam ou ser "exauridas" ou desenvolvidas.

Como a Lenda da Descida da Deusa dos Bruxos diz, (*Oito Sabbats para Bruxas*, págs. 183-5): "Para completar o amor, vocês devem retornar novamente no mesmo tempo e no mesmo lugar que a pessoa amada; e vocês devem se encontrar, conhecer, recordar e se amar novamente". A atitude das Bruxas neste caso é deliberada; elas trabalham para "conhecer e recordar", não meramente para reagir à memória inconsciente.

Deve-se adicionar que *qualquer* emoção não exaurida estabelece um vínculo cármico – e isso inclui o ódio. E pode também ser tratado deliberadamente; da mesma forma que alguém pode trabalhar para perpetuar uma ligação de amor ou amizade, este alguém pode (e inclusive seria bem informado para fazê-lo) trabalhar para resolver uma ligação de ódio, mais do que fazê-la crescer novamente como um assunto não finalizado numa vida posterior.

Qual é a mecânica da atração entre pessoas que têm estado associadas entre si em vidas passadas? Por fim, pode-se aceitar o princípio, mas ainda assim achar difícil engolir o fato de que a "emoção não exaurida" deva arranjar uma série de coincidências aparentes – de residência, emprego, encontros fortuitos e assim por diante –, que trazem tais reuniões à concretização na prática. Por exemplo, nós tomamos a decisão consciente de nos mudarmos de Londres para a Irlanda em 1976, pelo que nos parecia uma razão puramente econômica – que a República não aplica impostos a escritores. E ainda assim, por um lado, isso foi um profundo ponto de mudança em nosso desenvolvimento Wiccaniano e nosso trabalho, por outro lado, isso nos trouxe a um contato íntimo com várias pessoas cujo envolvimento crucial em nossas vidas passadas não nos deixa quaisquer dúvidas. Sobretudo, como meros refugiados dos impostos, não tínhamos a menor possibilidade de precognição. Os Senhores do Carma registraram os nossos bilhetes de entrada? Como dissemos, eles podem nos empurrar para a direção requerida quando necessário; mas seguramente haveria pouco progresso cármico alcançado transformando-nos em meros bonecos.

Sugeriríamos que a explicação para a maior parte de tais "coincidências" é muito mais que natural. Isto é, que almas intimamente envolvidas se comunicam e chamam uma à outra no nível da Individualidade em formas sobre as quais suas Personalidades não estão conscientes. Em termos de alma gêmea, isso seria particularmente intenso, remontando-se ao diálogo contínuo; mas isso também poderia ser esperado entre todos os "colegas de viagem" em graus variados. Assim, uma decisão totalmente inconsciente (tanto quanto se refere à Personalidade) poderia induzir uma pessoa a comprar o bilhete de passagem necessário ou efetuar o encontro imprescindível por meio de uma mensagem da Individualidade para a Personalidade, que então age num modo que parece ser para a mente consciente razões práticas ou temperamentais muito diferentes.

Uma coisa que intriga muita gente sobre a reencarnação é a explosão demográfica. Se a reencarnação é um fato, elas argumentam, seguramente o número de humanos encarnados na Terra em diferentes períodos deveria se manter relativamente estático?

A nós parece haver várias respostas possíveis para isso. A primeira é simplesmente a de que, por razões conhecidas apenas pelo Planejador Cósmico (de qualquer forma que você defina esse ser), novas almas estão sendo criadas o tempo todo, e hoje em dia mais rapidamente do que nunca. A maioria dos sensitivos conhece a sensação de que fulano ou ciclano é uma "alma jovem" ou uma "alma velha", não importando a idade cronológica dele ou dela nesta encarnação; e esta sensação pode muito bem ser válida.

Mas isso pode não ser tão simples como "criação" pura. A essência da consciência é a individualização. Animais não humanos em geral (novamente talvez excluindo os cetáceos – vide pág. 336) não são autoconscientes; estão apenas diminutamente conscientes se estiverem de sua própria individualidade separada. Fisicamente, cada um deles é parte de uma alma grupal[175]. Uma teoria que faz sentido (é difícil acreditar em um inseto, roedor ou um arenque individualmente reencarnado) é a de que na morte física os elementos não físicos em um animal são reabsorvidos dentro da alma grupal da espécie, a qual "faz brotar" novos indivíduos a partir da fonte comum para a manifestação física.

175. Um exemplo clássico da alma grupo animal, em uma escala pequena, é a colmeia. No caso das abelhas, o "indivíduo" é a colmeia; os insetos separados são diferenciados e funcionam bem como as células em um corpo de mamífero – rainhas e operárias começam como ovos idênticos. O comportamento proposto da colmeia é inteiramente coletivo, com seus insetos componentes separados sendo tão descartáveis para o interesse do todo como são células no corpo humano. É muito mais fácil entender as abelhas se você considerar o enxame como um complexo e muito bem adaptado organismo.

Apenas em alguns dos maiores mamíferos, sugere a teoria, alguns indivíduos (com "i" minúsculo) de fato desenvolvem um "separatismo" suficientemente forte (o primeiro passo em direção à Individualidade com "I" maiúsculo) para persistirem como tal numa encarnação posterior; diz-se que isso acontece em particular entre espécies que são mais aproximadamente associadas com os seres humanos.

Apenas recentemente de forma comparativa em termos evolucionários é que a humanidade emergiu de um estágio onde a consciência de grupo dominava a vida e a autoconsciência (exceto em membros destacados da tribo) era uma coisa muito vaga. Poder-se-ia razoavelmente deduzir que, naquele estágio, a reencarnação também operava (novamente, com destacadas exceções) sobre o princípio da alma grupal, diferenciando inicialmente, enquanto a evolução do homem progredia, em almas raciais, tribais e de clãs, e apenas se separando em Indivíduos únicos reencarnados gradualmente com o crescente desenvolvimento da mente consciente e autoconsciência pessoal[176].

Nesta base, o pequeno número de almas "enfileiradas" para reencarnação individual teria aumentado grandemente nos milênios recentes e meteoricamente no último ou nos dois últimos séculos. E hoje, quando povos ainda primitivos estão sendo forçados (por bem ou por mal) ao contato regular com as culturas autoconscientes altamente "avançadas", o número de Indivíduos (com o "I" maiúsculo, embora em vários níveis de desenvolvimento) deve ser sem precedentes.

E também, naturalmente, estamos em um período de evolução cultural e psíquica muito rápido; tudo está acelerado. Uma década presencia mais mudanças, em quase todas as esferas, do que um século no tempo dos nossos avós, ou mil anos nos tempos neolíticos. A vida é um todo interconectado em todos os níveis; assim, não parece ser que esta mesma aceleração, esta mesma compressão da escala do tempo, deva ser também aplicada ao carma e

176. Racial, tribal, etc., almas grupo podem continuar a existir como influências coletiva mesmo com a individualização acelerada de seus membros; e essas influências podem ser para o bem ou para o mal. Uma das características menos admiráveis do pensamento oculto europeu no século 19 e no início do século 20 foi um pressuposto generalizado da superioridade da alma racial do europeu (isto é, do caucasiano branco); muitos escritos e fraternidades pareciam dar por certo que ela representou o pico da evolução espiritual humana até agora alcançada, em vez de uma contribuição entre muitas para essa evolução – o que é a coisa mais sincera que qualquer pessoa pode dizer sobre qualquer alma racial.

à frequência da reencarnação? Somos uma parte integral de Gaia, o Organismo da Terra, em seus planos de existência espiritual, mental, astral, etérico e físico; e se alguns dos seus ritmos estão acelerando, nós também somos afetados em todos os níveis. Especialmente por sermos nós amplamente responsáveis pelas mudanças; pelo menos estamos começando a nos preocupar a respeito de seus resultados. Assim, não poderia um senso aumentado de urgência, uma compulsão para estar "de volta ao trabalho", estar influenciando Indivíduos que alguma vez agiram no seu ritmo entre encarnações?

A explosão demográfica naturalmente tem sido um tópico de importância mundial por algum tempo. Pensadores responsáveis em muitas terras têm apontado para a situação ecológica, econômica e politicamente calamitosa, na qual esta ameaça atingirá nosso Planeta caso não seja estudada como um caso de urgência. Algumas nações estão tomando atitudes práticas para encorajar programas racionais de controle de natalidade. O maior e único obstáculo a tais políticas sensatas é infelizmente o Vaticano, cuja condenação à contracepção nos parece ser (e também para milhões de católicos) social e teologicamente insuportável, mesmo em terrenos cristãos (veja mais sobre esse assunto no capítulo XV, "Bruxaria e Sexo").

Pode muito bem ser que a raça humana como um todo, pela sua indiferença irresponsável e sua atitude de "enfiar a cabeça na areia" com relação ao problema da população, está de fato pervertendo o ritmo natural da reencarnação – falando francamente, chamando almas para encarnar mais rápido e em números maiores, mais do que a Mãe Terra pode cuidar delas ou que seu progresso cármico saudável requer. Se for assim, estamos acumulando nosso carma racial negativo perigosamente; e a Mãe Terra tem meios drásticos de dizer "Basta!" quando tais problemas fugirem ao controle.

Muitas dessas ideias anteriores são nada mais que teoria e não necessariamente seriam aceitas por todos os que acreditam na reencarnação. Porém temos esperança de que elas provoquem a reflexão.

Como começar a recordar vidas passadas?

Antes de discutirmos técnicas, gostaríamos de destacar três regras que são absolutamente essenciais para um trabalho sério sobre recordação de encarnações:

1. Mantenha registros escritos (e quando possível, gravados).
2. Tenha uma mente aberta, saudavelmente cética e ainda assim receptiva (temporariamente) para todas as impressões que cheguem.

3. Verifique tudo o que for possível contra o fato conhecido (por exemplo, registros paroquiais, livros de história, trajes de época, detalhes da vida diária da suposta ocasião, e assim por diante – particularmente com respeito a coisas sobre as quais você não poderia ter conhecimento na ocasião em que sua impressão foi registrada).

Como é ressaltado por Christine Hartley em *A Case for Reincarnation* pág. 80: "Não cometa enganos sobre isso, mesmo que você tenha o dom para ler os registros, existem perigos no caminho – o perigo do pensamento carregado de desejo é provavelmente o mais pronunciado; a pessoa está tão ansiosa para 'ver' que pode facilmente ser levada em voos de imaginação descontrolada pela razão crítica e discriminação. Já que um pouco de imaginação cuidadosamente controlada é necessário em todas as ocasiões para elevar a mente de uma pessoa a partir da base enraizada no mundo material, é altamente importante que deva existir grande disciplina em todos os experimentos, de forma que os resultados possam ser confiáveis."

Considerando a Regra 1. Sempre que você achar que deve ter tido uma experiência de recordação, anote (ou grave) imediatamente, *antes* de discutir isso com outra pessoa e *antes* de aplicar a Regra 3. Conserve a anotação escrita ou a gravação; mesmo se você tiver transcrito uma impressão gravada para o papel, conserve a gravação original também, porque as hesitações, o tom de voz e outras coisas podem vir a apresentar um significado não percebido na ocasião. Inclua esboços, mapas, plantas ou salas e outras coisas se você puder. Conserve todos estes registros permanentemente – não elimine o que parece irrelevante em qualquer estágio, porque desenvolvimentos posteriores (às vezes anos depois) poderão lançar novas luzes sobre isso. Gravações são valiosas quando vem a recordação sob hipnose ou transe; gravadores cassete são muito baratos hoje em dia e são o maior presente da moderna tecnologia para a pesquisa sobre reencarnação (e muitos outros campos do psiquismo).[177]

A Regra 2 é a chave para a abordagem completa. Christine Hartley está certa: imaginação é o processo essencial; mas a imaginação descontrolada pode sabotá-lo. O ceticismo não pode inibir a imaginação naquele momento, porém, posteriormente deve verificar de forma desapaixonada sobre o que a imaginação produziu. Isso é particularmente importante com relação aos fragmentos de

177. N. do T.: a maioria das pessoas hoje em dia mantém um registro de suas gravações em aparelhos de MP3 ou no próprio celular.

recordação espontâneos os quais podem ou não ser meros devaneios: o truque é deixá-los fluir sem censura, gravá-los, então pensar sobre eles criticamente, mas conserve o registro com uma mente aberta e verifique se o conhecimento posterior o confirma ou o destrói[178] (e mesmo que ele pareça destruído, não o jogue fora; ele poderá ainda um dia ter algo para ensiná-lo).

A Regra 3 é trabalho direto de detetive. Se um nome, um lugar e uma data puderem ser reunidos aos registros do Escrivão Geral, ou um detalhe da prática agrícola na Anglia Oriental do século 18 parecer errado, mas for confirmado no devido curso por um especialista no assunto, você terá forte evidencia de recordação genuína.

Outra forma de confirmação menos concreta, mas igualmente encorajadora, são os registros de impressões mantidos pelos amigos que possam ter estado envolvidos na mesma encarnação. Novamente, registros escritos feitos antes das discussões provam o seu valor, porque eles reduzem grandemente o perigo de um pensamento desejoso ou uma alteração inconsciente "se encaixarem" (embora com amigos tão prováveis de estar psiquicamente em sintonia uns com os outros, tenha sempre em mente a possibilidade da telepatia involuntária. Isso pode usualmente ser diagnosticado, ou controlado, examinando-se a "sensação" dos registros, verificando se o material em comum é percebido a partir dos pontos de vista convincentemente pessoais ao invés de um "imitar como papagaio" ao outro, e examinando se cada um contém seu próprio material de forma que eles se sobreponham ao invés de meramente coincidirem).

178. Um exemplo de nossa própria experiência: em outubro de 1972, quando tinha os principais contornos de nossa encarnação conjunta egípcia, mas nenhum de nós tinha ido para o Egito nesta vida, Stewart teve um "sonho lúcido" sobre o Egito, mas não sabia se era genuíno. Ele começou a contar para Janet, que o interrompeu e disse: "Eu vi esse quarto. Não o descreva – desenhe um esboço dele sem mostrá-lo para mim, então eu vou desenhar um esboço e vamos mostrar um para o outro". Os dois esboços eram claramente da mesma sala, até mesmo um pilar quadrado no meio da mesma parede sem nenhum propósito aparente e sem relevância para a história. Percebemos que a telepatia era uma explicação possível. Mas um ano depois nós fomos ao Egito e, quando visitamos o Templo de Luxor, convencemo-nos que este foi o lugar onde o incidente tinha acontecido; Stewart insistiu que o quarto não existia, mas tinha sido de um conjunto de quartos além da parte traseira sobrevivente da borda do templo e formava três lados de um retângulo. Assim, verificamos com o nosso amigo Ahmed Abdel Radi, do Departamento de Antiguidades, que confirmou que as salas existiram, de acordo com o layout que Stewart descreveu, mas seus alicerces estavam agora cobertos pelas ruas e casas da vila. Esta foi apenas uma das várias confirmações que nossa visita ao Egito produziu.

Uma das peças de confirmação mais inesperadas em nossa experiência própria veio de um garoto de cinco anos de idade. Quando conhecemos seus pais, ele era recém-nascido. Ele olhou para Janet e disse: "Eu conheço você". Janet replicou: "Eu vi você quando era um bebezinho", mas ele interrompeu impacientemente: "Oh, não *nessa época,* eu quero dizer no *outro* tempo, quando você costumava ter aquelas coisas que faziam ruídos em suas mãos" (imitando castanholas). Mas seu cabelo devia ser preto... Onde está o outro homem?" – "Que outro homem?" – Ele virou-se de lado e continuou: "Você era a minha Mamãe, mas não era a esposa do Papai, você era amiga dele." – Tudo o que ele trazia à tona (Janet evitava deliberadamente de incitar muito espontaneamente) correspondia com o que nós já acreditávamos saber sobre a encarnação de Janet como uma cortesã na Segóvia, por volta de 1500; isso também identificou um de seus filhos "desaparecidos". Ele parecia conduzir tudo muito naturalmente e prosseguiu falando de outras coisas como se já tivesse esquecido; mas permaneceu muito próximo a Janet até a hora de a família partir. Não havia maneira de ele, ou mesmo dos seus pais, terem sabido qualquer coisa sobre a convicção de Janet de que ela teria tido uma encarnação na Segóvia.

O material sobre reencarnação mais impressionante tem sido obtido por meio da regressão hipnótica. Em muitos casos, psiquiatras profissionais têm tropeçado sobre o fenômeno praticamente por acidente e tem começado a estudá-lo sistematicamente. Regredir um paciente sob hipnose, liberar experiências de infância e desenterrar traumas que podem então serem tratados adequadamente é uma técnica psiquiátrica normal. Mas muitos psiquiatras, ao regredirem pacientes a um estágio mais e mais anterior, têm ficado atônitos ao descobrirem os pacientes voltando não meramente ao nascimento ou a impressões uterinas, mas aparentemente à recordação de vidas passadas. E muitos desses médicos, examinando os dados inesperados com um saudável ceticismo profissional, têm investigado a fundo e finalmente se convencendo (do fato).

Referencialmente, os livros de Arthur Guirdham *The Cathars and Reincarnation*, o de Joan Grant e Denys Kelsey *Many Lifetimes* e o da Dra. Edith Fiore *You Have Been Here Before* são descrições fascinantes deste processo de descoberta profissional. A colaboração de Grant e Kelsey tem sido particularmente produtiva. Ela recebeu o dom da recordação aparentemente integral de vidas passadas e colocou no formato de livros em tais romances (ou autobiografias) como *Winged Pharao* e *Life as Carola*; ele era um psiquiatra que se deu conta da evidência de reencarnação do modo como descrevemos. Eles começaram a trabalhar juntos em 1958, e, no devido curso, casaram-se. *Many Lifetimes* é um clássico do gênero[179].

Outro livro interessante sobre o assunto é *Encounters With Past*, de Peter Moss com Joe Keeton; ele inclui dois discos gravados durante sessões autênticas de regressão. *More Lives tha One*, de Jeffrey Iverson, descreve as famosas Fitas Bloxham, gravadas em mais de duas décadas de trabalho do hipnoterapeuta Arnall Bloxham.

O caso que atraiu a maior publicidade (embora muitos outros sejam ainda mais convincentes) está descrito no livro de Morey Bernstein *The Search Bridey Murphy*.

Hipnotismo, então, é talvez o mais poderoso de todos os métodos para lembrança de encarnação. O empecilho é que ele também pode ser o mais perigoso dos métodos nas mãos de amadores e podem emergir traumas com os quais o operador não tem o conhecimento ou a experiência para lidar. As sugestões pós-hipnóticas podem ser desapercebidamente plantadas, as quais podem ter resultados desastrosos. Este e outros riscos são a razão pela qual todo hipnoterapeuta profissional com quem temos conversado desaprova veementemente a hipnose de palco ou na televisão; estes profissionais podem muitas vezes ser chamados para desfazer o mal que um hipnotista de palco fizera e sobre o qual ele, sem sombra de dúvida, ignorava.

---

179. No entanto, muitas vidas apresentam um conceito não encontrado na teoria clássica: o de que a individualidade imortal acumula um "guarda-roupa" (teoria própria dos autores) de "corpos suprafísicos" de vida para vida, que parecem corresponder à ideia usual do etérico. A sugestão é que o corpo suprafísico que molda e sustenta seu corpo físico nesta encarnação pode ser reativado de uma encarnação anterior (e não necessariamente ou imediatamente anterior). Pode até ser apropriado para um estágio mais adiantado nesta encarnação, insalubremente retido além de seu termo apropriado e dando origem à doença, porque o físico e o suprafísico estão descombinados. Os autores desenvolveram curas bem-sucedidas com esta teoria. Não é necessariamente incompatível com a teoria clássica; a individualidade lembrada traria com ela o "diagrama" de corpos etéricos anteriores e, naturalmente, tendem como uma solução líquida de uma substância cristalina carregar o "diagrama" a partir do qual reconstrói cristais de forma e estrutura característica. Esta teoria do "guarda-roupa" certamente explicaria o fato de que "companheiros de jornada" reconhecidos de encarnações passadas são, às vezes, (embora nem sempre) visualmente semelhantes à sua aparência atual, embora admitamos que, mesmo quando a lembrança é genuína, esta semelhança aparente pode ser uma projeção psicológica.

Existe outro perigo dentro do campo oculto – o da manipulação deliberada. A primeira recordação de Janet sobre a nossa vida egípcia em comum foi obtida sob hipnose por parte de um ocultista extremamente experiente em quem nós (sendo então muito inexperientes) confiávamos. Percebemos mais tarde que ele era inescrupulosamente "negro". A recordação foi suficientemente genuína, mas ele deturpou a interpretação para seus propósitos pessoais e o problema que ele causou para nós dois levou um ano ou mais para ser eliminado. Isso nos ensinou uma amarga lição.

Hipnotismo – particularmente a hipnose profunda – deve apenas ser usado para recordação ou qualquer outro propósito quando o hipnólogo for devidamente experiente, de preferência um profissional (embora Bloxham, por exemplo, seja um amador experiente), e quando sua responsabilidade está além de questionamento.

Um método muito mais seguro, que pode ser muito proveitoso para uso amador é o que pode ser chamado de meditação guiada. O guia leva a pessoa ou o grupo por meio de uma viagem simbólica, descendo uma escadaria, atravessando uma porta, subindo até um planalto – e calma e conscientemente exercitando a imaginação que detém o controle do fluxo do pensamento linear-lógico (função cerebral esquerda) e atinge o modo de percepção intuitiva (função cerebral direita). Isso pode deflagrar a luz, ou até mesmo um transe profundo; se isso acontecer, o guia conversa com a pessoa em transe, porém meramente para extrair informações e para tranquilizar – não para implantar ideias ou sugestões. Uma das qualidades essenciais de uma Alta Sacerdotisa ou de um Alto Sacerdote experientes é saber quando retirar uma pessoa do transe delicadamente, ao primeiro sinal de aflição ou exaustão (Janet é uma médium de transe[180], e Stewart teve que aprender muito cedo como tomar conta dela e quando retirá-la do transe).

Uma excelente forma para meditação guiada deste tipo é conhecida como a Experiência Christos tal como descrita em *Windows of the Mind*, de G. M. Glaskinm. Nós a utilizamos várias vezes com resultados interessantes, e a consideramos muito inofensiva. Técnicas similares estão descritas na obra de Marcia Moore *Hipersentience*.

180. N. do T.: não confundir com médium de incorporação. A Wicca não trabalha com tal fenômeno. Toda pessoa com dons psíquicos naturalmente desenvolvidos é um médium, ou seja, um meio para outros níveis de realidade. No caso a autora possui o dom de entrar naturalmente em estados alterados profundos de consciência.

Como uma segurança adicional, é uma boa ideia conduzir estes experimentos dentro de um Círculo apropriadamente lançado e fortemente visualizado (vide capítulo XIV para maiores considerações sobre a função protetora do Círculo).

Os sonhos podem ser outra fonte para informações sobre encarnação. Mas para fazer um uso adequado e confiável deles, deve-se manter o hábito de registrá-los – mesmo que apenas em áudio – imediatamente ao despertar e, cuidadosamente, ir aderindo às Regras 1, 2 e 3, as quais nós já descrevemos. É também útil aprender algo sobre o mecanismo básico dos sonhos; por exemplo, aprender a distinguir o que Freud chama de o "conteúdo manifesto" (o material óbvio do sonho, muitas vezes retirado dos eventos do dia anterior[181] do "conteúdo latente" (o que o sonho está realmente tentando dizer). Mas sobre a compreensão dos sonhos, como a de muitas outras coisas, para Bruxas e ocultistas é Carl Jung que se projeta além de todos os outros professores de psicologia; e muito de seus discípulos, tal como Esther Harding (*Woman's Mysteries*) e Erich Neumann (*A Grande Mãe*), têm seguido nobremente seus passos. A melhor introdução ao pensamento Junguiano é o *Homem e Seus Símbolos*, uma antologia editada pelo próprio Jung.

Uma vez que você tenha desenvolvido o hábito de registrar sonhos, eles emergem mais prontamente na consciência e é de nossa experiência que três tipos de sonho logo emergem como pertencendo a uma classe própria.

Primeiro, o sonho no qual você está consciente de que está sonhando. A maioria das pessoas conhece este tipo, porém poucos tomam deliberadamente o controle sobre eles e os estuda *enquanto estão acontecendo* – o que pode ser um experimento muito revelador.

Segundo, o sonho no qual você está se projetando astralmente. Com um controle crescente, isso se torna um caso especial do primeiro tipo. Falaremos mais sobre esse assunto no capítulo XX.

E terceiro, o sonho da recordação da encarnação. Com experiência, você passa a reconhecer a qualidade especial de tal sonho; mas ainda deve ser sensato ao aplicar seu conhecimento do mecanismo dos sonhos a este

181. Ou mesmo do dia seguinte; sonhos podem muitas vezes usar material precognitivo, não necessariamente significativos em si, mas como simples "tijolos e argamassa" do conteúdo manifesto. O livro clássico sobre este aspecto é *Na Experiment with Time*, de J. W. Nossas próprias gravações de sonho confirmam as afirmações de Dunne sobre o material precognitivo nos sonhos, embora mantenhamos uma mente aberta na interpretação do fenômeno.

conteúdo (seria essa ou aquela pessoa no sonho um personagem genuíno da vida passada? Ou um arquétipo personalizado? Ou meu próprio animus ou anima? Ou uma tela para alguém que eu não quero reconhecer?... e assim por diante). Mesmo uma recordação de sonho genuína pode ser contaminada por outros elementos.

A recordação de encarnações em sonhos (à parte de qualquer contato onírico telepático, sobre o qual mais será falado no capítulo XX) é um processo solitário; e o maior desenvolvimento da recordação solitária deliberada é o que Christine Hartley chama de "mediunidade consciente". Ela escreve, "O estado é alcançado por disciplina, silêncio e perseverança. E é, em alguns aspectos, a técnica aplicada por várias escolas de meditação profunda, neste sentido a pessoa não está apenas se retirando do mundo externo, mas de certa forma revertendo o processo e retornando a ele". Ela descreve a técnica em seu livro *A Case for Reincarnation*, página 85 em diante. E, embora nesta operação isso *seja* uma técnica solitária, ela adverte fortemente (págs. 87-9) para que haja uma segunda pessoa com você, "preferivelmente alguém também familiarizado com a técnica, embora não necessariamente um vidente", pelo menos "até que você esteja completamente consciente do que pode, não pode ou não deveria fazer."

O mais famoso de todos os clarividentes americanos, o falecido Edgar Cayce, usava uma técnica muito diferente – sonho hipnótico autoinduzido – para dar leituras psíquicas para mais de seis mil pessoas por mais de quarenta e três anos. Ele descobriu o dom por acidente, em 1923, e foi um grande choque para ele como protestante fundamentalista ortodoxo, mas isso o convenceu da verdade da reencarnação. Seus feitos estão resumidos na obra de Hans Stefan Santesson *Reencarnation*, pág. 126 em diante, e descritos a fundo na obra de Noel Langley *Edgar Cayce on Reincarnation.*

Conforme uma pessoa vai se tornando mais experiente em recordação, descobre que ela pode não apenas recordar suas próprias vidas passadas, mas pode "ler os registros" para outras pessoas também. A parte principal da obra de Edgar Cayce era desse tipo, e *Many Lifetimes* oferece repetidos exemplos do uso de Joan Grant deste dom – muitas vezes de forma bem-sucedida evocado por si mesma e Kelsey no diagnóstico de problemas de pacientes. Janet também possui esta habilidade, embora isso geralmente se manifeste espontaneamente; na ocasião destes escritos, ela ainda não alcançou o estágio onde possa sempre exercitá-la à vontade.

Para um guia compacto relativo aos vários métodos de recordação de encarnação, o pequeno livro de J. H. Brennan *Five Keys to Past Lives* é uma leitura que vale a pena - embora achemos que ele pouco enfatiza os perigos da hipnose amadora.

Estas últimas poucas páginas passadas podem ter parecido sobrecarregadas com referências a livros; mas o fato real é que as várias técnicas de recordação são muito complexas para um único capítulo que não poderíamos fazer mais do que esboçá-los. Para fazer uso completo deles, seria melhor localizar um professor experiente ou ler livros especializados. Ou ambos, de preferência. Mas seja qual for a forma que você proceder - nunca se esqueça das Regras 1, 2 e 3.

XIII — A Ética da Bruxaria

"Oito palavras a Rede Wiccaniana respeita: sem nenhum mal causar, faça o que você desejar."

A Wicca é uma crença prazerosa; e também uma crença social e ecologicamente responsável. As Bruxas se deliciam no mundo e em seu envolvimento com ele em todos os níveis. Elas se regozijam com suas próprias mentes, suas próprias psiques, seus próprios corpos, seus sentidos e suas sensibilidades; e elas se deliciam em se relacionar, em todos estes planos, com suas criaturas companheiras (humanos, animais e vegetais) e com a própria Terra.

A ética Wiccaniana é positiva, muito mais que proibitiva. A moralidade da Bruxaria está muito mais relacionada com "abençoado é aquele que" do que "tu não podes"[182]. Os extremos do ascetismo masoquista por um lado, ou do materialismo grosseiro por outro, são para a Bruxa como duas faces da mesma moeda, porque ambos distorcem a plenitude humana ao rejeitar um ou mais de seus níveis. As Bruxas creem num equilíbrio prazeroso de todas as funções humanas.

182. Assim foi o ensinamento de Jesus. O que começou como uma religião de amor e comportamento positivo tem sido muitas vezes transformado, por um crescimento monstruoso de dogmas, em uma estrutura rígida de amargura sectária e uma vida de proibições e negações.

Esta perspectiva está perfeitamente expressa na Carga da Deusa (vide págs. 572-3): "Que minha adoração seja entre os corações que regozijam; pois observai, todos os atos de amor e prazer são meus rituais. E, portanto, que haja beleza e força, poder e compaixão, honra e humildade, júbilo e reverência dentro de vós." Vale a pena organizar estas qualidades em seus pares polarizados: beleza e força; poder e compaixão; honra e humildade; júbilo e reverência – e meditar sobre elas como um modelo para uma ética equilibrada, enquanto se recorda que cada uma das oito qualidades é positiva, não restritiva.

Compaixão significa empatia e não condescendência; humildade significa uma opinião realista sobre seu próprio estágio de desenvolvimento, não autodegradação; reverência significa um sentido de maravilhamento (aquele atributo essencialmente Wiccaniano), não apenas se lembrar de tirar o chapéu dentro de uma igreja ou de colocá-lo dentro de uma sinagoga. E a Bruxa está sempre consciente de que a compaixão deve estar acompanhada do poder, humildade pela honra e reverência pelo júbilo.

A Carga da Deusa continua: "E tu que pensastes em buscar por mim, sabei que vossa busca e anseio não te auxiliarão a menos que conheçais o mistério; que se aquilo que procuraste não encontraste dentro de ti, jamais o encontrareis fora de ti. Pois observai, eu tenho estado contigo desde o começo; e eu sou aquilo que é alcançado no fim do desejo."

Isso também é uma declaração ética. Para a Bruxa, o autodesenvolvimento e a total realização do potencial único embora multiaspectado de uma pessoa, constituem um dever moral. Aquilo que ajuda a evolução a prosseguir é bom; aquilo que a obstrui é mal; e cada um de nós é um fator no processo evolutivo cósmico. Assim deve-se não meramente a si mesmo, mas ao resto da humanidade e ao mundo, buscar dentro de si, descobrir e liberar aquele potencial[183].

Evolução, neste sentido, não significa meramente Darwinismo (embora Darwin certamente definiu um dos caminhos, em um dos níveis, no qual a evolução cósmica se expressa). Este é o processo contínuo por meio do qual a força criativa básica do Universo se manifesta "para baixo" através dos níveis, com uma crescente complexidade, e é enriquecida a si mesmo pela experiência daquela complexidade. (Em termos cabalísticos, o ciclo *Kether* – para *Malkuth* – para *Kether*). Esse é um assunto muito profundo, merecendo

183. Jesus novamente; ele fez exatamente o mesmo apontamento em seu muito pouco lembrado "O Reino dos Céus está dentro de vocês", e na parábola dos talentos.

uma vida (ou muitas vidas) de estudo. Para uma primeira aproximação a ele nós recomendamos os livros de Dion Fortune *A Doutrina Cósmica* e *A Cabala Mística*[184]. Mas enquanto muitas Bruxas de fato estudam esta vasta filosofia, a maioria delas (e todas elas na maior parte do tempo) está mais preocupada com um guia literalmente "pé-no-chão" para suas atividades diárias.

Para este relacionamento vivo com o processo cósmico, numa escala na qual possa ser prontamente percebido o como ele nos afeta, as Bruxas se dedicam ao conceito da Terra como um organismo vivo. E essa atitude – física, mental, psíquica e espiritual – é o coração e a alma da Antiga Religião.

A Mãe Terra é concebida precisamente como sendo assim. Ela nos produz e nos alimenta, faz o possível para vivermos (em todos os níveis desde o simplesmente biológico até o fantástico criativo), recompensa-nos quando sensivelmente a amamos, vinga-se quando nós abusamos dela e reabsorve nosso componente material quando morremos. Ela nos recorda que todas as criaturas vivas são nossos irmãos, criações diferentes, porém relacionadas do mesmo útero.

O conceito da Mãe Terra pode ser visualizado de várias maneiras, desde a teoria cientificamente sofisticada da Hipótese Gaia[185] até a adoração dela

---

184. Algumas Bruxas discutem infinitamente sobre se deve ser permitido ou não que a Cabala "contamine" a Wicca. Um resumo de nossos *Oito Sabbats para Bruxas* na The Cauldrons disse: "Pelo menos é um livro sobre Bruxaria que você pode dizer às pessoas para comprar sem aviso prévio de ignorar as dicas Cabalísticas!" Alguns sentem que a Cabala está muito mergulhada no pensamento judaico-cristão. Outros veem como um sistema de arquivo útil de conceitos, que podem ser adaptados à filosofia Wiccaniana como também para muitos outros; e certamente muitas Bruxas, cuja perspectiva é muitas coisas, menos judaico-cristã, têm usado essa visão. Para nós mesmos, encontramos um sistema profundo e flexível que nos ajuda a categorizar ideias e suas inter-relações em nossas próprias mentes, e não temos dificuldade em relacioná-la com a "Velha Religião" para. Concordamos, porém, que não se deve confundir os dois sistemas de símbolos, e preferimos, portanto, manter o simbolismo cabalístico fora de nossa prática ritual Wiccaniana. Por outro lado (por exemplo) usamos frequentemente o layout da Árvore da Vida na adivinhação do Tarô, é o método mais certeiro que conhecemos de apontar o fator-chave em uma situação complexa (ver capítulo XIX).

185. A Hipótese Gaia foi proposta por dois distintos cientistas, o Dr. James Lovelock FRS e Dr. Sidney Epton, em um artigo em The New Scientist, de 6 fevereiro de 1975. Eles apresentaram a proposta não convencional de que "a vida define as condições materiais necessárias para a sua sobrevivência e garante que fique lá". E apontam que "por mais de 3.500 milhões de anos na Terra". Se a temperatura ou umidade ou salinidade ou acidez ou qualquer uma das inúmeras variáveis se afastassem de um intervalo estreito de valores para qualquer período, a Terra teria sido aniquilada. O fato de todas essas variáveis terem permanecido nos limites de segurança (muitas vezes, como mostram Lovelock e Epton, contra toda aparente probabilidade)

como Deusa. E inclusive muitas Bruxas consideram a Hipótese Gaia como uma validação posterior de sua imemorial abordagem à Deusa. Como destacamos no capítulo XI, a vanguarda inteligente da ciência moderna está se aproximando mais e mais de muitos dos conceitos que os Bruxos e os ocultistas têm sempre mantido; e os Bruxos observam este processo com satisfação e simpatia, embora com um ocasional sorriso irônico.

Os conceitos do Deus e da Deusa são emocional e psiquicamente necessários para a humanidade, e uma justificável abordagem à realidade será discutida no capítulo XIV, "Mito, Ritual e Simbolismo". Mas aceitando-os no momento (e poucos leitores teriam avançado além neste assunto caso não o tenham feito), ninguém pode negar que a Deusa Terra é o conceito de Deusa mais imediatamente vital para nós, mais facilmente compreendido e mais determinante do ritmo das nossas vidas. Ela é o segundo e o primeiro plano da nossa própria existência. Mesmo aquele outro grande aspecto da Deusa que é simbolizado pela Lua seria difícil de conceber separadamente da Mãe Terra pela qual ela orbita, cujas marés ela controla e cujas criaturas ela afeta em tudo, desde a menstruação das mulheres até o crescimento das plantas. A Mãe Lua é o outro *Self* misterioso da Mãe Terra; qualquer conceito da Deusa que se situe fora do domínio desta poderosa irmandade é muito mais sutil e abstrato e de menor preocupação imediata para os mortais comuns.

Como, então, as Bruxas expressam sua devoção à Mãe Terra, em termos éticos? As implicações são óbvias. A obrigação moral com relação ao processo evolucionário que mencionamos anteriormente é visto pela Bruxa como uma responsabilidade pessoal perante os ritmos e necessidades naturais da Terra enquanto um organismo vivo, e perante as necessidades, ciclos e desenvolvimento evolucionário de suas criaturas constituintes. Essas criaturas – humanas, animais e vegetais – são as células individuais, o sistema nervoso, os pulmões, os órgãos dos sentidos da Mãe Terra, assim como o reino mineral é seu tecido corporal e

os levou à proposição de que a matéria viva, o ar, os oceanos, a superfície terrestre de um sistema gigante, era capaz de controlar a temperatura, a composição do ar e do mar, o pH do solo e assim por diante, de forma a ser otimizada para a sobrevivência da biosfera. O sistema parecia exibir o comportamento de um único organismo, ou mesmo uma criatura viva. Tendo tal poder formidável merecia um nome para combiná-lo; William Golding, o romancista, sugeriu Gaia – o nome dado pelos antigos gregos à sua Deusa Terra. Acrescentam que "No homem, Gaia tem o equivalente de um sistema nervoso central e uma consciência de si mesma e do resto do Universo" – e eles têm algum material científico para dizer sobre a responsabilidade que a humanidade tem sobre isso.

esqueleto vivos, os mares e os rios são seu fluxo sanguíneo, e seu envoltório de atmosfera é o ar que ela respira como nós o fazemos.

Eis o porquê os cuidados e ações ambientais têm um papel tão importante na ética Wiccaniana. Eis também, portanto, o porquê de os Bruxos ficarem zangados – e ativos – quando as árvores que produzem oxigênio são cortadas mais rapidamente do que são plantadas, quando baleias e focas são massacradas para lucros comerciais, quando fertilizantes químicos e pesticidas são usados sem levar em conta seu impacto ecológico, quando indústrias indiferentes poluem a atmosfera, os rios e os mares com seus produtos inúteis, e quando a selva de concreto (muitas vezes com mais preocupação comercial do que habitacional) se espalha como uma urticária sobre a pele da Terra. (Felizmente, não são apenas os Bruxos que tem começado a perceber que a violação do Planeta está alcançando um estágio crítico; um sintoma desta preocupação pública é que muitos países têm agora um Ministério do Meio Ambiente. Sua eficácia pode ser inadequada ao problema, mas o próprio termo teria sido sem sentido há uma geração atrás.).

Simplesmente, como a ética ambiental das Bruxas é traduzida em ação, é algumas vezes um assunto complexo; há poucas respostas fáceis, e as Bruxas, como qualquer um que leva o problema a sério, pode trazer respostas diferentes. Por exemplo, algumas Bruxas são vegetarianas, enquanto outras percebem que o homem como um onívoro é parte do equilíbrio da natureza e se concentram nos métodos humanos de produção de carne. Algumas Bruxas encaram a revolução do microchip com horror, enquanto outras creem que devidamente manipulado ele pode significar desurbanização, comunicação humana barata e simples, lazer incrementado, eliminação de empregos sem utilidade e o redirecionamento dos esforços do homem para a criatividade essencialmente humana.

Algumas se recolhem em comunidades autossuficientes, enquanto outras se envolvem profundamente na estrutura existente na esperança de transformá-la. Algumas escavam o passado para inspiração, enquanto outras fixam seus olhos determinadamente no futuro.

Agora todas estas atitudes, embora possam algumas vezes se conflitar umas com as outras, podem bem contribuir com algo construtivo. Mas o ponto principal sobre elas é que todas estão motivadas pela mesma ética, amor e respeito pela Mãe Terra e todas as suas criaturas. Esta é a razão, por exemplo, pela qual as Bruxas tanto rurais como urbanas dedicam bastante consideração e esforços aos *Oito Festivais*, como um método deliberado e sustentado de se manterem em sintonia com o ciclo natural da Mãe Terra em um nível tanto espiritual quanto psicológico. Elas sabem que se os Festivais não alcançarem aquele propósito, serão meras festas.

Essa é também uma das razões pelas quais o herbalismo desempenha um papel tão importante na prática Wiccaniana. Poucos Bruxos negariam ou desejariam depreciar os progressos genuínos da ciência médica moderna; de fato, muitos Bruxos são eles próprios médicos ou enfermeiros (nosso Coven inglês incluía três enfermeiras, um operador técnico de teatro e uma esposa de cirurgião dentista). Mas muito à parte da tradição (Bruxas herbalistas eram as curandeiras da vila quando a maioria dos "médicos" eram parasitas ignorantes), as Bruxas praticam o herbalismo porque seu estudo as coloca em contato direto com a flora natural da Terra, literalmente, "nas raízes da grama". Existem poucas outras disciplinas mais generalizadas para a observação e a compreensão de seu próprio ambiente natural do que estudar, colher e usar ervas.

Descobrimos também que muitos médicos aceitam e respeitam herbalistas *bem informados*, desde que eles não estejam tratando de forma irresponsável os sintomas por ignorância das causas. Quando alguém vem até nós para solicitar cura (seja herbal ou psíquica), nossa primeira pergunta é sempre: "Você já foi ao seu médico, o que ele está fazendo?" Se o paciente não foi ao médico, por receio, preconceito ou superstição, nós lhe solicitamos para fazê-lo imediatamente. E se ele o fez, gostamos de saber sobre o tratamento, para nos assegurarmos de que qualquer auxílio que ofereçamos não tenha conflito com ele. Essa é uma área muito delicada a ser abordada com sabedoria; uma Bruxa deve ser a aliada do médico, não sua rival. Muitos médicos são curandeiros dedicados – e vale a pena lembrar que muitos deles, em adição ao seu conhecimento adquirido, possuem um dom interno que é psíquico em natureza e que os atraiu para a profissão em primeiro lugar; muitas vezes este dom atua sem eles mesmos estarem conscientes de que o possuem, exceto talvez intuitivamente.

Com relação aos psicodélicos, alucinógenos e drogas similares – nós não as tomamos e as banimos absolutamente de nosso Coven. Esse banimento inclui a *cannabis*, embora percebamos que pontos de vista divergentes são sinceramente mantidos sobre a questão de se ela deve ser legalizada.

As drogas, em certo sentido, realmente expandem a consciência – mas da mesma maneira que alguém que não sabe nadar mergulha nas profundezas e se molha, também está sujeito a se afogar. A expansão da consciência é o objetivo central do desenvolvimento psíquico, porém por meio de treinamento passo a passo e sob total controle do indivíduo. As drogas são um atalho altamente perigoso, dando-lhe a ilusão, se você tiver sorte, de ter os níveis sob o seu comando (caso não tenha sorte, ela pode lhe conduzir para qualquer coisa, desde trauma até psicose). Elas *não* estão sob o seu comando, nem as entidades que as habitam, para cujas atividades você está completamente vulnerável quando drogado. Você é como um adolescente que usa uma prancheta Ouija apenas por brincadeira – e, como o adolescente, você pode se apavorar durante o processo ou sofrer danos reais.

É verdade que no passado (e ainda em algumas culturas), religiões xamânicas têm usado drogas para propósitos divinatórios. Mas aquilo era feito por Sacerdotisas e Sacerdotes treinados, sob rígidas sanções sociais e religiosas. Tais sanções não existem mais em nossa cultura, nem é provável que elas sejam funcionalmente reestabelecidas. É verdade, também, que ocultistas sérios têm atualmente experimentado drogas psicodélicas sob observação de peritos e em condições cuidadosamente controladas; Lois Bourne em *Autobiografia de uma Feiticeira* (págs. 176-82) relata tal experimento controlado com mescalina. Contudo, tendo em vista que tais experimentos são necessariamente ilegais, sejamos honestos e admitamos que nenhum dentre mil "ocultistas" entusiastas que usam essas drogas o fazem de maneira controlada.

Deve-se também encarar o fato de que, se você usa essas drogas, estará inevitavelmente apoiando as poderosas redes do crime que as utilizam. Essas redes (muitas vezes com amigos em altos postos) enriquecem por meio da ruína de mentes e corpos, incluindo, numa escala sempre crescente, as crianças que frequentam escolas. Suas atividades se entrelaçam com qualquer outra forma de atividade criminal, de chantagem até corrupção cívica, e eles são provavelmente o elemento mais vicioso e antissocial na comunidade atualmente. Alguns deles estão ativamente interessados no cenário ocultista, seja como um mercado, seja para abusar de seu poder para seus próprios fins. Adicionando-se que, no momento em que o produto chega às suas mãos, sua pureza é, falando por baixo, duvidosa.

Compre drogas e você estará mantendo a existência de tais pessoas.

Mesmo se você preparar seus próprios alucinógenos, tais como a *Amanita muscaria*, estará correndo graves riscos físicos e psicológicos – e sua psique estará ainda tentando um atalho perigoso para lhe dar a ilusão de controle sobre os níveis.

Bruxos inteligentes deixarão absolutamente as drogas de lado e alcançarão sua expansão de consciência pelo método difícil – o que a longo e curto prazo é o único jeito.

Seria um desperdício de palavras, aqui, reiterar os códigos éticos básicos "normais" que são comuns para todo cristão, judeu, muçulmano, hindu, budista, pagão ou ateu decente, ou quem quer que seja – as regras que dizem respeito à sua vizinhança, responsabilidade cívica, cuidados dos pais, da credibilidade e honestidade, da preocupação com os não privilegiados, e assim por diante. Esses são padrões humanos fundamentais que a vasta maioria reconhece e tenta com sucesso variável praticar. Não é preciso dizer que os Bruxos fazem o mesmo.

O que nos preocupa aqui são as regras de conduta que são especiais para os Bruxos, ou sobre as quais eles depositam uma ênfase especial, devido à natureza da filosofia e suas atividades.

Talvez a mais importante de todas essas áreas especiais seja a magia.

Se você deliberadamente começar a desenvolver suas habilidades psíquicas estará despertando uma faculdade por meio da qual pode influenciar outras pessoas, com ou sem seu conhecimento; uma faculdade da qual você pode obter informação por meios que elas não esperariam ou não permitiriam; uma faculdade que pode ou aumentar a energia vital delas ou enfraquecê-las. Por meio da qual você pode ajudá-las ou prejudicá-las.

Obviamente, você está assumindo uma grande responsabilidade sobre si mesmo, e esta responsabilidade pede por um conjunto de regras voluntariamente aceitas. Essas regras são todas muito importantes, porque, muitas vezes, apenas você sabe se está obedecendo-as honestamente.

A observância ou não dessas regras é precisamente o que distingue um trabalho "branco" de um trabalho "negro"[186].

Todas estas regras estão resumidas na frase: "sem nenhum mal causar". Um Bruxo ou Bruxa jamais deve usar seus poderes de maneira que cause danos a outrem – ou mesmo assustar alguém declarando o que pode fazer. Outra regra Wiccaniana diz: "Nunca se vanglorie, nunca ameace, nunca diga que você desejaria mal a alguém."

---

186. O uso dos termos "branco", para benéfico, e "preto", para malévolo na magia é tradicional, mas não confiável hoje em dia por causa de sua possível má interpretação. Temos Bruxas de outras etnias no nosso Coven, esperamos que estejamos isentos de sermos mal interpretados. Usamos os termos em seu sentido mágico simplesmente porque eles são imediatamente entendidos quando se fala com uma não Bruxa. Alguns ocultistas usam os termos "caminho do lado direito" e "caminho do lado esquerdo" em vez de branco e preto; Mas, primeiro, esses termos não são entendidos de imediato pelo leigo, e segundo, em Tantra eles são usados respectivamente para significar os princípios mágicos *Dakshina Marga*, ou solar-masculino, e *Vama Marga*, lunares-femininos, e suas implicações "bom" ou "mal" parece ser uma deturpação machista desses significados originais (veja Kenneth Grant, *Cults of Shadows*).

Há duas situações nas quais, à primeira vista, pareceria que observar a regra de "nenhum mal causar" significaria deixar um malfeitor impune, ou deixar-se a si próprio indefeso contra ataques. Porém existe um meio aceitável de se lidar com cada um desses problemas.

Caso se saiba que alguém está agindo maldosamente e causando danos aos outros, as Bruxas estão plenamente autorizadas a impedi-lo. O método usado é a operação mágica conhecida como "conter", que é descrito no capítulo XXII (págs. 513-15). O objetivo bem específico de um encanamento para "conter" é o de tornar as más ações impotentes – não causar danos ou punir o malfeitor; a punição pode ser seguramente deixada para os Senhores do Carma. O feitiço é contra o feito, não contra quem o faz – e ele funciona.

A Segunda situação é aquela de defesa contra um ataque psíquico deliberado. A maioria dos Bruxos e Covens brancos estão familiarizados com isso. Suas atividades podem fazer crescer a inveja ou o ressentimento dos operadores negros – particularmente quando são chamados para resgatar as vítimas desses operadores. Isso também pode acontecer quando um membro teve de ser banido de um Coven branco por boas razões, o que felizmente é raro, mas algumas vezes inevitável; é muito provável que o Bruxo banido venha a expressar seu ressentimento atacando violentamente por meios psíquicos. E, naturalmente, qualquer Coven eficiente estará rapidamente consciente de tal agressão no plano astral.

Um feitiço para "conter" também pode ser usado aqui, naturalmente; mas, algumas vezes, pode-se estar consciente do ataque astral sem estar certo da sua fonte; ou a fonte pode ser um grupo; sendo que uma "amarração" para isso seria um ato um tanto complicado, porque a "amarração" efetiva depende de uma clara visualização da pessoa sendo "amarrada". O meio de defesa mais direto e poderoso quando um indivíduo ou grupo estiver sob ataque é confiar no "Efeito Bumerangue". Esse é o princípio, comprovado inúmeras vezes, de que o ataque psíquico que vem de encontro a uma defesa mais forte ricocheteia triplamente sobre o atacante. Então o seu remédio é preparar fortes defesas psíquicas (vide capítulo IX) ao passo que você próprio *não* contra-ataca deliberadamente. Você invoca o Deus e a Deusa no firme conhecimento de que eles são mais poderosos do que qualquer mal que possa ser direcionado contra você. O "bumerangue" então retorna para quem o arremessou, e se ele sofrer danos, isso será inteiramente devido ao ato dele, não o seu.

Uma linha definida deve sempre ser traçada entre *influenciar* outras pessoas e *manipulá-las*. A cura, ou a solução dos problemas pessoais de outrem que tenha pedido por auxílio é um ato legítimo e é inclusive necessariamente influenciador. Manipulação, no sentido de interferir com o direito individual de decisão e escolha de uma pessoa, não é.

Para tornar clara a distinção, tomemos o exemplo dos feitiços de amor (que são popularmente tidos como sendo a maior parte do repertorio do "estoque de negociação" de uma Bruxa). Utilizar meios mágicos para compelir A se apaixonar por B, sem considerar suas inclinações naturais está completamente errado, e se isso for conseguido, muito provavelmente acabará sendo desastroso para ambos, A e B. Tais pedidos podem ser muito mais insensíveis do que esse; um homem nos ligou repentinamente e se ofereceu para nos pagar para trabalhar magicamente a fim de conseguir uma garota que ele gostou, para levá-la para cama "só por uma noite". Ele desligou com raiva quando nós lhe dissemos o que ele deveria fazer com seu dinheiro.

Por outro lado, quando Janet era uma Bruxa muito nova, ela conheceu duas pessoas as quais percebeu estarem fortemente atraída uma pela outra, mas ambas eram muito tímidas para dar o primeiro passo. Janet observou a situação se arrastando e finalmente (sem nada dizer para qualquer um dos dois) trabalhou num feitiço para acabar com a timidez de ambos e trazê-los unidos *se* eles fossem certo um para o outro. No dia seguinte o homem propôs namoro à garota. Aquilo foi há doze anos; eles, mais três crianças maravilhosas estão agora todos ocupados vivendo mais felizes do que nunca.

Aquele "feitiço de amor" foi perfeitamente legítimo e útil; não foi manipulação, mas a remoção de obstáculos que estavam obstruindo um desenvolvimento que era natural em si mesmo. E ele continha o tipo de cláusula que toda Bruxa com princípios inclui em seus feitiços caso haja alguma dúvida: "se eles forem corretos um para o outro", "sem a ninguém prejudicar", ou qualquer outra frase que seja apropriada. Tal cláusula como parte do texto de um encantamento (e encantamentos, assim como questões divinatórias, devem sempre ser precisamente formulados e sem ambiguidade), torna-se parte de sua intenção e, portanto, de seu efeito mágico. Mas como o próprio feitiço, você deve realmente *senti-lo* – não apenas jogá-lo como uma sopa dentro da sua consciência; caso contrário poderá muito bem encontrar o Efeito Bumerangue por si próprio.

Todos estes padrões éticos de não causar mal a ninguém e de confiar no Efeito Bumerangue ao invés de contra-atacar, pode parecer como se os Bruxos fossem pacifistas desqualificados. Eles não o são. Existem situações na vida "comum" quando uma ação vigorosa é exigida com quaisquer armas disponíveis. Se você passar por uma velha senhora sendo assaltada, não vai fazer pregação para o assaltante – você o colocará fora de combate se puder. Se aviões bombardeiros estiveram atacando a sua cidade, você tentará atirar neles e lançá-los em terra antes que soltem suas bombas. Se estiver sendo violentado, você usará o seu joelho com toda força que puder reunir, sem se preocupar por quanto tempo o estuprador possa ficar no hospital.

Dar a outra face é muito bom – mas até mesmo Jesus usou da força em uma ocasião, quando ele expulsou os vendilhões do Templo com um açoite de cordas. Eles pediram por isso, eles levaram isso, e eles não responderam por nada mais.

Situações similares de fato surgem dentro da esfera da magia, quando você tem que agir sem quaisquer restrições e tem que decidir muito rapidamente. Mas como na vida "comum", um Bruxo bem treinado e consciente sabe que ele terá que tomar a responsabilidade pela decisão e arcar com as consequências. Arcar com as consequências de *não* ter agido, quando a ação era necessária, pode ser algo ainda mais sério.

A Lei diz: "Nunca aceite dinheiro pelo uso da Arte, pois o dinheiro sempre mancha aquele que o pega". É um princípio universal entre as Bruxas brancas que não se deve receber pagamento pelo trabalho mágico. A aceitação de honorários de fato "mancha" aquele que os recebe; mesmo com a melhor boa vontade do mundo, isso encoraja uma tendência subconsciente de "adquirir um hábito" e a produzir resultados impressionantes por meio de um pequeno e silencioso encadeamento; convocar o cliente para mais sessões do que o estritamente necessário; e daí a pouco aceitar tarefas que não sejam exatamente negras, apenas um pouco cinza. E daí por diante. Mais de uma Bruxa ou médium espiritualista que chegaram a isso descobriram que seus poderes originalmente genuínos esvaneceram após "se tornarem profissionais", porque ambos, sinceridade e julgamento se deterioraram.

É geralmente aceitável, entretanto, que honorários sejam recebidos para coisas tais como leitura de Tarô, tendo em vista que são consultas, não operações, e dependem mais da intuição do que da magia no sentido estrito. A tentação para produzir espetáculos nesse caso é pequena, e é facilmente resistida por parte de qualquer tarólogo honesto. E cobrar uma taxa razoável realmente diminui o número de meros visitantes curiosos, que podem se tornar um fardo sério e que provoca perda de tempo, uma vez que sua reputação se espalha. Janet teve que abandonar leituras de Tarô de "portas abertas" exatamente por esta razão.

Nós conhecemos muitos tarólogos bons e incorruptíveis que o fazem para um meio de vida modesto, e os recomendamos sem hesitação. Mas nunca conhecemos uma Bruxa ou um Mago que cobrasse por trabalho mágico e que mantivesse sua integridade.

Artesãos profissionais que entregam suprimentos para satisfazer as necessidades de Bruxos e ocultistas é naturalmente outro caso. Nós conhecemos e lidamos com muitos artesãos que trabalham com metal, fabricantes de incenso, joalheiros e outros que trabalham em tempo integral dentro desta categoria. Em relação a um pelo menos nós continuamos dizendo que ele cobra muito pouco por seus amáveis produtos. (E por fim, somos pagos pelos nossos livros, embora dificilmente fiquemos ricos por meio deles!) Mesmo dentro do Coven, se algum entusiasta habilitado produz instrumentos para outros membros por amor à Arte, todos nós insistimos em pagar pela sua matéria prima. O ponto essencial é que nenhum desses pagamentos é para trabalho *mágico*.

Em nossa opinião, seria errado para qualquer artesão reivindicar e cobrar por algum suposto elemento mágico em seus produtos, ou vendê-los como "magicamente carregados" ou "já consagrados". É talvez uma questão de opinião, mas nós sentimos fortemente que consagração e carregá-los de energia são de responsabilidade do usuário – ou, no máximo, aquelas Bruxas que dão instrumentos para outras Bruxas como presentes podem aplicar aos mesmos uma carga ou uma consagração inicial como um sinal do amor com o qual o presente é feito. Mas as consagrações nunca devem estar à venda.

Incidentalmente, quando nós fomos iniciados, ensinaram-nos que nunca se deve barganhar com respeito a instrumentos mágicos; deve-se pagar o preço pedido ou se dirigir a outro lugar. Dion Fortune (*A Sacerdotisa da Lua*, pág. 67) tem as suas reservas: "Existe um velho ditado que o que é procurado para propósitos mágicos deve ser comprado sem pechinchar, mas há um limite para este tipo de coisa." Doreen Valiente é ainda mais enfática. Ela nos conta: "Em vários grimórios antigos também se encontra esta declaração; mas eu creio que ela foi inventada por algum esperto comerciante de acessórios mágicos. Não nos ensinaram nada sobre isso no tempo de Gerald, talvez porque ele também pensava que esta suposta lei mágica foi inventada por aqueles que tinham algo para vender, e que os estudantes da Arte Mágica têm sido enganados desde então. Contudo, se estiver comprando de um irmão ou uma irmã da Arte, e não puder pagar o preço que eles pedem, então eu realmente acho que você não deve tentar pechinchar com eles. Mas com relação aos comerciantes, procure ter mais força de argumento a seu favor, quando for o caso de pechinchar, eu digo!" Ela adiciona que naturalmente qualquer objeto deve ser limpo tanto física quanto psiquicamente antes de ser posto em uso mágico, e que isso é "mais importante do que pechinchar ou não pechinchar".

Mais um pequeno adendo referente a esses pensamentos sobre ética: uma oração indígena americana (Sioux, nos disseram) que tem forte apelo para nós e que sempre procuramos ter em mente. "Ó Grande Espírito, não permita que eu julgue meu vizinho até que eu tenha caminhado uma milha usando seus mocassins."

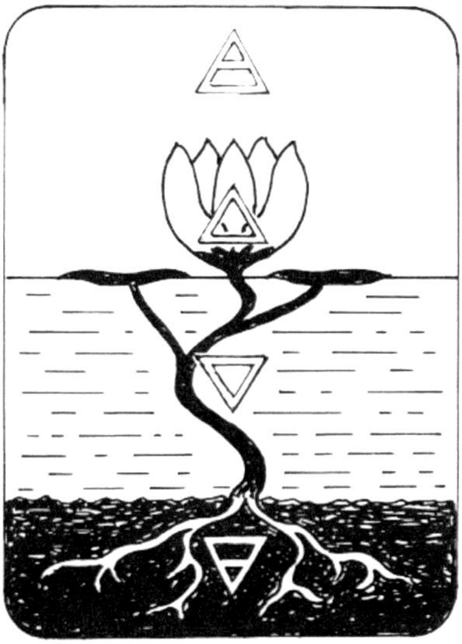

XIV — Mitos, Rituais e Simbolismo

Mitos, rituais e símbolos ocupam papel principal na prática Wiccaniana, particularmente em seu aspecto religioso, embora esse aspecto da Arte (Bruxaria operativa) também esteja relacionado com os últimos dois pelo menos, uma vez que todo feitiço é de fato a manipulação ritual de símbolos.

Toda religião, naturalmente, está profundamente envolvida com todos os três, embora com vários graus de conscientização. Algumas religiões tentam aprisionar os mitos dentro da camisa de força da história factual – tal como os cristãos fundamentalistas que insistem que toda palavra na Bíblia é literalmente verdadeira, do Jardim do Éden, e assim por diante. Essa abordagem não apenas desvaloriza seriamente uma das mais ricas antologias de mito e simbolismo que nós possuímos, como também leva os teólogos a algumas controvérsias absurdas (Adão e Eva tinham umbigos? Como todos os animais entraram na Arca? – e por aí vai). Alguns rebaixam o ritual a um rígido padrão de ortodoxia que perde totalmente de vista o seu significado interior, enquanto outros reagem contra isso minimizando o ritual a um ponto onde o significado é também perdido. Outros perderam totalmente de vista o papel psicológico dos símbolos, categorizando-os meramente em "nossos" (e, portanto, sacros) e "deles" (portanto, diabólicos), e falhando em compreender que um símbolo pode ter diferentes significados em diferentes contextos.

Naturalmente, também, toda religião inclui indivíduos que possuem uma compreensão genuína sobre mito, ritual e simbolismo e que estão capacitados a utilizá-los criativamente dentro da estrutura de sua própria fé. Porém, muitas e muitas vezes, se eles tentam expressar essa compreensão para os outros são encarados de modo inquisidor como prováveis hereges por parte de seus semelhantes religiosos, cuja "fé" é uma rígida estrutura de reflexos condicionados.

A Wicca, por outro lado, tenta apreender tal compreensão deliberadamente e desenvolvê-la entre seus membros. Em outras palavras, compreender e ser honesto a respeito das funções psicológicas e psíquicas dos mitos, dos rituais e do simbolismo e fazer uso deles com plena consciência, de acordo com as necessidades e a exclusividade de cada indivíduo.

Isso é muito mais fácil para uma religião não hierárquica e não autoritária como a Wicca, que consegue não apenas ser flexível, mas realmente valoriza a flexibilidade.

Tentemos definir um, e por sua vez, cada um dos três.

"Os mitos são os fatos da mente tornados manifestos em uma ficção de substância." (Maya Deren, *Divine Horsemen*, pág. 29). Ou mais especificamente: "Os mitos poderiam ser definidos como símbolos estendidos descrevendo vividamente os padrões típicos e sequências das forças da vida, trabalhando no Cosmos, na Sociedade, e no indivíduo..."

Como todo mito surgiu diretamente da psique humana, cada um deles está repleto de sabedoria e compreensão sobre a natureza e a estrutura da própria psique. "Mitologia é psicologia dramatizada." (Tom Chetwynd, *A Dictionary of Symbols*, pág. 276).

Agora, o propósito da Wicca como uma religião é o de integrar aspectos conflitantes da psique humana entre si e o todo com a Psique Cósmica; e como uma Arte, desenvolver o poder e o autoconhecimento da psique individual (e em um Coven, o grupo cooperante das psiques individuais) de forma que ela possa alcançar resultados que estão além do alcance de uma psique não desenvolvida e não autoconsciente – na mesma medida em que um atleta desenvolve e aprende sobre sua potência muscular e tem o controle para realizar feitos que seriam impossíveis para os não atletas.

Os mitos (e seus descendentes folclóricos, os contos de fadas) devem sua durabilidade e seus poderosos efeitos sobre as mentes dos homens ao fato de que eles dramatizam verdades psíquicas que a mente inconsciente reconhece imediatamente, mesmo quando a mente consciente pode crer que está meramente sendo entretida por uma história bem contada. Ambos os níveis da mente são satisfeitos ao mesmo tempo e o conhecimento deste fato é filtrado até a mente consciente na forma de um senso de prazer estranhamente acentuado. Ficção meramente para propósitos de entretenimento, não importa quão boa seja, logo morre. Onde a obra de um contador de histórias com genialidade realmente incorpora verdades psíquicas fundamentais, ela sobrevive, ou (em dias anteriores à literatura) sendo absorvida no corpo do mito e talvez alterando sua forma, embora não seu conteúdo, ou (em tempos posteriores com contadores de histórias tais como Shakespeare ou Goethe) tornando-se consagrada em uma categoria própria, num meio termo entre o mito reconhecido e a ficção reconhecida. *Hamlet, A Tempestade* e *Fausto*, por toda sua sofisticação da Renascença ou Idade do Iluminismo, são fundamentalmente mitos puros, que é o que assegura sua imortalidade.

Falamos agora sobre os aspectos conflitantes da psique humana. Essa é a base de todo desenvolvimento de caráter. Isso é certamente um processo essencial e contínuo para todo provável Bruxo – não apenas para alcançar felicidade e equilíbrio como um ser humano, mas para liberar e canalizar aqueles poderes psíquicos potencialmente ilimitados que um Bruxo espera pôr em funcionamento.

Seria muito bem recomendado a todo Bruxo estudar as obras de Carl Gustav Jung, o grande psicólogo suíço, que se desenvolveu a partir do pensamento de Freud, transcendendo a ele. As ideias de Jung entram em imediata sintonia com todo Bruxo que presta séria atenção a elas (um pequeno resumo útil delas, com um prefácio do próprio Jung, é a obra de Jolande Jacobi *A Psicologia de C. G. Jung*). Seus conceitos sobre o Ego, a Sombra (tudo na psique que está à parte do Ego consciente), a Anima (o lado feminino oculto do homem), o Animus (o lado masculino oculto da mulher), o Inconsciente Pessoal, o Inconsciente Coletivo, a Persona (a "capa em volta do Ego"), as quatro funções do Pensamento, Intuição; Sentimento e Sensação (que em qualquer indivíduo podem ser divididas em dominante e inferior); os tipos de atitude de Extroversão e Introversão e o Self (o centro e a última fundação do nosso ser psíquico) – tudo isso nos parece indispensável para uma compreensão criativa de nós mesmos e de outras pessoas. E em uma escala maior, seu conceito do Inconsciente Coletivo fornece uma chave para a compreensão da telepatia e da clarividência e a Sincronicidade (ou "coincidência significativa") faz o mesmo para a adivinhação e a magia em geral.

A ideia central a ser trazida para nossa presente discussão é que a maior parte da psique é inconsciente, fora do alcance do nosso Ego consciente, mas influenciando fortemente o comportamento do Ego sem que o percebamos. O Inconsciente é primordial – o que *não* significa que ele seja inferior ou que nós devamos supervalorizá-lo. Pelo contrário, ele está em contato mais direto com o tecido do Cosmos do que o Ego, e muitas vezes sabe melhor quais são nossas necessidades reais. E é também parte do Inconsciente Coletivo – um prolongamento individual dele, por assim dizer – de forma que é essencialmente telepático com relação a outros "prolongamentos individuais", e tem uma percepção de situações gerais além do alcance imediato do Ego, de uma maneira que parece ao Ego quase sobrenaturalmente clarividente.

O Ego, por outro lado, possui dons dos quais o Inconsciente carece: a habilidade de analisar e categorizar os dados que chegam, pensar por meio de passos lógicos e de se comunicar com outros Egos pelo meio preciso e sutil da fala.

Os dois grupos de dons são complementares, assim, o Ego e o Inconsciente necessitam um do outro, tanto para a vida diária quanto para a libertação definitiva do Self essencial, integrado. Porém, muitos poucos de nós têm alcançado o estágio no qual os dois trabalham tranquilamente juntos.

Quando a comunicação entre os dois departamentos é falha (tal como é em um grau maior ou menor em todos nós, exceto nos maiores adeptos), surgem os conflitos. Ego e Inconsciente lutando em direções opostas podem causar o surgimento (em ordem ascendente de gravidade) da tensão, neurose, psicose e o aparecimento da esquizofrenia. Quando o Ego emite ordens impossíveis ao Inconsciente, podem surgir conflitos dentro do próprio Inconsciente – sob a forma de complexos centros autônomos, que agem quase como entidades independentes; e essas, por sua vez, causam distúrbios no funcionamento do Ego. Igualmente, anseios inaceitáveis do Inconsciente podem ser empurrados de volta pelo Ego abaixo do portal da consciência, quando eles inflamam e eventualmente irrompem de uma forma ou de outra.

O que é necessário, obviamente, é a comunicação grandemente melhorada entre o Ego consciente e o Inconsciente. O Ego precisa desenvolver técnicas, primeiro para se conscientizar do fato de que o Inconsciente tem mensagens para ele e depois para interpretar essas mensagens que o Inconsciente pode expressar apenas por meio de símbolos. O Inconsciente apenas está muito ávido para se comunicar. Existe uma velha piada que diz, que os pacientes Freudianos têm sonhos Freudianos, pacientes Junguianos têm sonhos

Junguianos e pacientes Adlerianos têm sonhos Adlerianos. De fato, isso não é piada, mas uma prova de que, se o Inconsciente for presenteado com um código de símbolos passível de ser trabalhado, o qual o Ego está aprendendo a compreender, ele irá voluntariamente se apegar àquele código para fazer atravessar as suas mensagens.

Essa comunicação não provada entre o Inconsciente e o Ego é uma grande parte do que é compreendido como "abrindo os níveis" ou "expandindo a consciência". O conteúdo integral do Inconsciente não pode jamais (pelo menos no nosso presente estágio de evolução) ser tornado diretamente disponível ao Ego; mas uma grande parte deste pode. Certamente o suficiente para remover todos os maiores conflitos e enriquecer significativamente o grau de eficácia do Ego – tanto por meio do aumento da quantidade e variedade dos dados de entrada sobre os quais ele pode agir quanto também o ensinando a lição (à qual muitos Egos resistem violentamente) de que ele não é a única ou mesmo a mais importante função da psique total. Quanto mais o Ego aprende esta lição, e age sobre ela, mais próximo ele chega para ativar o Self central e passar o controle para ele.

Registrar os seus sonhos e aprender a interpretá-los é uma técnica para se tornar consciente do que o seu Inconsciente está tentando dizer para o seu Ego. Outra é o estudo dos mitos e sua encenação.

Como temos visto, devido aos mitos, incorporar verdades psíquicas universais e as dramatizar de um modo que apela à imaginação não apenas concede ao Ego uma compreensão mais saudável daquelas verdades (mesmo que apenas inconscientemente), como também abre canais para o Inconsciente transmitir as verdades mais sutis e pessoais e posicionar o Ego em uma estrutura mental adequada para absorvê-las. Isso também pode ser subconsciente; você pode partir do prazer em ouvir ou encenar um mito e então agir mais apropriadamente no mundo diário – achando (ou nem mesmo se preocupando em pensar nisso) que isso se deve à decisão consciente do Ego, enquanto que, na verdade, isso é devido tanto à mensagem universal do mito quanto às mensagens pessoais que fluíram ao longo dos canais que o mito abriu, influenciando os critérios sobre os quais o Ego atua.

Muitos mitos e contos de fadas dramatizam por si este processo de integração – o confronto por parte do herói com os aparentes perigos do Inconsciente e a transformação de seu relacionamento com eles. Por exemplo, a mulher velha e feia que se transforma numa bela princesa quando o herói persiste em sua busca ordenada. Aqui o Ego chega a um acordo com sua Anima, que se não for reconhecida ou for rejeitada será uma fonte de conflito.

A recompensa do herói é que ele se casa (isto é, se integra) com a princesa e se torna herdeiro do reino de seu pai (ou seja, o destino final do Ego, o reino do Self unificado). E assim por diante[187]. Em certo sentido, a Lenda da Descida da Deusa das Bruxas pode ser vista como a história do confronto de uma mulher com seu Animus; nesse processo, a repulsa inicial é transformada em compreensão e integração, dos quais ambos emergem enriquecidos.

Isso nos traz naturalmente a uma consideração da função do ritual. Citando novamente Tom Chetwynd: "Ritual é a encenação dramática do mito, projetado para produzir uma impressão suficientemente profunda sobre o indivíduo a fim de alcançar seu inconsciente" (*A Dictionary of Symbols*, página 342).

E pode parecer, à primeira vista, ser mais uma curta definição de ritual; mas se pensarmos nela, permanece verdadeira no tocante a todo ritual. O ritual da Missa é uma encenação do mito da atitude simbólica de Jesus com o pão e o vinho. Quer a Última Ceia tenha sido ou não um evento histórico real, ou mesmo que não tenha existido nenhum Jesus histórico (como algumas pessoas sustentam), isso não afeta o ponto central. Um mito poderoso pode ser uma ficção histórica expressando uma verdade psíquica – ou um ato psiquicamente significativo na história real pode se tornar a semente de um mito subsequente, ou de uma nova versão de um antigo (tal como os mitos poderosos de *Hamlet* e *Fausto* tiveram autores historicamente existentes). Mesmo simples rituais "supersticiosos" podem estar baseados em mitos; por exemplo, fazer negócios com seu dinheiro quando você vê a Lua nova pela janela (isto é, de dentro da sua casa) não se relacionaria a mitos nos quais a Lua simboliza a Deusa Mãe, cujo crescimento encoraja a fertilidade e, portanto, a prosperidade doméstica?

---

187. "Prometeu, o ladrão do fogo; Heracles, o assassino do dragão; a criação incontável de Mitos; a queda do paraíso; os mistérios da criação, a virgem pura; a traição do herói; o desmembramento de Osíris e muitos outros mitos e contos de fadas representam processos psíquicos em imagens simbólicas. Similarmente, as figuras da serpente, dos peixes, da esfinge, dos animais úteis, da Árvore do Mundo, a Grande Mãe, o príncipe encantado, a criança eterna, o Mago, o Sábio, o Paraíso, etc., representam motivos e conteúdos do inconsciente coletivo." (Jolande Jacobi, *The Psychology of C. G. Jung*, pág. 47). Logo após termos escrito este capítulo, a Princesa Grace de Mônaco morreu tragicamente após um acidente de carro. A reação do mundo (especialmente aqui em sua Irlanda ancestral) era compreensível; ela era muito amada e com razão. Mas a intensidade era significativa. Grace era, literalmente, uma lenda viva; ela viveu um mito clássico para que todos pudessem ver – a neta de um camponês que se tornou o equivalente moderno de uma atriz mambembe errante foi arrebatada por seu príncipe encantado para ser sua princesa e governar ao seu lado seu principado de conto de fadas. Sua história era arquetípica, tudo ali estava no inconsciente coletivo.

Buscar pelas origens míticas de um ritual pode ser interessante, até mesmo iluminador; mas o sucesso ou a falha em rastreá-los não altera a validade da definição. Um ritual é uma verdade psíquica encenada; um mito é uma verdade psíquica falada ou escrita; ambos são da mesma natureza – assim como a mesma história pode ser contada em um romance ou em um filme, ou em um baseado no outro.

De fato, um mito pode tanto se originar em um ritual quanto vice-versa. Como Chetwynd ressalta: "Os mitos comunais eram as palavras rituais dos grandes festivais de culto do mundo antigo, e as características típicas da mitologia deram forma simbólica à vida do homem, seus desejos, suas necessidades" (*A Dictionary of Symbols*, pág. 276).

O ritual então realiza a mesma função psíquica que o mito, mas com o impacto adicional sobre o indivíduo da participação pessoal. Ouvir ou ler um mito pode ter um efeito poderoso; tomar parte nele você mesmo, ao desempenhar um dos papéis, pode ser ainda mais poderoso.

Tomemos o exemplo da Lenda da Descida da Deusa novamente. Uma Bruxa que atua no papel da Deusa visitando o Submundo faz isso por meio de todo um processo; seu Ego é despido de sua Persona, sua imagem confortável, porém inadequada de si mesma; nua ela confronta o Senhor do Submundo (seu próprio Animus) e o acusa de ser destrutivo; enquanto persiste em considerá-lo como um inimigo, ela tem que sofrer em suas mãos, isso porque a Deusa não foge do confronto, nasce à iluminação e compreende a verdadeira função dele. "Eles se amaram, e se tornaram um". Com a integração alcançada, eles aprendem um do outro e o Ego retorna ao mundo diário mais sábio e mais eficaz, o suposto inimigo, o Animus, tendo sido transformado em aliado.

Mas a Lenda tem mais de um significado e o homem que atua como o Senhor do Submundo também se beneficia. Sua Anima faz sua presença ser percebida e, a princípio, ele tenta se esquivar do assunto simplesmente apelando a ela para ser boa para ele (como Édipo, implorando à sua Anima para se identificar com sua mãe?). Ela não vai permitir que ele consiga isso e então replica, "Eu não te amo" – até que ele continue com a parte dolorosa do confronto. Sabiamente, ele não a ataca; "a açoitei suavemente", em outras palavras, ele continua sondando para descobrir qual deveria ser o verdadeiro relacionamento deles. Sua Anima o conhece parcialmente, apesar das dores da tentativa na integração: "Eu conheço as dores do amor". Agora eles iniciam o intercâmbio construtivo que enriquece a ambos.

Cada uma dessas lições se relaciona à psique individual da persona que atua no personagem. Mas existe também uma lição interpessoal; cada um é recordado vividamente de que a polaridade dos aspectos masculino e feminino é a mais poderosa de todas as "baterias" psíquicas.

Agora todas essas lições, caso fossem meramente colocadas no papel como um tratado psicológico, apelariam apenas ao Ego consciente. Se o Ego fosse convencido, ele teria então a tarefa de descobrir como aplicá-las em cooperação com o Inconsciente. Mas quando elas são encenadas em forma dramática, apelam diretamente ao Inconsciente – e se o ator tiver compreendido o significado do que ele ou ela está fazendo, apela também ao Ego consciente. A tarefa de pôr as lições em prática é então tornada muito mais simples.

Nos sonhos, a comunicação necessária entre Inconsciente e Ego é iniciada pelo Inconsciente. No ritual, ela é iniciada pelo Ego. Assim sonho e ritual realmente se complementam um ao outro.

Mitos, rituais e sonhos, todos falam por meio de símbolos. Todos os três podem usar palavras, mas os símbolos são o seu real vocabulário. As palavras do mito podem descrever factualmente eventos ou criaturas impossíveis; as palavras do ritual podem parecer paradoxais; e as palavras dos sonhos podem ser surreais e aparentemente não relacionadas à ação. Ainda assim, em cada caso, os símbolos envolvidos falam a verdade.

Um símbolo é a incorporação de um conceito destilado, condensado e destituído do que não é essencial. Ele pode ser de muitos tipos. Pode ser um artefato físico (ou uma representação pictográfica), tal como a cruz do Calvário, um *ankh*, um Pentagrama ou uma bandeira nacional. Pode também ser uma criatura imaginária, como uma sereia ou um centauro. Sobrepondo-se com o último, o símbolo pode ser uma imagem visual conferindo uma forma compreensível para uma entidade não física, tal como um anjo com um corpo humano e asas ou um Deus Chifrudo. Pode ainda ser um objeto natural do nosso meio ambiente, cujo comportamento evoque o conceito que ele veio simbolizar, assim como o Sol representando um Deus fertilizador e doador de luz e a Lua como uma Deusa multiaspectada que ilumina o lado escuro da psique; ou como a lótus que simboliza a psique integrada por ter suas raízes na lama escura e sua flor no ar brilhante. Um símbolo pode ser uma peça de música, como um hino nacional ou uma canção revolucionária. Pode até mesmo ser uma pessoa viva, por meio do processo conhecido como "projeção" – ou comunitariamente, como quando uma comunidade projeta seu senso de identidade nacional sobre um soberano, ou seu senso de missão sobre um líder carismático, ou ainda individualmente, como quando você projeta seu próprio desprezo sobre um conhecido e o trata dessa forma com desgosto irracional, ou quando um marido projeta sua Anima sobre sua esposa (ou uma esposa projeta seu Animus sobre seu marido) e assim trata a parceira de forma não realista. Um símbolo pode ser uma cor, tal como o vermelho para sangue, perigo ou vida, ou preto para morte, o Inconsciente, magia maliciosa ou direitos civis na América (a cor é talvez o exemplo supremo de como os símbolos podem ser ambivalentes, seu significado se modificando conforme o contexto). Pode ser um simples sinal como um ponto de exclamação ou o cifrão, que começaram meramente como um fragmento conveniente para taquigrafia elaborada por humanos, mas que, por meio do longo uso, tornaram-se "numinosos" – isto é, carregados com significado emocional, que é o que distingue um símbolo de um mero sinal. E também pode ser um número, no pensamento cristão o 3 representa o puro espírito abstrato, enquanto que em todas as culturas o 4 representa plenitude psíquica, puro espírito aperfeiçoado e preenchido pela manifestação. De maneira significativa, números ímpares aparecem repetidamente como símbolos masculinos e os pares como femininos.

Todos estes e muitos outros são considerados símbolos – alguns óbvios ao Ego consciente, outros mais sutis e difíceis de interpretar. Os mitos, rituais e sonhos podem, ao dramatizar sua interação, apresentar mensagens complexas e vitalmente importantes.

Os símbolos mais poderosos de todos são aqueles que conferem significado aos arquétipos – outro termo Junguiano. Primeiro Jung os chamou de "imagens primordiais" ou "dominantes do inconsciente coletivo", posteriormente ele adotou a palavra grega ἀρχετυπίαι (*arkhetupiai*), equivalente do termo latino de Santo Agostinho *ideae principales* ou "ideias principais". Como Santo Agostinho coloca em seu *Liber de Diversis Quaestionibus*: "Pois as *principais ideias* são certas formas ou razões estáveis e imutáveis de coisas, elas próprias não formadas e continuamente eternas e sempre da mesma maneira, que estão contidas na compreensão divina. E embora elas próprias não pereçam, ainda assim, por meio de seu padrão, diz que é formado tudo o que é capaz de vir a existir e perecer, e tudo que de fato vem a existir e perecer. Contudo, é afirmado que, a alma é incapaz de contemplá-las, salvo se ela for a alma racional." (Tradução de Alan Glover).

Os arquétipos são elementos do Inconsciente Coletivo – que é aquela parte da psique que é universal a todos os períodos e culturas, e comum para todos os indivíduos. Nós o herdamos da raça humana como um todo, não sendo modificado por meio do filtro de nossos pais. Os símbolos, por meio dos quais nos tornamos conscientes dos arquétipos, podem ser condicionados culturalmente ou individualmente até certo ponto, mas os próprios arquétipos não o são; eles "continuam eternos e sempre da mesma maneira". Como Jung diz: "O termo Arquétipo não se destina a significar uma ideia herdada, porém muito mais um modo herdado de funcionamento psíquico, correspondente àquele *caminho* inato segundo o qual o pintinho sai do ovo; o passarinho constrói seu ninho; certo tipo de vespa ferroa o nervo motor da lagarta e as enguias encontram o seu caminho para a Bahamas. Em outras palavras, é um 'padrão de comportamento'. Este é o aspecto biológico do Arquétipo – é o objeto de estudo da psicologia científica. Mas o quadro se altera subitamente quando observado de dentro, que vem através do reino da psique subjetiva. Aqui o arquétipo se apresenta como numinoso, isto é, aparece como uma experiência de importância fundamental. Quando que ele se veste com símbolos adequados, o que não é sempre o caso, ele toma conta do indivíduo de um modo alarmante, criando uma condição de ser 'profundamente movido', cujas consequências podem ser imensuráveis[188]. É por esta razão que o arquétipo é tão importante para a psicologia da religião. Todas as religiões e conceitos metafísicos repousam sobre fundações arquetípicas e, na extensão em que somos capazes de explorá-los, conseguimos ganhar pelo menos uma olhadela superficial por trás das cenas da história mundial e podemos levantar um pouco o véu de mistério que oculta o significado das ideias metafísicas." (Introdução de Jung à *Woman's Mysteries* de Esther Harding, págs. IX - X).

Uma boa ideia do pensamento de Jung sobre os arquétipos pode ser obtida de seu livro *Four Archetypes – Mother, Rebirth, Spirit, Trickste*. Como será notado neste título, podem-se dar nomes-rótulos de forma útil a muitos arquétipos. E tomando apenas um desses arquétipos, a Mãe: você pode obter

188. Que esta era a explicação para o sucesso fenomenal da série de rádio imortal The Goon Show era totalmente compreendido por um de seus criadores, Michael Hentine, um psíquico muito dotado. Em seu livro *The Door Marked Summer* (págs. 197-8), ele diz: "Para mim, é fascinante que estão lá, para qualquer um ouvir ou pensar sobre; é um exemplo definitivo do efeito dos princípios mágicos simples da ritualização repetida e sua comprovada capacidade de evocar instantes e potentes imagens arquetípicas nas mentes dos participantes em seus ritos. A Golden Dawn, Stella Matutina (outro grupo mágico significativo), a Maçonaria do Arco Real, os rituais sombrios dos nazistas ou, para isso, os belos ritos da Missa Tridentina – todos eles usam os mesmos princípios básicos de entretenimento da mente por símbolos e imagens deliberadamente evocadas por som que nós (inconscientemente) usamos na construção de The Goon Show."

um conceito de quão vastas e complexas são as ramificações de um simples Arquétipo ao ler *Woman's Mysteries,* de Harding, e *A Grande Mãe,* de Erich Neumann. Nenhum desses autores declararia ter exaurido o assunto, pois por sua natureza um Arquétipo nunca pode ser completamente definido. Isso é muito fundamental. Ele pode se relacionar à consciência apenas por meio de símbolos, e mesmo eles, como ressalta Jung, podem nem sempre ser adequados.

Os Arcanos Maiores do Tarô devem seu poder e sua eficácia em mãos sensitivas ao fato de que cada um deles é um símbolo arquetípico. Ainda aqui, a natureza ilusória das definições arquetípicas se faz sentir. Tomemos os quatro exemplos do *Four Archetypes* de Jung e tentemos correlacioná-los com os trunfos do Tarô: a *Mãe* corresponde mais prontamente à Imperatriz, embora aspectos dela lancem matizes na Alta Sacerdotisa, a Estrela e outros; *Renascimento* sugere Morte, a Torre e o Julgamento para começar e o *Trapaceiro* é razoável e obviamente o Mago – mas ele não é o Diabo também? Como um exercício, deixamos você tentar correlacionar o quarto Arquétipo, Espírito, com um trunfo do Tarô.

Nós próprios fizemos um experimento. Stewart escreveu o parágrafo acima e, sem mostrá-lo para mim, Janet, perguntou por suas próprias correspondências. A resposta foi: *Mãe*, a Imperatriz e a Estrela; *Renascimento*, a Estrela, a Morte, a Imperatriz, o Mundo, o Julgamento, a Roda da Fortuna e a Lua; *Trapaceiro*, o Mago, a Lua e a Roda da Fortuna.

Como você pode perceber, nossas respostas se sobrepuseram, mas se diferenciaram, o que não significa que qualquer um de nós estava "certo ou errado". Isso simplesmente sublinha o fato de que, enquanto os próprios arquétipos são imutáveis, os símbolos por meio dos quais os abordamos (ou a ordem na qual nós organizamos um complexo de símbolos) podem se diferenciar de acordo com nossa composição, sexo e experiências pessoais.

A consideração sobre os arquétipos nos traz a um dos problemas mais importantes dentre todos: o das formas-divinas.

Uma forma-divina – a imagem mental na qual um adepto se reveste, e por meio da qual ele se esforça para se relacionar com um Deus ou uma Deusa em particular – é inquestionavelmente um símbolo arquetípico; pois igualmente e de forma inquestionável, Deuses e Deusas são por si próprios arquétipos, fundamentais para a natureza do Cosmos.

Eles são incognoscíveis diretamente, como todos os arquétipos (Vós não podeis ver minha face: pois nenhum homem poderá me ver, e continuar vivo – Êxodo XXXIII: 20); mas quando se aproxima deles por meio das formas-divinas adequadas e vividamente experimentadas – na frase de Jung –, as consequências podem ser incomensuráveis.

Para a antiga pergunta "Os Deuses são reais?" (ou como um monoteísta a formularia, "Deus é real?"), a Bruxa responde com confiança "Sim". Para a Bruxa, o Princípio Divino do Cosmos é real, consciente e eternamente criativo, manifestando-se por meio de suas criações, incluindo a nós mesmos. Essa crença é naturalmente compartilhada pelos seguidores de todas as religiões, que diferem apenas nas formas-divinas (ou única forma-divina) que eles constroem como um canal de comunicação com os Seus aspectos. E mesmo essas várias formas-divinas diferem menos do que pareceria à primeira vista. Por exemplo, a Ísis dos antigos egípcios, a Aradia das Bruxas e a Virgem Maria dos católicos são todas formas de Deusas essencialmente concebidas pelo homem, relacionando-se e extraindo seu poder, do mesmo Arquétipo.

Falamos "concebidas pelo homem", mas a construção de uma forma divina ou forma da Deusa é naturalmente um processo de mão dupla; mesmo um símbolo parcialmente adequado concebido pelo homem melhora a comunicação com o Arquétipo incognoscível que, por sua vez, reage proporcionando uma melhor compreensão de sua natureza e, assim, melhora a adequação da forma-divina.

Um psicólogo não religioso provavelmente responderia não para a mesma questão. Ele sustentaria que, os arquétipos, embora vitais para a saúde psíquica do homem, são meramente elementos no Inconsciente Coletivo humano e não (no sentido religioso) cósmicos por natureza.

Mantemos a nossa visão do Cosmos, isto é, a visão religiosa, que é para nós a única que por fim faz sentido. Porém, do ponto de vista do valor psíquico do mito, ritual e simbolismo, a resposta mais ou menos surpreendente à questão é; "Não importa". Cada homem e cada mulher pode se preocupar por si mesmos se as formas-divinas arquetípicas foram originadas dentro do Inconsciente Coletivo humano ou lá fizeram morada (e em outros lugares) como *pieds-a-terre*[189] a partir de sua morada cósmica – sua importância para a psique humana está para além da dúvida em qualquer um dos casos e as técnicas para chegar a termos saudáveis e frutíferos com eles podem ser utilizadas tanto por adeptos como por não fieis igualmente.

---

189. N. do T.: do francês "pés-no-chão".

Voltaire disse: "Se Deus não existisse, seria necessário inventá-lo." Essa observação pode ser tomada como cínica; mas ela pode ser refeita: "Se formas-divinas arquetípicas são cosmicamente divinas ou meramente as pedras de fundação viva da psique humana, seria sábio de nossa parte buscar relacionamento com elas *como se* fossem divinas."

Mito e ritual trazem uma comunicação nutritiva com os arquétipos e, devido à natureza e a evolução da psique humana, o simbolismo do mito e do ritual – seu único vocabulário eficaz – é basicamente religioso. Dispensar o mito e o ritual nos desconecta dos arquétipos, o que é uma separação perigosa e mutiladora.

Como uma nota de rodapé prática – um pequeno ponto que Stewart, em particular (como um vendedor de palavras profissional), fortemente sente ser importante, e achamos que Doreen Valiente também. Os rituais são muitas vezes expressos em linguagem arcaica, repleta de "tu", "ti", "vós", e assim por diante. É uma questão de preferência se uma pessoa usa tal linguagem ou a moderniza (embora nós mesmos achemos que a modernização sacrifica muito da poesia, como aconteceu com a Nova Bíblia Inglesa). Mas se você *vai* usá-la, tente fazer de forma correta.

As regras sobre "tu", "ti", etc., são simples. Em primeiro lugar, elas estão sempre no singular, nunca no plural. Dizer "Vós Senhores das Torres de Observação do Leste, nós agradecemos a ti..." não tem sentido (deveria ser "Vós Senhores... nós vos agradecemos...").

"Tu" é nominativo (o sujeito de uma sentença) ou vocativo (a pessoa a quem se dirige). "Ti" é acusativo (o objeto da sentença) ou segue uma preposição ("a ti", "de ti", etc.). Se isso lhe confunde – apenas lembre-se que você usa "tu" no mesmo lugar onde usaria "eu" ou "nós", e "ti" onde você usaria "mim" ou "nós". Similarmente, "teu" corresponde a "meu" (embora o uso arcaico também tenha a forma "meu", "teu" antes de uma vogal – por exemplo, "meu adversário", "teu argumento").

Para facilitar, lembre-se do desafio do Primeiro Grau: "Ó tu que permanece de pé no limiar... tens coragem para fazer o teste?" "Pois eu te digo..." e a aceitação: "Eu te dou uma terceira..."

"Vós" e "você" são usados da mesma maneira como "tu" e "ti" e a sentença para se lembrar disso é a sentença bíblica: "Conheceis a verdade, e a verdade vos libertará."

O que não é um lema ruim para as Bruxas, de qualquer forma.

XV — Bruxaria e Sexo

Deve estar claro agora para o leitor que a polaridade sexual e o papel que o masculino e o feminino desempenham dentro da psique individual, nos relacionamentos interpessoais e no Cosmos como um todo, constitui foco central para a filosofia e a prática Wiccaniana. A imprensa marrom se apega a isso (e ao fato de que muitos Covens operam "vestidos de céu") para sugerir que a Bruxaria Moderna envolve orgias, promiscuidade e sabe se lá mais o que, porque tais obscenidades vendem os seus jornais.

Qualquer um que tenha estudado o assunto sem preconceitos, ou que tenha participado de uma reunião Wiccaniana genuína, sabe que isso simplesmente não é verdade. Portanto, não vamos aqui perder tempo com defensivas sobre isso, mas vamos discutir sobre a real atitude Wiccaniana sobre sexo.

Grande parte das dissertações sobre sexo está relacionada ou com a biologia e a técnica sexual (o que é suficientemente razoável) ou de outra forma tentando discipliná-lo por meio de legislação ou dogma (o que é puramente negativo, exceto com relação a tais aspectos obviamente desejáveis como as leis contra estupro ou abuso de menores). A Wicca, por outro lado, faz uma abordagem positiva. Ela começa aceitando a sexualidade como totalmente natural e boa, e parte dali para buscar uma compreensão mais integral da polaridade masculino-feminino e sobre como fazer um uso construtivo disso – tanto psicologicamente quanto magicamente. A moralidade sexual Wiccaniana emerge dessa atitude, ao invés de (como acontece muito frequentemente) se impor sobre ela.

Falaremos uma boa parte aqui sobre a época patriarcal e suas atitudes, então comecemos por defini-la e tentar explicá-la. Esse foi o período da dominação masculina sobre a sociedade humana que estabeleceu sua influência, aproximadamente falando, durante os dois últimos milênios AEC. Aquele processo era gradativo, porém inexorável, e ganhou ímpeto particular a partir da chegada e da crescente supremacia dos povos indo-europeus fortemente patriarcais dentro e ao redor da bacia do Mediterrâneo. A dominação patriarcal, tanto política quanto psicológica, tem sido consideravelmente universal nos dois milênios AEC e apenas agora está sendo seriamente desafiada. Essa dominação tem sido caracterizada pela ditadura do Deus, do Rei, do Sacerdote, do Pai e a total subordinação da Deusa, da Rainha, da Sacerdotisa, da Mãe; até mesmo, no caso da Deusa e da Sacerdotisa, ao seu total banimento das maiores culturas, ocidentais pelo menos. Mas tem havido exceções a este processo, naturalmente, e bolsões tardios de inconformismo; por exemplo, a sociedade celta pré-cristã concedia uma liberdade completa e uma igualdade notável para as mulheres em todos os níveis (sobre isso, leia a obra de Jean Markale *Women of the Celts*). Contudo, tais bolsões se dissiparam um a um, na maior parte sob pressão do cristianismo ou do islã.

Há muita discussão entre os estudiosos sobre se realmente houve um Período Matriarcal na pré-história humana. Mas uma coisa é certa: a Deusa precedeu o Deus no culto por parte dos humanos, que deu sua primeira atenção ao Útero e foi Nutridora de todas as coisas, e mesmo após o conceito do Deus ter se desenvolvido, a Deusa e o Deus permaneceram em parceria dinâmica até que o monoteísmo patriarcal implacavelmente enviuvou o Deus[190]. E mesmo politicamente – o Antigo Egito, por exemplo, permaneceu matrilinear em todos os níveis da sociedade até a época do último Faraó, Cleópatra; como disse Margaret Murray (*the Splendour tha was Egypt*, pág. 70), "A rainha era rainha

190. A Bruxa americana Starhawk, que enfatiza a distinção vital entre "poder-sobre" e "poder-interior", diz: "Eu uso a palavra 'matrístico' (orientado para a mãe) em vez de 'matriarcal', porque para muitas pessoas o matriarcado implica uma imagem inversa do patriarcado. Acadêmicos debatem sem parar sobre se existiram culturas em que as mulheres exerceram poder sobre os homens. Mas o ponto que eu estou tentando demonstrar sobre a cultura da Deusa é que o seu poder foi baseado em um princípio diferente do patriarcal." *Dreaming the Dark*, pág. 229). Ela define a magia como "a arte de evocar poder interno e usá-lo para transformar a nós mesmos, nossa comunidade, nossa cultura, resistir à destruição que aqueles que exercem poder-sobre estão trazendo ao mundo." (Ibid., P. XI).

por direito de nascença, o rei era rei por meio do casamento" – e essa mesma regra governou também a herança de nobres e camponeses.

Mas o que trouxe essa tomada de poder masculina sobre a política, economia, teologia e atitudes sociais humanas? Uma tomada de poder tão completa que por muitos séculos, e até os dias atuais, tem sido aceita (mesmo pela maioria das mulheres) como a ordem natural das coisas?

Esse foi, nós sugerimos, um estágio evolucionário no relacionamento entre as funções conscientes e inconscientes da mente humana. O Ego consciente, que distingue o *Homo sapiens* de todos os outros animais da Terra, tem estado conosco apenas desde seu primeiro despertar rudimentar talvez a meio milhão de anos. Durante a maior parte daquele tempo, ele tem crescido, aprendido e feito sua contribuição para a sobrevivência e realização humanas. Ele alcançou um alto nível de desenvolvimento muito antes de a tomada de poder patriarcal criar forma; não estamos sugerindo que houve um súbito salto evolucionário na *qualidade* inata da consciência humana nos últimos quatro ou cinco mil anos, mas certamente veio um estágio (comparativamente súbito, com relação àquele espaço de tempo de meio milhão de anos) quando o Ego consciente começou a flexionar seus músculos e afetar o equilíbrio.

Pode ser que o gatilho tenha sido o desenvolvimento tecnológico. Uma tribo de caçadores vivia por meio do que Marx e Engels chamavam de "comunismo primitivo". Quando a caça era boa, eles se alimentavam bem, quando era escassa, eles passavam fome. Não havia nenhum excedente apropriável, portanto, nenhuma estrutura de classe. A liderança do clã cairia naturalmente sobre o caçador mais esperto, mais forte e mais experiente, cuja coordenação sobre os esforços do grupo seria seguida com tanta boa vontade (pois isso significava mais comida) quanto aquela de um bom capitão de time de futebol atualmente (porque significa mais gols). Poderia haver especialistas, tal como um xamã ou uma xamã, cuja magia era também procurada para uma caça melhor, ou um amolador de pedras dotado de prática que era liberado de outras tarefas a fim de manter os caçadores munidos de pontas de flechas. A divisão do trabalho entre os sexos seria amplamente autodeterminante devido às demandas dos cuidados com as crianças e a criação de animais[191]. Mas isso seria uso das especialidades, não de classes econômicas; da mesma forma de quando uma família confia o jardim para seu membro mais bem experiente (em jardinagem), ou um time de futebol coloca um jogador ágil de braços compridos no gol.

191. Talvez também pela habilidade xamanística geralmente maior das mulheres; ver páginas 410, 411.

Nesse estágio de caça tribal, a sobrevivência (e uma vida boa ou sacrificada) seria inteiramente um padrão comunal, ao qual todas as habilidades seriam devotadas – tanto em planos conscientes quanto em ação, intuição e instinto inconscientes. Ego e Inconsciente por certo fariam cooperação, pois a sobrevivência o exigia.

O desenvolvimento das estruturas de classes que começou após a introdução da agricultura, com suas crescentes especializações e seus excedentes apropriáveis, tem sido muito profundamente relatado e não há necessidade de repetir a história aqui. Mas ela deve ter tido alguma repercussão significativa crescente sobre a psique humana. Devem ter surgido conflitos no Ego entre as demandas da sobrevivência tribal e aquelas da vantagem pessoal ou de classe. A consciência de grupo dominou a tribo de caçadores e a autoconsciência individual teria diminuído comparativamente. (Este fenômeno persiste até hoje nos poucos ambientes onde uma cultura tribal de caça ainda é encontrada; um aborígene australiano sujeito ao "apontar o osso" vê isso como uma exclusão ritual da tribo e morre rapidamente, porque ele acha que não mais existe. Outros fatores entram aí, naturalmente – não duvidamos dos genuínos poderes psíquicos dos doutores-Bruxos aborígenes –, porém, o sentimento de não existência é certamente significativo). Mas com uma estrutura de classe, a individuação procederia aos trancos e barrancos. Peões seriam coroados como damas[192] em grandes quantidades; o Ego autoconsciente foi se diferenciando rapidamente do Ego tribal consciente (a consciência de classe, envolvente como a corrida de ratos dentro da classe, é muitas vezes mais uma extensão da autoconsciência do que uma contração da consciência tribal).

No indivíduo autoconsciente, encapsulado em uma classe econômica, conflitos entre o Ego e o Inconsciente seriam inevitáveis. Para começar, os arquétipos tribais do Inconsciente Coletivo muitas vezes iriam para direções opostas das exigências imediatas da vantagem pessoal, uma situação desconhecida mesmo para um gênio anormalmente autoconsciente em uma tribo de caçadores. Novamente, cada ato que era tribalmente antissocial, mas pessoalmente necessário para ganho ou sobrevivência ou um passo para cima na escalada, deixaria uma marca de culpa no Inconsciente Pessoal que teria de ser fechado em proteção ao Ego, que tem que ser autoaprovador caso tenha que manter o controle.

192. N. do T.: fazendo uma comparação com o jogo de xadrez.

Portanto, a Grande Divisão começou entre o Ego Consciente e o Inconsciente, ambos, Pessoal e Coletivo. E isso foi se autoacelerando. As estruturas – primeiros locais, então nacionais e finalmente imperiais – criaram os indivíduos divididos, os absorveu em sua moldura e desenvolveu ideologias apropriadas. Os indivíduos divididos, crescendo em seu poder coletivo, criaram estruturas maiores, melhores e mais vitoriosas. E, naturalmente, mais ideologias monolíticas.

Como todas as fases evolucionárias, o Império da Mente Consciente teve seus aspectos tanto construtivos quanto destrutivos. Ele estendeu vastamente o conhecimento factual do homem, suas realizações técnicas e seu comando sobre seu meio ambiente.

Essencialmente, ele conquistou o nível físico da realidade até o ponto em que pudesse fazer quase tudo o que quisesse com ela – inclusive destruir a Terra sobre a qual estamos (o homem, como alguém observou, é o único animal esperto o suficiente para construir o Empire State Building, e estúpido o suficiente para saltar de cima do mesmo).

Mas o custo tem sido tremendo – por causa das funções que tiveram de ser suprimidas. Uma mão livre para o Ego consciente significou disciplinar, conter, distorcer e mesmo negar o resto da psique humana.

Mais do que nunca, a situação chegou a uma crise em que seja lá qual for o propósito evolucionário que o Ego-Império tivesse, isso já foi satisfeito mais do que o necessário. O conhecimento e as técnicas que ele ganhou para o *Homo sapiens* não mais precisam do Ego-Império para impulsioná-los para cima; inclusive, eles poderiam agora alcançar muito mais sem sua ditadura, que se tornou inteiramente restritiva. Mas como todas as ditaduras, o Ego-Império luta para manter seu regime muito após ele ter subsistido por tempo demasiado a qualquer função útil possível. A reintegração do Ego e do Inconsciente, em um nível novo e maior, tem se tornado uma necessidade urgente para o indivíduo e para a raça. Com *aquele* processo iniciado, podemos prever uma fase evolucionária nova e inimaginavelmente frutífera; chame-a se você quiser, de Era de Aquário.

A necessidade não é apenas a mãe da invenção; ela é também a provedora oportuna de respostas potenciais. Talvez não seja surpreendente que ainda esteja na memória viva que Freud preparou o caminho para Jung e uma clara compreensão da natureza e estrutura da psique humana – uma compreensão que poetas, artistas e contadores de histórias sempre possuíram intuitivamente (embora sendo considerados como meros criadores de divertimento) e que a religião ortodoxa já há muito tempo cessou de ser capaz de oferecer. E talvez não seja acidentalmente que a mulher está por fim começando a se rebelar contra sua longa submissão milenar – não que o paganismo e nossa própria Arte estejam atravessando o que possa parecer um renascimento repentino.

Você pode estar se perguntando o que toda essa história tem a ver com o assunto de Bruxaria e Sexo. Tem tudo a ver, porque a Arte está intimamente relacionada com os verdadeiros aspectos que têm sido (e ainda estão sendo) suprimidos, e com a restauração do equilíbrio; e esses aspectos suprimidos são precisamente os femininos.

O regime patriarcal nunca duvidou disso e mostrou na prática que ele considera a mulher, e tudo o que ela representa, como seu inimigo. O patriarcado subjugou a mulher social, política e economicamente. Baniu a Deusa e fez do sacerdócio um monopólio masculino. E o cristianismo ascético a rotulou como "o portão do Demônio". A intuição, o instinto e a sintonia feminina com a Natureza eram os furos na represa que deviam ser detidos a todo custo, com medo de que ela rebentasse e que as tentativas do Ego em se manter de pé seriam varridas pela inundação da Sombra liberada. As terríveis perseguições às Bruxas nos séculos 16 e 17 foram direcionadas conscientemente (como o manual operativo da perseguição, a obra de Sprenger e Kramer *Malleus Maleficarum*, não deixa dúvida) contra essas funções femininas; dos milhões que morreram, aproximadamente cem mulheres eram executadas para cada homem, segundo algumas estimativas.

O patriarcado estereotipou homem e mulher em padrões que refletem suas exigências e que foram todos muito plenamente aceitos por homens e mulheres de forma igual: o homem como forte, lógico, racional, confiável e mestre natural, tanto política quando domesticamente; a mulher como fraca, ilógica, irracional, não confiável e subordinada natural. As necessidades sexuais do homem não puderam ser negadas nem mesmo pela Cristandade Paulina, então foi permitido a mulher ser o seu meio de vazão, como prostituta ou dona de casa – a primeira sendo hipocritamente desprezada e a última apenas hipocritamente idealizada. Os próprios desejos sexuais dela raramente importavam; eles eram considerados ou como uma armadilha preparada pelo Demônio para o masculino superior, ou mesmo, durante os mais extremos períodos, tais como a Inglaterra Vitoriana, supostos como não fazendo parte da formação de uma "dama". O único monopólio do qual a mulher não podia escapar – criação de filhos – era (e muitas vezes ainda é) considerado como sua função principal ordenada por Deus e seu horizonte limitador, além do qual seria presunçoso para ela olhar.

Há tanto em conta da indestrutibilidade da Natureza que, apesar desses estereótipos, e mesmo antes da presente rebelião contra eles ter ganhado ímpeto, muitos milhões de homens e mulheres *conseguiram* se sair bem para alcançar relacionamentos sexuais felizes.

É compreensível que a rebelião contra os estereótipos sexuais do Ego-Império tenha algumas vezes caído na armadilha de negar que *há* qualquer diferença entre homem e mulher, exceto por uma "puramente biológica". É uma reação perdoável ser informada que você não é "adequada" para alguma profissão (usualmente uma daquelas influentes e bem pagas) apenas porque você é mulher. É também perdoável em alguns casos (e nós conhecemos vários pessoalmente) onde uma mulher *é* uma notável profissional em alguma esfera predominantemente masculina, mas tem dificuldade em ser levada a sério porque acontece de ela ser sexualmente atrativa ("Eu pediria a Deus para ser feia!" Uma dessas nossas amigas gritou para nós em um momento de frustração; nós sabíamos que ela tinha um autorrespeito genuíno para desejar tal coisa realmente, mas nós pudemos compreender seu desabafo). Uma mulher a quem é negado a igualdade pela sociedade patriarcal é naturalmente tentada a replicar: "Parem de insistir sobre as diferenças entre homens e mulheres! Não existem quaisquer diferenças, exceto as anatômicas."

Porém, compreensível ou não, o estereótipo unissex pode ser tão perigoso e distorcido quanto os estereótipos patriarcais. *Existem* diferenças básicas entre a natureza masculina e feminina – e essas diferenças são tão criativamente importantes em todos os níveis quanto são as diferenças físicas para a relação sexual e a procriação. *Vive la différence* tem implicações mais amplas do que o "mero" fazer amor.

O outro perigo (aquele que virtualmente destruiu o movimento de libertação das mulheres americanas nos Estados Unidos, após seu animado começo em 1970, e finalmente provocou a perda da Emenda de Direitos Equalitários em 1982) é a ala feminista radical extremista, as "misandritas" ou odiadoras de homens, reflexo oposto dos misogenistas. Ao invés de perceber que os estereótipos patriarcais mutilam homens tanto quanto mulheres e buscar o apoio de milhões de homens simpatizantes da causa da libertação das mulheres, elas consideram o próprio homem como o inimigo. Ao invés de buscarem por um equilíbrio criativo que libertaria mulheres *e* homens, com efeito, elas lutam para substituir o Ego-Império-masculino por um Ego-Império-feminino, que naturalmente não resolveria nada. Sendo ruidosas de forma desproporcional aos seus números, elas conseguem criar uma imagem pública falsa de todo o movimento. O resultado irônico é que, pelos lábios das mulheres que são genuinamente dedicadas à plenitude, a igualdade e ao equilíbrio criativo, ouvimos a declaração já familiar: "Eu não sou do movimento de libertação das mulheres."

Nem tudo está perdido, mesmo na América. Em um artigo, cujo título era "Quem matou o Movimento das Mulheres?" no jornal The Irish Times, de 27 de agosto de 1982, a cidadã de origem americana Mary Maher responde à sua própria pergunta: "foram as feministas radicais ou 'misandritas'." Mas ela também diz: "Alguma outra coisa surgiu ao longo dos últimos anos, algo que poderia ser descrito mais precisamente como um novo 'movimento de igualdade', endossado por homens e mulheres, e ele é pequeno, porém saudável e crescente. Não houve nenhum batismo simbólico ou paradigma militante, apenas uma mudança, redirecionamento e tentativa experimentais. Reconhece-se que ele fará com que mudanças políticas acabem com a miséria que muitas mulheres ainda suportam, e há uma esperança crescente que a tomada de poder seja no máximo para ajustar o eixo do poder."

Essa é uma notícia muito encorajadora. "Ajustar o eixo do poder" é outro modo de dizer "alcançar um equilíbrio criativo"; então a Arte, que busca este equilíbrio em todos os níveis, não apenas o político e o econômico, é uma parcela natural desse "movimento de igualdade". E a Arte na América certamente deu muita atenção à questão feminista – também com muita "mudança, redirecionamento e tentativas experimentais" saudáveis, sobre os quais uma fascinante informação pode ser encontrada no excelente livro de Margot Adler *Drawing Down the Moon* (embora a Arte na América esteja se desenvolvendo tão rápido, que Margot nos conta estranhamente que embora tenha sido publicado apenas em 1981, "uma boa parte dele já está desatualizada", em 1982. Ela é muito modesta; essa continua sendo a única fonte de consulta detalhada sobre a Arte e o cenário Neopagão na América).

Quais *são*, então, as diferenças essenciais entre homem e mulher sobre as quais estivemos falando?

A diferença mais óbvia, naturalmente, é que toda mulher é potencialmente, ou de fato, uma parturiente. Essa é realmente a única diferença que o patriarcado considera importante, porque deve haver procriação. Então o estereótipo enfatiza isso, enquanto trata a outra diferença obviamente física – que é a menstruação – como um mero transtorno, uma "maldição", um compromisso inevitável e lamentável da capacidade de gerar filhos.

Homens e mulheres igualmente se submetem a isso; os homens ao conformarem-se ao fato de que uma mulher pode se tornar tudo, desde temperamental até absolutamente doente, uma vez por mês; e as mulheres ao aceitarem suas dores e mal-estar mental como "naturais" (o que não são obrigatoriamente; e se você pensar que essa declaração é dogmática, leia *The Wise Wound*, capítulo II).

Ainda assim, o ciclo menstrual é mais fundamental para a natureza da mulher – tanto física quanto psíquica – do que a vasta maioria de homens e mulheres pode perceber. De fato, sua verdadeira importância apenas começou a ser investigada. Psicólogos Junguianos (em particular as psicólogas) fizeram um bom começo; mas o único livro realmente importante sobre o assunto que conhecemos é a obra de 1978, de Penélope Shuttle e Peter Redgrove *The Wise Wound: Menstruation and Every Woman*. Quando Shuttle e Redgrove começaram a trabalhar em seu livro, por volta de 1971, eles solicitaram ao Bibliotecário do Colégio alguns livros sobre a psicologia da menstruação. "Também grandemente para surpresa do Bibliotecário NÃO EXISTIAM TAIS LIVROS!... Surpreendentemente, essa situação permaneceu até 1975, quando a obra de Paula Weideger *Menstruation and Menopause* abriu um novo espaço nos Estados Unidos" – e mesmo isso, embora extremamente útil, forneceu "pouca orientação para a experiência interior e o significado do ciclo menstrual".

A obra *The Wise Wound* é aquela coisa rara, um livro verdadeiramente revolucionário. Suas teses principais, nós acreditamos, serão tão imediatamente convincentes para a maioria das mulheres – e para a maioria dos homens que vivem com uma mulher – que estamos tão surpresos quanto o Bibliotecário do Colégio pelo fato de esses livros não terem sido publicados antes. É leitura essencial para todas as Bruxas e Bruxos – e casualmente ele tem algumas coisas pertinentes a dizer sobre a Bruxaria, histórica e moderna. (É uma triste prova do quão profundamente enraizadas estão as atitudes estereotipadas, que a reação imediata de alguns dos nossos Bruxos ao dizermos a eles para o lerem, foi "Ugh!" – mas suas atitudes mudaram quando eles o leram de fato.). Shuttle e Redgrove evidenciam que existem dois picos no ciclo menstrual – ovulação e menstruação, quando o útero solta sua parede e se renova. E esses dois picos têm implicações muito diferentes e são acompanhados por estados psíquicos muito distintos. Em um sentido, na ovulação, o corpo da mulher pertence à raça; ela é uma portadora e transmissora em potencial dos códigos genéticos DNA raciais, e as moléculas de DNA não estão relacionadas a ela como um indivíduo, uma vez que ela assegurou sua combinação com aquelas de um homem e assegurou a sobrevivência daquela combinação. Na menstruação, ela pertence a si mesma; ela passa por meio de um processo de renovação corporal e psíquica.

A qualidade de sua sexualidade também difere. Na ovulação ela é tipicamente receptiva, passiva, desejando a penetração. Na menstruação é muito mais provável de ela ser ativa, tomando a iniciativa erótica, desejosa de experiência pelo seu próprio bem, independentemente de sua função reprodutiva racial.

O estereótipo patriarcal reconhece apenas o pico sexual na ovulação, porque ele está relacionado à reprodução, que é a única razão "válida" do patriarcado para uma mulher por fim, ter sensações sexuais. Mesmo alguns psicólogos capacitados, condicionados a crer que o anseio sexual da mulher é essencialmente passivo e receptivo, têm muitas vezes perdido de vista o pico menstrual por completo - porque ao questionar as mulheres sobre os seus picos sexuais, eles têm naturalmente procurado pelos picos receptivos; e as mulheres, similarmente condicionadas, têm respondido em conformidade com as expectativas.[193]

Perguntas estereotipadas produziram estatísticas estereotipadas. A ideia de um pico sexual feminino *ativo* "poderia ser perturbadora para homens refugiados na ideia de que é prerrogativa masculina iniciar o sexo. A combinação do sangramento e a capacidade sexual aumentada são formidáveis para a visão convencional" (*The Wise Wound* pág. 89).

Tabus poderosos sempre cercaram mulheres que menstruam. Nos tempos pré-patriarcais (e ainda em muitas culturas "primitivas") "tabus menstruais e isolamentos são para o propósito de resguardar a mulher em um período receptivo, durante o qual ela pode deveras se interiorizar e produzir informações ou sonhos proféticos, que são úteis para a comunidade, ou pelo contrário, ter tipos errados de experiência que possam afetá-la gravemente daí para frente". Em particular, "a *menarca* ou primeira menstruação, era considerada como um período de abertura mental particular, tanto quanto física, durante o qual uma garota teria aqueles sonhos ou outras experiências que a guiariam mais tarde na vida, e que se fosse para ela ser uma xamã ou curandeira, então esse era o momento em que ela chegou a um relacionamento especial com os poderosos espíritos de sua menstruação" (*The Wise Wound* pág. 65).

---

193. Entre as autoridades que não esqueceram o pico sexual menstrual estão o próprio Jung, C. D. Daly, Mary Jane Sherfey, Alex Comfon, Paula Weideger, William Masters e Virginia Johnson.

No entanto, com a tomada de poder patriarcal, os tabus menstruais se tornaram uma proteção *contra* a mulher, contra sua magia "perigosa", contra todas aquelas faculdades que o Império-Ego luta para banir ou para adotá-los e discipliná-los para seu uso próprio, quando ele não pudesse bani-los. Por exemplo, o pavor da magia de sangue da mulher, que, se dado o seu devido respeito é totalmente benéfico, pode muito bem ter dado origem às crueldades patriarcais do sacrifício de sangue (*ibid.*, pág. 61). Os homens não podiam menstruar – porém havia outros meios de produzir sangue para propósitos mágicos. A lógica seria: "Sangue é obviamente mágico. Mas a xamã que menstrua é perigosa. Então vamos neutralizá-la com tabus e matemos algo, ou alguém, em substituição." É significativo que as culturas com fortes tabus menstruais impostos por homens (incluindo nossos próprios) parecem ser as mais propensas para a agressividade e a ansiedade (*ibid.*, págs. 98, 185).

As sociedades pagãs, contudo, compreenderam e tomaram plena vantagem dos poderes xamânicos das mulheres que menstruam. Os colegiados de Hera, por exemplo, e as Pitonisas (Sacerdotisas oraculares) de Delfos, faziam seus pronunciamentos mensalmente e existem fortes indícios de que em tais lugares as mulheres sincronizavam seus períodos menstruais por meio de disciplinas psíquicas deliberadas. (Isso é perfeitamente possível; pesquisas tem demonstrado que eles muitas vezes acontecem espontaneamente hoje em comunidades femininas, tais como conventos ou colégios de mulheres). Shuttle e Redgrove discutem persuasivamente que Delfos mantém todos os marcos do xamanismo menstrual. Eles sugerem que o famoso *omphalos* (que ainda pode ser visto no museu em Delfos) não é um "umbigo de forma alguma", mas uma extremidade externa estreita de útero ou cólon do útero[194], e que a trípode sobre a qual se sentava uma xamã de Delfos era na verdade um espéculo para observar os primeiros sinais de manifestação menstrual (sempre foi um enigma para nós o porquê os escritores clássicos davam tanta

194. Shuttle e Redgrove sugerem que o símbolo do cérvix – o cone com a depressão central, ou de forma mais completa (como se vê no espéculo) inchando o colo em uma crescente – aparece mais amplamente do que foi reconhecido. O *omphalos* é um exemplo; a lua-árvore assíria, um dos símbolos mais antigos da Deusa, é outro. Nós conhecemos *omphalos* reverenciados na Irlanda – de um jardim de uma igreja em Kells, Condado de Meath, as muito aparentemente naturais "pedras *bullaun*" com uma depressão no topo onde a água da chuva se junta e são usadas para cura mágica. Nós nos perguntamos também se o disco e os chifres de Ísis, normalmente interpretados como sendo um disco solar nos chifres de vaca, eram originalmente um colo cervical? (veja a Tabela 13 para todos esses exemplos).

ênfase ao significado de uma mera peça de mobília; essa interpretação o e xplicaria). Pode ser adicionado a isso que, no caso de Delfos, a tomada de poder patriarcal é registrada na lenda da conquista de Apolo da Serpente Délfica (ou seja, a Pitonisa); mas embora o templo de Apolo tenha tomado conta de Delfos, as próprias pitonisas eram indispensáveis; por séculos, nenhuma decisão importante era tomada na Grécia sem seu conselho oracular, assim elas continuaram em seu papel – mas com Sacerdotes masculinos para controlá-las e administrá-las e ao rico tributo que elas atraíam.

O que tudo isso significa para a atualidade – e para as Bruxas?

Resumindo: a natureza da mulher é cíclica, desde o pico da ovulação mensalmente reprodutivo, sensível ao externo, até o pico da menstruação, interposição mensalmente renovadora, sensível ao interno. Quanto mais ela aceitar e compreender isso (e cessar de considerá-lo como uma "maldição"), mais completa e eficaz ela será – e quanto mais o homem também aceitar e compreender, melhor ele respeitará e completará a ela.

Ambos os picos são igualmente significativos, formando um todo dinâmico, um total *yin-yang*, tecendo os níveis. O importante é o próprio ciclo, nem um nem outro polo deste; o ciclo faz da mulher o que ela é. Os "valores da ovulação" e os "valores da menstruação" deveriam se completar um ao outro; mas o patriarcado apenas reconhece os "valores da ovulação" e baseia sobre estes o seu estereótipo de Mulher.

Este ciclo de diferentes tipos de consciência significa que a experiência total da mulher é mais profunda e "os eventos do ciclo também são mais profundamente enraizados e fisicamente difundidos do que qualquer coisa que o masculino normalmente experimenta. Embora isso signifique que a experiência de vida feminina seja mais profunda, significa simultaneamente que ela é mais vulnerável quando se abre a essas experiências, mais suscetível à agressão e ao detrimento. O homem que deveria ser o guardião e o estudante dessas habilidades na mulher, tornou-se, em nossa era, o agressor orgulhoso e invejoso". (*ibid.*, pág. 33). Também, como Gerald Massey ressaltou há um século em *The Natural Genesis*, "a natureza feminina tem sido o professor primário da periodicidade".

Deve ser duro para o macho orgulhoso engolir isso, refugiado em estereótipos patriarcais; o que parece *colocá-lo* na inusitada posição de ser o sexo inferior. Mas isso seria uma reação errônea. O homem também tem uma contribuição positiva a fazer.

Tipicamente, a natureza masculina é analítica, com consciência concentrada. A natureza feminina é sintetizante, com consciência difusa. Ele é linear, movendo-se para frente como um chassi de carro; ela é cíclica, movendo-se para frente como um ponto no aro de um pneu de carro (e note que ambos os tipos de movimento podem chegar lá com a mesma rapidez). Ele toma as coisas aos pedaços para ver do que elas são feitas; ela as reúne para ver como elas se relacionam.

As duas funções dependem uma da outra. Deixadas a sós, a consciência concentrada dele pode se tornar visão tubular, já a consciência difusa dela pode se tornar desorientação. A análise dele pode se tornar destrutiva, entronizando fatos acima das sensações; a sintetização dela pode perder a coerência, entronizando sensações acima dos fatos. A sensibilidade dela, desprotegida por seu irmão força, pode se tornar vulnerabilidade perigosa; o vigor obcecado dele, sem a guia de sua irmã intuição, pode se tornar agressão equivocada.

Trabalhando juntos, por outro lado, eles podem encontrar seu caminho através da floresta. Ele pode identificar árvores isoladas e ajudá-la a não tropeçar nelas. Ela pode ter um mapa melhor da floresta inteira e ajudá-lo a não se perder.

Não apenas isso – mas cada natureza tem dentro de si a semente da outra, como o ponto branco no *yin* negro e o ponto negro no *yang* branco (vide figura 6 na pág. 350). Na mulher, este é o Animus, seu componente masculino ocultado, cuja integração enriquece sua feminilidade; ele tende a se manifestar especialmente no pico menstrual, como seu "outro marido" ou parceiro-Lua, que pode ser ou assustador ou vitalizador de acordo com seu grau de autoconsciência e o equilíbrio que ela adquiriu entre seus dois conjuntos cíclicos de valores. No homem, é a Anima, seu componente feminino ocultado, cuja integração enriquece de forma correspondente sua masculinidade. Já que o homem é mais linear do que cíclico, a interferência da Anima sobre a consciência do homem tende a parecer espasmódica e imprevisível; ela pode talvez ser melhor identificada (e frutiferamente ouvida) como a figura onírica de uma mulher que é bem conhecida do sonhador, mas sem posicionamento na vida em estado de vigília. (Quando Stewart começou a registrar seus sonhos, ele a denominou como "a mulher-X" até que ele começou a ler Jung e percebeu quem ela era). A Anima pode também ser assustadora ou útil, dependendo se um homem a aceita, busca ou resiste a ela. Mas o feminino está sempre lá, uma parte inalienável da psique integral; e como *The Wise Wound* (pág. 130) vividamente coloca: "Este mundo feminino reprimido deve incluir o problema da menstruação, seu contorno e formas, para o homem tanto quanto para a mulher. O que jamais deveria ter sido esquecido é que *a anima menstrua*."

Vale a pena ressaltar aqui que a crença das Bruxas em reencarnação não apenas concorda com o conceito Animus/Anima, mas deve inevitavelmente incluí-lo. A Individualidade imortal, como dissemos (pág. 350), é dinamicamente hermafrodita, com ambos os aspectos num equilíbrio imperfeito, ou perfeito, segundo seu estágio de progresso cármico. Mas a Personalidade de qualquer encarnação é ou masculina ou feminina; assim o outro aspecto, temporariamente subordinado, naturalmente fará sentir sua presença - como Anima ou Animus. Portanto o grau de integração harmoniosa que uma Personalidade apresenta com sua Anima ou Animus é uma indicação reveladora relativa ao grau de avanço cármico obtido pela Individualidade encarnada.

Desviemo-nos por um momento dos homens e mulheres individuais para a sociedade humana como um todo - e para o fato talvez surpreendente que foi a menstruação que trouxe a isso. Como Shuttle e Redgrove ressaltam (*The Wise Wound*, pág. 142 - com sua escrita em itálico): "*É opinião aceita na ciência zoológica que o desenvolvimento do ciclo menstrual foi responsável pela evolução das sociedades dos primatas e eventualmente da humana*". A maioria dos mamíferos possui um ciclo *oestrus*; eles "se excitam" periodicamente, e em outras ocasiões eles não têm interesse em se acasalar. A ovulação é seu único pico; sexo significa procriar novos espécimes e nada mais, como um fator de sobrevivência para a espécie. Mas com "os Macacos do Velho Mundo, os Chimpanzés e a espécie humana, ocorreu uma imensa alteração evolucionária; que foi o desenvolvimento do *ciclo menstrual*". O sinal de acasalamento do sangue genital foi deslocado de sua posição original na ovulação para uma nova posição na menstruação quando é muito improvável que a ovulação possa ocorrer ou que se possa conceber filhos. A libido sexual também estava agora espalhada sobre a maior parte do ciclo. Como isso poderia ser um fator de sobrevivência? "A resposta deve ser que a experiência sexual nos primatas (macacos e humanos) deve ter se tornado benéfica e importante para o indivíduo (e, portanto, para a raça) como também para a espécie pela reprodução."

"Libido incessante", ou o que *The Wise Wound* (pág. 152) chama de "brilho sexual", foi uma adaptação evolucionária favorecendo o desenvolvimento da cooperação social e econômica e promovendo inspiração durante a solução dos problemas. A época patriarcal pode ter tentado estreitar o sexo até uma cópula para procriação; a evolução conhece melhor. "Brilho sexual" é o anseio pelo relacionamento, a coisa que nos faz humanos, em contraste com aquelas espécies nas quais o sexo *é* mera cópula para procriação. "A geração de filhos é metade do prazer humano. A outra metade é a geração de 'filhos mentais': ideias e inspirações seminais." (*ibid.*, pág. 210) – e Shuttle e Redgrove oportunamente adicionam: "É demais supor que a geração de 'filhos mentais' seja a única competência dos homens, só porque a geração de filhos físicos é habilidade exclusiva das mulheres."

É irônico que tantas religiões ocidentais, do catolicismo à ciência cristã, proíbam o prazer do sexo independentemente da reprodução – e, portanto, com efeito, tentam regredir a humanidade a um estágio de evolução pré-humano!

Podemos, desta forma, perceber a diferença entre as abordagens positiva-criativa e negativa-restritiva aos relacionamentos sexuais e à moralidade sexual. Se todos os aspectos que temos discutido forem genuinamente compreendidos e forem incorporados à atitude de vida com relação um ao outro, se pararmos de enxergar estereótipos e ao invés disso vermos seres humanos viventes, então gradualmente veremos o sexo do outro com respeito, e o nosso próprio sexo com empatia, nascidos daquela compreensão. Gradualmente, distinguiremos a essência do Deus (e a Deusa-Anima) dentro de cada homem, e da Deusa (e o Deus-Animus) dentro de cada mulher. Todo relacionamento, desde um laço sexual entre um par até uma amizade, pode se tornar iluminado com um senso mágico de se maravilhar. E com amor genuíno (em qualquer nível apropriado de intensidade ou proximidade) os problemas de moralidade tendem a se dissolver. A moralidade não é determinada por um livro de regras; ela é determinada pela natureza real dos relacionamentos verdadeiros.

Tudo isso pode parecer um tanto idealista e muito bom para ser verdade; embora na prática não o seja.

É de nossa experiência dizer que o trabalho de um Coven, sinceramente conduzido, cria este processo. O Coven se reúne em adoração ativa à Deusa e ao Deus; e sobre o princípio de "como acima, é abaixo" a Wicca não coloca uma linha divisória entre o divino e o humano. O princípio da Deusa é invocado na Alta Sacerdotisa, e o princípio do Deus no Alto Sacerdote. Cada um se esforça para se colocar em sintonia com o princípio invocado e para atuar como um canal para o mesmo e é assim tratado por todos os outros. Isso funciona, como todo Coven experiente sabe; porque você não está tentando se relacionar com algo imaginário, está se abrindo para uma essência que já está aqui. Mais ainda, na Wicca também não há linha divisória entre o sacerdócio e a congregação; no processo normal de treinamento são dadas oportunidades para todos os Bruxos atuarem como Alta Sacerdotisa ou Alto Sacerdote.

O Ritual de Puxar a Lua para Baixo demonstra tanto o processo quanto a atitude mental que devem ser reunidos. Primeiro o Alto Sacerdote concede o Beijo Quíntuplo à Alta Sacerdotisa – saudando e reconhecendo a própria mulher individual, sua irmã Bruxa. A Sacerdotisa aceita a saudação, consciente de si mesma como uma mulher individual e do Sacerdote como um homem individual. Depois vem a invocação, na qual o Sacerdote reúne a sua percepção sobre a mulher e sua percepção sobre a Deusa, na consciência de que elas são da mesma essência. A Sacerdotisa se abre para essa mesma consciência. Então o Sacerdote se dirige a Deusa diretamente por meio da declamação "Salve Aradia", e a Sacerdotisa transfere o controle de sua própria individualidade à Deusa. Finalmente, como um canal para a Deusa, ela retroalimenta a manifestação da Deusa para o Sacerdote, na bênção "da Mãe escura e divina".

Somente aqueles que operaram este ritual com toda sinceridade sabem que efeitos chocantes ele pode ter.

O propósito do Ritual de Puxar o Sol para Baixo (capítulo VI) é naturalmente o reflexo disso.

Bruxos e Bruxas se acostumaram a operar juntos em total reconhecimento de suas necessidades psíquicas pelas essências complementares uns dos outros. Os resultados psíquicos – e práticos – que eles alcançam, de fato consolidam seu respeito uns perante os outros, e sua compreensão do verdadeiro significado da natureza masculina e feminina.

Toda mulher, se ela puder se livrar do condicionamento imposto pelo estereótipo patriarcal, é uma Bruxa natural. A maioria dos homens, a menos que possuam uma Anima bem integrada e funcionando totalmente, tem que trabalhar duramente nisso. As Bruxas trabalham primariamente com os "dons da Deusa" – as funções intuitiva e psíquica, a percepção direta, pela sensibilidade em todos os níveis do corporal ao espiritual, da ordem natural das coisas. Tudo isso é a herança imediata de uma mulher; no todo, um homem aborda isso melhor tendo a mulher como intermediária (e via sua própria Anima, que é o mesmo processo).

A lâmina Os Enamorados do *Tarô de Waite* (publicado pela Rider) expressa isso perfeitamente; o homem olha através da mulher, que ergue os olhos para o anjo. Como diz Eden Gray, interpretando essa lâmina em *A Complete Guide to the Tarot*: "A verdade apresentada é que a mente consciente não pode abordar a mente supraconsciente a menos que ela passe através do subconsciente."

Eis o porquê a Wicca é matriarcal, e a Alta Sacerdotisa é a líder do Coven – com o Alto Sacerdote como seu parceiro. Eles são essenciais um para o outro, e por fim, iguais (lembrando que a Individualidade imortal, a manada reencarnante, é hermafrodita), mas no contexto do trabalho Wiccaniano e de sua presente encarnação, ele é muito mais como o Príncipe Consorte de uma Rainha soberana. Ele é (ou deveria ser) um canal para o aspecto do Deus, e não há nada de rebaixamento nisso; mas o trabalho Wiccaniano é primariamente relacionado com os "dons da Deusa", então a Sacerdotisa tem a prioridade; pois a mulher é o portal para a Bruxaria e o homem é o seu "guardião e estudante".

De fato, existem Covens exclusivamente de mulheres, particularmente nos Estados Unidos, e eles podem trabalhar as naturezas cíclicas dos membros fornecendo a polaridade criativa necessária. Porém, um Coven exclusivamente de homens, em nossa opinião, seria um erro. Homens desejando trabalhar juntos dentro do campo do ocultismo deveriam aderir a uma magia ritual de algum padrão tal como o da Golden Dawn – embora mesmo lá, acreditamos que eles fariam melhor ao lado de mulheres companheiras de operações.

Seria ingenuidade fingir que o desenvolvimento do tipo de atitudes intersexuais mágica e psicologicamente criativas que estivemos descrevendo sempre proceda sem uma ligação a um Coven operativo. As Bruxas são seres humanos, e haverá obstáculos, imaturidades e os velhos estereótipos profundamente enraizados para se lidar. Mas esse é um dos propósitos do trabalho em grupo; ajudar um ao outro a se desenvolver e apontar as fraquezas de uma maneira dentro da camaradagem e da compreensão. É nossa experiência que, dados basicamente um sólido material humano e uma filosofia comum genuína, o movimento é incentivado totalmente. E o Deus e a Deusa deveras ajudam aqueles que se ajudam.

Nós nos abstivemos deliberadamente de comentar sobre os Covens "gays" (outro fenômeno particularmente americano) porque achamos que não estamos preparados para fazê-lo, e porque qualquer coisa que possamos dizer poderia ser interpretado como homofobia. Temos amigos homossexuais aos quais nos dirigimos alegremente *como pessoas* tal como fazemos em relação a outros amigos – isto é, naquelas coisas que temos em comum, nossas atitudes sexuais *não* sendo uma dessas coisas. Nós sempre consideramos suas atitudes sexuais como algo que diz respeito apenas a eles, e os defendemos contra quaisquer tentativas que os façam sofrer devido a isso. Tivemos um ou dois membros homossexuais durante a história de nosso Coven, quando eles foram preparados e capacitados para assumir o papel de seu gênero real dentro de um contexto Wiccaniano e quando suas personalidades foram harmoniosas com o resto de nós.

Porém, nós próprios somos fortemente heterossexuais, e nosso próprio conceito de Wicca está construído ao redor da masculinidade e feminilidade naturais da mente, corpo e espírito. Portanto, nós estamos fora de sintonia com a ideia integral de um Coven "gay" e ficaríamos pouco à vontade caso fôssemos convidados a um deles, não importa o quanto gostássemos das pessoas envolvidas. Sendo assim, pelo interesse da harmonia pagã, deixamos a discussão sobre essa questão para aqueles que *estão* em sintonia com ela. (Incidentalmente, lamentamos muito a adoção do termo "gay" para se referir ao homossexual; à parte de tornar uma pequena feliz palavra inútil em seu sentido original, isso implica que os homossexuais estão em um estado eufórico permanente, logo não sendo seres humanos comuns – que é a verdadeira acusação contra a qual os homossexuais corretamente lutam).

Mas o que é "magia sexual" no sentido literal?

Tal como explicado em *Oito Sabbats para Bruxas*, o uso da polaridade homem/mulher em uma operação mágica é de dois tipos: a "magia do gênero", que é simplesmente um homem e uma mulher cada qual contribuindo com seus dotes mentais e poderes psíquicos característicos para uma tarefa mágica; e "magia sexual", que utiliza relação sexual entre os parceiros como um dínamo psíquico.

"A magia de gênero" é o padrão básico da maioria dos trabalhos de um Coven – como quando um homem e uma mulher seguram as extremidades opostas de uma corda na Magia de Cordas, ou homens e mulheres sentados alternadamente em um anel para Magia de Junção de Mãos, ou um homem e uma mulher que consagram o vinho ou um instrumento de trabalho. Isso é da mesma forma essencialmente intersexual, e totalmente afastado do coito, como a dança em um salão de festas. Irmão e irmã, pai e filha, mãe e filho, podem e realmente trabalham juntos este tipo de magia, tão efetiva e livremente de quaisquer tonalidades "impróprias", tal como poderiam formar pares em uma pista de dança.

"Magia sexual" é algo muito diferente; ela pode ser muito poderosa, tanto em seu efeito em termos do resultado esperado do trabalho, quanto em seu efeito sobre o casal em questão (mesmo se eles têm sido amantes, ou casados, por anos).

E nós diríamos categoricamente: a magia sexual como tal deveria ser operada apenas por um casal para o qual a relação sexual é uma parte normal de seu relacionamento – em outras palavras, marido e mulher, ou amantes estabelecidos – e em completa privacidade. Para eles, isso é uma extensão (e pode muito bem ser um enriquecimento) de seu relacionamento sexual costumeiro. Para um casal não relacionado dessa forma, seria inclusive muito perigoso; se eles abordassem a magia sexual com sangue frio como uma "operação mágica necessária", seria um abuso grosseiro de sua sexualidade e de seu suposto respeito um ao outro; se eles corressem para isso com um ardor súbito e mal considerado, poderiam ter efeitos sobre níveis inesperados para os quais ambos não foram preparados – pior de tudo, isso poderia afetá-los de modo desigual, deixando um emocionalmente arrebatado e o outro com uma carga de culpa.

Magia sexual sem amor é magia negra.

Isso sendo dito – como um marido e esposa (ou amantes estabelecidos) podem trabalhar a magia sexual na prática?

Existem dois modos simples: aproveitando o poder psíquico do ato sexual e por meio dos devaneios pós-coito.

Dion Fortune diz em *A Filosofia Esotérica do Amor e Matrimônio*, pág. 114: "Quando o ato da união sexual se realiza, as forças sutis das duas naturezas correm juntas e, como no caso de duas correntezas de água em colisão, um redemoinho ou vórtice é criado; este vórtice se estende aos planos na medida em que ocorre a fusão dos corpos (isto é, na medida em que os sete níveis componentes do casal – vide tabela pág. 351 – são unidos uns com os outros), da mesma forma que fariam duas pessoas que idealizam um ao outro e cujo amor possui elementos de uma natureza espiritual em sua composição, se unindo em coito, o vórtice assim criado se estenderá até um dos planos superiores". Em outras palavras, quanto mais o casal estiver unido em todos os níveis, mais alto sobre aqueles níveis o vórtice terá efeito; quando almas gêmeas fazem amor, o vórtice alcança *todos* os níveis; e no outro extremo, a cópula insensível de um casal sem qualquer contato com o plano superior produzirá um vórtice que pode ser muito poderoso nas águas escuras do astral inferior, mas muito inadequado pela influência equilibrante dos outros planos – o que confirma nossa afirmação que magia sexual sem amor é magia negra.

Um casal fortemente unido que deseja usar a magia sexual para um objetivo válido, primeiro discutirá aquele objetivo e se assegurará que ambos o têm claramente em suas mentes. Eles então lançarão um Círculo ao seu redor e farão amor sem pressa e suavemente, com o máximo possível de consciência sobre cada um e sobre o objetivo mágico. Uma vez que tenham unido seus corpos em coito, se eles tiverem controle suficiente podem até mesmo se manter imóveis por um momento, armazenando a tensão sexual em unidade até o pico mais alto possível, de forma que suas consciências sobre cada um e sobre seu propósito alcance um nível de intensidade tão grande quanto eles possam suportar. Quando eles estiverem prontos, ansiarão por um orgasmo simultâneo, e nesse ponto eles arremessarão o poder total do vórtice rumo à realização do objetivo mágico. Mesmo que os seus orgasmos não coincidam, eles deverão *ambos* "arremessar o vórtice" no momento de *cada* orgasmo.

Magia sexual deste tipo não deveria ser usada muito frequentemente, porque esta é uma experiência notavelmente elevada e é melhor não a desvalorizar por familiaridade demasiada.

Vale a pena recordar uma ocasião quando nós a utilizamos. Estávamos na Irlanda há uns poucos meses, tendo entregado nosso Coven de Londres para outros líderes, estávamos nos sentindo frustrados, porque agora não tínhamos nenhum Coven, exceto o de uma Bruxa já iniciada que nos contatou e que morava a uns 150 km de distância. Assim operamos por meio deste método para "construir um farol astral" sobre nossa casa, que atrairia o tipo de pessoas que procurávamos. No dia seguinte, conhecemos o casal cujos integrantes se tornaram nossos primeiros iniciados irlandeses, e daí por diante o nosso Coven aumentou. O casal inicial foi uma grande força para nós nesse crescimento e eles agora estão dirigindo seu próprio grupo (talvez seja significativo o tipo de ressonância que nosso "farol" estabeleceu, sendo que as primeiras pessoas que ele atraiu foram um homem e uma mulher casados).

Isso é magia sexual ativa; o segundo tipo é mais receptivo. O poder do vórtice é reabsorvido pelo casal para seu próprio benefício.

Novamente, o casal faz amor dentro de um Círculo Mágico – mas dessa vez não há objetivo externo para ter em mente. Toda sua atenção é dirigida para a consciência de si mesmo (como par) e de cada um, e para ativar todos os seus níveis em uníssono um com o outro. É *após* o orgasmo que a magia é invocada. Como diz *The Wise Wound* (pág. 172): "Devaneios durante consciência corporal acentuada após a relação sexual são provavelmente os mais profundos de todos – com trabalho de segunda etapa sendo possivelmente a única exceção, quando a mulher está completamente "sugestionável" – e o que é chamado de 'magia sexual' é muitas vezes nada mais do que introduzir imagens dentro de tal devaneio."

Um casal de Bruxos ou ocultistas experientes e que tenha desenvolvido um alto grau de intercomunhão em todos os níveis, pode usar este método com grande vantagem – e, diferentemente do "vórtice arremessado", ele pode ser usado tão frequentemente quanto queiram, até mesmo como um hábito normal pós-coito. Os insights ganhos em tal devaneio, especialmente se forem partilhados e entrecruzados por um casal harmonioso, pode ser de um tremendo valor. E com relação a "introduzir imagens" – o devaneio pós-coito pode ser uma ocasião muito eficaz para acumular e energizar formas-pensamento ativas, para os propósitos mágicos explicados no capítulo XXII – "Feitiços".

As sutilezas e refinamentos da magia sexual são tão variados como aqueles das relações sexuais – e únicas para o casal individual. Mas os princípios que nós sublinhamos devem fornecer uma firme fundação sobre a qual qualquer casal possa construir, se este for um caminho que ambos queiram explorar.

Este capítulo não estaria completo sem alguma referência a dois problemas que geram muita controvérsia, em nenhum lugar mais do que aqui na Irlanda: aborto e contracepção.

Nós não iríamos tão longe quanto aqueles que defendem que o aborto *nunca* é justificável. Ele é um mal, mas existem situações tristes onde é um mal menor. Um feto vivo é o estágio inicial da reencarnação de uma entidade humana, e empurrar de volta aquela entidade de forma que ela tenha que encontrar (ou ser absorvida em) um novo veículo fetal é um ato violento, os efeitos dramáticos disso sobre a entidade podem ser graves, tanto quanto sendo uma carga sobre o carma da pessoa que o faz. Mas se a vida da mãe estiver em risco, ou a saúde estiver seriamente ameaçada – ou se, devido à gravidez induzida por estupro ou outros motivos, as circunstâncias sob as quais a criança teria que nascer seriam tão desastrosas para ela que o trauma de ter que reiniciar o processo de encarnação genuinamente parece ser o mal menor – então o aborto pode ser a única solução.

Dada uma escolha entre a vida da mãe (que está a meio caminho dentro de uma encarnação e quase sempre com muitas responsabilidades e relacionamentos) e aquela da criança não nascida (que mal começou uma encarnação, não adquiriu quaisquer responsabilidades e não tem relacionamento direto exceto o fetal com sua mãe), então parece claro para nós que é a mãe que tem que ser salva.

Contudo, usar o aborto como uma alternativa ociosa com relação à contracepção é imperdoável. Assim também é a pressão familiar que muitas vezes força uma garota ao aborto por causa do que os vizinhos possam pensar. Igualmente imperdoável é a prática (crescente na América, nós compreendemos) de determinar o sexo de um feto e então abortá-lo se acontecer de ele não ser do sexo desejado.

Aborto e contracepção (como "sexo-e-violência") são muitas vezes amontoados juntos pelos propagandistas. Isso é muito ilógico e muito errado.

Nós não conseguimos notar quaisquer justificativas teológicas, sociais, psicológicas ou ecológicas para o Vaticano banir a contracepção. A encíclica do Papa Paulo VI *Humanae Vitae* foi um dos pronunciamentos mais desastrosos deste século. Felizmente, "os argumentos usados obviamente falharam em convencer a maioria, mesmo dentro da Igreja Católica, e nos anos que se seguiram o uso dos métodos referidos aumentou mais do que diminuiu." (Hans Kung, *Infallible?* pág. 29)[195]. Milhões de boas esposas católicas são a favor da pílula; e muitos bons Sacerdotes sabem que elas estão corretas e que, portanto, sofrem de dolorosos pesos de consciência e obediência dentro dos confessionários.

195. "Apenas uma minoria de católicos irlandeses aceita plenamente a proibição da Igreja ao divórcio e a contracepção, de acordo com um artigo escrito pelo Rev. Liam Ryan, professor de sociologia em Maynooth, na revista mensal, The Furrow... "Somente 53% dos que possuem educação de terceiro grau aceitam plenamente a infalibilidade papal" (The Irish Times, 6 de janeiro de 1983). O padre Ryan escreveu sobre "um novo tipo de católico, uma minoria 'que é' caracterizada por uma apreciação da vida sobrenatural e sacramental da Igreja, mas mantém uma independência da mente em grande parte em questões morais". Ele também descobriu que, embora as mulheres católicas refletiam mais atitudes ortodoxas do que os homens, "havia evidências de um fechamento do hiato entre a faixa etária mais jovem". Um relatório publicado em 13 de janeiro de 1983, pela Comissão de Leigos da Inglaterra e Gales revelaram que as mulheres católicas concordaram que o aborto era errado em geral, mas não necessariamente em todas as circunstâncias. A "contracepção foi considerada como uma questão de consciência individual", e houve um sentindo que a Igreja deveria reconhecer que casamentos válidos às vezes acabam e que deveria permitir que as pessoas voltem a casar se assim o desejarem. O relatório, "Por que uma mulher não pode ser melhor que um homem?" foi baseado em discussões de grupos especialmente convocados para esse efeito em 1976 e 1977, mas a sua publicação parece ter sido adiada devido a dúvidas entre os membros da Comissão de Leigos. As mulheres dos grupos ressentiam-se por serem tratadas como cidadãs de terceira classe na Igreja e o próprio relato pediu à Igreja para "Colocar a sua própria casa em ordem e fazer um exame rigoroso e aprofundado de suas próprias atitudes em relação às mulheres". Atualmente, ainda tende a ter tendências medievais.

A intenção declarada do banimento à contracepção é a defesa da santidade do casamento. Seu efeito real sobre aqueles casais que acatam a isso é muitas vezes a destruição da harmonia do casamento, com amor em desacordo por medo da gravidez. O único método permitido para evitar gravidez, no qual "você faz amor com um calendário em uma mão e um termômetro na outra", dificilmente conduzirá a uma vida sexual feliz; e sua confiabilidade é refletida em seu apelido, "roleta do Vaticano".

Com isso, a insistência de que casais que deliberadamente evitam filhos são "egoístas"[196] e que a maternidade é o propósito obrigatório do casamento – e a insistência adicional, por implicação, de que um casal não pode nem ao menos optar por limitar o número de seus filhos, a menos que isso seja por abstinência do sexo marital (um dogma no qual Mary Baker Eddy antecedeu Paulo VI) – é parte e parcela da atitude patriarcal que, basicamente odeia o sexo como uma das incompreensíveis aflições de Deus, e que teme as mulheres como perigosas destruidoras do Ego-Império.

No atual estado do mundo, essa insistência é também cegamente antissocial. Se a explosão populacional do mundo não for examinada, a civilização (seja capitalista, seja comunista, seja sob qualquer outro padrão) se tornará inviável e a Terra inabitável. Isso não é espalhar o pânico, mas um fato direto e inevitável. Nessa situação, um casal que opta por "filhos mentais" ao invés de filhos físicos pode ser qualquer coisa, menos egoísta; eles estão fazendo sua própria contribuição singela para evitar um desastre mundial. E um casal que produz filhos físicos apenas tanto quanto eles possam criar conscienciosamente e com amor, enquanto continuam a se beneficiar de sua própria harmonia sexual, está fazendo *sua* contribuição para a qualidade da próxima geração.

Sexualidade – "brilho sexual" – livre das algemas da criação de filhos obrigatória é o que nos faz especificamente humanos. Zoólogos, psicólogos e Bruxas todos concordam sobre isso. Relacionamento sexual é uma grande força criativa em todos os níveis, não meramente o procriativo; e quando o sistema patriarcal, particularmente na forma de uma hierarquia celibatária, tenta negar ou distorcer aquela verdade, ele está cegando a si próprio para a

196. Mesmo Dion Fortune não estava inteiramente livre desse preconceito. Seu livro *A Filosofia Esotérica do Amor e do Matrimônio* é principalmente excelente e cheio de sabedoria ocultista; mas ela o escreveu entre as guerras, e partes dele reflete as atitudes do momento. E para ser justo, as implicações da explosão demográfica não era entendida há meio século.

realidade. Celibatários dogmatizando sobre sexualidade são como homens cegos para as cores, legislando a respeito da composição das paletas (de cores) dos artistas.

Descobrir e utilizar a verdadeira natureza de homens e mulheres, em mútuo respeito e admiração, significa se mover com a evolução e até mesmo ajudando-a a ir em frente. Isso alcança o coração da magia branca. Tentar aprisionar aquelas naturezas em estereótipos, ou regredi-las a um estágio pré-humano, é voar na face da evolução. E qualquer esforço contra a evolução é – segundo a definição de qualquer ocultista ou Bruxo – algo negro.

XVI — Muitas Moradas

As Bruxas variam bastante suas atitudes em relação a outros caminhos religiosos e ocultos, e mesmo em relação a tradições de Wicca diferentes das suas próprias. Algumas, lamentavelmente, confundem rebelião juvenil com julgamento genuíno e, consequentemente, condenam a tudo e a todos os cristãos (ou qualquer que venha a ser a religião de seus pais) indiscriminadamente. Outras insistem que o único caminho Wicçaniano verdadeiro é o *delas* e que Gardnerianos, Alexandrinos, Seax-Wicca ou quaisquer outros sao hereges.

Mas a maioria delas é mais construtiva e aceita o velho ditado ocultista de que todas as religiões genuínas (deixando de lado a definição de "genuína", por enquanto) são diferentes caminhos para as mesmas verdades, e que a escolha do caminho deveria depender das necessidades do indivíduo, seu estágio de desenvolvimento, ambiente cultural e assim por diante.

Este ditado foi universalmente aceito no mundo antigo antes do estabelecimento do monoteísmo patriarcal. Um Sacerdote de Posseidon visitando um templo de Amon-Ra, ou uma Sacerdotisa de Ísis visitando um templo de Juno, seria reconhecido como um colega, servindo ao fim a mesma

Divindade por meio de símbolos diferentes. Mesmo a perseguição do Império Romano aos judeus e mais tarde aos cristãos foi política, não teológica; Roma teria tolerado essas religiões exóticas muito alegremente, tal como fizera com dúzias de outras, se elas não tivessem rejeitado o sistema de tolerância mútua e reivindicado um rígido monopólio da verdade e baseado sua resistência violenta ou passiva ao Império sobre aquela reivindicação. O Império poderia ser um cruel conquistador de povos, mas não atacava Deuses estranhos nem empreendia genocídio contra os hereges como fizeram os judeus e os cristãos (e mais tarde faria o Império Romano, quando se tornou oficialmente cristão).

De fato, o paganismo é essencialmente tolerante, e assim são as Bruxas sábias. Elas combaterão o fanatismo ou a intolerância ou a perseguição religiosa; criticarão o que consideram como aplicações deturpadas do espírito religioso; certamente atacarão o uso hipócrita das desculpas religiosas para racionalizar a crueldade ou a ganância, tal como um ditador que empreende a guerra em nome de Deus, um terrorista que explode oponentes religiosos, ou um guru que enriquece por meio de seu carisma "espiritual". Mas elas não atacarão uma religião, ou seus seguidores, como tais. Se o fizessem, não seriam melhores do que os caçadores de Bruxas.

O que nos traz de volta à questão: o que é uma religião "genuína"?

Uma religião genuína é aquela que faz uso de seu próprio conjunto de símbolos, sua própria mitologia (seja reconhecida como mitologia ou não) e suas próprias disciplinas pessoais, para desenvolver o indivíduo mental, espiritual e emocionalmente, e colocá-lo em harmonia com a Divindade e suas manifestações (humanidade, Natureza e o Cosmos como um todo). Ao que se deve adicionar que uma religião deve ser seguida voluntariamente pelo indivíduo por sua livre escolha, sem forçar a ninguém.

Como *organizações*, elas devem admitir que nem todas as religiões atendem adequadamente àquela definição; algumas têm se ofendido grosseiramente. Mas como *sistemas simbólicos*, quase qualquer uma delas pode e de fato serve para alcançar os objetivos dessa definição para um indivíduo sincero que se sente em sintonia com seus símbolos particulares.

Nesse tempo de revolução religiosa é vital para as Bruxas reconhecer e agir sobre essa distinção, se elas quiserem desempenhar um papel construtivo nessa revolução.

Por exemplo, nós podemos e de fato criticamos duramente a atitude da hierarquia católica com relação à contracepção, ao divórcio, à ordenação de mulheres, à infalibilidade papal e muitos outros assuntos. Por outro lado, descobrimos que muitos católicos comuns (incluindo alguns poucos padres e freiras de nosso conhecimento) concordam privativamente conosco que em sua abordagem a Virgem Maria eles estão reconhecendo o aspecto feminino da divindade – isto é, a Deusa – não importa o quão cuidadosamente o dogma oficial tente circunscrevê-la e subordiná-la; muitos deles possuem um senso mágico inato e uma compreensão intuitiva dos funcionamentos do poder psíquico; e o folclore católico (seja na Irlanda celta ou na Espanha latina) é insoluvelmente delineado com atitudes pagãs. Quando nós viemos pela primeira vez à Santa Irlanda, em 1976, francamente esperávamos passar por maus momentos por sermos Bruxos conhecidos. Para nossa surpresa, fomos quase universalmente aceitos e nos tornamos amigos como uma parte natural do cenário. Os vizinhos católicos estavam aptos a reagir vigorosamente se alguém de fora fizesse considerações depreciativas sobre "suas" Bruxas. (Uma vez Stewart foi até mesmo convidado a participar como padrinho do novo bebê de uma amiga católica; embora o cumprimento fosse devidamente apreciado, nós e o Sacerdote, juntos, demos um jeito de persuadi-la de que isso não seria inteiramente diplomático.).

Ainda assim nós nunca diminuímos a importância de nossas próprias crenças, nosso respeito pela fé dos nossos amigos católicos (nem mesmo nossa admiração por alguns aspectos dela) ou nossa crítica a muitas das decisões e atitudes oficiais da Igreja.

Similarmente, enquanto lamentamos o chauvinismo masculino do Islã, sua inclinação a súbitas ondas de fanatismo perigoso e outros defeitos, viajar pelos países muçulmanos nos ensinou o respeito pela simples combinação do mundano com a espiritualidade do muçulmano comum e pela praticabilidade diária de muito do ensinamento de Maomé; e tem mais, existe muito do pensamento de tais filósofos como os Sufis com o qual qualquer ocultista ocidental se sentiria em sintonia. Quanto aos judeus, sua contribuição intelectual e artística para o melhor da cultura ocidental tem estado fora de quaisquer proporções em relação a seus números; sua coexistência não proselitista com outras religiões, e muitas vezes aquele mesmo equilíbrio mundano-espiritual contrasta favoravelmente com algumas das características menos admiráveis do cristianismo; e eles nos deixaram como legado a mina de ouro da Cabala.

Mas para a maioria das Bruxas sua atitude com relação ao cristianismo é o maior problema, porque é em um ambiente cristão que a maior parte da Arte como nós a conhecemos, e tal como está presentemente se expandindo, tem que viver e operar.

Uma das pedras no sapato, naturalmente, é a insistência dos cristãos de que Jesus era Deus Encarnado; que o carpinteiro de Nazaré, o homem que abriu mão de seu destino no Jardim de Getsêmane era, de fato, o criador do Cosmos. Mesmo aceitando os Evangelhos como um relato razoavelmente preciso de suas palavras, não conseguimos achar que ele tenha até mesmo alegado ser Deus. A nós parece que essa alegação tenha sido imposta sobre ele posteriormente, e como sendo uma distorção de sua verdadeira mensagem (com a qual qualquer Bruxa ou ocultista concordaria) de que a divindade reside em todos nós. Se isso brilhou por meio dele mais fortemente do que por meio da maioria das outras pessoas na história, já é outro caso.

O caráter de Jesus é um conceito tão forte no Ocidente, tão carregado com séculos de amor, fanatismo, projeção psicológica, política e distorções, que é difícil discutir sobre ele de maneira não apaixonada; mas sua natureza *Bodhisattva* (vide págs. 356-7) deve seguramente estar além das dúvidas. Ele próprio parece até mesmo fazer alusão a isso nos Evangelhos como o fizemos "Antes que Abraão fosse, Eu sou", e seus discípulos relataram a crença popular "Alguns dizem, Elias; e outros dizem, aquele dos antigos profetas se ergueu novamente".

E relativo aos seus ensinamentos, mesmo os Evangelhos tornam claro que ele distinguia nitidamente entre sua pregação exotérica para as massas e seus ensinamentos internos para seus discípulos escolhidos. Uma interessante teoria oculta (vide Dion Fortune, *Aspectos do Ocultismo*, capítulo III) é que ele deixou a reencarnação fora de seu ensinamento público, porque sua mensagem para as massas se concentrava na transformação da Personalidade como o passo imediato rumo à perfeição, e a maior parte do que podia ser compreendido por eles naquele tempo; mas que para os seus discípulos ele ensinou as verdades internas sobre a Individualidade reencarnante (como sugere São Jerônimo – vide pág. 348-9).

Algo de muito frutífero seria algum ocultista bem informado, que também seja um estudioso bíblico, reunir todos os Evangelhos disponíveis, oficiais, apócrifos e gnósticos, sem preconceitos e sob a luz do conhecimento moderno, reavaliar sua autenticidade relativa; corrigir onde for possível, com uma compreensão das manobras político-teológicas do Império Bizantino, quaisquer publicações e censuras primitivas dos textos originais; corrigir erros de tradução que foram feitos por ignorância sobre os termos técnicos usados pelas Escolas de Mistérios hebraicas e, portanto, pelo próprio Jesus; e dessa forma compilar uma antologia da totalidade dos prováveis ensinamentos reais, ambos exotéricos e esotéricos[197]. Uma tarefa para um estudioso genial, ou um time de gênios. Contudo, o quadro geral que surgiria poderia ser assustadoramente diferente daquele sobre o qual o cristianismo oficial foi construído.

Isso poderia até mesmo emprestar uma força à sensação de muitas Bruxas de que uma reunião cristã do primeiro século deve ter tido uma familiaridade similar com um Esbat das Bruxas do século 20 – festa do amor, trabalhos de cura, treinamento psíquico e tudo mais.

Ao tentar buscar entendimento com os cristãos que criticam o tipo de trabalho que nos propomos a fazer, vale a pena ressaltar que Jesus disse aos seus seguidores para prosseguirem e fazerem apenas isso: "Curem os doentes, purifiquem os leprosos, ressuscitem os mortos, exorcizem os demônios" (Mateus X: 8). Ressuscitar os mortos pode estar além da capacidade da maioria de nós, mas pelo menos as Bruxas trabalham duro nos outros três (o que pode ser resumido em termos modernos como "Curem os doentes física e mentalmente"), embora com umas poucas exceções honráveis, os cristãos parecem ter abandonado completamente a cura psíquica e ter confinado o "exorcizar os demônios" a um punhado de exorcistas licenciados. (Exorcizar os demônios pode significar o exorcismo real ou um trabalho psiquiátrico, que é na maior parte deixado para experts leigos; Bruxas e ocultistas são praticamente as únicas pessoas que distinguem entre entidades atacando a psique a partir de fora e as disfunções dentro da própria psique, e tentam solucionar ambos os problemas – com auxílio especializado caso necessário.). Nós descobrimos que uma boa quantidade de cristãos sensíveis, para e pensa novamente quando conversamos com eles seguindo essa pauta.

Gostem disso ou não, a Arte tem uma contribuição a fazer ao mundo de hoje que muitas vezes transcende a tarefa primária de cuidar de si mesma (sobre este assunto, vide mais no capítulo XXVI – "Em Sintonia com os Tempos") e ela o fará melhor se nós não tratarmos como inimigos automáticos aqueles cujos caminhos são diferentes, mas cujas metas finais possam ser mais como as nossas próprias do que algumas vezes achamos. Nós fazemos melhor em tentar compreendê-los e em ajudá-los a nos compreender.

Certa vez tivemos em nosso Coven um jovem cristão que esteve atuando como missionário leigo, mas que perdeu o ânimo e uma grande parte de sua fé. Nós o iniciamos e o treinamos como um Bruxo, e ele se tornou um

---

197. Os Sufis afirmam que Maomé também deu um ensinamento interior "a Sabedoria" para um grupo seleto, distinto do ensino exterior transmitido no *Alcorão* "o Livro".

Bruxo muito bom. Após um ano, ele nos disse que desejava voltar para a Igreja; disse que o nosso treinamento o tinha ajudado a compreender seu próprio cristianismo e eliminou os conflitos que o estavam paralisando. Nós o enviamos ao seu caminho com nossa bênção, um homem transformado, e ele continuou nosso amigo.

Sempre que somos tentados a reagir agressivamente com relação a alguém que está em um caminho diferente do nosso, lembramo-nos daquele jovem – e recordamos que, embora outro caminho possa ser iluminado por símbolos diferentes, ele pode estar alinhado com o mesmo cume distante.

XVII — Dirigir um Coven

Um Coven é um grupo organizado de pessoas que professam a Bruxaria. Originalmente só significava "reunião", da raiz latina *convenire,* "agrupar-se" (que deriva deste modo convocar, convenção e convento).

Seu número tradicional de membros é de treze, mas na realidade, um Coven plenamente em operação pode constituir-se a partir de três membros em diante, embora quatro seja o mínimo mais factível. A unidade constituída pelo líder-mais-doze é uma tradição muito antiga que encontramos em muitos outros campos religiosos ou mágicos junto à Bruxaria; Jesus, Artur, Robin Hood, o Crom Cruach irlandês e outros seguem este modelo. Provavelmente isso tenha uma origem zodiacal, sugerindo uma unidade ideal de equilíbrio de aspectos ao redor de um líder central. É interessante que também encontremos com frequência o elemento lunar complementar, seja em forma única ou múltipla: Virgem/Madalena, Guinevere/Morgana, etc.

A maioria dos Covens atuais considera que treze membros é o número máximo operativo por duas razões. Em primeiro lugar, é o máximo de pessoas que o tradicional Círculo de nove pés de diâmetro pode conter comodamente. Em segundo lugar, e mais importante, um grupo maior tende a despersonalizar-se. A essência de um Coven operativo consiste na criação de uma mentalidade de grupo, uma *Gestalt* a que cada membro faz sua própria e única contribuição, e em que todos são permanentemente conscientes da individualidade e da contribuição única de cada membro. Poucas pessoas poderiam construir ou manter este tipo de consciência interpessoal em um grupo maior de doze.

Uma adequada comparação seria uma boa banda de jazz, que depende de um delicado equilíbrio de espontaneidade individual, consciência mútua e um sentimento compartilhado sobre o tipo de música que quer tocar. O que só pode funcionar com uns poucos instrumentistas; se houver muitos, o grupo entra na categoria das grandes bandas, que é algo completamente distinto. Mutuamente conscientes, e apoiando-se solidariamente, a espontaneidade é substituída por um resultado ensaiado e uma atenção individualmente enfocada por meio de um único diretor.

Um Coven que cresce muito tende a alterar sua natureza da mesma maneira. O processo normal quando um Coven se torna, ou está a ponto de se tornar muito grande, é que um casal que esteja preparado para "desmembrar-se"[198] leve membros que desejam unir-se a eles para formar um novo Coven sob sua liderança como Alta Sacerdotisa e um Alto Sacerdote. Como explicamos na página 230, qualquer casal do Segundo Grau pode fazê-lo com a autorização da Alta Sacerdotisa e do Alto Sacerdote do Coven (ou, estritamente falando, apenas com a autorização da Alta Sacerdotisa, mas qualquer Coven, cujo casal líder não estiver de acordo com essa cisão, encontraria-se em dificuldades de toda maneira).

Nesse caso, embora o novo Coven trabalhe por sua conta própria, ainda assim permanece sob a orientação da Alta Sacerdotisa e do Alto Sacerdote do grupo anterior até que estes julguem que seus líderes estejam preparados para o Terceiro Grau, após o qual poderão funcionar como autônomos.

De novo, estritamente falando, qualquer casal do Terceiro Grau poderá desmembrar-se em um novo Coven sem a permissão da Alta Sacerdotisa, mas o normal é esperar que essa situação estranha não se produza. Obviamente, é melhor para a Arte, e para a amizade e entendimento que devem existir entre os adeptos, que os desmembramentos sempre se produzam de mútuo acordo.

198. N. do T.: em inglês o termo usado aqui é *hive off*. Não existe uma terminologia em português que se equipare a essa expressão, já que *hive off* expressa se separar ou sair de um grupo para ser um agente multiplicador e semeador, como uma célula. Por essa razão, optamos por "desmembrar" para a tradução de tal expressão na esperança de nos aproximarmos o máximo possível de seu conceito original.

Às vezes pode significar o reconhecimento da existência de diferenças, mas um ponto de vista divergente que pode causar tensão dentro de um Coven se transforma em algo construtivo a distância "seguindo seu próprio caminho" com outros membros que pensam igual.

Um desmembramento de Terceiro Grau é autônomo desde o começo (quando dizemos "casal de Segundo Grau" ou "casal de Terceiro Grau" também nos referimos, obviamente, a um casal em que apenas uma das partes tenha esse grau, posto que ele ou ela esteja autorizado a conceder esse grau ao outro).

Uma vez que o novo Coven se desmembrou é aconselhável observar a regra de "anular o Coven" que explicamos nas páginas 231, 232.

Voltemos para Coven por si só, com um resumo de sua estrutura.

A Alta Sacerdotisa é a líder e o Alto Sacerdote seu parceiro; ele reconhece sua supremacia, a apoia e completa sua liderança com as qualidades de sua própria polaridade. A liderança também a ele é exigida à sua maneira; e no tipo de parceria que se necessita para dirigir um bom Coven encontrarão seu próprio equilíbrio natural. A única coisa que ele não deve fazer é assumir a supremacia. Não se trata de nenhum dogma imposto para pôr grilhões aos dons naturais, mas experiência observada. Conhecemos ao menos três Covens, dois ingleses e um irlandês, que estavam dominados pelo Alto Sacerdote, permanecendo sua parceira silenciosamente em um segundo plano. Dois deles tinham boas intenções e trabalhavam duro, mas tivemos nossas dúvidas a respeito do terceiro; apesar de tudo, passado um tempo os três se desintegraram. Dois se afundaram sem deixar rastro, enquanto que no outro a Alta Sacerdotisa reuniu os pedaços e começou de novo com outro Alto Sacerdote, com êxito. Por mais entusiasmo e impulso que tenha um Alto Sacerdote, ele *deve* canalizar isso por meio da liderança de sua Alta Sacerdotisa.

Uma terceira função na maioria dos Covens recai sobre a Donzela. Ela é uma espécie de assistente da Alta Sacerdotisa, mas quase sempre por motivos rituais; podendo ser ou não a terceira na hierarquia depois da Alta Sacerdotisa e do Alto Sacerdote. Quer o seja quer não, depende das personalidades implicadas e das necessidades do Coven. Com frequência seu trabalho consiste em repartir as tarefas do grupo, como limpar o templo, polir os candelabros ou preparar a comida, assim como convocar a todos no templo quando a Alta Sacerdotisa está preparada. Isso não acontece porque a Alta Sacerdotisa ou o Alto Sacerdote sejam muito altivos para repartir as tarefas ou convocatórias entre eles mesmos; segundo nossa própria experiência, em noites de reunião do Coven sempre há vários membros que querem falar em privado com um ou com ambos os líderes fora do Círculo, o que faz com que normalmente se encontrem muito ocupados para correr ao redor como cães pastores verificando se tudo está em ordem.

Falando em convocar as reuniões, há outro cargo que foi muito importante durante os séculos da clandestinidade e que às vezes ainda é necessário na atualidade. Trata-se do Emissário (às vezes chamado o Convocador ou Homem de Preto), que normalmente é um homem. Seu trabalho consiste em atuar como mensageiro, e às vezes fazer escolta, entre os Covens ou entre um Coven e alguém que por uma ou outra razão não está incluído na "lista". É um mensageiro confidencial da Alta Sacerdotisa, utilizado, sobretudo, em ocasiões formais ou que exigem discrição. (Este emprego da palavra "Emissário" não deve ser confundido com seu outro significado[199], o de um corpo astral projetado ou uma forma de pensamento deliberadamente enviada para dar a conhecer sua presença a uma pessoa em particular; tampouco com sua acepção de "assombração, ou duplo-etérico de uma pessoa viva".).

O ideal seria que um Coven tivesse um número igual de homens e mulheres em casais de trabalho, embora seja óbvio que este ideal dificilmente se consegue. De todas as formas, e na medida do possível, a polaridade homem-mulher deverá cumprir-se nas operações do Coven. Por exemplo, quando se forma uma corrente com as mãos unidas na Runa das Bruxas, eles devem se alternar entre homem e mulher, sem necessidade de recordá-los. Se houver mais homem que mulheres, as mulheres se colocarão de maneira que ao menos cada homem tenha uma mulher a seu lado. Também na Corda Mágica (veja pág. 507), cada corda deverá ter um homem segurando um extremo e uma mulher o outro. Quando o número é ímpar, um homem pode segurar dois extremos de duas cordas, enquanto duas mulheres seguram os outros extremos. Pode ser que pareça muita exigência, mas o importante é que cada membro participe e cumpra o princípio da polaridade homem-mulher, quase como se tratasse de um reflexo condicionado.

Embora em um Coven, cujo número de pessoas de sexo oposto seja ímpar (ou como ocorre com frequência, quando nem todos os membros podem estar presentes em todos os Círculos) e seus membros acostumam trabalhar com várias pessoas do sexo oposto, deve-se respeitar o estabelecimento de casais de trabalho se eles surgirem espontaneamente, porque o normal é que desenvolvam maior afinidade (igual aos casais de baile). Marido e mulher é

---

199. N. do T.: *fetch* em inglês.

um exemplo evidente, posto que sua polaridade já se encontra mutuamente harmonizada. Se não for assim, praticar a magia juntos é uma forma muito sã de promover essa harmonia.

Uma advertência: se marido e mulher são membros do mesmo Coven, forçar que eles formem um casal de trabalho mágico com outro membro pode criar problemas. Uma vez tivemos um Bruxo que oficiava particularmente bem com uma de nossas Bruxas, e assim seguiu fazendo-o até que sua mulher se uniu ao Coven declarando que não havia necessidade de criar um conflito. Nós, que então não tínhamos nenhuma experiência, deixamos que a situação continuasse. Os Bruxos são humanos, de maneira que depois de um tempo houve a explosão que, obviamente, deveríamos ter previsto. Isso faz muito tempo, e nos alegra dizer que o casal em questão dirige atualmente seu próprio Coven e a outra mulher o dela.

Às vezes nos sentimos tentados a pensar que o Coven operativo quase perfeito consiste em três casais[200] que mantêm uma estreita harmonia; um hexagrama independente que combina a essência dos números pares e ímpares e os laços do amor sexual e a amizade; uma unidade pequena o bastante para que cada membro seja plenamente consciente de todos outros, em vários níveis, em todos os trabalhos... Quase tão perfeito quanto quase egoísta, mas o Wiccaniano vive em um mundo real onde o buscador honesto não deve ser mandado embora só para preservar um autossuficiente tipo de ideal.

Isso nos conduz ao seguinte problema, com frequência difícil de resolver nesta época de expansão e crescente interesse pela Arte: como obter um equilíbrio entre a eficácia operativa de um Coven de Bruxos qualificados e o ensino dos recém-chegados?

O problema vai variar com a natureza do Coven. Muitos deles, possivelmente a maioria, são discretos e inclusive secretos, com frequência por razões necessárias com relação à proteção dos trabalhos profissionais de seus membros. Quando estes Covens admitem novos membros é provável que seja um ou possivelmente dois de uma vez. O equilíbrio não se altera, nem se debilita a eficácia do grupo, porque os recém-chegados são uma pequena minoria, e de algum jeito é mais fácil lhes ensinar e absorvê-los no conjunto.

200. Não há necessidade de seguir repetindo "ou amantes estabelecidos" toda vez. Por "casal casado" nos referimos a um homem e uma mulher que mantêm uma relação sexual exclusiva e estável, seja qual for sua situação pessoal ou legal.

Porém, alguns Covens são conhecidos publicamente não necessariamente porque façam publicidade. Os autores que escrevem sobre a Wicca, por exemplo, dificilmente permanecem no anonimato. Seus livros são criticados, os periódicos lhes entrevistam e eles participam de programas de televisão e de rádio. Às vezes (e podem nos acreditar), eles cansam e desejam que nada disso fosse dessa forma, mas assim é a vida e eles têm que dar o seu melhor possível.

Estamos vivendo na Irlanda já por seis anos e meio, durante este tempo aparecemos mais de uma vez (e até com frequência) em todos os jornais nacionais, em três jornais de domingo e em dois periódicos locais. Entrevistaram-nos três vezes na televisão, incluindo o programa do sábado à noite, *Late Late Show,* e falamos na rádio mais vezes do que possamos recordar. Em nenhuma dessas vezes fomos nós que solicitamos essas entrevistas ou aparições na televisão, mas, sim, os meios de comunicação que nos chamaram. Felizmente, excetuando um só artigo, sempre nos trataram com muita compreensão. Agora somos, simplesmente, "Bruxos da Irlanda", e nos reconhecem por aqui por onde quer que passamos, não porque sejamos os únicos, ou inclusive necessariamente os melhores, mas, sim, porque somos os únicos "famosos". E a Irlanda adora os excêntricos.

Não estamos presumindo nada, é simplesmente uma consequência de nossa profissão como escritores. Quantas vezes pensamos em quão tranquila seria a vida se fosse de outra forma. Como resultado de tudo isso, as pessoas que se interessam pela Bruxaria ou os temas relacionados a ela (e são muitas), não encontram ninguém mais que possa ajudá-las, mesmo que seja somente para fazer perguntas e depois desaparecer. Outros estão seriamente interessados e querem praticar a Arte: com eles estabelecemos nosso Coven. Mais da metade deles estão na casa dos vinte anos, e mais da metade destes, neste momento, foram iniciados em menos de um ano. A média de participação nas reuniões normais é de dez ou doze pessoas, mas se todos pudessem ir na mesma noite seria o dobro. Embora haja desmembramentos, nenhuma das pessoas do grupo atual se sente preparada para formar seu próprio Coven, ainda que um punhado deles sejam líderes em potencial.

Reconhecemos que nos encontramos em uma posição estranha, já que somos os únicos representantes conhecidos do renascimento da Bruxaria em um país onde esse movimento não existia, ou ao menos não se tinham notícias dele até que nós chegamos. Entretanto, na Inglaterra, Estados Unidos, Austrália e Canadá há muitos Covens públicos ou semipúblicos que têm os mesmos problemas.

Uma forma de solucioná-los, evidentemente, consiste em dizer simplesmente "Não"; escrever, falar, ser entrevistado, explicar-se, mas somente raramente aceitar novos membros, por melhores que sejam. Se quiser fazer isso, tem todo o direito de fazê-lo, mas se muitos Covens reagirem assim, a quem recorrerá o autêntico aspirante? Poderia cair facilmente em mãos de um desses grupos pouco recomendáveis que existe ao redor, embora à margem do ocultismo e cujas portas estão sempre abertas, algo do que fomos testemunhas mais de uma vez.

Outra forma bastante prática de solucionar isso consiste em dividir o grupo em um Coven interno e outro externo. O interno constaria de Bruxos experientes, acostumados a trabalhar juntos, dedicando-se mais ao trabalho em si que ao ensino (embora a última opção nunca deva ser negligenciada, por mais experiente que alguém acredite ser). O Coven externo constaria de novos iniciados e postulantes, junto a um ou dois voluntários do Coven interno que colaborem em seu ensino. Conforme os membros do Coven exterior vão progredindo, podem ir sendo admitidos no Coven interno; e, naturalmente, sempre terá que ter presente a possibilidade dos desmembramentos para manter o número global estável. Os Covens interno e externo poderiam se reunir regularmente em semanas alternadas.

A outra solução (e a que neste momento seguimos) consiste em aceitar a situação e ter a todos juntos, mas mantendo sempre um olho aberto para proporcionar desmembramentos mais convenientes. Trata-se de um sistema mais animado e em muitos aspectos mais produtivo, sobretudo em lugares onde o florescimento da Arte é uma novidade.

Contudo, uma coisa a ser evitada, tanto em um Coven externo como em um relativamente fluído e misturado, é o de "pensar" que se trata unicamente de um grupo de treinamento, do qual não se deve esperar muito trabalho mágico efetivo. Deve-se aprender enquanto trabalha, mas confiando plenamente que aquilo que está fazendo vai produzir seus resultados. Essa atitude deve se impor desde o começo. Todo Coven, por mais primário que seja, é operativo.

Uma maneira de manter a ênfase na operacionalidade consiste em fazer um registro do Coven. Isso ajuda a julgar honestamente os sucessos quanto aos trabalhos de cura dentre outros, e inclusive a controlar para si mesmo aspectos como a idoneidade de certas fases da Lua para certos tipos de trabalhos ou a utilidade de certos incensos ou músicas.

Também se pode tomar nota de qualquer fenômeno interessante, como quando duas ou mais pessoas têm a forte sensação de que "alguém *nessa* direção tem curiosidade pelo que estamos fazendo", ou são conscientes de um perfume que não pode ser explicado por nada que esteja na sala. Essas experiências sempre surgem, e se *forem* notadas, muitas vezes encaixam com algo que se revela mais adiante; se não forem notadas, com frequência tenderão a passar de forma despercebida, sem que se possa aprender nada sobre isso.

Como exemplo, vejamos um registro de uma noite do Coven (fictício, mas típico) da Mary e John Smith. Poderia ser algo assim:

Sábado, 5 de junho de 1982. Na casa da Mary e John.

Presentes: Mary, John, Susan, Andrew, Bridget, Harry, Brian.

Puxar a Lua para Baixo foi realizado.

A Corda Mágica foi trabalhada com os objetivos seguintes:

Mary e John: pelo irmão da Mary, Phil, que está deprimido por algo redundante (não foi dito).

Susan: por uma vizinha, a senhora White, que padece de reumatismo (a pedido dela).

Andrew: por seu próximo exame.

Bridget e Harry: para encontrar um documento que perderam.

Brian: por sua amiga Anne, que sofre de enxaquecas (não foi dito).

John deu uma explicação sobre o significado dos arcanos maiores do Tarô 0 e I-IV. Bridget e Brian fizeram certos apontamentos interessantes.

Bridget e Harry consagraram um colar de Bridget, e Susan e Brian um Pentáculo feito para ele mesmo.

Mary anunciou que o Coven South Side nos convidou a celebrar o Sabbat do Solstício de Inverno com eles, e estamos todos de acordo em aceitar.

Música: Sinfonia Antártica. Incenso: Silver Lady.

Lua: 4 dias antes da cheia. P: 27/2 (PM).

Transcorrendo os dias ou semanas, serão acrescentadas notas sobre o êxito ou fracasso dos cinco objetivos para quem o trabalho com Corda Mágica foi realizado.

Uma ou duas explicações. Anota-se, Puxar a Lua para Baixo foi realizado (ou "não realizado"), porque muitas Altas Sacerdotisas com experiência opinam que fazer isso em cada Círculo pode ser exaustivo para a mulher envolvida e recomendam um máximo seguro de uma vez ao mês. Isso parece ser um assunto de experiência pessoal a ser confirmado ou refutado, por isso Mary e John estão experimentando para comprovar que frequência convém mais, sem que isso chegue a afetar a Mary, ou não[201].

"Não foi dito" ou "A pedido dela" nas várias notas da Corda Mágica indicam se a pessoa para quem a magia em questão estava sendo trabalha *sabia* ou não que isso estava sendo feito. Isso é uma ajuda para determinar a efetividade real do trabalho, porque se isso resultar em êxito sem que a pessoa saiba que estava sendo feito, pode-se rechaçar a ideia de um "efeito placebo" (o efeito placebo ocorre na Bruxaria da mesma forma que na medicina. Em ambos os casos, é uma questão de "sua fé que fez tudo isso". Mais de uma vez aconteceu de nos pedirem ajuda e prometermos colocar o Coven para trabalhar no problema em nosso próximo Círculo, e nos agradecerem profundamente pelo êxito de nosso trabalho antes mesmo que o Coven tivesse se reunido!).

"*P*: 27/2 (PM)" é um experimento privado da Mary. Ela está interessada no fenômeno que explicamos no capítulo XV, sobre a diferente qualidade psíquica dos pontos culminantes da ovulação e a menstruação. Por isso, cada vez que preside um Círculo como Alta Sacerdotisa, anota os dados do ciclo; "27/2" significa que se encontra no vigésimo sétimo dia de seu período menstrual, e dois dias antes do início do seguinte (a segunda figura, é óbvio, sendo acrescentada depois). O período paramenstrual, que abrange de dois dias antes de seu início a dois dias após, é considerado o período de maior sensibilidade clarividente; daí que se a primeira cifra é 1, 2 ou 3, ou a segunda 1 ou 2, acrescenta (PM), para paramenstrual. Ela esteve fazendo essa anotação por cinco ou seis meses, e os resultados parecem indicar que seu ciclo menstrual é realmente um ponto culminante de seu poder psíquico.

Um bom Alto Sacerdote vigiará a sua companheira observando se há sinais de demonstrações de cansaço, porque seu trabalho é muito exigente, sobretudo em um Coven em fase de crescimento. Espera-se dela que seja uma combinação de professora, psiquiatra, enfermeira, mãe-confessora, árbitra, bode expiatório e bibliotecária de consultas. E também que seja

201. Quando não realizamos o Ritual de Puxar a Lua para Baixo, nossa prática consiste em a Alta Sacerdotisa pronunciar a Carga em terceira pessoa no lugar de utilizar a primeira pessoa. Isso enfatiza a diferença e acrescenta um significado especial ao enunciado em primeira pessoa se a Lua é Puxada para Baixo.

onisciente e incansável. Os novos Bruxos tendem a situá-la em um pedestal e a reagir exageradamente quando descobrem depois de tudo que ela é humana. Ela às vezes se sente tentada a gritar, como Hamlet:

O tempo está deslocado; Oh, maldita maldade,
Que tivesse eu que nascer para endireitá-lo!

O Alto Sacerdote nunca deverá permitir que essas coisas saiam do controle. Se ela se encontra esgotada antes de um Círculo, poderia sugerir que esta é a noite perfeita para deixar que Bridget e Harry presidam enquanto ela descansa. Também deverá ter a inteligência suficiente para tirar da manga duas ou três conversas de instrução, ou exercícios de grupo, anunciando ou não, que dirigirá ele mesmo os trabalhos para liberá-la da responsabilidade durante algum tempo. Ele nunca deverá descuidar de sua defesa psíquica, recordando que toda a sensibilidade e abertura psíquica exigida a fazem especialmente vulnerável. Uma parte importante de seu trabalho consiste em ser o guarda-costas psíquico e ter sempre preparado o Círculo ao redor da cama, o adequado Pentagrama de expulsão, o ritual das aberturas do corpo ou qualquer outra coisa que necessite. Se não for casado e nem viver com ela, deve obter um equilíbrio incluso mais delicado, sendo tão consciente de sua situação quanto permitem as circunstâncias, mas sem invadir sua privacidade nem estar sob sua jugular (até mesmo um marido deverá recordar isso; sua esposa e Alta Sacerdotisa deve sentir-se protegida, mas não sufocada ou mimada).

Uma Alta Sacerdotisa famosa, sobretudo se possuir uma personalidade viva e extrovertida, é provável que desperte ciúmes, provocando rumores maliciosos. Entre os que conhecemos sobre nós, uns dizem que Janet tem uma série de amantes, alguns com nome e outros os quais nem sequer conheceu, e/ou que Stewart tem um pequeno harém (a verdade é que desde o começo sempre tivemos plena confiança em cada um de nós, e não temos intenção nem desejo de fazer algo mais); dizem que Janet se entreteve com alguns desses supostos amantes em um castelo de nossa propriedade em meio a um lago no Condado de Mayo (na realidade, nosso lar de Mayo era uma cabana de dois dormitórios em um pântano); que o corpo da Janet está cheio de silicone (na realidade, ele está inteiramente tal e como a natureza a criou); que somos ricos (o certo é que, como muitos escritores autônomos, vivemos humildemente); que Janet trocou de sexo (!); que não estamos casados legalmente (casamo-nos no Cartório de Woking, Surrey, em 19 de julho de 1975, como qualquer um pode comprovar); e por aí vai.

Doreen Valente tem sua própria lista de histórias que ouviu sobre si mesma. "A que eu mais gosto", disse-nos, "é que sou uma filha ilegítima de Aleister Crowley. Supõe-se que minha mãe foi uma debutante em 1920, de família aristocrática, e dizem que fui criada em uma família adotiva como se fosse dela, porque sua própria filha tinha morrido. Infelizmente, isso se contradiz com outra história que assegura que sou uma judia polonesa que veio para este país como refugiada durante a guerra, sendo iniciada nos segredos obscuros da Cabala em meu próprio país. Os ciganos de New Forest me adotaram e ali foi onde conheci Gerald Gardner (isso foi me contado com total solenidade por alguém que não tinha a mínima ideia de com quem estava falando, e eu não disse!). Além disso, supõe-se que sou uma agente secreta da Cientologia, de todas as coisas – alguém esteve muito ocupado propagando esse boato por Brighton há alguns anos. E me lembro de outra sobre uma missa negra, uma orgia sabática ou algo assim que eu tinha organizado na Chislehurst Cave. Nunca estive ali em toda minha vida! A mais engraçada de todas é muito recente. Confunde-me com Doreen Irvine e asseguram que me converti em uma cristã e fui para os Estados Unidos, onde estou dando conferências contra a Bruxaria. Espero que ela não me processe!"

Todos estes boatos seriam divertidos se às vezes não fossem penosos. É um consolo saber que procedem de uma pequena minoria de mentes retorcidas e que a maioria das pessoas civilizadas e amistosas são civilizadas e amistosas quando o somos com elas. Ser pavio curto é a última das coisas que um Bruxo conhecido deve ser.

A tradição diz que uma futura mãe se converte em Rainha do Círculo, e que deve ser honrada seja qual for seu grau. Entretanto, deve-se saber que ela não pode participar do Círculo, ou do trabalho, com a mesma efetividade que antes. As antenas psíquicas de uma mulher grávida se retiram para concentrar-se na nova vida que cresce em seu interior. Se for especialmente dotada em projeção astral, quase com total segurança descobrirá que enquanto espera um bebê não poderá fazê-lo absolutamente (as razões da natureza para retirar o dom durante este período são bastante óbvias). Sua psique se esforça ao redor de sua gravidez, por isso não está em condições de liderar nem de ser o foco do trabalho psíquico do Coven. O mais aconselhável para uma Alta Sacerdotisa grávida é nomear alguém adequado que a substitua até que tenha nascido a criança, ou mais provavelmente um casal de trabalho que atuem juntos, neste momento em que, provavelmente, seu próprio Alto Sacerdote deseje retirar-se com ela. Durante esses meses ambos poderão, é óbvio, participar dos Círculos, mas como participantes e não como líderes ativos. A única exceção poderia ser nos Sabbats festivos, que constituem mais ocasiões de celebração que de trabalho. Por exemplo, uma Alta Sacerdotisa grávida seria ideal para representar à mãe no Sabbat do Imbolc (veja os *Oito Sabbats para Bruxas,* capítulo IV). Todo homem, assim como toda mulher, é uma estrela, e toda mulher é única, assim como todo homem também; por isso pode muito bem haver mulheres Bruxas que possuam uma qualidade especial de poder que, misteriosamente, capacite-as a continuar como Alta Sacerdotisas ativas durante parte ou por toda a sua gravidez. Mas qualquer mulher que se sinta capaz deve ser sincera consigo mesma e estar segura de que não está meramente racionalizando um desejo de manter as rédeas em suas próprias mãos.

A expulsão de um membro do Coven deve ser uma necessidade muito rara e, felizmente, em muitos Covens isso nunca chega acontecer. Mas há momentos em que essa atitude resulta ser a única saída. Se um membro tiver sabidamente traído a confiança do Coven, mentido aos seus líderes, levado a cabo atividades ocultas que sabe que são incompatíveis com a confiança que o grupo depositou nele ou nela, quebrado flagrantemente uma lei fundamental da ética Wiccaniana ou estiver provocando uma contínua tensão dentro do Coven, então essa ação terá que acontecer.

Os meros desentendimentos não são razão suficiente para a expulsão. As opiniões argumentadas e expressas com sinceridade devem ser discutidas; é inclusive possível que o Coven e seus líderes aprendam com elas, ou que quem as formula fique persuadido por seu engano. Mas o que não é aceitável é a sabotagem oculta ou o lobby traiçoeiro.

A menos que a ofensa seja obviamente tão importante que se imponha a imediata expulsão, o primeiro passo deve ser a acareação com o culpado, primeiro com a Alta Sacerdotisa e o Alto Sacerdote e depois, se for necessário, com todos os membros do Conselho de Elders. Se o culpado compreender e aceitar com sinceridade a situação, e o assunto puder ser resolvido nessa fase, melhor. Uma possibilidade com a qual se pode contar, para ele ou ela, é a de que durante um tempo, por exemplo, um mês, a pessoa se mantenha afastada dos Círculos do Coven para que reflita e volte a analisar sua ação, ou para que estude em privado como corrigir a falta. Frequentemente esse método faz maravilhas.

Mas se o culpado está obstinado e não se arrepende e a expulsão se converte na única resposta, então tem que fazer-se formal e adequadamente e o culpado deve conhecer seus direitos. Segundo a fórmula democrática honrada pelo tempo, não só deve fazer-se justiça, mas também deve ser discutido como ela deve ser executa.

A expulsão real pode ser pronunciada pela Alta Sacerdotisa ou pelo Alto Sacerdote. No mesmo momento deve dizer-se ao culpado que ele poderá ser readmitido, se pedir, depois de um ano e um dia, e também que seguirá sendo um Bruxo ou Bruxa embora seja expulso, porque isso é algo que nunca poderá ser retirado.

Se (como soubemos que ocorre) um culpado se recusa a enfrentar a Alta Sacerdotisa ou o Alto Sacerdote e aceita sua expulsão, então pode fazer-se por carta; mas deverá acontecer o encontro se for possível.

Em circunstâncias muito especiais a Alta Sacerdotisa pode decidir readmitir o culpado antes de um ano e um dia, mas não deve fazer isso rapidamente, pois debilita o respeito que a expulsão infunde. Se o culpado solicitar a readmissão em seu devido tempo, ela só será concedida se tiver entendido e lamentado sinceramente a ofensa e fizer as reparações necessárias.

Não custa dizer que um Bruxo expulso não pode tentar unir-se a outro Coven enquanto a expulsão estiver em vigor, e que a Alta Sacerdotisa que o aceite sabendo que foi expulso estaria infringindo o código da Arte, a menos, naturalmente, que esteja convencida de que o Coven que o expulsou era corrupto, irresponsável ou obscuro, e que essa convicção esteja rigorosamente fundamentada. A mera crença de que a expulsão foi injusta não é suficiente. O lugar em que se pratica o ocultismo, não é preciso recordá-lo, adquire uma carga psíquica; se seus praticantes se mudarem de lugar sem ter em conta o que deixam para trás, poderia muito bem converter-se em um lugar "enfeitiçado". As pessoas que depois o utilizarem por motivos normais podem encontrar-se com fenômenos que lhes assustem ou lhes deixem perplexas, sobretudo se forem psiquicamente sensíveis e nervosos, inclusive se as atividades que esses fenômenos constituem ecos posteriores foram benignas.

Assim, quando se abandona a sede de um Coven, o último Círculo se dedicará inteiramente a "fechar o templo" e a realizar os trabalhos necessários para assegurar que ninguém que vá viver na casa receba outra coisa além das "vibrações" favoráveis que havia antes e nem experimentem nenhum fenômeno que possa os assustar ou estressar.

Em nossa opinião, trata-se de uma questão de boa educação e disciplina, e é de igual importância deixar a casa perfeitamente limpa e bem cuidada para os próximos habitantes.

Há outros argumentos a este favor. Se forem deixados fios astrais soltos no *Covenstead* abandonado de um Coven, estarão deixando também vínculos astrais abertos com seus membros, de maneira que poderiam ser afetados por todo tipo de fatores psíquicos ou emocionais negativos que os habitantes posteriores trouxessem para a sua antiga residência. Ao não ter relações pessoais com eles, os membros do Coven podem inclusive ignorar de onde procedem essas influências negativas.

Por essas e outras razões, recomendamos ardentemente um ritual de fechamento de propósito sempre que se abandona um antigo *Covenstead*. A forma do ritual deve ser um assunto de decisão própria, o que importa é que o propósito seja rigorosamente previsto.

Não obstante, é boa ideia psicologicamente falando e porque também fortalece o propósito, que todos os membros do Coven participem e desmontem por completo o templo, empacotando seu conteúdo para a mudança, tão imediatamente quanto o ritual tiver sido finalizado e o Círculo banido.

É bastante difícil *não* deixar influências para trás - ou inclusive manifestações; mas se você tiver realizado o fechamento adequadamente, essas manifestações se evanescerão, por assim dizê-lo. Por exemplo, nós mesmos vivemos a estranha experiência de nos converter em "fantasmas". Uma vez abandonamos um lugar onde tínhamos erguido um sólido Coven e realizado muitas operações psíquicas, grande parte delas relacionadas com nossos arredores naturais imediatos. Tempos depois, soubemos que os vizinhos diziam - convencidos -, que nos tinham visto visitando a casa, quando, na verdade, desde que a deixamos nunca mais nos aproximamos dela a menos de uma milha. Somos um casal facilmente reconhecível e gente do campo tem boa memória, assim estamos convencidos de que acreditavam realmente nisso. Mas se tivéssemos descuidado do ritual de fechamento, é possível que nossos ecos residuais se tornassem perturbadoramente "sobrenaturais" em lugar de serem confundidos com acontecimentos naturais.

Neste capítulo, falamos muito sobre estrutura, liderança, regras aceitas em geral e assim por diante; da mesma maneira que a primeira parte deste livro abordou em detalhe os rituais e (em boa parte por razões de interesse histórico e para esclarecimentos) bebemos nas fontes as variações textuais, etc.

Entretanto, não queremos que ninguém nos interprete mal e fique com a impressão de que a Wicca é uma religião formalizada. Os rituais, que em sua maioria foram aceitos como normas, e as regras de trabalho que descrevemos, constituem uma base útil de operações, mas uma *base,* e não uma camisa de força. Ao ser uma religião criativa e em desenvolvimento, fundada sobre antigas raízes, abrange um amplo espectro de formas consagradas pelo tempo a uma total espontaneidade. Nossa própria prática (que em nossa opinião é bastante típica) abrange da observação precisa de rituais que gostamos muito até a imprevisível inspiração do momento – com frequência durante um Círculo noturno. E assim é que deve ser. De maneira semelhante, os Covens variam muito segundo a zona do espectro que tendem a enfatizar.

Para uma exposição inteligente e articulada do aspecto Wiccaniano espontâneo (diríamos quase carismático) recomendamos os dois livros da Bruxa americana Starhawk, *The Spiral Dance e Dreaming the Dark.* Algumas das práticas que ela e seus amigos fazem são de arrepiar os cabelos de um tradicionalista, mas constituem um antídoto ao excesso de formalismo.

E para um aspecto poético da Bruxaria e seu mistério de luz e sombras, leia *Witches,* de Erica Jong, com as inquietantes ilustrações de Joseph A. Smith (é o tipo de livro que certamente fará você comprar dois exemplares, sendo um para emoldurar as ilustrações).

Cada Coven deve encontrar seu próprio caráter e sua própria zona de influência dentro do espectro de possibilidades. Mas terá que tomar cuidado para não se soltar demais da onda do espectro. Se a luz branca pura simbolizar a realização e a integração psíquica que todos procuramos, deve-se recordar que a luz nunca é branca até incluir todas as cores que existem – incluindo algumas que são invisíveis ao olho humano comum.

XVIII — Nus nos Ritos

Nudez ritual é uma prática geral na Bruxaria Gardneriana e Alexandrina, assim como em outros ramos da Wicca. Aos que como nós já a praticam há muitos anos, a nudez parece perfeitamente normal e aceitável, como também é para aproximadamente trinta mil naturistas das Ilhas Britânicas ou para os dois milhões do continente europeu. Às vezes temos que lembrar a nós mesmos que há quem ache isso estranho.

Por "estranho", é claro, os objetores querem dizer "sexualmente provocador" ou até mesmo "orgiástico". Ninguém que tenha frequentado um acampamento naturista bem gerido, com sua descontraída participação familiar, ou um verdadeiro Círculo Wiccaniano com uma identidade de grupo igualmente relaxada, pode realmente acreditar nisso. A familiaridade com a nudez ensina muito rapidamente a verdadeira realidade de que o corpo nu em si não é mais e nem menos sexualmente excitante do que o vestido – e, mesmo um atraente corpo nu pode ser menos interessante do que o mesmo corpo em roupas deliberadamente provocativas.

Apelo sexual é uma questão de comportamento, de atitude, de "vibrações" – não da presença ou ausência de roupa.

O condicionamento patriarcal ao longo dos últimos mil anos ou mais, criou a ideia de que nudez é igual a sexo e que sexo é perigoso. A sexualidade, em particular a feminina, é igual à mente patriarcal, representa a Sombra para todas as profundezas inimagináveis da psique que não pode ser disciplinada, encomendada e contida pela rígida administração do Ego-Império. A nudez comercializada (a *pin-up*, a carne, que vende refrigerantes, shampoos ou automóveis) é algo diferente; O Ego-Império precisa fazer seu lucro para sobreviver, e de qualquer forma a sexualidade degradante é uma maneira de contê-lo. Mas a nudez descontraída, não comercial, social ou ritual, é alarmante. É a Sombra se recusando a jogar o jogo patriarcal.

Os adeptos da Bruxaria se negam a participar do jogo patriarcal. E tirar a roupa em seus rituais é um símbolo dessa negação.

Como se diz na Carga: "E vós sereis libertos da escravidão; e como sinal de que sois realmente livres, estareis nus em vossos ritos." Não se trata de uma inovação Gardneriana[202], mas, sim, de uma herança da Bruxaria toscana *(Aradia: o Evangelho das Bruxas,* pág. 6. veja Bibliografia sobre Leland):

Sarete tiberi dalla schiavitit!
E cosi diverrete tucci liberi!
Pero uomini e donne
Sa rete tucci nudi, per fino.

Serão livres da escravidão!
E todos serão livres!
Por isso, homens e mulheres,
Todos irão nus.

---

202. A atitude de Gerald Gardner acerca do naturismo começou nos anos vinte, muito antes de ele se de converter em Bruxo. Gerald se encontrava em um hospital malaio, afligido de sinovite no joelho, o tratamento médico prosseguia, até que ele persuadiu a freira do hospital para que mudasse sua cama para o exterior para poder expor sua perna ao sol. Aquele mesmo dia sua perna se endireitou. "Aquele aparente milagre influenciou profundamente as crenças de Gardner. De repente ele descobriu que o sol e o ar puro eram forças positivas em lugar de elementos que todo mundo ignorava por estarem ali. Isso o levou, muito tempo depois, a aceitar conselhos médicos e levar a sério o nudismo, o que lhe ajudou inclusive a acabar com os últimos vestígios da rigidez vitoriana que lhe tinham sido incutidos em sua infância. Gardner era um empirista; o calor do sol funcionou, e mais tarde, durante sua carreira na Malásia e depois de seu retorno à Inglaterra, frequentemente utilizou seus saudáveis e estimulantes poderes com bons resultados." (J. L. Bracelin, Gerald Gardner: *Witch*, pág. 67).

A nudez ritual, particularmente para fins xamânicos, é uma antiga prática pagã, certamente não limitada às Bruxas da Toscana. Era mesmo um hábito dos antigos profetas hebreus: "E despiu as suas roupas também, e profetizou diante de Samuel da mesma maneira, e permaneceu nu o dia todo e a noite toda. Por isso, eles dizem: Saul também está entre os profetas?" (I Samuel XIX, 24). Até São Francisco, aquele santo esplêndido, pregou um dos seus primeiros sermões radicais nu, na Catedral de San Ruffino, em Assis, para uma grande congregação de homens e mulheres. Shuttle e Redgrove (*The Wise Wound*, pág. 227) por E. A. S. Butterworth diz que nudez e profecia andam juntas: "Nós vemos que a ofensa de Adão e Eva foi, com toda probabilidade, que eles cultivaram uma prática ao menos semelhante ao Xamanismo, no qual alcançaram uma condição de visão extática ou consciência, ao serem chamados a comer da Árvore da Vida ou da Árvore do Conhecimento do Bem e do Mal. Quando seus olhos se abriram e perceberam que estavam nus, Adão e Eva se deram conta de que eram videntes e pessoas de poder, e possuidores de qualidades sagradas por direito próprio." Shuttle e Redgrove comentam que, "aquilo teve que exasperar a qualquer deidade consagrada, a qualquer regra autoritária e hierárquica ou a qualquer igreja fundamentada em uma interpretação repressiva da lenda, como a Igreja cristã medieval".

Há muitos argumentos sobre se as Bruxas nas Ilhas Britânicas trabalhavam regularmente nuas - embora, no clima dessas ilhas, seria principalmente em ambientes fechados e certamente secretos, evidências sobre o assunto seriam escassas. Mas, por exemplo, danças nuas para a fertilidade das colheitas inquestionavelmente ocorreram (citamos uma memória viva disso no Co. Longford, na página 88 *Oito Sabbats para Bruxas*). E muitos especialistas escreveram sobre o "unguento de voo das Bruxas"[203] que eram esfregados em todo o corpo e produziam uma sensação de levitação; os usuários dessas substâncias poderosas e perigosas dificilmente teriam se vestido de volta enquanto o unguento ainda estava ativo em suas peles.

Em muitas pinturas e desenhos europeus as Bruxas aparecem frequentemente nuas (veja na fotografia 14 um encantador exemplo flamenco), o que sugere que a prática era conhecida.

Mas se o hábito Wiccaniano difundido de trabalhar "vestido de céu"[204] for principalmente um fenômeno do renascimento do século 20 (ao menos nas Ilhas Britânicas) ou a continuação de um costume secreto dos dias subversivos, pouco

203. Para algumas receitas (e advertências) veja *Witches*, pág. 152-4 de Erica Jong.

204. N. do T.: entre os Bruxos a nudez ritual é chamada poética e ritualmente de estar "vestido de céu". Do inglês *skyclad*.

importa. A nudez ritual sempre foi um aspecto da prática xamanística pagã e, inclusive, (como vimos), dos antigos judeus, mas a distribuição geográfica de sua prática em qualquer período determinado carece de interesse. O que importa é a sua validade para quem na atualidade professa a Bruxaria. Existem várias boas razões para que as Bruxas e os Bruxos trabalhem nus.

A primeira é que é um antídoto deliberado para o pecado cardeal do período patriarcal: a divisão entre corpo e espírito. "Neste mundo cindido, o espírito combate com a carne, a cultura com a natureza, o sagrado com o profano, a luz com a escuridão" (Starhawk, *Dreaming the Dark,* pág. 20). Trata-se da corrupção patriarcal do princípio criativo da polaridade em um falso dualismo maniqueísta do bem-contra-mal, que já discutimos no capítulo XI, "A Racionalidade da Bruxaria". Os adeptos da Bruxaria, que rechaçam essa atitude, mantêm, como os cabalistas, que "todos os *sefirots* são igualmente sagrados; insistem que o bem é, na realidade, produto da polaridade macro e microcósmica, e que o mal é seu desequilíbrio ou negação". A Igreja cristã em particular (ao contrário de Jesus, que falou do "templo" que era seu corpo) foi responsável por identificar o corpo com o mal e o espírito com o bem, pondo-os em pé de guerra um contra outro, em lugar de considerar o corpo como a manifestação encarnada dos níveis interiores por meio dos quais se enriquecem e ampliam sua experiência.

A vergonha diante da nudez expressa esse falso dualismo. Ela presume que John Smith e Mary Brown são "realmente" seres espirituais e mentais (centrando todo seu bem potencial ou real nesses níveis) presos em corpos físicos grosseiros (que são essencialmente maus, inclusive, embora o dogma cristão, paradoxalmente, mantém que ao final ressuscitarão em forma "purificada", igualmente vestidos, presume-se?). Esconder o corpo é, portanto, um ato espiritualmente virtuoso.

Para os Bruxos e as Bruxas, ao contrário, John Smith e Mary Brown, tal e como estão encarnados no presente, são seres de múltiplos níveis: espiritual, mental, com corpo astral e físico; e cada um destes níveis deve brilhar com força com a mesma confiança e autoestima se a integração e a totalidade forem alcançadas (sem mencionar o respeito mútuo entre os níveis e entre os indivíduos). Quando John Smith e Mary Brown, como Bruxos, tiram a roupa para trabalhar em sua magia e para prestar culto à Deusa e ao Deus, estão afirmando abertamente este princípio e lutando para que eles formem parte de sua consciência cotidiana.

Outra boa razão para trabalhar "vestidos de céu", e uma das mais citadas, é muito prática: a experiência assegura que é mais fácil criar poder psíquico mediante um corpo despido que com um coberto. Se recordarmos que invocar poder psíquico consiste em um processo com dois vórtices de entrada e saída (consciência e energia psíquica aumentadas que se amplificam mutuamente por meio de um feedback), essa pode muito bem ser a razão original da nudez xamanística, quer dizer, que o corpo nu é mais receptivo não só às impressões sensoriais (o que é evidente), mas também às psíquicas. No processo paralelo de saída, os videntes capazes de ver a aura humana opinam que podem fazê-lo com maior claridade em torno da pele nua, e os escassos médicos que utilizam em seus diagnósticos o exame áurico, incluindo os que alegam não ser clarividentes, examinam a seus pacientes nus por essa razão (veja, por exemplo, *The Human Aura,* de Kilner).

Quando um Bruxo está trabalhando põe todos seus níveis em funcionamento, o espiritual, o mental, o astral, o etérico e o físico. Sua inter-relação varia em função do nível particular no qual o trabalho tem intenção de alcançar efeito, que pode ser qualquer um deles, mas todos devem ser plenamente funcionais; assim, tratar de trabalhar parcialmente projetando só um deles seria como tratar de tocar o piano com luvas, ou pintar um quadro com óculos escuros. Pode fazer-se se as circunstâncias assim o exigem, mas se não, por que aumentar as dificuldades?

Há uma interessante observação biológica a este respeito. Todo mundo sabe o que são os hormônios, mensageiros químicos internos que levam informação e instruções por meio da corrente sanguínea e regulam o equilíbrio das funções de nosso corpo. Mas poucos profanos ouviram falar de suas contrapartidas, os feromônios, ou mensageiros químicos externos. Nossos corpos emitem estes feromônios em quantidades ínfimas, porque são muito potentes, tão potentes que (só para ter um surpreendente exemplo relativo), "uma simples molécula do feromônio adequado torna possível uma mariposa, macho, detectar uma fêmea num raio de aproximadamente 10 km de distância." (Maurice Burton, *The Sixth Senses of Animals,* pág. 104-5) Assim, o ar que nos rodeia está cheio de informações importantes que emitimos e que recebemos de outros; em grande parte o fazemos inconscientemente, mas reagimos a eles da mesma forma.

Obviamente, um corpo nu emite feromônios muito mais rápida e eficientemente do que um vestido. Por isso, não errado pensar que em trabalho de grupo, um Coven "vestido de céu" está intercambiando informação inconsciente com maior efetividade do que um vestido; e essa informação pode ser muito relevante para a *Gestalt* psíquica que se está tentando ser criada. Os feromônios foram amplamente investigados pelos cientistas, mas pelo que sabemos, nenhum que se interesse por ocultismo e poderes psíquicos estudou esse possível aspecto de seus efeitos. Ainda permanece muito a ser investigado sobre esse tema.

E ainda uma terceira razão para trabalhar "vestidos de céu" tem caráter psicológico. Para ser um Bruxo eficaz, deve-se ser acima de tudo *você mesmo*; a maior parte do esforço da autointegração consiste em descobrir o que "nós mesmos somos", olhando além da Persona, a máscara de consolo do Ego e da imagem que ele apresenta diante do mundo e diante de nós mesmos. E não existe nada mais formador de imagens do que a roupa, que supõe para a Persona um acessório precioso. A maneira em que nos vestimos, consciente ou inconscientemente, é a maneira que dizemos ao mundo, "este sou eu, tal e como quero ser percebido" antes inclusive de abrirmos a boca. Por isso, tirar a roupa é um poderoso gesto psicológico para nos despojarmos de nossa imagem e induz um marco simbólico no caminho da realização pessoal. Quando se trabalha em grupo, não só significa que John Smith acredita que é psicologicamente mais difícil projetar uma imagem falsa de si mesmo a Mary Brown; também significa que começa a ver além da Persona de Mary e a relacionar-se com ela tal e como ela é. Enquanto isso, Mary vive a mesma revolução, com as duas revoluções se alimentando mutuamente.

É interessante constatar, incidentalmente, como um Bruxo em desenvolvimento vai adquirindo, inclusive de maneira inconsciente, um sentido mais prazeroso da roupa na vida cotidiana. A razão está clara: sua Persona está se adaptando com um melhor entendimento, mais próxima do verdadeiro Self, e isso por sua vez se reflete instintivamente na seleção da roupa.

A quarta razão tem mais peso para umas pessoas do que para outras: a nudez é completamente democrática. Poucos Bruxos recém-chegados a um Coven, cujos membros procedem de distintos âmbitos sociais, são desde o começo conscientes de suas diferenças. Há alguns anos tínhamos em nosso Coven, ao mesmo tempo, uma princesa da Índia e um operário de construção. Ela era só uma estudante de direito que vestia as típicas calças jeans e pulôver, e ele era um jovem extrovertido e muito capacitado; poucos meses depois de se conhecerem, ele nos confessou que durante as primeiras semanas só podia se sentir à vontade com ela quando os dois estavam "vestidos de céu" no Círculo, porque "só assim éramos iguais uns aos outros" (ironicamente, aquela garota era mais "decente" no Círculo do que fora dele; era diminuta, com o cabelo comprido e espesso, e quando se sentava no Círculo com o cabelo a seu redor como se fosse uma túnica, brincávamos que só podíamos ver seus joelhos e o nariz). Não custa dizer que, quando a irmandade Wiccaniana começa a trabalhar, essas diferenças logo deixam de ter significado. Mas a reação inicial de nosso amigo operário confirma o que dizemos sobre a função da roupa como criadora de imagem; ele se dava conta de que ela usava calças jeans e pulôveres *muito caros.*

Algumas pessoas, ao aceitar a ideia da nudez ritual sem muitos problemas, qualificam sua aceitação dizendo que "é óbvio, isso está tudo muito bem se você for jovem e bonito." Entretanto, em nossa opinião não é o caso. Tivemos Bruxas e Bruxos "vestidos de céu" que tinham desde dezoito a sessenta anos, homens, mulheres, altos, baixos, gordos, magros, vulgares, espantosos, morenos, loiros e grisalhos; ninguém pareceu se importar. Algumas vezes, os menos bonitos parecem adquirir segurança graças à ênfase da nossa humanidade compartilhada proporcionada pela prática do nudismo; ao comprovar que todos são tratados como iguais, inclusive adquirem um novo porte e começam a se preocupar mais consigo mesmos, descobrindo potencialidades atrativas que ignoravam ter.

Uma vantagem final que proporciona trabalhar "vestido de céu" é particularmente importante em certas personalidades; as que possuem um autêntico potencial oculto, mas estão apanhadas pelo glamour da roupa e sua parafernália (uma consequência, é óbvio, do problema da Persona). Trabalhar "vestido de céu" a estes traz a lição de que a eficácia psíquica vem de dentro, que é um trabalho difícil, que exige uma grande dedicação, e que nenhuma roupa romântica vai ajudar a chegar lá antes. Tivemos uma ou duas pessoas desse tipo no Coven, e ambos aprenderam a lição com muita dificuldade.

Tudo isso não quer dizer, é óbvio, que nos Covens se trabalhe sempre em nudez. Há ocasiões em que se exige ir vestido: por exemplo, quando se pratica magia cerimonial, como nós fazemos e muitos outros Covens fazem de vez em quando. Trata-se de uma técnica diferente ao trabalho normal Wiccaniano e, como tal, deve ser assim considerada. Isso implica a utilização extensiva de símbolos, cores, perfume, música, etc., para entrarmos em harmonia com um aspecto determinado e definido com precisão. Não é Bruxaria, mas não há razão pela qual Bruxos não possam praticá-la, assim como os músicos clássicos podem tocar jazz ou os de rock música acústica, se assim o desejarem.

Obviamente, há ocasiões em que um Coven trabalha ao ar livre em lugares onde podem ser observados, ou quando o tempo é incompatível com a nudez: não há nenhuma virtude em passar frio ou pegar uma pneumonia.

Mas em geral, quando se convoca o Coven, roupas especiais são preferíveis à roupa normal, se for possível. Nós dispomos de uma mala cheia de túnicas com mangas amplas sem adornos, adequadas para homens e mulheres por igual, e que podem ser usadas sozinhas ou sobre outra roupa. O importante é enfatizar o Círculo como algo especial, "uma fronteira entre o mundo dos seres humanos e o reino dos Deuses", igual a um cristão que usará suas melhores roupas para ir à igreja no domingo ou um judeu à sinagoga para o *Shabat.* Para os Círculos que trabalham "vestidos de céu", "a pele é o uniforme da Deusa"; essas são suas melhores roupas para o domingo ou para o *Shabat.* E embora tenham que cobrir seu uniforme, eles ainda gostam de considerar o Círculo como um lugar especial e sentir que ele o é.

Para ajudar os recém-chegados a superar seu acanhamento, sempre lhes oferecemos uma túnica para seu primeiro Círculo. Alguns a aceitam e outros não, mas com frequência descobrimos que inclusive os que o fazem terminam por tirar o vestido na metade, porque seu sentimento de acanhamento se despojou da vergonha e do embaraçamento por ser um homem ou uma mulher.

A maioria dos Círculos que praticam "vestidos de céu" tem outra exceção à regra: uma mulher durante a menstruação pode usar calcinhas ou uma túnica, conforme prefira. A regra de vestir-se de céu não exclui o uso de túnicas especiais quando se trata de uma razão simbólica em um ritual pré-determinado. Um exemplo disso é a túnica da Alta Sacerdotisa em nosso ritual de Yule que descrevemos em *Oito Sabbats para Bruxas*: porém, inclusive nessa ocasião ela a remove quando o ritual tenha terminado e a festa do Sabbat começa.

Demos aqui as razões pelas quais muitos Covens trabalham "vestidos de céu". São boas razões, mas para dizer a verdade, para alguém que nunca experimentou pode lhe parecer um pouco intelectualizado. Nada mais longe da verdade. Bruxos que costumam trabalhar "vestidos de céu" sabem quão relaxante, natural, psiquicamente poderoso e pouco embaraçoso isso é.

A pele é realmente o uniforme da Deusa.

XIX — Clarividência e Adivinhação

Clarividência é a arte e a ciência de estar consciente de fatos, objetos ou situações, por meios psíquicos que não estão disponíveis à percepção "normal". A palavra é usada geralmente para se referir a todas essas consciências psíquicas, mas estritamente falando, *clarividência* significa experimentar essas percepções em forma de imagens visuais, enquanto que *clarissenciência* significa experimentá-las na forma de sensações corporais e *clariaudiência,* na forma de sons.

Tome o exemplo do que se conhece como sendo uma "aparição crítica" que ocorre quando uma pessoa passa por um trauma emocional repentino (como uma morte ou um violento acidente) e algo se manifesta em outro lugar para alguém que está emocionalmente sintonizado com ela. (Existem muitos casos ocorridos em tempos de guerra e que foram confirmados de mulheres que viram seus maridos ou filhos no momento em que morriam em ação.). Em sentido estrito, um *clarividente* poderia ver alguém aparecer na sala de casa; um *clarisenciente* sentiria uma mão familiar no ombro e um *clariaudiente* ouviria essa voz conhecida.

Neste livro utilizamos a palavra *clarividência* para cobrir todas essas formas de percepção, a menos que especificamente expliquemos de outro modo.

- Precognição é também uma forma de clarividência, quando o evento que se percebe se encontra no futuro.
- Adivinhação significa "clarividência por meio de utensílios", quer dizer, com a ajuda das cartas de Tarô, um pêndulo, as varinhas de milefólio, moedas do I Ching, as pedras de runas, chumbo fundido vertido na água, folhas de chá ou qualquer outro acessório físico.
- Perscrutação[205] emprega uma bola de cristal, uma mancha de tinta, um espelho côncavo negro ou qualquer outro utensílio para desfocar a visão normal e favorecer a clarividência em sentido estrito.

Até certo ponto, as ajudas físicas utilizadas na adivinhação funcionam como gatilhos da intuição. A pessoa que os usa entra em contato com a consciência intuitiva oculta no inconsciente lhe oferecendo algo no qual se possa projetar em forma de imagens ou símbolos que um adivinho experiente pode então interpretar; igual a um paciente psiquiátrico que projeta elementos de seu inconsciente sobre as manchas de tinta do teste de Rorschach, que depois será interpretado por um analista. Esses gatilhos são dispositivos úteis para evitar o censor que habita na soleira entre o Inconsciente e o Ego. Este censor é um elemento necessário da psique, porque sem ele a consciência do Ego seria transbordada por uma avalanche de dados que acabam por sobrecarregá-lo; permite ao Ego enfocar a atenção de maneira seletiva, que é a essência da consciência. Entretanto, em uma psique não integrada, o censor se converte em um mecanismo bastante imprevisível. Com a consciência expandida e uma melhora da comunicação entre o Ego e o Inconsciente, o censor se torna mais seletivo e o que um adivinho com experiência faz (conscientemente ou não) é dar instruções ao censor para que deixe passar dados intuitivos relevantes que sirvam para solucionar o problema que se está tratando.

Este processo de gatilho é o aspecto principal destes métodos de adivinhação, como olhar as folhas de chá ou o chumbo fundido que se solidificou na água, ou o antigo método romano de examinar as vísceras de um pássaro ou um animal sacrificado. A perscrutação também é um processo que atua por meio de um disparador; os olhos desfocados e o ligeiro transe mental do

205. N. do T.: do inglês *Scrying*.

adivinho favorecem a visualização daquilo que o censor deixa passar. A ação psíquica ou ritual implicado, seja remover e esvaziar uma taça de chá, seja à disposição de uma bola de cristal apropriadamente iluminada, também se converte, com o uso, em um sinal que dispara a clarividência, induzindo o estado mental idôneo e convidando o inconsciente a se comunicar.

Do ponto de vista do ocultismo, as fontes inconscientes que o adivinho ou clarividente aproveita são mais amplas que aquelas que a psicologia freudiana considerou no inconsciente individual. Jung se aproximou muito mais do conceito oculto em seus ensinos sobre o inconsciente coletivo, embora prudentemente o limitasse a deduções de sua experiência como psicólogo clínico. Diferentemente de Freud, Jung era um homem com uma mente muito aberta e, em nossa opinião, que conhecia perfeitamente a existência de vastos campos ainda inexplorados. Particularmente, seus escritos sobre sincronicidade (veja a Bibliografia) assim o revelam.

Os ocultistas e os Bruxos veem o inconsciente por si mesmo como algo clarividente e telepático. Para começar, o inconsciente pessoal contém as memórias encobertas de todas as suas encarnações anteriores individuais. E como afloramento único do Inconsciente Coletivo, dispõe de comunicação potencial ou real com outros afloramentos e com o Inconsciente Pessoal de outros seres humanos. Dispõe também de um acesso potencial aos registros *akáshicos*, as "gravações" astrais de tudo o que aconteceu desde o começo dos tempos. "Ler os registros *akáshicos*" é uma técnica avançada em que somente os adeptos são professores autênticos, embora os clarividentes sejam capazes de lê-los em certos instantes (como provavelmente todos o fazemos sem nos darmos conta, de vez em quando).

Assim, o clarividente ou adivinho não só está perguntando a seu Inconsciente: "Diga-me as coisas que esqueci ou que são apenas notadas de forma subliminar." O que lhe é pedido é que: "Levante o véu das coisas que preciso saber – mesmo que estejam enterradas em meu próprio subconsciente, nas memórias de minhas encarnações ou de outras pessoas, em ou por meio do Inconsciente Coletivo ou nos registros *akáshicos*." E quanto maior habilidade e segurança se adquirir, com maior claridade responderá o Inconsciente.

O Ego e o Inconsciente podem ser comparados a um fazendeiro e seu cão. O cão, como o Ego, possui uma consciência muito mais aguda do entorno imediato que o fazendeiro, posto que seus sentidos físicos sejam muito mais agudos e que ele sempre depende deles. O fazendeiro, por outra parte, dispõe de fontes de informação que são incompreensíveis para o cão. Ele sabe que amanhã vão chegar mais ovelhas, porque as encomendou por telefone. Sabe que seu vizinho colocou uma cerca elétrica, cuja presença o cão terá que aprender por meio de uma dolorosa experiência. Sabe que terá que dar ao cão uma injeção, porque o veterinário lhe advertiu que há parvovírus na área. Sabe que terá que tirar suas ovelhas de um terreno determinado, porque vão começar uma obra nova nas redondezas. Todas essas informações afetam diretamente as ordens que ele deverá dar ao cão, e pode ser que algumas delas surpreendam ao animal, porque os dados nos quais se apoia não estão ao alcance da capacidade de sua consciência. O fazendeiro distingue amigos de inimigos, mas tudo o que o cão pode fazer é ladrar na frente dos estranhos até que o fazendeiro os identifique.

Se o cão temer e morder o fazendeiro, sua cooperação será forçada e mínima. Mas se houver amor e confiança entre eles, de maneira que ambos contribuam com sua consciência específica, sua cooperação pode chegar a ser quase mágica, como conhece qualquer pessoa que tenha visto pastores e seus cães trabalhando juntos.

De maneira semelhante, o Inconsciente possui fontes de informação que o ego desconhece por completo. E logo que o ego se dá conta disso e coopera com o que não pode compreender diretamente, a equipe (constituída pela psique total) trabalha melhor.

Esta comunicação do ego com o inconsciente é o que os alquimistas e os ocultistas chamam de "Grande Obra". Em princípio, Aleister Crowley chamou a seu objetivo "o conhecimento e conversação com o santo anjo guardião", e mais tarde "o conhecimento da natureza e os poderes do próprio ser". Geoffrey Ashe, em sua novela estimulante *The Finger and the Moon,* fala da ideia de que "um anjo da guarda, um vigilante espiritual, um ser superior, como poderíamos chamar, está com cada um de nós" e de que "está vinculado com a mente consciente por meio do inconsciente". Mas sugere uma hipótese mais singela: "O que chamamos de *inconsciente* e esse outro ser são o mesmo." Ou melhor: "O que Freud e Jung encontraram na psique de cada pessoa, além do alcance da consciência desperta, e que depois chamaram 'subconsciente' ou 'inconsciente' – é na realidade um aspecto da vida de outro self que habita em seu interior, outro self do qual o ego se cindiu, mas que ainda está aí, ativo, pensando, consciente a sua maneira." Considerado deste ponto de vista, este self interno é também o anjo guardião. Os cientistas podem ter razão quando sustentam que você e eu (significando como estas palavras geralmente significam) não temos poderes sobrenaturais. Entretanto, cada um de nós leva dentro de si um ser aliado que os tem. Por isso é que os fenômenos ocultos seguem ocorrendo... O primeiro passo consiste em pensar que nosso poderoso companheiro invisível existe em nosso interior. E o primeiro mandamento que segue é: "ESCUTE, ESCUTE A ESTE COMPANHEIRO."

Esse mandamento (em maiúsculas e tudo!) é o segredo da clarividência e da adivinhação.

Para a maioria das pessoas, a melhor maneira de aprender a Arte consiste em iniciar-se em algum tipo de adivinhação. O uso de "ferramentas" (como as cartas de Tarô ou qualquer outra) ajuda a ganhar confiança e proporciona algo concreto para interpretar, mas a seguir, o que importa é o impulso da intuição. É quando se tenta fazer uma interpretação e se segue praticando quando começa a surgir a consciência de que existe um fluxo de autêntica informação, o que reforça ainda mais a confiança.

As regras são muito similares as que temos nas páginas 229-30 a respeito de julgar lembranças de aparentes encarnações: quer dizer, deixar que tudo flua com a mente aberta, tomar sempre nota nas primeiras etapas as considerando como uma leitura importante, sobretudo nas que parece haver precognições. *Não* tratar de julgar o material conforme vai aparecendo. Não há nada tão inibidor na clarividência como ficar questionando cada passo, "Isso é puramente objetivo, são pensamentos autênticos ou projeções de desejos?" Trata-se de uma questão importante, mas que terá que ser revista depois que a sessão terminar.

Ninguém que tenha experiência nisso pode duvidar que a adivinhação funcione por caminhos que transcendem ao mero "ativar o gatilho"; e o descobrimento desse fato é muito estimulante para o aprendiz que persevera. Alguém fica impressionado pela cooperação ativa (não se pode chamar de outra maneira) que proporciona jogar as cartas do Tarô ou fazer uma consulta do I Ching, por exemplo. As cartas ou os textos dos hexagramas utilizam desde adivinhações a referências surpreendentemente diretas que apontam na direção necessária. Conhecemos mais de um caso (e podemos jurar que é verdade) numa desconcertante sessão de cartas do Tarô em que sentimos que tínhamos que recolher, voltar a embaralhar e começar de novo outra leitura, *que demonstrou ser exatamente a mesma da anterior*. As possibilidades contrárias são astronômicas, mas o Tarô voltava a insistir em sua mensagem. Em outras ocasiões temos feito o mesmo e a segunda disposição das cartas foi *quase* a mesma, embora com diferenças em relação à primeira, que esclareceram nossas perguntas. Também temos descoberto que "chatear" o I Ching com o mesmo problema, com frequência produz o hexagrama 4, Loucura juvenil:

No primeiro oráculo informei a ele.
Perguntar duas ou três vezes, é importunar.
Se me importunar, não vou informar.

Isso dispensa interpretação. E o hexagrama 4 apareceu despropositadamente. A melhor versão do I Ching é, sem dúvida, a tradução do Richard Wilhelm, adaptada ao inglês pelo Carly F. Baynes (veja Bibliografia sob Wilhelm). Tem a vantagem acrescentada de um prefácio do Carl Jung, que ficou profundamente impressionado por seu sistema de adivinhação e fez observações sobre certos aspectos reveladores em relação à maneira que funciona. (Francis King nos descreveu o I Ching como "o único livro de cozinha sobre adivinhação que funciona", e sabemos ao que se refere. Todos os sistemas de adivinhação requerem certa interpretação intuitiva, e isso é o que o I Ching, quando utilizado adequadamente, faz. Nenhum outro sistema proporciona respostas tão precisas e detalhadas.).

Não obstante, o Tarô é o método de adivinhação mais utilizado pelos Bruxos, e o que tem uma tradição presente mais profunda em todo o ocultismo ocidental. Os símbolos arquetípicos dos Arcanos Maiores, e as progressões elementares dos Arcanos Menores são imensamente ricos, tanto em seu significado individual como em suas ilimitadas combinações. Todo Bruxo deve conhecê-lo a fundo e ele é o ponto de partida ideal para um principiante que quer se iniciar na adivinhação. Seus resultados aparecem desde o início.

Com a renovada moda pelas coisas ocultas, cada vez há mais baralhos de Tarô no mercado (nós temos uma coleção de mais de trinta). Alguns são bons, outros, atrozes. O que geralmente se aceita como padrão é o baralho Rider (ou Waite), desenhado por Pamela Colman Smith para A. E. Waite, no princípio do século 20. O desenho é um pouco antiquado hoje em dia, mas o simbolismo é excelente. Outro baralho atraente, que basicamente contém o mesmo simbolismo, é aquele desenhado por David Sheridan com instruções de Alfred Douglas, publicado pela Mandrágora Press, Londres, em 1972; se você gosta do simbolismo do baralho Rider, mas prefere um desenho mais atual, use esse.

Possivelmente, o mais bonito deles seja o que Frieda Harris desenhou para Aleister Crowley, publicado anos depois de sua morte pela Llewellyn Publications, St. Paul, Minnesota, com o nome das Cartas do Tarô de Thoth; entretanto, seu simbolismo é mais próprio de Crowley e confundirá a qualquer um que siga um aprendizado apoiado na tradição principal.

Quanto aos livros sobre o tema, o clássico, apoiado naturalmente no baralho Rider é *The Pictorial Key to the Tarot,* de A. E. Waite. Seu autor desenvolve o tema com rigor, mas pode chegar a ser insuportavelmente pomposo. Uma obra excelente e moderna é A *Complete Guide to the Tarot,* de Eden Gray, apoiada também no baralho Rider.

Para os que queiram comparar os múltiplos desenhos e interpretações do Tarô, o *The Definitive Tarot,* de Bill Butler, é de muita utilidade, porque descreve o simbolismo das cartas de nove diferentes baralhos (incluindo os três que mencionamos) e resume as interpretações realizadas por uma dúzia ou mais de distintos peritos.

O livro do Crowley, *The Book of Thoth,* desvela o simbolismo do seu baralho. Para começar seu estudo do Tarô, recomendamos o baralho Rider e o livro de Eden Gray, que proporcionarão uma norma fidedigna com a qual você poderá julgar as demais.

Mas qualquer baralho de Tarô logo desvelará significados que são pessoais. Não existe interpretação de nenhuma carta que seja irrefutável, ortodoxa ou "correta", mas, sim, uma vez que se edificou um conjunto de significados próprios, as cartas lhe falarão na linguagem desses significados. É boa ideia ter um caderno de notas sobre os significados que lhe sugerem. Temos um de argolas, onde cada página está encabeçada pelas fotografias em miniatura das cartas em questão do Rider e do Sheridan (pois Janet prefere o baralho do Rider e Stewart a de Sheridan: a seleção é sempre pessoal). As fotografias foram fáceis de obter; simplesmente colocamos os baralhos estendidos com trinta cartas cada vez, fotografamos e cortamos as fotos das miniaturas resultantes das cartas. Debaixo anotamos quais significados para nós foram se cristalizando ao longo de anos de uso. Algumas das cartas foram adquirindo palavras-chaves, como "Super Ocupado" para o Oito de Bastos e "A Dama Triste" para a Rainha de Espadas. Ainda seguimos acrescentando notas ao caderno.

Às vezes um conceito de outra disciplina trará nova luz sobre uma carta.

Por exemplo, agora relacionamos a carta do Carro com "o paralelogramo de forças"; compare-a em um livro de texto elementar sobre dinâmica e compreenderá logo em seguida o por quê. O condutor do carro controlou e compreendeu forças polarizadas divergentes, e o resultado disso o conduz para onde quiser.

Cada página (como a maioria dos livros sobre o tema) também proporciona um significado da carta quando aparece *invertida.* Mas para nós há um engano aqui assinalado na maioria dos livros sobre o assunto. Em nossa opinião, uma carta invertida pode ter um ou dois significados segundo seu contexto: *tanto* o oposto (ou aspecto negativo) do significado da carta em sua posição normal *quanto* o significado da carta em vertical, mas em um estado potencial ainda não realizado. O resto da disposição, e sua própria intuição, dirá normalmente qual destas duas interpretações deverá aplicar-se.

As formas em que se dispõem as cartas são muitas e variadas e uma vez mais a seleção depende de cada pessoa. A disposição no método da Cruz Celta (que aparece na maioria dos livros, incluindo o de Eden Gray) é possivelmente a mais popular, e é muito singela e clara. Estamos acostumados a usá-la para ver o passado, o presente e o provável futuro de um problema. A disposição cabalística da Árvore da Vida é muito útil em certos problemas, sobretudo para analisar o caráter de alguma pessoa e os fatores que afetam a ele ou a ela. Para quem não conheça a Cabala, a disposição dos dez *sefirots* da Árvore da Vida, com seus nomes hebreus, é esta:

	1. KETHER	
3. BINAH		2. CHOKMAH
5. GEBURAH		4. CHESED
	6. TIPHARETH	
8. HOD		7. NETZACH
	9. YESOD	
	10. MALKUTH	

Se dispuserem dez cartas segundo este modelo, uma interpretação muito simplificada de sua colocação, segundo uma análise de leitura pessoal, seria:

- *Kether*: o Self, a quintessência da pessoa ou possivelmente o estado atual de seu desenvolvimento cármico.
- *Chokmah*: a força condutora presente da pessoa ou a motivação dominante, seja consciente, seja inconsciente.
- *Binah*: o aspecto formativo; que dá forma e efetividade à energia do *Chokmah*.
- *Chesed*: o aspecto organizativo, administrativo; a capacidade da pessoa para enfrentar situações práticas.
- *Geburah*: o aspecto energético; a capacidade da pessoa para a ação positiva.
- *Tiphareth*: fator chave que inter-relaciona com todos outros, seja efetivamente (coordenação), seja inefetivamente (disrupção).
- *Netzach*: o aspecto emocional; instintos e sentimentos.
- *Hod*: o aspecto intelectual; categorias mentais e ideias.

- *Yesod*: a esfera astral; a imaginação criativa; a intuição; a ponte entre o *Malkuth* e outros planos.
- *Malkuth*: a consciência cotidiana; os fatores físicos; a situação prática da pessoa tal como ela a vive.

Inclusive um rápido contato com a Cabala enriquecerá esses aspectos e suas inter-relações; mas esse pequeno guia básico anterior é um ótimo ponto de partida para experimentar.

Normalmente utilizamos uma distribuição da Árvore da Vida com três Cartas Qualificativas – as três consecutivas que saem de cima do baralho, das quais se extrai uma orientação sobre desenvolvimentos futuros e do possível curso de ação.

Distribuições à parte, tirar uma única carta para responder perguntas únicas concretas frequentemente pode ser de ajuda. As cartas são embaralhadas e colocadas de cabeça para baixo e uma carta é retirada pelo adivinho, ou pelo requerente (a pessoa para quem as cartas estão sendo lidas).

(Como experimento, depois de escrevermos estas linhas, tiramos uma carta para perguntar "O que explicaremos agora?" A carta foi o Quatro de Espadas em posição vertical – cuja explicação em nosso caderno de notas diz "Descanso das lutas ou do trabalho; trégua prudente." Em outras palavras, chegou o momento de fazer uma parada: são 19h55).

...E a clara luz da manhã é um bom momento para discutir a perscrutação, apesar de que, para praticá-la, o que se precisa é diminuir a luz.

O método mais conhecido, é óbvio, refere-se à bola de cristal. Pode-se comprar em qualquer loja de ocultismo, e quanto maior for, melhor, embora naturalmente seja mais cara. Uma alternativa mais acessível que se pode fazer em casa, e que na opinião de muitas pessoas é satisfatória, requer uma redoma esférica fácil de conseguir nas lojas de laboratórios. Ela deverá ser preenchida com uma solução de sulfato de cobre (dissolvem-se os cristais em água até que sua cor verde-azulada seja satisfatória). A seguir se elimina todas as bolhas (ferver cuidadosamente facilita essa operação, mas terá que deixar esfriar antes de selar a redoma) e depois se tampa hermeticamente com uma rolha de cortiça, assegurando-se de que nenhum ar fique dentro dela.

Outro instrumento de perscrutação ainda mais barato é o espelho negro, e há quem afirme ser mais fácil trabalhar com ele. Para isso é necessário um vidro de relógio, o disco convexo do vidro (de forma plana, não uma lente) que protege sua esfera. De novo, quanto maior for, melhor, como nos relógios de mesa, mas aproximadamente 12 cm diâmetro é um bom tamanho. Isso pode ser comprado em alguma loja de reparo para relógios. Limpe bem e pinte por fora (o lado convexo) com tinta preta fosca, várias camadas, deixando secar evidentemente, antes de aplicar a seguinte. O mais prático é uma tinta aerossol. O lado côncavo se converterá em um espelho negro brilhante.

O método para ler a bola de cristal, um recipiente ou o espelho negro é sempre o mesmo. Sente-se confortavelmente, preferivelmente dentro de um Círculo Mágico, com o instrumento de perscrutação nas mãos e colocado sobre um veludo negro ou em um suporte adequado. A habitação deve estar escura com apenas a luz de uma vela ou velas dispostas para que não se veja reflexos na bola ou no espelho. No início, tudo o que deverá ver é um brilho vazio sem nenhuma característica especial. Relaxe, esvazie a mente, deixe que seus olhos se desfoquem com naturalidade, mas mantendo o olhar no brilho. Depois de algum tempo o brilho adquire uma consistência leitosa e depois se esclarece, antes de lhe apresentar imagens. Não se impaciente se não ocorrer nada na primeira, segunda ou até mesmo na sexta sessão. A perseverança acabará por romper a barreira.

Uma vez que as imagens comecem a surgir, elas deverão ser registradas. O melhor é anotá-las em seguida, mas o ideal consiste em dispor de um gravador ou um companheiro paciente que vai registrando os comentários sobre o acontecimento. Nisso, como em muitas práticas mágicas, é de grande ajuda receber o apoio e a crítica construtiva de um companheiro. Fazendo-o por turnos e apoiando-se mutuamente, quando chegar o momento de interpretar os símbolos que brotam na superfície do cristal, duas mentes sintonizadas entre si podem alcançar o que poderíamos chamar visão estereoscópica. (Recordaremos uma vez mais que, na Wicca, uma associação de trabalho significa um casal de um homem e uma mulher, por todas as razões de polaridade psíquica que explicamos no capítulo XV, "Bruxaria e Sexo". Também na perscrutação é recomendável esta assistência, embora apenas seja porque a visão "estereoscópica" aprofunda muito mais. De qualquer forma, um ajudante do mesmo sexo é melhor que nada.).

Quando não estão sendo utilizados, o cristal, a redoma ou espelho devem ser guardados envoltos em veludo negro, sem que nenhuma outra pessoa possa utilizá-los. Tanto a tradição como nossa experiência confirmam que um instrumento de perscrutação deve ser protegido contra a luz clara. Se tiver sofrido uma exposição a ela (e quando for adquirido pela primeira vez), deverá ser carregado usando a luz da Lua cheia.

Muitas pessoas dispõem de seus próprios instrumentos de cristalomancia. Uma de nossas Bruxas tem uma lâmpada de 1,130 kg de um pedaço de vidro descartado de Waterford que lhe deram quando vivia perto da fábrica do Kilbarry; é belamente claro, mas desigual e amorfo, e a maioria de nós não pudemos obter nada com ele, mas para ela é como se quase falasse. Janet tem um pêndulo de cristal de rocha não maior do que uma unha, o que seria muito pequeno para a maioria dos praticantes desta arte divinatória, mas também funciona para ela.

Duas Bruxas nossas praticam regularmente utilizando plantas silvestres como gatilhos de clarividência. Como é lógico, estas plantas permitem um contato com os espíritos da natureza, para os que obtêm informação sobre os procedimentos e as necessidades do entorno local da planta utilizada. (Esta informação adota às vezes uma forma clariauditiva). Pode parecer um excesso de imaginação, mas ao viver como nós em estreito contato com as áreas onde ambas levam a cabo suas sessões divinatórias com estas plantas, podemos confirmar que a informação que recolhem desta forma demonstrou ser muito relevante.

Outra Bruxa que possui um casal de pôneis descobriu que suas percepções clarividentes mais agudas surgem espontaneamente quando limpa o estábulo de um dos pôneis, um pardo e castrado de vinte e quatro anos, chamado Oakie, que viveu com ela desde que tinha dez anos. Diferente da clarividência com ervas, este tipo de adivinhação está normalmente relacionado com assuntos humanos e familiares, possivelmente por causa da larga relação que mantiveram, ela e Oakie.

Falando da natureza, procurar água com uma varinha é uma forma de consciência psíquica muito especializada, que entra totalmente na categoria de percepção sensível e está, entendemos, particularmente relacionada com a sensibilidade do corpo etérico. Levaria um capítulo inteiro resumi-lo, e para aqueles que queiram experimentá-la não podemos fazer nada melhor que lhes recomendar o excelente manual do Tom Graves, *Dowsing: Techniques and Applications,* e por sua relação com os mistérios da terra, as linhas *leys* e a sabedoria megalítica, seu último livro, *Needles of Stone.*

A psicometria consiste em obter impressões psíquicas com um objeto material. Um bom psicometrista poderia lhe contar um montão de coisas sobre a história e associações que rodeiam um objeto deste tipo. Os corpos etérico e astral do objeto estabelecem contato com os dos psicometristas; cada fenômeno que se manifesta fisicamente, seja um ser humano, seja um pedaço de rocha, tem sua correspondente existência nos outros níveis da realidade. Como escreveu um poeta persa faz muito tempo, "a vida dorme no mineral, sonha na planta, acorda no animal e se faz consciente de si mesmo no homem". Ou por dizer de outra forma, tudo está vivo em um amplo espectro de frequências. A frequência vital de uma montanha é imensamente mais lenta que a de uma mosca. Inclusive dentro do reino animal pode se observar isso; as frequências vitais de um bicho preguiça ou de uma tartaruga e a de um esquilo ou de um colibri se aproximam de ambos os extremos do espectro abrangidos pela animalidade, igual à luz vermelha e a violeta são os extremos opostos do espectro da luz visível. As ondas de rádio e os raios X são da mesma natureza que as da luz, mas como estão mais à frente do alcance de nossos olhos, não podemos vê-las.

De forma parecida, a consciência vital "normal" dos seres humanos está limitada ao espectro de frequências dos animais e das plantas. A maioria das pessoas acredita que tudo o que se saia deste escopo carece de vida, mas os ocultistas e os Bruxos sabem que não é bem assim e trabalham para ampliar o espectro de suas consciências, seja diretamente, recolhendo os harmônicos superiores ou as frequências inferiores, seja indiretamente, observando os efeitos da vida de baixa frequência na vida de alta frequência.

Exemplo do segundo tipo é a astrologia, que estuda a frequência vital do sistema solar observando seus efeitos na frequência vital do ser humano. De algum jeito, a psicometria está relacionada com o primeiro enfoque.

Um anel de diamantes, por exemplo, está vivo nas frequências das gemas e do ouro, ambas são mais lentas que as da mulher que o leva. Mas há frequências harmônicas entre os dois, como a tecla C de um piano com o pedal para baixo fará o pedal C ressoar (e todos os Cs intervenientes, mais as notas relacionadas em menor grau). Se o anel permanecer em seu dedo durante anos, todos os eventos produzirão em seus níveis não físicos uma resposta nos níveis correspondentes do anel, e o anel os "recordará". Um psicometrista vidente, ao tocar o anel, recolherá estas "memórias" com a mesma ressonância. (Por esta razão é muito difícil psicometrizar objetos de plástico; por não serem orgânicos e minerais naturais, o plástico carece virtualmente de frequência vital própria.). É possível que alguém julgue todos estes comentários sobre frequências vitais como uma digressão técnica desnecessária, mas é importante por duas razões. Em relação com a psicometria, ajuda a eliminar o bloqueio psicológico criado pelas opiniões do Ego ("Como pode uma joia morta me dizer algo da história de uma mulher viva?"). E em uma escala maior, ajuda o Ego a aceitar conscientemente a ideia de que todo o Universo *está* vivo, sem a qual pouco desenvolvimento psíquico será possível.

Voltando para à prática real da psicometria[206]. Algumas pessoas se limitam a sustentar o objeto em uma mão e a fechar os olhos. Outras preferem sustentá-lo contra o "terceiro olho", que a tradição ocultista localiza na glândula pineal, no centro da testa, em cima das sobrancelhas. Quem o sustenta em uma mão prefere à esquerda, porque está vinculada psíquica e etericamente com a função intuitiva do lado direito do cérebro. Só a experiência revelará que método funciona melhor para cada um.

Além disso, a regra é a mesma para a perscrutação: deixar que as impressões fluam e as expressar sem inibições, deixando as análises para depois. A cooperação do Coven é muito boa para desenvolver a psicometria.

Seus membros podem trazer objetos para "leitura" e comentar imediatamente depois o quanto acertaram. Este processo não só descobre psicometristas dotados por natureza, mas também ajuda aos que tenham que se esforçar muito para desenvolver suas aptidões (o que quer dizer a maioria de nós), sobretudo no problema chave de distinguir entre as impressões subjetivas e as objetivas, melhorando, assim, sua capacidade clarividente global.

A vantagem dos exercícios de psicometria entre amigos reside em que a função de discernimento se treina muito mais depressa.

Ler a aura humana é um caso especial de clarividência no sentido estrito da palavra. Como é especialmente relevante nas curas, deixaremos sua discussão para o capítulo XXI.

A adivinhação, a "clarividência por meio de ferramentas" é, e voltamos a insistir nisso, a melhor maneira de treinar a nós mesmo para obter a "clarividência sem ferramentas". Reforça a confiança, ensina a confiar na intuição e ao mesmo tempo a distinguir entre o que é autêntico e as armadilhas lançadas pela própria consciência, proporciona um marco dentro do qual o Coven ou grupo de amigos que podem praticar juntos, gradualmente se convence da sincronicidade (ou coincidência significativa) do que são as "ferramentas" capazes, favorecendo assim a compreensão do princípio da sincronicidade em geral e ensinando a interpretar os símbolos.

---

206. Existe um apoio psicológico a essa tradição. O *Black's Medical Dictionary* (veja Bibliografia sob o Thomson) diz que a glândula pineal "não tem função conhecida, embora recorde um imperfeito terceiro olho que se encontra na mesma posição em alguns dos animais vertebrados inferiores, como, por exemplo, o lagarto Hatteria".

Inclusive para aqueles que já possuem um evidente dom de clarividência, a adivinhação é um exercício saudável, porque esses dons espontâneos (sobretudo no mundo atual, que não os reconhece como tais nem sabe impulsionar inteligentemente) tendem a escapar à disciplina e se manifestam erraticamente, chegando às vezes a provocar situações e estados de terror. A disciplina da prática divinatória põe sob controle estas qualidades refinando-as e fazendo-as funcionais.

Uma de nossas Bruxas, quando a recebemos pela primeira vez, era clarividente até um ponto que a afligia, adquirindo proporções de neurose. Não sabia como controlar seu poder ou como desconectá-lo pela vontade. Seu aprendizado e treinamento divinatório converteu o que era um fardo em um talento proveitoso. Agora é uma excelente leitora de cartas de Tarô e uma telepata bastante surpreendente, cuja capacidade precognitiva nos ajuda, alertando-nos a tempo de tomar iniciativas que de outro modo poderia nos agarrar por surpresa. Seu talento segue sendo igualmente poderoso, mas agora está sob controle.

A clarividência é um atributo natural de cada ser humano, e como tal, pode ser desenvolvido e treinado. Se o negarmos ou reprimirmos, estaremos distorcendo nossa própria psique. E se deixarmos que se desperdice, estaremos subestimando nossa própria integridade.

Entretanto, é necessário fazer uma advertência: nunca se pode permitir que a atividade clarividente domine a nossa vida vinte e quatro horas por dia. Por mais desenvolvida que possa chegar a ser, é só uma de nossas capacidades de consciência e deve se manter em equilíbrio com as demais. Passar todo o tempo usando a clarividência ou jogando as cartas do Tarô a cada cinco minutos para tomar decisões que só requerem sentido comum, pode esgotar as energias; com frequência diminuem o dom e deformam a personalidade que depende da individualidade imortal para sua experiência e expressão pessoal.

Uma consciência psíquica consentida em excesso pode nos fazer descuidar de nossos sentidos quando mais nos fizerem falta. Antes da guerra, uma amiga íntima dos pais de Stewart, que era adepta da Ciência Cristã e possuía um poder psíquico considerável com capacidades curativas, morreu na flor da vida ao bater seu carro, sem causa aparente, quando o conduzia sozinha. Os que a conheciam intimamente (incluindo seu marido e os pais de Stewart) estão convencidos de que naquele momento ela estava concentrando seus pensamentos e seu esforço psíquico em um caso de cura, quando deveria estar prestando atenção na estrada. Um caso extremo, mas a maioria dos que possuem poderes psíquicos viveram experiências igualmente arriscadas embora em um nível menos alarmante.

Uma psique integrada significa ser equilibrada. Assim, treine sua faculdade clarividente com inteligência, mas nunca permita que se deteriorem suas demais ferramentas.

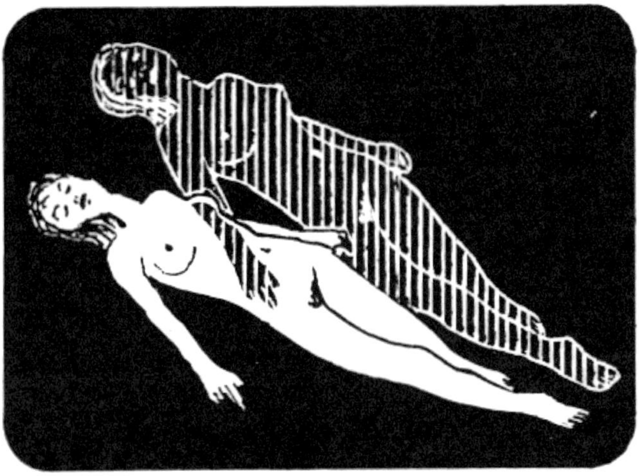

XX — Projeção Astral

Nossa consciência cotidiana e normal está ancorada no cérebro físico e no sistema nervoso do corpo. Em estado de vigília, o corpo é pensado como "eu", um "eu" que só pode ser consciente do mundo por meio de seus sentidos físicos e que só pode pensá-lo do interior de sua própria mente. É o único estado que a maior parte das pessoas é consciente e, na prática, o único no qual acreditam. Inclusive os que acreditam em uma alma imortal normalmente estão de acordo que ao longo de suas vidas terrenas sua consciência permanece inseparável do corpo. Considera-se que os sonhos provêm do funcionamento do cérebro quando o fluxo de dados dos sentidos se detém, e a imaginação enche o vazio resultante com suas fantasias; pode-se admitir que estas fantasias sejam psicologicamente significativas e que possuem um valor terapêutico, mas seguem sendo consideradas como atividades do cérebro físico, das quais o "eu" nunca pode escapar.

Os Bruxos, ocultistas e os investigadores rigorosos dos fenômenos paranormais contemplam a situação de maneira muito diferente, e sua atitude é confirmada por uma formidável evidência.

Se considerarmos o ser humano como o ser de múltiplos níveis explicados no capítulo XII "Reencarnação", então contemplaremos o cérebro (complexo e maravilhoso como é) simplesmente como um mecanismo do fenômeno da consciência de múltiplos níveis (tão consciente como inconsciente).

É o mecanismo por meio do qual via corpo etérico, o corpo físico interage com os outros níveis, assim como o mecanismo pelo qual o corpo físico regula e equilibra suas próprias funções. É como a fechadura de casa, o rádio, a televisão, o telefone e os termostatos da calefação central de uma casa moderna. Mas o ocupante da casa não é um prisioneiro e pode sair pela porta principal, encontrar-se com as pessoas em lugar de telefonar para elas, assistir a concertos ou jogos de futebol em vez de vê-los pela televisão e saber que, embora a casa esteja vazia temporariamente devido a sua ausência, quando retornar a temperatura se manteve correta, a televisão estará esperando para ser ligada, o forno programado terá preparado o jantar e todos que o chamem por telefone serão atendidos.

É o mesmo com a consciência humana; por razoável e conveniente que seja estar na maioria do tempo "em casa", concentrada no corpo e no cérebro físicos e se comunicando com o mundo por meio de sua fechadura, suas antenas e suas janelas, não tem por que se limitar a estar aí *todo* o tempo. A porta da casa não está fechada com chave.

Essa técnica para transferir a consciência do plano e corpo físico ao plano e o corpo astral se chama *projeção astral*. Ela pode ser aprendida ou pode acontecer involuntariamente.

A projeção astral involuntária, normalmente descrita como "uma experiência fora-do-corpo", é mais frequente e acontece mais vezes do que geralmente se crê, em parte porque os que a experimentam têm medo ou são omissos ao falar disso se por acaso for questionada sua prudência ou sua veracidade. Tipicamente, a pessoa que a experimenta se encontra de repente como flutuando no teto do cômodo contemplando de cima seu corpo físico a vários metros de distância, com plena consciência visual (e frequentemente auditiva). A reação imediata pode ser curiosidade ou pânico. Se for de pânico a consciência voltará normalmente para o corpo físico que sofrerá um desagradável impacto. Esta projeção pode ocorrer enquanto o corpo físico se encontra relaxado, sobretudo no banho, quando sente uma sonolência. Também pode ocorrer quando o corpo físico está debilitado por uma enfermidade; o livro clássico sobre este tema, *The Projection of the Astral Body,* do Carrington e Muldoon, ocupa-se precisamente do caso do próprio Sylvan Muldoon.

Entre os melhores exemplos registrados de projeção involuntária se encontram os narrados por pacientes que conseguiram recuperar-se de uma morte clínica. Frequentemente se viram "permanecendo" a um lado da mesa de operações ou em uma sala de hospital enquanto presenciavam e escutavam os médicos e as enfermeiras lutando para reviver seus corpos. Depois da recuperação, descreveram as ações e as conversas (como seus sentidos físicos estavam "mortos" não podiam estar conscientes) a uma equipe médica espantada. O Dr. Raymond Moody proporciona muitos destes casos, com entrevistas diretas dos pacientes, em seu livro *Life After Life.*

Quase todas as descrições do que se sente neste estado de projeção coincidem. O corpo astral se sente leve. A visão e a audição ficam mais fortes. Dr. Moody diz: "Nenhum entre todos meus casos me informou de aromas ou sabores enquanto se encontravam fora de seus corpos físicos", mas pode ser porque todos aconteceram em situações clínicas ou em acidentes onde a imagem e o som imperavam sobre outros sentidos. Janet experimentou com frequência aromas significativos durante suas projeções astrais, embora não pode recordar ter provado nada que excitasse seu paladar, certamente porque nesse estado não se pode comer ou beber; se assim for (caso se sentisse impelida a fazê-lo como um ato ritual, por exemplo), acredita que provavelmente seria consciente do sentido do gosto.

O que conduz a outro assunto. Se Janet, por exemplo, bebesse vinho ritual durante sua projeção astral, seria vinho *astral,* que se manifesta no plano astral graças à força da vontade de Janet, assim como o sabor. Todos os que a experimentaram concordam que durante a projeção o corpo astral não pode manipular mecanicamente o plano físico. Se Janet tratasse de pegar um Cálice físico, sua mão astral passaria através dele. O corpo astral pode *observar* o plano físico com grande precisão, mas normalmente não pode afetá-lo ou ser afetado por ele. O corpo astral pode passar através de paredes físicas e não precisa sair do caminho dos corpos físicos, porque passarão através dele.

No entanto, isso não é cem por cento verdadeiro. Cargas muito grandes de energia no plano astral podem produzir, e de fato o fazem, efeitos no plano físico, como testemunham os fenômenos de *poltergeist* e de telecinese[207]. Mas a projeção astral "normal" não implica semelhante interação, exceto às vezes, por meio de uma força de vontade altamente concentrada.

Todos os que experimentaram a projeção astral concordam que o movimento carece de limitações e o pensamento é mais claro e rápido.

207. Poderia perguntar-se, é óbvio, se a telecinese é de natureza mais etérica do que astral. Possivelmente a fotografia Kirlian pode lançar luz sobre isso?

Uma questão que não parece existir concordância geral é o "cordão de prata". Muitas pessoas, durante séculos, insistiram que durante a projeção se vê um cordão de prata, imensamente extensível, entre o corpo astral e o físico, e que essa corda só se corta na morte física. (Há quem assegure que Eclesiastes, XII, 6-7, refere-se a ela: "Antes que se rompa o cordão de prata, e se quebre a ampola de ouro, e se faça em pedaços o cântaro junto à fonte, e se rompa a polia do poço, e se torne pó a terra que antes era, e retorne a Deus o espírito que Lhe deu.") Se existir tal cordão, que alguns protagonistas da projeção astral nunca viram, poderia ser presumivelmente o vínculo etérico vital entre o campo físico e o astral; e que ser ou não visível dependerá da longitude da onda de todo o espectro astral que a faculdade de projeção de uma pessoa utilize naturalmente.

Escrevemos brevemente a natureza da experiência. Mas como ela pode ser levada a cabo deliberadamente e sob controle?

Em primeiro lugar, enfatizaremos de novo o que vamos afirmando: o espectro astral é muito amplo; algumas tradições ocultistas dividem o plano astral em sete subplanos, mas inclusive estes devem considerar-se como fundidos uns com outros. Em um extremo do espectro, os fenômenos do plano astral correspondem muito estreitamente com os do plano físico. Como diz Doreen Valente *(Enciclopédia da Bruxaria Past and Present* pág. 18), "tudo no mundo visível da matéria está rodeado e impregnado por sua contraparte astral." É este o mundo de "contrapartidas astrais" no qual os pacientes do Dr. Moody se projetavam, por exemplo, quando podiam ver e escutar exatamente o que acontecia no plano físico. Esse mundo, esse extremo do espectro astral, é o que se deve dominar caso se pretenda observar os acontecimentos no plano físico que os sentidos físicos não podem captar.

Dion Fortune descreve um exemplo deste tipo de projeção em sua novela *A Sacerdotisa da Lua* (edição de capa dura, pág. 91). Lillith Le Fay, em Londres, precisa observar Rupert Malcolm enquanto ele visita uma casa em um centro turístico da costa. "Realizei a projeção astral pelo método habitual, quer dizer, visualizei a mim mesma como se estivesse a 2 metros de distância, bem em frente, e então transferi minha consciência à imagem assim criada por minha imaginação contemplando a habitação pelos seus olhos. Depois visualizei o rosto do homem ruivo e grisalho e me imaginei falando com ele. A magia funcionou. Tive a sensação de uma descida depois de uma rápida ascensão que sempre caracteriza a mudança do nível da consciência; toda a consciência de meu entorno físico se desvaneceu e me pareceu que estava em uma estranha habitação..." que na sequência ela descreve detalhadamente.

Dito assim parece fácil, mas Lillith Le Fay (assim como a própria Dion Fortune) era uma adepta elevada, cuja imaginação e força de vontade eram poderosas ferramentas aperfeiçoadas depois de um longo treinamento. E ainda isso consegue resumir a técnica básica para projetar a consciência para esse nível da "contrapartida astral" do plano astral. Você visualiza, com toda a nitidez possível, uma "imagem" do corpo físico e depois, com toda a determinação que se é capaz, transfere a consciência para ela. O corpo astral, assim animado, integra-se na imagem.

Para a maioria das pessoas, adquirir a técnica supõe um longo e difícil processo que requer uma grande perseverança e uma luta constante contra o desânimo. No outro extremo, há pessoas que possuem o que geralmente se denomina "um corpo astral solto" que se projeta com muita facilidade e pode chegar a exigir o desenvolvimento de um controle para que não aconteça espontaneamente em um momento equivocado.

A melhor forma de lidar com o problema, varia de uma pessoa para outra. Um dos métodos favoritos consiste em utilizar um espelho de corpo inteiro, relaxar em uma cadeira situada na frente dele, de maneira que o corpo físico permaneça seguro em sua posição e não sofra qualquer dano ao perder a consciência (que é, ao final, o verdadeiro objetivo do exercício), empregando a imagem refletida como veículo, desejando que a consciência entre nela.

Sylvan Muldoon usava o método do espelho e recomendava quatro etapas. A primeira, construir no subconsciente um forte desejo por transferir a consciência ao corpo astral. A segunda, concentrar-se na imagem do espelho. A terceira, conscientizar-se claramente das pulsações, primeiro do próprio coração e depois em diferentes pontos do corpo, um a um. E quarta, tratar de diminuir as pulsações por meio da sugestão mental. (Ninguém com o coração doente ou que sofre de arritmia deve praticar esta quarta etapa, é óbvio.).

Outro método consiste em caminhar ao redor do quarto aprendendo os detalhes visuais de cor. Depois relaxar em uma cadeira (ou deitar) com os olhos fechados e dar uma volta mental pelo quarto visualizando e descrevendo-o com toda a precisão que se possa, acompanhado de um forte desejo de transferir a consciência à imagem que está dando essa volta.

Um amigo nosso que era um apaixonado por hi-fi propôs fazer o seguinte experimento: colocar dois microfones nos lados opostos de uma casa conectados com um gravador estereofônico. Então, ele caminharia ao redor da casa de um ponto a outro e descreveria o que via detalhadamente. Finalmente, relaxaria sentado ou deitado, com os olhos fechados e os fones postos, escutaria a gravação auxiliado pelo estéreo para identificar a imagem enquanto passearia pela casa de um lado a outro e se apoiaria na memória visual para contemplar o que sua imaginação contemplaria. Desta maneira esperava facilitar que a consciência conseguisse projetar-se na imagem. Infelizmente, perdemos o contato com ele antes que pusesse em prática o experimento, por isso não soubemos se teve êxito ou não. Pode ser que outros realizem sua sugestão.

Livros valiosos que ajudam a desenvolver a faculdade de projeção nesse nível são os de Carrington e Muldoon, já mencionados, *The Art and Pratique of Astral Projection,* de Ophiel, e *The Techniques of Astral Projection,* do Dr. Douglas M. Baker também.

Até aqui nos centramos no nível da "contrapartida astral" do plano astral, o nível que se encontra mais próximo ao físico e por meio do qual podemos expandir nossa consciência e conhecimento acerca do nível físico. Durante a projeção neste nível, nossa consciência está principalmente dirigida ao duplo astral do mundo físico e não é provável que sejamos conscientes, exceto fracamente ou em instantes de lucidez, das entidades imateriais ou fenomenais que lotam o que poderia se chamar de níveis médio e superior do plano astral.

Mas quando exploramos o plano astral em seu conjunto, descobrimos que ele tem duas características. Em primeiro lugar, que está povoado pelas entidades e fenômenos que mencionamos, que podem ser favoráveis, hostis ou neutros. E em segundo lugar, que é extremamente maleável ou, em outras palavras, que pode reestruturar-se e ser afetado pela emoção, pela imaginação ou pela força de vontade.

Isso não significa que o que encontremos no plano astral seja ilusório; justamente o contrário. Como no plano físico podemos nos tornar conscientes dos objetos de diferentes maneiras (o que um habitante da cidade contemplaria como imundícies fedorentas ao encontrar um atalho cheio de excrementos de vaca, um fazendeiro veria como valioso adubo e um artista pensaria em um interessante contraponto visual ao verde do campo; todos têm razão!), sendo capazes de manipular e reestruturar nosso entorno psiquicamente, no plano astral as entidades reais podem disfarçar a si mesmas de diferentes formas, segundo nosso tipo de consciência, e podemos reestruturar nosso entorno astral com algum tipo de esforço diferente.

Quando alcançamos a consciência no plano astral, descobrimos que, em certo sentido, dispomos de uma maior liberdade de ação nos "níveis médios" do que nos níveis mais altos ou mais baixos do espectro. No plano inferior, como vimos, o astral está muito estreitamente vinculado ao mundo físico e ao mesmo tempo em que a projeção desenvolve nossa consciência dele, ampliando em grande medida nossa liberdade de *movimento,* nossa liberdade de *ação* – quer dizer, a capacidade que temos para manipular as "contrapartidas astrais" que nos rodeiam – são de fato muito limitadas devido a sua forte integração com suas contrapartidas *físicas.*

O nível astral superior, no outro extremo, mantém estreitos vínculos com os níveis espiritual e mental. As entidades que o habitam tendem a ser de uma ordem superior a nossa. Portanto, a experiência consciente nesse nível, uma vez alcançado, é provável que seja mais receptiva do que ativa, e que o entorno seja mais impressionantemente inspirador que maleável. Em todo caso, podemos ser ativos *internamente,* dentro dos limites de nossa própria psique total, porque nesse nível a personalidade estará mais conscientemente em comunicação com a individualidade imortal, mais perto do enriquecimento em potencial da primeira e do progresso cármico dessa última.

Os "níveis médios" do plano astral são muito mais de liberdade para todos do que ambos os extremos. Neles, a experiência pode ser muito gratificante, mas também perigosa. Não somos meros observadores, mas seus participantes, responsáveis por nossos próprios atos e por suas consequências.

A projeção astral nos níveis médios e em um estado de consciência normalmente desperta, pode entender-se como um desenvolvimento da projeção de nível inferior que já descrevemos, mas é mais provável que ela seja alcançada como consequência natural do desenvolvimento psíquico geral como Bruxo do que por meio de técnicas descritas em algum livro.

Dizemos "em um estado de consciência normalmente desperta" porque há uma forma na qual *todo mundo* se projeta sobre os níveis médios astrais: ao sonhar. Não em todos os sonhos, porque a maioria é somente um diálogo interno entre distintos elementos da psique pessoal. Mas existem alguns (e se aprende rapidamente a reconhecê-los uma vez que se reconheça sua utilidade) em que a consciência se aventura fora das fronteiras da psique pessoal para o concorrido nível médio astral.

Uma característica do sonho de projeção astral é que você *sabe* que está sonhando. Embora esteja dormindo, você está plenamente consciente. Pode-se examinar o sonho, explorá-lo e manipulá-lo. Outro traço muito convincente de confirmação acontece quando alguém se encontra com amigos no sonho e mais tarde descobre que participaram da experiência; embora para isso tenha que ser muito sincero consigo mesmo e só comparar notas com amigos igualmente honestos que não tendam a fantasiar. (As mulheres de nosso Coven são particularmente boas nisso. Quando começam as chamadas telefônicas nas primeiras horas da manhã, Stewart costuma brincar: "Olá, as garotas saíram outra vez para o plano astral ontem à noite.").

Fazer isso muitas vezes pode ser exaustivo e terá que ter o sentido e a força de vontade para declinar quando for necessário. Uma Alta Sacerdotisa, sobretudo, ao estar envolta e preocupada psiquicamente com todo o Coven, se não tomar cuidado pode ter seu sonho invadido com muita frequência durante seu descanso, muitas vezes involuntariamente, por culpa dos membros menos experimentes. No Coven de Sanders, Maxine estava acostumada a dizer aos recém-iniciados: "Lembrem-se, estou sempre te vigiando com meus olhos astrais!" Não demorou muito, quando estávamos dirigindo já nosso próprio Coven, para nos darmos conta de que ela não estava brincando com essa frase. É provável que todo clarividente responsável, que se dedique a atividades ocultistas se encontre na situação de ter que atuar com firmeza no plano astral para solucionar uma crise. Esse tipo de confronto adota as formas típicas do nível médio astral – simbolismos e mudanças de forma mesclados com a consciência real de objetos e lugares físicos.

Um exemplo de nossa própria experiência. Sabíamos que X estava amargamente ciumento de Y, e que X possuía um considerável poder psíquico em estado bruto, muito pouca responsabilidade pessoal ou psíquica e marcadas tendências vampíricas. Naturalmente, estávamos preocupados, pois mantínhamos com Y uma estreita amizade. Uma noite, enquanto dormia, Janet se encontrou de repente projetando-se astralmente e soube que X tinha entrado em guerra astral. Janet o viu como uma criatura parecida com uma enorme lesma verde e seguiu seu viscoso rastro verde por toda Dublin. O enfrentamento final ocorreu no apartamento de Y, que se encontrava dormindo. X lhe atacou e Janet pegou a espada do Coven atacando-o. Quando a lesma verde se desintegrou, a projeção finalizou e Janet despertou em seu corpo físico. Qualquer psiquiatra teria diagnosticado que se tratou de um simples sonho de ansiedade disparado pela preocupação da Janet sobre aquela situação, mas não foi assim por duas razões. Porque na manhã seguinte descobrimos que a espada do Coven (que tinha sido completamente limpa no dia anterior) estava coberta por uma estranha substância verde sem que pudéssemos encontrar nenhuma explicação "natural", apesar de termos tentado por todos os meios racionais, como sempre fazemos diante deste tipo de fenômenos. E também porque quando voltamos a vê-lo, Y tinha duas feridas igualmente inexplicáveis no pescoço.

Pode-se perceber de tudo isso que as orientações para viajar no plano estral podem ser deduzidas a partir do que dissemos anteriormente neste livro acerca da Teoria dos Níveis, sobre a ética Wiccaniana e sobre a defesa psíquica. Se tiver isso em mente a projeção astral será uma experiência enriquecedora e sem riscos, além de uma grande expansão das faculdades psíquicas humanas. Uma nota final sobre um fenômeno que está estreitamente vinculado à projeção astral: a bilocação ou habilidade de encontrar-se em dois lugares ao mesmo tempo. Existem diversos casos devidamente testemunhados de pessoas vistas com quem conversaram, de forma absolutamente física e não um fantasma, simultaneamente em lugares muito distantes. Parece que se trata de uma habilidade associada a pessoas de notável poder espiritual, como o falecido Padre Pio. Se tais informações estão corretas (e muitas parecem estar), concluímos que a pessoa em questão possuía um dom aperfeiçoado de projeção astral e todo o poder e motivação necessários para fazer que seu corpo astral projetado se manifestasse de forma visível e audível para obter um propósito que acreditava ser importante.

Entretanto, é evidente que isso pode também acontecer espontaneamente e sem motivo evidente. O médico francês Francis Lefébure, ativo na Segunda Guerra Mundial, é um exemplo bem conhecido. É interessante observar que Lefébure foi um perito praticante de yoga.

E embora não esperemos que se acredite, temos evidências, apesar de todos nossos esforços, não podemos desmentir, que um ou dois de nossos gatos têm esse dom. Mas já se sabe que os animais não são impedidos de fazer isso por ideias preconcebidas. Trata-se de uma lição para aspirantes a Bruxos?

XXI — Cura

Desde tempos remotos, a cura foi uma das atividades mais importantes da Bruxaria, e segue sendo até os dias atuais. Costumava ser uma função estabelecida do sacerdócio, desde os primeiros Sacerdotes curadores do antigo Egito, aos druidas[208] e aos primeiros cristãos. Entretanto, a Igreja logo esqueceu o mandato de Jesus: "Curem os enfermos, purifiquem os leprosos, ressuscitem os mortos, expulsem os demônios", ao menos quanto a cura física ou do lado espiritual se refere, embora muitos monges e freiras se converteram em hábeis herbalistas e ninguém duvide da dedicação dos missionários médicos. O vazio das curas psíquicas foi ocupado pelas velhas sábias das aldeias ou pelos adivinhos, e não é por acaso que muitos deles fossem seguidores da Antiga Religião, posto que eram pessoas que conheciam o poder psíquico e não se sentiram inibidos pelo dogma de uma igreja que contemplava suas atuações com uma ativa desconfiança.

Os Bruxos da atualidade têm (ou ao menos se esforçam para aumentar) o mesmo conhecimento e, naturalmente, herdaram a mesma tradição curativa. Muitos adeptos, como já assinalamos, são médicos profissionais ou enfermeiras

208. A invenção da aspirina pode ser atribuída aos druidas, pois foram eles que descobriram as propriedades analgésicas da salicina, o extrato da casca de salgueiro que é seu precursor.

e combinam seus conhecimentos psíquicos com a ciência médica moderna, uma combinação que pode ser muito poderosa, uma vez que consegue evitar uma série de enganos provocados frequentemente por culpa da visão limitada da tecnologia.

Tendo em conta que a maior parte dos Bruxos não foi treinada profissionalmente em medicina ou psiquiatria, como exercer então sua função curativa com efetividade e segurança?

Um só capítulo (ou inclusive uma biblioteca inteira) é insuficiente para ensinar alguém, mas esperamos poder assinalar os caminhos pelos quais se pode aprender a ser um curador.

Os métodos de cura praticados pela Bruxaria podem se dividir, em linhas gerais, em quatro departamentos, embora se sobreponham, e dois ou mais deles podem estar (e normalmente o estão) combinados. São eles: o herbalismo, os feitiços, as atuações diretas sobre a aura e a psicologia.

Herbalismo

Como já assinalamos na página 379, os adeptos se sentem atraídos para estudar o herbalismo, porque a Bruxaria é uma religião apoiada na natureza e o estudo das ervas é uma maneira proveitosa de aumentar sua sintonia com todos os níveis de Gaia, o organismo vivo do Planeta Terra.

Para usar ervas com fins curativos, deve-se: (1) saber onde encontrá-las, (2) ser capaz de identificá-las com segurança absoluta e (3) estar bem informado dos efeitos e propriedades de qualquer erva que vá utilizar. Pode parecer óbvio, mas há pessoas que combinam um entusiasmo místico pelas "curas" naturais com um enfoque fantasioso de sua prática, o que simplesmente não é bom.

Felizmente, pode-se aprender e praticar o herbalismo com uma erva de cada vez, que é realmente a melhor forma de começar estendendo o repertório gradualmente (distante ainda de ser um curso profissional sobre o tema). Pode-se começar escolhendo ervas muito conhecidas que curam doenças singelas e que não é provável que estejam contraindicadas a nenhum tratamento que o médico possa estar proporcionando (embora sempre tenha que comprová-lo).

Vejamos dois exemplos. A infusão de flores de sabugueiro é um remédio balsâmico contra as queimaduras de sol. A árvore do sabugueiro, amavelmente está em flor justo na época em que podem ocorrer as queimaduras de sol, e é muito fácil de se identificar. Esta infusão pode ser aplicada com total segurança sobre as queimaduras próprias ou nas de um amigo, o que vai lhe dando confiança (e mais reputação) quando comprovada sua eficácia.

Todo aquele que saiba fazer uma jarra de chá saberá fazer uma infusão. O passo seguinte consiste em aprender a técnica, menos fácil, de elaborar um unguento; então você estará preparado para tratar queimaduras de sol quando as flores tenham desaparecido (também se pode fazer uma infusão com flores secas).

O segundo exemplo encontramos na celidônia menor, ou *ficaria* (*Ranunculus ficaria*), uma flor primaveril tardia que proporciona um excelente tratamento contra as hemorroidas. Colhe-se toda a planta enquanto está florida e deixe-a secar. Ela também pode ser preparada como infusão ou como unguento. É menos fácil de identificar (não se deve confundir com a celidônia, *Chelidonium majus*, por exemplo, que tem usos totalmente distintos), mas uma vez que aprendemos a identificá-la, não esquecemos mais. Suas propriedades são excelentes e à vista da difícil natureza da doença que cura, pode ser que tenhamos que enfrentar embaraçosos pacientes agradecidos.

O ponto-chave a respeito de ambas as plantas é que são inofensivas, inclusive em um diagnóstico errôneo, e quase com toda certeza serão benéficas.

A planta seguinte para estudar poderia ser a Eufrásia *(Euphrasia officinalis),* indicada contra a inflamação dos olhos, uma vez mais se assegurando de que o paciente vá ao médico se a inflamação persistir ou caso apareça um sintoma um pouco mais sério.

Outra planta interessante é o malmequer *(Malmequer officinalis),* que constitui um estimulante para tratamentos locais de vários tipos, evitando sempre o malmequer dos pântanos *(Caltha palustris),* que é muito irritante e pode produzir sérios efeitos colaterais se empregada sem conhecê-la com exatidão.

O princípio a ser seguido é não correr se você mal sabe andar. Vá trabalhando seu repertório com ervas seguras, uma a uma, e nunca ultrapasse seus conhecimentos.

Se for possível fazer isso sob a orientação de um herbalista experiente, melhor. De outro modo, terá que estudar e consultar constantemente livros fidedignos.

O clássico é o *Culpeper's Complete Herbal,* escrito pelo astrólogo e médico do século 17, Nicholas Culpeper, reeditado constantemente. Sua solidez é claramente demonstrada pelas constantes consultas que dele fazem os livros atuais sobre essa matéria.

Sobre as ervas atuais o livro *Potter's New Cyclopaedia* de R. C. Wren é claro e conciso. Não obstante, em nossa opinião, a obra mais útil que conhecemos é *A Modern Herbal* de Mrs. Grieve, editado pela primeira vez em 1931. Longe de uma capacitação profissional, um futuro herbalista não pode fazer nada melhor que confiar plenamente na senhora Grieve. Para a identificação das ervas, o ideal é conhecê-las em seu habitat natural, por meio de alguém que saiba identificá-las com precisão. Porém, inclusive neste caso (tendo em vista que é impossível ter um amigo que possa levar onde quer que você vá), terá que se apoiar nos conhecimentos de um livro. Para o Reino Unido e Irlanda, a obra mais exaustiva e prática é *The Concise British Floresce in Colour,* de Keble Martin, que contém ilustrações muito precisas de 1.486 spécies e descrições de muitas mais. Esse livro se converteu em nossa bíblia botânica, que levamos a toda parte. Como complemento, também apreciamos muito *Wild Flowers of Britain,* de Roger Phillip, inteiramente ilustrado com fotografias coloridas.

Aprenda tudo o que possa sobre o conhecimento tradicional local, sobretudo se viver no campo, mas recorde-se que sempre pode haver confusões e diferentes nomenclaturas. Assim o melhor será confirmá-las com os livros de Culpeper, Potter ou de Grieve (discretamente, ou sua fonte poderia ofender-se e fechar a boca).

Falando de tradições locais, e algo fora do tema das ervas, no Condado de Mayo conhecemos a origem da frase "o pelo do cão que te mordeu". Literalmente significa isso mesmo. Vimos um vizinho que foi mordido por um cão (mais ou menos intencionalmente) pegar o pelo do culpado e colocá-lo na bandagem da ferida. Coincidência ou não, no dia seguinte tinha se curado totalmente.

Feitiços

Os princípios e as técnicas dos feitiços são discutidos completamente no próximo capítulo. Todos os métodos descritos (Feitiços de Imagem, Feitiços com Velas, Magia com Corda, a Magia de Junção de Mãos ou a Criação de Formas de Pensamento) podem utilizar-se para fins curativos; e todos os reforços sugeridos (tais como o uso de cores e os nomes do Deus ou da Deusa mais apropriados) também atuam a favor dos feitiços curativos.

Cada método tem suas vantagens. Com o feitiço de imagem é mais fácil concentrar a força de vontade e a imaginação sobre uma zona particular do corpo. A Magia de Cordas ou da Junção de Mãos são apropriadas para um Esbat normal do Coven. Descobrimos que os feitiços com velas são bons para fazer trabalhos sozinho ou em grupo, quando se recebe um pedido de ajuda curativa imediata e não há possibilidade de escapar às obrigações cotidianas; também é adequado quando a ajuda só pode ser feita durante umas poucas horas determinadas, como durante uma operação, um parto ou a fase crítica de uma enfermidade.

Homens e mulheres são o sistema nervoso central da Gaia, o Organismo da Terra, por meio dos quais ela se torna consciente de si mesma

O tema do cérvix (veja nota no capítulo VX, "Bruxaria e Sexo"): o Omphalos de Delfos; (B) a pedra bullaun do jardim de Kells, Condado de Meath;

(C) pedra bullaun do Castelo de Clonegal, Condado de Wexford; (D), disco e cornos de Ísis, em Abidos, Egito; e a típica forma assíria da árvore sagrada da Lua

Celebrar os ritos "vestido de céu" parece ter sido normal entre os Bruxos Europeus. "Feitiço de amor", escola flamenca, C. 1670-80

Fotografia do Christchurch Theatre, Hampshire, antes da guerra, "o primeiro Teatro Rosacruz da Inglaterra", que foi inaugurado em 16 de junho de 1938. Os membros dele colocaram Gerald Gardner em contato com os Bruxos de New Forest

Representação (em 1938 ou 1939) de Pitágoras, por Alex Mathes, no Christchurch Theatre. Doreen Valiente crê que o primeiro personagem à esquerda "poderia ser" Gerald Gardner

Nesta cabana no Condado de Clare viveu Biddy Early, a famosa Bruxa irlandesa do século 19

Quadro da Janet do grupo de formas de pensamento Mara (veja capítulo XXII, "Feitiços")

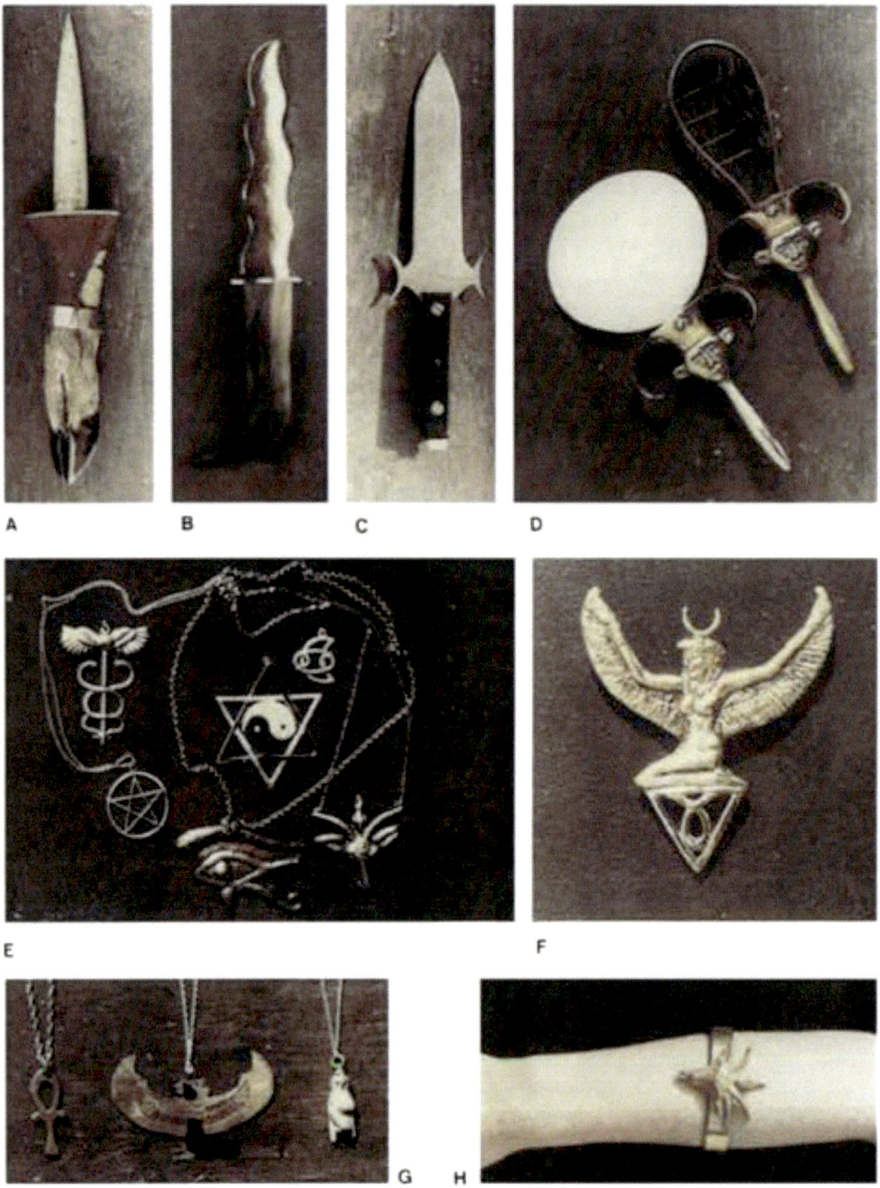

Artesanato Ocultista: (A) Athame com pata de cervo, fabricante desconhecido; (B) Athame de bronze fabricado por Peter Clark, Irlanda; (D) espelho de Hathor e Sistro fabricados por George Alexander, Inglaterra; pingentes de George Alexander; (F) broche de Ísis por Muriel Chastener (USA); (G) ankh por Peter Clark, Ísis por Christopher Bailey, Deus Cornífero por Knut Klimmek, todos irlandeses; e (H) bracelete por George Alexander

Grandes Pentáculos zodiacais planos cravejados de joias, fotografados por Michael Hinch, segundo o desenho de Stewart (veja capítulo XXIV "Instrumentos da Bruxaria")

Entrada restaurada de Newgrange, monte neolítico de 3000 (AEC) no Condado de Meath (veja capítulo XXV, "Em harmonia com a Terra"). Os raios do sol no Solstício de Inverno atravessam a abertura superior para iluminar a Câmara central de aproximadamente 24 metros no interior

A Alta Sacerdotisa, como representante da Deusa pode em ocasiões utilizar o altar como trono

Trabalhar com formas-pensamento é muito efetivo quando se requer um esforço principal por parte de um grupo ou de uma associação, e especialmente quando existem vários fatores envoltos na situação; por exemplo, quando têm que se ter em conta a conduta familiar do paciente, o tempo atmosférico ou o risco de contágio infeccioso para as crianças. A forma de pensamento parece ser feita "sob medida" para vigiar todos esses fatores mais facilmente, por exemplo, do que seria possível com uma magia de imagem.

Há uma forma de feitiço exclusiva para obter curas: o uso de um representante. Seleciona-se como representante um membro do Coven do mesmo sexo que o paciente e com a idade e características físicas mais parecidas possíveis; por exemplo, um homem de uns trinta anos, com cabelo escuro, de constituição maciça e peso médio. O Coven o considera temporariamente uma réplica do paciente, uma espécie de tela, enquanto que o representante imagina a si mesmo como tal, concentrando-se em criar um forte vínculo astral com o paciente ausente fisicamente. Então se leva a cabo o trabalho curativo utilizando o representante como canal. Alguns Covens acham isso muito efetivo, mas tem seus perigos, sendo o mais evidente a infecção psíquica do representante pelo paciente. Terá que se ter muito cuidado e protegê-lo e o Coven deve ter plena confiança em sua capacidade para fazê-lo. É aconselhável escolher uma pessoa de reconhecido poder curativo e sensibilidade psíquica para que se encarregue da operação. Em geral, o melhor é que este método só se empregue por Covens com muita experiência (sobre o problema de infecções psíquicas ou etéricas do curador, veja as págs. 497-8).

Quando o paciente é um membro do Coven e se encontra presente, o método de canalizar poder para ele ou ela pode alcançar resultados espetaculares. Aprendemos isso (como em tantas outras ocasiões) com muito esforço, por culpa de um acidente mágico. Estávamos ainda no Coven dos Sanders e Alex estava organizando rituais para a visita de uma equipe de filmagem alemã. Em uma sequência fazíamos uma demonstração da Magia de Cordas com uma roda radiante de cordões segurados nas pontas por um homem e uma mulher respectivamente (veja pág. 507). Com seu olho infalível para os efeitos visuais, Alex colocou uma de nossas Bruxas, Wendy, deitada de barriga para cima sob o centro da roda como "foco de poder", enquanto que os que seguravam as cordas se moviam em sentido horário, cada vez mais depressa. O câmera estava encantado com a imagem das figuras e a roda de cordas girando, e quando todos nós nos sentimos imbuídos no espírito do ritual, percebemos que *estava* se criando um poder tremendo. Chegou o momento em que o diretor gritou "Corta!" e nos preparamos para a sequência seguinte.

Aquela noite voltamos para casa no mesmo carro que Wendy, e a pobre garota estava desesperada com uma atroz dor de cabeça. Infelizmente, ninguém tinha pensado em escolher um objetivo útil para todo o poder que quase inadvertidamente tínhamos convocado, nem de aterrar Wendy imediatamente em seguida[209]. Wendy estava repleta de poder sem descarregar, um poder que a tinha utilizado mais como beco sem saída do que como canal. E embora nos demos conta do que tinha se passado, nem eu nem Wendy tínhamos experiência suficiente para pôr as coisas em seu lugar.

Apesar de tudo, graças àquela dor de cabeça da Wendy, aprendemos que a técnica poderia ser aplicada com segurança e ser útil. Também aprendemos uma lição que todo Coven comprometido nos meios de comunicação deveria recordar – que até mesmo um ritual de demonstração convoca poder. Aprendemos também que a agitada atmosfera de um filme ou de um estúdio de televisão pode convocar uma grande quantidade de poder, por isso, sempre é necessário prever uma saída construtiva, nem que seja para curar o resfriado de uma continuísta. Um objetivo útil sempre pode ser encontrado.

Sobre esse tema, os atores que organizam evocações de entidades sinistras como efeito para chamar atenção estão buscando problemas. Recordamos um famoso grupo de rock de Londres, faz alguns anos, que representou um ato em que um mago realizava certas evocações para devolver a vida a uma garota morta que amava. Uma mera representação dramática e espetacular, mas uma das atrizes sofreu um ataque, outra se queimou gravemente e quase se cortou com a espada, e diversas outras coisas mais deram muito errado.

Temos que admitir que existam atores mais cuidadosos. Uma vez nos pediram que déssemos uma assessoria sobre autodefesa psíquica a uma companhia amadora de atores e atrizes que participavam das cenas de Bruxaria de uma representação de Macbeth. Levamos a sério o encargo e fizemos alguns amigos interessantes.

---

209. Quando uma Alta Sacerdotisa (ou por que não uma Bruxa ou Bruxo que trabalhe solitário?) sente que esse poder ficou sem ser descarregado, deverá assegurar-se de que aterre antes que o grupo se disperse ou o trabalho termine. Os jogos que implicam movimento físico, em claro contraste ao trabalho sério que é acabado de ser finalizado é uma forma efetiva de fazê-lo. Outra forma simples consiste em que todo mundo saia para fora com os pés descalços, ou pressionem as mãos contra a terra imaginando que o excesso de energia se dilui no solo. Um método mais radical consiste em fazer o Coven correr por um percurso no escuro!

Estes incidentes formaram parte da onda de interesse pelo ocultismo que surgiu nos primeiros anos da década de setenta, que no negócio dos espetáculos profissionais se converteu, na maioria das vezes, em um mero meio de ganhar dinheiro e que teve como resultado algumas vítimas. Muitos acreditaram que um famoso personagem pop morreu como resultado de um ataque de magia negra de alguém a quem tinha ofendido, mas Janet, que lhe conhecia bem, acredita que foi porque estava brincando musicalmente com as *Chamadas de Enoch* sem os conhecimentos suficientes, e "tentando colocar Abramelin sobre o palco". Sua falta de preparação se mostrou desastrosa.

Os pouco informados são dinamite, e há sinais de que uma nova onda de negócios do show business, pode estar a caminho. Os Bruxos e os ocultistas sérios que têm amigos na profissão devem estar preparados com primeiros socorros e também com seus conselhos: primeiro, a advertência de que se esses atores quiserem realmente se sintonizar com o espírito dos tempos, deverão inclinar-se para um paganismo "limpo", e levar em conta as relações da humanidade com Gaia, antes de brincar levianamente com os símbolos mais complexos e formidáveis de um ocultismo fora de contexto. Há muitos atores excelentes que são autênticos Bruxos ou Pagãos, mas sentem e não esquecem que estão atuando. Não são desavisados querendo tirar proveito da situação.

Pode parecer que isso é uma digressão que nos afasta do tema das curas, mas é um campo que faz muita falta ao trabalho curativo.

Cura pela aura

A parte importante da aura humana, do ponto de vista curativo, é a camada interna que imediatamente rodeia o corpo físico (e, é claro, o permeia). O corpo etérico é, de fato, a rede de energia que vincula o corpo físico com o astral, o mental e o espiritual, e os mantém assim durante toda a vida. Sua substância é mais tênue que a matéria, mas menos que a astral: contém moléculas de matéria, ao menos em forma de feromônios (veja págs. 448-9). Parte das frequências de sua energia se pode detectar com instrumentos físicos, como demonstram as fotografias Kirlian.

Assim como o corpo astral, embora de forma distinta por seus estreitos vínculos com o físico, pode se ver diretamente afetado por influência da emoção, da força de vontade e da psique; daí sua importância na cura psíquica, diagnóstica e terapêutica.

O efeito da emoção sobre a aura também foi gravado nas fotografias Kirlian. Em *The Body Electric* (págs. 164-9), Thelma Moss, da Universidade de Los Angeles, Califórnia (UCLA), descreve experimentos em que se tomaram fotografias Kirlian dos dedos adjacentes de pessoas que sentiam antipatia ou atração entre si. As fotografias das que sentiam antipatia mostram um "efeito de corte de cabelo" com as duas auras alcançando-se entre si e fundindo-se (ibid. figura 5-1). A doutora Moss ficou assombrada ao descobrir que "fotografias elétricas" similares, mostrando o mesmo efeito, foram tomadas no século 19 por um médico polonês, lodko-Narkovitz (ibid. pág. 151 e fotografia 4-1), muito antes que o inventor soviético Semyon Kirlian emprestasse seu nome ao processo. *The Body Electric* proporciona uma informação fascinante sobre as implicações curativas do fenômeno que Moss e seus colegas estavam investigando.

O primeiro médico que estudou a aura humana como um fenômeno natural útil para a diagnose foi Walter J. Kilner, do Hospital St. Thomas, de Londres, no começo do século 20. Ele enfocou suas investigações de um ponto de vista "não ocultista", embora aceitasse que os clarividentes podiam ver a aura. Estimulado por esse fato, começou a investigar se podia ver "normalmente". Além de demonstrar que era possível, realizou a transcendental descoberta de que a sensibilidade às frequências implicadas podia melhorar usando filtros ópticos tratados com corante dicianina, filtros que acabaram sendo conhecidos como "telas Kilner". Continuando com seus experimentos, ele descobriu que as diferentes características da aura podiam ser examinadas utilizando outros filtros de várias cores. (Podem-se conseguir óculos do Kilner e jogos de filtros de cor no Occultique, 73 Kettering Road, Northampton NN1 4AW.) Kilner publicou suas descobertas e muitos dados sobre os casos que estudou descrevendo diagnósticos pela aura em seu livro *The Human Atmosphere* (1911), que foi reeditado como livro bolso, em 1973, com o mais apropriado título de *The Aura.*

Kilner distinguiu três partes da aura. Em primeiro lugar, uma estreita camada transparente junto à pele, com não mais do que aproximadamente 50 cm de grossura, que aparecia como um espaço escuro batizado de "Duplo Etérico", algo confuso, tendo em vista a utilização ocultista geral do termo para referir-se ao corpo etérico em sua totalidade. Sua visão, embora completamente "natural", ou (como alguns suspeitam) parcialmente e intrigantemente psíquica, deve ter sido cortante, pois muitos sensitivos admitem que não possam descobrir uma camada como essa. À segunda camada denominou "Aura Interna", a parte mais densa e fácil de ver, de uma a três polegadas ou mais de largura e que segue os contornos do corpo. À terceira, que se estendia mais à frente da aura interna com um perfil mais homogêneo chamou de "Aura Externa". Normalmente, a aura externa é muito mais larga que a interna, sobretudo em torno da cabeça. Muitos clarividentes parecem estar de acordo com ele no que se refere às auras interna e externa, assim como em sua descoberta de que a aura interna é geralmente a mais útil para o diagnóstico das enfermidades.

Além do diagnóstico, Kilner descobriu duas coisas significativas: primeiro, que com frequência se viam raios entre uma mão próxima e a aura do paciente; e segundo, que a força de vontade podia afetar a aura. A relevância para a cura psíquica é clara, embora Kilner não a buscasse em seu livro, incompreensivelmente talvez, em vista de seu enfoque não ocultista e sua óbvia esperança de que seus ortodoxos colegas julgassem favoravelmente seus descobrimentos – essa esperança não foi cumprida.

Um interessante livro moderno (1970), que dá continuidade e completa os descobrimentos do Kilner é *The Origin and Properties of the Human Aura*, do Osear Bagnall.

Quanto à cor da aura, tanto Kilner como Bagnall afirmam que vai do azul ao cinza. Ambos os autores estão de acordo que os indivíduos muito inteligentes possuem auras notavelmente mais azuis, enquanto que pessoas mentalmente pouco dotadas as possuem mais cinzas.

Muitos videntes veem mais cores, do dourado ao vermelho ou do violeta ao marrom, mas isso parece ser uma percepção menos clarividente e mais óptica. Os videntes são psiquicamente conscientes de qualidades relativas ao caráter ou aos estados emocionais e espirituais do indivíduo, consciência que se manifesta como fenômeno visual. Em outras palavras, existe um elemento de perscrutação na observação vidente da aura. Isso é perfeitamente válido, é óbvio, e realmente constitui um dom que se pode treinar e desenvolver, mas como tudo o que se relaciona com a perscrutação, para poder compreendê-la em sua totalidade e controlá-la terá que ter muito claro na mente a distinção entre a visão clarividente e a estritamente óptica.

Como desenvolver a capacidade para ver a aura?

Para a maioria de nós, a melhor forma de pôr em foco esse aprendizado consiste em começar a dominar a capacidade puramente visual, e, uma vez adquirida, abordar a capacidade clarividente.

As condições para a visão óptica da aura devem ser corretas. Como dissemos, o sujeito deve estar nu, pois à margem dos efeitos que as roupas podem ter sobre as características da aura, sua espessura ocultará ao menos parte da aura interna. Necessita-se de luz tênue ou de uma vela, pois inclusive as luzes de brilho moderado cegam as células da retina que recolhem as frequências áuricas. A pessoa deve se situar contra um fundo muito escuro; a maioria dos experimentadores preferem o negro ou o vermelho. (Como assinala Bagnall na pág. 58, uma das vantagens de situar-se na frente de um fundo vermelho é que proporciona uma referência para medir a quantidade de luz exigida; se você pode *ver* que é vermelho, a luz é muito forte e deve ser diminuída, porque é o extremo vermelho do espectro que "alaga" a visão.) Só os erros e acertos demonstrarão as condições ideais para você.

Os óculos de Kilner não são essenciais, mas a maioria das pessoas opina que ajudam. Entretanto, é necessário ler cuidadosamente as instruções e recordar que sua principal função é ajustar a sensibilidade dos olhos *antes de* iniciar a visão da aura e, que enquanto utilizado, apenas proporciona uma vantagem secundária. Bagnall (pág. 62-4) aconselha detalhadamente como usá-lo.

A primeira coisa que será vista é a aura interna como uma neblina cinzenta ou azulada rodeando o corpo. Ao passo que a sensibilidade vai aumentando, começará a discernir uma estrutura. A aura interna é normalmente estriada, quer dizer, ela consiste em linhas ou raios finos muito densos que saem em ângulo reto à superfície do corpo. Às vezes, em algumas zonas, prolongam-se raios mais brilhantes mais à frente da aura interna; será particularmente observado se uma parte do corpo estiver perto da outra, por exemplo, se a mão estiver perto da cabeça quando os raios serão vistos atravessando espaço intermediário.

Assim que se alcançar esta fase já pode começar a utilizar a visão áurica para diagnosticar. Há dois fenômenos em particular que indicam um mau funcionamento e a localização do dano: uma aspereza na uniformidade da aura, com as estrias se tornando marcadamente granular, e buracos na aura.

Outro fenômeno é a assimetria, quando a aura interior aparece com uma profundidade distinta em lugares correspondentes à esquerda e à direita do corpo. Trata-se só de uma chave significativa quando o indivíduo é observado de frente ou de costas, uma vez que a aura que goza de boa saúde deve ser simétrica. Se o indivíduo for visto de lado, a assimetria não diz nada, porque só as auras de frente e de costas se correspondem naturalmente ao contorno físico do corpo. Qualquer um que aprenda a ler a aura com a intenção de diagnosticar possíveis problemas de saúde deve estudar o livro do Kilner de cabo a rabo. O relato dos casos que aparecem nele é uma mina de ouro de informação. Começando do zero e investigando centenas de pacientes (e gente sã também), ele descobriu muitos sintomas áuricos úteis, cujos diagnósticos se confirmavam uma ou outra vez, embora admitisse não poder explicá-los. Por exemplo, ele descobriu que os pacientes histéricos sempre tinham um vulto anormal na aura ao final das costas, e que os epiléticos sempre tinham a aura da cabeça assimétrica, sendo muito maior no lado direito que no esquerdo. ("Por que sempre desse lado?" Perguntou-se Kilner. Possivelmente por causa de um desequilíbrio entre as funções do cérebro esquerdo e o direito que só pôde compreender-se muito mais tarde.)[210]. Também acertou sempre na predição de menstruações adiantadas ou atrasadas e no diagnóstico da gravidez.

Janet descobriu que as pessoas que foram submetidas a terapias de eletrochoque têm ocos evidentes na aura na região da cabeça, que às vezes persistem durante muitos anos depois do tratamento. Quando encontramos uma amiga nossa pela primeira vez, ela contou a Janet que tinha sido submetida a esse tratamento, embora seu histórico médico nem sequer tivesse sido mencionado. Nossa amiga confirmou que o tinham feito dez anos antes. Com frequência, os sintomas áuricos desaparecem lentamente depois de uma perda física, embora essa larga permanência não seja um bom sinal de saúde. Sirva isso de apoio ao número crescente de médicos e psiquiatras que têm sérias dúvidas sobre a idoneidade do dito tratamento.

Até aqui falamos como vemos a aura, tanto opticamente quanto por meio da clarividência. Mas a aura, ou pelo menos a aura interna, é uma manifestação visível do corpo etérico, e se o que se pretende é curar, será preferível saber mais a respeito da estrutura do corpo etérico além do que revelam os olhos. Isso nos conduz a considerar conceitos como os chacras e suas funções, que superam as possibilidades de um resumo como o presente. O livro clássico sobre o tema é *The Etheric Double*, do Arthur E. Powell, publicado em 1925,

---

210. Outro estranho fenômeno relativo à epilepsia. Uma vez, quando Janet estava demonstrando um diagnóstico clarividente a um grupo, uma pessoa que a desconhecia lhe desafiou para que diagnosticasse se ela padecia de alguma enfermidade. Ela não pôde captar nada. Então, ele tirou um pingente de prata do pescoço e disse que era epilético; tinha descoberto que nenhum vidente podia diagnosticá-lo quando levava um pouco de prata junto ao corpo. Quando tirou o pingente, Janet pôde distinguir a diferença imediatamente. Não tivemos oportunidade de prová-lo em outros epiléticos, mas é possível que os videntes possam fazê-lo.

e, como assinala o prefácio da reedição de 1969, há aspectos nele que poderiam se atualizar "à luz dos conhecimentos acumulados durante os quase quarenta anos que passaram desde sua publicação", o que não impede que siga sendo uma base excelente para o estudo, e posto que grande parte de seu conteúdo (citando outra vez a edição de 1969) "deriva-se do exercício da percepção extrassensorial física" e constitui um útil complemento ao trabalho de Kilner (a quem Powell também cita).

Aqui, o conceito de "percepção extrassensorial física" é utilizado para se referir à percepção extrassensorial em geral, não a definição estrita que damos na pág. 453.

A cura áurica está apoiada na manipulação do que os hindus chamam *prana,* palavra sânscrita que (como *carma)* é utilizada pelos ocultistas, porque carece de equivalente nas línguas ocidentais[211]. "Prana, ou Vitalidade, é uma força vital, cuja existência ainda não foi formalmente reconhecida pelos cientistas ocidentais, embora provavelmente alguns a suspeitam." (Powell, pág. 8). Trata-se da força vital do cosmos que opera no nível etérico; impregna nosso sistema solar (e todos outros) e todo ser vivo está carregado com uma concentração dessa força, sem a qual não seríamos organismos vivos. Cada um de nós pode estar sobrecarregado ou sofrer insuficiência dessa força, ou, por meio do vampirismo, roubá-la uns dos outros. Para ter êxito, o curador aprende a recorrer ao prana "livre" que nos rodeia para poder recarregar o de seus pacientes. É o processo inverso ao do vampirismo, ao final do qual, se tiver sido feito corretamente, o curador não acabará esgotado, porque ele ou ela terá absorvido ao menos tanto prana quanto o que passou ao paciente.

Antes de fazê-lo o curador extrai qualquer carga negativa ou nociva do paciente e a dispersa sem causar dano.

Esta é a essência do que há muito tempo se conhece como a "imposição de mãos". Observe que não é no corpo físico que as mãos têm que ficar; a influência procede da aura das mãos do curador, e passa à aura do corpo do paciente, influência que podemos ver opticamente em forma de raios quando nossos olhos se sensibilizam à aura e que se pode fotografar com fotografias Kirlian. Os curadores áuricos mais experientes normalmente não tocam o

211. A mesma força se chama *Chi* na China e *mana* no Havaí. O crescente interesse ocidental por estes temas deu surgimento a outros nomes: *od* (Reichenbach, Alemanha), magnetismo animal (Mesmer, Áustria), *orgônio* (Reich, USA), bioplasma (Inyushin, URSS) e bioenergia (Thelma Moss e outros, USA).

corpo do paciente durante a "imposição de mãos", eles mantêm uma ou duas polegadas em contato com a aura interna.

Em geral, utiliza-se uma das duas mãos, a dominante, para curar. Pode-se detectar qual das duas é a mão dominante fazendo com que a pessoa coloque as mãos dela para cima e passando sua própria palma da mão para baixo a uma ou duas polegadas de separação de cada uma das mãos, sem as tocar, várias vezes alternativamente. Quase com toda certeza uma delas proporcionará uma sensação mais forte de calor ou de formigamento, e essa será a mão curadora. No trabalho das curas, a *outra* mão se utiliza para extrair as influências negativas, enquanto que a mão curadora se encarrega de recarregar com prana.

As bases necessárias para obter as curas áuricas são a clarividência e a força de vontade.

Já dissemos que a visão óptica e clarividente da aura (nesta ordem) pode ir se desenvolvendo gradualmente, mas a força de vontade tem que ser controlada por você desde o começo, e não há nenhuma razão para que não se possa começar a tentar curas áuricas só com essa base. Embora ainda não tenha alcançado a fase em que seja capaz de ver a aura, diga a um amigo que tem uma dor de cabeça que quer ajudá-lo. Sabendo (pelo Kilner e Kirlian, e outros muitos) que a influência passa de sua mão à cabeça de seu amigo quando estão próximas, sustente a mão menos dominante a uma polegada ou duas de distância do local onde seu amigo nota a dor e, concentrando sua força de vontade, extraia a tensão e o estresse. A cada cinco ou dez segundos retire a mão e sacuda-a de lado como se estivesse sacudindo gotas de água e ao mesmo tempo imagine vividamente que arroja essas influências negativas com a mão, desejando que se dispersem sem dano algum. Tome cuidado, é óbvio, de não sacudir a mão para nenhuma pessoa ou criatura viva. Em seguida descobrirá que inclusive nessa primeira parte do processo de aprendizagem conseguirá aliviar notavelmente a dor de cabeça de seu amigo.

Agora sente e relaxe, respirando compassada e lentamente, por exemplo, seis segundos para inspirar, dois segundos para reter o ar e seis segundos para expirar e outros dois segundos de pausa, respirando sempre com o diafragma (isto é, empurrando para dentro e para fora o estômago), não inchando e contraindo a caixa torácica. Enquanto inspira, imagine que não só seus pulmões, mas também cada um dos poros de seu corpo absorve prana da atmosfera que lhe rodeia. Enquanto contém todo o ar, imagine seu corpo (tanto o físico como o etérico) absorvendo o prana que inspirou. Enquanto expulsa o ar, imagine que toda influência negativa que tenha dentro, incluindo qualquer resíduo que tenha podido lhe transpassar o paciente, abandona seu corpo e se dispersa. Ainda com os pulmões vazios, prepare sua mente para a seguinte absorção de prana.

Quando sentir que está suficientemente carregado, envie o prana recém-acumulado para o braço de sua mão curadora até que sinta um formigamento. A seguir sustente a mão a uma polegada ou duas da cabeça de seu amigo e envie o prana acumulado em sua aura para que faça seu trabalho e restaure a normalidade.

Pode ser que sirva de ajuda visualizar o prana como uma neblina com minúsculas bolinhas douradas que impregna a atmosfera e, enquanto o recolhe para concentrá-lo, visualize a área de concentração como se resplandecesse por causa da maior densidade dessas bolinhas douradas. (Alguns videntes dizem que quando se vê o claro azul do céu em um dia luminoso é possível ver prana com esse aspecto, mas acreditam que se trata de um efeito retiniano, de clarividência ou projeção psicológica e não óptica, pois sem dúvida o prana consiste mais em uma força homogênea que em partículas separadas. O truque das "bolinhas douradas" não é mais que uma ajuda para visualizá-lo, embora muito útil como tal.).

Esse tipo de cura não clarividente lhe ajudará a ganhar confiança e sua prática acelera o desenvolvimento da clarividência. Ao tempo que a visão óptica da aura e depois sua visão clarividente vão se tornando mais claras, sua capacidade de diagnóstico aumentará, posto que disponha de informação mais exata.

O processo que descrevemos insiste em um ponto vital, a necessidade de projeção do curador. Quando nosso jovem Coven empreendeu pela primeira vez um trabalho de cura, tivemos alguns êxitos, mas nos surpreendeu o fato de que muitas vezes sentíamos os mesmos efeitos que tinha o paciente a quem tínhamos aliviado; se conseguíamos efetivamente curar a dor das costas do Charlie nossas costas começavam a doer.

Quando começamos a nos dar conta do que acontecia, prestamos atenção a nosso próprio suporte psíquico cada vez que empreendíamos uma cura. E particularmente em curas áuricas nunca omitimos o sacudir a mão e sua correspondente visualização e força de vontade. A partir de então, deixamos de "adicionar" as dores nas costas do Charlie e qualquer outro.

Lembre-se também de que quando se passa prana ao paciente, deve assegurar-se de extrair do ambiente uma quantidade equivalente (ou mais) para você, ou acabará sem forças. Thelma Moss e sua equipe investigaram com fotografias Kirlian a vários curadores, incluindo alguns que trabalhavam com a imposição de mãos, e *The Body Electric* narra como uma e outra vez as fotografias mostravam que a coroa Kirlian do paciente se fazia mais brilhante enquanto que a do curador se apagava. Alguns daqueles curadores tinham descoberto seu dom por acidente e admitiram não o entender; esperamos que com a melhora de seus conhecimentos adquiram também o dom de recarregarem a si mesmos.

Um apontamento final sobre as curas áuricas: em nossa opinião, o estudo da aura dos animais favorece em grande medida seu desenvolvimento. Algumas são especialmente vividas e fáceis de ver, além de possuir capacidade extrassensorial, muitos animais reagem positivamente à imposição habitual de mãos a duas polegadas de suas auras (nos que têm pelos muito compridos, como o gato persa, terá que distinguir entre a autêntica influência áurica e a eletricidade estática da mão). Frequentemente pensamos que os veterinários deveriam estudar o diagnóstico áurico em seu próprio benefício.

Possivelmente, alguns o façam por instinto.

Psicologia

Todo Bruxo tem que ser um psicólogo, tanto para lhe capacitar na compreensão das razões que repousam nas práticas Wiccanianas como das formas em que estas práticas funcionam, para, assim, compreender as demais pessoas e as tratar com uma maior efetividade. Isso é especialmente importante quando se trata de fazer curas. A menos que se tenha em conta a psicologia do paciente, o mais provável é que a chave do caso permaneça oculta, ou é até provável se equivocar na orientação da atitude mental necessária do paciente quando se diagnosticou corretamente.

Poucos Bruxos são psiquiatras diplomados, ou chegam a sê-lo; mas há certas leituras sobre o tema que podem ser muito benéficas para qualquer adepto. Nós estamos convencidos de que as obras do Jung e seus discípulos são os melhores meios para se formar nesse campo. Freud abriu vastos horizontes novos no entendimento humano, mas não carece de defeitos que Shuttle e Redgrove (*The Wise Wound*, pág. 177) resumem no inteligente comentário seguinte: "Freud foi um grande homem. E, entretanto, era um grande homem." Jung, que começou estudando com Freud, chegou num momento em que teve que romper com ele para seguir seu próprio caminho devido a esses defeitos.

Acredita-se que seu pensamento sintoniza notavelmente com a filosofia Wiccaniana, porque está livre de estereótipos patriarcais que seguiam sendo uma carga para Freud, e qualquer pequeno vazio que a consciência de sua própria virilidade pôde ter criado, foi rapidamente compensado por discípulas como Esther Harding, Jolande Jacobi e Aniela Jaffé.

Freud e Jung proporcionaram à humanidade uma visão totalmente nova da estrutura de sua própria psique. Não é exagerado dizer que Jung, sobretudo, proporcionou à filosofia da Wicca uma nova compreensão de si mesmo, ao menos tomando consciência de uma série de conceitos (aos quais proporcionou uma linguagem) que até aquele momento os Bruxos só tinham captado intuitivamente.

Já citamos nas páginas 371 e 388 alguns dos livros que podem ser lidos como um estágio básico sobre o pensamento Junguiano; nós os recomendamos encarecidamente. Inclusive se encontrarmos aspectos com os quais não comungamos, seu estudo clarificará em grande medida nossas próprias ideias.

Na verdade, este livro não dispõe de espaço suficiente para dar um curso básico de psicologia. Nós gostaríamos, entretanto, de abordar um pensamento ou dois sobre os aspectos psicológicos da cura Wiccaniana.

Um músico amigo nosso cantou uma vez: "O caminho para sua porta está lavado com lágrimas." O caminho que leva até a porta do curador também está com muita frequência lavado pelas lágrimas da desesperança, a culpa, as lavagens de cérebro familiares ou os medos inconscientes. Os Bruxos devem ser curadores de doenças mentais além de físicas, de outra forma estarão ocupando-se só dos sintomas em lugar das causas. E como todo bom médico sabe, não se deve deixar que o sofrimento do paciente influencie emocionalmente seu curador. Isso não quer dizer que deva ficar frio ou não sentir compaixão, mas chorar pela dor do paciente faz desaparecer a energia psíquica sem a qual resulta impossível a cura.

Uma vez conhecemos uma jovem Bruxa muito bonita e psiquicamente dinâmica que sentia uma grande compaixão pelo reino animal, mas escassa ou nula pelos humanos. Uma noite Janet se viu obrigada a lhe mostrar alguns dos fatos que ela se negava a reconhecer, mas sua reação deixou a todos esgotados. A consequência disso, seus poderes psíquicos curadores que tinham sido muito vibrantes, diminuíram grandemente durante um tempo, até que voltou a estar de acordo consigo mesma. Ela tinha trazido suas frustrações à superfície da mesma maneira que um furúnculo aflora na pele. Janet tinha se dado conta de que sua aparente crueldade era, na realidade, medo de que se abrisse as comportas, ia se tornar alagada. Até que ela tenha enfrentado isso, não pôde alcançar uma compaixão *equilibrada,* que é essencial em um curador de êxito. A psiquiatria profissional sabe, e é a razão pela qual toda escola de diplomados se assegura, que mesmos os psiquiatras devem ser analisados. Um curador psiquiatra que não está claro sobre seus pontos fracos projetará esses traumas sobre seu paciente. Por isso, antes de tudo, os psicólogos aficionados e os Bruxos devem eliminar seus próprios complexos o mais sinceramente possível. Ter um conhecimento básico da própria psicologia é tão importante como conhecer a do paciente.

Um apontamento sobre o "efeito placebo". Um placebo é um tratamento (seja um medicamento, seja uma pílula, seja uma determinada terapia) que um médico sabe que em si mesmo não tem efeito algum (a pílula pode ser de giz, por exemplo), mas que prescreve, porque o paciente acredita que lhe fará bem. Não se trata necessariamente de uma fraude. Pode ocorrer que um paciente esteja quase supersticiosamente convencido de que a "pílula do médico" será essencial para sua recuperação e que não responderá ao tratamento real a menos que a consiga; assim, o médico a proporciona astutamente, ao mesmo tempo em que o verdadeiro tratamento.

Os Bruxos, como assinalamos na pág. 438, logo se familiarizam com o efeito placebo. Por exemplo, quando o paciente se sente melhor só pelo fato de ter pedido ajuda aos Bruxos, antes que estes tenham tido tempo sequer de trabalhar em seu pedido; ou quando os pacientes se animam muito com a mera evidência física de um feitiço a seu favor. Como os bons médicos, os Bruxos sábios deverão ter em conta o efeito placebo, deixando que seus pacientes se beneficiem disso, mas sem cometer nunca nenhuma fraude; em outras palavras, nunca confiando apenas nele, mas ao mesmo tempo nunca se descuidando do tratamento real, e nunca fingindo realizar um espetáculo para aumentar a confiança dos Postulantes aos placebos.

O aspecto psicológico da cura Wiccaniana é outra prova dos benefícios do trabalho do Coven. O uso da psicologia exige uma honestidade tal e um conhecimento de si mesmo tão profundo que a observação mútua e a característica franqueza de um Coven bem integrado são garantias excelentes para não se perder ou enganar-se a si mesmos.

Duas últimas notas a este capítulo. Os interessados nas curas psíquicas devem ler *The Secrets of Dr. Taverner,* de Dion Fortune. Esse livro proporciona, de maneira fictícia, histórias de casos fascinantes investigados por um adepto que dirige uma clínica ocultista. O "doutor Taverner" e sua clínica existiram na realidade, assim como Dion Fortune diz na introdução, "todas as histórias do livro estão apoiadas em feitos reais e não contêm nem um só incidente que seja pura imaginação". Conhecemos a filha de um dos personagens que aparece no livro e uma Alta Sacerdotisa amiga nossa conhece outro. Em ambos os casos pudemos confirmar a veracidade do relato de Dion Fortune.

Como assinalamos no capítulo IX, todo Bruxo que se preze está obrigado a ler o seu livro *Autodefesa Psíquica*; voltamos a citar aqui, porque os princípios da defesa psíquica e da cura psíquica são inseparáveis.

E a segunda nota, que revela com exatidão a importância da imaginação e a força de vontade na cura, procede de Pablo Picasso: "Quando a arte for corretamente entendida, seremos capazes de pintar quadros que curem a dor de dente."

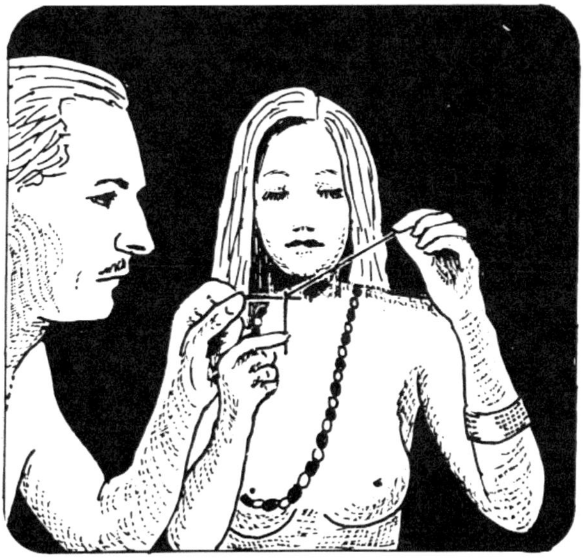

XXII — Feitiços

Um feitiço é um ritual para criar poder psíquico e dirigi-lo para um fim determinado e prático. Ele se alimenta e se apoia de vivida imaginação e força de vontade concentrada; e o que os céticos normalmente descrevem como "encenação" de um feitiço, constitui, de fato, uma dramatização para ativar ambas as forças, uma forma perfeitamente razoável de fazê-lo.

Exemplo disso é o famoso feitiço da imagem ou o "boneco de cera", que é quase com certeza o único tipo do qual ouviram falar as pessoas alheias à Bruxaria. Em geral ele é associado com atividades sinistras, como cravar pregos, alfinetes ou espinhos para fazer mal à vítima escolhida. Certamente, pode-se utilizar malignamente desta maneira, mas os Bruxos "brancos" usam esse feitiço com responsabilidade, que, na prática, significa utilizá-lo unicamente em trabalhos curativos ou quando é necessário "conter" alguém que está atuando malignamente (ver pág. 382).

Como é normal na prática Wiccaniana, os feitiços de imagem se fazem melhor por meio de um casal homem-mulher, embora todo o Coven possa apoiá-los nisso. A imagem deve ser de cera, argila ou qualquer tipo de material conveniente, e o objeto final da operação consiste em identificá-lo o mais estreitamente possível com a pessoa escolhida. O ideal é que pareça com essa pessoa, mas não é necessário que a imagem seja artística; por exemplo, não hesite em colar na cabeça do boneco uma fotografia do rosto da pessoa para favorecer sua visualização. Também pode ser acrescentado fios de cabelo ou pedaços de unhas, ambos tradicionais e úteis, porque contribuem para que a identificação mental seja mais vivida, além de proporcionar um vínculo psíquico com o princípio de ressonância (veja págs. 464-5). A imagem deve estar nua e mostrar ser inconfundivelmente homem ou mulher.

Alguns Bruxos furam o coração da imagem com um objeto agudo e preenchem a parte oca com algodão embebido em condensador planetário, um fluido preparado com água e pedacinhos de metal, para representar as diversas influências planetárias. Em nossa opinião, isso não é necessário, e o furo debilita a estrutura da imagem. Entretanto, vale a pena acrescentar uma substância viva de qualquer tipo e a que se usa tradicionalmente é um ovo cru, o mais fresco possível, que não provém de um sacrifício (esta utilização de um ovo cru fresco como "sacrifício substituto de algo vivo" é interessante de ser lembrada para outros propósitos). É mais conveniente um pouco de ovo em uma pequena cavidade dentro do peito, onde deveria estar o coração, do que um buraco que atravesse todo o boneco.

O casal e qualquer outra pessoa que participe do feitiço deverão trabalhar juntos de alguma maneira, por menor que seja, na elaboração do boneco. E devem fazê-lo dentro do Círculo Mágico.

Quando a imagem estiver preparada, leve-a ao altar onde respingarão água e sal consagradas dizendo:

Nós te damos o nome de ______, em nome de Cernunnos e Aradia

(ou os nomes do Deus e a Deusa que acostumem a usar).

Deixe a imagem sobre o Pentáculo enquanto todos os participantes dançam a Runa das Bruxas para criar poder.

A seguir, a mulher deita com a barriga para cima no centro do Círculo, adotando a posição de Pentagrama, com a cabeça para o Norte. O homem pega uma corda vermelha e a ata ao redor do meio da imagem, com uma das pontas também ao redor de sua própria cintura e a outra em torno da cintura da mulher.

Agora o casal "concebe" e "dá nascimento" à imagem. A dramaticidade e a convicção da representação dependem da imaginação do casal e da natureza da relação que mantenham: pode ser desde pura e simplesmente simbólica, a uma representação incondicionalmente "real" (esse último, obviamente, em privado); o importante é que se faça com uma força de vontade concentrada visualizando o que se tenta conseguir. (Conhecemos uma Bruxa que "amamenta" o boneco imediatamente depois de seu nascimento; o efeito é espetacular, mas possivelmente poderia ter consequências psíquicas colaterais ao estabelecer uma dependência não desejada do "paciente" com a mulher, possibilitando uma forma de vampirismo, por isso possivelmente é melhor não o fazer.).

Continuando, o homem desata a corda da cintura da mulher e leva a imagem, ainda atada a ele, ao altar. Com seu Athame, ele faz o Pentagrama de invocação da Terra em frente à imagem. Depois desata a corda da imagem e de sua própria cintura.

Seguidamente, o casal, ou o grupo, sentam-se olhando uns aos outros, e por turnos (a mulher, o homem e depois os outros) sustentam o boneco. Cada um se dirige a ele por seu nome e lhe diz as palavras curativas adequadas e o tratamento ou, em caso de um feitiço de contenção, as ordens expressas com precisão e com cuidado. Em ambos os casos, a imagem é tratada, fala-se e pensa-se como se ela fosse a pessoa viva que ela representa. A seguir, a imagem recebe o tratamento simbólico necessário, como costurar a boca, caso se pretenda impedir que a pessoa difunda sua maldade. Finalmente, ata-se com uma corda e se envolve em roupa da cor escolhida (vermelho para curas orgânicas, azul para as funcionais, negro para um feitiço de contenção, etc. (veja pág. 534-5).

Enquanto o Círculo é banido, deve-se segurar a imagem envolta *por trás* de quem realiza a expulsão, como com os objetos recém-consagrados.

Depois disso, a imagem embrulhada é retirada e escondida em um lugar secreto a salvo de manipulações e mantida lá durante o tempo necessário para que tenha efeito o feitiço. Às vezes pode ocorrer que necessite de uma recarga. Você então terá que desembrulhá-la, puxar o poder sobre ela com o Athame (repetindo as palavras ou as ordens curativas) e envolvê-la de novo e retorná-la ao seu lugar secreto. Tudo isso no interior de um Círculo, mental ou real.

Uma imagem que foi identificada com uma pessoa e utilizada em um feitiço de imagem nunca deve continuar existindo, uma vez que o objetivo foi alcançado ou o prazo do feitiço terminou, mesmo que não tenha tido êxito. A imagem deve ser dispensada, levando-a para uma corrente natural de água, desembrulhando-a, desatando-a e reduzindo-a em pequenos pedaços, cada um deles jogados na água com a ordem: VOLTA PARA OS ELEMENTOS DE ONDE VEIO.

Esse ritual inclui todos os elementos essenciais do trabalho com feitiços: dramatização, imaginação, identificação, intenção determinada, força de vontade e a eliminação dos laços estabelecidos. Muitos outros elementos podem ser levados em consideração para melhorar o efeito. Por exemplo, realizando o feitiço durante a Lua crescente ou cheia, e no dia e hora de Mercúrio ou Júpiter, ou se tratando de um feitiço de contenção durante a Lua minguante ou nova e no dia e hora de Saturno. Também pode escolher música e incensos apropriados, etc. (para os dias planetários e as horas, consulte *What Witches Do,* Apêndice 3, ou *Magus,* de Francis Barrett, Livro II, Parte IV, pág. 139).

Existem também feitiços muito mais singelos, embora tenham de cumprir os mesmos princípios. Por exemplo, suponhamos que você deseja unir duas pessoas que tenham dificuldades de se comunicarem. Deve-se consagrar e nomear duas peças de xadrez (reis e rainhas, segundo o sexo), colocá-las nos dois extremos do suporte da lareira e ir aproximando-as diariamente pouco a pouco, até que estejam em contato, pronunciando sempre palavras de encorajamento.

Também é possível considerar que um problema requer uma pressão psíquica continuada durante várias horas. Nesse caso se consagra uma vela sobre a qual mentalmente seu objetivo será concentrado, para depois acendê-la e deixar que se consuma (preferivelmente sobre o altar, se você dispõe de um permanente) depois de declarar com firmeza e confiança: "Quando esta vela se consumir por completo, Mary estará outra vez bem", "minha escolha será a melhor", "John me chamará por telefone", ou qualquer que seja o propósito. Pode ser que durante as horas em que ela esteja acesa sua atenção se distraia com outros assuntos inevitáveis, mas seu subconsciente estará focado na vela que segue consumindo e de seu propósito, por isso seu esforço psíquico seguirá fluindo inconscientemente. Uma alternativa que exige um espaço de tempo menor consiste no feitiço da vela e agulha (veja fotografia 11) no qual se crava uma agulha atravessando em parte a vela. O feitiço terá efeito quando a chama alcançar a agulha. Em ambos os casos, se for possível, escolha uma vela da cor apropriada.

É aconselhável, por sua efetividade, utilizar nomes adequados do Deus e da Deusa. Se um de nossos muitos gatos está doente ou perdido, sempre invocamos a Deusa gata egípcia, Bast; isso tem funcionado com frequência. Para um problema de comunicação, Mercúrio, Hermes ou Thoth, segundo o panteão com o qual se sinta mais em conexão. Para um problema relacionado especificamente com a Arte, Aradia; se se tratar de algum trabalho relativo às crianças, servirá uma Deusa Mãe, se for possível, uma Deusa local, como a irlandesa Dana; para uma questão Cármica, Arianrhod; etc. (até para as descargas entupidas há uma encantadora Deusa romana da rede de esgoto, Cloacina).

Ao esboçar os feitiços, há a vantagem psicológica e psíquica para o uso das correspondências - as harmonias que a experiência mágica demonstrou relacionar objetos ou seres em várias categorias (deidades, cores, espécies animais e vegetais, cartas do Tarô, perfume, minerais, frequências musicais, figuras geométricas, atalhos da Árvore da Vida, etc.) e que ajudam a encontrar esses "pontos de interressonância" entre os níveis aos quais nos referimos no capítulo XI. Para conhecer os detalhes de todas estas correspondências, o manual indispensável é *777*, de Aleister Crowley, que alguns consideram como o livro mais útil e puro que escreveu (seu tutor mágico, Allam Bennett, escreveu parte do livro).

Poderíamos enumerar feitiços indefinidamente, e existem incontáveis livros que o tem feito, alguns muito úteis. Mas um bom Bruxo, como um bom cozinheiro, não confia nos livros de receitas. Os melhores feitiços são elaborados utilizando a imaginação no momento de esboçá-los, assim como no de realizá-los. Janet inventou o feitiço da peça de xadrez sobre o suporte da lareira quase sem pensá-lo, para solucionar um problema concreto (embora o mesmo possa ocorrer também a outros). Ajustava-se com simplicidade à necessidade, proporcionava símbolos claros para a concentração de força de vontade, e funcionou.

O que você deve lembrar é que necessita de imaginação e força de vontade para abrir os canais psíquicos e ativar a ressonância psíquica; e a partir de então, fazê-lo como preferir.

A arte dos feitiços é uma parte corriqueira da maioria dos Círculos ordinários dos Covens. Os membros vão com seus próprios problemas ou com os de seus amigos, e o grupo trabalha conjuntamente. Para cumprir esta agenda coletiva, a maioria dos Covens mantém uma disciplina habitual e dispõem de feitiços feitos sob medida para fins especiais que são realizados em solitário ou em casais.

Em nosso Coven estamos acostumados a usar a Magia de Cordas ou da Junção de Mãos. Seja qual for, o fazemos imediatamente depois da dança circular da Runa das Bruxas, que serve para aquecer os músculos psíquicos e erigir o Cone de Poder, que deve ser aproveitado antes que perca a intensidade.

Sobre a Magia de Cordas, o Coven se senta em Círculo olhando para dentro, com homens e mulheres uns de frente para o outro na medida do possível. As cordas se sustentam diametralmente através do Círculo, cruzando-se entre si no meio para formar o foco central da roda de raios. Cada corda é segurada (novamente, na medida do possível) por uma mulher em um extremo e um homem no outro, mantendo-a esticada. Quando cada desejo é nomeado, todos se concentram nele e atam um nó para simbolizar essa concentração. Quando todos os desejos foram pronunciados, a Alta Sacerdotisa ordena que todos se concentrem no Cone de Poder sendo carregado com o efeito total; depois de uns momentos ordena "Agora!", e todos deixam ir de uma vez, visualizando o poder fluindo além para cumprir os diversos fins. As cordas são guardadas amontoadas sobre o altar e os nós não são desfeitos até o Círculo seguinte.

Às vezes, em lugar de pegar ela mesma uma corda, a Alta Sacerdotisa se deita de costas sob a roda de cordas, com a cabeça para o Norte e, tocando o centro das cordas com seu Athame, aponta para cima, como um foco do poder e como uma espécie de para-raios disposto para a descarga final. Em nossa opinião, ao fazer isso ela está especialmente capacitada para avaliar a quantidade de poder que se conseguiu convocar.

Em nosso outro método nos sentamos também em um Círculo, homem e mulher, alternadamente, dentro do possível, unindo as mãos com a pessoa ao seu lado (com a palma esquerda virada para cima e a palma direita para baixo). Pronunciam-se os desejos da mesma maneira, por turnos e em sentido horário, enquanto isso nos concentramos em sua realização visualizando o poder que flui como uma corrente que atravessa nossos braços, no sentido dos ponteiros do relógio e através do Círculo, fazendo-se cada vez mais rápida e forte e alimentando o Cone de Poder em uma espiral ascendente. Não é incomum que os Bruxos recém iniciados se surpreendam ao descobrir que realmente podem sentir a corrente.

Uma de nossas Bruxas, Bárbara, inventou um novo desenvolvimento deste ritual de Junção de Mãos. Ao comprovar sua indubitável efetividade fomos substituindo o feitiço da Corda Mágica. Mais uma vez, vamos supor um Coven imaginário que pronuncia os desejos por turnos em sentido horário como de costume:

Mary: TRAGA TRANQUILIDADE PARA A MENTE DE BRIDIE, QUE TEM MANIA DE PERSEGUIÇÃO.

Chris: PARA INSPIRAÇÃO DE MINHA OBRA ARTÍSTICA.

Susan: PARA O ÊXITO DE UMA ENTREVISTA DE TRABALHO QUE SOLICITEI.

Peter: PARA ARTHUR, QUE TEM PROBLEMAS COM O ÁLCOOL.

Kathie: PARA MINHA MÃE, QUE SOFRE DE ARTRITE.

Jim: PARA O GATO DE MINHA IRMÃ QUE ESTÁ HÁ DOIS DIAS PERDIDO.

Sem pausa, e mantendo o sentido horário, os desejos se repetem de forma abreviada.

Mary: PARANOIA DE BRIDIE.

Chris: INSPIRAÇÃO ARTÍSTICA.

Susan: ÊXITO EM MINHA ENTREVISTA.

Peter: ALCOOLISMO DO ARTHUR.

Kathie: ARTRITE DE MINHA MÃE.

Jim: GATO PERDIDO DE MINHA IRMÃ.

Cada vez mais depressa, reduzindo cada desejo a uma palavra chave: "PARANOIA... INSPIRAÇÃO... ENTREVISTA... ÁLCOOL... ARTRITE... GATO... PARANOIA... INSPIRAÇÃO..." até que a Alta Sacerdotisa diz "Pare!" E é liberado o poder para cumprir sua função.

Esse método tem várias vantagens, como a criação do poder em um ritmo acelerado e firme, que resuma cada desejo em uma só ideia e que imprima todos os desejos na mente de cada um dos participantes, até que todo o grupo fique consciente simultaneamente de todos eles no momento de liberar o poder.

A criação deliberada de formas de pensamento é outra técnica amplamente utilizada nos feitiços, e pode fazer-se por uma pessoa, um casal ou todo o Coven.

Uma forma de pensamento é de natureza similar ao que os psiquiatras chamam de complexo. Um complexo é uma constelação de elementos dentro da psique que adquiriu uma existência quase independente e que com frequência entra em conflito com a vontade consciente e com as verdadeiras necessidades do indivíduo. Pode originar-se a partir de um trauma ou de uma repressão e em geral supõe uma disfunção psíquica. O trabalho do psiquiatra consiste em descobrir a causa e reintegrar os elementos do complexo na psique total.

Mas embora uma forma de pensamento criada por um Bruxo ou ocultista seja também uma constelação de elementos psíquicos quase independentes, ela é criada deliberadamente para um fim útil e para que atue de acordo com um desejo consciente. Uma vez que cumpriu sua função, é reabsorvida conscientemente. Se a forma de pensamento for criada, utilizada e reabsorvida adequadamente, não tem nenhum dos nocivos efeitos do complexo.

Quando criada no seio de um casal ou de um Coven, inclui elementos de cada uma das psiques de seus membros (estabelecer este tipo de paralelismos supõe-se entrar mais em terrenos da psicologia social do que no individual). Realizar essas quase independentes formas de pensamentos pode proporcionar surpresas. Tanto é assim que, se for criada sem a devida atenção, pode escapar das mãos e terminar sendo muito difícil de controlar, por isso seus inspiradores terão que antecipar-se mediante instruções expressas com precisão e fixadas com determinação.

Os fatores necessários são os mesmos que intervêm em todos os feitiços: imaginação, visualização clara, definição exata do objetivo e força de vontade concentrada.

Descreveremos o processo como se fosse realizado em grupo; e se uma Bruxa ou Bruxo pretende fazê-lo em solitário os fatores seguirão sendo os mesmos, embora exija concentração e autodisciplina extras.

Em primeiro lugar, o grupo discute o propósito da forma de pensamento até que fique plenamente acordado e claro na mente de todos. Não é má ideia escrevê-lo (e anotar as palavras exatas no registro do Coven).

Depois entrarão em acordo sobre um nome da forma de pensamento que tenha o gênero adequado, que expresse seu propósito e suas características. Obviamente, não poderá ser um nome do Deus ou da Deusa conhecidos, uma vez que se trata de um ato de imaginação como entidade independente própria e não como uma invocação de um aspecto divino em particular, o qual supõe um processo muito distinto. O nome pode ser inclusive produto de uma síntese e, utilizando uma técnica da magia cerimoniosa, pode formá-lo com as iniciais das qualidades desejadas. Por exemplo, uma forma de pensamento cujas funções requeridas sejam fortalecer, respirar, estimular e divertir poderia chamar-se F-R-E-D, Fred.

A seguir, concordem com sua aparência visual, por exemplo, pedindo ao membro que mais imaginação visual tenha que o visualize e o descreva. Normalmente terá forma humana, o que facilita a ideia de falar com ele. O grupo deverá ter claro na mente o sexo da forma de pensamento, a idade aparente, a constituição, cor, tipo e quantidade de cabelo, sua expressão e todo o resto, e se estará nu ou vestido (a essa hora já é sabido se é "ele" ou "ela"). Se estiver vestido, que roupas leva? Em caso de ter algum pintor no grupo, seria boa ideia lhe pedir que desenhasse o esboço de um quadro completo, para que todos o estudem e o guardem na mente.

Para criar uma forma de pensamento em grupo, é necessário discutir muito a fim de lhe infundir conscientemente as qualidades necessárias que possuam os participantes, e as expor verbalmente: por exemplo, "Fred terá a compaixão da Mary, a determinação do Peter, o discernimento da Sheila, a engenhosidade do Tony, a alegria da Moira," etc. Entre outras coisas, isso favorece o fortalecimento da consciência do grupo de que Fred é "complexo" que inclui elementos de todas suas psiques.

O último que fica para decidir é a duração. O mais normal é que tenha um período determinado, que se incluirá nas instruções: "Completará seu trabalho em sete dias e depois se dispersará, devolvendo seus elementos para nós, que fomos os que lhe criamos." Ou o tempo que se estime necessário. Entretanto, pode haver formas de pensamento cuja duração tenha que deixar aberta ou inclusive que sejam deliberadamente permanentes (por exemplo, quando fica um guardião em um local concreto). Nesse caso, a situação deverá reconsiderar-se periodicamente, recarregar a forma de pensamento e vigiar possíveis efeitos colaterais inesperados.

(Seguramente, a forma de pensamento de um guardião é um bom exemplo da utilidade de um nome. Suponha que colocamos um guardião chamado Mogrel em um lugar. No momento em que notemos que lhe espreita alguma ameaça, simplesmente diremos "Mogrel, em guarda!" com um repentino e deliberado fluxo de força de vontade que disparará todo o mecanismo de defesa psíquica.).

Então, até o presente momento, nosso grupo definiu, renomeou e visualizou sua forma de pensamento, o passo seguinte é ativá-lo ritualmente. Como fazê-lo é questão da criatividade do grupo e de sua forma habitual de atuar. Por exemplo, a Alta Sacerdotisa poderia dirigir-se à Deusa e ao Deus em nome do grupo, anunciando o que estão fazendo e invocando sua ajuda para dar vida a "Fred", a "Mogrel" ou a quem quer que seja. Ou, como no feitiço do boneco de cera, um casal poderia "dar nascimento" ritualmente à forma de pensamento, embora em ausência de uma imagem material o foco consistirá unicamente em uma concentração mental. O importante é que *exista* um foco, um momento em que todo o grupo visualiza simultaneamente a forma de pensamento começando sua existência independente. (Seja qual for o ritual empregado, é efetivo assinalar este momento com o badalar de um sino.).

Uma vez feito isso, o grupo se senta em um Círculo e cada um, por turno, dá instruções à forma de pensamento, nomeando-a e falando com naturalidade, mas tomando cuidado de expressar com exatidão o objetivo a ser alcançado.

Há aqui um exemplo de nossa própria experiência. Perto da costa do Condado de Mayo existe um par de ilhas chamadas Inishkea, onde anualmente um grande número de focas cinzas dão à luz e alimentam seus filhotes. Em outubro de 1981, alguns indivíduos entre os pescadores locais desembarcaram nas ilhas e causaram um tremendo massacre de filhotes. Deram como desculpa o dano que as focas causavam na indústria pesqueira do salmão, embora fontes informadas (incluindo a mesma indústria pesqueira) apressaram-se a assinalar que o verdadeiro dano se devia ao excesso da pesca, os roubos e o uso de redes de dimensões ilegais. O mesmo massacre transgrediu a lei, pois se supõe que são os agentes governamentais os únicos que podem levar a cabo qualquer sacrifício seletivo de focas depois de um exaustivo estudo que confirme a necessidade de fazê-lo. Apesar de tudo (sendo Mayo uma zona muito pouco povoada em que todo o mundo se conhece) ninguém foi processado.

A opinião pública ficou horrorizada e a controvérsia se instalou na forma de furiosos protestos nas correspondentes colunas dos periódicos. A Wildlife Federation irlandesa anunciou que organizaria acampamentos de voluntários na Inishkea para vigiar as focas durante a temporada de cria de 1982, e de fato muitos voluntários passaram semanas nas ilhas em 1982 e 1983.

Nenhum membro do nosso Coven se uniu a esses voluntários fisicamente, pois acreditavam que deveria contribuir à sua maneira. Em novembro de 1981, criamos uma forma de pensamento que chamamos *Mara* (que em gaélico significa “do mar”). Janet a retratou em um quadro (veja fotografia 18) como uma figura verde acinzentada emergindo do mar e da sua mesma substância, e fizemos pequenas cópias fotográficas do quadro para que todos nossos membros pudessem levar uma. Suas instruções foram: “Manifeste-se visualmente, amedronte qualquer um que trate de fazer mal às focas nas ilhas Inishkea, ou em suas cercanias. Você não fará mal a ninguém a menos que persista em suas intenções e não haja outra maneira de lhe deter.” Durante todo o ano estivemos recarregando-a e voltando a lhe dar instruções a cada Lua cheia.

A tragédia de 1981 não se repetiu em 1982,1983 nem 1984. Nós acreditamos que ajudamos a preveni-la. Mas, em todo caso *Mara* ainda existe.

Uma nota de interesse: depois da época de cria de 1983, estivemos falando com um casal que tinha transportado fornecimentos aos voluntários de Sea Shepherd, na Inishkea. Antes que lhes disséssemos algo sobre a *Mara* ou a respeito de nossa iniciativa, contaram-nos que tinham conseguido salvar-se de se chocar contra umas perigosas rochas em meio de uma tormenta graças a uma mulher que lhes fez gestos para que se afastassem urgentemente. "Estava vestida com algo como um vestido até os tornozelos de cor verde-acinzentado," disseram. "Não pudemos ver o seu rosto, mas pudemos ver seus olhos!" Assim que conseguiram atracar a salvo, disseram-lhes que não, que era impossível que houvesse uma mulher ali. Também descobriram que várias pessoas tinham visto essa mulher caminhando entre as focas que, surpreendentemente, não se incomodavam por sua presença. Chamavam-na de fantasma e a evitavam. Ela ficou conhecida como "O Fantasma".

XIII — Autoiniciação

Quando fomos iniciados em 1970, ensinaram-nos que "só uma Bruxa pode fazer outra Bruxa". Em outras palavras, a única maneira de converter-se em Bruxo ou Bruxa consistia em ser iniciado por outro Bruxo ou Bruxa, de grau adequado e do sexo oposto. Provavelmente, essa era a opinião da Arte como um todo na época e como tal a aceitamos também.

Ainda seguimos acreditando que é uma boa regra e que deve ser cumprida sempre que possível, porque significa que todos os novos Bruxos começam seu aprendizado sob a tutela de um iniciador experiente e normalmente o faz como membro de um Coven existente. Os enganos são menos perigosos, os mal-entendidos se esclarecem antes e o processo de aprendizado acaba sendo muito mais rápido. Aprende-se melhor algo com um professor do que sendo autodidata.

Apesar de tudo, não acreditamos que a esta altura da história da Bruxaria essa regra tenha que ser inflexível. Além disso, insistir em seu cumprimento não é realista, já que uma grande parte dos Bruxos atuais (o que não quer dizer que sejam inferiores) iniciou a si mesmo ou provém de pessoas que assim o tem feito. Por exemplo, é muito duvidoso que Alex Sanders tenha sido iniciado "legitimamente" alguma vez, segundo as estritas regras que ele mesmo nos ensinou. É amplamente sabido que ele tentou por todos os meios ser admitido em mais de um Coven Gardneriano e falhou. Ao que parece, finalmente conseguiu uma cópia do *Livro das Sombras* Gardneriano e sobre essa base fundou seu próprio Coven. (Sua afirmação de que copiou quando era menino o *Livro das Sombras* a partir de um que pertencia a sua avó não pode ser verdade, porque isso teria ocorrido muitos anos antes que Gardner e Valiente tivesse escrito sequer o texto.) Isso quer dizer que todo o movimento Alexandrino (que verdadeiramente inclui alguns Covens muito bons) é "ilegítimo" e que seus membros não são Bruxos verdadeiros?

Tal afirmação pertence ao reino da fantasia. Apesar do que cada um possa pensar do próprio Alex, muitos dos adeptos iniciados por ele e Maxine, da primeira, segunda ou terceira geração, são verdadeiros Bruxos sob qualquer padrão.

A Wicca é um modo de ver o mundo e de viver nele, que tem raízes antigas, mas é profundamente relevante ao nosso tempo. Assim sendo, será praticada por todos aqueles que se sintam atraídos por seu pensamento e sua expansão e não pode ser limitada ou contida pela insistência de uma Sucessão Apostólica Wiccaniana[212]. Se você se sentir sinceramente atraído pela Wicca e tem possibilidade de praticá-la, o melhor a ser feito é que se inicie e aprenda com um Bruxo já iniciado, mas se isso é impossível, é perfeitamente justificável que faça as coisas pela sua própria iniciativa – preferivelmente com um companheiro de trabalho de mente afim e possivelmente com um pequeno grupo de amigos.

Como diz Doreen Valiente em *Witchcraft for Tomorrow* (pág. 22): "Todo mundo tem perfeito direito de ser pagão se quer sê-lo... Assim não deixe que ninguém lhe intimide para que abandone", incluindo entre esses últimos, presumivelmente, os pagãos de mentalidade pedante. Valiente continua citando o Artigo 18 da Declaração Universal dos Direitos Humanos, publicado pelas Nações Unidas. Vale a pena estudar o artigo referido; e por certo, no que diz respeito ao nosso Coven, a mesma liberdade de crenças religiosas e sua prática está garantida no Artigo 44 da Constituição irlandesa.

Se quiser converter-se em um Bruxo praticante (tanto em sentido religioso como no que se refere à Arte) e não pode ingressar em nenhum Coven, em primeiro lugar deverá estudar a filosofia fundamental da Wicca e estar mentalmente seguro de que se sintoniza com ela. Isso há trinta ou quarenta anos teria sido realmente muito difícil de cumprir, mas hoje em dia você dispõe das obras de Gerald Gardner, Doreen Valiente, Patrícia e Arnold Crowther, Justine Glass, Lois Bourne, as nossas e de outros autores, que por meio de seus pontos de vista individuais, porém complementares, lhe proporcionarão tudo o que precisa saber para responder à pergunta: "Isso é o que eu quero?"

Se a resposta for um autêntico "Sim", você pode fazer uma das duas coisas seguintes. A primeira é adotar um sistema muito singelo de ritual e prática,

212. Entre parêntese, opinamos que não foi Jesus quem criou a Sucessão Apostólica Cristã, pois parece alheia ao espírito de seus ensinos, mas, sim, que foi uma invenção da instituição paulina por suas próprias razões hierárquicas.

e trabalhar com esse até que se familiarize com ele. Então você começará a perceber intuitivamente se quer seguir avançando para terrenos mais complexos e de que maneira. As necessidades e as respostas podem ser diferentes. Um cristão pode sair profundamente beneficiado de uma reunião informal qualquer, enquanto que outro só sentirá isso assistindo a uma missa maior. O espectro da Wicca é igualmente amplo.

Segundo essa forma de enfocar a Iniciação, o manual ideal é *Witchcraft for Tomorrow,* de Doreen Valiente, porque ela o escreveu para isso. Nele se resumem os princípios e práticas da Bruxaria e é apresentado um singelo, mas significativo *Líber Umbrarum* ou *Livro das Sombras* que inclui o traçado do Círculo, a autoiniciação, a consagração, um rito de Esbat de Lua cheia, um rito de Sabbat, a Iniciação dentro de um Coven, feitiços, invocações, cânticos e danças. Singelo, mas certamente não infantil. Por mais experiente que seja, não há nenhum Bruxo que não possa beneficiar-se o estudando.

A segunda maneira consiste em pegar toda a estrutura de um sistema Wiccaniano estabelecido e trabalhar a partir dele. É muito possível que a única estrutura que se encontre disponível de uma forma pormenorizada seja a Gardneriana; e parte de nosso propósito ao escrever este livro *e Oito Sabbats para Bruxas* foi proporcionar o material básico para esta segunda opção, igual Doreen fez com *o Witchcraft for Tomorrow* para a primeira.

(Para sermos totalmente justos, o livro do Raymond Buckland, *The Tree, the Complete Book of Saxon Witchcraft,* também oferece um sistema completo que inclui a autoiniciação. É necessário dizer que se trata de um sistema "inventado" que Buckland sintetizou a partir da mitologia e a simbologia saxã ao qual chamou *Seax-Wicca*, um sistema viável para os que se sentem saxões ou pertencem a sua cultura, e o fato de que esteja resumido não diminui o seu valor. Além do livro, pode-se obter mais informação sobre a *Seax-Wicca Voys*, CORREIO Box 5149, Virginia Beach, Vai 23455, USA. Quanto a nossos próprios livros, como os do Doreen, estão apoiados na tradição Gardneriana, que é basicamente celta, por isso proporcionar esta direção para aqueles que estejam interessados em seguir a tradição saxã.).

Uma vez decidido o modelo básico, como começar?

Se você pretende ser um Bruxo solitário e sua intenção é seguir o sistema Gardneriano até onde lhe seja possível, pode seguir o ritual de autoiniciação de *Witchcraft for Tomorrow*, que foi concebido precisamente com esse propósito. Não obstante, se prefere começar com um ritual mais tipicamente Gardneriano, então siga as instruções que proporcionamos ao final deste capítulo.

Todo Bruxo deve prestar atenção constante à voz de sua consciência, assim como proporcionar o tempo e as condições favoráveis para que possa manifestar-se; isso é precisamente o que significa a Bruxaria. É a voz do inconsciente, tanto pessoal como coletivo, e quanto mais aperfeiçoemos nossa capacidade receptiva a sua mensagem, com maior claridade ela se transformará na voz da Deusa e do Deus, ambas ao mesmo tempo (e melhor entenderemos o que essas palavras "também" querem dizer). Para o Bruxo solitário é inclusive mais importante, porque ele não dispõe de companheiros de trabalho para verificar os enganos ou para superar as próprias decepções. Por essa mesma razão, o Bruxo solitário deverá ser especialmente meticuloso quanto à ética mágica e à autodefesa psíquica.

O caminho de um Bruxo solitário autoiniciado está cheio de percalços, entre eles a solidão de sua psique em expansão não é o menor de todos. Nós recomendamos ardentemente que o autoiniciado comece o caminho com um companheiro de trabalho ou como membro de um pequeno grupo. Essa parceria deverá ser sempre de um homem e uma mulher, e se for um grupo, este deverá incluir ao menos uma mulher, pelas razões de polaridade que já discutimos em profundidade. Uma parceria inicial de duas mulheres pode ser viável quando for impossível encontrar um homem adequado, mas uma parceria de dois homens está fadada a ser magicamente infrutífera.

Uma vez alcançada uma parceria, sugerimos que a mulher inicie a si mesmo primeiro na presença de seu companheiro, por meio do ritual que tenham escolhido, e que ela inicie o homem depois. No caso de um grupo, deverá nomear-se de antemão uma Alta Sacerdotisa e um Alto Sacerdote. A Alta Sacerdotisa escolhida iniciará a si mesma na presença de outros, e depois iniciará ao Alto Sacerdote selecionado. A partir de então ela iniciará os homens e ele às mulheres. No seu devido tempo, quando acreditarem estar preparados, o Alto Sacerdote outorgará à Alta Sacerdotisa o Segundo Grau de Iniciação, e imediatamente depois ela conferirá ao Segundo Grau ao Alto Sacerdote (nesta ocasião, representando a Lenda da Descida da Deusa só uma vez, mesmo sendo uma dupla Iniciação). E quando chegar o momento celebrarão sua elevação ao Terceiro Grau.

A única autoiniciação deverá ser inevitavelmente a primeira. Uma vez levada a cabo, cada membro deverá ser iniciado por um Bruxo que já o tenha feito, e quando a Alta Sacerdotisa e o Alto Sacerdote se outorgaram aos graus superiores, terá que cumprir-se *inteiramente* a regra normal pela qual só um Bruxo do Terceiro Grau pode conferir o Terceiro Grau a outro. A regra é boa, com razões de peso que a sustentam, e a autoiniciação deve considerar-se como um procedimento excepcional que se utiliza só quando não existe outra possibilidade.

(O sistema simplificado de *Witchcraft for Tomorrow* não inclui a possibilidade de Bruxos de Segundo ou Terceiro Grau, por isso se for seguir suas instruções só se expõe a primeira parte da regra.).

Uma nota para todo Bruxo autoiniciado, seja ele solitário, seja um que faça parte de um grupo: mantenha-se em contato com o pensamento, o desenvolvimento e as controvérsias atuais da Arte e do movimento pagão em geral. Leia boletins informativos como *The Cauldron*[213] (veja pág. 549 para o endereço) que, por certo, contém anúncios de intercâmbio de outros boletins e revistas pagãs. Participe de atividades locais pagãs e ocultistas como simpósios, conferências e feiras, mas sempre sendo cauteloso sobre a seriedade dos mesmos.

Um ritual de autoiniciação

Elaboramos este ritual para a autoiniciação ao Primeiro Grau para auxiliar aqueles que não têm alternativas, mas que desejam ao máximo possível um modelo tipicamente Gardneriano. Como em outras partes do livro onde simplificamos as coisas nos referimos em todo momento à pessoa que vai iniciar a si mesma como "ela" (e a seu parceiro, se estiver presente, como "ele"). As mudanças, caso se trate de um homem, são óbvias.

A Preparação

Os utensílios sobre o altar (além das velas) serão ao menos a Espada, o Athame, a Faca de Cabo Branco, o Bastão, o Pentáculo, o Incensário, o Açoite, as Cordas e o Cálice de vinho. Também será necessário o azeite para ungir, um recipiente com água, um recipiente com sal e um colar ou um pingente. A iniciada e seu companheiro, bem como qualquer outro que esteja presente no Círculo, deverão estar "vestidos de céu". A iniciada por completo, qualquer joia que estiver usando, como aliança de casamento, por exemplo, deverá deixar sobre o altar e pegar só depois do rito (algumas alianças de casamento se tornam irremovíveis com o tempo, elas serão perdoadas se não puderem ser removidas).

213. N. do T.: muitas das referências dadas pelos autores nesse livro já se encontram desatualizada. Porém, existem diversos outros periódicos disponíveis. Uma busca acurada na Internet lhe direcionará a boas revistas, jornais e periódicos atuais que colocarão você em contato com outros Pagãos. Grupos nas redes sociais e nas listas de discussão de e-mail é uma outra oportunidade excelente.

O Ritual

A iniciada consagra a água e o sal, traça o Círculo (com todos os presentes no interior), leva a água ao redor (respingando a todos os participantes e finalmente a si mesma), depois leva o incensário também ao redor do Círculo, carrega a vela e invoca os Senhores das Torres de Observação; fazendo tudo isso ela mesma.

Se tiver um parceiro, ele confere a ela o Beijo Quíntuplo.

Ela olha para o altar e levanta os braços abrindo-os[214] e dizendo:

Eu te invoco e te convido, Grande Mãe de todos nós, que nos dá tudo o que é frutífero; por a semente e raiz, pelo caule e broto, pelas folhas e flor e o fruto, invoco-te para que abençoe este rito, e para que me admita na companhia de seus filhos ocultos.

A seguir ela se vira de costas para o altar e recita toda a Carga da Deusa, mas substituindo "ela" e "seu" por "eu" e "meu" ou "meus".

Depois, de novo olhando para o altar, com os braços elevados e as mãos saudando o "Deus Cornífero" (o dedo indicador e o mindinho estendidos e os dedos médio e anelar pregados contra a palma da mão) recita a invocação ao Grande Deus Cernunnos.

Agora ela senta-se ou se ajoelha no centro do Círculo, olhando para o altar. Se houver mais pessoas presentes, sentam-se ou se ajoelham atrás dela, que faz uma pausa para tranquilizar-se por completo e então diz:

Doce Deusa, poderoso Deus; eu sou sua filha, agora e sempre. Seu fôlego é minha vida. Sua voz, Grande Mãe, e a tua, Grande Pai, falam dentro de mim, assim como em todas as criaturas que desejam escutá-la. Por essa razão, aqui, em seu Círculo Mágico, que está entre o mundo dos seres humanos e o reino dos Poderosos, abro meu coração à sua bênção.

Então ela medita em silêncio sobre a Deusa e o Deus e lhes abre seu coração. Ela leva todo o tempo que desejar e sentir correto.

Se houver outras pessoas presentes, imaginarão a si mesmos como seus protetores, afastando qualquer influência que puder interferir em sua comunicação com a Deusa e o Deus. Seu parceiro deverá ser consciente de seu papel de guardião e aluno, e irá dedicar a si mesmo essa função. Se houver um grupo de pessoas presentes, refletirão que sua Alta Sacerdotisa, pedra angular do novo Coven, está consagrando-se nesse posto em benefício de todos.

---

214. Se ela conseguiu aprender esta invocação e a de Cernunnos de cor, muito melhor; de outra forma vai precisar de ajuda para sustentar o texto.

Quando ela estiver preparada, irá levantar-se (e todos os presentes farão o mesmo). Então, ela se dirigirá a cada um dos pontos cardeais por turno e dirá:

Saibam, vós Senhores do Leste (Sul, Oeste, Norte), que eu, ______, estou apropriadamente preparada para me tornar uma Sacerdotisa e Bruxa.

Depois, de pé em frente ao altar com a mão direita sobre o coração, pronunciará o Juramento:

Eu, ______, na presença dos Poderosos, por minha própria e livre vontade e acordo, faço o mais solene juramento de que sempre guardarei e farei guardar os segredos da Arte que me sejam confiados, salvo à pessoa adequada e apropriadamente preparada dentro do Círculo, tal como eu o estou agora; e que nunca negarei os segredos a tal pessoa se ela for atestada por um irmão ou irmã da Arte. Tudo isso eu juro por minhas esperanças de uma vida futura, e que meus instrumentos se voltem contra mim se quebrar este solene juramento.

Ela faz uma reverência em frente ao altar e depois pega o azeite para a unção. Então molha seu dedo indicador no azeite e diz:

Este juramento assino com o Símbolo Triplo e me consagro com óleo.

Em seguida ela toca a si mesmo com azeite na parte superior do pelo púbico, em seu peito direito, seu peito esquerdo e de novo no púbis, completando o triângulo invertido do Primeiro Grau. Agora ela molha seu dedo indicador no vinho e diz:

Unjo a mim mesma com vinho – tocando nos mesmos lugares.

Então beija seu dedo indicador e diz:

Consagro-me eu mesma com meus lábios – e toca a si mesma nos mesmos três lugares (beijando o dedo indicador outra vez antes de cada toque) e continua:

Sacerdotisa e Bruxa.

Se houver mais pessoas presentes, o ritual é interrompido para felicitar a nova Bruxa iniciada.

Uma vez feito isso, a cerimônia continua e a nova Bruxa tomará por vez cada um dos instrumentos da Arte sobre o altar dando as seguintes explicações (beija cada utensílio antes de devolvê-lo):

Agora pego os utensílios. Primeiro, a Espada mágica. Com ela, como com o Athame, posso lançar os Círculos mágicos, dominar, subjugar e punir todos os espíritos e demônios rebeldes inclusive persuadir os anjos e aos bons espíritos. Com ela em minhas mãos, sou aquela que rege o Círculo. Depois tomo o Athame.

Esta é a verdadeira arma da Bruxa, e possui todos os poderes da Espada mágica.

Depois tomo a Faca de Cabo Branco. Emprega-se para formar todos os instrumentos utilizados na Arte. Só pode utilizar-se dentro do Círculo Mágico. Depois tomo o Bastão. Utiliza-se para invocar e controlar certos anjos e gênios que não seria possível pela Espada Mágica.

Depois a Taça. É o recipiente da Deusa, o Caldeirão de Cerridwen, o Santo Graal da imortalidade. Dela bebem os irmãos e irmãs da Arte em camaradagem e em honra à Deusa[215].

Depois o Pentáculo. Seu propósito é convocar os espíritos adequados. Depois o Incensário dos Incensos. Que serve para encorajar e dar as boas-vindas aos bons espíritos e para expulsar os espíritos maus.

Depois o Açoite, que é o símbolo do poder e do domínio. Também se usa para causar purificação e iluminar, pois está escrito que "para aprender deve sofrer e ser purificado".

Depois e por último as Cordas. Empregam-se para atar os selos da Arte, assim como a base material.

A seguir ela pega o colar e o põe ao redor do pescoço dizendo:

Com o colar, que é o Círculo do renascimento, selo meu compromisso com a Arte dos Sábios.

Finalmente, vai até os quatro pontos cardeais, um por vez, e com os braços levantados, diz:

Ouçam, Poderosos do Leste (Sul, Oeste, Norte); eu, ______, fui devidamente consagrada Sacerdotisa, Bruxa e filha oculta da Deusa.

215. Veja pág. 529 no capítulo seguinte sobre este acréscimo à lista tradicional.

XXIV — Os Instrumentos das Bruxas

No capítulo IX abordamos o tema da carga dos talismãs; no XIV, o uso ritual dos símbolos e no XIX as frequências vitais dos objetos "inanimados", por isso não se faz necessário entrar aqui em detalhes sobre as razões pelas quais a Bruxaria utiliza utensílios mágicos. Iremos apenas resumi-los dizendo que um utensílio ou ferramenta ritual é um auxílio psicológico para concentrar e sincronizar o esforço psíquico de um grupo que trabalha unido; o simbolismo que manifestam é de natureza arquetípica, razão pela qual ativam o Inconsciente em parceria com a determinação do Ego. E que, por meio da consagração e do uso constante, adquirem uma carga psíquica útil por si mesma.

A maior parte dos utensílios pertence tanto a um Bruxo em particular como ao Coven. A única exceção é o Athame ou a Faca de Cabo Branca, que é sempre uma ferramenta pessoal pertencente a um só Bruxo. Assim, começaremos por ele.

O Athame

Qualquer faca que lhe pareça bem pode ser escolhida como o seu Athame. Os nossos são duas simples facas de caça compradas em uma loja. O de Janet já tinha o cabo negro e o do Stewart, marrom, mas ele o esmaltou de preto. Obviamente, você deve evitar facas que tenham associações malignas, como as adagas nazistas que ainda se encontram nas lojas de antiguidades, ou outras com histórias desagradáveis (que um bom psicometrista será capaz de diagnosticar). Normalmente o Athame é de aço, embora tenhamos apreciado alguns muito bonitos de bronze fabricados por nosso artesão e amigo Peter Clark (de Tintine, The Rower, Condado do Rilkenny), e um de nossos Bruxos utiliza um de cobre que ele mesmo fabricou, com os símbolos gravados artisticamente na lâmina em vez do punho, que é o mais normal (veja ambos na fotografia 19).

Tradicionalmente, o punho é preto, mas alguns Bruxos acreditam que o simbolismo mágico do chifre ou da pata de um cervo, ao natural, é uma alternativa aceitável. Voltamos para a regra número um – "o que parece certo para cada um". Se o cabo *pode* ser pintado de negro sem danificar qualquer característica natural, não deixe de fazê-lo por preguiça. O Athame é seu símbolo pessoal de Bruxaria e merece uma cuidadosa seleção e tratamento.

Como instrumento puramente ritual, ele nunca deve ser utilizado para cortar. Por isso tiramos o fio e a ponta dos nossos para evitar percalços nos movimentos rituais com Círculos cheios, especialmente estando "vestidos de céu". (Há uma enigmática sentença no *Livro das Sombras* – veja pág. 280 – que sugere que as marcas de alguns instrumentos devem ser feitas com o Athame; mas não especifica nenhuma marca. O Athame pode também participar em parceria com a espada do tradicional privilégio de cortar um bolo de *Handfasting*.).

O Athame é substituível pela Espada para todos os efeitos rituais, para traçar e destraçar Círculos. Essencialmente é um símbolo masculino, e se considera como tal na consagração do vinho (pág. 247); assim, nas mãos de uma Bruxa pode se dizer que representa seu *animus* ativo. Em nosso cerimonial, o Athame e a Espada representam o elemento Fogo (e o Bastão, o Ar). Algumas tradições relacionam a Espada e o Athame com o Ar e o Bastão com o Fogo, mas como explicamos em *Oito Sabbats para Bruxas* (pág. 175), esta atribuição foi um "ocultamento" deliberado dos primeiros tempos da Golden Dawn, que infelizmente ainda não desapareceu naturalmente. Em nossa opinião é contrário à natureza óbvia dos utensílios. Nossos argumentos para fazer esta afirmação procedem do *Techniques of High Magic*, de Francis King e Stephen Skinner, pág. 60. King e Skinner são historiados ocultistas rigorosos, provavelmente os melhores hoje em dia, e seu convencimento provém do estudo de evidências e fontes. Não obstante, o mistério permanece. Como assinala Doreen Valiente, os primeiros documentos que se publicaram da Golden Dawn, pertencentes ao R. G. Torrens e que datam de 1899, atribuem à Espada ao elemento Ar e o Bastão ao Fogo. Em 1899, "esses documentos foram entregues aos iniciados sob o mais alto secreto selo. O conhecimento acerca da existência da Ordem não era permitido ao público." Assim, se houve um "ocultamento", a quem estava dirigido? Doreen também assinala que o folheto *Yeats, The Tarot and the Golden Dawn,* da Kathleen Raine, contém fotografias dos utensílios rituais do W. B. Yeats que ele mesmo fabricou seguindo as mesmas atribuições. Yeats ingressou na Ordem em março de 1890.

Doreen prefere a atribuição Bastão/Fogo, Espada/Ar, contudo, há algo no que Doreen, King e Skinner e nós mesmos estamos todos de acordo: cada um é livre para escolher as atribuições que achar melhor.

Os símbolos que se marcam no punho do Athame variam muito, inclusive no uso Gardneriano. O primeiro desenho conhecido aparece nas *Clavículas de Salomão* (veja Bibliografia sob Mathers), cujo manuscrito mais antigo, data do século 16. O livro não menciona a palavra "Athame", mas simplesmente o chama de "a Faca de Punho Negro" que serve "para fazer o Círculo". As marcas do punho são estas:

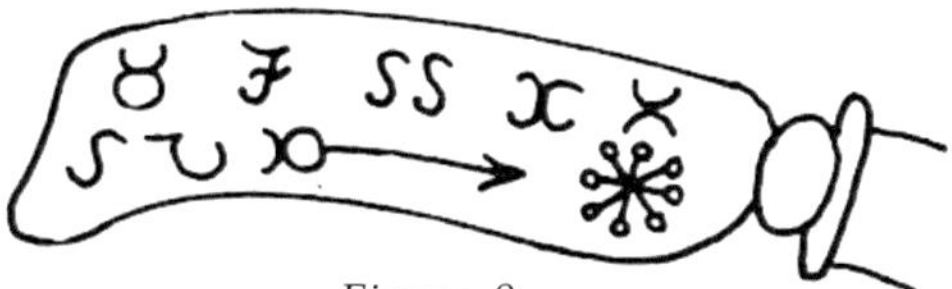

Figura 8

Os manuscritos do livro *Com o Auxílio da Alta Magia* de Gardner mostram um desenho da faca ritual (ao qual denomina Athame) com estes signos no punho:

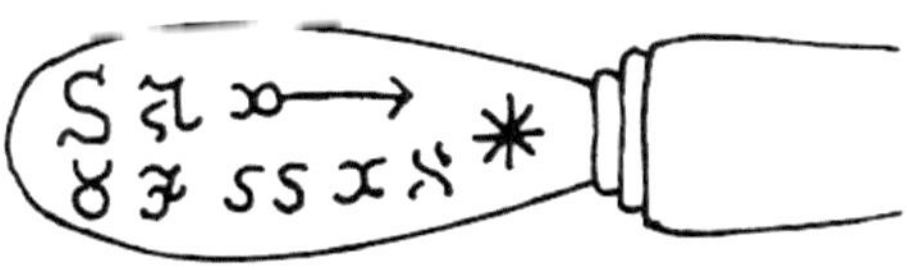

Figura 9

Como observa Doreen Valiente, "certamente procedem de *As Clavículas de Salomão*" (na realidade, o livro *As Clavículas de Salomão* aparece mencionado no livro do Gardner), o que permite induzir que Gerald simplesmente copiou os signos da edição moderna traduzida e editada por S. L. MacGregor Mathers. Entretanto, cremos que esta explicação é inadequada, porque, de onde procedem aqueles que estão em *As Clavículas de Salomão?*

No texto B do *Livro das Sombras* de Gardner, os símbolos aparecem divididos em duas sequências, uma em cada lado do punho, assim:

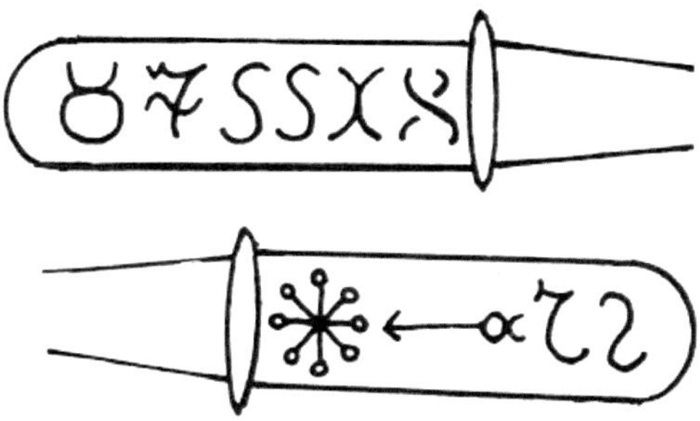

Figura 10

Gardner anota estes símbolos com as seguintes interpretações (diagrama superior, da esquerda à direita): "Deus Cornífero; Inicial de seu nome; Beijo e Açoite, Lua crescente e minguante; inicial de muitos dos nomes da Deusa em escritura hebraica; (diagrama inferior, da esquerda à direita) as oito celebrações rituais, oito armas, etc.; o poder fluindo do Deus Cornífero; a foice, símbolo da morte; a Serpente, símbolo da Vida e do Renascimento."

(Para as duas "iniciais": a que foi dada ao Deus é como a letra F do alfabeto tebano dos magos, embora pudesse ser também uma corruptela do H ou do C; e a da Deusa é a letra hebraica *Aleph* ou A.).

Doreen Valiente considera que estas explicações tampouco são corretas. Ela nos escreveu dizendo que comparando as diversas armas mágicas que aparecem em *As Clavículas de Salomão* e seus símbolos, ela tinha chegado às seguintes conclusões, sublinhando que só se tratava de sugestões pessoais: "Os símbolos variam de uma arma a outra e a diferença mais notável é a aparência inconfundível da *cruz ansata* como o segundo selo depois do símbolo do Deus Cornífero (que também é o símbolo astrológico de Touro). Além disso, aparece o símbolo astrológico de Escorpião no lugar da suposta 'primeira letra' do nome da Deusa em hebreu."

Entretanto, Touro e Escorpião são opostos no Zodíaco. Quando o sol está em Touro, tem lugar à véspera de primeiro de maio, o começo da metade do verão do ano; e quando o sol está em Escorpião, tem lugar *Halloween*, o começo da metade invernal do ano segundo nossos ancestrais celtas. Por isso eu gostaria de sugerir esta versão dos símbolos do Athame como a original e correta:

Primeiro lado: 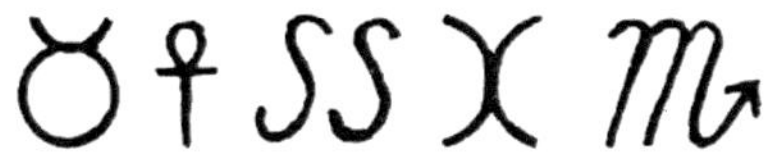

Figura 11(a)

Segundo lado: 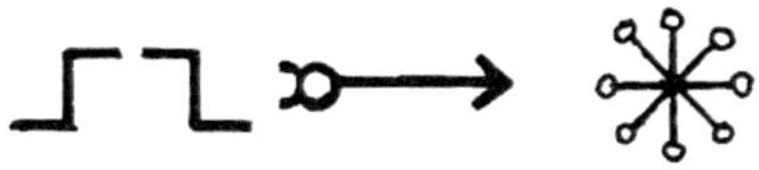

Figura 11(b)

Seus significados breves são como seguem:

♉ Deus Cornífero. Também os poderes da fertilidade, a véspera de 1º de maio, a metade luminosa do ano.

☥ A cruz ansata, um símbolo da vida muito antigo.

SS A Saudação e o Açoite, provavelmente mostrados nesta forma singela (isto é, não como às vezes os desenhamos S$) para não revelar muito claramente um segredo mágico.

)(A Deusa em sua aparência de Lua crescente e minguante.

♏ Escorpião, símbolo da morte e do além, a "outra cara" do Deus como Senhor do Mundo Inferior. *Halloween* e a metade "escura" do ano.

_|‾ ‾|_ O casal perfeito.

ↄ⟶ O poder fluindo, seja do Deus cornífero ou da "conjunção do Sol e da Lua", quer dizer, do masculino e do feminino.

✳ As oito celebrações rituais, oito formas de fazer magia, etc.

"Sugiro que esta interpretação tem mais significado que a que geralmente se dá por aceita. Além disso, sua definição é especialmente significativa aos Bruxos, embora proceda de *As Clavículas de Salomão* na versão do Mac Gregor Mathers. Em seu prefácio, Mathers nos diz que trabalhou a partir de sete manuscritos do Museu Britânico, o mais antigo dos quais datava de "finais do século 16". Infelizmente não nos diz se as ilustrações dos símbolos procediam desse manuscrito ou de outro posterior. Assim, a incógnita sobre a época e última procedência desses símbolos persiste, mas espero que essas notas lancem luz nisso."

Acreditamos que sim e nos agrada apresentá-las aos nossos leitores. Nós acrescentamos um pequeno adendo nosso, que poderia ser uma inovação Alexandrina, mas achamos um costume encantador. Ensinaram-nos que depois da Iniciação de Terceiro Grau de parceiros de trabalho, o casal perfeito (ou como foi descrito para nós, "o homem e mulher ajoelhados") deveria ser unidos na empunhadura de um Athame. Então:

Figura 12

Duas notas finais sobre o Athame como instrumento pessoal. Considera-se de boa educação *não* utilizar o Athame de outro Bruxo sem permissão de seu dono, a menos que seja seu parceiro de trabalho. E posto que um Athame de tamanho normal seja, por meio de todas as aparências, uma arma, não é conveniente nem discreto levá-lo à mostra. Na realidade, há momentos e lugares em que ele poderia colocá-lo sob razoável suspeita. Por isso é útil dispor de um segundo Athame em miniatura para que ninguém possa considerar como uma arma; de fato, não fazemos nenhuma objeção mágica a um canivete com o cabo preto, desde que ele tenha sido apropriadamente consagrado e você resista à tentação de utilizá-lo para qualquer outra coisa.

A Espada

Como já dissemos, a Espada é ritualmente intercambiável com o Athame, razão pela qual a associamos ao elemento Fogo. Também é essencialmente masculina. Daí a tradição que mencionamos na pág. 298, de que quando uma Bruxa leva uma Espada ela está ritualmente assumindo um papel masculino e deve ser considerada e tratada como tal até que a ponha de lado.

A diferença entre os dois instrumentos repousa no fato de a Espada ter mais autoridade que o Athame. Por exemplo, nós normalmente usamos a Espada para lançar o Círculo do Coven e demonstrar o simbolismo grupal, enquanto que em privado, um Bruxo pode lançar seu próprio Círculo com o Athame. Quando Joana d'Arc pegou uma espada, foi representando a França, não para sua defesa pessoal. A presença da Espada realça a importância de uma ocasião solene. Quando a Alta Sacerdotisa ou o Alto Sacerdote têm que fazer um anúncio particularmente transcendental ao Coven, ela ou ele farão o pronunciamento em frente ao altar com a Espada apontando para o chão e ambas as mãos apoiadas no punho. "Com ela em suas mãos", diz o *Livro das Sombras*, "tu és quem governa o Círculo."

Como o Athame, a Espada nunca se utiliza para cortar, com a feliz exceção de um bolo de *Handfasting*.

O design da Espada depende totalmente da escolha que queira fazer, porém, uma razoavelmente curta e ágil é sempre mais manejável dentro do Círculo. Nós temos duas, uma delas é uma maravilhosa Espada de Toledo com uma guarda circular, e a outra, uma Espada de cavaleiro, fina e leve. Cada uma tem suas ocasiões especiais, mas para o trabalho normal do Coven utilizamos a mais leve. Em *As Clavículas de Salomão* vemos símbolos procedentes do alfabeto hebreu para a lâmina e o punho. *Com o Auxílio da Alta Magia* os repete acrescentando dois Pentagramas. Entretanto, as letras hebraicas são mais próprias da Magia Cerimonial que da Bruxaria, e a maioria das Espadas dos Covens não possuem símbolo algum.

O Bastão

Em nossa tradição, o Bastão representa o elemento do Ar. Seu gênero não se expressa, embora possamos considerá-lo masculino, tanto por sua forma fálica (sobretudo em certos bastões específicos – veja mais adiante) e porque o Ar é o elemento da faculdade linear e lógica do lado esquerdo do cérebro.

Trata-se de um utensílio mais "calmo" que o Athame e a Espada. Como diz o *Livro das Sombras*: "Sua função é convocar e controlar certos anjos e gênios que não seria possível pela Espada Mágica." comunica-se por convite, não por comando. Quando o Bastão e o Açoite são segurados na Posição de Osíris (veja *Oito Sabbats para Bruxas*, fotografia 10), o Açoite representa a Severidade e o Bastão a Misericórdia.

Em *As Clavículas de Salomão* é dito que "o Bastão deverá ser de madeira de aveleira ou de nogueira e que em qualquer caso deverá ser virgem, quer dizer, com apenas um ano de crescimento". Além disso, "terá de ser cortado num atalho com um só golpe, durante o dia de Mercúrio (ou seja, em uma quarta-feira), ao amanhecer". Esta é a tradição mágica universal que também seguem os Bruxos (existe uma tradição que insiste em que o "único golpe" deve ser feito com uma foice de ouro, embora nos pareça algo difícil de cumprir).

Os símbolos dados em *As Clavículas de Salomão* para o Bastão parecem pertencer a algum dos muitos alfabetos mágicos (uma seleção dos quais aparece na pág. 64 de *O Magus*, Livro II, de Francis Barrett). O livro *Com o Auxílio da Alta Magia* não proporciona nenhum símbolo. Escolher alguns símbolos será questão de eleição pessoal. Demos um extremo masculino/

solar e outro feminino/lunar ao nosso, de forma a ser usado de um ou outro lado de acordo com a ênfase que se queira dar, e marcamos a extensão com os símbolos planetários:

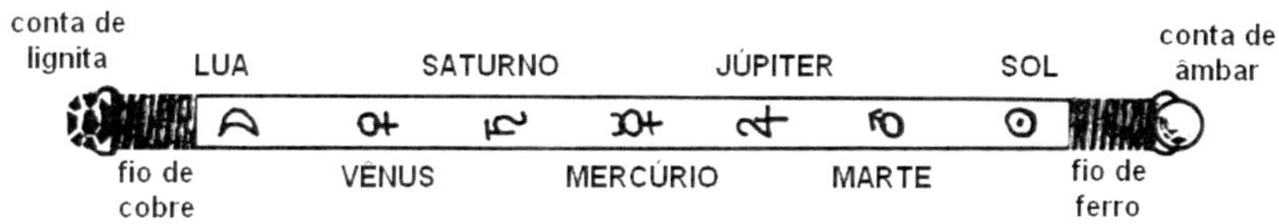

Figura 13

Para certos rituais (como a cerimônia da Saudação a Brid no Imbolc – *Oito Sabbats para Bruxas,* capítulo IV) emprega-se um Bastão fálico. O nosso consiste em um ramo normal de nogueira arrematada com uma pinha na ponta e com duas fitas, uma branca e outra negra, entrelaçadas como as serpentes de um caduceu *(ibid.,* fotografia 6).

O comprimento tradicional de um Bastão se mede do cotovelo a ponta do dedo médio de seu dono. Para um Coven, 45,7 cm é uma boa média.

A Taça ou Cálice

Representando o elemento Água, a taça é o símbolo feminino *por excelência.* Seu principal uso no Círculo consiste em ser recipiente do vinho, que é consagrado e passado ao redor. Também é usada para representar a mulher no Grande Rito simbólico (*cf. Oito Sabbats para Bruxas,* capítulo II).

Muitas pessoas são intrigadas pelo fato de que a taça não apareça mencionada ou esteja presente junto a outros utensílios mágicos nos ritos de Iniciação do Primeiro e Segundo Grau. Gerald Gardner também sentiu falta disso em *Bruxaria Hoje* (pág. 126) explica: "A resposta que tenho é: 'Na época das fogueiras da Inquisição ela foi ocultada deliberadamente. Qualquer menção sobre a taça conduzia a uma orgia de tortura, dizendo seus perseguidores que servia para parodiar a missa; o mesmo ocorreu com o pau de montar ou de dançar (vassoura) que foi excluído. O Incensário e o Pentáculo foram substituídos e as explicações eram feitas para se encaixar no que os perseguidores esperavam.'"

O uso ritual da taça de vinho pelas Bruxas não é, obviamente, uma parodia da missa. A bênção religiosa e a partilha de comida e bebida são muito mais antigas do que o cristianismo; em todo caso, a Wicca é uma religião positiva por direito próprio e não precisa parodiar ou desdenhar de nenhuma outra.

Nos dias de hoje, em que o uso da taça por Bruxos deixou de ser secreto (se voltassem às perseguições, este detalhe seria apenas uma gota em um oceano) parece que não há razão para que, sendo tão importante como outros utensílios, ela não possa voltar a introduzir-se nas representações iniciáticas, tal como fizemos nos capítulos I, II e XXIII.

O Pentáculo

O Pentáculo é o símbolo primário da Terra. Seu gênero, como o Bastão, não é enfatizado normalmente, mas como símbolo da Mãe Terra deve considerar-se feminino.

É a peça central do altar, sobre o qual se consagram os objetos e se colocam os potes de água e de sal em cima para abençoá-los. Na realidade, alguns Coven não usam um pote para o sal, mas colocam o sal diretamente sobre o Pentáculo de onde, após a bênção, derrama-se sobre a água.

Nos dias das perseguições era costume gravar o Pentáculo sobre cera a cada Círculo para que pudesse ser destruído depois, pois constituía uma perigosa prova. Na atualidade é um disco de metal, normalmente de cobre, com um diâmetro de 12 a 15 cm. Seus símbolos são estes:

Figura 14

O Pentagrama vertical do centro é o principal símbolo da Arte. Junto ao triângulo vertical que aparece em cima, forma o símbolo da Iniciação ao Terceiro Grau. O Pentagrama invertido, acima à direita, é símbolo do Segundo Grau, e o triângulo invertido, à esquerda acima, é símbolo do Primeiro Grau. O símbolo do Deus Cornífero está à esquerda, e à direita as luas minguante e crescente da Deusa (às vezes também descritas como os seios da Deusa). Os dois SS da parte inferior representam a polaridade entre a Misericórdia e a Severidade, na forma do beijo (S simples) e o Açoite (S com um risco atravessado).

Por ser uma peça central do altar, o Pentáculo tem um tratamento estético. Quando quisemos ter um Pentáculo grande, desenhado para nós e para ocasiões especiais, Stewart fez o desenho de um Pentáculo rodeado pelos símbolos do Zodíaco que dispunha de espaços vazados para engastar gemas zodiacais. Como ambos são do signo de Câncer, ele colocou esse signo acima, flanqueado por nossas iniciais. Um de nossos Bruxos, que trabalha no processo de fotogravura em um periódico, fotogravou o desenho do Stewart sobre um disco maciço de cobre de 29,2 cm que lhe fornecemos. Montamos as gemas em seus lugares e ficamos encantados com o resultado. Veja na fotografia 20.

Para boa medida (uma vez que por meio da fotocopia um desenho pode ser ampliado para qualquer medida) nosso amigo também fez uma versão do Pentáculo de 14 cm. E como outros membros também quiseram ter um, girou a borda desenhada pelo Stewart para que Áries estivesse em sua posição convencional acima no centro, apagou os nossos e fabricou vários Pentáculos Zodiacais normais de 5 polegadas e meia para eles.

A fotogravura é uma técnica que vale a pena investigar e que não deveria ficar fora do alcance das possibilidades de qualquer pessoa hábil que disponha de um ampliador fotográfico.

Como é possível que muitos Bruxos desejem embelezar seus utensílios com suas gemas zodiacais, este é um bom momento para discutir o tema. Para nosso querido Pentáculo consultamos diferentes listas, desde Aleister Crowley a Jewellery Advisory Centre. A variedade das recomendações nos desconcertou. A seguir resumimos as pontuações totais (algumas somam mais de 10 porque algumas listas nos deram alternativas).

- *Áries:* diamante 5, sardônica 2, rubi 1, hematite 1, safira 1.
- *Touro:* esmeralda 6, cornalina 2, topázio 1, crisoprásio 1, safira 1.
- *Gêmeos:* pérola 3, ágata 3, topázio 2, alexandrita 1, turmalina 1, espato da Islândia 1, crisoprásio 1.

- Câncer: rubi 6, calcedônia 2, cornalina 2, âmbar 1, esmeralda 1.
- Leão: sardônica 4, peridoto 3, jaspe 2, olho de gato 1, ônix 1.
- Virgem: safira 6, peridoto 2, esmeralda, 1, olivina 1, lápis-lazúli 1, carneliana 1.
- Libra: opala 6, turmalina 2, esmeralda 1, berilo 1, jade 1, crisólita 1, água-marinha 1.
- Escorpião: topázio 5, citrino 2, serpentina 1, turquesa 1, ametista 1, turmalina vermelha 1, água-marinha 1, olho de gato 1.
- Sagitário: turquesa 6, jacinto 2, zirconita 1, zircônio 1, topázio 1, malaquita 1.
- Capricórnio: granada 6, diamante negro 1, crisoprásio 1, lignita 1, rubi 1, zirconita 1.
- Aquário: ametista 6, cristal de rocha 2, vidro artificial 1, calcedônia 1, zirconita 1, granada 1.
- Peixes: hematite 6, água-marinha 3, pérola 1, safira 1, ametista 1.

Assim, voltamos para a regra número um, "faça o que achar correto". Por exemplo, não podíamos entender por que nenhuma lista incluía a pedra da lua para Câncer, que nos parecia uma óbvia correspondência. Certamente, fomos influenciados por pedras concretas que tínhamos facilidade de conseguir e que significava algo para nós. Entre elas uma alexandrita, que trouxemos do Egito, e uma lignita, que sobrou de um colar que Stewart desfez em 1970, para fabricar outro de âmbar e lignita para Janet.

Assim, para o nosso Pentáculo escolhemos: *Áries*, hematite; *Touro,* cornalina; *Gêmeos,* alexandrita; *Câncer,* pedra da lua; *Leão,* olho de tigre; *Virgem,* safira; *Libra,* opala; *Escorpião,* lápis-lazúli; *Sagitário,* topázio; *Capricórnio,* lignita; *Aquário*, ametista, e *Peixes,* pérola.

Uma nota especial sobre os pentáculos: todos os utensílios do Coven devem ser limpos, é óbvio, e se forem de metal, devem ser polidos regularmente. Também é conveniente lavar o Pentáculo imediatamente depois que o Círculo for encerrado, porque é quase certo que lhe tenham caído gotas de mistura de água com sal, que corrói o metal (especialmente o cobre) com facilidade; um minuto de limpeza na mesma noite pode economizar dez minutos de polimento no dia seguinte. Uma vez encerrado o Círculo deverá ser dada a mesma atenção à taça que conteve o vinho e aos potes de água e sal se forem de metal. As pontas das facas rituais que tenham consagrado o vinho, a água e o sal deverão ser esfregadas e secas.

O Incensário

O incenso pertence ao elemento Ar. Pode-se comprar em qualquer loja de fornecimentos para igrejas. O franquincenso comum é um bom incenso de uso geral, mas já que seu aroma consiste em favorecer a criação de uma atmosfera adequada para cada ocasião em particular ou trabalho em questão, a maioria dos Covens prefere dispor de uma seleção de vários tipos de incensos aromáticos. Os fornecedores ocultistas são a melhor fonte, porque seus incensos estão mesclados de propósito para essas necessidades e normalmente seus nomes indicam sua natureza. Por exemplo, a excelente loja de John Lovett's e a Occultique que envia por correio (73 Kettering Road, Northampton NN1 4AW) lista setenta variedades, incluindo as séries: zodiacal, elementar, sazonal, sefirótica e do alfabeto das árvores celta.

Experimentar criar seu próprio aroma pode ser interessante. Como exemplo, você poderia querer provar nosso incenso Fogo de Azrael (veja pág. 319) que é muito singelo de elaborar e necessita de:

- Lascas de sândalo, 14 g
- Zimbro, 14 g
- Óleo essencial de cedro, 14 g

Pique o zimbro e acrescente as lascas de sândalo. Misture bem. Acrescente o óleo de cedro e misture de novo. Depois guarde em um pote com tampa de rosca, bem fechado.

Pode realizar experimentos acrescentando ingredientes ao franquincenso comum. Talvez umas gotas de algum óleo essencial ou alguma erva seca amassada. Quando estiver familiarizado com os resultados, tente mesclar ingredientes como um óleo e uma erva com ou sem o Franquincenso comum. Tenha em mente que as ervas secas queimarão muito mais depressa.

O incenso queima colocando-o em um carvão vegetal aceso. Na realidade, eles consistem em discos de carvão vegetal impregnados com salitre para facilitar sua ignição e também podem ser conseguidos em lojas de suprimentos para igrejas ou nas ocultistas. Deverão ser guardados em lugar seco, porque absorvem a umidade como o mata-borrão. Se não acender com facilidade (sabe-se quando está aceso porque desprende faíscas constantemente), seque-o durante um minuto ou dois perto do fogo ou outra fonte de calor, mas não o segure com a mão porque se estiver muito perto do fogo, por exemplo, pode inflamar e arder, embora ainda pareça apagado.

Como Incensário você pode usar desde uma pequena terrina de metal com pezinhos a um esplêndido objeto eclesiástico que pode ser pendurado por correntes. Mas se for pequeno e sem correntes, tome cuidado quando passá-lo ao redor, pois pode estar demasiadamente quente.

Uma ou duas gotas de óleo de rosas no carvão vegetal aceso antes de começar o ritual e usar o incenso escolhido para aquela noite, criam uma agradável atmosfera preliminar.

Os palitos ou varinhas de incenso são uma alternativa singela aos incensários. Nas lojas de produtos indianos vendem pequenos incensários de varetas, mas também podem ser colocados em uma taça cheia de areia, em um pedaço de massinha ou inclusive em uma maçã ou batata. Não obstante, procure selecionar a marca antes de acendê-los no Círculo; alguns podem ser muito enjoativos. Os de sândalo é sempre uma boa opção.

A Faca de Cabo Branco

Trata-se literalmente de uma ferramenta de trabalho, pois serve para fazer qualquer tipo de corte (por exemplo, no caso da Medida, veja pág. 225 ou inscrição como na vela para a Iniciação ao Segundo Grau, veja pág. 238) necessários dentro do Círculo, único lugar em que poderá ser utilizada. Tanto em *As Clavículas de Salomão* como em *Com o Auxílio da Alta Magia* aparecem símbolos para o cabo e a lâmina; gravá-los ou não é, novamente, uma questão de preferência.

A Faca de Cabo Branco se diferencia do Athame por ser obviamente afiada, e deve ser mantida assim. Podem-se encontrar facas adequadas e atrativas em muitas lojas de utensílios de cozinha. Por outra parte, a ideia de ter um par com o Athame e Faca de Cabo Branco idênticos pode ser atrativa, mas implicaria uma busca um pouco mais difícil.

O Açoite

O Açoite tem dois usos: (1) puramente simbólico e (2) para sua aplicação suave, monótona e semi-hipnótica, de maneira que afete à circulação sanguínea como ajuda para "conseguir a Visão". Seu uso (2) descreve-se detalhadamente, com todas suas precauções, na passagem do *Livro das Sombras* que citamos de forma completa e comentada nas páginas 276-8. O Livro também diz (pág. 280) que deve ter oito tiras com cinco nós em cada um, presumivelmente pelas razões numerologias que damos em outro lugar (pág. 270). Seguimos com o mesmo desde sempre, com cabo de nogueira e fios de seda. Entretanto, gostamos muito mais de um que fabricamos enquanto vivíamos no Condado de Mayo, cujos "fios" são de rabo-de-cavalo negros, recolhidos durante a escovação de um de nossos pôneis; o cabo é feito da madeira de pinheiro, com centenas de anos de antiguidade, perfeitamente conservado, que descobrimos ao cortarmos lenha para queimar como combustível.

Nem *As Clavículas de Salomão*, nem *Com o Auxílio da Alta Magia* incluem símbolos para o Açoite.

As Cordas

Todo Bruxo deve ter seu próprio jogo de pelo menos três cordas de diferentes cores (vermelho, azul e branco são os mais usuais), e a maior parte dos Coven dispõe de um conjunto comunal. Cada corda deve ter 2.75 m (nove pés de comprimento), com os extremos atados ou amarrados com fio para não se desfiarem. As únicas exceções ao padrão de nove pés são as cordas de quatro pés e seis polegadas, ou seja, 1.37 m, para as amarrações da Iniciação (veja pág. 220).

As cordas mais práticas são da grossura de um lápis e são vendidas na maioria das lojas de armarinhos e tapeçaria. A seda é o ideal, porque é uma substância natural orgânica, embora as fibras artificiais sejam mais fáceis de conseguir e, como as cordas são usadas principalmente para favorecer a dramatização e a concentração, as desvantagens são mínimas.

O simbolismo da cor é muito complexo e irá variar segundo o contexto do trabalho a realizar. Mas vai aqui um resumo de algumas das principais correspondências das cores (dados levando em consideração a Árvore da Vida pertencem à Escala da Rainha):

- Branco: pureza; inocência; encargos para meninos pequenos; *Kether* na Árvore da Vida.
- Negro: restrição; limitação; contenção; Saturno; *Binah* na Árvore da Vida.
- Dourado, Amarelo: magia solar; o Deus sol; *Tiphareth* na Árvore da Vida. Em alguns sistemas, a cor da terra.
- Prateado: magia da Lua; a Deusa lunar; a Deusa em seu aspecto invernal de Vida e Morte.

- Vermelho: vida; fogo; força; cura orgânica; Marte; *Geburah* na Árvore da Vida; o masculino, o princípio elétrico.
- Laranja: intelecto; comunicação; viagem; Mercúrio; *Hod* na Árvore da Vida.
- Verde: natureza; a Deusa em seu aspecto luminoso de Morte e Vida; Água; emoção, intuição; Vênus/Afrodite; *Netzach* na Árvore da Vida.
- Azul: a Deusa do céu; ar; cura funcional; Júpiter; justiça; organização, administração; *Chesed* na Árvore da Vida; o feminino, princípio magnético.
- Violeta: o princípio *akáshico*; o plano astral; *Yesod* na Árvore da Vida. Em alguns sistemas a cor do espírito.
- Marrom: alguns o preferem ao amarelo, como cor da terra.

A Vassoura

Trata-se do único utensílio dos Bruxos, excetuando possivelmente o Caldeirão, que se identifica com a imagem popular das Bruxas; à margem completamente de seus usos rituais, muitos Bruxos sentem carinho por ela e a consideram um símbolo da Arte e possuem uma mesmo que nunca seja usada.

Em sua origem era um pau utilizado para cavalgar e dançar, disfarçado por razões de segurança como um simples escovão caseiro. Sem dúvida, as histórias sobre Bruxas que voam pelo ar montadas em vassouras procedem de sua utilização nos ritos de fertilidade das colheitas. As mulheres montavam nelas ao redor dos campos, saltando o mais alto que pudessem. Trata-se de uma magia simpática de dois tipos. Quanto mais alto era o salto, mais cresceria a colheita. E o tema da fertilidade era dramatizado, naqueles dias menos hipócritas, pelo modo que as mulheres usavam os paus fálicos durante sua "cavalgada".

Depois convém acrescentar que o pau da vassoura é um símbolo masculino.

Seus principais usos rituais na atualidade consistem em saltar por cima (como no rito de *Handfasting*; veja *Oito Sabbats para Bruxas,* pág. 178), e varrer e limpar simbolicamente o Círculo de toda influência negativa (veja na mesma página, e também no ritual do Imbolc, pág. 72).

O Caldeirão

Em sua origem era identificado com as Bruxas devido a sua misteriosa preparação de poções e remédios de ervas, embora durante incontáveis séculos fosse simplesmente a panela familiar, ainda usada na Irlanda (onde recebe o nome de *Skillet*) até recentemente (nós vimos a tradicional *skillet* cheia de batatas fervendo a fogo lento na cozinha de lenha de um granjeiro irlandês, a poucos metros de sua televisão). É provável que esta associação com a Bruxaria na cultura popular proceda das pinturas onde aparecem Bruxas em ação, quase a única situação que moveria um artista a dramatizar o uso de uma panela rural, e é óbvio nas cenas de *Macbeth* de Shakespeare.

Como a taça, da qual é uma versão maior, o Caldeirão é um símbolo feminino: "o Caldeirão de Cerridwen, que é o Santo Graal da imortalidade". Inclusive quando se associa com um Deus (por exemplo, o Caldeirão da Dagda, um dos quatro tesouros dos Tuatha Dé Danann na mitologia irlandesa), sempre é um símbolo da renovação, do renascimento e seu conteúdo é inesgotável.

Seu uso ritual na Wicca também se relaciona com estas ideias. É mais adaptável que a taça, pois pode conter água, fogo, incenso ou flores conforme peça a ocasião. Saltar sobre o Caldeirão, como saltar sobre o cabo da vassoura ou sobre a fogueira é um rito de fertilidade.

É possível encontrar caldeirões ou caçarolas, normalmente de ferro fundido, em lojas de antiguidades ou de coisas usadas sem ter que procurar muito; a mais satisfatória é a antiga panela de três pés. Uma alternativa aceitável é um recipiente da mesma forma ou um cubo para o carvão de latão ou de cobre, provavelmente mais fáceis de conseguir.

O Colar

Tradicionalmente, as mulheres usam sempre colares de algum tipo no Círculo. Em nosso Coven também os homens usam talismãs ou pingentes ao redor do pescoço. Isso representa "o Círculo do Renascimento".

O colar tradicional da Arte que leva a Sacerdotisa é feito de contas de âmbar e lignita[216] intercaladas. Simboliza a polaridade solar/lunar, luz/escuridão, masculino/feminino em seu perfeito equilíbrio. Ele deve ser feito, é óbvio, comprando um colar de âmbar e outro de lignita, desfazendo-os e

216. N. do T.: também chamado popularmente de azeviche no Brasil.

fiando-os de novo. Como é de se esperar, sobrarão contas suficientes para fazer outro colar, a menos que as contas dos dois colares originais sejam muito diferentes de tamanho, cujo caso pode ser que se necessitem as maiores de um e as menores de outro para ao final ter um colar satisfatório.

Tanto os colares antigos como os modernos de âmbar podem ser comprados, mas os de lignita, que foi muito popular em tempos Vitorianos, terá que ser encontrado nas lojas de antiguidades de joalheria.

O colar âmbar e lignita é um presente muito apropriado para ser dado pelo parceiro de trabalho mágico da Bruxa. Certamente, deve ele mesmo confeccioná-lo para ela. (Vai aqui um pequeno conselho útil: dobrar uma folha de papel como uma sanfona torna muito mais fácil o trabalho de classificar as contas segundo seu tamanho).

Além do âmbar e da lignita, o colar ou pingente pode ser qualquer coisa que pareça apropriado. Para uma mulher, qualquer colar favorito, especialmente se a cor corresponde com o trabalho mágico a ser desempenhado, ou possivelmente uma lua pendente ou outro símbolo da Deusa. Para o homem, um símbolo solar ou do Deus Cornífero; e tanto para ele como para ela um Pentagrama, uma Cruz Ansata, o Olho de Hórus, seu signo do Zodíaco, o símbolo do Yin-Yang, etc., como sempre, o que parece correto para você.

A Liga

O significado mágico da liga parece remontar a tempos paleolíticos. Existe uma pintura rupestre em que aparece uma figura masculina no centro de uma dança ritual usando uma liga em cada perna. Margaret Murray (*O Deus das Bruxas*, págs. 52-3) diz: "Faz muito tempo que se atribuem propriedades mágicas às ligas, especialmente quando pertencem a uma mulher. Em casamentos, lutava-se pelas ligas da noiva, e o Cinturão Mettye foi sempre um cinto de Bruxa ou uma liga de mulher. Este Cinturão Mettye se utilizava magicamente para determinar se uma pessoa doente ia se recuperar ou não." Murray cita outros usos mágicos além de uma história muito convincente sobre as origens Bruxas da Ordem da Liga (*ibid.*, págs. 53-4). Sugere que a liga que caiu da Condessa de Salisbury não era uma liga comum (o que não teria embaraçado uma dama do século 14), mas, sim, a insígnia de sua posição como Alta Sacerdotisa, e que ao colocá-la em sua própria perna, Eduardo III a estava colocando sob sua proteção. É muito significativo que a Ordem que imediatamente fundou constava de vinte e seis cavalheiros, quer dizer, um Coven duplo, um para a Soberania e outro para o Príncipe de Gales.

Assim, a liga é tanto um objeto mágico como uma insígnia de posição, e ambos os usos seguem em vigor na Bruxaria atual. Em alguns Covens, todas as mulheres que são membros levam uma; em outros, só a Alta Sacerdotisa. Erica Jong *(Witches,* pág. 98) diz: "Alguns escritores sobre Bruxaria especificam que a liga é de couro verde, grampeada com uma fivela de prata e forrada de seda azul." Por nossa parte adicionamos à tradição da liga de pele de serpente. A liga ritual mais antiga que conhecemos (que era realmente muito antiga, pertencente a uma herança familiar) era de veludo azul, com uma intrincada fivela de prata inspirada em um desenho de ferradura.

Quando do Coven de uma Alta Sacerdotisa nasce outro, ela está autorizada a acrescentar uma segunda fivela à sua liga, e uma fivela adicional por cada novo Coven nascido. Quando sua liga tiver três fivelas, ela converte-se em Bruxa Rainha[217].

Uma nota final sobre os utensílios mágicos. Se for possível, fabrique-os você mesmo. A essa altura do livro, não é necessário explicar o motivo.

É óbvio, o artesanato pessoal pode e deve se estender além dos mesmos utensílios. Tecidos bordados para o altar, joalheria ritual, robes rituais, velas, pintura para o altar, pinturas elementais para os quadrantes das Torres de Observação, etc., todos esses objetos oferecem muitas possibilidades para usar suas habilidades pessoais. Não estamos dizendo que seu templo deva parecer um museu abarrotado; os adornos que lhe satisfarão razoavelmente dependem da regra número um. Entretanto, quantos mais objetos fabricados pelas mãos dos Bruxos que trabalham e os cultuam mais você verá que esses requerimentos estão sendo totalmente satisfeitos.

217. N. do T.: ou Rainha das Bruxas apenas de seu próprio grupo, claro.

XXV — Em Harmonia com a Terra

A Wicca é uma religião natural em todos os sentidos. Os Bruxos sabem que, como homens e mulheres, todos formam parte do sistema nervoso central da Gaia, o organismo terrestre, e que esta implicação se estende a todos os níveis. Sabem que quanto mais estiverem em harmonia com o entorno no qual vivem e trabalham, física, etérica astral, mental e espiritualmente, mais significativa será sua religião, mais efetivo será seu trabalho psíquico, maior sua contribuição à saúde e bem-estar de Gaia e mais integrados e realizados estarão eles mesmos enquanto seres humanos.

Já assinalamos muitas das coisas que isso implica: estar em harmonia com a natureza ao redor, inclusive vivendo em meio a uma cidade; celebrar os oito festivais para manter uma consciência viva dos ritmos anuais; interessar-se ativamente e informando-se dos problemas ambientais; respeitar e compreender a verdadeira natureza e necessidades das outras espécies, incluindo o reino vegetal, enriquecer constantemente sua relação com eles, etc.

Mas as lendas, a mitologia e a tradição cultural também são uma parte vital da Terra. São as raízes pelas quais flui a nossa relação com a parte particular de Gaia, onde vivemos. Por isso os Bruxos sábios estudam com profundidade essas raízes locais, suas formas rituais, os Deuses e Deusas que usam em seus experimentos astrais e, inclusive, nos lugares com os quais eles criam um ponto de familiarização.

Esta é uma das vantagens da flexibilidade da Wicca. Nenhuma forma ritual Wiccaniana se considera como uma escritura sagrada. Aqui podemos aprender com os erros dos missionários cristãos, que receberam um sistema simbólico nascido no Oriente Médio, ossificaram-no durante séculos de feudalismo e capitalismo na Europa e o impuseram com todo luxo de detalhes em outros lugares do exterior que tinham suas próprias e ricas raízes. (Para sermos justos, alguns missionários atuaram com uma maior sabedoria, mas não muitos, e certamente poucos nos séculos passados.).

A Wicca não tem, ou não deve ter essas inibições. Deve harmonizar-se e adaptar-se ao espírito de seu entorno real.

Para pôr um exemplo concreto: Austrália. Estamos em contato com vários Bruxos daquele país, tanto diretamente como por meio da revista de Catherine e Kent Forrest *The Australian Wiccan* (CORREIO Box 80, Lañe Cove, NSW 2066). A maior parte deles tem um contraponto cultural europeu, e muitos praticam um sistema Gardneriano ou outro similar. É interessante contemplar como lidar com o fato de que em seu país o sol viaja no sentido anti-horário e que o Solstício de Verão tenha lugar em dezembro. Ao que parece utilizam diversos métodos, tanto em relação à direção em que se lança o Círculo como na colocação dos elementos, assim como na preparação dos Sabbats.

No Hemisfério Norte, onde se formaram a tradição ocultista ocidental e a Wicca tal e como a conhecemos, o modelo de um Círculo se traça como mostra a ilustração 15(a). Em nossa opinião, no Hemisfério Sul o modelo deveria ser como mostra a ilustração 15(b)[218], de modo que em ambos os casos o sol se levante no elemento Ar, alcance seu ápice no elemento Fogo, inunde-se no elemento Água e de noite se encontra no elemento Terra, onde se coloca o altar. O Círculo se traça no mesmo sentido em que o sol se move. De forma parecida, no Hemisfério Sul os Oito Sabbats devem ser adaptados seis meses depois do modelo europeu e norte-americano. Em qualquer caso,

218. N. do T.: apesar da sugestão dos autores, o modelo de lançamento que se firmou no Brasil é o modelo clássico, com o Círculo sendo lançado no sentido horário e os quadrantes dispostos com Norte para Terra, Leste para o Ar, Sul para o Fogo e Oeste para a Água.

os Sabbats menores dos solstícios e equinócios se encarregam por si mesmos de adotar os nomes localmente adequados; assim, o renascimento do sol se celebraria nos dias 21 ou 22 de junho, etc. Mas os grandes Sabbats do Imbolc, Beltane, Lughnasadh e Samhain poderiam possivelmente se mover com mais flexibilidade; uma mudança estrita de seis meses, por exemplo, situaria Imbolc em 2 de agosto, mas possivelmente os "primeiros indícios de movimento na matriz da Mãe Terra" deveriam celebrar-se com maior realismo mais cedo ou mais tarde, em harmonia com a realidade da atividade local de Gaia. De novo, tem que haver festivais folclóricos locais que coincidam com os Sabbats dos Bruxos, como quando vivíamos no Condado de Mayo e celebrávamos nosso Sabbat do Solstício de Verão em 23 de junho, porque essa noite, véspera de São João, podiam se ver outros fogos ao longo de todo o horizonte, com toda sua parafernália pagã. Por que os Bruxos tinham que ser uma exceção a isso só porque o *Livro das Sombras* diz em 22 de junho?

Figura 15(a)

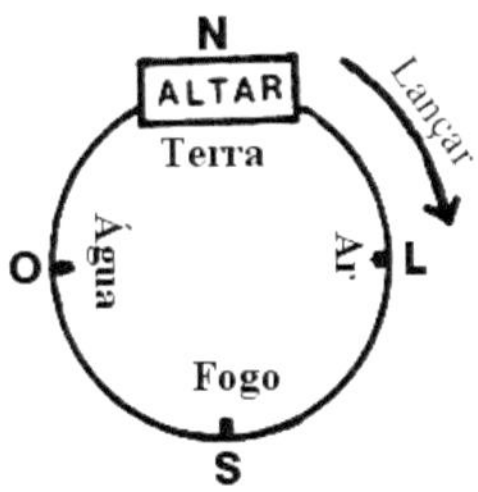

Hemisfério
Norte

Figura 15(b)

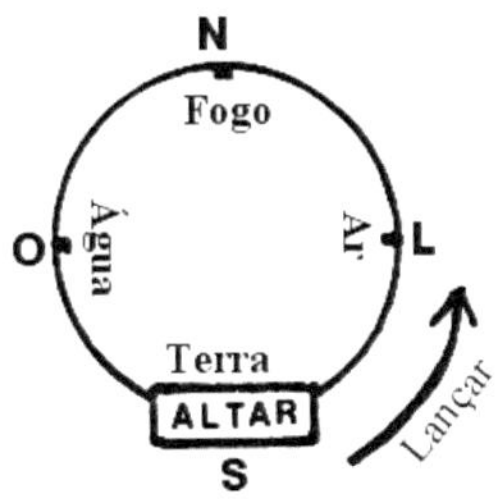

Hemisfério
Sul

Os australianos mantêm um estreito vínculo com a cultura e a tradição dos aborígenes, que estiveram em harmonia com a Gaia Australis desde tempos imemoriais e integram, sem dúvida, elementos daquela cultura em suas próprias formas rituais e em sua consciência do entorno.

Há 20 mil km de distância esses comentários podem parecer presunçosos, mas não se trata de ensinar aos irmãos e irmãs australianos nada que já não saibam, a não ser só assinalar – para que os Bruxos europeus se deem conta – o *tipo* de enfoque que é preciso ter na hora de adequar a prática e o pensamento ao entorno real. É possível que os Bruxos australianos respondam de maneira distinta às propostas que temos feito, devido a fatores locais que desconhecemos. É seu problema, sempre que essas respostas não se apoiem em uma sagrada escritura importada de um lugar diferente, mas em sua verdadeira relação com a Gaia tal e qual é e onde eles estão.

A origem setentrional da maioria da literatura existente cria um problema, como assinala nossa amiga Robyn Moon, de Modbury, Austrália do Sul. Ela diz que os Covens australianos que ela conhece situam o altar e a Terra no Sul, o Fogo no Norte, e traçam o Círculo em sentido anti-horário. Mas acredita que "parece errado trabalhar em sentido anti-horário quando durante tanto tempo todos nossos livros e referências insistiram em fazê-lo em sentido horário". O que fazer? Certamente se negar a cumprir a imposição das leis de outro hemisfério.

Como exemplo das tentativas que os Bruxos australianos estão fazendo para desenhar um modelo de ritual que se ajuste a seu próprio entorno, Robyn nos mandou o diagrama do ciclo anual que apareceu na hoje desaparecida revista de ocultismo *Whazoo Weakly* e que, segundo ela, foi criada por Nick Howard de Adelaide. No texto anexo, mantinha que a temperatura da região da Austrália não tinha quatro estações, mas, sim, três (como no Egito) ou seis, segundo a localidade; três nas regiões próximas ao deserto e seis nas costeiras. Para demonstrar isso citava os conceitos aborígenes sazonais do deserto (Pitjanjara) e da costa (oeste australiano).

Deixamos a nossos amigos australianos para que julguem a validade de seu calendário. Mas sua *atitude* é certamente a correta: observar a Mãe Terra tal e como é onde estamos, sem se importar com o que a literatura existente diz. (Falando de literatura: o livro magnificamente escrito de Neville Drury e Gregory Tillet, *Other Temple Other Gods* é uma fascinante visão do mundo do ocultismo na Austrália.).

Inclusive a colocação dos elementos no modelo solar simples que havemos descrito pode variar de um país a outro. Por exemplo, se vivêssemos no Egito poderíamos adotar as antigas disposições egípcias porque estão profundamente enraizadas em "sentimento" do vale do Nilo, e inclusive invocar os seus próprios Guardiões das Torres de Observação, os Quatro Filhos do Hórus. As colocações são as seguintes. Leste, por onde sai o resplandecente sol do Egito – Fogo, sob o patrocínio do Duamutef.

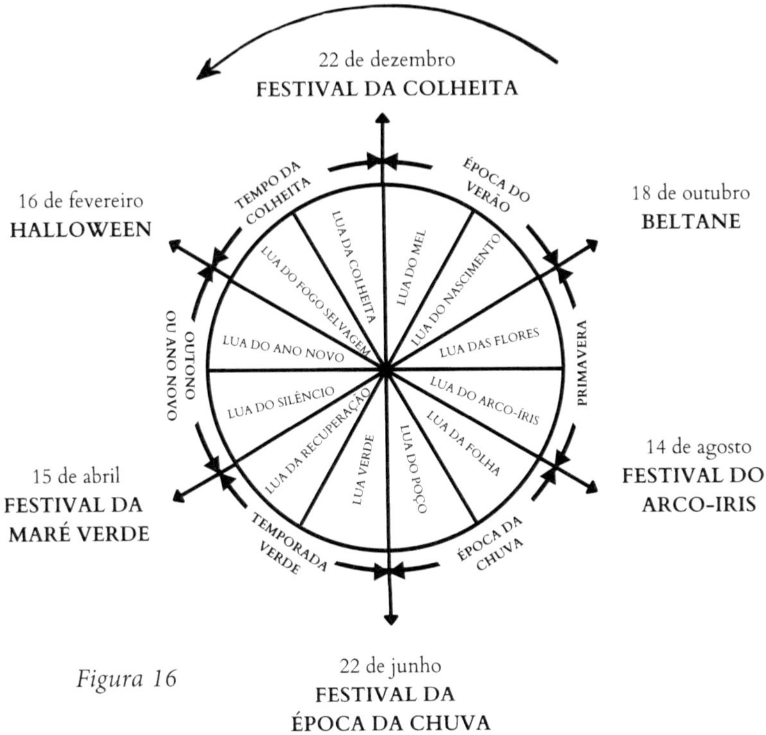

Figura 16

Sul, de onde flui o portador da vida, o Nilo – Água, da qual é responsável Imset. O Oeste, sob os vastos céus do deserto – Ar, governado pelo Qebehsenuf. Norte, por meio do qual as águas do sul trazem sua bênção – Terra, governada pelo Hapy. Qualquer pessoa que tenha estado no Egito sabe que assim é como deve ser. (As três estações do Egito são: inundação de 19 de julho a 15 de novembro, inverno de 16 de novembro a 15 de março, e verão de 16 de março a 18 de julho.).

Os Bruxos americanos têm seus próprios problemas específicos similares, embora possivelmente mais complexos que os da Austrália. Além dos índios americanos (cujas raízes pagãs são tão profundamente indígenas como as dos aborígenes australianos), os americanos provêm de um amplo espectro de culturas ancestrais: saxões, celtas, nórdicos, judeus, eslavos, africanos, etc., e muitos deles vivem em comunidades nas quais suas tradições seguem vivas com força, embora tenham sido sutilmente alteradas por importações do novo mundo e pela interação com outras culturas. Assim, os Bruxos americanos podem escolher entre apoiarem incondicionalmente, por exemplo, o ritual celta e a herança mitológica de seus antepassados, ou rechaçá-la por completo porque no chão que pisam não cresceram essas raízes. Nós conhecemos pessoalmente a alguns que são suficientemente afortunados para estar em contato e entender seus vizinhos indígenas em seu entorno natural, o que enriquece sua própria prática. Mas para outros o problema é muito real. *Drawing Down the Moon,* de Margot Adler proporciona pistas sobre como alguns deles estão lidando com tudo isso. Os Bruxos europeus, que com frequência logo percebem quão afortunados são ao carecer de conflitos entre a tradição e o entorno, às vezes criticam injustamente os americanos por serem tão experimentais.

Devemos ser solidários ao invés, porque é um problema que só eles podem solucionar em seu próprio terreno. Inclusive, possivelmente, eles podem nos ensinar a não dar tão facilmente nosso próprio terreno como resolvido.

A Bruxaria britânica, sobretudo em sua corrente Gardneriana, é profundamente celta, por isso quando viemos à Irlanda demos sorte, além do fato de que nós mesmos somos celtas. Entretanto, também tivemos de nos adaptar, simplesmente porque o país nos convidou a fazê-lo. Por exemplo, normalmente trocamos a invocação ao Grande Deus Cernunnos (veja Apêndice B, pág. 574) por esta que escrevemos nós mesmos:

> Grande Deus de Erin, Lugh, o das muitas artes
> Entra em nosso Círculo e inspire nossos corações!
> Abra nossos olhos, e descubra perante nós
> os tesouros dos Tuatha:
> a espada, a lança e a luz,
> o Caldeirão de Dagda e a pedra do Fál.
> Consorte da Grande Mãe,
> Nosso pai, Escute minha invocação,
> concede nossos desejos
> a Lugh *Lámhfhada, bí anseo anois!*

Lugh é o Deus irlandês mais brilhante; às vezes aparece mencionado como o Deus Sol, mas isso não é correto. *Grian* (Sol) é um nome feminino tanto em gaélico irlandês como em escocês, igual à *Sonne* em alemão. Para os celtas e os teutões o Sol era uma Deusa, enquanto que para os egípcios, os gregos e os romanos o Sol era um Deus. Lugh deve ser considerado mais como um Deus da luz e do fogo, um São Miguel pré-cristão. Dois de seus títulos eram *Samhioldánach* ("igualmente hábil em todas as artes") e *Lámhfhada* ("o de longos braços ou mãos"). O último verso de nossa invocação significa "Ó Lugh de longa mão, faça-te presente agora!" (o nosso próprio Condado Louth foi nomeado a partir do nome de Lugh).

Os Tuatha Dé Danann (Povos da Deusa Dana) da lenda irlandesa, provavelmente com algum apoio objetivo, foram os últimos habitantes da Irlanda antes que chegassem os celtas (os Gaels ou Filhos de Mil). Foram considerados como um povo mágico, e Lugh foi um de seus líderes. Quando os Filhos de Mil os derrotaram em batalha, os Tuathas concordaram em se retirarem para as colinas ocas ou *sidh-mounds* da Irlanda, onde se converteram na aristocracia dos *sidhe* ou povos das fadas. Como tais, na tolerante atmosfera do cristianismo celta, converteram-se na manifestação dos antigos Deuses e Deusas pagãos, e assim permaneceram. Segundo os contos e crenças dos camponeses (e certamente das Bruxas) os Tuatha Dé Danann ainda estão sãos e salvos e vivem na Irlanda. Seus Quatro Tesouros, claramente elementais[219], desempenham um importante papel na mitologia irlandesa. Um deles, a *Lia Fáil* ou Pedra do Destino, a qual deu um forte grito quando o verdadeiro rei da Irlanda subiu nela (um reconhecimento da Terra?), certamente, pode se ver ainda: muitos arqueólogos sustentam que a rocha que está em Tara Hill, no Condado do Meath (veja fotografia 9) é a verdadeira *Lia Fáil*, embora uma Pedra rival de Coroação esteja na Abadia de Westminster.

Como muitos Covens, guardamos um pouco do vinho e dos pães consagrados de cada Círculo como oferenda, mas de acordo com a tradição irlandesa, fazemos isso deixando-o no batente de uma janela orientada para o Oeste, para os *sidhe*. Acompanhamos a oferenda com a invocação: *A Tuatha Dé Danann: Beannacht Bhandé Danann libh agus lin* (Ó *Sidhe*; Ó Tuatha Dé Danann; que a Deusa Dana lhes abençoe e também a nós).

A lista dos nomes da Deusa no começo da Carga (veja Apêndice B, pág. 572) inclui duas irlandesas, Dana e Bride (Brid ou Brígida), mas nós gostamos de acrescentar uma local. Quando vivíamos no Condado do Wexford acrescentamos Carman, a Deusa do Wexford. Agora que vivemos no Condado de Louth, no desemboque do rio Boyne, acrescentamos Boann, a Deusa do rio, cuja mitologia local é particularmente rica.

Na mesma Carga, às vezes trocamos "o País da Juventude" – Terra da Juventude – (pág. 573), por *Tir na nÓg*, que quer dizer literalmente o mesmo, mas com uma maior significação na lenda irlandesa; também fazemos a mesma mudança na declamação do Equinócio de Outono.

---

219. Veja W.B. Crow *The Arcana of Symbolism*, pág. 60, para detalhes sobre os Quatro Tesouros. Diziam-se que vieram de quatro ilhas no oceano, dos Restos da Atlântida; e é interessante que os lugares lendários Leste/Sul/Oeste /Norte de suas origens sejam os mesmos que os dos elementos no Círculo Mágico dos Bruxos.

Cada país tem seus lugares mágicos, suas antigas e continuadas fontes de poder. Os Bruxos ingleses, e também muitas pessoas que não o são, reconhecem Glastonbury como um desses lugares telúricos. Stonehenge e Avebury também são centros de poder (nos sentimos mais atraídos por Avebury, considerando-o mais vivo e menos sobrecarregado psiquicamente que Stonehenge). Bruxos locais espalhados por todas as Ilhas Britânicas podem acrescentar suas preferências à lista.

A Irlanda é especialmente rica em lugares mágicos; nós consideramos Newgrange, há aproximadamente 15 km de nossa casa, ao norte de Boyne, como a Glastonbury irlandesa. Primorosa e minuciosamente restaurada pela brilhante equipe arqueológica do professor M. J. Ou'kelly, desde 1962, agora recebe de novo os raios do sol no Solstício de Inverno com o portal da passagem de aproximadamente 2.5 metros, como o fez há quinhentos anos, até sua câmara central sob o mais antigo teto da Irlanda. O grande túmulo do Newgrange, *Brugh na Bóinne* ou "o palácio de Boyne", com seus túmulos irmãos próximos do Dowth e Knowth (esse último, que atualmente se encontra em escavação), foi o centro cultural e espiritual de uma notável comunidade neolítica muito antes de Stonehenge ser construída, e está vinculada na memória cultural com os grandes nomes dos Tuatha Dé Danann. Oficialmente o conhecem como a "passagem de tumbas", mas sua importância era obviamente muito maior, igual a uma catedral, e significa muito mais que criptas que se possa alocar.

É necessário sentir o poder do lugar para apreciá-lo. Para estarem em harmonia com a terra, os Bruxos devem prestar uma atenção especial a lugares como Glastonbury e Newgrange ou seus equivalentes em seus próprios países, no que se refere a adquirir conhecimentos arqueológicos ou de outro tipo acadêmico, para utilizar sua consciência psíquica neles. O poder destes lugares está aí para ser experimentado e aproveitado.

Temos um dossiê especial sobre o Newgrange e o ampliamos regularmente. Inclui informação acadêmica, fotografias, sonhos registrados, uma redação de cada visita e as experiências compartilhadas com outras pessoas de outras terras que vieram de visita.

Consideramos que o exercício resultante é muito gratificante, e recomendamos a outros Bruxos que o façam em seus lugares de origem ou onde vivam.

Todos os Bruxos devem relacionar-se com seu próprio meio ambiente e em todos os níveis. Como fazem isso é um assunto pessoal e local; o primeiro passo consiste em dar conta de que é importante fazê-lo, e esperamos que este capítulo tenha servido para isso.

XXVI — Em Harmonia com os Tempos

Durante muitos séculos, a Wicca foi uma religião professada individualmente ou por pequenos grupos que sobreviveram em segredo até nossos dias. O grau de segredo varia segundo a época e o lugar. Durante os horrores da "época das fogueiras" a perseguição foi absoluta, alcançando sua cota máxima nos séculos 16 e 17. Durante o século 19, pouco menos fanático, uma *bean fheasa* (mulher sábia) como Biddy Early, do Condado de Clare, ou um homem de conhecimentos ocultos como o Velho George Pickingill de Canewdon, Essex, puderam praticar a Arte mais ou menos abertamente em águas turbulentas entre a perseguição clerical e o apoio popular. Mas acredita-se que, inclusive Biddy e o Velho George, teriam tido problemas muito mais sérios se tivessem dirigido abertamente Covens rituais. A capacidade psíquica individual (que não se podia negar nesses e outros casos parecidos) era uma coisa: um espinho com o qual o poder se viu obrigado a conviver, mas praticar a Velha Religião abertamente em congregações organizadas era outra coisa completamente distinta. (Ao que parece, Biddy Early trabalhou completamente sozinha; mas segundo fontes da Arte, diz-se que George Pickingill – veja *Witchcraft for Tomorrow,* pág. 15-20 – teve nove Covens, certamente secretos naquela época).

Seria irreal negar que a situação mudou radicalmente nos últimos trinta anos. Em 1951, as Leis sobre a Bruxaria arcaicas e impossíveis de cumprir foram revogadas e substituídas pela Fraudulent Médiums Act ("Lei de médiuns fraudulentos"), muito melhor redigida e que qualquer Bruxo ou ocultista sensato pode escapar. Em 1949, Gerald Gardner publicou sua cautelosa, mas reveladora obra *Com o Auxílio da Alta Magia* e em 1954 e 1959, respectivamente, publicou seus ensaios *Bruxaria Hoje* e *O Significado da Bruxaria,* desta vez muito mais francas. Desde então, somente na Grã-Bretanha, Doreen Valiente, Patrícia e Arnold Crowther, Justine Glass, Louis Bourne e outros praticantes da Bruxaria, incluindo nós mesmos, publicaram livros sobre a Arte (veja a Bibliografia para todos esses nomes). Bruxos aparecem regularmente em rádios e televisão, substituindo quase por completo os "peritos" que, sem serem adeptos, estavam acostumados a fazer pontuações sobre o tema. Os periódicos e as revistas incluem entrevistas e, à margem da incorrigível imprensa sensacionalista, tratam o tema com maior seriedade. O último exemplar (novembro de 1982) da revista *19,* por exemplo, contém um artigo de quatro páginas de Barbara Rowlands sobre o *boom* da Bruxaria. Nele ela entrevista Bruxos ingleses que nem sempre mantêm enfoques similares, incluindo Seldity Bate e seu marido Nigel; Celia Gough; Alex Sanders; Zachary Cox e outros. O artigo é ponderado, interessante e informativo, e seria impensável em uma revista popular feminina há tão pouco tempo como vinte anos atrás. E ainda poderíamos citar uma larga lista de outros exemplos.

O *News of the World,* ancorado em sua rígida e altamente benéfica fórmula editorial, progrediu até o ponto de admitir em suas páginas que existe Bruxaria branca e um ocultismo razoável, inclusive condenando a doentia marginalidade sobre cujas insanas atividades o *News of the World* prospera.

Tudo isso não quer dizer, é óbvio, que a má representação, a intolerância e a vitimização tenham desaparecido por completo. Os exemplos seguem sendo abundantes; *The Cauldron,* de Mike Howard, o melhor boletim nestas ilhas (Myrddin, c/o Groesfford Llwyndrain, Llanfyrnach, Dyfed SA350AS), é particularmente bom ao denunciá-los. Uma geração passada era assim. Esse não é mais o caso.

A Arte saiu à luz (mesmo que alguns Covens e Bruxos tenham que permanecer em silêncio por suas razões compreensíveis). A imagem pública da Bruxaria está, por fim, mudando e escapando do estereótipo que se impôs desde os dias de perseguição. Cada vez mais há gente comum que se dá conta de que Bruxos modernos existem, de que se encarregam de fazer o bem e de que são pessoas "normais", apesar de às vezes parecerem estranhos. Eles têm lido sobre essas pessoas, as viram na televisão e as ouviram no rádio e têm a possibilidade de conhecê-las e tratá-las como seres humanos que são. Inclusive podem chegar à conclusão de que conviver com elas enriquece a variedade da vida.

É um processo lento, mas já está acontecendo, e os adeptos que se negam a reconhecê-lo apenas estão caindo em uma atitude estereotipada. Seria ingênuo pensar que a situação não pudesse ser revertida. A histeria provocada ou um regime autoritário, em qualquer país, sempre será capaz de converter a Bruxaria emergente em bode expiatório, embora no instável mundo atual, qualquer minoria é igualmente vulnerável. Mas quanto aos Bruxos acelerarem este processo de corrigir a estereotipada imagem que se teve deles – um processo que repetimos – já se está acontecendo, mais difícil e improvável poderá ser essa regressão.

Quais são as razões que impulsionam esta emergência da Arte à luz do dia, sua crescente aceitação (tanto de forma amistosa como a contragosto) como parte de um panorama global e, sobretudo, o que explica seu acelerado crescimento?

Acreditamos que isso se dá porque um renascimento da visão pagã é algo inevitável e, instintivamente, procurado do ponto da evolução da humanidade. Isso, naturalmente, coincide com o fim da iminente época patriarcal; com a crescente preocupação pública sobre questões ambientais e ecológicas; com a crescente aversão à política nuclear suicida; com a urgente necessidade de uma mudança (forçada, gostemos ou não, pelos desenvolvimentos econômico e tecnológico) de uma ética de trabalho a uma ética da realização pessoal como base na qual podemos nos apoiar, da educação à moral; com a crescente independência da juventude; com a crescente impossibilidade (graças à televisão por satélite e a expansão global das comunicações) de manter a cultura de qualquer país, da Sagrada Irlanda à Rússia comunista; e muitos outros fatores relacionados.

Há um século, os homens e as mulheres morriam mais ou menos no mesmo tipo de mundo no qual tinham nascido, sem que nada tivesse mudado muito. Hoje, irmãos e irmãs nascidos com dez anos de diferença na mesma família provavelmente tenham que fazer um verdadeiro esforço para compreender mutuamente sua linguagem. Semelhante velocidade de mudança não favorece a aceitação de filosofias estabelecidas ou convencionalismos, mas tampouco a persistência de muitos estereótipos. Tanto a religião estabelecida como o míope materialismo foi incapaz de proporcionar respostas ao desafio.

Qualquer simbolismo religioso pode obter uma realização pessoal, igual determinado materialismo pode fazer a uma pessoa rica, mas a religião como estrutura burocrática ou o materialismo como força condutora da política e economia cada vez se afastam mais das necessidades reais da comunidade.

Milhares de pessoas, que logo estarão se convertendo em milhões, sabem, instintiva ou conscientemente disso.

A maneira como as religiões existentes reagem a esse ponto de inflexão evolutiva é assunto de seus fiéis. Atrevemo-nos a fazer uma profecia: no futuro previsível, o cristianismo como máquina hierárquica e dogmática se paralisará, embora possa renascer em uma forma flexível e humana muito mais próxima à filosofia de seu fundador. E o mesmo pode ocorrer com outras religiões muito rígidas.

Como dissemos, trata-se de um assunto interno, que se deve abordar compreensivelmente, mas sem interferências. Da mesma maneira, o papel que a Bruxaria vai desempenhar tanto no presente como no futuro, é um assunto dos Bruxos e das Bruxas.

A Wicca não é uma religião que pratica o proselitismo e é provável que não o vá fazer nunca. A busca de convertidos não implica, em nenhum caso, a existência de um único caminho verdadeiro nem que todo o resto seja heresia, uma ideia que causou enormes sofrimentos à humanidade, sobretudo nos dois mil anos passados, e que deve se abandonar de uma vez por todas.

Milhares de pessoas estão retornando ao paganismo, de uma forma ou de outra, como uma filosofia viável com a qual se pode enfrentar a crise espiritual, ecológica e evolutiva. Procuram crenças existentes e companheiros envolvidos com elas, não só para sustentar essa filosofia, mas também para vivê-la.

A Bruxaria dá essa possibilidade, e em sua flexibilidade, em seu sentido de maravilha, sua franqueza, sua adaptabilidade às raízes locais e sua ênfase nas polaridades masculino-feminina, têm muito a oferecer aos buscadores. Deveria, portanto, estar disponível a eles, tornando sua imagem clara, mas não dogmática. Ela não deve tentar recrutá-los, mas deve estar lá para aqueles a quem é adequada; eles vão procurá-la, mas ela deve estar preparada para recebê-los.

Há outra razão para que a Arte esteja especialmente em harmonia com os tempos atuais. De todos os caminhos pagãos (por diferentes que sejam do ocultismo) esse é o que maior importância dá ao desenvolvimento das capacidades psíquicas. A compreensão por parte da humanidade da natureza da psique humana, sobretudo por meio de Jung e de seus discípulos, progrediu enormemente neste século; e a mesma ciência, em suas fronteiras mais criativas, está revolucionando nossas ideias sobre a natureza da realidade cósmica. Faremos outra profecia (não tão original; pois é compartilhada por muitos que refletem sobre a Era de Aquário): o *Homo sapiens* se encontra na soleira de um salto evolutivo quanto a seu funcionamento psíquico, só comparável ao que experimentou com o desenvolvimento da consciência do Ego. Este salto será mais intensificado com o tempo, e inclusive terá maior alcance em suas consequências que o anterior. Cada época sempre produziu os pensadores necessários para sua realização; é possível que Gardner, ao impulsionar a Arte para que saísse à luz do dia, estivesse chegando, à sua maneira, tão pontualmente ao ponto de evolução que Freud, Jung, Copérnico e Einstein fizeram em seu próprio meio.

Não estamos sugerindo uma cruzada. Cruzadas religiosas tendem a adquirir uma inércia interna que distorce sua natureza e destrói sua intenção original. A natureza da Wicca é a de um pequeno grupo de pessoas com liberdade autônoma dispostas a desenvolver suas psiques individuais por meio da cooperação entre amigos. Que siga sendo assim.

A Wicca e seus Covens vivem em um mundo real e dinâmico. O que estamos sugerindo é que os adeptos da Arte têm que expandir, dia a dia, sua consciência e seu papel neste mundo cambiante, recordando sempre que a função da tradição é proporcionar raízes nutridoras, não impor visões estreitas ou amarras.

É certo que a Arte percorreu um longo caminho, e ainda tem um longo e excitante caminho a percorrer.

Feliz encontro – feliz partida – e feliz reencontro.

SIGN

APÊNDICES

Apêncice A

Em busca de Old Dorothy[220]

Por Doreen Valiente

Eu deveria dedicar este ensaio ao professor Jeffrey B. Russell, cujo livro *The History of Witchcraft: Sorcerers, Heretics and Pagans* (Thames & Hudson, Londres, 1980) levou-me a empreender a investigação sobre a qual agora escrevo. No capítulo 9 de seu livro, o professor Russell descreve como os discípulos de Gerald Gardner "contam a história de quando foi iniciado na Bruxaria, em 1939, por Old Dorothy Clutterbuck, uma Bruxa da floresta de New Forest". Acrescenta o comentário: "Na realidade, não há provas de que a Old Dorothy tenha alguma vez existido," dando a entender que Gerald simplesmente a inventou, assim como a suposta Tradição da Arte dos Sábios.

Eu fui iniciada como Bruxa por Gerald Gardner, em 1953. Ele costumava me falar com frequência da Old Dorothy e pela forma que fazia, soava como se tratasse de uma pessoa real. Por isso não posso concordar com o professor Russell. Mas, será verdade que não há nenhuma prova da existência da Old Dorothy? E se assim for, como eu poderia prová-la?

Comecei a meditar sobre o que podia descobrir e, como sou Bruxa, comecei dias antes da festa do *Halloween*, no ano 1980. Eu sabia que por mais reservada que fosse uma pessoa, existem dois rastros que ela tinha que deixar nos registros públicos: uma certidão de nascimento e uma certidão de óbito. Se eu pudesse conseguir esses documentos relacionados com a Old Dorothy, conseguiria provar que ela ao menos não tinha sido produto da imaginação de ninguém. Assim, liguei para o Registro Civil local e me deram o endereço do escrivão de registros do distrito de New Forest, que ficava em Lymington.

220. N. do T.: este artigo no presente apêndice, apesar de ter causado grande impacto na época da publicação original desta obra em língua inglesa, na década de 1980, traz informações que precisam ser corrigidas para que os buscadores da Arte não perpetuem equívocos que têm sido repetidos religiosamente como verdades inequívocas através dos tempos. Uma delas é a alegação de que Old Dorothy teria sido a iniciadora de Gerald Gardner. Pesquisas mais recentes levadas a cabo por importantes pesquisadores como o Professor Ronald Hutton e Philip Heselton indicam que Gardner não foi iniciado por Old Dorothy, mas que ele se apropriou do seu nome para desviar a atenção e proteger a identidade de sua verdadeira iniciadora e provável amante: Dafo (Edith Rose Woodford Grimes). Informações atualizadas com a biografia de Gardner e as origens Gardnerianas estão disponíveis no site oficial da Wicca Gardneriana no Brasil em www.wiccagardneriana.com.br.

Enviei uma carta esperançosa perguntando se podiam encontrar uma certidão de óbito. Gerald nunca me disse com exatidão onde viveu Old Dorothy nem quando morreu. Entretanto, orientei-me segundo as palavras de sua biografia na qual relata que não lhe permitiram escrever nem publicar nada sobre a sobrevivência do culto das Bruxas até que Dorothy morresse (veja *Gerald Gardner*: *Witch,* J. L. Bracelin, The Octagon Press, Londres, 1960). Mesmo assim, a narração transcorria no cenário fictício de sua novela *Com o Auxílio da Alta Magia,* que foi publicada por Michael Houghton, Londres, em 1949. Portanto, em 1949, a Old Dorothy já tinha falecido.

Dei-me conta de que minha solicitação ao escrivão de registros de Lymington era vaga, assim decidi também rastrear os números da lista de telefones da área de New Forest, na intenção de averiguar onde ela tinha vivido realmente. *The Writers' and Artists' Year Book* me proporcionou o endereço dos editores do guia de telefones e lhes enviei também uma carta.

Na noite de *Halloween* de 1980, duas Bruxas e um Bruxo, incluindo a mim mesma, reuniram-se em um bosque do sul da Inglaterra. *Halloween* é a antiga festa celta do Samhain que assinala o final do verão, um dos grandes Sabbats do ano das Bruxas. Trata-se da antiga festividade dos mortos, que a Igreja cristã adaptou como a Véspera de Todos os Santos. Para as Bruxas e os pagãos era, e ainda é, o momento em que o portal entre os mundos se abrem e nossos amigos ou parentes que já fizeram a passagem para entrar na Terra das Fadas, o paraíso pagão, podem voltar se desejarem, para se comunicar conosco.

É uma data em que sempre celebramos os que nos deixaram, tanto os que conhecemos, quanto nossos antepassados, cujos nomes ignoramos, mas que podem ter sido vítimas da grande caçada de Bruxas do passado, ou possivelmente conseguiram viver e morrer sem que se soubesse nunca de sua adesão secreta à Bruxaria. (Havia uma razão muito boa para que Old Dorothy entrasse nesta última categoria. Na verdade, a Bruxaria era ainda ilegal neste país até o ano 1951. Além disso, as atitudes sociais para o estudo e prática do ocultismo em qualquer de suas formas são muito diferentes na atualidade, das que existiam em 1930 ou 1940. Pode muito bem ter sido a própria Old Dorothy quem disse a Gerald que "a Bruxaria não paga por vidros quebrados," quando ele quis escrever sobre as tradições que sobreviveram.).

Aquela noite do *Halloween* eu estava disposta a contatar a Old Dorothy. Fazia frio e a noite era escura, com a Lua minguante em seu último quarto. A maioria de nossos amigos celebravam suas felizes reuniões de Sabbat em suas casas. Para os pagãos, a noite dos mortos não é uma ocasião lúgubre, é uma celebração bastante alegre. Eu sabia que as velas e as lanternas de abóbora estavam acesas, que as pessoas dançavam "vestidas de céu" nos Círculos e que compartilhavam os pães e o vinho. Mas eu desejava estar no bosque escuro, com as folhas de outono sob meus pés e as estrelas espiando através dos ramos mais altos das árvores.

Acompanhavam-me dois amigos, a quem chamarei por seus nomes ocultos, Fiona e Dusio. Chegamos ao bosque quando anoitecia, eu e Dusio, com a ideia de dispor luz suficiente para reunir ramos caídos e fazer uma pequena fogueira. Quando terminamos todos os preparativos já estava completamente escuro. Então vimos uma luz que se aproximava através das árvores e Fiona se reuniu conosco.

Formamos nosso Círculo e procedemos com os ritos do *Halloween* invocando aos antigos Deuses. Acendemos a fogueira e seus aromas de fumaça de lenha se mesclaram com o incenso que queimamos no incensário. Nos quatro pontos cardeais, Leste, Sul, Oeste e Norte, colocamos lanternas com velas que converteram a pequena clareira do bosque em um lugar de luz resplandecente na escuridão das árvores que nos rodeavam.

Trabalhar "vestidos de céu" estava fora de questão naquela gélida noite de outubro. Tínhamos vestidos ou mantos com capuz e calçados de campo. Quando nos aquecemos dançando ao redor do Círculo, disse-lhes o que eu queria fazer, ou seja, invocar o espírito da Old Dorothy. Eles concordaram e fiz uma curta invocação para chamá-la lhe pedindo em particular que me mostrasse se minha procura teria êxito. Não esperava um fenômeno físico imediato, mas o tivemos. Pouco depois de invocar Old Dorothy, a lanterna que estava no sul se moveu de repente com tal força que quebrou o vidro.

Achei que possivelmente a borda de minha capa tivesse enganchado na lanterna, mas Fiona, que estava olhando, disse que não, e nem Fiona nem Dusio levavam um manto tão comprido para ter sido eles. Dusio sugeriu que algum pequeno animal tinha saído do bosque e derrubado a lanterna, mas não vimos nenhum animal. Fomos obrigados a considerar a possibilidade de que tinha sido um sucesso paranormal. Eu mesma acreditei, porque também escutei uma voz que vinha de fora do Círculo e que parecia chegar do quadrante sul. Disse meu nome, "Doreen!" Os outros não ouviram, mas eu ouvi claramente, e me pareceu que era a voz de Gerald Gardner.

Neste ritual, nossos amigos falecidos conseguiram fazer-se sentir de alguma maneira. Em uma das noites anteriores a do *Halloween*, eu estava trabalhando em um lugar no interior de Sussex, com Dusio, quando vimos uma formosa luz azul, como uma estrela, aparecer fora do Círculo. Ambos a vimos claramente e não existe nenhuma explicação para isso.

Embora minhas esperançosas cartas não tivessem resultados, eu estava decidida a procurar Old Dorothy. O escrivão do registro de Lymington não conseguiu encontrar nenhum certificado de falecimento e sugeriu que eu tentasse no registro central de Londres onde se guardam as certidões de nascimento, de matrimônio e de falecimento. As companhias afiliadas das listas de telefones estavam mudando seus arquivos de Londres para Surrey, por isso, temporariamente, era impossível consultá-los. Minha única possibilidade nesta direção se encontrava em alguma biblioteca importante que guardasse as antigas cópias do registro em suas estantes.

Mas que biblioteca? Não havia nenhuma importante na zona de New Forest. E nas cidades vizinhas? Winchester? Bournemouth? A única pista que eu tinha consistia nas passagens relativas à Old Dorothy na biografia de Jack Bracelin a que me referi antes, *Gerald Gardner: Witch.* Segundo os quais, Gerald Gardner tinha vivido em algum lugar da vizinhança do Christchurch, Hampshire, quando descobriu o Teatro Rosacruz "em uma de suas explorações" e conheceu o grupo que o dirigia (veja fotografias 15 e 16). Graças a este grupo ele conheceu Old Dorothy, de forma que existia uma remota possibilidade no fato de que como Bournemouth estava muito mais perto de Christchurch que de Winchester, ali poderia descobrir alguma pista.

Obtive da biblioteca de referência local a direção exata da Biblioteca do Condado de Bournemouth (que agora está em Dorset, embora nos tempos de Gerald os limites do Condado estavam incluídos em Hampshire). Sem muito otimismo, escrevi à biblioteca explicando que estava tentando encontrar a senhorita Dorothy Clutterbuck, residente em algum lugar da zona de New Forest entre os anos trinta e quarenta. Poderiam eles me ajudar?

Podiam e o fizeram. De fato, aquela excelente biblioteca me proporcionou meu primeiro avanço real. Em meados de janeiro de 1981, o responsável pela biblioteca me escreveu o seguinte:

A equipe da Biblioteca de Referência procurou nas listas de telefones locais a senhorita Dorothy Clutterbuck e encontrou o seguinte: endereço de ruas do município ampliado de Christchurch, 1933. Clutterbuck, Dorothy, Mill House, Lymington Road, Highcliffe. Fordham, Rupert, Mili House.

A carta continuava dizendo que na lista de telefones de Bournemouth, Poole e Christchurch, aparecia Rupert Fordham em Mill House em sua edição de 1936, mas não Clutterbuck. Na mesma lista, mas em sua edição de 1940, aparecia a senhora Fordham no mesmo endereço. Assim, inclusive se eu tivesse encontrado as enormes listas Kelly de telefones, tão pouco isso teria me ajudado. Entretanto, aquela pequena e obscura lista local me proporcionou a primeira prova de que ao menos uma Dorothy Clutterbuck existiu. Além disso, procurei rapidamente Highcliffe no mapa e pude comprovar que estava muito perto de Christchurch. De fato, foi o lugar em que vi pela primeira vez Gerald Gardner, na casa de uma amiga, em meados de 1952.

A carta da Biblioteca continuava:

O secretário do escritório do censo de Christchurch Town Hall consultou as listas eleitorais do Registro de Hampshire e descobriu que a senhorita Clutterbuck se converteu na senhora Fordham no censo de 1937/38. Infelizmente, durante os anos da guerra as listas não foram feitas e a partir de então a senhora Fordham desaparece. Se é ou não a pessoa que você está procurando, não posso dizer.

Tampouco eu podia ter a certeza, mas interiormente estava segura. O lugar era correto e também a época. Que sorte que a Old Dorothy tivesse um nome tão pouco corrente como Clutterbuck. Se tivesse sido Dorothy Smith ou Dorothy Jones, minha busca teria sido em vão.

Mas agora tinha que provar isso. Tinha que conseguir algo mais substancial que apenas uma linha em um antigo diretório de ruas. Agora eu tinha dados aproximados de um possível matrimônio, do qual tinha que haver algum registro oficial. Assim, se pudesse encontrá-lo, descobriria a idade que tinha naquela época, o que seria uma pista para procurar uma certidão. Escrevi outra esperançosa carta, desta vez ao Registro Civil de Bournemouth, perguntando se existia a certidão de tal casamento ou uma certidão de óbito com os nomes da senhorita Clutterbuck ou da senhora Fordham.

Ao seu devido tempo, o chefe do departamento de registro me respondeu com muita amabilidade. Sua equipe tinha procurado exaustivamente nas listas, mas não tinham encontrado nenhuma certidão de casamento ou óbito com aqueles nomes. A busca de um registro de matrimônio abrangeu as datas de 1936 a 1940, inclusive. A da certidão de óbito entre os anos 1943 e 1948. Como a vez anterior, sugeriu-me que fizesse uma visita a Londres para procurar no índice nacional do Escritório central de registro civil.

Foi um inesperado contratempo. Entretanto, possivelmente a Old Dorothy tinha se casado em algum outro lugar. Inclusive possivelmente morrido em outro lugar. Ou é possível que seu matrimônio tivesse sido celebrado em algum ritual pagão, em vez de uma cerimônia legal. Obviamente, teria que ir a Londres continuar minha investigação, mas dispunha de poucos dados para continuar, pois carecia de informação precisa sobre seu nascimento, matrimônio ou morte. E podia haver dúzias de Dorothys Clutterbucks entre os milhões de nomes daqueles índices nacionais.

Parecia uma tarefa desalentadora, e era. Decidi, por sorte, ir à cidade na véspera de primeiro de maio de 1981. Inteirei-me de que as certidões de nascimento e matrimônio se guardavam em St. Catherine House, em Kingsway, e as certidões de óbito na Alexandra House, bem perto. Estavam guardados em volumes enormes, normalmente quatro por cada ano, que abrangiam cada trimestre. Depois de ter ficado muitas horas virando as folhas, a pessoa se sente como se tivesse carregado sacos de carvão.

Primeiro tentei no registro de matrimônios, por ser o dado mais aproximado de que dispunha. Não havia nada. Depois fui a Alexandra House e realizei uma busca mais longa de uma certidão de óbito. Eu sabia que a Old Dorothy tinha presidido os ritos contra Hitler no bosque de New Forest, que tinham começado em Lammas, no ano de 1940, ocasião em que estava viva e bem. Gerald Gardner publicou *Com o Auxílio da Alta Magia* em 1949. O que me dava o intervalo entre os anos de 1941 e 1948. Repassei-os todos. A única Dorothy Clutterbuck registrada durante esse período era uma garota de quatorze anos que tinha morrido em Manchester. Quanto ao sobrenome Fordham era improvável que o possuísse.

De repente, tive uma ideia. Ela teria trocado seu sobrenome oficialmente? Respirei o ar fresco alegremente enquanto percorria o caminho para o escritório público do registro civil. Foram amáveis e competentes, mas não havia nada ali. Não havia nada a ser feito a não ser tomar o trem de volta para casa. Eu necessitava de algum detalhe vital que estava faltando e tinha que continuar buscando-o.

A biblioteca do Condado de Bournemouth tinha sido mais útil ao me enviar fotocópias das entradas relevantes dos antigos diretórios, mas me ajudaram ainda mais ao estabelecer que Gerald Gardner e sua mulher, Donna, tivessem vivido em Highcliffe na época em que sua biografia afirma que ele tinha sido iniciado por Old Dorothy, quer dizer, poucos dias depois que a guerra começou, em setembro de 1939. Segundo *Gerald Gardner: Witch,* esta

Iniciação teve lugar na casa da Old Dorothy "uma mansão da vizinhança". O mesmo livro descreve Old Dorothy como: "Uma dama de renome no distrito, distinta e rica. Sempre usava um colar de pérolas que tinha um valor naquela época de 5.000 libras." O livro foi publicado enquanto Gerald estava vivo, por isso esses detalhes tiveram que ser fornecidos por ele.

A referência ao Teatro Rosacruz também estava lá. Ele ficava em Somerford e foi inaugurado em junho de 1938. A sempre útil biblioteca central do Bournemouth me forneceu fotocópias de recortes de imprensa a respeito. Como havia dito Gerald, a senhora Mabel Besant-Scott, filha de Annie Besant, vivia perto e participou do projeto. Tudo muito interessante, mas não tinha nenhuma relação direta com o que eu queria saber.

Naquele momento, encontrava-me em um ponto morto e me dediquei a outros assuntos, entre eles colaborar com Janet e Stewart Farrar na primeira parte deste livro. Estava a ponto de chegar novamente outro *Halloween* e o celebramos alegremente, desta vez em casa com um grupo de amigos. Frequentemente pensava na Old Dorothy e recordava aquela noite no bosque no ano anterior. De algum modo estava segura de que a história ainda não tinha terminado.

Entretanto, não consegui avançar nada até 1º de março de 1982. Foi então que, estava eu tirando o pó e reorganizando alguns livros nas estantes, quando por trás daqueles livros encontrei um pequeno panfleto que se intitulava: *The Museum of Magic and Witchcraft: the Story of the Famous Witches' Mill at Castletown, Isle of Man.* Gerald Gardner o escreveu e publicou como um guia para seu museu de Bruxaria. Folheei-o recordando os velhos tempos e vi um parágrafo que me pareceu como se saltasse da página para mim.

"Caixa número 1. Grande número de objetos que pertenceram a uma Bruxa que morreu em 1951, doados por seus familiares, que desejam seguir no anonimato."

Uma Bruxa que tinha morrido em 1951! É possível que fosse a Old Dorothy? Eu sabia que não se tratava de outra mulher que também tinha emprestado outros objetos ao museu, porque, em 1951, ela estava perfeitamente viva. O dado vital que eu procurava tinha estado escondido em minha própria livraria todo esse tempo?

Logo que pude voltei para Londres para averiguá-lo. Desta vez encontrei o registro quase imediatamente na Alexandra House. No primeiro trimestre de 1951, uma Dorothy St. Q. Fordham morreu na região de Christchurch, com a idade de 70 anos. Solicitei que me enviassem por correio uma cópia da certidão de óbito.

Continuando, eufórica pelo êxito, decidi procurar também uma certidão de nascimento. Fazendo uma pequena conta com os dados da idade da Old Dorothy em seu falecimento, ao que parece, deve ter nascido em 1881. Os índices de 1880 e 1881 não tinham registrado o nascimento de Dorothy Clutterbuck, mas, sim, o de 1882. Tinha encontrado realmente o que estava procurando? Pedi também uma cópia daquela certidão e saí para celebrar meu triunfo com um chá e uns bolinhos com manteiga e geleia em um charmoso pequeno café próximo. Depois voltei para casa e esperei tranquilamente que chegassem as cópias das certidões.

A certidão de óbito chegou primeiro e me contou muitas coisas. Dorothy St. Quintin Fordham tinha morrido em Highcliffe, no distrito de Christchurch, em 12 de janeiro de 1951. O cavalheiro que proporcionou os detalhes para o registro de sua morte (que mais tarde descobri por seu testamento que foi seu advogado) descrevia-a como "Solteira de recursos próprios, filha de Thomas St. Quintin Clutterbuck, tenente coronel do exército da Índia (falecido)". A causa primeira da morte tinha sido uma trombose cerebral ou, em outras palavras, um derrame cerebral. Confirmou-se a notícia de sua morte que encontrei nos fichários microfilmados do periódico do *The Times* na biblioteca local, que dizia que tinha morrido "depois de uma curta enfermidade".

Entretanto, quando chegou poucos dias depois a cópia da certidão de nascimento, tive que dar apenas uma olhada para me dar conta de que não se tratava da mesma Dorothy Clutterbuck que eu estava procurando. O distrito que aparecia no índice, Stow, em Suffolk, fez-me suspeitar disso. Vi que o nome do pai também era diferente, Alexander Clutterbuck em vez de Thomas St. Quintin. Tinha encontrado apenas a metade da resposta, apesar de ter procurado arduamente naqueles índices.

Encontrava-me de novo em outro ponto morto? Não, porque agora dispunha de um fato concreto para continuar, embora escasso: os dados da certidão de óbito. Decidi procurar por Thomas St. Quintin Clutterbuck nas antigas listas do exército, para ver se podia encontrar algum. Felizmente, minha biblioteca local tinha em suas estantes a lista do exército de 1881. Procurei numa lista maior de páginas amareladas. Ali estavam os galantes soldados da rainha quando Vitória estava no trono e o Império Britânico dominava com aparência imutável. Em minha imaginação pude ver seus esplêndidos uniformes vermelhos, seus galões e medalhas douradas; escutei o estalo continuado dos cascos de seus bem alimentados cavalos e o tilintar de suas esporas e espadas. Ali estava Thomas St. Q. Clutterbuck, alistado como comandante nas Forças da Índia, em Bengala, com a data de 14 de julho de 1880.

Bem, agora aquilo devia ter ocorrido na época em que Dorothy tinha nascido. Ela teria nascido na Índia? Era uma possibilidade nada improvável. Mas se fosse assim, haveria alguma maneira de encontrar aquela certidão de nascimento? Bem, teria que voltar de novo para a cidade e tentar. Tinha comprado um pequeno livro chamado *Discovering Your Family Tree,* de David Iredale (Shire Publications, Aylesbury, Bucks, 1977). Nele dizia que o Registro Geral (antigamente em Somerset House, mas agora em St. Catherine's House) guardava os dados relacionados com as famílias do exército até 1761. Assim havia alguma esperança. Também parecia provável que uma dama com recursos próprios como Dorothy, tivesse deixado um testamento. Como eu dispunha dos dados relativos à sua morte, escrevi ao Somerset House e cumpri as formalidades necessárias para obter uma cópia do testamento.

E chegou. Tive uma sensação estranha ao rasgar o papel para abri-lo e me dava conta de que estava a ponto de ver uma fotocópia da assinatura de Old Dorothy. Era uma assinatura pouco corrente, artística, mas muito clara; o vínculo mais pessoal que até então tinha sido capaz de ter com ela.

O testamento ocupava várias páginas e deixava bem claro que Old Dorothy tinha sido realmente tal qual descreveu Gerald, "uma dama de renome no distrito", e "muito rica". O valor bruto de seu patrimônio superava as 60.000 libras, que em 1951 era muito dinheiro. Além disso, possuía pérolas valiosas que foram mencionadas no testamento.

Até agora o que eu tinha provado? Certamente, tinha existido uma Dorothy Clutterbuck, e sua idade e dados correspondiam à descrição de Gerald. Tinha vivido em Highcliffe na mesma época que Gerald. Tinha morrido em 1951, a data que aparecia no pequeno livro de Gerald. Também tinha existido realmente o Teatro Rosacruz, sob o patrocínio do Mabel Besant-Scott e um grupo chamado Rosicrucian Order, Crotona Fellowship. Esse grupo era dirigido por G. A. Sullivan, que segundo os recortes de imprensa tinha sido um famoso ator de obras de Shakespeare com o nome artístico de Alex Mathews. Morreu em 1942.

O que me tinha confundido na primeira fase da investigação foi meu convencimento de que, na época que foi publicado *Com o Auxílio da Alta Magia,* a Old Dorothy já tinha morrido. Agora sabia que não era assim, e isso lançava uma nova luz sobre os rituais da Arte descritos naquele livro.

Tinham sido publicados quando Old Dorothy ainda estava viva, mas sob a aparência de ficção. *Com o Auxílio da Alta Magia* é uma novela histórica, e em minha opinião, bastante boa. Além disso, ao voltar a lê-la com mais cuidado, descobri que seu lugar de ambientação, chamado "St. Clare-in-Walden" no livro, correspondia muito bem com Christchurch, a cidade mais antiga da região (tanto Bournemouth como Highcliffe são comparativamente mais modernas). A ação do livro acontece em um grande bosque, que corresponde com a localização de Christchurch nas margens da floresta de New Forest. No livro se mencionam topônimos reais: a Colina de St. Catherine, o Rio Stour, "o Moinho de Walkford".

Podemos recordar o que disse Gerald Gardner em seu antigo livro, *Bruxaria Hoje* (Rider, Londres, 1954): "Conheci algumas pessoas que me disseram que tinham me conhecido em uma vida passada... Logo me encontrei no Círculo e fiz os habituais juramentos que me obrigavam a não revelar nenhum segredo do culto. Entretanto, ao ser um culto quase morto, pensei que era uma lástima que tivesse que perder-se todo o conhecimento, assim, ao final, permitiram-me escrever, como ficção, algumas das coisas nas quais acreditam os Bruxos na novela *Com o Auxílio da Alta Magia!*"

Então a pessoa que teria lhe dado permissão poderia ter sido, na realidade, a própria Old Dorothy. Tudo isso parece provar a autenticidade desses rituais, embora, em anos posteriores, quando Gerald sofreu bullying e insultos da imprensa sensacionalista, pensou ser oportuno afirmar que o livro só era uma ficção. E graças principalmente a Gerald Gardner a Velha Religião deixou de ser um culto quase morto para estar vivo não só nas Ilhas Britânicas, mas também nos Estados Unidos da América, Canadá, Austrália e Holanda, países que atualmente possuem suas próprias revistas sobre Bruxaria e seus boletins informativos.

Mas quais eram as origens da Old Dorothy? Não se sabe nada da família de sua mãe e só encontrando sua certidão de nascimento eu pude esclarecer isso. Realizei uma nova viagem a Londres, desta vez para procurar nos registros das famílias do exército mencionados anteriormente. Sim, eles estavam no St. Catherine's House. Procurei os índices de 1879, 1880, 1881,1882. Nada. Procurei os registros consulares dos nascimentos dos súditos britânicos no exterior. Nada. Inclusive procurei nos registros dos nascimentos no mar. Nada. Por puro desencargo de consciência, procurei novamente naqueles imponentes volumes de índices no registro ordinário de nascimentos na Inglaterra e Gales. Tinha-me escapado algo? Além de duas entradas que faziam referência a "Clutterbuck, mulher", não consegui nada. Nem os lugares pareciam prováveis, nem achava que a filha do comandante Thomas St. Quintin Clutterbuck podia ter sido humildemente registrada como "Clutterbuck, mulher".

Bom, a Old Dorothy tinha vivido e morrido realmente, embora parecesse nunca ter nascido. Pedi ajuda a um dos funcionários. Havia mais registros do exército que não se encontravam nas prateleiras? Ele fez uma chamada a algum *inner sanctum* e me pôs em contato com o oficial responsável. Aquele cavalheiro foi procurar e depois voltou ao telefone. Sentia muito, mas não havia nada ali.

Então recordei algo que Ginny, a donzela do Coven da Janet e Stewart, tinha-me contado em uma conversa durante uma visita que me tinha feito recentemente quando lhe falei da possibilidade de Dorothy ter nascido na Índia. Tratava-se de uma amiga dela que tinha estado procurando sua certidão de nascimento e que "as autoridades indianas tinham sido muito solícitas". Poderiam as autoridades indianas ser eficazes procurando um nascimento que havia ocorrido nos longínquos dias do Raj britânico?

Sugeri isso ao cavalheiro por telefone. Pareceu duvidar, mas tive que insistir (era tudo o que eu sabia, a menos que Dorothy tivesse nascido na Escócia, em cujo caso os registros estavam em Edimburgo). Sim, eu *poderia* ir às autoridades da Índia. Mas onde poderia encontrá-las? Na Índia House. Estava longe? Oh, não, do outro lado da rua.

Índia House era um edifício esplêndido, com formosos quadros nas paredes de cenas da vida hindu. Duas encantadoras e solícitas senhoritas em sáris me ofereceram ajuda me indicando o caminho da Biblioteca na Blackfriars Road. Encontrei um táxi e saí para lá imediatamente. Algo me dizia que por fim me encontrava no caminho certo.

O oficial de segurança do local me deu um passe para entrar e me indicou o caminho pelas escadas até a mesma biblioteca. Ali, um bibliotecário me explicou que os pais eram os únicos responsáveis em registrar o nascimento das crianças nos tempos que eu investigava, e que por isso não existiam certidões de nascimento ali. Entretanto, tinham os registros eclesiásticos de casamentos e batizados que os capelães cristãos faziam na Índia. Normalmente, as certidões de batismos também registravam a data de nascimento. Ele buscou o índice dos batismos em Bengala relativos aos anos que me interessavam.

Quase no momento em que abri o livro vi o nome "Clutterbuck, Dorothy". Preenchi a ficha de petição para o livro maior que continha os verdadeiros registros eclesiásticos. Era um livro maior ainda do que os outros que até então havia folheado, e todos os registros estavam escritos em formosa caligrafia. Dorothy Clutterbuck tinha nascido em 19 de janeiro de 1880, e foi batizada na Igreja do St. Paul, Umbala, em 21 de fevereiro de 1880. Seus pais eram Thomas St. Q. Clutterbuck, capitão do 14º regimento dos sikhs e Ellen Anne Clutterbuck. Eu tinha encontrado!

Joguei-me para trás na cadeira e contemplei a silenciosa biblioteca, com suas persianas e venezianas fechadas para proteger os livros e seus leitores entre os brilhantes raios de sol primaveril. Mal podia acreditar que eu finalmente tinha conseguido. Lamentava que o registro não me proporcionasse o nome de solteira da mãe de Dorothy, mas eu tinha conseguido.

Voltei para o escritório da biblioteca para me inteirar de como obter uma cópia do registro. "Sim", disseram-me, podia ser feito e me mandariam, pagando-se o preço correspondente por isso. Um empregado telefonou ao funcionário encarregado daquele serviço e depois me disse, "sinto muito, mas neste momento ele está ocupado. Temo que demore uns vinte minutos, se não se importar em esperar...".

Disse que esperaria e procurei onde me sentar. E então ocorreu um curioso incidente. Havia várias cadeiras para os visitantes, mas todas estavam ocupadas. Assim perambulei entrando em outra sala da biblioteca em busca de um lugar onde descansar. Tinha tido um dia longo e cansativo. Encontrei-me em frente de uma estante cheia de volumes ordenados de índices intitulados "Casamentos. Bengala".

E se os pais de Dorothy se casaram na Índia? Se pudesse encontrar o registro, conseguiria o nome de solteira da mãe. Tirei um volume que se abriu *imediatamente* em minhas mãos e vi o nome "Clutterbuck, Thomas St. Q". Admito que estivesse cansada e entusiasma, mas ainda hoje poderia jurar que o livro abriu sozinho.

Voltei para o escritório da biblioteca e preenchi o pedido para outro enorme livro de registros eclesiásticos. Quando isso chegou à sala de leitura, descobri que Thomas St. Quintin Clutterbuck se casou com Ellen Anne Morgan, em Lahore, no ano de 1877. Ele tinha 38 anos e sua noiva 20.

De alguma maneira eu pude vislumbrar. O brilhante sol da Índia. Um oficial com o uniforme completo. Sua jovem noiva em um vestido de bodas Vitoriana, com laços e fitas, passando sob o tradicional túnel formado pelas espadas do regimento de seus companheiros oficiais com luvas brancas. Um capelão sorridente com sua sobrepeliz branca. Uma carruagem puxada por cavalos magnificamente escovados. Champanhe gelada em baldes de prata.

As enormes folhas das palmeiras agitando-se no alto. Punhados de dinheiro jogados aos nativos. Foi realmente assim? Não sei; enquanto estava sentada naquela silenciosa biblioteca, essas foram as cenas que passaram ante mim.

Voltei ao presente e fui pedir também uma cópia deste registro. Interessava-me porque Ellen Morgan era um sobrenome Gales. Assim, ao que parece, os antepassados de Old Dorothy por linhagem materna eram galeses, a corrente celta de nosso sangue nacional, anterior a anglo-saxã e que com frequência conduzia uma herança psíquica.

Depois de solicitar as cópias das certidões voltei para casa para esperar sua chegada. Demoraram uns poucos dias e chegaram no dia mais apropriado possível. Entrou na minha caixa de correio na manhã de 30 de abril de 1982, o dia do Sabbat de Beltane. E então, minha busca terminou.

Apêndice B

Traçar e Destraçar o Círculo

Como já explicamos na introdução, pág. 206, os rituais para lançar e banir o Círculo se inclui aqui por completo, pois os rituais dos capítulos I - X e XXIII não podem levar-se a cabo sem eles. Descrevemo-los inteiros, com explicações e notas, em nosso livro *Oito Sabbats para Bruxas,* capítulos I e III, mas pode ser que nem todos nossos leitores o tenham. Aqui, abrimos mão das explicações e as notas e condensamos as instruções, mas os rituais estão completos.

Estritamente falando, o Círculo é totalmente lançado e pode-se começar a trabalhar nele depois de invocar os Guardiões das Torres de Observação. Entretanto, o resto do ritual normal de abertura (Puxar a Lua, a Carga, etc.) é necessário para as iniciações e outros ritos que aparecem neste livro. Desta forma, também o incluímos.

Há uma ou duas mudanças em relação à versão de *Oito Sabbats para Bruxas*. Algumas palavras da Runa das Bruxas foram alteradas para se adequar à versão do texto C de Doreen Valiente. A invocação de Bagahi também foi ligeiramente modificada, porque Doreen conseguiu recentemente o texto original de um manuscrito do século 13 (veja fotografia 8) do trovador Rutebeuf, hoje na Biblioteca Nacional de Paris – MS N° 837 (Ancien 7218), que aparece na lista como "*manuscrit célebre*". O texto que incluímos aqui é o original.

Nesse ritual há três coisas que vieram de inovações Alexandrinas: a invocação a Bóreas; todos traçarem os Pentagramas de Invocação e Banimento em conjunto e ao mesmo tempo em que a Alta Sacerdotisa, que foi incluído aqui porque gostamos; e a disposição do altar no norte em vez de no centro, como era a prática de Gardner. O altar no norte nos parece mais satisfatório, e também para muitos outros Covens, especialmente nos Círculos pequenos realizados em um espaço fechado, e seu simbolismo é totalmente aceitável em uma religião terrestre.

Traçando o Círculo

Os instrumentos estão sobre o altar no norte, a espada colocada no chão, em frente a ele. Ao menos uma vela (preferivelmente três) é acesa sobre o altar e uma em cada um dos pontos cardeais Leste, Sul e Oeste do perímetro.

O incensário deve estar queimando incenso sobre altar. Uma tigelinha de água e outra de sal também devem estar sobre o altar (se necessitarem, a Vassoura e o Caldeirão podem ser colocados de cada lado do altar).

A Alta Sacerdotisa e o Alto Sacerdote ajoelham-se perante o altar, com ele à direita dela. O restante do Coven permanece fora, no quadrante Nordeste do Círculo. A Sacerdotisa coloca a tigelinha com água sobre o Pentáculo, introduz a ponta de seu Athame na água e diz:

> Eu te exorcizo, ó criatura da água, que tu lances fora de ti todas as impurezas e máculas dos espíritos do mundo dos fantasmas; pelos nomes de Cernunnos e Aradia.

Ela deita seu Athame e ergue a tigelinha de água com ambas as mãos. O Alto Sacerdote coloca a tigelinha com sal sobre o Pentáculo, introduz a ponta de seu Athame no sal e diz:

> Que as bênçãos estejam sobre esta criatura de sal; que toda malignidade e obstáculo sejam lançados fora daqui, e que todo bem aqui entre; razão pela qual eu te abençoo, para que possas me auxiliar, pelos nomes de Cernunnos e Aradia.

Ele derrama o sal na vasilha de água da Alta Sacerdotisa e ambos deixam as tigelinhas sobre o altar. O Alto Sacerdote abandona o Círculo para reunir-se com o Coven no Norte.

A Alta Sacerdotisa lança o Círculo com a Espada, delimitando o perímetro com ela e procedendo no sentido horário de Norte a Norte. Quando passa de Norte a Leste, levanta a Espada por cima das cabeças dos membros do Coven para abrir uma entrada. Enquanto traça o Círculo diz:

> Eu te conjuro, ó Círculo de Poder, que seja um local de reunião do amor, do prazer e verdade; um escudo contra toda crueldade e maldade; uma fronteira entre o mundo dos homens e os reinos dos Poderosos; uma fortaleza e proteção que preservará e conterá o poder que iremos gerar dentro de ti. Portanto eu te abençoo e te consagro, pelos nomes de Cernunnos e Aradia.

Ela então abaixa a espada e admite o Alto Sacerdote para dentro do Círculo com um beijo, girando com ele no sentido horário. O Alto Sacerdote admite uma mulher da mesma forma; aquela mulher admite um homem; e assim por diante, até que todos estejam dentro.

A Alta Sacerdotisa pega a Espada e fecha a entrada com um movimento no sentido horário.

Ela então chama três membros do Coven. O primeiro leva a vasilha de água ao redor do Círculo em sentido horário de Norte a Norte, aspergindo o perímetro. Ele ou ela asperge depois cada um dos membros por turnos. Se for um homem, termina aspergindo à Alta Sacerdotisa, que por sua vez o asperge; se for uma mulher, termina aspergindo ao Alto Sacerdote, que por sua vez a asperge. A vasilha retorna para o altar.

O segundo Bruxo nomeado carrega o incensário fumegante ao redor do Círculo em sentido horário de Norte a Norte e volta a deixá-lo no altar. O terceiro Bruxo nomeado leva uma vela do altar ao redor do Círculo da mesma maneira e a recoloca no mesmo lugar.

Todos pegam seus Athame*s* e se voltam olhando para o Leste, com a Alta Sacerdotisa à frente. A Alta Sacerdotisa traça o Pentagrama de invocação da Terra (topo, esquerda inferior, direita superior, esquerda superior, direita inferior e de novamente topo) no ar, diante dela, dizendo:

> Vós Senhores das Torres de Observação do Leste, vós Senhores do Ar; eu vos convoco, mobilizo e chamo, para testemunhar os nossos ritos e para proteger o Círculo.

O resto do Coven copia os mesmos gestos com seus Athame*s*. Ela se vira olhando para o Sul com o Coven a suas costas e de novo traça o Pentagrama de invocação da Terra, dizendo:

> Vós Senhores das Torres de Observação do Sul, vós Senhores do Fogo; eu vos convoco...

Para o Oeste, da mesma maneira, diz:

> Vós, Senhores das Torres do Oeste; vós, Senhores da Água; eu vos convoco...

Olhando para o Norte, da mesma maneira, diz:

> Vós Senhores das Torres de Observação do Norte, vós Senhores da Terra; Bóreas, guardião dos portais, Poderoso Deus, doce Deusa; eu te invoco.

Do início ao fim, todo o Coven copia seus gestos com seus respectivos Athame*s*. Todos deixam agora seus Athame*s* de novo sobre altar e se ajoelham ao Sul do Círculo olhando para o Norte, exceto a Alta Sacerdotisa, que permanece de costas para o altar com o Bastão na mão direita e o Açoite na esquerda, cruzados sobre o peito.

O Alto Sacerdote se ajoelha na frente dela e Puxa a Lua para baixo sobre a Alta Sacerdotisa. Primeiro lhe dá o Beijo Quíntuplo (veja pág. 224), e depois, ajoelhando-se outra vez, tocando-a com seu dedo indicador no peito direito, no peito esquerdo e no púbis, os mesmos três pontos de novo e finalmente o peito direito (ao mesmo tempo a Alta Sacerdotisa abre os braços). Enquanto a está tocando ele diz:

> Eu te invoco e convoco, Mãe Suprema de todos nós, portadora de todo o frutífero; pela semente e a raiz, pelo caule e o broto, pela folha e a flor e o fruto, invoco-te para que desça sobre o corpo da que é sua serva e Sacerdotisa.

Ainda ajoelhado, ele então abre seus braços para fora e para baixo, com as palmas para frente, e diz:

> Salve, Aradia da Cornucópia de Amalteia
> Derramai vossa porção de amor;
> Eu me inclino humilde perante a ti, eu te adoro até o fim,
> Com sacrifício amoroso teu santuário adorno.
> Teu pé é para meu lábio...
> Minha prece nascida se eleva
> Sobre a fumaça crescente do incenso;
> então despendeis Teu antigo amor,
> Ó Poderosa, desça para me ajudar,
> pois sem ti estou abandonado.

Ele então se levanta e dá um passo para trás, ainda olhando para a Alta Sacerdotisa, que então traça o Pentagrama de Invocação da Terra no ar na frente dele com o Bastão, dizendo:

> Da Mãe obscura e divina
> Meu é o Açoite, e meu é o beijo;
> A estrela de cinco pontas de amor e êxtase
> Aqui eu te fortaleço, neste sinal.

Com isso o ritual de Puxar a Lua está concluído. A Alta Sacerdotisa e o Alto Sacerdote viram sua face para o Coven e pronunciam a Carga, como segue: Alto Sacerdote:

> Ouçam as palavras da Grande Mãe; ela, desde tempos antigos também conhecida entre os homens como Ártemis, Astarte, Athena,
> Dione, Melusine, Afrodite, Cerridwen, Dana, Arianrhod, Ísis, Bride[221], e por muitos outros nomes.

221. Pronunciado Briíd. Se você tem um nome de Deusa local, de toda forma, a adicione à lista. Enquanto morávamos no Condado de Wexford, costumávamos adicionar Carman, uma Deusa de Wexford (heroína ou vilã, dependo de sua versão) que deu ao Condado e à cidade seu nome Gaélico de Loch Garman (Loch gCarman).

Alta Sacerdotisa:

Sempre que tiverdes necessidade de qualquer coisa, uma vez por mês e melhor ainda quando a Lua estiver cheia, deveis vos reunir em algum lugar secreto e adorareis o meu espírito, que sou Rainha de to- das as Bruxas. Lá vos reunireis, vós que estais desejosos em aprender toda Bruxaria, ainda que não tenhais conquistado seus segredos mais profundos; a estes eu ensinarei coisas que ainda são desconhecidas. E vós sereis libertos da escravidão; e como sinal de que sois realmente livres, estareis nus em vossos ritos; e dançareis, cantareis, festejareis, fareis música e amor, tudo em meu louvor. Pois meu é o êxtase do espírito, e meu também é o prazer na Terra; pois minha lei é amor sobre todos os seres. Mantenhais puro vosso mais alto ideal; esforçai-vos sempre nessa direção; não permitis que nada vos detenha ou desvie do caminho. Pois minha é a porta secreta que se abre para a Terra da Juventude, e meu é o Cálice do vinho da vida, e o Caldeirão de Cerridwen, que é o Santo Graal da imortalidade. Sou a Deusa graciosa, que concede a dádiva do prazer no coração do homem. Sobre a Terra, concedo o conhecimento do espírito eterno; e após a morte, eu concedo paz, e liberdade, e reunião com aqueles que partiram antes. Não exijo sacrifício; pois observai, eu sou a Mãe de todos os viventes, e meu amor é derramado por sobre a Terra.

Alto Sacerdote:

Ouçam as palavras da Deusa Estrela; ela que na poeira dos pés traz as hostes dos céus, e cujo corpo envolve o universo.

Alta Sacerdotisa:

Eu que sou a beleza da terra verde e a Lua branca entre as estrelas, e o mistério das águas, e o desejo do coração do homem, chamo a tua alma. Apareceis e vinde a mim. Pois eu sou a alma da natureza que dá vida ao universo. Todas as coisas se originam de mim, e para mim todas as coisas deverão retornar; e perante minha face, amada pelos Deuses e pelos homens, deixai teu eu divino mais íntimo ser abraçado no êxtase do infinito. Que minha adoração seja entre os corações que regozijam; pois observai, todos os atos de amor e prazer são meus rituais. E, portanto, que haja beleza e força, poder e compaixão, honra e humildade, júbilo e reverência dentro de vós. E tu que pensastes em buscar por mim, sabei que vossa busca e anseio não te auxiliarão a menos que conheçais o mistério; que se aquilo que procuraste não encontraste dentro de ti, tu jamais o encontrareis fora de ti. Pois observai, eu tenho estado contigo desde o começo; e eu sou aquilo que é alcançado no fim do desejo.

Todos ficam de pé. O Alto Sacerdote levanta os braços abertos e diz:

Bagahi laca bachahé
Lamac cahi achabahé
Karrelyos
Lamac lamec bachalyos
Cabahagi sabalyos
Baryolas
Lagozatha cabyolas
Samahac et famyolas
Harrahya!

A Alta Sacerdotisa e o Coven repetem: Harrahya!

O Alto Sacerdote e a Alta Sacerdotisa então viram seus rostos para o altar com seus braços erguidos, suas mãos fazendo a saudação ao "Deus de Chifres" (dedos indicador e mínimo esticados, polegar e dedos do meio dobrados para o meio da palma). O Alto Sacerdote diz:

Grande Deus Cernunnos, voltai à Terra novamente! Vinde pela minha invocação e vos mostrai aos homens. Pastor de Cabras, sobre o caminho agreste da montanha, Conduzi vosso rebanho perdido da escuridão para o dia. Esquecidos estão os caminhos de sono e noite.

Os homens procuram por eles, cujos olhos perderam a luz. Abri a porta, a porta que não tem chave,

A porta dos sonhos, por onde os homens vêm a ti. Pastor de Cabras, Oh, respondei a mim!

A Alta Sacerdotisa e o Alto Sacerdote dizem juntos: Akhera goiti, baixam suas mãos e dizem: Akhera beiti!

A Alta Sacerdotisa, o Alto Sacerdote e o Coven formam agora um anel olhando para o interior do Círculo, alternando-se homem e mulher se possível e juntando as mãos. Começam a mover-se em sentido horário cantando a *Runa das Bruxas*:

Eko, Eko, Azarak,
Eko, Eko, Zomelak,
Eko, Eko, Cernunnos,
Eko, Eko, Aradia!

} repetido três vezes

Noite escura e lua clara
Leste e Sul, Oeste e Norte;
A Runa das Bruxas vamos escutar

Aqui viemos te invocar!
Terra e Água, Ar e Fogo,
Bastão, pentáculo e espada,
Trabalhai o nosso desejo,
Escutai nossa palavra!
Corda e incensário, açoite e faca,
Poder da lâmina do Bruxo,
Para vida despertai,
Enquanto o encantamento aqui se faz
Rainha do Céu, Rainha do Inferno,
Chifrudo caçador da noite,
Conceda poder ao nosso feitiço
Trabalhe o desejo pelo mágico rito!
Na terra, no ar e no mar
Pela luz lunar ou solar
O nosso desejo acontecerá;
Cantando o encanto, assim será!

Eko, Eko, Azarak,
Eko, Eko, Zomelak,
Eko, Eko, Cernunnos,
Eko, Eko, Aradia!
} repetido três vezes

Quando a Alta Sacerdotisa decide que chegou a hora, ordena: Ao chão! E todos se sentam em Círculo olhando para o seu interior.

Banindo o Círculo

Todos pegam seu Athame e olham para o Leste, com a Alta Sacerdotisa à frente. A Alta Sacerdotisa traça o Pentagrama de Banimento da Terra (esquerda inferior, topo, direita inferior, esquerda superior, direita superior, esquerda inferior novamente) no ar diante dela, dizendo:

Vós Senhores das Torres de Observação do Leste, vós Senhores do Ar; nós vos agradecemos por terem assistido aos nossos ritos; e antes de partirem para vossos reinos agradáveis e aprazíveis, nós vos saudamos e nos despedimos... Saudações e adeus.

O resto do Coven copia seus gestos com seus respectivos Athames, e repetem "Saudações e adeus", com ela. (Todo o Coven faz o mesmo, permanecendo atrás dela, em cada uma das outras três Torres de Observação).

No Sul, de novo, é óbvio, com o Pentagrama de Banimento, ela diz:
Vós Senhores das Torres de Observação do Sul, vós Senhores do Fogo; nós vos agradecemos...

Para o Oeste: Vós Senhores das Torres de Observação do Oeste, vós Senhores da Água; nós vos agradecemos...

E para o Norte: Vós Senhores das Torres de Observação do Norte, vós Senhores da Terra; Bóreas, guardião dos portais do Norte; Deus poderoso, doce Deusa; nós vos agradecemos...

Isso completa o banimento do Círculo.

GLOSSÁRIO

Adivinhação. *Arte* de obter informação psíquica por meio de acessórios físicos como as cartas do Tarô, uma bola de cristal ou um pêndulo. Poderia chamar-se também "clarividência por meio de utensílios".

Akasha. *Princípio Akáshico.* O onipresente "éter" espiritual, normalmente contemplado com uma cor violeta.

Alexandrinos. Bruxos iniciados por (ou que provêm daqueles iniciados por) Alex e Maxine Sanders. Ramo da Bruxaria Gardneriana, embora fundada independentemente.

Almas gêmeas. Individualidades (q. v.) que sempre voltam a relacionar-se em sucessivas encarnações (q. v.), convertendo-se em algo um pouco parecido a uma estrela binária.

Alta Sacerdotisa. (1) Mulher líder (e líder absoluta) de um Coven. (2) Qualquer mulher Bruxa de segundo ou terceiro grau. (A distinção se apoia entre a *função* dentro do Coven e a linha pessoal.).

Alto Sacerdote. (1) Líder masculino de um Coven, companheiro da Alta Sacerdotisa, que é a líder absoluta. (2) Qualquer Bruxo masculino de segundo ou de terceiro grau. (A distinção se apoia entre a *função* dentro do Coven e a individual.).

Amuleto. Objeto que se leva como encantamento protetor contra o mal (veja também *Talismã).*

Anima. Os elementos femininos enterrados na psique de um homem.

Animus. Elementos masculinos enterrados na psique de uma mulher.

Ankh. *A crux ansata* ou *cruz ansada*, hieróglifo egípcio que significa "vida". Extensamente utilizado como símbolo ocultista do Princípio Vital.

Anular o Coven. Fase em que um novo Coven se abstém de fazer práticas mágicas no Coven do qual se originou, até que estabeleça firmemente sua própria identidade.

Aradia. Nome Wiccaniano universalmente aceito da Deusa, deriva da utilização das Bruxas toscanas tal e como transmitido na obra do C. G. Leland, *Aradia: the Gospel of the Witches* (veja Bibliografia).

Arcano, Maior e Menor. As setenta e oito cartas do baralho do Tarô (q. v.). Os Arcanos maiores são os vinte e dois "trunfos" e os Arcanos Menores as quatorze cartas de cada um dos quatro naipes. A palavra Arcano significa "mistério" (literalmente "coisa oculta").

Arianrhod. Nome Gales da Deusa muito utilizado pelos Bruxos. Significa "Roda de Prata", referindo às estrelas circumpolares. Também conhecida como *Cair Arianrhod* (o Castelo do Arianrhod), símbolo do lugar de descanso das almas entre as encarnações.

Arquétipos. Elementos fundamentais do inconsciente coletivo que determinam nossas pautas de pensamento e conduta, mas que nunca podem ser diretamente definidos, só aproximadamente, por meio dos símbolos.

Arte, a. Nome que os Bruxos dão à religião e prática da Bruxaria e a seus seguidores.

Árvore da vida. Esquema ou diagrama central da Cabala (q. v.). Consta de dez esferas interconectadas de *sefirot* (singular *Sefirá*) que representam cada uma das categorias da atividade ou ser cósmico, desde o *Kether* (a coroa, a existência pura) até o *Malkuth* (o reino, a manifestação física). Também representa a involução desde o começo divino em *Kether* até a manifestação material, e a evolução de *Malkuth* indo até a fonte, enriquecida pela experiência do ciclo completo. Qualquer condição ou fenômeno microcósmico ou macrocósmico está relacionado com um dos *sefirot*, sendo a Árvore da Vida de grande ajuda para compreender suas interações.

Athame. A Faca de Cabo Preto dos Bruxos. Seu uso é puramente ritual (sendo intercambiável com a espada) e jamais se utiliza para cortar (*cf.* Faca de Cabo Branco). Trata-se sempre de um utensílio pessoal, que pertence a uma Bruxa ou a um Bruxo.

Aura. O campo de força que rodeia o corpo humano, bandas internas que ao menos são de substância etérica (q. v.). A aura é visível aos clarividentes, que podem aprender muito sobre a saúde, estado emocional e desenvolvimento espiritual da pessoa segundo sua cor, tamanho e estrutura.

Banir. (1) Rechaço de uma entidade psíquica indesejada. (2) Forma abreviada de "destraçar o Círculo" dissipando o Círculo Mágico depois de ter completado seu propósito. (3) Destituição de um Bruxo de um Coven por uma ofensa; ele ou ela poderá reclamar sua readmissão depois de um ano e um dia.

Bastão. Um dos quatro utensílios elementares, que representa o elemento Ar ou, em algumas tradições, o elemento Fogo.

Bealtaine, Bealtuinn, Beltane. Véspera do primeiro de maio/*Sabbat Maior de Primeiro de maio* que se celebra normalmente na noite de 30 de abril[222]. Seu significado original é "Fogo de Bel", pelo deus celta ou protocelta de múltiplos nomes *Bel, Beli, Balir, Balor* ou *Belenus*. *Bealtaine* é o termo gaélico-irlandês; *Bealtuinn*, o gaélico-irlandês, e *Beltane* o mais corrente. Em irlandês também significa o mês de maio, e em escocês, primeiro dia de maio.

Beijo Quíntuplo. Saudação quíntupla. Ritual de saudação entre os adeptos da Bruxaria, de homem para mulher ou de mulher para homem, com beijos (1) em cada pé, (2) em cada joelho, (3) sob ventre, (4) em cada peito e (5) nos lábios; na realidade, formam um total de oito beijos. Só é conferido dentro do Círculo.

Boaz. O pilar esquerdo do Templo de Salomão (I Reis, VII: 21 e II Crônicas III: 17), que forma par com o pilar direito, *Jachin*. Juntos representam os poderes polarizados da força e a misericórdia, o ativo e o receptivo, etc. *Boaz* e *Jachin* aparecem repetidamente no simbolismo maçônico, cabalístico e no Tarô.

Bodhisattva. Entidade humana tão altamente desenvolvida que já não precisa reencarnar na Terra, mas que decide fazê-lo para ajudar a humanidade.

Bruxa Rainha. Alta Sacerdotisa de cujo Coven se produziu ao menos dois desmembramentos de novos Covens filhos.

Cabala, Qabalah, Kábala. Antigo sistema hebreu de filosofia esotérica apoiada na Árvore da Vida (q. v.). Provavelmente a maior influência da tradição oculta ocidental. O cabalismo ocultista atual não é idêntico ao dos antigos rabinos, mas seus princípios "são seus legítimos descendentes e seu desenvolvimento natural" (Dion Fortune).

Cálice. Veja *Taça*.

222. N. do T.: no Brasil Beltane é celebrado no dia 31 de outubro por estarmos no Hemisfério Sul.

Caminho da mão direita. Geralmente utilizado para expressar a prática da magia branca, por oposição ao caminho da mão esquerda ou prática da magia negra. Ambas as expressões procedem de uma corrupção de seus originais significados tântricos (veja nota 186, capítulo XIII).

Caminho da mão esquerda. Denominação geralmente utilizada para expressar a prática da magia negra, mas que na realidade é uma corrupção de seu verdadeiro significado tântrico (veja nota 186, capítulo XIII).

Candelária. Veja *Imbolc.*

Carga da Deusa, a. Na Bruxaria Gardneriana/Alexandrina e algumas outras, o discurso breve tradicional da Deusa a seus seguidores por intermédio da Alta Sacerdotisa. A forma definitiva Gardneriana foi escrita para Gerald Gardner por Doreen Valente, incorporando o material que tinha herdado dele, mas trocando algo que tinha adaptado dos escritos de Aleister Crowley.

Carma. Balanço do equilíbrio espiritual que acompanha à individualidade (q. v.) de uma encarnação (q. v.) a seguinte. O significado literal da palavra é "ação" ou "causa e efeito".

Cernunnos, Cerunnos. Único nome conhecido do Deus Cornífero celta; é muito utilizado pelos adeptos da Arte, na forma de Cernunnos.

Cerridwen. Nome Gales da Deusa, muito empregado na representação de seus aspectos de Mãe ou Anciã.

Clariaudiência, Clarividência e Clarissenciência. Capacidade de ser consciente de fatos, feitos ou fenômenos por meios psíquicos. O termo "clarividência" emprega-se vagamente para referir-se a todas essas formas de percepção. Entretanto, e estritamente falando, é *clarividência* quando as impressões se recebem como imagens visuais, *clarissenciência* quando é percebido por meio das sensações corporais e *clariaudiência* quando se ouve como palavras, música ou outros sons.

Cone de poder. A carga psíquica coletiva elevada por um Coven nos trabalhos, visualizadas como um cone cuja base é o Círculo dos Bruxos e seu ápice o centro no alto desse Círculo.

Corpo Astral. "Duplo" anímico do corpo físico constituído por uma substância mais tênue que a matéria, porém mais densa que o espírito (veja também Corpo etérico).

Corpo etérico. Estrutura intermediária entre o corpo astral (q. v.) e o físico. Trata-se de uma rede de energia que vincula o corpo físico a seus correspondentes corpos astral, mental e espiritual, mantendo-o assim literalmente vivo.

Coven. Grupo organizado de Bruxas e Bruxos que se reúnem e trabalham regularmente juntos.

Covenstead. Lugar de reunião habitual do Coven.

Deosil. No sentido dos ponteiros do relógio ou do sol (*cf.* Widdershins).

Desmembramento. Processo pelo qual dois ou mais membros saem de um Coven mãe para formar o seu próprio.

Donzela. Em um Coven, ajudante da Alta Sacerdotisa nas práticas rituais que pode ou não a substituir em sua liderança. Em tempos primitivos, o título de donzela se aplicava às vezes à líder, a quem hoje chamamos Alta Sacerdotisa.

Efeito bumerangue. Nome popular para designar um princípio oculto bem conhecido: um ataque psíquico que alcança uma defesa mais forte que ricocheteia com um poder triplicado contra o emissário.

Ego. A parte consciente da psique humana.

Elders. Membros de segundo ou terceiro grau de um Coven.

Elementar. Entidade primitiva não humana e imaterial da natureza de um dos quatro elementos (q. v.). O termo também se utiliza para designar uma forma de pensamento que se separa de quem a originou, espontaneamente, por uma emoção forte ou um esforço mental deliberado, e adquire temporariamente uma existência quase independente. Esses tipos de "elementares criados" podem ser encarregados de tarefas curativas, mas às vezes também são utilizados em perseguições psíquicas.

Encarnação. Manifestações de uma entidade viva em forma física; especificamente, qualquer das vidas terrestres de uma individualidade imortal humana (q. v.) no processo contínuo da reencarnação (q. v.).

Época das fogueiras. Termo empregado por alguns Bruxos para referir-se ao período de perseguição (real ou suposta) da Bruxaria e que alcançou seu apogeu nos séculos 16 e 17. No que se refere à Inglaterra é um nome pouco apropriado, posto que as Bruxas e Bruxos ingleses fossem habitualmente enforcados, não queimados, embora tenham sido na Escócia e no Continente.

Equinócios. Veja Sabbats.

Esbat. Reunião do Coven que se celebra fora das datas dos oito festivais sazonais ou Sabbats (q. v.).

Escada de Bruxa. Colar de quarenta contas, ou corda com quarenta nós, utilizado (como um rosário) como ajuda para a concentração para evitar a necessidade de contar.

Espada. Um dos quatro utensílios fundamentais que representa o elemento Fogo, ou em algumas tradições o elemento Ar.

Evocação. Chamada para que uma entidade imaterial de um ser de ordem inferior ao próprio interfira (*cf.* Invocação).

Exorcismo. Expulsão por meios psíquicos de uma entidade não bem-vinda em uma pessoa ou lugar que sofre sua influência ou posse.

Faca de Cabo Branco. Faca ritual de cabo branco utilizada dentro do Círculo sempre que se precisa cortar ou inscrever, coisa que o Athame (q. v.) não pode fazer.

Familiar. Animal pertencente a uma Bruxa pela ajuda psíquica que pode contribuir; gatos, cães e cavalos, em particular, reagem com muita sensibilidade às influências negativas, avisando em seguida ou corroborando sua presença. Seus "donos" humanos (ou melhor, sócios) tratam de recompensá-los com seu amparo psíquico. Certos tipos de formas de pensamento deliberadamente criados e mantidos podem ser denominados também *familiares*.

Festival. Um dos oito Sabbats (q. v.) sazonais.

Função do hemisfério direito do cérebro. Veja Função do hemisfério esquerdo do cérebro.

Função do hemisfério esquerdo do cérebro. Funções, basicamente masculinas, do hemisfério esquerdo do cérebro, que incluem a lógica linear, o uso das palavras e os números, a análise, e que por sua vez controla o lado direito do corpo. Encontra seu equilíbrio nas funções do hemisfério direito, basicamente femininas, que incluem a função intuitiva, a imaginativa e a capacidade de síntese. Por sua vez, também controla o lado esquerdo do corpo.

Gardnerianos. Bruxos iniciados por (ou provenientes daqueles iniciados por) Gerald Gardner ou uma de suas Altas Sacerdotisas. Na atualidade existem também muitas Bruxas e Bruxos que praticam o sistema Gardneriano, mas cuja Iniciação não procede em última instância do Coven do Gardner, e seria divisivo não os chamar Gardnerianos.

Gnomo. Tradicional nome de um espírito elementar (q. v.) da natureza do elemento da Terra.

Golden Dawn. Ordem ocultista fundada em Londres em 1887 por três rosacrucianos que se converteram em uma importante influência dentro da magia ritual ocidental. Seus rituais (em parte escritos pelo poeta W. B. Yeats, um de seus membros mais proeminentes) são basicamente cabalísticos, com elementos dos *Oráculos Caldeus*, o *Livro dos Mortos Egípcio* e os Livros proféticos de William Blake. Mais tarde foram publicados integralmente com o título do *The Golden Dawn*, por Israel Regardie (veja Bibliografia).

Grande Rito. Na Wicca é o principal ritual da polaridade masculino-feminina, que forma parte também do Rito de Iniciação ao Terceiro Grau. Pode ser simbólico, na presença do Coven, ou "real", quer dizer, mediando o ato sexual, em cujo caso sempre se leva a cabo de forma privada. Em nossa tradição, só um casal casado ou de namorados podem celebrar juntos o Grande Rito "real".

Grande Sabbat. Veja *Sabbats.*

Grimório. Livro (normalmente medieval) ou "gramática" de procedimentos mágicos. O mais famoso é *The Greater Key of Salomon the King,* mais conhecido como *Clavículas de Salomão* (veja Bibliografia sob Mather).

Halloween. Veja *Samhain.*

Handfasting. Ritual de casamento Wiccaniano (veja *Oito Sabbats para Bruxas,* capítulo XIII).

Hereditários. Bruxos que declaram seguir uma tradição familiar contínua e uma prática da Arte desde muito antes de seu atual renascimento.

Herne. Nome do Deus britânico, cuja manifestação mais conhecida é Herne, o Caçador, líder da legendária Wild Hunt (Caça Selvagem) no Windsor Great Park. É possível que o nome derive do mesmo original de Cernunnos (q. v.).

Hexagrama. (1) Estrela de seis pontas, formada por dois triângulos equiláteros entrelaçados. Em geral e em Círculos não ocultistas a chamada Estrela de David, mas seu uso como símbolo oculto é muito mais antigo que como emblema do judaísmo. Expressa o princípio hermético de "como é acima, assim é abaixo". (veja Macrocosmos.) (2) Qualquer das figuras de seis linhas do I Ching (q. v.).

I Ching. Sistema chinês de adivinhação composto por sessenta e quatro "hexagramas" ou combinações de seis linhas inteiras *(yang)* ou partidas *(yin)*. Trata-se de uma das poucas categorias do saber oculto oriental que se transferiu por completo satisfatoriamente ao Ocidente onde é amplamente utilizado, sem regra de confusão Intercultural.

Imbolg, Imbolc, Oimelc. O primeiro grande *Sabbat* da primavera, que se celebra em 2 de fevereiro[223]. Frequentemente lhe conhecem por Candlemas, ou seu equivalente cristão, a Candelária. O nome em gaélico significa "no ventre" e expressa os primeiros movimentos no útero da Mãe Terra.

Inconsciente. Parte da psique humana que não se manifesta diretamente ao Ego (q. v.) consciente. Compreende o inconsciente coletivo, que é comum a todo gênero humano e sede dos arquétipos (q. v.) e o inconsciente pessoal, que são todos os elementos soterrados da experiência individual. O que lhe contém melhoramento e comunicação entre o ego e o inconsciente é o objetivo de todo desenvolvimento psíquico, assim como a base de toda prática mágica.

Individualidade. Parte imortal do ser humano que reencarna, e que consta dos níveis: espiritual superior, espiritual inferior e mental superior; em contraste com a personalidade, que consta dos níveis: mental inferior, astral superior, astral inferior, etérico e físico, e que só persiste durante uma encarnação (q. v.), construindo uma nova personalidade ao redor da individualidade imortal em cada nova encarnação (veja também *Reencarnação)*.

Invocação. Chamado (ou convite) para que uma entidade imaterial de uma ordem superior interfira. (*cf. Evocação)*.

Jachin. Veja *Boaz.*

Kábala. Veja *Cabala.*

Karnayna. Forma Alexandrina (q. v.) do nome do Deus Cernunnos (q. v.).

Keridwen. Veja *Cerridwen.* Kernunnos. Veja *Cernunnos.* Lammas. Veja *Lughnasadh.*

223. No Brasil é celebrado por volta de 30 de julho, por estarmos no Hemisfério Sul. NT.

Livro das Sombras. Livro que recolhe a tradição de rituais e instruções, copiado à mão a partir do original por cada nova Bruxa ou Bruxo. Transmitiram-se diferentes versões por meio das tradições Wiccanianas; o *Livro das Sombras* Gardneriano foi extensa e publicamente mencionado e revelado.

Lughnasadh. Grande Sabbat da véspera de agosto que se celebra normalmente em 31 de julho[224]. Seu nome significa "festival de Lugh", o deus celta da Luz. Chamado às vezes *Lammas* segundo seu equivalente cristão, está associado com a colheita. *Lúnasa* é o nome gaélico do mês de agosto, *Lunasda* ou *Lunasdal* o nome gaélico do Lammas, em 1º de agosto. A denominação do Dia do Lammas na Ilha de Man é *Laa Luanys* ou *Laa Lunys*.

Macrocosmos. O cosmos em seu conjunto, em relação com o microcosmo, sua manifestação detalhada (em particular o ser humano). Segundo o princípio hermético de "como acima, assim é abaixo", o microcosmo participa da mesma essência que o macrocosmo e reflete sua natureza.

Magia. "A ciência e a arte de alterar os fatos de acordo com a vontade" (Aleister Crowley).

Mago. Em geral, um adepto ocultista masculino. Na Wicca, Bruxo de segundo ou terceiro grau.

Manifestação. O efeito ou produto, em um nível do ser, de um fenômeno ou entidade já existente em um nível superior. Portanto, a natureza física é uma manifestação da divindade criativa. A Terra mesma pode considerar-se como uma manifestação do princípio da Deusa Mãe, e a um nível muito inferior, um fantasma visto, ou um fenomenal *poltergeist*, é uma manifestação visual ou física de uma entidade ou atividade no plano astral.

Medida. Na Wicca, o fio com o que se registra ritualmente as dimensões físicas de um iniciado de primeiro grau como símbolo de sua lealdade ao Coven.

Mensageiro. (1) Aparição, duplo ou espectro de uma pessoa viva. (2) Corpo astral projetado ou forma de pensamento deliberadamente enviada para aparecer a uma pessoa determinada. (3) Bruxo (usualmente masculino) enviado por uma Alta Sacerdotisa como mensageiro confidencial ou acompanhante; às vezes chamado o Mensageiro ou o Auxiliar.

Microcosmos. Veja *Macrocosmos.*

224. N. do T. no Brasil se celebra em 2 de fevereiro, por estarmos no Hemisfério Sul.

Missa Negra. Paródia deliberada e obscena da missa cristã celebrada com propósitos de magia negra e que, falando corretamente, só pode ser celebrada por um Sacerdote corrupto ou expulso. Nunca formou parte da autêntica Bruxaria.

Neófito, postulante. Recém-chegado ao Coven e em espera para sua Iniciação.

Oimelc. Veja Imbolg, Imbolc.

Ondina. Nome tradicional de um espírito elemental (q. v.) da natureza do elemento Água.

Pentáculo. Um dos quatro utensílios elementais que consiste em um disco gravado que representa o elemento Terra. Normalmente é a peça central do altar Wiccaniano.

Pentagrama. Estrela de cinco pontas. Um Pentagrama vertical (quer dizer, com uma das pontas para cima) representa (1) um ser humano (com os braços abertos) ou (2) os quatro elementos (q. v.) governados pelo quinto, o espírito. Um Pentagrama invertido (quer dizer, com uma das pontas para baixo) representa o espírito sujeito aos quatro elementos; geralmente é considerado um símbolo de magia negra, exceto quando se utiliza como símbolo de um iniciado de segundo grau, querendo dizer que se encontra em processo para um desenvolvimento completo.

Perscrutação. Qualquer tipo de adivinhação que implique fixar o olhar em algo (bola de cristal, espelho escuro, tinta, etc.) para induzir imagens visuais psiquicamente.

Persona. A "capa de confirmação" do ego (q. v.); a imagem de si mesmo que constrói o ego para reafirmar-se e apresentar-se ao mundo.

Personalidade. Veja *Individualidade.*

Plano Astral. O nível da realidade, intermédio entre o físico e o mental. É o nível das emoções e os instintos.

Plano etérico. Nível da energia intermediária entre o astral e o físico, no qual habita o corpo etérico (q. v.).

Planos interiores. Outros níveis do ser e a consciência além do nível físico ou da consciência "normal" do ego.

Planos. Os diversos níveis de atividade e do ser, espiritual, mental, astral, etérico e físico.

Postulante. Veja neófito.

Prana. A força vital do cosmos quando opera no nível etérico. Impregna este e outros sistemas e cada organismo vivente é preenchido com uma concentração dele.

Precognição. Consciência psíquica de futuros acontecimentos.

Projeção Astral. Transferência da consciência do corpo físico ao corpo astral, de modo que a gente percebe e se translada ao plano astral enquanto o corpo físico permanece inerte. Pode ser involuntário ou deliberado.

Projeção. Mecanismo psicológico pelo qual o subconscientemente se outorga crédito (ou não) a outra pessoa com qualidades ou defeitos que, de fato, são elementos que pertencem à própria psique, de maneira que as pessoas podem enfrentar a si mesmas evitando reconhecer tal enfrentamento. (Veja, também, *Projeção astral).*

Psicometria. "Leitura" psíquica de um objeto material e suas associações e história por contato físico.

Psique. Estrutura total não física do ser humano.

Puxar a lua para baixo. Invocação do aspecto da Deusa na pessoa da Alta Sacerdotisa pelo Alto Sacerdote.

Qabalah. Veja *Cabula.*

Reencarnação. Processo, assumido em geral pelos adeptos à Bruxaria dentre outros, pelo qual a individualidade (q. v.) imortal humana renasce vida após vida na Terra até que todo seu carma (q. v.) é completado e se equilibra, e alcança um nível de desenvolvimento que lhe permite progredir para um estado superior (veja também *Encarnação, Bodhisattva).*

Registros Akáshicos. Os "registros" deixados no *Akasha* por cada acontecimento. Os ocultistas experientes desenvolvem o dom de recuperar fatos passados "lendo os Registros Akáshicos".

Rei do Azevinho. No folclore de muitos lugares europeus, incluindo as Ilhas Britânicas, o Deus do ano minguante. No Solstício de Verão ele mata seu irmão gêmeo, o Rei do Carvalho, Deus do ano crescente; e no Solstício do Inverno o Rei do Carvalho é revivido para "matar" por sua vez, o Rei do Azevinho.

Ambos são seres mutuamente complementares, em um ciclo eterno de morte e renascimento.

Rei do Carvalho. Veja Rei do Azevinho.

Runa. (1) Letra ou caráter do primitivo alfabeto teutônico, tradicionalmente considerado como mágico. (2) Cântico ou canção mágica, como a Runa das Bruxas (q. v.). Na língua nórdica ou no antigo inglês, a palavra *rún* significava "sussurrar, conselho secreto, mistério". Em gaélico irlandês e escocês ainda significa "segredo, mistério".

Runa das Bruxas. Canto, acompanhado de uma dança circular, cujo objetivo é o de criar poder. As palavras usadas pelos Gardnerianos e Alexandrinos podem ser consultadas nas páginas 574-5 do Apêndice B; foram compostas conjuntamente por Doreen Valente e Gerald Gardner.

Sabbats Menores. Veja Sabbats.

Sabbats. Os oito festivais sazonais celebrados pelos Bruxos e por muitos outros. Em ordem no calendário são: Imbolc (q. v.), 2 de fevereiro; Equinócio da Primavera, 21 de março; Beltane (q. v.), 30 de abril; Solstício de Verão, 22 de junho; Lughnasadh (q. v), 31 de julho; Equinócio de Outono, 21 de setembro; Samhain (q. v.), 31 de outubro; e o Solstício de Inverno ou Yule (Natal), 22 de dezembro[225]. Imbolc, Beltane, Lughnasadh e Samhain são conhecidos como os Sabbats Maiores, e os solstícios e equinócios como os Sabbats Menores. As datas para celebrar os Sabbats Menores podem variar ligeiramente nas distintas tradições, e as datas reais dos equinócios e solstícios variam, ao menos um dia, de um ano para outro por questões astronômicas.

Sacerdote, Sacerdotisa. Todo Bruxo ou Bruxa iniciado é considerado um Sacerdote ou Sacerdotisa. A função sacerdotal é inerente ao ser humano que esteja preparado para ativá-la.

Sal. Utilizado em muitas práticas, incluindo as Wiccanianas, como um tipo de antisséptico espiritual ou símbolo purificador.

Salamandra. Nome tradicional de um espírito elemental (q. v.) da natureza do elemento do Fogo.

225. N. do T.: lembrando que essas datas são para o Hemisfério Norte. No Brasil há uma alteração significativa em função de estarmos no Hemisfério Sul. As datas adaptadas ao Hemisfério Sul já foram dadas anteriormente no decorrer desta obra.

Samhain. O grande Sabbat do *Halloween*, que se celebra em 31 de outubro[226]. Na tradição celta assinala o começo do novo ano, assim como do inverno, sendo *Bealtaine* (q. v.) o começo do verão; os celtas pastores só reconheciam duas estações. Samhain está particularmente associado com a comunicação com os amigos mortos. A origem das palavras segue sendo um mistério, embora pudesse estar relacionada com o verbo gaélico *sámhaim,* que significa "acalmar ficar em silêncio".

Sefirá (plural, Sefirot). Cada uma das dez esferas da Árvore da Vida (q. v.), conceito central da Cabala (q. v.).

Self. A verdadeira essência da psique humana; a individualidade integrada a qual tende todo desenvolvimento psíquico construtivo.

Selo. Signo ou símbolo oculto.

Sílfide. Nome tradicional de um elemental (q. v.), espírito da natureza do elemento do Ar.

Sincronicidade. Termo cunhado por Jung para designar "coincidência significativa", um acaso conectando princípios evidentes. Sua descrição sobre o tema (veja Bibliografia) é de grande interesse para todos os ocultistas.

Solstícios. Veja Sabbats e Yule.

Sombra. Todos os elementos da psique humana ocultos e inconscientes, exceto o Ego (q. v.) e a Persona (q. v.).

Summerlands (País do Verão). Palavra espiritualista que designa o paraíso para onde vão as almas quando morrem. Frequentemente utilizada pelos que creem na reencarnação (q. v.) para designar a fase astral de descanso depois da morte física, antes que a individualidade (q. v.) retire-se de todos os níveis inferiores para preparar-se para sua seguinte encarnação (q. v.).

Taça, Cálice. Um dos quatro utensílios elementais que representa o elemento Água.

Talismã. Objeto similar a um amuleto (q. v.), porém, mais específico e frequentemente produtivo e não só meramente protetor. Designado para um indivíduo e com um objetivo concreto, utilizando ao máximo as propriedades dos símbolos adequados.

---

226. N. do T.: no Brasil é celebrado no dia 30 de abril.

Tarô. Baralho de cartas, utilizado para adivinhação e meditação. São 22 Arcanos maiores ou trunfos, cada um simbolizando um conceito arquetípico, e 56 Arcanos menores, divididos em 4 naipes de 14 cartas cada um, Copas, Bastos, Pentáculos e Espadas, que representam os quatro elementos. Na atualidade há muitos desenhos disponíveis, sendo o padrão mais aceito o baralho de Rider (ou Waite) Deck.

Telecinese. Poder para mover objetos físicos só com o esforço psíquico.

Templo. Lugar de encontro ritual de um Coven que não se utiliza para outra coisa; um lugar desejável embora não indispensável, pois o Círculo Mágico pode ser lançado em qualquer lugar.

Torres de Observação. Os quatro pontos cardeais, considerados como guardiões do Círculo Mágico.

Tradicionais. Bruxos que seguem tradições herdadas e conservadas pelas Bruxas ou seus antepassados antes do renascimento Gardneriano (q. v.). Sobrepõem-se aos hereditários (q. v.).

Vampirismo. Drenagem da energia psíquica de um indivíduo por outro.

Wicca. Nome que os adeptos da Bruxaria dão à Arte (q. v.). Deriva da palavra *wiccian,* da antiga língua inglesa para "prática da Bruxaria". Trata-se de uma derivação incorreta, pois *Wicca* em inglês antigo significava "um Bruxo masculino" (e *wicce* "uma Bruxa"). A autêntica palavra em inglês antigo para designar a Bruxaria *era Wiccacraeft.* Entretanto, na atualidade vem sendo utilizada há bastante tempo e existem razões para que siga sendo assim.

Wiccaning. Na Wicca, a bênção ritual de uma criança recém-nascida. Equivale ao batismo, exceto que nele não se tenta comprometer a criança permanentemente a caminho algum, que fará sua própria escolha por decisão individual quando for adulta (veja *Oito Sabbats para Bruxas,* capítulo XII).

Widdershins. Em direção contrária aos ponteiros do relógio e ao percurso do sol (*cf. Deosil),* é uma palavra teutônica (em alemão médio alto *Widdersinnes);* o equivalente gaélico é Tuathal.

Xamã. Sacerdote ou Sacerdotisa que se comunica com os planos interiores por meio de um transe autoinduzido. Palavra de origem tribal do norte da Ásia, utiliza-se em outras culturas para designar a estes oficiantes.

Yule. Sabbat do Solstício de Inverno, que se celebra em 22 de dezembro[227]. Seu tema central é "boas-vindas ao renascimento do sol".

---

227. N. do T.: no Brasil é celebrado por volta do dia 20 de junho, já que nos encontramos no Hemisfério Sul.

BIBLIOGRAFIA

ADLER, Margot. *Drawing Down the Moon*. Boston: Beacon Press, 1981.

ASHE, Geoffrey. *The Finger and the Moon*. Londres: Heinemann, 1973. En rústica Panther Books, St. Albans, 1975).

BAGNALL, Osear – *The Origin and Properties of the Human Aura* (University Books, Nueva York, 1970).

BAKER, Douglas M. – *The Techniques of Astral Projection* (Douglas Baker, Essendon, Herts., sin fecha).

BARRETT, Francis – *The Magus* (publicado pela primeira vez em 1801; reeditado em fac-símile por Vanee Harvey Publishing, Leicester, 1970). Edición en español: *El Mago*. Publicado por: Editorial Humanitas, Barcelona, 2002 (España).

BENTINE, Michael – *The Door Marked Summer* (Granada, St Albans, 1981).

BERNSTEIN, Morey – *The Search for Bridey Murphy* (Doubleday, Nueva York, 1956).

BOURNE, Lois – Witch Amongst Us (Satellite Books, Londres, 1979).

BRACELIN, J. L. – *Gerald Gardner: Witch* (Octagon Press, Londres, 1960).

BRENNAN, J. H. – *Reincarnation: Five Keys to Past Lives* (Aquarian Press, Londres, 1971).

BUCKLAND, Raymond – *The Tree, the Complete Book of Saxon Witchacraft* (Weiser, Nueva York, 1974). Edición en español: *El Árbol, el Libro Completo de la Brujería Sajona*. Publicado por: Equipo Difusor del Libro, S.L., Madrid, 2003 (España).

BURTON, Maurice – *The Sixth Sense of Animáis* (J. M. Dent, Londres, 1973).

BUTLER, Bill – *The Definitive Tarot* (Rider, Londres, 1975).

CARRINGTON, Hereward e MULDOON, Sylvan – *The Projection of the Astral Body* (Rider, Londres, 1929).

CHETWYND, Tom – *A Dictionary of Symbols* (Granada, St. Albans, 1982).

CROW, W. B. – *The Arcana of Symbolism* (Aquarian Press, Londres, 1970).

CROWLEY, Aleister – *777 Revised* (Neptune Press, Londres, 1952). Edición en español: *777*. Publicado por: Editorial Humanitas, Barcelona (España). *Magick* (Routledge & Kegan Paul, Londres, 1973). Edición en español: *Magic(k) en Teoría y Práctica*. Publicado por: Luis Cárcamo, editor. Madrid (España). *The Book of Thoth* (Shambala Publications, Berkeley, California, 1969). Edición en español: *El Libro de Thoth*. Publicado por: Luis Cárcamo, editor Madrid (España).

CROWTHER, Patricia – *Witch Blood* (House of Collectibles, Nueva York, 1974).

___. *Lid Off the Cauldron* (Muller, Londres, 1981).
___. *Witchcraft in Yorkshire* (Dalesman Books, York, 1973).
CROWTHER, Patricia & Arnold – *The Witches Speak* (Athol Publications, Douglas, IOM, 1965; Weiser, Nueva York, 1976). *The Secrets of Ancient Witchcraft* (University Books, Secausus NJ, 1974).
CULPEPER, Nicholas – *Culpeper's Complete Herbal* (siglo XVII; reedición actual W. Foulsham, Londres).
DEREN, Maya – *Divine Horsemen* (Thames & Hudosn, Londres, 1953; reeditado en rústica con el título de *The Voodoo Gods,* Paladin, St. Albans, 1975).
DUNNE, J. W. – *An Experiment with Time* (Faber, Londres, 1939; edición en rústica, Hillary, Nueva York, 1958).
DURDIN-ROBERTSON, Lawrence – *Juno Covella, Perpetual Calendar of the Fellowship oflsis* (Cesara Publications, Ennicorthy, Co. Wexford, 1982).
DRURY, Nevill & Tillett, Gregory – *Other Temples, Other Gods – the Occult in Australia* (Methuen Australia, Sydney, 1980).
ELIOT, Roger – *Who Were You?* (Granada, St. Albans, 1981).
FARRAR, Janet & Stewart – *Eight Sabbats for Witches* (Robert Hale, Londres, 1981).
FARRAR, Stewart – *What Witches Do* (publicada por primeira vez en 1971; 2ª edición, Phoenix Publishing, Custer, Wa. 1983. Edición en español: *Lo que Hacen los Brujos.* Publicado por: Luis Cárcamo, editor. Madrid (España).
FIORE, Dr. Edith – *You Have Been Here Before* (Coward, McCann & Geoghegan, Nueva York, 1978).
FORTUNE, Dion – *The Sea Priestess* (Aquarian Press, Londres, 1957; edición en rústica Wyndham Publications, Londres, 1976). Edición en español: *La Sacerdotisa del Mar.* Publicado por: Equipo Difusor del Libro, S.L. Madrid, 2003 (España) *Moon Magic* (Aquarian Press, Londres, 1956; edición en rústica Wyndham Publications, Londres, 1976). Edición en español: *Magia Lunar.* Publicado por: Equipo Difusor del Libro, S.L. Madrid, 2003 (España). *The Cosmic Doctrine* (Helios Book Service, Toddington, Glos., 1966). Edición en español: *La Doctrina Cósmica.* Publicado por: Equipo Difusor del Libro,
S.L. Madrid, 2003 (España), *The Esoteric Philosophy of Love and Marriage* (4ª edición, Aquarian Press, Londres, 1967). Edición en español: *La Filosofía Esotérica del Amor y el Matrimonio.* Publicado por: Equipo Difusor del Libro,
S.L. Madrid, 2003 (España). *The Mystical Qabalah* (Benn, Londres, 1935). Edición en español: *La Cabala Mística.* Publicado por: Editorial Kier. Buenos Aires (Argentina). *Aspects of Occultism* (Aquarian Press, Londres, 1930). The Secrets of Dr. Taverner.

GARDNER, Gerald B. – *Com o Auxílio da Alta Magia.* Londres, 1949. *Bruxaria Hoje.* Londres, 1954. *O Significado da Bruxaria.* Londres, 1959.

GLASKIN, G. M. – *Windows of the Mind* (Wildwood House, Londres, 1974; edición en rústica, Arrow, Londres, 1975).

GLASS, Justine – *Witchcraft, the Sixth Sense – and Us.* Londres, 1965).

GRANT, Joan – *Winged Pharaoh* (Methuen, Londres, 1937; edición en rústica, Sphere Books, Londres, 1981). *Life as Carola* (Methuen, Londres, 1939; edición en rústica, Corgi, Londres, 1976).

GRANT, Joan & KELSEY, Denys – *Many Lifetimes* (Gollancz, Londres, 1969; edición en rústica, Corgi, Londres, 1976).

GRANT, Kenneth – *Cults of the Shadow,* Londres, 1975.

GRAVES, Robert – *The White Goddess* (3ª edición, Faber, Londres, edición en tapa dura 1952; en rústica, 1961).

GRAVES, Tom – *Dowsing: Techniques and Applications.* Londres, 1976. *Needles of Stone.* Londres, 1978).

GRAY, Eden – *A Complete Guide to the Tarot* (StudioVista, Londres, 1970).

GRIEVE, Mrs. M. – *A Modern Herbal* (Cape, Londres, 1931; edición en rústica, Peregrine, Harmondsworth, Middx., 1976).

GUIRDHAM, Arthur – *The Cathars and Reincarnation.* Londres, 1970).

HARDING, M. Esther – *Woman's Mysteries* (Rider, Londres, 1971).

HARTLEY, Christine – *A Case for Reincarnation* (Robert Hale, Londres)

IREDALE, David - *Discovering Your Family Tree* (Shire Publications, Ayles- bury, Bucks., 1977).

IVERSON, Jeffrey – *More Lives than One* (Souvenir Press, London, 1976; edición en rústica, Pan, Londres, 1977).

JACOBI, Jolande – *The Psychology of C. G. Jung* (7a edición, Routledge & Kegan Paul. Londres, 1968).

JOHNS, June – *King of the Witches: the World of Alex Sanders.* Londres

JONG, Erica – *Witches,* illustrated by Joseph A. Smith, Londres, 1981).

JUNG, C. G. – Collected Works, vols. 9, 2ª edición (Routledge & Kegan Paul, Londres, *1968). FourArchetypes-Mother, Rebirth, Spirit, Trickster* (Routledge & Kegan Paul, Londres, 1972). *Synchronicity, an Acausal Connecting Principie* (Routledge & Kegan Paul, Londres, 1955). – (editor) *Man and His Symbols* (Aldus, Londres, 1969).

KILNER, W. J. – *The Aura* (edición en rústica, Weiser, Nueva York, 1973; editada originalmente en 1911 con el título de *The Human Atmosphere).* King, Francis – *The Secret Rituals of the O.T.O.* (C. W. Daniel, Londres, 1973).

KING, Francis & Skinner, Stephen – *Techniques of High Magic* (C. W. Daniel, Londres, sin fecha). Edición en español: *Técnicas de Alta Magia.* Publicado por: Luis Cárcamo, editor. Madrid (España).

KUNG, Hans – *Edgar Cayce on Reincarnation* (Paperback Library, Nueva York, 1968).

LANGLEY, Noel – Edgar Cayce on Reincarnation (Paperback Library, New York, 1968).

LELAND, Charles G. – *Aradia: the Gospel of the Witches,* introducción de Stewart Farrar (C. W. Daniel, Londres, 1974).

McINTYRE, Joan (reunido por) – *Mind in the Waters,* A Book to Celébrate the Conciousness of Whales and Dolphins (Scribner, Nueva York, and Sierra Club Books, San Francisco, 1974).

MARKDALE, Jean – *Women of the Celts* (Cremonesi, Londres, 1975).

MARTIN, W. Keble – *The Concise British Flora in Colour* (3ª edición, Ebury Press and Michael Joseph, Londres, 1974).

MASSEY, Gerald – *The Natural Génesis* (Primera edición en 1883, 2 volúmenes; Weiser, Nueva York, 1974).

MATHERS, S. Lidell MacGregor (traductor y editor) – *The King of Salomón the King* (Clavicula Solomonis) (Publicado originalmente en 1888; Raymond & Kegan Paul, Londres, 1972).

MOODY, Raymond A. – *Life After Life* (Mockingbird Book, Covington, Ga., 1975).

MOORE, Marcia – *Hypersentience* (Crown, Nueva York, 1976).

MOSS, Peter, e KEETON, Joe – *Encounters with the Past* (Sidgwick & Jackson, Londres, 1979).

MOSS, Thelma – *The Body Electric* (Granada, St. Albans, 1981).

MURRAY, Margaret A. – *The God of the Witches* (primera edición en 1931;

NEUMANN, Erich – *The Great Mother* (2ª edición, Routledge & Kegan Paul, Londres, 1963).

OPHIEL – *The Art and Practice of Astral Projection* (Peach Publishing, San Francisco, 1961).

PHILLIPS, Roger – *Wild Flowers of Britain* (Pan, Londres, 1977).

POWELL, Arthur E. – *The Etheric Double* (Theosophical Publishing House, Londres, 1925; reeditado con un prólogo, 1969).

RAINE, Kathleen – *Yeats, the Tarot and the Golden Dawn* (Dolmen, Dublin, 1972).

REGARDIE, Israel – *The Golden Dawn* (4 volúmenes, 3ª edición, Hazel Hills Corpn., River Falls, Wis., EEUU, 1970.) *How to Make and Use Talismans,* 2ª edición (Paths to Inner Power series, Aguarían Press, Londres, 1981).

RUSSELL. Jeffrey B. – *A History of Witchcraft, Sorcery, Heretics and Pagans* (Thames & Hudson, Londres, 1980).

SANTESSON, Hans Stefan – *Reincarnation* (Universal Publishing & Distributing Corpn., Nueva York, 1969, y Universal-Tandem Publishing, Londres, 1970).

SCHULMAN, Martin – *Karmic Astrology,* volúmenes I-IV (Aquarian Press, Wellingborough, Northants, 1975 en adelante).

SCHWARTZ, Stephan A. – *The Secret Vaults of Time* (Grosset & Dunlap, Nueva York, 1978).

SHUTTLE, Penelope & REDGROVE, Peter – *The Wise Wound: Menstruation and Everywoman* (Gollancz, Londres, 1978; 2ª edición, Paladin, Londres, 1986).

SPRENGER, Jakob & KRAMER, Heinrich – *Malleus Maleficarum* (edición príncipe, 1486; edición en rústica, Londres, 1971).

STARHAWK – *The Spiral Dance* (harper & Row, Nueva York, 1979). *Dreaming the Dark* (beacon Press, Boston, Mass., 1982).

TARG, Russell & PUTHOFF, Harold – *Mind Reach* (Cape, Londres, 1977; edición en rústica, Granada, St. Albans, 1978).

THOMSON, William A. R. – *Black's Medical Dictionary* (A. & C. Black, Londres, 1948; actualizado desde entonces cada dos o tres años).

VALIENTE, Doreen – *Where Witchcraft Lives* (Londres, 1962). *Enciclopédia da Bruxaria Past and Present* (Londres, 1973). *Natural Magic* (Robert Hale, Londres, 1975). Edición en español: *Magia Natural.* Publicado por: Equipo Difusor del Libro, S.L. Madrid, 2001 *(España). Witchcraft for Tomorrow* (Robert Hale, Londres, 1978). Edición en español: *Brujería del Mañana.* Publicado por: Equipo Difusor del Libro, S.L. Madrid, 2003 (España).

WAITE, Arthur E. – *The Pictorial Key to the Tarot* (University Books, Nueva York, 1960).

WATSON, Lyall – *Supernature* (Hodder & Stoughton, Londres, 1973; edición en rústica, Coronet, Aylesbury, Bucks., 1974).

WEIDEGER, Paula – *Menstruation and Menopause* (Knopf, Nueva York, 1975).

WILHELM, Richard (traductor) – *The I Ching or Book of Changes,* traducido al inglés por Caryl F. Baynes, con prólogo de C. G. Jung (3ª edición, Routledge & Kegan Paul, Londres, 1968).

WREN, R. W. – *Pótter's New Cyclopaedia of Botanical Drugs and Preparations* (7ª edición, Health Science Press, Rustington, Sussex, 1956).

Índice Remissivo

C

D

J

K

L

M

ARDANE

Esta edição foi composta pela Ardane, São Paulo, SP.
Os papéis utilizados foram o pólen natural 80g para o miolo e o cartão triplex para a capa.
O texto principal foi composto em fonte Minion Pro 11,5/15 e os títulos em Rooters.

Impresso no Brasil.